왜 미국은
이스라엘 편에
서는가

KB208771

왜 미국은 이스라엘 편에 서는가

존 J. 미어샤이머, 스티븐 M. 월트 지음 | 김용환 옮김

THE ISRAEL LOBBY

CRETA

1. 외래어 용어 및 인명, 지명 등은 국립국어원의 표기를 따랐습니다. 그러나 관용적으로 굳어진 표현들은 예외를 두었습니다.
2. 단행본, 잡지, 신문 등은 《 》 기호로, 영화, 연극, 논문, 기사 등은 〈 〉 기호로 표기했습니다.
3. 출간된 지 10년이 넘은 원저작의 특성상 당시 통계 수치나 등장인물들의 보직이 변경된 사례가 많습니다. 2024년 기준으로 수정했으며 수치가 맞지 않는 경우 문맥에 방해되지 않는 선에서 최소한 삭제했음을 알립니다. 등장인물의 보직 역시 2024년 기준으로 수정했으며, 자료를 찾지 못한 경우에 한해 "당시" 또는 "전(前)" 등으로 표기했습니다.
4. '후세인'이라는 성은 이슬람권에서 흔히 쓰이지만, 여기 등장하는 '후세인'은 이라크의 전 대통령 사담 후세인을 가리킵니다.

이 책의 주요 등장인물

[미국 대통령]

지미 카터	제39대 대통령	재임 기간 1977~1981
로널드 레이건	제40대 대통령	재임 기간 1981~1989
조지 H. W. 부시	제41대 대통령	재임 기간 1989~1993
빌 클린턴	제42대 대통령	재임 기간 1993~2001
조지 W. 부시	제43대 대통령	재임 기간 2001~2009
딕 체니	제46대 부통령	재임 기간 2001~2009

[이스라엘 총리]

다비드 벤구리온	1대, 3대 총리	재임 기간 1948~1954, 1955~1963
레비 에슈콜	4대 총리	재임 기간 1963~1969
골다 메이어	5대 총리	재임 기간 1969~1974
이츠하크 라빈	6대, 11대 총리	재임 기간 1974~1977, 1992~1995
메나헴 베긴	7대 총리	재임 기간 1977~1983
이츠하크 샤미르	8대, 10대 총리	재임 기간 1983~1984, 1986~1992
시몬 페레스	9대, 12대 총리	재임 기간 1984~1986, 1995~1996
에후드 바라크	13~14대 총리	재임 기간 1999~2001
아리엘 샤론	15대 총리	재임 기간 2001~2006
에후드 올메르트	16대 총리	재임 기간 2006.1~2006.5 대행, 2006.5~2009
베냐민 네타냐후	13대, 17대, 20대 총리	재임 기간 1996~1999, 2009~2021, 2022~

팍스 아메리카나 시대가 저문다

김준형(조국혁신당 외교통일위원회 국회의원)

미국의 대이스라엘 정책의 문제점을 다룬 이 책은 출판 이후 큰 논란을 일으켰다. 국제정치의 공격적 현실주의의 대가인 존 미어샤이머John J. Mearsheimer 시카고대학교 교수와 동맹이론의 대가 스테판 월트Stephen M. Walt 하버드대학교 교수가 함께 썼다. 2006년 영국의 격주 시사지《런던 리뷰 오브 북스London Review of Books, LRB》에 게재했던 논문을 바탕으로 내용을 추가하여 이듬해인 2007년에 단행본으로 출간되었다. 논문 발표 때부터 논란이 많던 탓에 두 저자의 명성에도 불구하고 대다수 출판사가 부담을 느껴 선뜻 나서지 않았다고 한다. 결국 아동용 그림책을 전문으로 펴내던 의외의 출판사가 맡게 되었다는 후문이다.

책을 한 문장으로 요약하면 '미국 내 유대인들의 대정부 로비가 미국의 중동 정책에 큰 영향을 미치는데, 이는 미국의 이익을 훼손하고 있으며 국제정치 무대에서 패권 유지에 큰 장애로 작동한다는 것'이다. 제2차 세계대전 직후 이스라엘의 건국 시점부터 미국이 친이스라엘 노선을 일관되게 유지해온 것은 모두가 아는 사실인데, 그렇게 된 데는 몇 가지 이유가 있다. 우선 이스라엘 민족은 '홀로코스트holocaust'로 불리는 나치에 의한 비극적 대학살의 피해자였고, 미국은 이스라엘에 대한 인류애적인 부채 의식과 이후 인도적 지원에 대한 책임감을 지니고 있었다.

미국은 전쟁 이후 팔레스타인을 포함한 아랍의 입장보다 이스라엘의 입장을 최우선 고려하여 국가 건설을 적극적으로 돕게 된다. 그러다가 제2차 세계대전 이후 구축된 미·소 냉전 대결 구조 속에서 이스라엘은 반미 성향의 아랍 국가에 맞서는 미국의 동맹국으로서 전략적 가치가 크다는 인식도 강해지면서 관계는 더욱 깊어졌다. 또한 이스라엘의 국가 건설 이후 네 차례 이어진 아랍 국가와의 중동전쟁에서 다윗과 골리앗의 대결에 약자를 돕는다는 정서 역시 존재했다.

미어샤이머와 월트는 이스라엘의 이러한 전략적 가치에 대해 일단 동의하지 않았다. 다수 학자와 전문가들이 중동에서 이스라엘이 차지하는 전략적 중요성을 과장했다는 것이다. 물론 없는 것보다는 낫겠지만, 이스라엘이 미국에 제공하는 정보자산들의 수준이 그리 높지 않다고 말한다. 그리고 냉전 때는 어느 정도 가치가 있었을지 모르지만, 냉전 종식 이후에는 아니라고 주장한다. 오히려 지나친 친이스라엘 정책으로 중동 지역의 반미 감정을 자극하고, 아랍 근본주의 반미 세력에 정당성을 제공함으로써 역내 불안정을 초래하며, 더 나아가 미국의 안보까지 위협한다는 것이다. 실제로 과도한 친이스라엘 정책으로 말미암아 미국이 이슬람 근본주의의 주요 테러 대상이 되게 만들었다는 것이다.

책이 나온 이후 저자들에 대한 비판 수위는 더 높아졌다. 북콘서트나 관련 세미나도 열기 어려웠으며,《월 스트리트 저널》과《워싱턴 포스트》같은 유력 언론의 칼럼니스트들마저 거의 저주에 가까운 비판을 쏟아냈다. 구체적인 내용보다 이스라엘에 대한 비판 자체를 용납하지 못한다는 기조로 아예 '반유대주의anti-semitism' 서적으로 낙인찍었다. 반유대주의는 유대인에 대한 인종 차별적 편견을 뜻하며, 수 세기 동안 유대인을 향한 편견과 적대감을 만들어 왔다. 히틀러는 이러한 반유대주의를 부추겨 제2차 세계대전 중 6백만

여 명을 학살했다. 현대의 반유대주의는 세계 금융과 미디어를 유대인이 지배한다는 음모론을 양산하며, 유대인을 향한 증오 발언이나 폭력을 정당화한다.

시온주의Zionism는 반유대주의의 반대편에 자리한 극단주의다. 19세기 후반 유럽에서 시작된 정치운동으로서 고대 이스라엘 땅으로 알려진, '팔레스타인'으로부터 아랍인들을 쫓아내고 유대인의 국가를 건설하려는 열성적 민족주의운동이 그 기원이다. 팔레스타인 및 주변 지역에 이미 거주하고 있던 아랍인은 이스라엘의 건국을 아랍의 권리를 부정하는 것으로 받아들여, 건국에 맹렬하게 반대했다. 건국 후 지금까지 이스라엘과 주변 아랍 세계는 끊임없이 충돌해 왔다. 현대의 시온주의는 견해 차이를 가진 다양한 정파가 있는데, 가장 극단적인 세력은 1948년 이스라엘의 건국으로 충분하지 않으며 어떤 대가를 치르더라도 이스라엘 국가와 안보를 지켜내기 위해 아랍을 포함한 반유대주의 세력과 어떤 타협도 없이 끝까지 싸워야 한다고 주장한다.

미국 사회는 극단적 시온주의에 대한 반대보다, 반유대주의를 훨씬 강력하게 비난했으며 '악'으로 규정해 왔다. 이스라엘을 향한 비판은 물론이고, 미국의 친이스라엘 정책에 대한 비판은 그것이 지닌 합리성이나 객관성과는 관계없이 도매금으로 쉽게 반유대주의 낙인찍어 버렸다. 이런 분위기에서 이스라엘의 대미 로비에 대한 두 국제정치학자의 비판서 출간은 논란을 불러일으킬 수밖에 없었다. 다른 한편에서는 겉으로 당당하게 말하지 못한 금기시했던 문제를 두 학자의 용기로 공론화시켰다는 평가와 함께 이를 계기로 미국과 이스라엘에 대한 새로운 관계 설정이 필요하다는 의견들도 제기되었다.

미어샤이머와 월트는 미국의 친이스라엘 정책의 가장 중요한 원인으로 미국 내 이스라엘단체의 로비를 제기했다. 미국이 1945년부터 2007년까지 이

왜 미국은 이스라엘 편에 서는가

스라엘에 지원한 금액이 총 1천4백억 달러에 달하며, 1976년 이후로는 연평균 43억 달러다. 이 수치는 대이집트 원조의 약 2배에 이르고, 미국의 전체 대외원조의 20%를 차지한다는 것이다. 이스라엘 국민 1인당 매년 5백 달러씩 받는 셈이라는 설명을 덧붙였다. 물론 저자들은 이스라엘이 미국의 중요한 동맹국임을 인정하지만, 재정 및 외교 지원을 무조건적으로 고집함으로써 중동에서 이스라엘이 마음껏 무력을 사용하게 만들고, 이는 장기적으로 미국과 이스라엘의 안보를 위태롭게 했다고 주장했다. 더 나아가 미국뿐만 아니라 영국을 포함한 다른 동맹국들도 위험에 빠뜨린다고 비판했다.

이스라엘 정책을 합리적인 기준으로 비판해도 반유대주의로 몰리는 비이성적인 행태를 지적하며, 책 출판 이후 저자들을 반유대주의자로 몰아붙이는 자체가 역설적으로 저자들의 주장을 증명하는 것이라고도 했다. 이스라엘의 로비를 비판하지만, 그렇다고 팔레스타인을 동조하거나 지지하지는 않는다며 아무리 강조해도 소용없다고 한탄한다.

미국 내 이스라엘 로비는 미국과 이스라엘 양자에 모두 심각한 해를 끼치는 방식으로 미국 정부를 향해 작동한다면서, 구체적으로 '미국-이스라엘공공문제위원회the American Israel Public Affairs Committee, AIPAC'를 지목했다. 이 단체가 미국의 외교 정책에 대해 부적절한 통제권을 행사하고 있다는 것이다. AIPAC은 미국 의회와 행정부를 움직여 이스라엘에 이익이 되도록 미국의 대외 정책을 촉진할 목적으로 1963년에 창설되었다. 미국의 대외 정책이 친이스라엘이 되어야만 한다는 주장을 노골적으로 표방하고, 실제로도 정치권은 물론이고 학계와 언론계 등 전방위 로비를 벌여온 것으로 유명하다. 엄청난 재산을 축적한 부자들은 물론이고, 30만 명의 개인 기부자들이 천문학적 기금을 조성해서 로비를 벌이는데, 당연히 미국 정계의 유력한 인사들과 연계를 맺고 있다. 로비자금을 직접 전달하면 선거자금법에 저촉되므로 선거 기간 중 캠프에 거액을 기부하는 방식을 주로 사용한다. 선거의 당락에 결정적 영향을 끼치기 때문에, 미국 정치인들은 직접 돈을 받지 않더라도 이들 눈 밖에 날 수 있는 반이스라엘 발언을 절대 금기로 삼는다. 미국 정계에서 살아남기 위해 친이스라엘이 되지 않을 수 없고, 따라서 친이스라엘은 정당한 선택이 며, 이스라엘에 대한 비판은 모두 반유대주의이고 이는 곧 악이라는 불변의 방정식이 작동하는 것이다.

출간 이후 무엇이 달라졌는가?

저자들은 2007년 책을 출판한 동기이자 이유로, 미국의 이스라엘 로비가 미국의 대외 정책에 해를 주고 있음을 깨닫고 하루빨리 바로 잡아야 미국과 이스라엘이 올바르게 갈 수 있으며, 중동 문제의 해결과 함께 세계 평화도 가능하다는 점을 강조했다. 그러나 17년이 흐른 2024년의 현시점에서 판단 하자면, 변화나 개선은 찾기 어렵다. 다시 말해 과거나 지금이나 거의 그대로 인 셈이다. 이 책이 현시점에 새로이 주목받고, 도서출판 크레타가 번역본을 출판하기로 결심하고, 필자가 추천인 서문을 집필하는 이유기도 하다.

특히 2023년 9월에 발발해 해를 넘기며 이어진 '가자 지구의 하마스-이스 라엘 무력 충돌'은 미국의 맹목적 친이스라엘 정책과 반유대주의 논쟁을 반 복하게 만들었다. 미국의 무기력한 대이스라엘 설득은 달라지지 않았고, 이 스라엘 정부는 이런 미국을 뒷배로 삼고 세계의 반전 및 반이스라엘 여론을 귓등으로도 듣지 않는다. 크리스 밴 홀런 민주당 상원의원의 "가자 전쟁 이 후 베냐민 네타냐후 정부가 미국으로부터 모든 지지는 받으면서도 미국의 요청은 걷어차 버린다"라는 표현처럼 미국은 공식적으로 이스라엘을 향해 찡그리는 표정조차 제대로 짓지 못한다.

전쟁이 발발한 이후 미국은 줄곧 전쟁의 원인과 책임은 모두 기습 테러 공격을 감행한 하마스에 있으므로 이스라엘은 자위권이 있고, 이스라엘의 결정에 따라 정당한 무력을 행사한다는 말만 앵무새처럼 반복한다. 팔레스타인 민간인 학살에 대해 국제사회는 물론이고 미국 내 대이스라엘 여론이 나빠짐에도 불구하고 미국 정부의 기본 입장엔 변화가 없다. UN을 비롯한 모든 국제 무대의 표결에서 이스라엘을 절대적으로 지지해 온 관성에서 전혀 벗어나지 못했으며, 휴전 결의안 표결에서도 반대를 고수했다. 따라서 이스라엘 내부의 강경파들은 거리낌 없이 전쟁을 이어가고, 미국은 경제적 지원은 물론이고 팔레스타인 민간인 희생에 대한 부담을 온통 지는 양상이다. 바이든 정부가 이스라엘에 대해 어떤 설득이나 압박할 엄두를 내지 못하는 모습이 17년 전과 조금도 달라지지 않았다.

미어샤이머와 월트는 현실주의 국제정치학자들이다. 현실주의 관점에서 미국 외교를 비판하는 핵심적인 부분은 탈냉전기 미국의 대외 전략이 국익에 기반하지 않고 자유주의나 개신교에 바탕을 둔 신보수(네오콘)의 가치 또는 이념 외교를 해왔다는 점이다. 바이든 정부가 신보수 정부는 아니지만, 여전히 인권, 자유, 민주주의 등의 가치를 앞세운 외교를 반복함으로써 미국의 이익을 훼손하고 있다고 지적한다. 더욱이 미국의 패권이 예전과 달리 절대적이지 않고, 중국과의 전략 경쟁이 격화하는 상황에서 대중동 정책의 근간인 친이스라엘 정책이 초래하는 문제는 생각보다 심각하다는 것이다. 한편에서는 중동에서 중국의 영향력은 나날이 커지고 있는데, 이스라엘의 극우 강경파 세력이 이제는 미국을 무시하고 이스라엘의 대외 정책을 좌지우지한다. 그 결과 팔레스타인을 향해 무자비한 탄압을 지속함으로써 세계적 지탄은 물론, 이스라엘 내부의 양심적 세력조차 비판의 목소리를 높이고 있음에도 미국은 무력함만 노출한다. 이번 하마스-이스라엘 충돌은 이라크 전쟁과 이란과의 핵협정 파기처럼 이스라엘이 좌지우지하고 있으며, 미국은 전쟁을 막기는커녕 방조하고 있다는 것이다. 연이은 미국 외교의 실패로 인해 국제 무대에서 미국의 리더십은 땅에 떨어지고 있다.

전쟁의 특성상, 특히 현대전에서 선전전이 중요해지면서 가짜 뉴스, 과장, 선동 등을 담은 정보들이 정규 언론은 물론이고, SNS를 통해 순식간에 확산한다. 실제 전투에 못지않게 격렬한 여론전이 펼쳐지는 것이다. 심지어 제3국이나 국제적인 언론사들도 이들 국가와의 오랜 기간 축적된 특수 관계로 인해 객관성과 중립성을 유지하기 어렵다. 그러다 보니 같은 현상을 놓고 엄청난 해석의 차이를 보이며, 승패가 달라지거나 피해와 가해가 뒤바뀌는 일도 다반사다. 우크라이나 전쟁도 러시아가 침략국이며, 우크라이나는 피해국이라는 사실로 말미암아, 전황이 러시아에 유리하더라도 이를 곧이곧대로 보도하는 것이 금기처럼 되어버렸다. 이런 현상은 이념과 종교, 민족 문제까지 복잡하게 얽힌 이스라엘과 아랍 세계의 충돌에서는 더 심해진다. 이번 전쟁에 한정하자면 하마스가 먼저 기습적 테러 공격을 했다는 점에서 가해자이지만, 이스라엘의 팔레스타인 탄압과 '열린 감옥open-air prison'이라 불릴 정도인 가자지구의 출구 없는 상황을 고려하면 가해와 피해도 해석이 달라질 수 있다.

최근 갤럽 조사에 따르면 특히 20대에서 40대 사이 미국인들의 이스라엘 동조가 낮아지고 있다. 미국 내 반유대주의가 확산하고, 특히 근본적인 원인을 팔레스타인의 하마스보다 이스라엘에서 찾는 경우도 많다. 안 그래도 미국은 분열적인 정치 문화가 심화하고 있는데, 이번 전쟁이 미국 사회를 더욱 양극화시켰다. 불똥이 크게 튄 곳 중 하나가 바로 대학교다. 학생들은 '친이스라엘'과 '친팔레스타인' 진영으로 나뉘어 시위 등을 벌이며 대립했으며 곧바로 미국 대학교의 반유대주의 논란으로 이어졌다.

대학교 총장들이 학내에 퍼진 '반유대주의'에 모호한 태도를 보였다는 비판이 쏟아지면서 하버드대, 펜실베이니아대, MIT 세 곳의 명문대 총장들이

왜 미국은 이스라엘 편에 서는가

의회 청문회장으로 불려 나왔다. 이들은 하마스-이스라엘 충돌을 두고 "유대인 학살을 주장하는 학생들의 발언이 대학교 윤리 규범 위반에 해당하느냐"는 취지의 질문에 "상황에 따라 다르다"라고 답해 도마 위에 올랐다. 특히 학생들의 반유대주의 언사를 분명히 규탄하지 않고 '법률가적' 태도로 발언한 당시 펜실베이니아대 총장 엘리자베스 맥길에게 공세가 집중됐다. 사실 청문회 이전부터 이사회와 고액 기부자, 유력 정치인들로부터 하마스의 공격과 캠퍼스 내 반유대주의 시위 등에 대해 미온적으로 대처한다는 이유로 비판받았었다. 오랜 후원자이자 부호 가문인 존 헌츠먼 주니어 전 주러시아 대사는 맥길 총장을 향해 "침묵은 반유대주의다"라고 성토했다. 결국 그는 사퇴해야 했다. 대학교이기에 중요한 '표현의 자유'의 경계를 둘러싼 논쟁으로까지 번졌는데, 그만큼 반유대주의, 아니 더 정확하게 말하면 '이스라엘에 대한 반대' 자체가 미국에서 얼마나 어려운 것인가를 다시 한번 보여준 사건이다.

미국 할리우드에서도 이유를 막론하고 즉각적인 전쟁 중단을 요구하는 의견과 반대로 전쟁을 지속하는 이스라엘 입장을 지지하는 의견이 첨예하게 나뉘었다. 배우 안젤리나 졸리는 자신의 인스타그램 계정에 이스라엘군의 폭격으로 폐허가 된 가자 지구 난민 캠프의 사진과 글을 게시하면서 죄가 없는 민간인들의 희생을 언급하며 이스라엘군을 강하게 비판했다. 할리우드 배우와 가수들로 구성된 '전쟁 중단을 요구하는 아티스트Artists4Ceasefire'라는 단체는 "모든 생명은 신성하다"라는 공개서한을 발표했는데, 호아킨 피닉스, 제니퍼 로페즈, 마돈나 등 270여 명이 서명했다. 하지만 다른 한편에서는 이스라엘을 지지해 줄 것을 호소하는 스타들도 뭉쳐 이스라엘을 옹호하는 게시물을 올렸다. '평화를 요구하는 창작자 커뮤니티CCFP'가 하마스의 기습공격을 '사악한 테러'로 규탄하는 공개서한을 발표했다. 이 서한에는 하마스 테러에 대한 규탄과 함께 이스라엘이 자위권 차원에서 필요한 방책을 취하는 데 대한 이해를 구하는 내용이 담겼으며 갤 가돗, 마이클 더글러스, 나탈리 포트먼 등 2천 명의 배우와 음악인들이 서명했다.

정치권과 국제사회도 예외가 아니다. 지미 카터 전 미국 대통령도 지난 2006년 12월 8일《로스앤젤레스 타임스》에 〈이스라엘과 팔레스타인에 대해 솔직히 말하라〉라는 글을 통해 "이스라엘 정부의 정책들에 대한 비판을 꺼리는 이유는 미국-이스라엘정치행동위원회의 비정상적인 로비 행태와 이에 반대되는 어떠한 목소리도 없기 때문이다"라며 비판했다. 하지만 곧바로 반유대주의자라는 비난에 시달려야 했다.

이번에도 비슷한 상황이 벌어졌다. 세계적인 기후변화운동가 그레타 툰베리가 가자 지구 주민에 대한 연대감을 표하면서 "점령된 땅에 기후 정의는 없다"라고 말했다가 반유대주의자로 낙인찍혔고, 이스라엘 교과서에서 삭제되었다. 안토니우 구테흐스 UN 사무총장 역시 팔레스타인 주민 고통의 연원을 지적했다가 테러를 정당화한다는 이스라엘의 비난에 시달렸다. 이스라엘은 구테흐스 총장의 사과와 즉각적인 사임을 요구했다. 바이든 정부는 하마스의 테러가 비극의 원인이라는 입장을 견지하면서, 이스라엘이 '전쟁법'을 지키며 응징할 것을 권유하기는 한다. 국무장관 블링컨은 "그래도 우리는(미국과 이스라엘) 하마스와 달라야 하지 않겠느냐"라며 팔레스타인 민간인 사상에 대해 우려를 표한다. 그러나 실제로 영향력을 찾아볼 수 없고, 맹목적인 친이스라엘 정책에서 한 걸음도 벗어나지 못한다는 것이 문제다.

어떤 관점으로 봐야 하는가?

이 글을 마치기 전에 독자들이 책을 읽으면서 함께 고민했으면 하는 몇 가지 포인트를 강조하고 싶다. 먼저 두 저자가 그동안 금기시되었던 이슈를 과감히 수면 위로 끌어올렸을 뿐만 아니라, 미국 대외 정책의 실패 원인을 로비에서 찾는 새로운 시도를 했다는 점은 인정해야 한다. 그러나 동시에 이스라엘의 미국 대외 정책에 대한 이스라엘단체에 의한 로비의 힘을 지나치게 과장했다는 비판에서도 자유로울 수 없다. 미국 내 이스라엘의 로비가 미국 대외정책을 망가뜨린 주요 원인은 될 수 있으나 전부는 물론 아니고, 가장 중요한 것도 아닐 수 있다. 사회과학 분석이 늘 그렇듯이 하나의 변수를 지나치게 강조하다 보면, 다른 변수의 중요성을 간과할 수 있기에 치명적인 문제는 아니다. 다만 독자들이 이런 점을 충분히 인식하지 않으면, 안 그래도 유대인들에 의한 소위 '딥스테이트'가 미국을 움직인다는 근거가 부족한 음모론들을 한층 부추길 수 있음을 알아야 할 것이다.

둘째로 나치의 극단적 인종주의에 엄청난 희생을 감수했던 이스라엘이 오늘날 인종주의의 대표적 극우 국가로 변모했다는 사실은 역사의 뒤틀림을 넘어 비극적인 일이 아닐 수 없다는 점을 강조하고 싶다. 이스라엘이 처음부터 그랬던 것은 아니다. 이스라엘 국가 건설의 아버지로 불리는 다비드 벤구리온은 동유럽 유대인 사회주의운동인 분트 출신으로 노동당을 이끌었다. 20세기 초만 해도 팔레스타인인들과 공존도 가능하다는 태도를 보일 만큼 열려 있었다. 이후에 팔레스타인이 이스라엘의 건국을 반대하자 이들을 추방하고 건국을 실현했지만, 팔레스타인을 향한 미안함과 부채 의식은 있었다. 그래서 네 차례의 중동전쟁을 치르고 국가 안보 위협을 벗어난 이후, 1970년대 중반부터 아랍권과의 외교 정상화와 팔레스타인 문제를 해결하기 위해 노력했다. 하지만 그와 동시에 노동당이 우익 정당인 리쿠드당에 정권을 내주는 바람에 문제는 다시 꼬여버렸다.

이스라엘의 우경화는 인구구성의 변화가 가장 큰 원인으로 지목된다. 초기 건국은 유럽 중동부 출신의 유대인(아슈케나지)들이 중심이 되었지만, 건국 이후에는 이슬람 출신의 유대인(세파르디)들이 급속하게 들어왔다. 이민자 출신인 이들은 하류층을 형성했는데 삶의 기반이 팔레스타인의 거주지와 겹친다. 안 그래도 사회경제적 기반이 취약한 세파르디는 진보적인 노동당의 점령지 반환 정책을 반대할 수밖에 없었다. 이들은 정권교체의 주역이 되었고, 이스라엘의 우경화를 주도했다. 게다가 1991년 소련 붕괴로 러시아계 유대인 70만 명까지 유입되면서 극우 유대주의 정당들의 힘은 더 강해졌다. 네타냐후 총리가 2009년 이후 2024년 현재까지 장기 집권하며 최장수 총리로 군림하는 이유다. 리쿠드당의 극우화에 대한 피로감과 네타냐후 총리의 부패 혐의로 인해 이스라엘은 분열하며 2019년 4월부터 2022년 11월까지 총 다섯 번의 총선을 치러야 했다. 그러나 최종 결과는 네타냐후 총리의 복귀였는데, 설상가상으로 더 노골적인 유대주의 극우 정당들과의 연대까지 더해졌고, 하마스와의 전쟁에 땔감을 공급했다.

다음 포인트는 '미어샤이머와 월트에게 미국 사회에서 금기가 되어버린 반유대주의라는 극단주의에 담대하게 맞서는 양심적 지식인으로서의 찬사를 보내야 한다'는 주장에 대해서는 약간의 다른 측면이 있을 수 있다는 점을 고려해야 한다. 일단 이 책은 반유대주의라는 마녀사냥에 대한 도덕적 또는 사상적 투사의 글은 아니며, 미국의 이익을 위해 미국의 대외 정책에 부정적으로 작동하고 있는 이스라엘 로비의 영향력에 맞서고, 정책을 변경하라는 실용적인 정책 제언이라는 점이다. 출판을 전후로 벌어진 유대주의와 반유대주의의 투쟁이 이 책을 편견에 저항하는 지식인의 양심서라고 보는 것은 미국 사회의 친이스라엘 정책의 신화화를 역설적으로 더 명확하게 드러낸다고도 볼 수 있다. 미국 사회가 금기시한 이스라엘을 비판했다는 점은 용기 있는 행동이라고 볼 수 있다. 그러나 저변에 깔린 유대인들에 대한 불만을 제대로 비판하지 못하고 있는 논쟁적 주제를 과감히 건드림으로써 이

미 출판 전부터 관심이 집중될 것을 짐작했고, 심지어 노린 것이라는 의심도 일각에서는 제기한다.

마지막으로 우크라이나 전쟁과 더불어 하마스-이스라엘의 전쟁은 다른 것은 차치하더라도 미국 패권의 향배에 시사하는 바가 크다는 점은 반드시 짚고 넘어가야 할 것 같다. 팍스 아메리카나Pax Amerixana(미국이 주도하는 세계 평화를 일컫는 말) 시대가 저무는 것이 단순한 이론이나 예측이 아니라 실제로 진행되고 있다는 사실이다. 미국의 가치 또는 이념 외교에 의한 신냉전 드라이브 역시 미국의 설계대로 움직이지 않을 것이다. 미·중 관계가 시간이 갈수록 훨씬 더 갈등적으로 변하고 있다는 견해는 의문의 여지가 없지만, 양국이 여전히 광범위한 무역을 포함해서 여전히 매우 상호의존적이다.

결국 미·중의 전략 경쟁과 다극화의 시대가 함께 진행되고 있다고 봐야 한다. 문제는 다극화와 다자주의는 다르다는 점이다. 전자는 각자도생의 혼란한 질서이고, 후자는 국제협력이 작동하는 정돈된 질서다. 미국과 중국의 신냉전이라는 패권 충돌로 가는 것이 세계 평화와 번영을 위해 전혀 바람직하지 않지만, 각자도생의 국가 이기주의가 판치는 세상도 위험하기 짝이 없다. 세계가 이 문제에 대해 경각심을 가지고 국제협력을 회복해야 한다. 평화는 물론이고 기후 위기, 핵무기 확산 문제 등은 협력 없이는 결코 해결할 수 없기 때문이다.

머리말

오랫동안 당연시해 온 것에
의문부호를 붙임으로써 매사를 건강하게 이끌 수 있다.

_버트런드 러셀

2002년 가을, 《월간 애틀랜틱Atlantic Monthly》이 이스라엘 로비와 그것이 미국 외교 정책에 미치는 영향에 관한 기사를 써달라고 요청했다. 약간의 망설임 끝에 제의를 받아들였다. 논란의 여지가 있는 주제였다. 로비, 미국이 이스라엘을 지원하는 것, 이스라엘 정책 자체를 분석하는 일체의 글은 거센 반향을 불러일으킨다. 그러나 방관할 수 없었다. 2001년 9월 11일 테러가 발생했고 이라크와 전쟁 조짐이 일고 있는 시점이었다. 이스라엘에 대한 미국의 지원이 반미주의의 심각한 원인이고 주요 동맹국들과의 긴장 요인이 된다. 친이스라엘 개인과 단체가 미국의 외교 정책에 중대한 영향을 미친다. 그렇다면 이 문제를 공개적으로 거론해서 대중을 격려함으로써 로비의 현상과 영향에 대해 토론하는 것이 중요하다고 판단했다.

그 후 2년에 걸쳐서 《월간 애틀랜틱》 편집장과 의견을 나누고 그들의 제안을 반영한 후, 2005년 1월 원고를 보내 그들과의 약속을 지켰다. 몇 주가 지나자 놀랍게도 편집장은 그 기사를 싣지 않기로 했으며 원고를 수정해도 받아들일 뜻이 없다고 통보했다. 그 기사를 다른 잡지사에 보낼까 했지만, 글의 내용과 분량을 이유로 취급하지 않을 거라는 결론을 내렸다. 책으로 출간하면 어떨지 가능성을 검토했지만 우리의 제안에 미온적인 반응을 접하고 노력을 기울일 가치가 없다고 판단했다. 원고를 제쳐두고 다른 프로젝트에 주

왜 미국은 이스라엘 편에 서는가

력했다. 스티븐 M. 월트 교수가 2005년 9월 W. W. 노턴 출판사에서 발간한 《미국 길들이기Taming American Power》에 일부 포함된 것으로 위안을 얻었다.

　2005년 10월, 저명한 대학교 교수가 《런던 리뷰 오브 북스LRB》에 기사를 실어보면 어떻겠냐고 제안했다. 《월간 애틀랜틱》에 실리지 못한 원고를 건네받았는데, 《LRB》의 편집장 메리 케이 월머스가 흥미를 느낄 거라고 말했다. 원고를 받은 편집장은 즉시 출간하고 싶다는 뜻을 전해왔다. 원고는 한 차례의 갱신과 수정 작업을 거친 뒤 《이스라엘 로비The Israel Lobby》라는 제목으로 2006년 3월 23일 판에 수록되었다. 일찍이 원고를 읽고 비평해 준 교수의 제안을 받아들여, 원고를 기사화하는 동시에 완벽한 참고 자료를 첨부해서 하버드대학교 존 F. 케네디 행정대학교의 교수 논문 자료로 제시했다. 《LRB》는 광범위한 참고 자료나 각주를 허용하지 않았지만, 우리의 주장이 광범위한 근거에 바탕을 두고 있다는 사실을 독자들이 알기 원했다.
　기사에서 밝힌 우리의 주장은 명백했다. 미국이 이스라엘에 제공하는 방대한 물적, 외교적 지원 규모를 밝히고, 그것이 전략적으로나 도덕적으로나 설득력이 없음을 지적했다. 이런 지원이 가능한 이유는 이스라엘 로비, 즉 이스라엘에 유리한 방향으로 미국의 외교 정책을 이끄는 개인과 단체의 정치력 때문이다. 로비의 주체는 무조건적인 이스라엘 지원을 부추기는 일 외에 이스라엘과 팔레스타인의 갈등, 이라크 침공, 이란과 시리아 분쟁에 대한 미국의 정책 수립에 결정적인 역할을 담당했다. 이러한 정책이 미국의 국익을 저해할 뿐 아니라 장기적인 관점에서 이스라엘의 국익에도 해가 된다는 점을 지적했다.

　평론의 반응은 놀라웠다. 2006년 7월 케네디 스쿨의 웹사이트에서 27만 5000건 이상의 다운로드를 기록했다. 《LRB》의 기사 내용을 번역하거나 복사해 달라는 제안을 수없이 받았다. 첫 논평이 나가고 로비에 관여하는 개인과 집단의 비난이 빗발쳤다. 반인종주의연맹Anti-Defamation League, 《예루살렘 포스트》,《뉴욕 선》,《월 스트리트 저널》,《워싱턴 포스트》의 칼럼니스트는 우리가 반유대주의자라고 비방했다. 《뉴 리퍼블릭》은 우리의 주장을 반박하는 기사를 네 차례 냈고, 비평가는 우리의 논평에 역사적, 사실적 오류가 있다고 거짓으로 주장했다. 몇몇은 원고가 우리와 함께 망각의 늪으로 사라질 거라고 예언했다.

그들의 주장은 잘못으로 판명되었다. 유대인과 이방인을 포함한 수많은 독자가 그 기사를 지지하고 나섰다. 우리의 주장에 전부 동의하지 않지만 일찍이 그런 비평이 나왔어야 한다고 반응을 보였다. 예상대로 미국 밖에서의 반응은 호의적이었다. 이스라엘 내부에서도 긍정적인 반응을 보였다.《뉴욕 타임스》,《파이낸셜 타임스》,《뉴욕 리뷰 오브 북스》,《시카고 트리뷴》,《뉴욕 옵서버》,《내셔널 인터리스트》,《네이션》이 긍정적인 평가를 내렸다. 이스라엘의《하레츠》와 미국의《내셔널 퍼블릭 라디오》도 이 문제를 다루는 데 적지 않은 지면을 할애했다.

《포린 폴리시》는 2006년 7, 8월호에 이 기사와 관련한 심포지엄을 마련했다.《워싱턴 포스트 선데이 매거진》7월호는 우리가 거론한 이슈와 관련해 사려 깊은 표지 기사를 썼다. 그해 늦여름《포린 어페어스》의 비평가는 우리의 기사를 '미국 중동 정책에 유용한 패러다임의 변화를 일으킬 수 있는 냉철한 분석'이라고 평가했다.

2006년 한 해 동안 이스라엘과 미국의 중동 정책에 관한 논의에 변화가 일었다. 미국의 정책이 수립되는 과정과 로비의 역할에 관한 토론이 활발해졌다. 전적으로 우리 때문이라는 말은 아니다. 이스라엘이 참담한 결과를 경험한 2006년 여름의 레바논 전쟁, 이라크의 지속적인 실패, 지미 카터가《팔레스타인Palestine : Peace Not Apartheid》를 출간한 후 받은 공격, 미국과 이란의 끊임없

왜 미국은 이스라엘 편에 서는가

는 설전, 로비를 비판하는 유명인사의 입을 막거나 매수하려는 움직임이 수 그러들며 로비의 활동과 영향력이 표면으로 떠올랐다. 다수의 염원대로 이 주제를 공론화한다면, 활발한 토론으로 이어질 수 있다.

　미국-이스라엘공공문제위원회AIPAC나 크리스천 시오니스트(시온주의자)를 포함하여 로비스트단체가 미국 내 미국계 유대인 커뮤니티나 미국의 의견을 대표하는 주류가 아니라는 사실을 깨닫고 있다. 로비스트단체가 지지하는 정책이 미국과 이스라엘의 국익에 부합하는지 논란이 불거졌다. 일부 친이스라엘 그룹이 힘의 균형이 온건한 방향으로 기울어야 한다고 공개적으로 주장했다.《이코노미스트》나《뉴욕 타임스》와 같은 저명한 언론은 서로의 이익을 위해 새로운 관계 설정이 필요하다는 논평을 실었다. 이러한 사태의 진전을 고맙게 생각한다. 기사의 의도는 명료하고 허심탄회한 토론을 활성화하는 데 있었다. 날카롭고 대립적이며, 지나치게 개인적인 경향이 있지만 토론이 이뤄지고 있었다. 그럼에도 불구하고 이 책을 저술함으로써 지면상의 한계로 풀어내지 못한 사안을 기술하고, 첨예한 토론으로 이어질 수 있는 정보를 제공하고 싶었다.

　우리의 기사는 잡지 기준에서는 긴 편이었지만, 지면의 한계 때문에 많은 부분을 생략해야 했다. 불가피하게 축소했기에 첫 기사에 대해 오해의 소지가 충분했는데, 책을 통해 우리의 입장을 제대로 전달하고 싶었다. 로비의 완전한 정의, 크리스천 시오니즘Christian Zionism의 역할에 대한 폭넓은 논평을 실었고 로비의 변천 과정을 설명했다. 특히 팔레스타인에 대한 이스라엘의 행태를 구체적으로 설명했다. 미국 내 이스라엘 지지자에 대한 적대감과 이스라엘의 잘못을 부각하려는 의도가 아니다. 그것이 이스라엘을 예외적으로 지원하는 도덕적 정당성의 중심을 이루기 때문이다. 다시 말해 미국이 이스라엘을 예외적인 수준으로 지원하기 때문에 이스라엘의 행적에 집중하는 것이다. 논란을 가중시키는 이중 충성dual loyalty의 문제는 원래 기사에 빠져 있는 쟁점이다.

책을 통해서 기사에 대한 주요 비판에 응답할 수 있었다. 《런던 리뷰 오브 북스》와 《포린 폴리시》에서 주최한 심포지엄을 통해 기사의 반론에 반박하는 글을 썼다. 근거 없는 비판이 대부분이었지만 해석과 강조의 중요성을 거론한 비판도 있었다. 납득할 수 없는 비난도 최대한 수용하려고 노력했다. 또한 실증적인 내용을 보완하고 기사 내용을 갱신했다. 이라크 전쟁과 같은 중요한 사건의 추가 증거들이 밝혀졌다. 기사를 쓸 때 당시는 없었던 2006년 7, 8월 제2차 레바논 전쟁이 발발했다. 미국은 레바논 전쟁이 이스라엘의 국익에 해가 됨과 동시에 로비의 위력을 대변한다고 말한다. 로비의 활동 상황은 이란과 시리아에 대한 미국의 정책 변화, 카터 전 대통령과 역사가 토니 주트Tony Judt, 이스라엘의 대팔레스타인 정책을 옹호하는 것에서 드러난다.

미국이 어떻게 중동에서 국익 증진을 도모할 것인지, 미국과 전 세계가 친이스라엘 로비의 영향력을 어떻게 받아들여야 하는지 토론 기회를 제공했다. 이것은 중차대한 문제다. 중동은 예측을 불허하는 전략적 요충지다. 중동에 대한 미국의 정책은 광범위한 파급 효과를 낳는다. 이라크 전쟁이 시사하듯 그릇된 정책은 미국은 물론 전 세계에 엄청난 손상을 준다. 미국의 정책을 이끌어가는 힘이 무엇인지, 그 정책이 어떻게 자리해야 하는지 밝히는 것이 무엇보다 중요하다. 기사에 긍정적인 처방이 부족했으므로 마지막 장에서 미국의 중동 정책에 대한 다른 접근 방법을 요약했다. 로비의 위력을 약화하고 건설적으로 전환하는 방법에 대해 논했다.

중대한 현안을 공개적으로 토론하는 조짐은 고무적이다. 로비는 여전히 미국의 중동 정책에 지대한 영향력을 행사하고 있다. 미국과 이스라엘이 중동에서 경험하는 문제는 기사가 실린 후에도 해결되지 않았다. 실제로 사태는 악화되었다. 실패로 드러난 이라크전쟁은 이스라엘과 팔레스타인의 갈등을 고착시켰다. 팔레스타인에서 하마스[1]와 파타[2]가 패권 싸움이 일어나기도 했다. 헤즈볼라[3]의 역할이 중요하다. 이란은 완전한 핵연료 통제를 위해 힘쓰고, 알카에다는 테러를 멈추지 않고 있다. 세계 산업은 여전히 석유에 의존하고 있다. 쉽지 않은 문제들이다. 외교 정책에 영향을 끼치는 요인에 관한 심도 있는 토론은 해답의 발견으로 이어질 수 있다. 토론을 진행하는 데 미국의 성숙한 태도가 요구된다. 지속적인 토론을 격려하는 것이 우리가 이 책을 쓴 목적이다.

많은 분께 감사의 글을 썼지만 특별한 분이 있다. 지난 25년간 저명한 사회과학자 새뮤얼 P. 헌팅턴 교수와 우정을 나누며 도움을 얻었다. 그보다 훌륭한 롤 모델은 상상하기 어렵다. 중대한 문제를 다루는 과정에서 언제나 뛰어난 의견을 제시했다. 공개적으로 의견이 대립할 때도 있었지만 생산적인 토론이었다. 학자의 사명은 인기를 끄는 것이 아니다. 그는 지적인 논쟁이 학문의 발전과 건강한 민주주의 건설에 필수적임을 안다. 모범적인 학자의 길을 보여준 그에게 경의를 표한다. 기쁨으로 이 책을 헌납한다.

시카고대학교 교수 존 J. 미어샤이머
하버드대학교 교수 스티븐 M. 월트

서론

언제나 미국 대통령 선거의 결과를 미리 알 수 없지만 몇 가지 예측은 가능하다. 후보들은 건강관리, 낙태, 동성 결혼, 세금, 교육, 이민 문제 등 여러 사안에서 의견을 달리할 것이다. 수많은 외교 정책을 놓고 논쟁할 것이다. '미국은 이라크에서 어떤 행동 방침을 추구해야 하는가?', '다르푸르 사태', 이란의 핵 보유 야욕, 나토에 대한 러시아의 적대감, 중국의 군사력 증대에 대한 최선의 대응책은 무엇인가?', '어떻게 지구 온난화와 무장 테러에 대응하고 국제적으로 실추된 이미지를 쇄신할 것인가?' 등 많은 문제에서 팽팽한 의견 대립이 있을 것이다.

한 가지 주제에서는 모든 후보가 같은 목소리를 낼 것이다. 최고의 권력을 원하는 후보들이 이스라엘이라는 유대 국가를 전폭적으로 지원하는 데 찬성했다. 후보 각자가 이스라엘이 직면하고 있는 위협을 충분히 인식하고, 대통령으로 선출된다면 어떤 상황에서건 이스라엘의 국익을 수호할 것을 분명히 했다. 누구도 이스라엘을 비판하거나 미국이 중동 지역에서 공평한 정책을 추구해야 한다고 주장하지 않는다. 그런 사람은 실패할 것이다.

대통령 후보들은 2007년 초부터 이스라엘을 지지했다. 이스라엘의 안보 문제를 토론하는 허즐리아 연차 총회가 시작이었다. 조슈아 미트닉은 미국 주간지 《쥬이시 위크》를 통해 누가 가장 강한 어조로 유대 국가를 변호할 수 있는지 경쟁하는 것 같다고 말했다. 2004년 민주당 부통령 후보로 나온 존 에드워즈는 이스라엘 청중들을 향한 연설에서 미국과 이스라엘의 유대는 결코 끊어지지 않을 것이라 단언했다. 전 매사추세츠 주지사 밋 롬니는 "사랑

왜 미국은 이스라엘 편에 서는가

하는 나라에 와서 사랑하는 사람과 함께 있다"고 말하며, "이란의 핵무장 가능성에 대한 이스라엘의 우려를 알고 있다"고 했다. 이란은 핵무기 보유를 중단해야 하고, 중단될 수 있으며, 실패해야 한다고 강조했다. 전 미국 상원의원 존 매케인(1936~2018)은 "이스라엘을 지키는 문제에 관한 한 타협은 없다"고 말했다. 전 하원의장을 지낸 뉴트 깅리치는 이스라엘이 1967년 6일 전쟁에서 승리한 이래 생존권 위협에 직면했다고 역설했다.

이어서 2월 초, 뉴욕주의 민주당 상원의원인 힐러리 클린턴은 미국-이스라엘공공문제위원회AIPAC의 지역 회의에서 이스라엘에 관해 다음과 같이 연설했다. "이스라엘이 어려움을 겪고 있는 이 시점에 (…) 중요한 것은 우리의 친구, 우리의 우방, 우리의 가치를 수호하는 것이다. 이스라엘은 급진주의, 극단주의, 전제정치, 테러리즘 등 사악한 행위로 얼룩진 중동 지역을 대표하는 의로움의 표상이다." 민주당 후보 경쟁자 중 한 사람으로 일리노이주 민주당 상원의원이었던 버락 오바마는 한 달 뒤 시카고의 AIPAC 청중 앞에 섰다. 2007년 3월 선거 캠페인에서 팔레스타인의 고통을 언급한 오바마는 명백하게 이스라엘을 두둔했다. "대통령이 되면 미국과 이스라엘 관계에 변화를 줄 어떤 일도 하지 않을 것이다." 캔자스주 공화당 상원의원인 샘 브라운백과 뉴멕시코 주지사인 빌 리처드슨 역시 열정적인 어조로 친이스라엘 감정을 드러냈다.

이런 경향을 어떻게 설명할 것인가? 미국이 당면한 중요한 문제들에 대해서는 심각한 의견 차이를 보이면서, 미국의 중동 정책이 잘못되어 가는 시점에 이스라엘에 관해서만 의견 일치를 보이는 이유는 무엇인가? 이스라엘이 제약받지 않는 이유는 무엇인가? 미국의 정치 지도자들이 유례없는 존경심으로 이스라엘을 대하는 이유는 무엇인가?

일부는 이스라엘이 미국에 절대적인 전략적 자산이라고 한다. 실제로 테러와의 전쟁에 필요한 파트너라고 주장하는 사람이 있다. 이스라엘이 미국의 정신적 가치를 공유하는 유일한 국가이기에 지원하는 도덕적 명분이 강력하다고 주장하는 사람도 있다. 이는 모두 공정한 주장이 아니다. 워싱턴과 예루살렘의 밀착 관계는 미국을 표적으로 하는 테러리스트 격퇴를 어렵게 만든다. 동시에 중요한 동맹국과의 관계를 와해한다. 냉전이 종식된 지금, 이스라엘은 미국의 전략적 부채가 분명하다. 하지만 대통령 자리를 노리는 어떤 정치가도 그런 사실을 공언하지 않을 뿐 아니라 가능성을 거론하는 것조차 꺼린다.

이스라엘과의 무비판적이고 비타협적인 관계를 정당화하는 도덕적 근거는 없다. 이스라엘의 생존이 위협받는다면 미국이 힘을 다해 도와야 한다. 반면 이스라엘이 점령지에서 팔레스타인인들을 얼마나 잔인하게 대우하는지 생각한다면, 양측에 공정한 정책을 추구해야 한다. 오히려 팔레스타인을 끌어안는 것이 옳을 수 있다. 그러나 대통령 후보와 정치인의 입에서 그와 비슷한 소리를 기대할 수 없다.

미국 정치인들이 이스라엘에 그토록 존경심을 갖는 이유는 '이스라엘 로비의 정치력' 때문이다. 로비는 미국의 외교 정책을 친이스라엘 방향으로 이끌기 위해 적극성을 보이는 광범위한 계층의 개인과 단체를 의미한다. 그것은 중심 리더십을 갖는 운동이 아니다. 미국의 외교 정책을 통제하려는 비밀 결사나 음모도 아니다. 단순하다. 유대인과 이방인으로 구성된 강력한 이익집단일 뿐이다. 미국 내에서 이스라엘의 입장을 강요하고 미국의 외교 정책을 유대 국가에 유리한 방향으로 이끌기 위한 공통된 목적 의식을 갖는다. 로비에 참여하는 다양한 이익집단은 모두 미국과 이스라엘의 특별한 관계 증진을 소망한다. 물론 모든 사안에서 의견이 일치하는 것은 아니다. 여타의 인종 중심적 로비나 이익단체의 경우와 마찬가지로 이스라엘 로비는 합법적인 참여 민주주의의 형태로써 집단의 이익을 창출한다.

　이스라엘 로비가 미국 내에서 가장 강력한 이익집단으로 진화하면서 고위직을 꿈꾸는 후보자들이 주의를 기울이지 않을 수 없었다. 로비에 참여하는 미국 내 개인과 단체는 이스라엘에 깊은 관심을 두고 있으며, 그것이 정당하다고 생각한다. 이스라엘의 국익에만 도움이 되더라도 미국 정치가들이 이스라엘을 비판하는 것을 원치 않는다. 그들은 미국 정치가들이 이스라엘을 미국의 51번째 주로 취급하기를 원한다. 민주당과 공화당 모두 로비의 영향력을 두려워한다. 이스라엘의 정책에 반기를 드는 어떤 정치인도 대통령이 되기 힘들다는 사실을 알고 있다.

로비와 미국 중동 정책

　로비의 정치력이 중요한 이유는 미국의 외교 정책, 특히 중동 정책에 심각한 영향을 미치기 때문이다. 미국의 행동은 예측할 수 없는 지역은 물론 전 세계와 그곳에 살고 있는 사람들에게 심각한 결과를 초래한다. 부시 행정부가 일으킨 전쟁으로 이라크인은 황폐한 환경에서 오랜 고통에 시달렸다. 수만 명이 죽었고 수십만 명이 피난했다. 끝날 기약이 없는 분쟁이 장기간 지속되었다. 전쟁은 미국에 전략적 재앙을 안겨주었을 뿐 아니라 동맹국들을 위험에 빠뜨렸다. 이는 옳고 그름을 떠나 미국이 제멋대로 힘을 사용할 때 발생하는 악영향을 생생하게 보여준다.

　미국은 건국 초기부터 중동에 관여했지만 교육과 선교활동에 집중되어 있었다. 성경에서 유래한 '거룩한 땅'이라는 매력과 함께 유대주의의 역사적인 역할이 유대 민족의 고향을 회복하게 만드는 사명감을 갖게 했다. 이것은 특정 종교 지도자와 일부 미국의 정치가가 지지하는 대체적인 견해다. 제2차 세계대전 이후 그 지역에서 미국이 담당한 역할이 오늘날 이스라엘과 유지하고 있는 예외적인 관계의 근거로 보기 어렵다. 바르바리 해적[5]의 약탈이 횡행하던 200년 전과 제2차 세계대전 사이, 미국은 어느 곳에서도 안보를 담당하거나 추구한 적이 없다. 당시 대통령 우드로 윌슨이 1917년 밸푸어 선언 Balfour Declaration(제1차 세계대전 중 영국 외무장관 아서 밸푸어가 이스라엘이 팔레스타인에서 민족적 고향을 건설하겠다는 것을 지지한 선언)에 찬성했지만, 목적 달성을 위한 어떤 일도 하지 않았다.

1919년 파리 평화회의가 미국인 헨리 처칠 킹과 찰스 크레인이 이끄는 조사단을 중동에 파견한 것이 가장 중요한 미국의 참여다. 조사단은 피조사국이 시온주의자의 지속적인 침입에 반대하고 있으며, 독립적인 유대 국가 건설에 반대한 것으로 결론내렸다. 그러나 역사가 마거릿 맥밀런이 지적하듯 누구도 관심을 기울이지 않았다. 중동 일부 지역에 대한 미국의 위임통치 가능성이 고려된 바 있지만 추진되지 않았다. 영국과 프랑스가 오스만제국의 상당 부분을 차지하는 것으로 결말이 났다.

오일, 반공산주의 문제에 개입하는 것으로, 미국은 제2차 세계대전 이후 중동의 안보 문제에서 역할을 증대시켰다. 안보 정책과 관련한 첫 번째 중요한 사건은 1940년 중반에 사우디아라비아와 맺은 파트너십이다(중동에 대한 영국의 야욕에 제동을 거는 양국의 의지가 깔려 있었다). 1952년 튀르키예가 나토에 가입한 것이 공식적으로는 첫 동맹 관계였다. 1954년 반소 바그다드 조약the anti-Soviet Baghdad Pact이 이루어졌다. 1948년 이스라엘 건국을 뒷받침한 미국 지도자는 이스라엘과 아랍 사이에서 균형을 유지했다. 전략적 이해관계를 고려해 유대 국가와의 공식적인 약속은 하지 않았다. 이러한 상황은 10년 동안 6일 전쟁, 아랍 국가에 대한 구소련의 무기 판매, 점증하는 미국 내 친이스라엘단체의 영향력과 맞물려 변화했다. 미국의 극적인 역할 변화의 맥락에서 이스라엘을 과도하게 지원하는 미국의 정책을 두둔할 수 있는 역사적 근거는 없다. 현재 미국과 이스라엘의 기이한 관계를 설명할 수 있는 피치 못할 사정이나 운명도 없다.

　1967년 6일 전쟁 이후 미국 중동 정책의 핵심은 이스라엘과의 관계에 있다. 지난 약 60년간 미국은 다른 국가에 제공하는 총지원 규모를 웃도는 물적·외교적 자원을 이스라엘에 제공했는데, 대체로 무조건적이었다. 이스라엘이 어떤 행동을 하든 지원 규모는 유지되었다. 미국은 팔레스타인보다는 이스라엘 편에 섰으며, 요르단강 서안에 주거지와 도로 건설을 중지하기 위해 압력을 행사하지 않았다. 당시 빌 클린턴과 조지 부시 대통령이 팔레스타인 국가 건설을 지지했지만, 누구도 그것을 현실화시키는 데 필요한 영향력을 행사하지 않았다.

　미국은 이스라엘의 이익을 염두하고 광범위한 중동 정책을 펴왔다. 1990년대 초 미국의 대이란 정책은 이스라엘 정권의 요구에 영향을 받았다. 이스라엘과 미국 내 이스라엘 지지자들은 이란과 미국의 화해 움직임에 찬물을 끼얹었다. 2006년 이스라엘과 레바논 전쟁 당시 부시 행정부가 취한 행동이 하나의 예다. 전 세계가 이스라엘의 폭격 시위(레바논인 1000여 명이 사망했으며 대부분 민간인이었다)를 거칠게 비난했지만 미국은 침묵을 지켰다. 저명한 양당 의원이 공개적으로 이스라엘의 행위를 방어했고 이스라엘의 전쟁을 도왔다. 이러한 지원은 베이루트의 친미 정권을 약화시켰고 헤즈볼라에 힘을 실어주었다. 또한 이란, 시리아, 헤즈볼라를 결속시켜 워싱턴이나 예루살렘 어느 쪽에도 도움이 되지 않는 결과를 초래했다.

　이스라엘을 위해 추구해 온 정책이 미국의 국가 안보를 위협하고 있다. 이스라엘에 대한 미국의 지원과 이스라엘의 지속적인 팔레스타인 점령은 전 아랍 국가와 이슬람 세계의 반미 감정을 격화했다. 그 결과 국제적 테러 위협이 증가했고, 이란의 핵 문제 해결 등 다른 문제를 처리하기 어려워지고 있다. 미국이 중동 전역에서 인기를 잃고 있으므로 미국과 공동 목표를 추구할 수 있는 아랍 지도자들이 공개적인 지지를 회피한다. 이는 지역적 문제를 해결하기 위한 미국의 노력을 무력하게 만드는 요인이 되고 있다.

유례없는 현 상황은 이스라엘 로비에 기인한다. 쿠바계 미국인, 아일랜드계 미국인, 아르메니아계 미국인, 인도계 미국인과 같은 인종에 바탕을 둔 단체가 미국의 외교 정책을 그들이 선호하는 방향으로 기울게 하는 일은 있지만, 어떤 인종 로비도 미국을 국익에 어긋나는 정책으로 몰고 간 일은 없다. 이스라엘 로비는 미국인에게 미국과 이스라엘의 관심사는 본질적으로 같다는 확신을 심는 데 성공했다. 그러나 사실과 다르다.

이 책은 미국의 외교 정책에 대한 로비의 영향력과 그것이 미국에 미치는 악영향에 초점을 맞추고 있다. 로비는 이스라엘에도 피해를 주었다. 이스라엘 정착지를 예로 들어보자. 이스라엘에 우호적인 작가 레온 위셀티어는 역사적 관점에서 볼 때 그것은 도덕적·전략적 실수였다고 말한다. 미국이 재정적·외교적 영향력을 사용해 이스라엘이 요르단강 서안과 가자 지구에 추진하는 정착촌 건설을 중단하도록 설득하고, 실질적인 팔레스타인 국가를 건설하게 했다면 오늘날 이스라엘의 상황은 훨씬 나았을 것이다. 워싱턴은 그렇게 하지 않았다. 정치적 비용을 치러야 했기 때문이다. 2006년 레바논 전쟁을 일으키기 위한 군사전략이 실패할 수밖에 없는 사실을 주지시켰다면 이스라엘의 형편은 보다 나았을 것이다. 로비는 미국 정부가 이스라엘의 비생산적인 정책에 대한 비판을 불가능하게 함으로써 유대 국가의 장기적인 전망을 그르치고 있다.

왜 미국은 이스라엘 편에 서는가

로비의 방식

미국의 주요 미디어에 '미국의 외교 정책에 관한 로비의 영향력'에 대해 글을 쓰면, 반유대주의자라거나 자기혐오증에 빠진 유대인이라는 비난을 피하기 어렵다. 마찬가지로 이스라엘 정책과 미국의 지원 문제를 거론하기도 쉽지 않다. 이스라엘에 대한 미국의 관대하고 무조건적인 지원을 문제 삼는 일은 없다. 로비단체의 영향력이 비판적인 대중 담론을 해체하기 때문이다.

카터 전 대통령이 쓴《팔레스타인 Palestine : Peace Not Apartheid》에 대한 반응이 이런 현상을 설명한다. 카터의 책은 이 문제와 관련한 과거 30년의 경험으로 평화 조성을 위한 미국의 태도 변화를 촉구하는 개인적 탄원을 담고 있다. 합리적인 사람들은 그의 증거를 반박하거나 다른 견해를 보일 수 있다. 카터의 궁극적인 목표는 평화다. 평화와 안정을 누릴 이스라엘의 권리를 옹호한다.

점령 지구에 대한 이스라엘의 정책이 남아프리카의 인종차별주의 정권과 닮았음을 시사하고, 미국의 지도자가 친이스라엘단체 때문에 이스라엘 정부를 압박해서 평화를 조성하는 일이 어렵다고 공개적으로 선언했다. 많은 로비단체가 비방운동을 전개했다. 카터는 반유대주의자, 유대인 증오자라는 비난을 받았다. 어떤 사람은 나치주의에 동조한 자라고 공격했다. 로비의 목적은 현재의 미국과 이스라엘 관계를 확고하게 유지하는 것이다. 실제로 그들이 주장하는 전략적·도덕적 명분이 뚜렷하지 못하기 때문에 진지한 토론이 어렵다.

미국인이 대체로 이스라엘에 호의적임에도 특정한 이스라엘 정책에는 비판적인 시각을 가지고 있으며, 이스라엘의 행동이 미국의 국익에 위배된다면 도움을 중단해야 한다고 답했다.

로비의 영향력에 대한 공개적인 토론의 장이 마련될 때 대중이 그것을 알수 있고, 이스라엘과 미국의 특별한 관계에 관한 현실적인 안목을 가질 수있다. 로비와 이스라엘을 향한 대중의 견해는 부정적이다. 그런데 이스라엘에 비판적 입장을 취하지 않고 미국에 이익이 되는 정책을 수립하지 않는지의아하다. 미국인은 일정 조건에 이스라엘을 지원하라고 정치인에게 요구하지는 않는다. 본질적으로 이스라엘과 미국의 관계에 대한 대중의 생각과 정치 엘리트의 행태에는 극명한 격차가 있다.

격차의 요인은 엘리트 내부에서 평판이 자자한 로비의 힘이다. 민주당, 공화당 구분 없이 정책의 결정 과정에서 중대한 영향력을 행사하는 것은 물론이다. 행정부에서의 위력은 더 막강하다. 저널리스트 마이클 매싱은 이스라엘에 우호적인 의원의 말을 인용한다. "의원 중 절반 이상, 즉 250~300명이 AIPAC의 요구에 즉각 반응한다." 마찬가지로 《뉴요커》의 제프리 골드버그는 정부 문건을 이스라엘에 빼돌린 혐의로 기소된 전 AIPAC의 간부 스티븐 로슨이 자기 앞에 냅킨을 놓으며, "24시간 안에 이 냅킨에 상원의원 70명의 사인을 받아낼 수 있다"는 말을 인용하며 AIPAC의 위력을 설명했다. 이것은 허풍이 아니다. 앞으로 분명해지겠지만 이스라엘과 관련한 문제가 거론될 때 의원들은 로비의 편에 선다. 그 수는 압도적이다.

왜 이스라엘 로비에 대해 말하는 것이 어려운가?

미국은 언론과 연합의 자유가 보장되는 다원적 민주주의 체제이기 때문에 이익집단이 정치 과정을 지배하는 현상이 발생한다. 이민자로 구성된 국가로서 소수민족을 기초 단위로 이익집단이 형성되고, 미국 외교 정책에 영향을 주기 위해 여러 가지 형태로 노력하는 것은 어쩔 수 없다. 쿠바계 미국인은 카스트로 정권에 대한 금수 조치를 유지하기 위해 로비활동을 벌였다. 아르메니아계 미국인은 워싱턴으로 하여금 아제르바이잔의 1915년 대량 학살을 인정하도록 압력을 가했고, 아제르바이잔과의 관계를 제한하기 위해 힘썼다. 인도계 미국인은 안보 조약과 핵 협력에 관한 체결을 지지하는 운동을 펼쳤다. 미국이 건국된 이래 이러한 활동이 정치의 중심을 이뤘다.

  미국인이 공개적으로 이스라엘 로비를 거론하기란 쉬운 일이 아니다. 로비는 영향력이 크고, 그 영향력을 홍보하는 데 열중한다. 로비가 미국의 이익에 반할 수 있다고 주장하는 사람은 심각한 공격을 당할 수 있다. 이스라엘 로비의 관행이나 결과에 의문을 제기하면, 이스라엘 국가의 합법성 자체를 의문시하는 것으로 받아들여진다. 이스라엘의 합법성이나 생존권이 공격받는다고 느낄 때 적대적인 반응이 따른다. 이스라엘의 강한 신념을 많은 사람이 공감하고, 이스라엘이 홀로코스트에서 도피한 난민의 피난처라는 중요한 의미를 갖고, 유대인 정체성의 중심점이라는 점을 감안하면 수긍할 만하다.

  그러나 이스라엘의 정책이나 미국 지지자들의 노력을 평가하는 것이 반이스라엘을 의미하지 않는다. 미국은퇴자협회AARP[6]의 정치적 활동에 대한 평가가 노년층을 부정하지 않는 것과 마찬가지다. 우리는 이스라엘의 생존권에 도전하거나 유대 국가의 합법성을 부정하지 않는다. 이스라엘의 건국 자체를 부정하거나, 현재의 유대 국가에서 두 민족의 민주주의로 변혁해야 한다고 주장하는 사람들이 있다. 우리는 생각이 다르다. 유대 민족의 역사와 민족자결 규범이 유대 국가에 충분한 합법성을 제공한다고 믿는다. 이스라엘의 생존권이 위협을 받으면 미국이 이스라엘을 도와야 한다고 생각한다. 책의 일차적인 초점은 이스라엘 로비가 미국 외교 정책에 미치는 부정적인 영향에 맞춰져 있다. 이것은 이스라엘 당국에도 적지 않은 피해를 주었다.

  유대인으로 구성된 대부분의 이익집단이 미국 외교 정책에 끼친 부정적인 영향을 주장하는 것이 일부 미국인을 불편하게 할 것이다. 악명 높은 시온장로의정서_{Protocols of the Elders of Zion}, 즉 유대인의 음모가 전 세계의 비밀을 통제한다고 선전하는 반유대적 허구로 들리기 때문이다. 유대인의 정치권력에 대한 어떤 이론도 2000년 역사의 그늘, 특히 반유대주의가 판을 치던 유럽의 지난한 역사를 비껴갈 수 없다. 십자군 전쟁 당시 기독교인은 수천 명의 유대인을 학살했다. 1290년에서 1497년까지 영국, 프랑스, 스페인, 포르투갈, 그 밖의 다른 지역으로 유대인을 대량 추방했으며, 게토(유대인이 모여 살도록 법으로 강제한 구역)에 감금했다. 유대인은 스페인의 종교 재판 당시 끔찍한 박해를 받았고, 동유럽과 러시아에서 조직적인 학살을 당했다. 최근까지 형태를 달리한 반유대적 편견이 널리 퍼져 있다. 이런 부끄러운 기록은 600만 명에 이르는 유대인을 학살한 나치 홀로코스트에서 종지부를 찍었다. 유대인은 아랍 여러 곳에서 박해받았다.

이런 역사를 생각할 때 미국유대인의 정책을 비판하는 것은 매우 민감하다. 민감함은 의정서에 포함된 괴이한 음모론을 떠올릴 때 심화된다. 유대인의 영향력은 신나치주의자나 KKK단의 전 리더 데이비드 듀크 같은 선동가의 주된 공격 목표가 되었고, 유대인의 우려를 강화하는 결과를 가져왔다.

반유대적 비판의 중심에 유대인이 은행, 미디어, 기타 핵심적인 기관을 통제함으로써 불법적인 영향력을 행사한다는 주장이 있다. 미국 신문이 적대 세력에 비해 이스라엘에 우호적인 경향이 있다는 주장이 나올 때, 어떤 사람은 유대인이 미디어를 통제한다는 말로 받아들인다. 마찬가지로 미국유대인이 자선 행위나 정치적 명분으로 헌금을 내는 데 인색하지 않다고 이야기할 때, 모종의 음모가 있어서 자금력을 바탕으로 정치적 영향력을 사기 위해 뒷거래한다는 말로 받아들여질 수 있다. 정치적 캠페인에 기부금을 내는 사람은 일정한 정치 명분을 살리는 데 목적을 둔다. 실제로 모든 이익집단이 여론을 형성할 뿐 아니라 자신들의 입장에 우호적이도록 미디어를 통제한다.

　　　　　　　　　　　　　　　　　　　왜 미국은 이스라엘 편에 서는가

이익집단의 정치기부금이나 로비, 기타 정치활동을 평가하는 것은 문제가 아니다. 과거의 반유대주의를 감안한다면 제약회사들의 로비, 노동조합, 무기 생산업자, 인도계 미국인 등의 로비에 대해 이야기하는 것보다 이스라엘 로비를 이야기하는 것이 얼마나 어려운지 이해할 수 있다.

이중 충성이라는 해묵은 주장

친이스라엘 개인과 단체에 대한 논의를 어렵게 하는 요인은 이중 충성dual loyalty이라는 해묵은 주장이 있다. 전해 내려오는 근거 없는 낭설로, 전 세계에 흩어져 사는 이스라엘인은 자신들이 사는 나라보다 그들 상호 간의 충성심이 깊어서 국가에 동화되지 않는 '영원한 이방인'이라는 것이다. 오늘날 이스라엘을 지지하는 사람은 충성심이 없는 미국인으로 보일까 두려워한다. 전 미국유대인위원회의 워싱턴 대표인 하이먼 북바인더는 이중 충성에 관해 이렇게 논평했다. "유대인은 그들이 이스라엘 지원에 전념하는 것에 대해 애국심이 없는 것 같이 보인다는 주장에 비이성적으로 반응한다."

분명히 해두자. 우리는 반유대적인 모든 주장에 반대한다. 미국인이 특정한 외국에 우호적인 입장을 취하는 것은 법에 어긋나지 않는다. 미국인은 이중 국적을 가질 수 있을 뿐 아니라, 미국과 전쟁 중인 나라가 아니면 어떤 나라에서라도 병역의 의무를 질 수 있다. 언급한 것처럼 미국에는 강한 유대 관계인 외국을 지원하기 위해 자국인과 함께 미국 정부를 설득하려고 심혈을 기울이는 이익집단의 사례가 있다. 통상적으로 많은 외국 정부가 자신들의 입장에 서서 활동을 벌이는 인종적 바탕을 가진 이익집단이 있다는 사실을 안다. 그들을 이용해서 미국 정부에 영향력을 행사하고 외교 정책의 목표를 달성해 왔다. 유대계 미국인도 마찬가지다.

이스라엘 로비는 음모나 불법 공모가 아니다. 지극히 미국적인 이익집단이 정치에 참여하는 모습이다. 미국 내 친이스라엘단체도 미국총기협회NRA와 미국은퇴자협회AARP, 미국석유기구API와 같은 직업적인 단체와 똑같이 활동한다. 그들은 국회의 입법 행위와 대통령의 당선 순위에 영향을 미치기 위해 최선을 다한다. 대부분의 정치적 활동은 공개적이다. 예외적인 사항을 제외하고는 로비활동은 철저하게 미국적이고 합법적이다.

우리는 로비가 전능하다고, 그것이 미국의 중요한 기구를 통제한다고 생각하지 않는다. 로비가 관철시키지 못한 사안이 많다. 그럼에도 불구하고 로비가 인상적인 영향력을 행사한다는 충분한 근거가 있다. 가장 영향력 있는 친이스라엘단체 중 하나인 AIPAC은 인상적인 성취 결과를 웹사이트에 나열한다. 그것이 얼마나 큰 영향력으로 이스라엘에 유리한 정책을 끌어내는지 유력한 정치인의 증언을 제시하며 위력을 자랑한다. 예를 들어 전 의회 소수당 원내총무 리처드 게파트가 AIPAC 관계자의 모임에서 연설한 일부분이 웹사이트에 올라 있다. "여러분의 끊임없는 지지와 (…) 미국과 이스라엘의 관계 증진을 위한 여러분의 지속적인 투쟁이 없다면 불가능한 일입니다." 이스라엘을 비판하는 사람이 있을 때 서슴지 않고 반유대주의자로 낙인을 찍는 하버드대학교 법학 교수 앨런 더쇼비츠는 회고록에 "우리 세대는 (…) 로비와 자금 동원에 있어서 민주주의 역사상 가장 효과적이라고 보아도 지나치지 않다. 정말 위대한 일을 해왔다"라고 썼다.

미국 내 유대계 주간지 《포워드》의 전 편집장이자 《유대인의 힘Jewish Power : Inside the American Jewish Establishment》의 저자인 J. J. 골드버그는 로비를 거론하는 것이 얼마나 어려운 일인지 설명한다. 유대인이 광범위하고 악의에 찬 통제권을 쥐고 있거나 영향력이 전혀 없는 것, 둘 중 하나를 선택하도록 강요당하는 것 같다고 말한다. 그는 기록한다. "이 둘 사이에 누구도 언급하지 않는 현실이 존재한다. 정치 투쟁에 저돌적으로 관여하는 조직과 유명인사로 이루어진 실체, 즉 유대인 공동체가 있다는 의미다. 누구나 즐기는 게임에 빠진다고 나쁠 것이 없다." 전적으로 동의한다. 그러나 저돌적 이익단체의 정치가 미국과 전 세계에 미칠 효과를 평가하는 것이야말로 공정하고도 절박한 일이라고 생각한다.

우리의 주장은 무엇인가

미국은 이스라엘에 예외적인 물적·외교적 지원을 하고 있다. 로비가 그러한 지원을 가능하게 하는 중요한 이유다. 무비판적이고 무조건적인 관계는 미국의 국익에 배치된다는 사실을 역설할 것이다. 우리는 다음과 같이 논리를 전개한다.

1장(거대한 수혜자)에서는 미국이 이스라엘에 제공하는 경제적·군사적 도움을 기술하고 워싱턴이 제공하는 외교적 지원을 다룰 것이다. 이어서 이스라엘에 특혜를 주기 위해 고안된 미국 중동 정책의 다른 요인을 살펴볼 것이다. 2장(이스라엘은 전략적 자산인가, 부채인가?)과 3장(설득력을 잃어가는 도덕적 근거)에서는 이스라엘이 미국으로부터 받는 예외적인 지원을 정당화하기 위해 통상적으로 거론되는 중요한 주장을 살펴본다. 비판적 평가는 방법론적인 필요성 때문에 중요하다. 이스라엘 로비의 영향력을 평가하려면 두 국가 간에 존재하는 특별한 관계를 설명할 수 있는 근거가 검토되어야 한다.

2장에서는 이스라엘이 소중한 전략적 자산이기 때문에 지원할 가치가 있다는 주장에 대해 검토한다. 냉전 중에는 이스라엘이 전략적 자산이었을지 몰라도 이제 전략적 부채가 되고 있다. 이스라엘에 대한 지원은 미국의 테러 문제를 악화할 뿐 아니라 중동과 관련한 문제를 해결하는 데 걸림돌이 된다. 이스라엘을 무조건 지원하는 것은 다른 나라와의 관계를 복잡하게 만들어 미국이 추가 비용을 지불하게 만든다. 이스라엘을 지원하는 데서 오는 혜택은 줄어든 반면, 지원 비용은 증가했다. 이로 미루어 전략적 필요성 외에 다른 것이 작용한다는 사실을 알 수 있다.

3장에서는 이스라엘과 미국 지지자가 유대 국가에 대한 미국의 지원을 설명하기 위해 흔히 사용하는 도덕적 근거를 살펴본다. 특히 공통된 민주적 가치 때문에 이스라엘을 돕는다는 주장에 대해 알아본다. 이스라엘은 강력한 골리앗을 상대하는 연약하고 공격받기 쉬운 다윗이다. 현재까지의 행위가 적대국에 반해 윤리적이라는 주장, 이웃 국가는 항상 전쟁을 선택한 데 반해 이스라엘은 평화를 추구해 왔다는 이유로 이스라엘을 돕는다는 주장에 대해 생각한다. 결론적으로 이스라엘의 생존권에 관한 도덕적 근거는 있지만, 무조건적인 지원에 대한 설득력 있는 도덕적 근거는 없다. 설득력을 잃어가는 도덕적 근거와 증가하는 미국의 지원을 연결할 때, 다른 요인이 작용하고 있음을 감지할 수 있다.

전략적 이해관계나 도덕적 근거로는 미국의 지원을 충분히 설명할 수 없다. 우리는 다른 요인으로 주위를 돌릴 것이다. 4장(이스라엘 로비란?)에서 로비를 구성하는 다양한 구성원을 살피고 광범위한 연합이 어떻게 탄생하는지 알아본다. 그것이 하나의 통일된 움직임이 아니며 다른 구성원이 때로는 특정한 문제에 대해서 의견 대립을 보인다는 사실, 로비가 유대인과 크리스천 시온주의자를 포함하는 비유대인 양쪽을 포괄한다는 사실을 강조할 것이다. 소위 '석유 로비'라고 불리는 아랍계 미국인이 이스라엘 로비의 진정한 대항세력이 될 수 있는지, 미국의 중동 정책에 대한 조종자의 기능을 발휘하는지 생각한다. 이라크 침공은 석유 때문에 일어났다고 믿는 사람이 많다. 미국이 이라크를 공격하도록 막후에서 영향력을 행사한 것은 석유회사라고 대부분 생각한다. 석유를 얻는 것은 미국의 중요한 관심사다. 하지만 그들의 영향력

왜 미국은 이스라엘 편에 서는가

때문에 이라크를 침공한 것은 아니다. 아랍계 미국인, 석유회사, 사우디 왕가는 미국의 외교 정책에 대한 영향력 행사에 이스라엘에 보다 소극적인데 그럴 만한 이유가 있다.

5장(정책 과정 이끌어가기)과 6장(대중 담론 지배하기)에서 로비그룹이 이스라엘의 유익을 도모하기 위해 펼치는 다양한 전략을 기술한다. 그들은 미국 의회를 상대로 직접적인 로비활동을 벌이는 것 외에 선거자금의 흐름을 조종하는 방법으로 정치가를 보상하거나 보복한다. 로비에 참여하는 조직은 다양한 메커니즘을 통해 행정부에 압력을 가한다. 자신들의 견해에 동조하는 정부 관료도 포함된다. 미디어와 학계에 압력을 가하고 영향력 있는 외교 정책 싱크탱크에 관여해서 담론을 형성한다. 이스라엘을 비판하는 반유대주의를 공격하고, 미국과 이스라엘의 관계에 도전하는 사람을 처벌하기 위해 고안된 책략이 대중의 인식을 통제하는 수단으로 사용된다.

파트 II에서 중동 정책을 수립하는 데 로비가 맡은 역할을 추적한다. 미국의 의사 결정에 영향을 주는 요인이 로비만은 아니라는 사실을 강조할 것이다. 로비가 모든 문제를 해결하는 것은 아니므로 모든 쟁점에 관여하지 않지만, 미국의 외교 정책을 형성하는 데 매우 효과적이다. 유감스럽게도 로비의 성공으로 결정된 정책이 미국에 상당한 피해를 주었을 뿐 아니라 이스라엘에도 도움이 되지 못했다.

7장(로비와 팔레스타인인들)에서는 상황 설정을 위해 간단한 서론을 붙인다. 미국은 팔레스타인의 염원을 묵살하거나 제한하기 위한 이스라엘의 노력을 지원했다. 9·11 사태 이후 조지 부시 전 대통령이 시도했듯이, 이스라엘에 정치적 압력을 가하거나 이스라엘의 정책과 거리를 두려고 했을 때 로비가 개입해서 사안을 원점으로 되돌렸다. 시간이 갈수록 미국의 이미지가 실추되었고 이스라엘과 팔레스타인의 경계선 양쪽에서 고통이 지속되었다. 팔레스

타인에서 폭력 사태가 늘어갔다. 이런 추세는 미국이나 이스라엘에 도움이
되지 않는다.

8장(이라크와 중동 변혁의 꿈)에서 신보수주의자가 참여한 로비가 2003년 이
라크 침공의 주요인으로 작용했는지 살펴본다. 우리는 로비가 전쟁을 일으
킨 것이 아니라는 점을 강조한다. 9·11 사태는 부시 행정부의 외교 정책에
많은 영향을 주었고, 후세인 정권을 무너뜨린다는 결정을 추동했다. 로비의
영향이 없었다면 전쟁은 일어나지 않았을 것이다. 로비는 미국에 전략적 패
배를 안겨주었고 이스라엘의 강력한 적수인 이란이 실질적인 이득을 본 전
쟁을 일으켰다.

9장(시리아 겨냥하기)에서 미국과 알아사드 정권의 불편한 관계를 언급한다.
이스라엘 정부의 바람대로 워싱턴의 대시리아 정책을 수립하는 데 공로한
로비의 영향력을 살핀다. 로비에 관여하는 핵심 그룹이 영향력을 발휘하지
않았다면 미국과 시리아가 동맹국은 아닐지라도 우호적인 관계를 맺었을 것
이다. 유효한 방법으로 시리아와 협력할 수도 있었다. 로비가 아니라면 이스
라엘과 시리아의 평화조약이 체결됐을 수 있고, 다마스쿠스(시리아의 수도)가
헤즈볼라를 지지하지 않았을 것이다. 그렇다면 워싱턴과 예루살렘 모두에게
좋은 결과를 가져왔을 것이다.

10장(조준선에 든 이란)에서 미국의 대이란 정책을 수립하는 과정에 로비가
어떤 역할을 했는지 추적한다. 1979년 이란 국왕이 폐위된 후 워싱턴과 테헤
란은 불편한 관계를 유지했다. 한편 이스라엘은 이란이 핵무기를 보유하기
위한 야욕을 가졌을 뿐 아니라 헤즈볼라를 지원한 점에서 가장 위험한 적으
로 간주했다. 이스라엘과 로비단체는 미국을 압박해 이란을 추적했고, 화해
의 기회를 무산시켰다. 유감스럽게도 이란의 핵 보유 야욕은 강해졌고 급진
적인 세력(예를 들어 전 대통령 마흐무드 아마디네자드[7] 같은 사람)이 권력을 잡자,
사태는 더욱 악화되었다.

왜 미국은 이스라엘 편에 서는가

11장(로비와 제2차 레바논 전쟁)의 주제는 레바논이다. 2006년 여름 헤즈볼라의 부당한 도발에 대해 이스라엘은 전략적으로 어리석을 뿐 아니라 도덕적인 잘못이라고 반응한다. 미국은 로비 때문에 이스라엘을 돕는 일 외에 어떤 일도 하기 힘들었다. 로비가 미국과 이스라엘의 국익에 악영향을 준 전형적인 사례다. 미국의 정책 입안자가 이스라엘에 정당한 충고를 하지 않음으로써 미국의 국가적 위상을 실추하고, 베이루트에서 민주적으로 선출된 정권을 약화시키고 헤즈볼라 세력을 강화시켰다.

결론(그렇다면 어떻게 해야 하나?)에서 총체적인 난국을 개선할 대안을 논한다. 중동에서 미국이 얻을 수 있는 이점에 대해 알아보고, 이것을 효과적으로 취할 수 있는 역외 균형자론Offshore Balancing에 대해 개관한다. 미국이 이스라엘에 대한 우호적인 태도를 버려야 한다고 주장하는 것은 아니다. 생존권이 위협을 받으면 이스라엘을 도와야 한다. 다만 이스라엘이 받는 특권적 수혜를 철회하고 팔레스타인 점령을 포기한다는 조건으로, 미국에 이익이 되는 정책을 따른다는 조건하에 지원해야 한다. 이러한 변화를 이루기 위해서 로비의 정치적 영향력과 함께 정책 의제의 변화가 필요하다. 로비가 어떻게 수정되어야 하는지 몇 가지를 제안한다.

도움을 준 사람들

도움을 받지 않고 책을 쓸 수 있는 사람은 없다. 이 주제를 먼저 연구한 학자들에게 도움을 얻었다. 신뢰할 만한 자료를 통해 이익집단의 규모가 미약할지라도 엄청난 영향력을 행사할 수 있음을 알았다. 인종에 기반을 둔 로비 그룹이 미국의 외교 정책에 끼친 영향을 연구한 자료를 통해 로비가 여타의 단체와 다를 바 없는 상식적인 활동일 수 있지만, 특별한 영향력을 가진다는 점에서 차별화된다는 사실을 확인했다. 저널리스트, 학자, 과거 정치가가 나름의 입장에서 쓴 자료는 유익한 정보를 제공했다. 우리의 연구가 선배들이 다져놓은 길을 연장하는 계기가 되길 바란다.

한꺼번에 나열할 수는 없지만 미국의 중동 정책이 가진 특정한 형태, 미국과 이스라엘의 관계, 특별한 정치적 쟁점을 다룬 연구도 많은 도움을 주었다. 스티븐 L. 스피겔의《또 하나의 갈등The Other Conflict : Making America's Middle East Policy from Truman to Reagan》, 워렌 바스의《모든 친구를 도와라Support Any Friend : Kennedy's Middle East and the Making of the U.S.–Israel Alliance》는 로비의 영향력을 경시하는 경향이 있지만 그에 대한 상당한 증거를 담고 있다.

슐로모 벤아미, 심하 플라판, 버루크 킴머링, 베니 모리스, 일란 파페, 톰 세게브, 아비 슐라임, 지브 슈테르헬 같은 이스라엘 학자는 광범위한 고고학 연구를 통해 이스라엘 건국, 주변국들과 팔레스타인에 대한 정책의 통념을 뒤엎는 데 성공했다. 다른 나라의 학자도 역사적 기록을 바로잡는 데 기여했다. 이들의 노력에 힘입어 통상적으로 유대인을 선한 사람으로, 아랍인을 악인으로 만든 낭만적인 건국 이론이 빛을 잃게 되었다. 이들의 연구는 이스라엘이 독립을 쟁취한 뒤 일반적으로 알려진 것보다 팔레스타인과 아랍국에 훨씬 공격적이었다는 사실을 밝히고 있다. 역사가들 사이에서도 논쟁이 있다. 우리는 모든 주장을 받아들이지 않는다. 그들의 목소리는 단순한 학문적 관심에 지나지 않는다. 팔레스타인 대신 이스라엘을 지원하는 도덕적 근거와 관련해 함축적인 의미를 담고 있기 때문이다. 미국이 이스라엘에 그토록 관대하고 무조건적인 지원을 보내는 데 왜 많은 아랍과 이슬람 국가가 분개하는지 이해할 수 있다.

참고 자료에 대한 노트

참고 자료에 대한 간단한 설명이 필요하다. 참고 자료의 많은 부분, 특히 파트 II는 어떻게 전개될지 알 수 없는 사건을 다룬다. 학자들이 현재 진행되고 있는 사건에 대한 공식적인 자료를 접하기 쉽지 않기 때문에 신문, 잡지, 라디오, 텔레비전 방영 내용, 개별 인터뷰에 의존할 수밖에 없었다. 몇몇 경우는 오점이 허다한 기록인 줄 알면서 인용할 수밖에 없었다. 공식적인 기록이 나올 경우 책의 일부가 사실과 다른 것으로 드러날지 모른다.

이스라엘 학자들의 글과 함께 《하레츠》, 《예루살렘 포스트》에 의존했다. 미국 내 유대계 신문인 《포워드》와 《쥬이시 위크》도 빼놓을 수 없다. 이와 같은 언론은 미국의 주류 미디어에서 얻을 수 없는 중요한 정보를 담고 있다. 우리의 견해에 동의할 가능성이 희박하다는 점에서 신뢰성을 높이는 데 도움을 준다고 생각한다.

결론

미국이 이스라엘에 제공하는 물적·외교적 지원을 설명하는 것으로 분석을 시작한다. 미국이 유대 국가에 지원한다는 사실이 머리기사 감은 못 될지라도 독자는 아낌없는 원조의 실제 규모와 다양성을 아는 것만으로 놀랄 것이다. 원조 규모를 밝히는 것이 다음 장의 주제다.

차례

PART I
미국, 이스라엘 그리고 로비

PART II
로비의 실제

이스라엘과 인접국가들

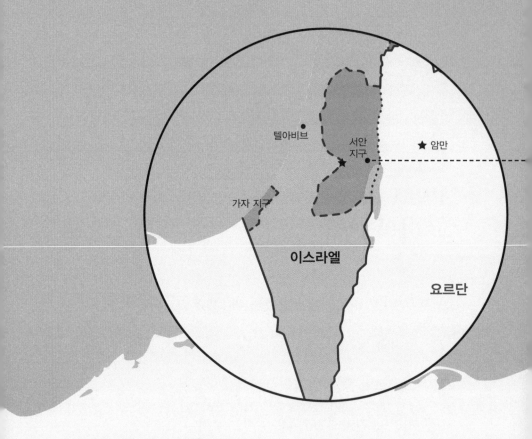

텔아비브

서안
지구

★ 암만

가자 지구

이스라엘

요르단

이집트

★ 카이로

시나이
반도

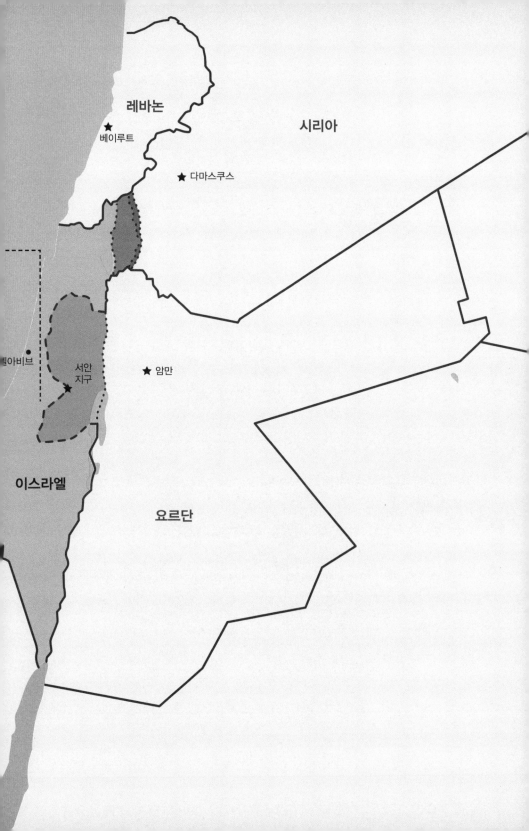

레바논

시리아

★ 베이루트

★ 다마스쿠스

텔아비브

서안
지구

★ 암만

★

이스라엘

요르단

PART I

미국, 이스라엘 그리고 로비

거대한 수혜자
THE GREAT BENEFACTOR

1장

1994년 6월 26일, 당시 이스라엘 총리 이츠하크 라빈은 양원 합동회의에서 감사의 뜻을 표했다. "우리가 어떻게 감사를 드려야 할지 모르겠습니다. 존경하는 미국 국민 여러분, 현대 사회에서 유례를 찾을 수 없는 여러분의 지원과 이해, 협조에 대한 감사의 마음을 말로 표현할 수 없습니다."

라빈이 비극적인 피살을 당하고 2년 후, 그의 후계자인 베냐민 네타냐후는 같은 자리에서 감사를 표했다. "미국이 이스라엘에 베풀어 준 도움을 어떻게 말로 표현할 수 있겠습니까? 미국은 정치적·군사적 지원뿐 아니라, 경제적인 도움도 아끼지 않았습니다. 이스라엘은 미국의 도움에 힘입어 강력하고 현대적인 국가로 성장하고 있습니다. 이스라엘 국민과 전 세계의 유대인을 대신해 말씀드립니다. 미국 국민 여러분, 감사합니다."

라빈과 네타냐후의 연설은 미국을 방문하는 외국사절에게서 으레 들을 수 있는 감사의 말과는 다르다. 지금까지 미국이 이스라엘에 제공해 온 엄청난 지원을 표현하고 있다. 미국 납세자의 돈은 이스라엘의 경제 발전을 뒷받침했고, 이스라엘이 금융 위기에 처해 있을 때 구제해 주었다. 미국의 군사원조는 전시에 이스라엘군을 강력하게 지원했고 중동에서의 군사적 우위를 보장했다. 워싱턴은 이스라엘에게 전시는 물론 평화 시에도 광범위한 외교적 지원을 했으며, 이스라엘이 저

PART I 미국, 이스라엘 그리고 로비

지른 일에서 발생하는 부정적인 결과에서도 지켜주었다. 캠프 데이비드 협정이나 이집트와 요르단과 맺은 평화조약에서 알 수 있듯, 미국의 원조는 아랍과 이스라엘의 평화협상에서 핵심적인 역할을 담당했다.

경제원조의 시작

미국이 취하는 이스라엘의 우호적인 자세를 드러내는 지표는 이스라엘이 미국 납세자에게서 받아 온 원조 총액이다. 2005년 미국의 경제적·군사적 지원액은 1540억 달러(2005년 시세 기준)에 달했다. 차관보다는 대부분 직접 보조금의 형태였다. 실질적인 원조 규모는 훨씬 크다. 직접 원조는 특별히 유리한 조건으로 제공되며, 외국 지원 예산에 잡히지 않는 방법을 빌려 물자를 원조한다. 오늘날 이런 수준의 지원은 문제시되지 않는다. 이스라엘 건국 이래로 수 세기 동안 존재하지 않던 특별한 관계가 있다는 사실을 잊기 쉽다.

제2차 세계대전이 발발하기 전, 미국 지도자들이 '이스라엘의 회복'이라는 시온주의자의 염원을 지지했지만 어떤 대통령도 목적을 진전시키기 위해 힘을 쏟지 않았다. 해리 S. 트루먼 대통령이 1947년 UN의 팔레스타인 분리 계획을 지지하고, 1948년 이스라엘의 독립 선언 직후 이스라엘을 승인하기로 함으로써 이스라엘 국가 건설에 결정적인 역할을 했다. 트루먼이나 아이젠하워 행정부 모두 이스라엘을 지나치게 끌어안으면 아랍 세계와의 관계가 손상될 수 있고, 소련이 중동에서 영향력을 확대하는 기회를 제공할 수 있다는 사실을 알았다. 미국은 1950년대 내내 이스라엘과 아랍 국가 사이에서 균형을 잡았다. 이스라엘에 대한 원조 규모는 미미했고 직접적인 군사원조를 제공하지 않았다. 미국의 무기를 사들이겠다는 요구도 안전보장을 요구하는 것으로 해석하고 정중하게 거절했다.

이 시기 워싱턴과 예루살렘 사이에는 날카로운 외교적 충돌이 있었다. 1953년 9월 UN은 이스라엘이 요르단강의 흐름을 돌리는 목적으로 추진하던 운하 건설을 중단하라고 명령했다. 그러나 이스라엘이 이를 무시하자 당시 국무장관 존 포스터 덜레스는 미국의 원조를 중지하겠다고 선언했다. 위협은 효력을 발휘했고, 10월 27일 이스라엘의 공사 중단을 선언함과 동시에 미국 원조가 재개되었다. 1956년 수에즈 전쟁에서 이집트로부터 빼앗은 영토에서 철수하라고 이스라엘을 설득하는 데 미국 원조 중단이라는 유사한 협박이 결정적인 역할을 했다. 이스라엘의 초대 총리 다비드 벤구리온David Ben-Gurion은 수에즈 전쟁을 영토 확장의 기회로 보고 영국, 프랑스(이집트를 공격하라고 부추긴 주요 국가들)와 사전에 협상했다. 요르단의 영토를 이스라엘과 이라크가 나누되, 이스라엘이 요르단 일부의 영유권과 함께 티란 해협에 대한 통제권을 갖는다는 것이다. 영국과 프랑스는 이집트에 정신이 팔려있었기 때문에 관심이 없었다. 벤구리온은 이스라엘방위군IDF이 시나이 반도를 정복하자 1947년 정전협정은 무효라 선언하고 점령한 땅을 계속 지키겠다고 발언했다(11월 7일, 이스라엘 의회 크네세트에서의 연설 포함). 아이젠하워는 이스라엘에 대한 모든 공적·사적 원조를 중단하겠다고 위협했다. 벤구리온은 이스라엘 안보에 대한 적절한 약속을 조건으로 원칙상 철수했다. 마침내 가자 지구의 국경 안보와 티란 해협에서의 자유 항해를 조건으로 1957년, 정복한 모든 영토에서 철수했다.

미국의 원조자금은 어떻게 사용되는가?

1950년대 말, 미국과 이스라엘의 관계가 완화되기는 했어도 실질적인 군사 안보를 약속한 것은 케네디 행정부가 처음이었다. 1962년 12월, 케네디는 미국과 이스라엘이 중동 지역에서 특별한 관계임을 천명했다. 세계적인 문제를 대상으로 영국과 유지하고 있는 관계에 비견하기도 했다. 이스라엘을 침략하면 미국은 이스라엘을 지원할 것을 약속했다. 1963년 케네디는 이스라엘의 호크 미사일 판매를 승인했다. 변화의 배후에는 전략적 고려가 있었다. 이집트를 상대로 한 소련의 무기 판매와 균형을 이룰 필요성과 이스라엘의 핵 보유 야심을 억제하려는 생각 등을 이스라엘 지도자들로 하여금 미국의 뜻에 우호적이도록 유도하려는 것이다. 능란한 이스라엘의 외교, 친이스라엘 참모의 역량, 유대인 유권자들과 자금 지원자들의 지원을 유지한다는 케네디의 욕망이 그와 같은 결정을 유발했다. 호크 미사일 판매는 추가적인 무기 거래의 길을 터놓았다. 1964년 200대 이상의 M48A 전투용 탱크를 판매한 것은 주목할 만하다. 탱크는 서독을 거쳐 이스라엘로 운송되었다. 미국의 개입을 은폐해 아랍 세계의 반발을 무마하려는 것이다. 미국은 그것을 번갈아 교체했다.

미국 원조의 양적 변화는 6일 전쟁이 끝난 1967년 6월에 본격적으로 시작되었다. 1949~1965년까지 평균 6300만 달러였으나(95%가 경제원조와 식량지원), 1966~1970년 평균 1억 200만 달러로 규모가 늘어났다. 원조 규모는 1971년 6억 3450만 달러로 폭등했고(85%가 군사원조), 1973년 욤키푸르 전쟁*이 끝난 후 4배 이상 뛰었다. 1976년 이스라엘은 미국 대외원조의 최대 수혜자가 되었고, 계속해서 그 자리를 유지하고 있다. 이 기간에 이스라엘에 대한 지원이 차관에서 직접 보조금의 형태로 전환되었다. 경제나 기술 지원이 아닌 군사원조가 대부분이었다. 미 의회 공식 연구부서인 미 의회 조사국CRS의 클라이드 마크는 말했다. "이스라엘은 보조금보다 차관을 선호했다. 이스라엘에 주재하는 미국 군사대표단의 보조금 프로그램에 대한 감시를 원하지 않았다. 1974년 이후에는 군사원조의 일부 또는 전부가 상환 조건이 없는 차관 형태로 이루어졌다. 기술적으로는 차관이었지만 실제적인 의미로 군사원조는 보조금이나 다름없었다."

이스라엘은 매년 30억 달러의 직접 지원을 받았다. 미국의 대외 직접 지원 예산의 6분의 1에 해당하며 이스라엘 국내총생산GDP의 2%와 맞먹는다. 지금까지 미국 지원금의 대부분이 군사원조의 형태로 지급되고 있다. 해마다 이스라엘 국민 1인당 500달러 이상의 직접 원조를 받는 격이다. 이스라엘 다음으로 미국의 원조를 많이 받는 이집트는 1인당 20달러를 받았고, 파키스탄은 5달러, 아이티는 27달러를 받았다.

예루살렘과 워싱턴은 1997년을 시작으로 경제원조를 줄이기로 의견을 모았고, 미 의회는 1999년부터 이스라엘에 대한 경제원조를 매년 1200달러씩 감축했다. 이와 함께 군사원조를 매년 6000만 달러 늘리겠다는 미국의 약속이 있었고, 1998년 와이리버 협정(이스라엘이 요르단강 서안에서 군사력 일부를 철수시키겠다고 약속한 협정)을 이행하기 위해 제공한 12억 달러, 2003년 이라크와의 전쟁을 준비할 수 있도록 추가로 지급한 외국군 융자금FMF(미국이 생산한 무기, 군수 장비, 서비스, 훈련을 구매할 수 있도록 타국에 보조금이나 차관을 제공하는 프로그램) 10억 달러와 같은 부가적 원조에 대한 의회의 승인이 병행되었다.

연간 30억 달러라는 수치는 관대한 지원이다. 그것이 전부가 아니다. 이 수치는 다른 특혜를 포함하지 않으므로 미국 지원의 실제 수준을 반영하지 못한다. 1991년 민주당 의원 리 해밀턴은 "이스라엘이 일반적인 인식보다 훨씬 많은 원조를 받는 세 국가 중 하나이며 실제 규모는 연간 43억 달러 이상"이라고 말했다.

대부분의 수혜국이 분기별 상환을 조건으로 지원받지만, 외국 원조 법안은 1982년 이후부터 이스라엘에 할당된 지원금을 회계연도 30일 이내에 전액 지급한다는 조항을 포함하게 되었다. 마치 연간 급여액 전부를 1월 1일에 받고 쓰지 않은 자금에 대해서는 이자를 받게 하는 것과 마찬가지다.

통상적으로 미국 정부의 예산은 적자다. 원조금 전부를 한꺼번에 지출하기 위해서는 필요한 만큼의 돈을 미리 빌려야 한다. 미 의회 조사국는 자금 융통을 위해 해마다 납세자가 낸 세금 중 5000~6000만 달러가 지출되는 것으로 추산한다. 게다가 미국 정부는 이스라엘이 쓰지 않은 자금을 미 재무부 채권U.S. Treasury Bill에 투자하면 이자를 지급해야 한다. 이스라엘 주재 미 대사관에 의하면 FMF 기금을 미리 지급함으로써 이스라엘은 2004년 6억 6000만 달러라는 이자 소득을 올릴 수 있었다. 이스라엘은 잉여 군수 물자(남아도는 미국 군수품을 우방국들에 무상으로, 또는 대폭 할인된 가격으로 제공)를 받기도 한다. 1976년 무기수출통제법의 정상적인 한도를 초과하는 규모였다. 한도는 당초 2억 5000만 달러였지만(군함 제외), 1990년 11월 5일에 제정된 세출 예산에 따라, 1991년 '단 1회에 한해' 이스라엘에 7억 달러 잉여 장비를 양도하도록 승인했다.

마찬가지로 FMF 프로그램은 미국 방위산업 종사자의 고용 안정을 위해 통상적으로 미국의 군사 지원을 받는 국가 모두가 지원받은 자금을 미국 내에서 쓰도록 요구한다. 그러나 의회는 연차 세출 예산안에 이스라엘을 위해 예외 규정을 두고 미국 원조금 중 4분의 1만 미국 방위산업을 지원하는 데 쓰도록 승인한다. CRS 보고서는 미국의 지원을 받은 어떤 나라도 이런 특혜를 누린 적이 없다. 그리고 이스라엘 방위산업체들이 미국에서 받은 자금으로 구매한 물품을 통해 얻는 수익으로 현재의 경제를 달성하고 첨단화될 수 있었다고 밝혔다. 2004년 이스라엘은 비교적 작은 나라이면서 세계 여덟 번째 무기 수출국으로 성장했다.

이집트, 튀르키예와 함께 이스라엘 역시 예상되는 비용 지불을 위해 FMF

기금을 떼어 둘 필요 없이 전액을 당해 연도의 채무 이행에 충당할 수 있다. 미국회계감사원GAO에 의하면, 현금 흐름의 융자방식은 계약이 이루어질 때 유보금에 대한 요구가 덜해서 더 많은 군수 물자와 서비스 구매를 가능하게 한다. 미국이 비슷한 규모의 원조를 계속하는 한 이스라엘은 채무 상환이 가능하고, 이런 상황은 미국이 지원 규모를 줄이기 어렵게 한다. 금융 기법이 발전함에 따라 미국의 원조를 받는 국가들은 보통 FMF 차관과 보조금을 일정한 비율로 축소했다. 이스라엘은 차관자금을 사용하기 전 FMF 할당금 중 보조금을 축소하는 것이 허용되어 있다.

　이러한 절차는 이스라엘이 차관의 효력 발생을 연기하는 방법으로 미국에 지불해야 할 이자액을 줄일 수 있다. 놀랍게도 이스라엘은 미국의 경제원조를 받고, 사용 내역을 설명하지 않아도 되는 유일한 수혜자다. 다른 국가에 대한 원조는 특별한 개발 프로젝트(HIV·AIDS 예방, 마약 단속 프로그램, 어린이 건강, 민주화 촉진, 교육 개선 등)를 대상으로 시행된다. 이스라엘은 현금을 일시불로 전달받는다. 이런 예외 규정 때문에 지원자금이 요르단강 서안에 정착지를 건설하는 등 미국이 반대하는 목적으로 사용되는 것을 막을 수 없었다. CRS의 클라이드 마크는 "이스라엘에 대한 경제원조가 특별한 사업 설명이 붙지 않는 차원에서 이루어지기 때문에 돈으로 대체할 수 있으며, 이스라엘이 미국의 원조자금을 어떻게 사용하는지 알 방법이 없다"고 말한다.

　또 다른 형태의 미국 지원에 차관 보증이라는 것이 있다. 이스라엘은 이 제도를 통해 시중 은행에서 낮은 이율로 돈을 빌리고, 지급 이자의 명목으로 수백만 불을 비축할 수 있다. 1990년대 초 이스라엘은 이주한 소비에트 출신 유대인을 정착시키기 위한 비용 조달을 목적으로 미국에 약 100억 달러의 차관 보증을 받았다. 차관 보증을 할 때 미국 정부가 직접 기금을 제공하는 것이 아니라, 채무 불이행 사태가 벌어질 경우 사설 금융기관에 채무를 변제해 주는 역할을 담당했다. 이 방법을 권장하는 사람은 비용이 따르지 않고, 미국 납세자들에게 부담이 가지 않는다고 주장한다. 그러나 차관 보증에는 비용이 따른다. 왜냐하면 의회는 차관 유효기간 동안 발생할 수 있는 손실을 예상하고 현재 가치로 그것을 충당할 수 있는 기금을 설정하기 때문이다. 1992년 차관 보증에 따르는 예상 비용은 1~8억 달러에 이른다.

워싱턴은 2003년 이스라엘에 총 90억 달러에 달하는 2차 차관 보증을 승인했다. 이라크 전쟁을 준비하고 지속되는 경제 위기를 해결하며, 제2차 팔레스타인 인티파다(이스라엘 점령 지역에서 일어난 팔레스타인의 반란운동)로 인한 비용을 충당하기 위한 것이었다. 법적으로 미국의 경제 지원금을 점령 지구 안에서 사용할 수 없었기 때문에, 실제 할당된 자금은 정착촌 건설을 위해 이스라엘이 예상한 비용만큼 삭감되었다. 그러나 미국의 직접 지원 규모가 줄어들지 않고, 이스라엘이 빌린 자금에 대한 이자율만 약간 높아진 것이어서 삭감액이 크지 않았다.

경제원조의 핵심자금

정부 보조금과 차관 보증 외에 이스라엘은 미국 시민들의 사적 기부 행위를 통해 연간 20억 달러에 이르는 자금을 받았다. 절반은 직접 지불금으로, 나머지는 이스라엘 정부의 채권 매입을 통해 이루어진다. 채권은 미국법의 특별한 혜택을 받는다. 의회는 연방 금리보다 수익률이 낮은 다른 채권들에 추가 세금을 부과하는 내용의 1984년 적자 감소 법안에서 이스라엘 정부 채권을 특별히 제외했다. 대부분의 국가가 자선단체에 제공하는 사적 기부금에 세금을 부과하지만, 이스라엘은 소득세 조약의 특별 조항을 적용받는다.

이스라엘은 경제 전반에 상당한 혜택을 받았다. 미국 시민들이 제공한 사적 기부금은 전략적으로 중요한 역할을 담당했다. 역사는 독립 이전까지 거슬러 올라간다. 전 이스라엘 대통령(당시 총리) 시몬 페레스는 회고록에서, "전 세계에 흩어져 사는 부유한 유대인(일부 미국인 포함)의 기부금이 1950년 대와 1960년대 비밀리에 추진한 이스라엘의 핵 프로그램 추진에 재정적인 도움을 주었다"고 말한다. 이스라엘 저널리스트 마이클 카핀에 의하면, 자금 조달의 핵심 조정자는 발이 넓은 미국의 기업인이자 자선 사업가, 정치 자문 가인 에이브러햄 파인버그였다. 캠페인의 기부자는 캐나다 음료 산업 거물 인 사무엘 브론프만과 몇몇 로스차일드 가족이 끼어 있는 것으로 알려졌다. 그러나 파인버그는 미국인 기부자들의 명단을 끝내 밝히지 않았고, 파인버 그 자신의 역할도 공식적으로 인정하지 않았다. 오늘날 '이스라엘방위군의 친구들Friends of Israel Defence Forces'과 같은 조직은 조국을 수호하는 이스라엘의 젊 은 군인들을 위한 사회, 교육, 문화, 오락 프로그램을 지원하기 위해 모금활 동을 벌인다. 뉴욕에 있었던 디너 파티에서 약 1800만 달러의 기부금이 모금 된 것으로 알려졌다. 이는 미국법에 따라 세금을 내지 않아도 되는 돈이다.

　미국 시민의 사적 기부금도 점령 지역을 식민지화하려는 이스라엘을 지원 하는 데 쓰였다. 정착촌 건설에 쓰인 기부금(미국 자선단체나 FIDF와 같은 조직 이 제공한 기부금 포함)은 과세 대상에서 제외될 수 없지만, 제한 규정을 적용 하기 어려워 감시가 소홀할 수밖에 없었다. 예를 들어 점령 지역에서의 정착 을 지원하는 임무가 유대인 에이전시의 정착국에서 새로 만들어진 세계시온 주의자기구WZO의 정착부Settlement Division로 이관되었다. 미국 기부금의 면세 혜 택을 유지하기 위한 목적이었다. 저널리스트인 게르숌 고렌버그가 지적하듯 이, WZO 정착부는 유대인 에이전시가 의뢰하는 모든 서비스를 계약하에 수 행했다. 그러한 변화는 미국유대인 자선단체가 점령 지역으로부터 손을 떼 게 했다. 현장에서는 같은 사람이 같은 업무를 계속했다. 전 법무부 국장 탈 리아 사손이 지휘한 이스라엘 정부의 공식 연구보고서는 WZO의 정착부(전 세계의 유명한 유대인조직들로부터 지원 받음)가 점령 지역 내 비인가 정착촌 건설에 적극 참여하고 있다고 밝혔다. 이스라엘 자선단체들의 활동이 미국 국세청의 범주를 벗어나기 때문에 일단 기부금이 이스라엘로 넘어가면 감시가 어렵다. 미국 정부는 면세 혜택은 받으면서 승인되지 않는 목적으로 쓰이는 사적 기부금을 파악하기 어려운 실정이다.

이스라엘의 국익을 감당해 온 미국의 원조

모든 지원이 지나치게 관대하다는 사실은 이스라엘이 아프가니스탄, 니제르, 미얀마, 시에라리온처럼 가난하고 황폐된 나라가 아니라는 사실을 생각할 때 선명해진다. 이스라엘은 현재 산업 강국이다. 국제통화기금IMF에 의하면 2022년 기준 이스라엘의 1인당 국민소득은 사상 최고 수준을 기록하면서, 세계 16위로 매우 높은 수준이다. 이는 중동 지역에서 카타르에 이어 두 번째로 높은 수준에 해당한다. 또한 한국, 대만보다 높을 뿐 아니라 라틴 아메리카나 아프리카의 모든 나라보다 현저히 앞선다.

비교적 풍요로운 나라가 방글라데시, 볼리비아, 라이베리아와 같은 가난한 나라들과 현격한 차이로 지원을 받고 있다. 이러한 비정상적인 관행은 미국 내 지지자조차 인정하고 있다. AIPAC의 전《니어 이스트 리포트Near East Report》의 편집장이자 친이스라엘조직인 중동포럼 창시자 강경파 다니엘 파이프스는, 이스라엘은 1인당 국민소득이 영국과 비슷할 정도로 부유한 나라이며 미국이 이스라엘에 원조를 제공하는 것은 순수한 필요에 기반을 두는 것은 아니라고 말했다.

미국이 이스라엘의 국익을 위해 감당해 온 경제적 부담이 있다. 이스라엘을 설득해서 주변국들과의 평화조약을 체결하기 위한 노력인 경우가 많았다. 전 미 국무장관 헨리 키신저는 이집트와 이스라엘이 1975년 격리협정1975 Disengagement Agreement을 조건으로, 유사시에 미국은 이스라엘이 필요로 하는 만큼의 석유 공급을 보장하고, 전략적인 추가 비축을 위해 수억 달러로 추산되는 자금을 지원한다는 내용의 양해각서MOU에 서명했다. 석유 보장책은 1979년 3월 이집트와 이스라엘 간에 맺어진 최종 평화협정에 의해 재확인되었고 암묵적인 갱신 작업이 이루어졌다.

미국이 이스라엘 인접국들에 제공하는 지원은 부분적이나마 이스라엘을 유리하게 한다는 의도가 깔려 있다. 이집트와 요르단은 원조의 수혜국이지만 자금 대부분이 선행의 대가, 즉 이스라엘과 평화조약을 맺은 대가 때문이다. 이집트는 1974년 7170만 달러, 1975년 11억 2700만 달러, 2차 시나이 격리협정을 끝낸 1976년 13억 2000만 달러(2005년 시세 기준)를 받았다. 이집트에 대한 미국의 원조는 1978년 23억 달러에 달했고, 이집트와 이스라엘 평화조약이 체결된 1979년 무려 59억 달러로 껑충 뛰었다. 카이로는 매년 20억 달러의 군사·경제원조를 받았다. 반면 요르단은 1994년 7600만 달러, 1995년 5700만 달러를 지원받았다. 그러나 의회는 1994년 후세인이 평화조약을 체결하기로 결정한 데 대한 보상으로 미국에 진 빚 7억 달러를 탕감함과 동시에 미국 원조의 제한사항을 철폐했다. 1997년 이후 요르단에 대한 미국의 원조액은 연평균 5억 6600만 달러에 달했다. 미국이 이런 식으로 이집트와 요르단을 보상하는 것은 유대 국가를 향한 미국의 너그러움을 또 다른 방법으로 표현하는 것이다.

미국의 군사원조 수혜국 이스라엘

미국의 경제원조가 지금까지 이스라엘에 중요한 역할을 했다. 현재 미국의 지원은 이스라엘의 군사 우위를 수호하기 위해 이루어진다. 이스라엘은 최상급 무기(F-15, F-16 전투기, 블랙호크 헬리콥터, 클러스터 폭탄, 스마트 폭탄 등)를 구입할 수 있다. 다양한 공식 협약, 비공식적으로 미국의 방위, 정보 시설과 연결되어 있다. 미 의회 조사국에 따르면, 미국의 군사원조는 이스라엘군을 기술적으로 가장 정예화된 군대로 변모시켰다.《월 스트리트 저널》에 의하면 이스라엘은 군사원조 기금 사용에 있어서 폭넓은 자유 재량을 즐기고 있다. 국방안보협력국DSCA이 모든 구매활동과 군사원조 수혜국에 대한 미국의 원조를 모니터하지만, 이스라엘은 군사 계약자와 직접 거래하며 원조 계정에서 구매 대금을 변제한다. 이스라엘은 50만 달러 미만의 계약에 대해 미국의 사전 심사를 면제받은 유일한 국가이기도 하다.

느슨한 감시체계로 인한 잠재 위험이 1990년대 초 표면화되었다. 이스라엘 공군 구매처장 라미 도탄이 원조금 중 수백만 달러를 횡령한 것으로 밝혀졌다.《월 스트리트 저널》에 의하면 도탄은 50만 달러 한도를 넘지 않도록 주문서를 세분화하는 편법을 사용해 온 것으로 알려졌다(죄를 자백하고 장기 징역형을 받음). 그럼에도 불구하고 DSCA의 전신인 국방안보지원국 국장 테디 알렌은, 이스라엘 원조 프로그램이 개혁되어야 한다는 국방부의 건의가 이스라엘과의 관계에 혼란을 야기할 수 있다는 이유로 거절당했다고 말했다.

경제와 군사원조 외에 미국은 라비 전투기, 메르카바 탱크, 애로 미사일 같은 무기 개발을 위해 30억 달러에 달하는 자금을 제공했다. 이 프로젝트는 미국의 국방부를 통해 이루어졌다. 공동 연구 및 개발 프로젝트라고 발표했지만 미국은 이러한 무기가 필요하지 않았다. 라비 프로젝트는 비용에 비해 효율성이 떨어진다는 이유로 취소되었지만(취소 비용의 상당 부분을 미국이 담당했다), 다른 무기는 미국의 부담으로 개발되어 이스라엘 무기고로 들어갔다. 2004년 회계연도 국방 예산에 미사일 개발비 1억 3600만 달러가 책정되었고, 시스템 개량비 6600만 달러가 추가 배정되었으며, 생산비 7000만 달러가 지출되었다. 따라서 공동 무기 프로젝트를 개발하고 생산하기 위해 워싱턴이 이스라엘의 방위산업에 지불하는 돈은 실질적으로 다른 형태의 지원금인 것이다. 미국은 이스라엘이 개발하는 기술로부터 혜택을 받은 일이 한 번 있다. 그러나 기금이 미국 내 첨단산업 지원에 사용된다면 훨씬 큰 이익을 보았을 것이다.

미국과 이스라엘의 군사적 유대는 1980년대 격상되었다. 레이건 행정부 노력의 하나로, 중동 지역에서 반反소련이라는 전략적 공감대를 형성하겠다는 의도가 깔려 있었다. 1981년 당시 미 국방부 장관 캐스퍼 와인버거와 이스라엘 국방장관 아리엘 샤론은 국가 안보 증진을 위한 지속적인 협의와 협력의 기틀을 마련하는 양해각서에 서명했다. 협정의 결과로 합동안보지원기획단JSAP과 합동 정치 군사 그룹이 탄생했다. 이들은 이스라엘의 원조 요구를 검토하고 군사 계획, 합동 훈련, 병참 업무를 조정하기 위해 정기적인 회합을 갖는다. 이스라엘 지도층은 협정의 제한성에 실망한 나머지 공식적인 조약을 통한 동맹 관계를 희망하기도 했다. 1962년 케네디가 골다 메이어에게 한 것과 같은 이전 대통령의 사적인 약속에 비해 진전된 공약으로 볼 수 있다.

비록 사우디아라비아에 무기 판매, 1981년 이라크 원자로 폭격, 1981년 12월 이스라엘의 골란고원 접수, 1982년 레바논 침공, 1982년 레이건 계획에 대한 돌연한 거부 등으로 긴장이 일었지만, 이스라엘과 미국의 안보 협력은 공고해졌다. 1984년 합동 군사 훈련이 시작되었고, 1986년 이스라엘이 미국의 전략방위 계획(일명 스타워즈) 3개 국가 중 하나로 초대받았다. 마지막으로

1988년에 만들어진 동의 각서에서 이스라엘과 미국 간의 긴밀한 동반 관계를 재확인했고, 이스라엘을 호주, 이집트, 일본, 한국과 함께 주요 비나토Non-Nato우방국으로 지정했다. 이 지위를 누리는 국가는 무기를 낮은 가격으로 구매할 수 있고, 전쟁 물자에 대한 우선 인수권을 가지며, 합동 연구 개발 프로젝트와 미국의 반테러 활동에 참여할 수 있다. 또한 우방 국가의 상사회사 commercial firms가 미 국방부 계약에 참여할 때 우대를 받게 된다.

미국과 이스라엘의 안보 협력은 어디까지?

두 나라 간의 안보 협력은 계속해서 확대되었다. 미국은 1989년 이스라엘에 군수 물자 사전 배치를 시작했으며, 2006년 재고를 약 1~4억 달러 증가시켰다. 펜타곤(미국 국방부)이 지역 위기에 신속하게 대응할 능력을 증진하는 정책이라고 했지만, 보급품을 이스라엘에 사전 배치하는 것은 현실적으로 적절한 방법이 아니다. 펜타곤은 지금까지 이 정책에 열정을 보인 적이 없다. 이스라엘 최대 공립대학인 사피르 칼리지 총장을 지낸 중동 전문가 샤이 펠드만Shay Feldman은 말했다. "현재의 계약 관계는 유사시에 이스라엘군이 사용할 물자를 오직 쌓아두게 하고 있다. 펜타곤 계획 입안자들에 따르면 이것은 비상시에 미국이 이스라엘에 보관한 무기와 탄약을 사용할 수 있다고 절대 확신할 수 없는 것을 의미한다. '이중 사용' 배치는 미군 부대를 위해 무기와 군수품을 저장하는 것이 아니다. 비상사태가 발생하면 무기가 일반적인 재고품 중에서 지급된 다음 여러 전투부대로 통합되어야 하므로 병참의 악몽을 야기할 수밖에 없다." 비축 프로그램의 숨은 목적은 이스라엘의 보유 물자를 늘리는 것이다. 이스라엘 일간지 《예디오스 아흐로노스》와 제휴한 웹 뉴스 서비스 《와이넷 뉴스》가 2006년 12월에 발표한 "이스라엘에 비축된 장비 중 많은 부분이 2006년 여름 레바논 전쟁에 사용되었다"는 기사는 놀랄 일이 아니다.

1980년대에 만들어진 실무 그룹 외에도 미국과 이스라엘은 1996년 합동 반테러 워킹 그룹을 만들었고, 펜타곤과 이스라엘 국방부 간에 전자 '핫 라인'을 가설했다. 1997년 이스라엘은 미국 위성 미사일 경보 시스템 접근 권한을 취득했다. 이는 두 나라 사이의 관계를 굳게 다지는 기회가 되었다. 2001년 두 나라는 장기적 사안을 토의하기 위해 에이전시 간 연차 전략 포럼에 합의했다. 포럼은 이스라엘이 미국 군사 기술을 중국에 팔아넘기는 바람에 갈등이 생겨 중단되었다가 2005년 11월 재개되었다.

미국과 이스라엘 안보 협력은 정보 영역까지 확대된다. 미국과 이스라엘의 정보 서비스 협력은 1950년대 후반으로 거슬러 올라간다. 양국은 1985년 24개 정보 교환 협정을 맺은 것으로 알려졌다. 이스라엘은 탈취한 소련제 무기와 소비에트 이주민들로부터 얻은 정보에 접근할 권한을 주었고, 미국은 1973년 10월 전쟁 중과 1976년 엔테베 인질 구출 작전에 앞서 위성 이미지를 제공했다. 이스라엘은 정교한 KH-11 르네상스 위성이 주는 정보(이스라엘 군 정보국장에 의하면 정보뿐 아니라 사진까지)에 무제한 접근한 것으로 알려져 있다. 그에 반해 영국은 동일 정보에 대해 제한된 접근만 가능했다. 이스라엘이 1981년 이라크의 오시라크 원자로를 공습하고 이 데이터에 대한 접근이 제한되었지만, 1991년 걸프 전쟁 중 부시 대통령이 실시간 위성 정보 제공을 승인한 것으로 알려졌다.

워싱턴이 대량 살상 무기WMD 확산에 오랫동안 반대한 것과 대조적으로, 미국은 200개 이상의 핵무기 보유를 포함해 은밀히 진행된 WMD 프로그램에 눈을 감음으로써 지역적 군사 우위를 유지하려는 이스라엘의 노력을 암묵적으로 지지했다. 미국 정부는 수많은 나라에 압력을 가해 1968년 핵확산금지

조약NPT에 서명하게 했지만, 이스라엘이 핵 프로그램을 중단하고 그 조약에 서명하도록 압력을 넣지는 않았다. 케네디 행정부는 1960년대 초 이스라엘의 핵무기 보유 야욕을 억제해야 한다고 생각했다. 마침내 이스라엘을 설득해서 미국 과학자들이 디모나(이스라엘 남부 구에 위치한 도시)에 있는 핵 연구 시설을 방문하고 이스라엘의 핵무기 제조 시도를 확인할 수 있었다.

이스라엘 정부는 계속해서 핵무기 프로그램 보유를 부인하고 방문 스케줄을 늦췄다. 방문이 이루어질 때 검사관의 접근을 엄격히 통제했다. 1961년 5월 18일, 미국의 첫 방문 시에는 미국인 과학자 2명만 참여해 겨우 4일 동안 검사를 했고, 그중 1명은 디모나 근처에서만 지내야 했다. 워런 배스의 말에 의하면, 이스라엘의 전략은 방문을 허용하되 검사관들이 아무것도 발견하지 못하게 하는 것이다. 1년 뒤 후속 방문을 요청받은 이스라엘은 다른 이스라엘 시설을 점검하는 미국원자력위원회의 관계자들을 예고 없이 찾아와 즉흥적으로 디모나를 방문하게 한 일도 있었다. 배스가 말했듯이 검사라는 이름을 붙이기 힘든 방문이었으며, 케네디 행정부는 싸움을 걸 의향이 없어 보였다.

미국의 감시를 피해 핵무기를 개발하다

케네디는 이듬해 압력의 수위를 높였다. 벤구리온과 그의 후계자 레비 에슈콜에게 국제 기준에 맞추어 1년에 2번씩 검사를 허용하라는 내용의 서한을 보냈다. 만약 미국이 이스라엘의 핵 보유 야욕에 대한 우려가 해소되지 못하면 지원에 심각한 손상을 가져올 수 있다는 내용의 서한을 몇 차례 보냈다. 에슈콜은 1963년 7월 케네디가 보낸 경고 서한을 받고 이런 반응을 보였다. "내가 무엇을 두려워하겠는가? 그가 보내는 사람이 올 것이다. 우리는 방문(디모나 사이트)을 허용하고 어디든 가고 싶은 곳에 가라고 할 것이다. 그러나 그가 여기저기 문을 개방하라고 하면 디모나 건설 현장 소장인 에마누엘 프라트가 '그건 안 돼요'라고 할 것이다." 따라서 어떤 경우에는 핵 사찰단이 외부의 계기를 반입하거나 샘플 채취를 하는 일조차 할 수 없었다.

이라크나 북한의 경우가 시사하듯 이런 당혹스러운 전술은 무기 확산 당사국들이 즐겨 사용하는 각본의 한 부분이다. 미국 관리들이 예루살렘의 핵무기 개발 계획에 의혹을 품고 있지만, 이스라엘의 거짓이 먹혀들 수 있었던 것은 케네디도, 그의 후임자 린든 존슨도 이스라엘이 말을 듣지 않으면 지원을 중단하겠다는 의지가 없었기 때문이다. 이스라엘 핵 연구학자 애브너 코언은 이스라엘 핵 프로그램의 구체적인 역사에 관해 다음과 같이 밝혔다. "이스라엘은 미국의 방문과 관련한 규정을 마음대로 조정할 수 있었고, 존슨 행정부는 이 문제로 이스라엘과 마찰을 일으키지 않았다. 이스라엘이 약속을 파기 하는 것을 두려워했기 때문이다. 케네디는 요구에 불응하면 이스라엘의 안보와 복지에 대한 미국의 헌신에 손상을 줄 것이라고 벤구리온과 에슈콜에게 으름장을 놓았지만, 존슨은 그 문제로 인한 미국과 이스라엘의 갈등을 감수하려 하지 않았다." 배스는 존슨이 6개월에 한 번씩 검사를 실시하는 대신 실제로 1년에 한 번 간단한 방문을 하는 것으로 만족했다고 말한다.

1968년 당시 미 중앙정보국 국장인 리처드 헬름스가 백악관을 방문해 이스라엘이 핵무기 개발 능력을 갖췄다는 것이 미국 정보기관의 결론이라고 존슨에게 보고했다. 존슨은 그 사실을 국무장관 딘 러스크와 국방장관 로버트 맥나마라를 포함한 누구에게도 알려서는 안 된다고 당부했다. 저널리스트 시모어 허시는 이에 관해 이렇게 말했다. "존슨이 헬름스와 정보부원을 추적한 이유는 명백했다. CIA 국장이 보고하려는 내용을 알고 싶지 않았는데, 일단 정보를 보고받으면 조치해야 하기 때문이다. 1968년까지 대통령은 이스라엘의 핵 개발을 중단시킬 어떤 의지도 없었다."

이스라엘은 핵무기 외에도 생화학 무기 개발 프로그램을 유지하고 있으며 화학 또는 생물학 무기 금지협정에 비준하지 않고 있다. 여기에 간과할 수 없는 아이러니가 있다. 미국은 많은 나라에 압력을 가해서 NPT에 가입시켰다. 미국의 요구를 무시하고 핵무기를 개발한 국가에 대해서는 금수 조치를 취했다. 2003년에는 이라크의 WMD 개발을 막기 위해 전쟁을 불사했다. 동일한 이유로 이란과 북한에 대한 공격을 검토하기도 했다. 그럼에도 워싱턴의 은밀한 WMD 개발이 알려져 있고, 핵무기 보유로 몇몇 인접국들에 강력한 WMD 개발 유혹을 불러일으키는 우방을 오랫동안 지지해 오고 있다.

채찍보다 당근, 미국의 관용적인 군사 지원

소련의 쿠바 지원과 같은 예외적인 경우를 제외하고 한 국가가 다른 나라를 장시간 원조한 사례는 찾아보기 어렵다. 미국이 이스라엘에 얼마간의 지원을 하는 것은 놀랄 일이 아니다. 미국 지도자들은 이스라엘의 존립을 원했다. 적대적인 환경에서 위협받고 있다고 믿었기 때문이다. 2장에서 언급하겠지만 미국 지도자들은 이스라엘을 돕는 것이 폭넓은 외교 정책의 목표를 이루기 위한 하나의 방편으로 보았다. 이를 감안하더라도 원조의 규모는 놀라운 수준이다. 3장에서 언급하듯이 이스라엘은 미국의 대규모 군사 지원이 시작되기 이전에도 인접국들에 비해 강국이었고 지금도 부강한 나라다. 미국의 원조가 이스라엘에 유용한 것이었음에 의심의 여지가 없지만 생존을 위해 필수적인 것은 아니었을 수 있다.

미국이 이스라엘을 지원하는 특징 중 하나는 '무조건'이 되고 있다는 점이다. 아이젠하워 대통령은 수에즈 전쟁 이후 원조 중단의 위협을 가했다(위협을 가한 후 의회의 심각한 반대에 직면해야 했다). 그것은 먼 옛날의 이야기다. 1960년대 중반 이후 이스라엘은 미국 지도자가 생각하기에도 현명하지 못하고 심지어 미국의 국익에 어긋나는 행동을 했을 때조차 관대한 지원을 받았다. 이스라엘이 핵확산금지조약과 더불어 대량 살상 무기 프로그램에 서명하기를 거부해도 지원을 받았다.

미국 정부가 반대하는 점령 지역 내 정착촌을 건설했음에도 마찬가지였다. 정복한 땅을 합병하고(골란고원이나 예루살렘 등), 미국의 군사 기술을 중국과 같은 가상 적국에 팔고, 미국 영토에서 간첩 행위를 하거나 미국 무기를 미국법에 위배되는 방법으로 사용해도(레바논 민간인 지역에서 클러스터 폭탄을 사용한 경우 등) 지원을 받았다. 평화를 위해 양보할 때는 그렇다 하더라도, 평화를 깨뜨리는 행위를 할 때도 지원을 받지 못하는 경우가 없었다. 이스라엘 지도자들이 미국 대통령과 약속한 사항을 위반할 때도 지원을 받았다. 메나헴 베긴은 1981년의 사우디아라비아에 공중조기경보AWACS를 판매한 것이 사전 계획된 만큼 반대 로비를 벌이지 않기로 로널드 레이건과 약속했음에도 미 의회 상원 외교 위원회에서 그 거래에 반대한다는 의사를 표명했다.

미국의 관용이 이스라엘의 행위에 대한 억지력으로 작용할 것이라 생각하는 사람이 있을지 모른다. 그러나 사실은 다르다. 실제로 이스라엘과 협상할 때, 미국 지도자들은 채찍(원조를 중단하겠다는 위협)을 들기보다 당근(지원 증액)을 주겠다고 약속하는 것이 일반적이다. 예를 들어 1967년 리처드 닉슨 대통령이 사석에서 전투기를 더 지원하겠다는 확인을 한 후에야 이스라엘은 6일 전쟁에서 점령한 영토로부터 철수를 요구하는 'UN 결의안' 242조에 공식적으로 서명했다. 이스라엘이 이집트와의 소모전(장기간 지속된 공군, 포병, 보병대의 충돌로서 수에즈 운하에서 시작되어 1969년 3월부터 1970년 7월까지 계속됨)에 마침표를 찍은 종전협정을 받아들인 것은 이스라엘에 전투기 공급을 늘리고, 소련이 이집트에 공급하는 대공 미사일에 대항할 수 있는 첨단 전자무기를 제공하기로 약속했기 때문이다. 요컨대 이스라엘의 모든 행동은 힘의 균형을 유지할 수 있게 한다는 미국의 약속이 있었기에 가능했다. 시몬 페레스(당시 이스라엘 정부장관)는 미국의 프로그램을 받아들이라는 압력이 있었느냐고 묻는다면, 그들은 우리에게 채찍보다는 당근을 많이 적용했으며 어떤 경우에도 제재로 위협한 적은 없다고 대답했다.

점점 커지는 군사원조 약속

닉슨·포드·카터 대통령이 이집트와의 격리 회담 과정에서, 이집트와 이스라엘의 평화조약이 진행되던 1970년대 어느 때보다 규모가 큰 원조 약속이 지속되었다. 구체적으로 이스라엘에 대한 미국의 원조는 1975년 19억 달러에서 1976년(제2차 시나이 협정 후) 62억 9000만 달러로 1978년 44억 달러에서 1979년(이집트와의 평화조약 체결 후)에는 109억 달러로 증액되었다. 클린턴 행정부도 유사한 방법을 썼다. 1994년에 요르단과의 평화협정을 위해 이스라엘에 대한 지원을 늘렸고, 오슬로 평화 절차를 증진하기 위한 노력의 일환으로 12억 달러의 추가적 군사원조를 약속했다.

이스라엘은 1998년 와이리버 협정⁹을 받아들였다. 그러나 네타냐후 총리는 서명 직후 벌어진 팔레스타인 군중과 이스라엘 민간인의 폭력적 충돌 후에 협정을 정지시켰다. 미국 측 교섭자 데니스 로스는 "네타냐후가 이 사건을 장악하면서 협정 이행을 막고 있다는 결론을 피하기 어렵다"고 말했다. 불행한 일이다. 체포와 테러와의 전쟁이 진행 중인 지역에서 팔레스타인 측이 와이리버 협정에서 이루어진 대부분의 약속을 위해 부지런히 뛰고 있었다. 그러나 이스라엘 학자 에이브러햄 벤츠비의 말처럼, 네타냐후의 스타일에 대한 클린턴 행정부의 좌절이 미국과 이스라엘 간의 특별한 관계를 손상시키는 정책으로 발전하는 일은 없었다.

미국이 원조 중단을 감행해도 심각한 장애에 부딪히게 마련이므로 미국 관리들이 이스라엘의 행위에 화가 나 있을 때조차 그것을 시도한 적이 없었다. 1975년 이집트와의 격리 협상 중 제럴드 포드 대통령과 헨리 키신저 국무장관이 이스라엘의 비타협적인 태도를 참을 수 없어 원조를 삭감하겠다고 협박했다. 그러나 이스라엘의 경제적·군사적 필요에 부응해야 한다는 AIPAC 명의의 서한에 76명의 상원의원이 서명함으로써 무산되었다. 원조를 효과적으로 삭감할 능력이 수포로 돌아가 포드와 키신저는 단계적인 외교 재개로 이스라엘의 양보를 얻어내는 방법 외에 선택의 여지가 없었다.

카터 전 대통령 역시 1978년의 캠프 데이비드 협정(뒤이은 이집트와 이스라엘 간의 평화조약에 대한 기틀을 마련했으며 돌파구의 역할을 한 협정)의 전 조항을 이행하지 않은 이스라엘 총리 메나헴 베긴에게 화가 났지만, 이스라엘의 약속 이행과 미국 지원을 연계한 적은 없었다. 클린턴 행정부의 관리들도 네타냐후와 바라크, 두 총리가 오슬로에서 약속한 사항을 준수하지 않은 데 동일한 실망감을 느꼈다. 클린턴은 바라크가 예루살렘 3개 마을을 팔레스타인이 관할하게 한 약속을 위반했을 때, 바라크가 자신을 다른 외국 지도자 야세르 아라파트의 면전에서 거짓 선지자로 만들고 있다고 말하면서 격노한 것으로 알려졌다. 클린턴은 2000년 캠프 데이비드 정상회담 당시 바라크가 자신의 주장을 바꾸려 했을 때 화가 나서 말했다. "나는 단축안으로 아라파트를 만날 수 없습니다! 당신이 해보십시오, 이제 내게는 방법이 없습니다. 그럴 수가 없죠. 이건 진지한 자세로 볼 수 없습니다." 클린턴은 이러한 작태에도 불구하고 원조를 중단하겠다고 대응한 일이 없다.

미국이 이스라엘의 행동에 대한 불쾌감의 표현으로 일시적인 지원 중단을 한 적은 있지만, 상징적이고 단기적인 태도에 불과했으며 지속적인 효과도 없었다. 이스라엘은 1977년 남부 레바논을 침공하면서 미제 장갑차를 사용했다(미국 무기는 합법적인 자기방어를 위해서만 사용해야 한다는 '무기수출통제법'의 요구사항, 워싱턴과 사전 협상 없이 레바논을 공격하지 않는다는 메나헴 베긴의 약속을 위반한 행위). 그리고 그 사실을 부인했다. 정보 분석을 통해 이스라엘의 거짓이 드러나자, 카터 행정부는 군수 물자 수송을 중단하겠다고 선언했으며, 베긴은 장비에 대한 철수를 명령했다.

이스라엘이 사실상 골란고원을 합병하자 레이건 행정부가 1981년의 전략적 협력에 대한 MOU의 효력을 정지시키기로 했다. 하지만 레이건은 이스라엘이 합병을 번복하지 않았음에도 각서의 핵심 조항을 이행했다. 미국은 또 이스라엘이 1982년 레바논 침공 중에 클러스터 폭탄을 사용하지 않겠다는 사전 약속을 위반하자 폭탄 공급을 중단했지만, 1988년 공급을 재개했다. 미국의 압력은 1982년 이스라엘의 침공 후 베이루트의 피난처를 빼앗은 팔레스타인해방기구PLO에 전면 공격하지 않도록 이스라엘을 설득하는 효과가 있었다.

1991년 조지 W. 부시 행정부는, 정착촌 건설을 중단하고 계획된 평화 회의에 참석하라고 샤미르 정부를 압박하는 수단으로 10억 달러 차관 보증을 철회했다. 정지 상태는 불과 몇 달을 넘기지 않았고, 라빈이 샤미르에 이어 총리 자리에 앉자 보증을 승인했다. 이스라엘은 새로운 정착촌 건설을 중단하기로 약속했지만 장벽을 확장했으며, 점령 지구 내 정착자 수는 1991년 8000명(14.7%), 1993년 6900명(10.3%), 1994년 6900명(9.7%), 1996년 7300명(9.1%)으로 늘어났다. 이 기간의 인구 증가율은 이스라엘 전체 인구 증가율보다 현저하게 높았다.

이스라엘이 요르단강 서안에 보안 장벽을 설치하는 데 반대했던 2003년, 비슷한 일이 일어났다. 보증 전체의 철회나 직접적인 원조 감축을 통해 이스라엘을 제지할 수 있었지만, 부시는 팔레스타인 영토를 잠식하는 부분만큼, 오직 벽을 쌓는 비용에 해당하는 차관 보증을 보류했다. 이스라엘은 전체 차관 중 작은 부분에 높은 이자를 지불해야 했다. 말하자면 수백만 달러짜리 벌금인 셈이었다. 그러나 이스라엘이 이미 받은 수십억 달러의 미국 원조액 (그리고 미래의 예상액)에 비하면 가벼운 처벌에 불과했고, 이스라엘의 행동에 변화를 일으킬 정도로 효과가 있는 것도 아니었다.

외교적 보호와 전시 지원

  미국은 경제 및 군사원조와 더불어 이스라엘에 외교 지원을 지속하고 있다. 1972~2006년 워싱턴은 이스라엘에 비판적인 42건의 안전보장이사회 결의안을 부결했다. 같은 기간 중 미국을 제외한 안전보장이사회 회원의 전체 부결 건수보다 많고, 미국에 의한 총부결 건수의 절반을 웃도는 수치였다. 이스라엘에 초점을 둔 미국의 부결 압력 때문에 안전보장이사회에서 표결에 붙여 보지 못한 결의안이 수도 없었다. 당시 미국 측 UN 대사인 존 네그로폰테는 2002년 안전보장이사회의 비공개 회의를 통해 "미국은 테러리즘 전반을 탄핵하지 않으면서 이스라엘을 비판하는 어떤 결의안도 부결할 것"이라고 말했다. 특히 이슬람 지하드, 하마스, 알아크사 순교자 여단을 거명한 것으로 알려졌다. 미국이 이스라엘을 견제한 일이 몇 차례 있었다. 용납할 수 없는 이스라엘의 행동을 충분히 비판하지 못했거나 비타협적인 태도에 불만을 표시하고 싶을 때 한하는 것이었다.
  안전보장이사회는 UN 총회가 이스라엘을 탄핵하는 결의안 중 하나를 통과시킬 때, 또는 팔레스타인에 유리한 행동을 요청할 때는 이스라엘을 지원한다. 결의안은 구속력이 없고 상징적이지만 워싱턴은 우방들과의 관계를 껄끄럽게 하면서 소수국가와 보조를 같이한다. 전형적인 예로 2004년 12월 10일 149:7(기권 22, 무투표 13)로 가결된 '팔레스타인 주민의 인권에 미치는 이스라엘의 관행'과 관련한 UN 총회 결의안 59/124를 들 수 있다. 이 결의안을 지지한 많은 국가 중에 일본, 독일, 프랑스, 중국, 영국이 있었다. 미국과 함께 반대표를 던진 6개국은 이스라엘, 호주, 마셜, 미크로네시아, 나우루, 팔라우였다.

마찬가지로 아랍 국가들이 국제원자력기구IAEA에서 이스라엘이 신고하지 않은 핵무기 문제를 제기하자, 워싱턴이 개입해서 문제를 의안에 올려놓지 못하도록 막았다. 2003년 이스라엘 외무부 대변인 조너선 펠리드가 유대인 일간지 《포워드》에 기고했듯이, 이스라엘의 이익에 반대하는 결의안에 모두 공감하는 가운데 토론을 하기 위해서는 IAEA 이사회의 동의가 필요하다. 아랍은 해마다 이 작업을 하지만 이사회에 대한 워싱턴의 영향력 때문에 동의를 얻을 수 없다.

외교와의 전쟁에서 이스라엘 편에 서겠다는 미국의 의지는 갈수록 강해졌다. 1950년대 아이젠하워 행정부는 이스라엘을 압박해 수에즈 전쟁 때 장악한 영토에서 철수하게 했고, 물의 근원을 돌려놓으려는 이스라엘의 일방적인 시도를 차단하는 데 성공했다. 1960년대 이후로 주요 분쟁 과정과 그 후속 협상에서 전보다 이스라엘의 국익을 수호하는 데 헌신적이었다. 워싱턴이 이스라엘이 원하는 모든 것을 제공하지 않았지만 미국의 지원은 일관적이고 규모가 컸다.

1966~1967년 이스라엘과 시리아 간의 분쟁이 격화되면서 당시 이집트 대통령 가말 압델 나세르(재임 기간 1956~1970)는 군부대에 5월 중에 시나이로 철수하도록 명령하고, 이스라엘 지도자들에게 확전 위험을 경고했다. 존슨 행정부는 이스라엘의 군사력이 아랍 적대국들에 비해 우세하다고 확신하

고 아랍의 공격 위험을 과장했다. 합참의장 얼 휠러 대장은 "전쟁이 일어나면 이스라엘은 일주일 내에 승리할 것"이라고 존슨에게 말했다. 보고를 받은 존슨은 이스라엘 외무부장과 아바 에반에게 직접 말했다. "이집트가 공격하면 이스라엘은 그들을 격퇴할 수 있다." 이스라엘의 핵심 지도자는 이 진술에 동의하면서 워싱턴에 지속적인 경고를 보냈다. 지원을 호소하기 위한 모종의 계획적인 움직임이었다.

이스라엘에 '득'을 안겨준 미국의 역할

미국은 자체 분석을 바탕으로 이스라엘 정부에 병력 사용을 자제하고 외교적인 해결책을 모색하라고 설득하며 전쟁을 막으려 했다. 존슨 대통령은 5월 26일 티란 해협을 봉쇄해서 이스라엘의 물자 수송을 막겠다는 이집트의 결정은 불법이라고 규정하면서 이스라엘을 지지했다. 미국은 자신들이 개입하고 있는 베트남 전쟁을 감안해 군사 배치를 원치 않았고, 이스라엘을 위한 포괄적인 원조 약속에 반대했다. 그러나 이스라엘을 자제시키려는 존슨의 결의는 점점 약화되었다.

6월 첫 주, 존슨과 몇몇 보좌관은 일이 잘못되면 미국의 도움을 기대할 수 없을 거라는 경고와 함께 이스라엘의 공격을 반대하지 않겠다고 관리들에게 귀띔했다. 국무장관 딘 러스크는 저널리스트에게 "누구를 제지하는 것이 우리가 할 일이라고 생각지 않는다"고 말했다. 마이클 브레처는 6월 3일 "이스라엘인은 이스라엘이 선제 공격을 하더라도 미국이 배반하지는 않을 것으로 생각하는 것 같다"고 말했다. 한 전문가가 표현했듯이 존슨은 공격에 대한 황색 신호를 보냈다. 친이스라엘계 친구들과 참모진, 이스라엘 대사관이 앞장선 편지 쓰기 캠페인, 이스라엘이 공격할 것이라는 믿음이 이런 역할을 했다고 짐작되지만, 어떤 경위로 존슨의 마음에 변화가 왔는지 확실하지 않다.

　미국은 이스라엘의 승리가 굳어질 때까지 종전 압력을 행사하지 않았다. 전쟁이 끝난 뒤에도 이스라엘의 행위를 비난하지 않았다. 실제로 이스라엘이 골란고원을 점령한 후(소련의 우방인 시리아를 위협하는 것이었다) 소련이 개입하겠다고 위협했을 때, 존슨 대통령은 소련의 개입을 막기 위해 이스라엘 가까이에 미 제6함대를 배치하도록 지시했다. 1956년 수에즈 전쟁과 대조적으로 존슨 대통령은 폭넓은 평화협정의 맥락이 아니면 이스라엘 철수를 위해 미국이 압력을 행사하지 않을 것임을 분명히 했다. 미국은 6월 8일 이스라엘 해군과 공군이 USS 리버티 정찰 선박을 공격한 비극적인 사실에 대해서 완전한 해명을 고집하지 않았다. 그 원인조차 논쟁거리로 남아 있다. 미국은 위기가 발생하면서 계획한 대로 외교적·군사적 보호를 제공하지 않을 수 있었으나 그렇게 하지 않았다. 미국의 동정심이 어느 쪽으로 향하고 있는지 분명히 알 수 있는 사건이었다.

　1969~1970년 소모전 중에도 미국은 이스라엘을 강력하게 지지하는 경향을 보였다. 이스라엘을 견고하게 지원함으로써 소련이 가진 원조의 한계를 밝힐 수 있었다. 그렇게 드러난 한계를 통해 모스크바와 결탁한 아랍 국가를 미국으로 편입시킬 수 있다는 신념에 따라 원조는 늘어났다. 닉슨 행정부가 이스라엘이 요구하는 대로 무기를 제공하지 않은 것이 날카로운 신경전의 원인이 되기도 했다. 이 기간에 시행된 평화협상에서 이스라엘은 군수 물자를 증대시킬 수 있었다. 고조되는 폭력 때문에 강대국 간의 충돌이 새로운 두려움으로 다가온 시점에서, 워싱턴은 휴전을 유도했고 원조 증대를 약속하면서 이스라엘이 휴전을 받아들이도록 설득했다.

　1972년에 쓰인 MOU는 미국이 항공기와 탱크를 장기 제공한다는 약속을 담고 있다. 닉슨과 키신저는 향후 새로운 평화 제안을 할 때 먼저 이스라엘과 협의하겠다고 약속했다. 세계의 두 강대국은 앞으로의 외교적 의안에 대한 사실상의 준평화 제안 비토권quasi veto(거부권)을 작은 나라에 준 셈이다. 윌리엄 콴트는 "1970년대 초 미국의 중동 정책은 이스라엘에 대한 공개적인 지지를 넘어서지 못한다"고 썼고, 이스라엘 외무장관 아바 에반은 "미국 무기 공급의 황금시대"라고 명명했다.

이러한 지지는 1973년 10월 전쟁 중에 심화되었다. 닉슨과 키신저는 이스라엘이 단시일 내에 이길 것을 확신했다. 미국의 원조가 과하게 드러나지 않고 이스라엘이 일방적인 게임만 하지 않는다면 미국의 전후 영향력이 극대화될 것으로 믿었다. 키신저가 회고록에 이렇게 썼다. "우리가 예상한 대로 이스라엘이 일방적인 승리를 거뒀다면 아랍권의 불만을 한 몸에 짊어지지 않기 위해 노력해야 했다. 또 소련이 아랍의 구세주로 등장하는 것을 막아야 했다. 그런 불상사가 일어나 이스라엘이 궁지에 몰렸다면 우리는 이스라엘을 구조해야 했다." 이런 기대감과 전략적 목적이 있었기 때문에 미국은 이스라엘의 초기 구원 요청에 느긋이 대응했다.

그러나 이스라엘이 예기치 않은 어려움에 부딪히고, 필요한 군수 물자가 모자라기 시작하자 닉슨과 키신저는 중요한 군사 장비에 대한 전폭적 공수를 명령했다. 추가로 22억 달러의 보조금을 지불했다. 미국의 군사원조가 도착하기 전에 전쟁의 흐름이 바뀌긴 했지만, 그 지원으로 이스라엘군의 사기가 진작되었고 승리를 굳힐 수 있었다. 하지만 군수 물자 공급의 재개는 아랍의 석유 금수 조치와 생산 감소로 이어졌고, 세계 유가가 빠르게 치솟아 미국과 우방국들에 경제적 부담을 안겨주었다.

미국이 주도한 이스라엘 편애 평화협정

전쟁 중에 미국의 외교는 이스라엘에 우호적이었다. 요르단의 후세인 왕을 설득해서 후선에 머물게 했고, 키신저는 전쟁이 마무리될 때까지 이스라엘이 행동의 자유를 보장하는 데 주안점을 두고 휴전 협상(가장 두드러진 것은 10월 21일에 모스크바에서 벌인 소련과의 협상이었다)을 전개했다. 닉슨은 키신저에게 소련 서기장 레오니트 브레즈네프를 만나서 메세지를 전하도록 지시했다. "미국은 중동에서의 포괄적인 평화를 조성하기 위한 도구로 전쟁을 활용하기 원한다고 전하라." 그러나 키신저는 모스크바 회담을 통해 이스라엘이 주도권을 줄 뿐 아니라, 평화 절차로부터 소련을 배제하기 위한 노력을 용이하게 하는 휴전을 끌어내는 데 성공했다. 역사가 케네스 스타인은 키신저의 성과에 관해 말했다. "키신저와 브레즈네프 간 세 차례의 회합 내용을 편집한 미국 측 의사록을 보면, 그가 모스크바에 이스라엘의 국익을 정확하고 반복적으로 이야기했음을 분명하게 알 수 있다. 이것은 닉슨의 의사와 반대되는 것이었다." 이에 이스라엘 지도자들은 미국과 소련이 공모해서 휴전을 조작했다고 분개했다. 하지만 스타인은 "키신저가 러시아 대변인인 크레믈린에 대해 이스라엘을 대표하지는 않았지만 분명히 이스라엘의 염려를 대변했다"고 말했다.

10월 22일 안전보장이사회가 12시간 이내에 모든 전쟁을 끝내라는 내용의 휴전 결의안을 통과시켰을 때였다. 키신저는 이스라엘의 군사적 우위를 목적으로 결의 내용의 위반을 허용했다. 그는 이스라엘 대사 심차 디니츠에게 말한 적이 있다. "모스크바 여행 때문에 생기는 시간을 군사 작전을 완수하는 데 이용하도록 이스라엘을 선도하겠다." 그리고 미국 안보 기록보관소 National Security Archive에 의하면, 키신저는 이스라엘군이 임박한 휴전 기한에도 불구하고 진격할 시간을 벌 수 있도록 이스라엘 당국에 휴전협정을 어기라는 파란색 신호를 비밀리에 보냈다. 휴전이 수포로 돌아가고 이스라엘방위군이 이집트의 제3군을 포위하자, 소련은 자체 군사력을 동원해서 개입하겠다고 거칠게 협박했다. 그때 닉슨과 키신저는 전 세계적인 군 경계령을 내리고 모스크바에 개입하지 말라는 날카로운 경고를 보냈다. 이스라엘에는 전쟁을 중단할 시점이라고 일렀다.

그 후 1975년 시나이-Ⅱ 격리협약을 향한 '단계별' 외교 과정에서 팽팽한 줄다리기가 있었지만, 미국은 이스라엘의 국익을 수호하기 위해 힘썼다. 이스라엘에 대한 군사원조를 증가시키는 것 외에도 향후 평화협상을 준비할 때는 이스라엘과의 '행동 통일'을 약속했다. 또한 미래의 평화협상에 대한 PLO의 참여를 거부할 수 있도록 거부권을 주었다. 키신저는 실제로 PLO가 이스라엘의 생존권을 인정함과 동시에, UN 결의안 242와 338을 받아들이지 않는 한 PLO를 인정하지도, 함께 협상하지도 않겠다고 약속했다(각각 1967년과 1973년 전쟁을 중단시킨 휴전 결의안으로, 이스라엘의 자주권과 독립을 인정하면서 점령 지역으로부터 철수하도록 명령한 내용이다. 미 의회는 1984년에 이 약속을 법으로 명시했다). 이스라엘 역사가 아비 슐라임에 의하면, 이스라엘 총리 라빈은 "시나이-Ⅱ 격리협약이 미국과 이스라엘의 약속을 수반하지 않으면 내각이 최종 동의하지 않을 것"이라고 키신저에게 분명한 입장을 밝혔다. 쉬라임은 그렇게 해서 만들어진 협약은 허울 좋은 미국과의 동맹에 지나지 않는다고 했다.

내전과 난민, 비극의 레바논 전쟁

미국은 이스라엘의 계산 착오로 발생한 1982년 레바논 침공 후에도 여전히 이스라엘을 원조했다. 남부 레바논에서 이스라엘과 PLO 간의 폭력 사태가 격렬해지는 가운데, 이스라엘 국방장관 아리엘 샤론은 레바논에서 PLO를 몰아내고 시리아의 영향력을 근절시켰다. 그리고 레바논 크리스천 리더인 바시르 제마엘을 권좌에 앉히는 것을 목적으로 하는 군사적 대응에 미국의 승인을 구했다. 국무장관 알렉산더 헤이그는 이스라엘의 야욕을 충분히 알지 못한 상태였다. 하지만 이스라엘 관리들과의 대담을 통해 이스라엘이 반격할 경우 로보토미lobotomy(전두엽백질 절제술)를 하듯 신속하게 처리해야 한다며 조건부 승인을 한 듯하다. 국제적으로 인정할 수 있는 도발이 있을 경우에만 행동해야 한다고 경고한 것으로 보인다.

마침내 이스라엘은(헤이그의 기준을 충족시키지 못한 상태에서) 1982년 6월 침공을 감행했다. 하지만 레바논 내부의 정치 질서를 바로잡겠다는 야심 찬 계획은 수포로 돌아갔다. 이스라엘방위군이 PLO와 시리아군을 신속하게 격퇴했지만, 뒤에 처진 PLO 소속원들이 베이루트에 피난처를 마련했다. 대규모 희생자와 레바논 민간인의 위해를 감안하지 않는 한 이스라엘군은 그들을 몰아내는 것이 불가능했다. 미국 특사인 필립 하비브가 마침내 억류를 끝내고 PLO를 철수시킨다는 협상안을 타결했다. 수천 명의 미군 해병대가 다국적 평화유지군의 일부로 레바논에 파견되었다.

9월 제마엘의 암살로 레바논에 친이스라엘 정부를 세운다는 이스라엘의 소망은 좌절되었다. 이스라엘방위군은 샤브라와 샤틸라 난민 수용소에 크리스천 민병대를 투입했다. 그들은 대략 700명에서 2000명 이상으로 추정되는 팔레스타인과 레바논 민간인을 학살했다. 레바논 내전과 침략을 종식시키기 위한 지속적인 노력이 실패로 돌아가고, 많은 미국인이 레바논의 격화되는 혼란에 휘말렸다. 1983년 4월, 자살폭탄 테러범의 미국 대사관 공격으로 63명이 사망했다. 10월에 폭탄을 실은 트럭이 해병대 병영을 공격해 241명의 해병이 사망했는데, 이듬해 미군 전면 철수의 발판이 되었다.

비록 레이건 대통령을 포함한 미국 관료들이 전쟁 중 이스라엘이 저지른 행위에 분개했지만, 그것 때문에 이스라엘을 벌하지는 않았다. 레이건은 6월 9일, 이스라엘 수상 메나헴 베긴에게 격분한 어조로 편지를 보내 시리아와의 휴전 제안을 받아들이라고 요구했다. 시리아에 대한 이스라엘군의 목적은 이미 달성된 상태였기 때문에 합의를 해도 이스라엘이 손해 볼 일은 없었다. 역사학자이자 외교관인 이타마르 라비노비치는 때때로 구두 항의와 제스처 그리고 노골적으로 짜증을 내는 일은 있었지만, 미국이 유별나게 긴 전쟁을 수행할 수 있도록 이스라엘에 정치적 지원을 보냈다고 말했다.

인접국을 침범한 이스라엘을 제재하기는커녕 의회는 1982년 12월 레이건 대통령과 새로운 국무장관 조지 슐츠의 강력한 반대에도 이스라엘에 대한 250만 달러의 추가 군사 지원을 의결했다. 후에 슐츠는 이렇게 회고한다.

"1982년 12월 초 임기 말 권력 누수 상태에 있는 의회에서 이스라엘에 대한 군사원조를 250만 달러로 추가 증액한다는 말을 들었다. 이스라엘이 레바논을 침공하고, 클러스터 폭탄을 사용하고, 사브라와 샤틸라 대량 학살에 연루되어 있을 때다. 우리는 추가 지원을 반대했다. 강하게 반대했다. 레이건 대통령과 내가 직접 뛰어들어 상원의원과 하원의원들에게 수없이 많은 전화를 걸었다. 12월 9일 추가 지원이 이스라엘의 행동을 인정하고 보상하는 것과 마찬가지라는 내용의 공식 항의 서한을 보냈다. 외무장관 샤미르는 레이건 대통령의 반대를 불친절한 행동이라고 규정하고, 평화 절차를 거스르는 일이라고 했다. 추가 지원안은 레이건 대통령과 내가 거기 없었다는 듯 우리를 피해 갔고, 의회의 승인을 받았다. 나는 아연하고 낙담했다. 이 일을 통해 의회에 대한 이스라엘의 영향력이 어떤 것인지 생생하게 알게 되었다. 이스라엘에 영향을 줄 수 있는 의회의 조치에 입김을 불어 넣기 위해서, 중동에서의 일 추진 과정에 의회의 지지를 얻기 위해서는 이스라엘과 함께 신중하게 일해야 한다는 사실을 알게 되었다."

슐츠와 레이건은 의회를 뒤따랐다. 1981년 이스라엘의 골란고원 합병 후 정지된 MOU는 1983년 11월 정지 상태에서 풀렸다. 미국의 핵심 관료들이 이스라엘과의 긴밀한 협력 외에는 이스라엘의 행동에 영향을 줄 수 있는 다른 방법이 없다고 믿었기 때문이다.

이스라엘의 대변인, 미국

미국이 이스라엘과 보조를 같이하는 경향은 평화협상에서도 마찬가지다. 미국은 6일 전쟁과 1970년 소모전이 끝난 후에도 평화를 위한 노력을 실패로 이끄는 중심 역할을 했다. 1972년 미국은 향후 평화 노력을 전개하기 전에 이스라엘과 협의하기로 약속했고, 키신저는 10월 전쟁에 이은 '단계별' 외교를 진행하는 과정에서 이스라엘에 영향을 줄 만한 압력을 행사하지 못했다. 키신저는 협상을 벌이다가 불평한 적이 있다. "내가 라빈에게 양보하라고 하면 그는 이스라엘이 약하기 때문에 양보할 수 없다고 한다. 무기를 더 주면 그때는 이스라엘이 강하니까 양보할 필요가 없다고 한다." 앞서 말했듯이 이집트와 이스라엘 간의 격리 협상은 미국의 추가 원조 약속과 시나이에 민간인 감시원을 배치하겠다는 약속이 있었기에 가능했다.

1993년 오슬로 평화협정the 1993 Oslo Accords의 성사와 1999~2000년 최종 단계의 협약을 끌어내기 위한 시도를 실패한 클린턴 행정부의 협상 과정에서 같은 양상을 엿볼 수 있다. 클린턴 행정부 관료들과 이스라엘 관료들 사이에 간헐적으로 마찰이 있었지만, 미국은 조정을 통해 이스라엘과의 긴밀한 관계를 유지했다. 일반적으로 미국 대표단이 이스라엘의 전략에 심각한 의혹을 품고 있을 때조차 평화 절차에 대한 이스라엘의 접근 방법을 지지했다. 이스라엘의 협상가로 오슬로 평화협정을 끌어낸 핵심 인물인 론 펀다크는 이렇게 말했다. "미국 국무부의 전통적인 접근 방법은 이스라엘 총리의 입장을 채택하는 것이다. 이것이 가장 극명하게 드러났을 때가 네타냐후 정부 시절이다. 미국 정부는 이스라엘의 요구사항을 받아들이라며 팔레스타인 측을 설득하고 압력을 넣는 등 이스라엘 총리를 위해 일하는 것처럼 보이는 경우가 있었다. 미국의 이러한 경향은 바라크가 집권할 때도 마찬가지였다."

평화 절차에 참여한 미국 참가자의 판단도 비슷했다. 클린턴 대통령 밑에서 아랍-이스라엘 업무에 대한 특별 보좌관을 지냈고, 캠프 데이비드 협정의 핵심 멤버로 참가했던 로버트 말리도 비슷한 의견을 내비쳤다. 캠프 데이비드 협정에서 이스라엘 측은 서면으로 아이디어를 제시하는 적이 없고, 그들의 의견은 일반적으로 이스라엘이 아닌 미국의 생각으로 제시되었다고 했다. 이러한 관행은 미국이 중재자로 일할 때 생기는 현상이다. 이는 미국이 어느 정도까지 이스라엘을 외교적으로 지원하는지 설명한다. 미국의 협상자는 무충격 원칙No-surprise Rule의 제약을 받는다.

말리에 의하면, 이것은 문제를 해결하지는 못하더라도 최소한 모든 아이디어를 이스라엘과 공유한다는 미국의 약속이다. 바라크의 전략이 누구에게도(대통령을 포함해) 자신의 최후 협상 카드를 조기에 공개하지 않는 것이기 때문이다. 그가 느끼기에 지나치다고 판단되는, 앞으로 나올 미국의 제안을 논의하기 위해 무충격 원칙을 떠올렸을 것이다. 미국은 상황을 잘 알지 못해서 이스라엘에 협상안을 제시해 놓고 절대 넘어갈 수 없는 최후의 카드라고 못 박는 경우가 많다. 미국 중동 분석가이자 클린턴 행정부 평화 유지 노력의 핵심 역할을 맡은 아론 데이비드 밀러는 말했다. "2005년 실패한 협상에 대한 사후 검토 모임에서 빈번히 이스라엘의 변호사로 일해왔다."

결론

1948년 이스라엘 건국 이래 미국의 중동 정책에 대한 중요한 부분이 유대 국가에 대한 헌신의 범주를 벗어나지 못했다. 파트 II에서 구체적으로 이야기 하겠지만 이러한 경향은 시간이 갈수록 강화되었다. 이스라엘이 미국 우방 중 특별한 지위를 차지하고 있는 단적인 예로 1976년 이래 6명의 이스라엘 지도자들이 양원 합동회의에서 강연한 사실을 들 수 있다. 이것은 어떤 국가 보다 많은 숫자다. 대수롭지 않은 일로 들릴 수 있을지 모르나, 6명의 지도 자가 2007년 뉴욕시보다 적은 인구를 가진 나라를 대표한다는 사실을 볼 때 놀라운 일이 아닐 수 없다. 이스라엘을 향한 미국의 관용은 현대 역사에서 유례를 찾을 수 없을 정도라는 라빈 전 총리의 말처럼, 두 나라의 관계는 특 별하지 않게 시작해서 유례를 찾아볼 수 없는 특별한 관계로 발전했다. 미첼 바드와 다니엘 파이프스는 이렇게 표현했다. "비교적인 시각에서 볼 때, 미국 과 이스라엘은 국제정치에서 가장 예외적인 관계를 유지하고 있다."

이런 지지를 통해 한 가지 긍정적인 목적이 성취되었다. 이스라엘의 번영 에 도움을 준 것이다. 이 사실만 놓고 보면 미국이 지금까지 제공한 모든 지 원이 타당하다고 생각할 사람이 많을 것이다. 그러나 규모를 알고 나면 2003 년 6월 퓨리서치센터의 조사에 응한 21개국 중 영국, 프랑스, 캐나다, 호주 등 친미 우방국들을 포함한 20개국 국민 대부분이 '미국의 중동 정책은 지나 치게 이스라엘에 편향적'이라고 대답한 사실이 놀랍지 않을 것이다. 놀라운 것은 당시 이스라엘 국민 대다수(47%)도 같은 생각이었다는 사실이다.

미국이 이스라엘을 지원하면서 이스라엘의 부인할 수 없는 성과로부터 많 은 이익을 얻었지만 잃은 것이 훨씬 많다. 이스라엘이 미국에 없어서는 안 될 중요한 전략적 자산이라면, 즉 이스라엘의 존재와 지속적인 성장이 미국 의 안전에 도움이 된다면 관용이 이해될 수 있을 것이다. 막대한 수준의 원조와 외교적 지원을 할 수밖에 없는 도덕적 명분이 있다면 설명이 쉬울 것이다. 그러나 무엇도 사실이 아니다. 전략적 이익도, 도덕적 당위도 미국이 이스라엘에 그토록 관대하고 무제한적인 지원을 지속하는 이유가 되지 못한다는 사실을 다음 2~3장에 걸쳐 밝힐 것이다.

2장 이스라엘은 전략적 자산인가, 부채인가?
STRATEGIC ASSET OR LIABILITY

　만약 미국의 목적이 총체적이고 전략적인 이익 증진이라면 이스라엘에 대한 광범위하게 뻗치는 경제, 군사, 외교 지원의 의지를 쉽게 이해할 수 있을 것이다. 미국이 과거에 적대국으로 분류한 국가들을 상대하는 데 효율이 높은 방안이라면 이스라엘에 대한 관대한 원조를 정당화할 수 있다. 만약 미국이 상당한 반대급부를 얻을 수 있고 경제적·정치적 비용을 뛰어넘을 만한 가치가 있다면 미국의 지원이 이해될 것이다. 또 만약 이스라엘이 반드시 필요한 천연자원(석유나 천연가스)을 가지고 있거나 중요한 지리적 위치를 점하고 있다면, 미국은 좋은 관계를 유지하고 적대국들을 견제하기 위해 지원할 생각을 할 수 있을 것이다. 간단히 말해서, 미국을 안전하고 부유하게 하는 데 도움이 된다면 이스라엘에 대한 지원을 정당화하기 쉬울 것이다. 그 지원을 통해 미국이 동맹국을 확보하고, 전략적으로 중요한 국가들과 관계를 훼손하지 않을 때 이스라엘의 전략적 가치는 증대될 수 있다.

　이스라엘 지원을 지지하는 사람들의 주장은 놀랄 일이 아니다. 1980년대 스티븐 스피겔이나 오간스키 같은 학자들은 냉전 중에 이스라엘이 미국의 중요한 전략적 자산이 되었다고 주장했다. 그러면서 그것이 미국에 주는 유익을 생각하면 관대한 원조가 값비싼 것이 아니라고 강조했다. 1984년 전 미국유대인위원회의 워싱턴 대표 하이만 북바인더는 "사람들에게 이스라엘을 돕는 것이 미국의 전략적 이익에 도움이 된다는 것을 이해시키기 위해 노력한다"고 말했다. 가장 영향력 있는 친이스라엘 로비조직인 AIPAC은 미국과 이스라엘은 양국에 대한 공통적 위협에 대처하기 위해 긴밀한 전략적 동반 관계를 유지하고 있다고 선언했다. 국토 방위와 안전 면에서 미국과 이스라엘 간 협력은 그 중요도를 더해가고 있다.

신보수주의 계통의 미국신세기프로젝트PNAC[10]는 이스라엘을 "국제 테러에 대항하는 미국의 가장 믿음직스러운 동맹국"이라 부른다. 유대국가안보문제연구소JINSA는 미국과 이스라엘의 전략적 협력은 국제적 안보 최적화라는 점에서 미국을 위해 반드시 필요한 요소라고 주장한다. 이스라엘샬롬연구소와 워싱턴근동정책연구소WINEP 선임 연구원 마틴 크레이머는 이스라엘 원조에 관해 이렇게 말했다. "미국이 홀로코스트에 대한 죄책감이나 민주 가치의 공유 때문에 이스라엘을 돕는 것이 아니라, 이스라엘에 대한 원조가 동지중해에서 팍스 아메리카나의 이미지를 부각시키고, 낮은 비용으로 중동 질서를 유지할 수 있는 길이기 때문에 돕는다." 예루살렘 전략안보연구소의 에프라임 인바르는 전략적 위치, 정치적 안정성은 물론 기술적·군사적 자산이라는 점에서 전략적 동맹국인 이스라엘에 대한 미국의 지속적 지원은 매우 타당하다고 했다.

유대 국가에 대한 미국의 폭넓은 지원 정책은 자비나 도덕적 의무감에서 비롯되는 것이 아니다. 국내 로비의 결과가 아니라 전략적 근거라고 이야기하고, 오히려 이스라엘에 대한 견고한 지원은 미국의 총체적이고 전략적인 이익을 도모하는 것이라 주장한다. 미국인 전체가 안전하게 살기 위해 이스라엘을 지원한다는 것이다. 이 장에서 이러한 견해가 시대에 뒤떨어졌고, 비판적인 시각에서 얼마나 잘못되었는지 보여줄 것이다. 과거에는 이스라엘 지원에서 오는 전략적 이점이 있었을지 모르지만, 2000년대 들어 전략적 이점은 급격히 줄어든 반면 경제적·외교적 비용은 증가했다. 이스라엘이 미국을 위한 전략적 자산이라기보다는 전략적 부채가 되어버린 것이다. 강력한 지원의 결과는 이스라엘을 보호하기보다 공격받기 쉽게 만들었고, 중요하고 시급한 외교 정책의 목표 달성을 어렵게 했다. 이스라엘이 존속할 수 있게 돕고 생존을 보장한다는 절실한 이유가 있지만, 현재의 지원 규모와 무조건적인 지원방식은 전략적인 근거로 정당화될 수 없다.

우리는 냉전 기간 중 이스라엘의 역할을 평가하는 것부터 시작하려 한다. 이스라엘이 전략적 자산이라는 주장은 이 기간에 가장 설득력이 있다. 그리고 소련이 사라진 뒤에 나오는 주장, 구체적으로 이스라엘에 대한 지원이 세계적인 테러와 적대적인 '불량 국가'들로부터의 공통적인 위협으로 정당화될 수 있다는 주장에 대해 생각해 볼 것이다. 이런 주장 역시 미국의 무조건적인 지원에 대한 신뢰성 있는 전략적 근거가 되지 못한다는 점을 밝힐 것이다.

소련 곰 묶어두기

1948년 이스라엘이 건국되었을 때, 이스라엘은 약하고 공격받기 쉬운 나라로 취급되었다. 미국의 정책 입안자들은 이 나라를 전략적 자산으로 보지 않았다. 미국이 이스라엘과 너무 가까이하면 중동 다른 곳에서 미국의 입지가 좁아진다고 판단했다. 당시 트루먼 대통령이 UN의 분리 계획을 지지한 것은 유대인의 고통을 향한 순수한 동정심 때문이었다. 유대인을 그들의 본토로 돌아가게 하는 것이 바람직하다는 종교적 확신과 그러한 정책이 미국에 거주하는 유대인의 강력한 지지를 받았다. 이 때문에 미국에 정치적인 이득이 될 것이라는 생각이 뒷받침되었다. 하지만 당시 국무장관 조지 마셜과 정책기획국장 조지 케넌을 포함한 트루먼의 핵심 보좌관들은 그 결정에 반대했다. 아랍과의 관계를 손상시킬 뿐 아니라 그 지역에 대한 소련의 침투를 초래할 수 있다고 판단했다. 케넌은 1948년 내부 비망록에 "정치적인 시온주의의 극단적인 목적을 지지하는 것은 미국의 중동 안보 정책 전반에 해가 될 것"이라고 썼다. 그것이 소련의 기회를 증대시키고, 석유 사용권을 얻기 힘들게 하는 것은 물론 중동에서의 미군 주둔을 위태롭게 할 것이라고 주장했다.

1960년대에 들어서 이런 견해는 약화되었다. 케네디 행정부는 이집트, 시리아, 이라크에 대한 소련의 원조가 증가하고 있으므로 이스라엘을 지원해야 한다고 결론지었다. 이스라엘 지도자들은 우방으로서의 잠재적 가치를 강조했고, 1967년 6일 전쟁의 혁혁한 승리로 이스라엘의 군사력을 생생하게 보여줬다는 사실에서 그들의 주장은 힘을 얻었다. 1장(거대한 수혜자)에서 이야기한 것처럼, 닉슨과 키신저는 이스라엘에 대한 지원을 늘리는 것이 그 지역 전반에 미치는 소련의 영향력을 차단하는 유일한 길이라고 생각했다. 전략적 자산으로서 이스라엘의 이미지는 1970년대에 뿌리를 내렸고, 1980년대 중반에 하나의 신념이 되었다.

1967~1989년 이스라엘의 전략적 가치는 확고했다. 중동에서 미국의 대리인 역할을 감당하면서 중요한 지역에서 소련의 확장을 막을 수 있었다. 간헐적으로 지역적 위기들을 처리하는 데 도움을 주었다. 1967년 6일 전쟁과 1973년 10월 전쟁을 통해 이집트, 시리아와 같은 소련 의존국에 굴욕적인 패배를 안겨줌으로써 이스라엘은 미국의 국위를 선양하는 한편, 소련의 지위를 손상시켰다. 이것이 닉슨과 키신저 냉전 전략의 중심 요소였다. 이스라엘을 철저하게 지원해서 이집트나 시리아가 1967년에 잃어버린 영토를 회복할 수 없게 할 뿐 아니라, 소련의 지원 한계를 드러낸다는 것이다. 이런 전략은 이집트 대통령 안와르 사다트가 모스크바와 관계를 끊고 미국과 손을 잡음으로써 1979년 이집트-이스라엘 평화조약의 돌파구를 마련했던 1970년대에 결실을 보았다.

이스라엘의 이어진 승리로 말미암아 소련은 의존국이 패배할 때마다 소중한 자원을 소모해야 했다. 이는 과도한 지출에 시달리는 소련 경제가 감당하기 벅찬 일이었다. 이스라엘이 미국에 소련의 역량, 소련의 의존국들과 넓게는 중동에 대한 정보를 제공해 소련에 대한 광범위한 싸움을 수월하게 하기도 했다. 예를 들어 1956년 이스라엘 스파이가 빼낸 소련 수상 니키다 S. 흐루쇼프가 스탈린을 비난하는 비밀 연설문을 미국에 전달했다. 1960년대에는 미국 국방 전문가에게 이라크의 탈주자에게서 얻은 소련 미그 21기에 대한 접근을 허용했고, 1967년과 1973년 전쟁 중에 획득한 소련 장비의 접근 권한을 내주었다. 이로써 미국은 이스라엘의 훈련 시설 이용, 이스라엘 방위산업체가 개발한 첨단 기술 이용, 보복 테러 행위 및 기타 방위 문제와 관련해 이스라엘 방위 전문가들의 자문을 얻는 일 등으로 이익을 얻었다.

소련 견제로 치러야 했던 대가들

이런 사실들로 이스라엘에 대한 지원의 정당성을 주장하는 것은 옳다. 이 기간에 이스라엘은 틀림없는 전략적 자산으로 볼 수 있다. 이것도 친이스라엘계가 주장하듯 명백한 것은 아니기에 당시 미국 측 전문가들은 의문을 제기했다. 왜 그런가? 동반 관계는 직접적인 경제적 부담 외에도 미국에 상당한 비용을 부과했고, 강력한 동반자를 도울 수 있는 이스라엘의 능력에 몇 가지 한계가 있었기 때문이다.

첫째, 이스라엘군이 이집트, 시리아, 이라크와 같은 소련 의존국을 제지하는 데 도움을 주었지만, 미국의 지원은 이들 국가를 소련의 품으로 밀어 넣는 결과를 초래했다. 1940년대 후반부터 이집트, 시리아와 극심한 분쟁에 휩싸여 있던 이스라엘이 워싱턴에 도움을 요청했지만 거절당했다. 이스라엘에 대한 지원은 규모 면에서 지금과는 비교도 안 되었다. 그러나 미국은 여전히 이스라엘의 생존을 위해 헌신할 각오가 되어 있었고 그 안전을 저해할 어떤 일도 하지 않으려 했다. 특히 이집트나 시리아에 유대 국가를 공격할 수 있는 무기를 공급한다는 것은 생각할 수도 없는 일이었다. 그 결과 1955년 2월 이스라엘이 가자 지구에 있는 이집트 군부대를 공격해서 37명의 이집트 군인을 죽이고 31명의 부상자를 냈다. 당시 이집트 대통령 가말 압델 나세르는 무기를 얻기 위해 소련으로 향할 수밖에 없었다.

나세르는 가자 지구 공격을 아랍이 모스크바와 대규모 무기 거래를 시작하게 된 전환점으로 간주하곤 했다. 그 덕분에 소련은 하룻밤 사이에 중동 문제에 영향을 주는 주요국으로 등장했다. 이 공격은 나세르가 이스라엘 정부와 유지하고 있던 협상 채널을 폐쇄하고, 아랍의 침투를 최대한 제한하기 위해 노력하는 정책에서 지원하는 정책으로 전환하게 했다. 이스라엘과의 분쟁이 계속되고 미국이 무기 공급을 꺼린다면, 이스라엘의 주요 적대국은 모스크바에 가까이 다가가는 데서 오는 불안감에도 불구하고 소련의 도움을 청하는 방법 외에 선택의 여지가 없었을 것이다.

둘째, 미국의 이스라엘 지원이 소련에 대한 압박감을 가중시키기는 했지만, 한편으로 아랍과 이스라엘 분쟁을 고조시켰고 평화적 해결로 가는 길을 가로막았다. 그것은 이스라엘과 미국 모두를 끈질기게 괴롭히는 원인이었다. 닉슨-키신저 전략이 마침내 이집트를 소련의 세력권에서 끄집어내는 데 성공했다. 하지만 중동 문제를 주로 '냉전'이라는 프리즘으로 보는 경향(그 결과 무슨 일이 있어도 이스라엘을 지원하려고 하는) 때문에 미국은 평화를 조성할 좋은 기회를 놓쳤다. 1971~1972년 이집트 대통령 안와르 사다트가 여러 차례 계약 체결의 의사가 있음을 시사했다는 사실이 두드러진 예다. 1975년 강연에서 키신저는 "이집트 군인 1000명이 운하를 건너게 할 것이냐 말 것이냐 하는 문제 때문에 중간 협약을 끌어내려는 국무장관 윌리엄 로저스의 노력이 수포로 돌아갔다"고 연설했다. 그것이 성사되었다면 1973년 전쟁이 일어나지 않았을 것이다. 키신저는 로저스의 노력을 지지하지 않은 것을 후회스럽게 생각한다고 회고했다.

셋째, 1960년대와 1970년대에 와서 미국과 이스라엘의 관계가 확대되고 심화되었다는 사실이 아랍과 이슬람 세계 전반의 반미 감정 유발에 기여했다. 캘리포니아대학교 버클리 역사학과 교수이자 총장(팔레스타인계 미국인 역사학자) 우사마 막디시는 술회했다. "제1차 세계대전 당시 오스만제국에 속한 아랍 지방에서 미국의 이미지는 긍정적이었다. 아랍인들은 미국을 영국, 프랑스, 러시아와 달리 제국주의자가 아닌 강대국으로 보았다." 미국은 이스라엘이 세워진 후에도 중동에서 공명정대한 역할을 하려는 노력을 기울였다. 또한 1967년까지 이스라엘에 무기를 공급한 나라는 미국이 아니라 프랑스라는 사실에 힘입어 아랍권의 분노는 더 이상 확산되지 않았다. 당시 갈등의 원인은 이집트와 같은 진보적인 아랍국들이 이스라엘에 대한 의견이 일치되지 않아 벌어진 것으로 볼 수 있다. 하지만 미국이 나세르에게 적개심을 품고 있는 중동의 보수적인 국왕들(이란의 샤, 요르단의 후세인 왕, 사우드 가문)을 지원했다는 사실에서도 찾을 수 있다. 미국으로서는 유감스러운 일이지만 이들 정권(워싱턴은 이들을 온건파로 보았고, 이들의 적을 반동 세력으로 보았다)과 이스라엘에 대한 지지로 말미암아 많은 아랍 국가가 미국을 과거 대영제국의 역할 계승자로 보는 경향이 농후해졌다.

미국의 이스라엘 지원이 늘어감에 따라 아랍의 적대감은 증대되었다. 1967년 이스라엘의 요르단강 서안 지구, 시나이, 가자 지구, 골란고원 점령은 점령 지구에 사는 소위 팔레스타인계 아랍인에 대한 압박으로 이어졌다. 이런 상황이 냉전 기간 중 일부 중동 정권들이 소련과의 긴밀한 관계에 관심을 갖게 했고, 미국의 영향력을 약화시켰다. 또한 30여 년 전(2024년 기준) 미래학자들이 예견한 대로 아랍과 이슬람 급진주의자의 출현에 기여했다. 전 관리예산국 군 지원부 책임자 해리 쇼는 1985~1986년에 쓴 글에서 경고했다. "요르단강 서안에 대한 이스라엘의 정착촌 건설 정책은 미국의 이익 및 정책과 상반된다. 평화 정착에 대한 진보가 없다는 것은 이스라엘과 아랍 인 접국들이 공동 책임을 져야 할 문제로서 평화적인 삶을 열망하는 아랍인을 좌절로 이끈다. 뿐만 아니라 미국의 이익, 이스라엘의 안보에 흥미가 없는 아랍인들과 이슬람 근본주의자의 영향력을 강화한다."

이스라엘이 미국의 우방이 아니더라도 미국과 아랍, 이슬람 세계의 관계가 완벽할 수는 없지만, 공명정대한 접근을 통해서 중요한 마찰 원인을 제거할 수 있었다. 이 기본적인 사실을 전 이스라엘 국방부 장관 모세 다얀(1915~1981)도 알고 있었다. 그는 비망록을 통해 1973년 10월 전쟁 당시 키신저와의 대화를 공개했다. "미국이 기꺼이 우리 편에 설 유일한 국가라고 말했지만, 곰곰이 생각해 보면 미국이 아랍을 지원하는 것이 실질적으로 도움이 될 수 있을 것 같았다."

이스라엘에 대한 지원은 10월 전쟁 중 미국에 아랍 석유 금수 조치, 생산량 감축과 같은 추가적인 부담을 안겨주었다. 석유 무기를 사용하기로 한 결정은 전쟁 중 이스라엘에 22억 달러의 비상 군사원조를 제공하기로 한 닉슨의 결정에 직접적인 반응이었다. 이는 궁극적으로 미국 경제에 심각한 피해를 입혔다. 석유 금수 조치와 생산 감축으로 미국은 1974년 한 해에만 485억 달러의 손실(2000년 시세로 대략 1400억 달러)을 보았다. 비싼 석윳값과 2%의 GDP 감소 때문이었다. 석유 위기는 유럽 및 아시아 우방들과의 관계에 심각한 긴장을 유발했다. 이스라엘이 소련 의존국들을 패배시키는 데 도움을 주었다는 사실이 미국의 냉전 전략이라는 맥락에서 긍정적인 발전으로 해석될 수 있을지 모른다. 그러나 미국은 승리에 대한 대가를 치러야 했다.

이스라엘의 전략적 가치 평가

냉전 중 이스라엘이 다각도로 쓸모 있는 기여를 했지만, 그 전략적 가치를 과대평가해서는 안 된다. 이스라엘이 중요한 정보들을 미국에 제공했어도 예루살렘이 초강대국의 흐름을 바꿔놓을 수 있는, 또는 공산주의 적대국을 향해 결정타를 날릴 결정적인 정보를 제공했다는 증거는 없다.

이득이라고 한다면 노획한 소련제 무기에 접근할 수 있게 한 것이나, 이스라엘로 이주한 유대계 러시아인에게 보고하게 만들고 전쟁 수행 능력 데이터에 접근을 허용한 정도를 들 수 있다. 미국은 그 정보를 무기와 전술을 개발하는 데 사용했다. 그것은 의심할 여지없이 소련에 의존했던 이라크 같은 나라와의 전쟁에 도움이 되었다. 당시 이라크의 군사력은 삼류 수준이었다. 1991년 후세인을 패배시키는 것이나 2003년 그를 내쫓는 데 많은 도움이 필요하지 않았다. 이스라엘 훈련 시설을 이용하는 것이나 이스라엘 전문가와의 상담도 유용하고 감사한 일이었지만, 그런 것들이 미국의 군사력 개발이나 소련을 상대로 하는 궁극적인 승리를 위해 꼭 필요한 건 아니었다.

실제로 이스라엘이 제공하는 도움의 가치가 의심스러울 때가 있다. 전 CIA 공식보고서에는 이렇게 기록되어 있다. "아랍 세계에 대한 정치적 정보에 특징이 없는 것을 보고 놀랐다. 전술과 관련한 군사 정보는 일급이었지만 그들은 적을 몰랐다. 정치적 정보를 읽고 나서 든 생각은, 그 정보가 형편없고 웃음이 날 정도로 가치가 없다는 것이다. 대부분 잡담 수준이었다." 이스라엘은 오해를 불러일으킬 수 있는 정보를 여러 차례 제공했다. 이스라엘이 원하는 조치를 취하게 하려는 의도가 있었을 것이다.

예를 들어 6일 전쟁에 앞서 마련된 이스라엘의 정보에 따르면 이집트의 전쟁 수행 능력과 의지는 잔인하고 놀랄 만했다. 그러나 미국 정보 담당자들은 그것이 부정확할 뿐 아니라 정치적인 입김이 들어가 있다고 판단했다. 당시 월트 로스토 국가안보보좌관은 존슨 대통령에게 보고했다. "이스라엘이 제시한 평가를 믿지 않습니다. 그들의 평가는 상관에게 보고할 만한 수준의 추정이었습니다. 그것이 미국에 영향을 주어 다음 사항 중 한두 가지 조치를 취하게 하려는 책략이라고 판단합니다. 첫째는 군수 물자를 제공하고, 둘째는 이스라엘에 관한 공식적인 지지를 표명하고, 셋째는 이스라엘의 군사 계획을 승인하고, 넷째는 나세르에게 압력을 가한다는 것입니다."

8장(이라크와 중동 변혁의 꿈)에서 구체적으로 논하겠지만, 이스라엘은 2003년 이라크 침공을 앞두고 이라크의 대량 살상 무기WMD 프로그램에 대한 부질없는 보고서를 제시했다. 미국은 그것 때문에 후세인이 제기한 위험을 오판했다. 이스라엘은 중동 지역에서 미국의 이익을 대변할 만한 대리인도 되지 못했다. 중동 학자 마틴 크레이머는 "미국의 이스라엘 지원은 (…) 동지중해에서 팍스 아메리카나의 버팀목이 된다. 중동 일부 지역에서 적은 비용으로 질서를 유지하는 길이다"라고 말했다. 그는 이 관계에서 얻을 수 있는 이익을 과대평가하고 비용은 과소평가했다.

동지중해의 안정은 바람직하다. 그러나 미국의 전략상 중요한 관심사는 아니다. 오일이 풍부한 페르시아만과는 현저하게 다르다. 만약 이스라엘의 전략적 가치가 이 지역의 팍스 아메리카나를 강화하는 역할에서 비롯되는 것이라면, 지금까지(2007년 기준) 특별히 잘한 일이 없다. 1982년 레바논 침공으로 그 지역을 불안하게 했고, 헤즈볼라의 등장에 직접 기여했다. 헤즈볼라는 미국 대사관과 해병대 막사에 대한 참혹한 공격으로 미국인 241명과 프랑스군 58명의 목숨을 앗아간 사건의 배후단체다. 자살폭탄 테러가 죽음의 원인이었지만, 이스라엘이 만든 상황을 마무리하기 위해 미국이 치러야 했던 대가 중 일부였다. 이스라엘이 요르단강 서안과 가자 지구를 식민지화하기 위해 벌인 군사 행동(간접적으로는 미국의 원조를 받았고 일부 미국이 만든 무기로 수행한)은 두 차례의 폭동을 일으켜 수천 명의 팔레스타인인과 이스라엘인을 죽음으로 내몰았다. 이스라엘을 낮은 비용으로 지역을 안정화시키는 역할로 평가한 것은 과대평가라 할 수 있다.

전략적 가치로 본 이스라엘의 한계는 미국의 이익, 즉 페르시아만 석유를 확보하는 일에 기여하지 못했다는 사실로 분명해진다. 이스라엘이 자랑하는 군사력에도 불구하고 미국은 이스라엘이 냉전 중에 서방 측 석유 공급에 대한 소련의 공격을 저지하는 데 도움을 주거나, 지역 분쟁이 발발하면 석유 공급을 보장해 줄 것이라 기대하지 않았다. 1980년대 중반 백악관 예산담당관 출신 해리 쇼는 이렇게 의견을 개진했다. "일부 이스라엘 관리들은 국가의 직접 방위 영역을 넘어 소련 지상군과 격돌하는 것을 명백하게 거부한다. 이들은 이스라엘군이 자국의 경계를 넘어 페르시아만으로 돌진하는 소련군과 맞부딪치는 것은 무리라고 인식하고 있다." 과거 펜타곤 관리자는 "이스라엘의 전략적 가치는 이상할 정도로 과장되곤 했다. 중동과 관련해서 비상계획을 초안했던 1980년대 95%는, 이스라엘이 아무런 가치가 없다는 사실을 발견했다"라고 말했다.

이란 혁명 그 이후

1979년 이란 국왕이 실각하자 소련의 침입 가능성을 염려하게 되었다. 미국은 위협을 차단하기 위해 긴급전개부대RDF"를 신설하고 아랍 국가 주둔 권한과 전쟁 물자의 선 배치를 위한 양해가 시급했다. 당시 펜타곤은 이스라엘 혼자서 소련을 저지하도록 맡겨놓을 수 없었고, 이스라엘이 제안했음에도 이스라엘을 전진기지로 사용할 수 없었다. 아랍 세계에서 정치 문제가 야기될 뿐 아니라 소련의 침입으로부터 해당 지역을 지키는 일이 힘들어질 수 있었다. 이와 관련해 1986년 해리 쇼가 언급했다. "이스라엘을 미군의 아랍 국가 진출을 위한 교두보로 삼는다는 생각은 이스라엘 밖에서 큰 지지를 얻지 못했다. 이스라엘을 경유해서 미국의 도움을 받는 아랍 정권은 자국민의 신뢰를 얻지 못해 권력을 잃기 쉽다. 미국 관료들 또한 이스라엘을 기지로 사용하는 데 회의적이었다. 이스라엘이 도움을 자청할 때는 밀접한 관계 유지를 위해 미국을 설득하거나, 특별한 목적을 달성하려고 지원이 필요할 경우에 무조건적인 원조를 받기 위한 근거를 마련하려는 것일 수 있다."

이란과 이라크 전쟁으로 인해 페르시아만의 석유 수송이 위협받던 1980년대 후반, 페르시아만과 관련해서 이스라엘의 역량에 한계가 있다는 사실이 확인되었다. 미국과 유럽의 우방국들이 페르시아만의 해군력을 증강하고, 유조선 호송을 개시하고, 이란의 경비정을 공격하기에 이르렀지만 이스라엘은 작전 과정에 개입하지 않았다. 냉전 중 이스라엘의 전략적 가치를 증명하는 몇 가지 경우가 있었다. 하지만 그것이 경제적·군사적·외교적으로 지원해야 하는 근거는 설명하지 못한다.

미국이 NATO 동맹국을 지키기 위해 수십억 달러를 지출하는 데는 그럴만한 이유가 있다. 산업 강국의 중심지인 유럽을 소련의 위협으로부터 지켜야 했기 때문이다. 마찬가지로 정치적 가치가 날카롭게 대립되는 사우디아라비아와 같은 석유 강국을 지원하는 전략적 동기도 이해하기 어렵지 않다. 그러나 이스라엘은 전략적 필요성을 찾아볼 수 없다. 헨리 키신저는 이스라엘 원조를 모스크바와 카이로 사이에 쐐기를 박기 위한 하나의 방편으로 사용한 것일지 모른다. 사석에서 그는 "이스라엘의 능력으로 아랍에서 공산주의의 확산을 막을 수 없고, 강력한 이스라엘이 아랍에 공산주의가 확산하는 것을 막아주기 때문에 미국의 이익에 부합한다는 주장은 하기 어렵다"고 말했다. 로널드 레이건이 1980년 선거 유세에서 이스라엘을 전략적 자산이라고 했을지 몰라도, 비망록에서는 이스라엘의 전략적 가치를 언급하는 대신

도덕적 이유를 들어 자신이 유대 국가를 지원하는 근거를 설명했다.

　이스라엘 분석가들은 기본적인 현실을 인정한다. 이스라엘 전략 전문가인 샤이 펠드만이 미국-이스라엘 안보 협력에 대한 논문에서 밝혔듯이, 양국의 협력 관계에서 전략적 개념이 이스라엘 지원 동기의 핵심이 된 적은 없다. 이 개념이 주목받게 된 것은 1980년대였다. 당시 이스라엘의 미국 지지자들이 양국의 관계를 공화당 행정부에 상고할 수 있는 근거 위에 올려놓으려 했다. 그러나 미국과 이스라엘 간 전략적 협력의 중요성과 이스라엘이 미국의 전략적 자산이라는 인식은 양국 관계를 지탱하는 다른 요소들의 중요성과 비교될 수 없었다. 펠드만에 의하면 '다른 요소들'이란 홀로코스트 이후의 정서, 공통된 정치적 가치, 이스라엘의 희생자 이미지, 문화적 유대, 미국 정치계에서의 유대인 공동체의 역할이다.

냉전 시대에서 9·11 사태까지

　이스라엘은 냉전 기간 중 중요한 동맹국이었지만, 소련이 몰락하면서 지위가 바뀌었다. 중동 역사학자 버나드 루이스(그 자신이 남다른 이스라엘 지지자라 말한다)에 따르면, 냉전 중 이스라엘의 전략적 자산 가치가 무엇이든 냉전이 종식되면서 사라졌다. 미국과 이스라엘 관계에 관한 여러 권의 책을 쓴 정치학자 버나드 레이치도 1995년 이스라엘은 미국에 한정적으로 군사적·경제적 중요성을 갖지만 전략적으로 필요한 국가는 아니라고 결론내렸다. 국방 전문가 로버트 아트 역시 2003년 미국에 대한 이스라엘의 전략적 가치는 미미하고, 여러 가지 면에서 전략적 부담으로 작용하고 있다고 말함으로써 그와 의견을 같이했다. 냉전이 역사의 뒤안길로 사라지면서 이스라엘의 전략적 가치는 분명히 사라졌다.

1991년 걸프 전쟁[12]은 이스라엘이 전략적 부담이라는 사실을 증명했다. 미국과 그 우방국들은 쿠웨이트를 해방시키기 위해 40만 명 이상의 병력을 동원했다. 허약한 이라크와의 제휴를 깨지 않는 한 이스라엘 기지와 이스라엘 방위군IDF을 사용할 수 없었다. 후세인은 이스라엘의 반격을 유도해서 그 유대를 깨겠다는 심산으로 이스라엘에 스커드 미사일을 쏘았다. 그때 워싱턴은 이스라엘을 지키기 위해 패트리어트 미사일 배터리와 같은 자원을 배정해야 했다. 이런 상황에 대한 책임이 이스라엘에 있는 것은 아니지만, 이스라엘이 자산이라기보다 부담이 되고 있음을 보여준다.

당시 영국 외무성 장관 윌리엄 월드그레이브는 미 하원의원들 앞에서 말했다. "미국이 특별한 위기에 있는 이스라엘을 이용할 수 없다면 이스라엘과의 전략적 동맹 관계는 쓸모없다는 사실을 아는지 의문이다." 버나드 루이스도 이 점을 놓치지 않았다. 걸프전에서 이스라엘의 전략적 가치에 변화가 일어났다. 미국이 이스라엘에 가장 바랐던 점은 갈등을 일으키지 않는 것이었다. 침묵을 지키고, 행동을 자제하고, 가능한 한 눈에 띄지 않는 것이다. 이스라엘은 미국에게 자산이 아니라 중요하지 않은 존재였다. 어떤 사람은 '귀찮은 존재'라고까지 표현했다.

국제적 테러 위협에 대한 공감대가 냉전 직후 미국과 이스라엘 협력의 강력한 근거가 되었다고 생각할 사람이 있을지 모르지만, 사실이 아니다. 1990년대에는 오슬로 평화협상 절차가 진행 중이었고, 이스라엘에 대한 팔레스타인의 테러 공격은 1994년 67명 사망, 167명 부상에서 2000년 1명 사망, 12명 부상으로 줄었다(오슬로 평화협상이 좌절되면서 이스라엘 사상자는 다시 증가했다. 2001년 110명이 죽고 918명이 부상당했으며, 2002년 320명이 죽고 1498명이 부상당했다).

미국 정책 입안자들은 특히 1993년 세계무역센터 폭파 계획 실패와 1996

년 사우디아라비아 주택단지 코바르 타워 공격,[13] 1998년 케냐와 탄자니아 미 대사관 폭격, 1999년 예멘 소재 미국 해군함 콜호[14]에 대한 공격 후 알카에다를 포함한 이슬람 테러 공격을 염려했다. 이 문제를 해결하기 위한 새로운 시도가 진행 중이었지만, 테러리즘이 치명적인 위협으로 널리 인식되지 않은 상태였다. 그러나 테러와의 전쟁에서 문제 해결을 위한 미국의 움직임이 본격화된 것은 2001년 9월 11일 사태 때문이었다.

이 기간에 이스라엘과 미국 모두 이라크, 이란, 리비아, 시리아 같은 불량 국가를 염려했지만, 미국에 심각한 위협을 가하기에 빈약했다. 2000년을 기점으로 4개국의 인구를 다 합쳐도 미국 인구의 40%에 못 미친다(2024년 기점으로 50%에 못 미친다). 이들의 국민총생산GNP은 미국 GNP의 5%에 지나지 않는다. 국방비를 다 합해도 미국 국방 예산의 고작 3%다. 이라크는 UN의 금수 조치에 걸려 있었고, 무기 사찰자는 이라크의 대량 살상 무기WMD 프로그램을 해체하느라 바빴다. 이란의 WMD 프로그램은 보잘것없었고 시리아, 이란, 이라크는 자주 불화를 일으켰다. 이러한 요소가 이들 나라를 제재하는 빌미가 되었고 전복할 필요성을 감소시켰다.

실제로 미국은 이란과 이라크에 대한 이중 봉쇄 정책을 채택했고, 실패로 끝나기는 했지만 시리아와 이스라엘 사이에서 최종 평화조약을 중재하려는 진지한 노력을 기울였다. 미국은 리비아를 설득해서 WMD 프로그램을 포기하게 하고, 1988년 팬암 103편 폭파[15] 희생자 가족들에 대한 보상 문제를 해결하는 등 여러 시도를 성공으로 이끌었다. 경제제재와 끈질긴 다국간 외교의 결실이었다. 미국은 이런 목적을 성취하기 위해 이스라엘의 도움은 필요없었을 것이다. 혼자서도 얼마든지 이들 국가를 다룰 수 있었기 때문이다.

다시 말해 이스라엘이 중요한 동맹국 대우를 받은 것은, 미국 정책 입안자들이 소위 불량 국가를 다루는 데 이스라엘의 도움이 필요하다고 판단했기 때문이 아니다. 워싱턴이 불량 국가를 염려한 이유는 이스라엘을 보호한다는 전제 때문이다. 예를 들어 테헤란과 워싱턴의 주요 쟁점은 캠프 데이비드 협정 절차에 대한 이란의 반대, 이란의 헤즈볼라 지지, WMD 개발 노력이었다. 이스라엘과의 관계 때문에 쟁점에 대한 중요성은 확대되었다. 워싱턴은 이스라엘과 관계가 없는 지역에도 관심을 두고 있었다. 어느 한 나라가 걸프 지역을 지배하는 것을 방지함으로써 석유에 대한 접근을 원활히 하기 위한 것이었다. 미국은 이러한 이익을 추구하는 과정에서 이 지역 국가들과 마찰을 빚기도 했다. 이스라엘이 존재하지 않았다더라도 미국이 이란의 WMD 개발에 반대할 것은 의심의 여지가 없다. 그러나 이스라엘을 품고 있는 미국의 눈에 이들의 사안이 시급한 것으로 비칠 수밖에 없고, 그런 관계가 문제 해결을 어렵게 하는 것이다.

2001년 9월 11일까지, 테러와 불량 국가가 제기하는 문제는 유대 국가를 무조건 지원하는 납득할 만한 전략적 근거가 되지 못한다. 이스라엘이 미국의 도움을 원하는 이유는 되겠지만, 미국의 관대한 지원을 충분히 설명할 수는 없다.

테러와의 전쟁을 위한 동반자라는 새로운 근거

9·11 사태 이후 양국이 '테러와의 전쟁을 위한 동반자'라는 주장이 미국이 이스라엘을 지원할 수밖에 없는 전략적 당위의 중심에 섰다. 새로운 근거는 테러단체를 지원하면서 WMD를 손에 넣으려는 '일단의 불량 국가'에게 미국과 이스라엘이 위협받고 있다는 주장을 내포한다. 불량 국가가 이스라엘과 미국을 적대하는 것은 서양의 유대-크리스천 가치와 문화, 민주 제도에 대한 근본적인 혐오감에서 기인한다. 미국의 행위 때문이 아니라 미국의 원형原形

때문에 미국을 싫어한다는 것이다. 마찬가지로 이스라엘이 현대화된 친서방 국이고, 민주 국가여서 싫어하는 것이지 이슬람 성지를 포함한 아랍 영토를 점령하고 아랍 국가를 압박하기 때문은 아니다.

　새로운 근거가 함축하는 명백한 의미는 다음과 같다. 이스라엘을 지지하는 것은 미국의 테러 문제나 아랍과 이슬람 세계에서 커지고 있는 반미 감정과 아무런 연관이 없다. 이스라엘과 팔레스타인의 분쟁을 종식시키는 것이나 이스라엘에 대한 미국의 지원을 조건부로 만드는 것은 도움이 되지 않는다. 워싱턴은 팔레스타인이나 헤즈볼라 같은 단체를 자유 재량으로 다룰 수 있어야 한다. 워싱턴은 모든 팔레스타인 테러리스트가 투옥되고, 참회하고, 죽을 때까지 점령 지구의 정착촌을 철거하라고 이스라엘을 압박해서는 안된다. 계속해서 이스라엘에 광범위한 지원을 하고, 군사력과 자원을 사용해서 이란의 이슬람 공화국, 후세인의 이라크, 바샤르 알아사드의 시리아, 그리고 테러리스트를 지원하는 국가들을 추적해야 한다. 이스라엘을 이슬람 세계와의 관계를 힘들게 하는 원인으로 보는 대신, 이스라엘을 국제적인 테러와의 전쟁을 위한 동맹국으로 내세운 것이 새로 등장한 근거다. 이유가 무엇일까? 이스라엘의 적은 미국의 적이라는 관점 때문이다.

　세계무역센터와 펜타곤을 대상으로 끔찍한 공격이 있던 2001년 후반, 미국을 방문한 당시 이스라엘 총리 아리엘 샤론은 이렇게 말했다. "미국인 여러분은 테러와의 전쟁을 치르고 있습니다. 이스라엘인도 테러와 전쟁을 치르고 있습니다. 이것은 같은 전쟁입니다." 2002년 당시 총리 네타냐후는 미국 상원의원들에게 역설했다. "아라파트가 인간 폭탄을 생산하고 있는 테러 공장 문을 닫게 하지 않으면, 자살폭탄 테러분자들이 여러분의 도시를 공격하는 것은 시간 문제입니다. 테러 공장을 부수지 않는 한 미치광이들은 버스, 슈퍼마켓, 피자 가게, 카페에 뛰어들 것입니다." 또한 네타냐후는 《시카고 선 타임스》에 기고했다. "현실이든 이상이든 어떤 불만도 테러를 정당화할 수 없다. 아프가니스탄의 탈레반 정권이 미국의 힘에 의해 무너질 때 알카에다 네트워크는 저절로 붕괴될 것이다. 미국은 이란, 이라크, 아라파트의 독재 정권, 시리아, 다른 테러 정권에 대해서도 동일한 방법으로 응징해야 한다."

그의 후임 에후드 바라크는 《런던 타임스》에서 이 주제를 되풀이했다. "세계의 모든 정부는 테러분자가 누구이며, 어떤 불량 국가가 그들을 지원하고 그들의 행동을 돕고 격려하는지 알아야 한다. 하마스, 헤즈볼라, 이슬람 지하드, 심지어 아라파트가 이끄는 PLO 같은 암살단원들이 대학살을 자행했다는 사실은 두말할 나위가 없다. 이란, 이라크, 리비아, 수단, 북한이 테러리즘을 후원한 증거가 있다." 에후드 올메르트 이스라엘 총리는 2006년 의회 연설에서 동일한 견해를 펼쳤다. "우리나라는 테러리즘에 대한 경험과 고통을 공유하는 데 그치지 않습니다. 우리는 이 죄 없는 사람들을 앗아간 잔악한 테러리스트들과 맞설 의지와 결단을 공유합니다."

이스라엘을 지지하는 미국인 역시 본질적으로 동일한 당위성을 주장한다. 2001년 10월 워싱턴근동정책연구소 소장 로버트 새틀로프는 9월 11일 이후 미국이 이스라엘을 지원해야 하는 이유를 이렇게 설명했다. "우리가 공유하는 민주적 가치와 적들을 생각한다면 답은 자명합니다. 세계무역센터와 펜타곤을 공격한 것과 같은 테러리즘으로 이스라엘보다 많은 고통을 경험한 나라는 없습니다." 상원의원 찰스 슈머(뉴욕주, 2024년 현재 민주당 상원 원내 대표)는 2001년 12월 PLO는 테러리스트에게 원조를 제공하고 선동하며 피난처를 제공하는 탈레반과 다를 바 없다며 다음과 같이 주장했다. "이스라엘은 단순히 후방을 지키기 위해 노력한다는 점에서 미국과 같으며, 아라파트와 이스라엘의 관계는 물라 무함마드(오마르)[16]와 미국의 관계와 같다."

테러에 대항하는 미국과 이스라엘

2002년 4월, 5월 의회는 미국과 이스라엘은 똑같이 테러리즘과의 전쟁을 벌이고 있다는 내용의 결의안을 압도적인 표 차이(하원 352:21, 상원 92:2)로 통과시켰다. 2002 AIPAC 연차 총회의 공식 주제는 '테러에 대항하는 미국과 이스라엘'이었고, 총회 발표문은 야세르 아라파트, 오사마 빈 라덴, 후세인, 탈레반, 하마스, 헤즈볼라, 이란, 시리아로부터의 위협을 강조했다. 미국신세기프로젝트PNAC는 2002년 4월 부시 대통령에게 보내는 공개서한에서 동일한 관점을 피력했다. 이 서한에는 윌리엄 크리스톨, 리처드 펄, 윌리엄 베넷, 다니엘 파이프스, 제임스 울시, 엘리엇 코헨, 노만 포도레츠, 그리고 28명의 인사가 서명했다. 대부분 유명한 신보수주의자였다. 서한은 이런 내용을 담고 있었다.

> "미국과 이스라엘이 적을 공유한다는 점을 누구도 의심하지 않습니다. 양국 모두 당신(부시)의 정확한 표현대로 '악의 축Axis of Evil'의 표적이 되어 있습니다. 국무장관 럼즈펠드가 지적했듯이 이란, 이라크, 시리아는 이스라엘에 대한 정치적 살인과 함께 자살폭탄 테러 문화를 조장하고 지원하고 있습니다. 이것은 미국에 대한 테러활동을 지원해 온 것과 마찬가지입니다. 대통령 각하, 당신은 국제적인 테러리즘과의 전쟁을 선포했습니다. 이스라엘도 같은 전쟁을 치르고 있습니다."

새로운 정당성에 대한 주장은 언뜻 보기에 그럴듯하다. 미국인들이 9·11 사태를 이스라엘에 대한 공격과 동일시한다는 사실도 새삼스럽지 않다. 그러나 깊이 조사해 보면 테러와의 전쟁을 위한 동반자라는 근거는 전혀 타당성이 없다. 특히 미국의 무조건적인 지원에 대한 근거로 볼 때 그렇다. 객관적인 시각에서 테러와의 전쟁이라는 점과 불량 국가들을 다루기 위한 폭넓은 노력이라는 점에서도 이스라엘은 짐이다.

새로운 전략적 근거는 테러리즘을 단수의 통합된 현상으로 간주한다. 팔레스타인 자살폭탄 테러범은 이스라엘에 위협을 주는 만큼 미국에도 위협을 준다. 9월 11일 미국을 공격한 테러리스트들은 조직된 세계적인 활동으로 이스라엘도 표적으로 삼는다고 주장한다. 이러한 주장은 테러에 대한 근본적인 오해에 바탕을 둔다. 테러란 하나의 조직이나 운동, 아니면 그것을 상대로 전쟁을 선포할 수 있는 하나의 적이 아니다. 테러는 공포심을 주고, 사기를 떨어뜨리고, 상대의 비생산적인 반응을 불러일으키기 위해 적의 표적, 특히 민간인을 무차별 공격하는 전술이다. 적대 세력에 비해 힘이 약하고 우세한 군사력에 대항해서 싸울 수 있는 선택의 여지가 없을 때 사용하는 전술이다. 시온주의자들은 팔레스타인에서 영국을 몰아내고 자신들의 국가를 세우기 위해 테러를 사용했다. 1946년 예루살렘의 킹 데이비드 호텔을 폭파했고, 1948년 UN 중재자 포크 버나도트를 암살했다.

미국은 니카라과 반군과 앙골라의 유니타Unita 게릴라를 포함한 낳은 테러리스트 조직을 지원했다. 역대 미국 대통령 역시 PLO 의장 야세르 아라파트, 테러조직에서 중심 역할을 했던 이스라엘 총리 메나헴 베긴과 이츠하크 샤미르를 포함한 테러리스트 출신을 백악관으로 초청했다. 이러한 사실은 테러는 하나의 전술이지 연합 활동이 아니라는 점을 대변한다. 그렇다고 죄 없는 사람들에 대한 공격을 정당화할 수는 없다. 이런 투쟁 방법을 선택하는 그룹이 극히 중요한 미국의 이익을 침해하는 것은 아니다. 미국도 때로는 이런 그룹들을 적극 지원했다.

하마스, 이슬람 지하드, 헤즈볼라와 같은 이스라엘을 위협하는 테러조직은 알카에다와 대조적으로 미국을 공격 목표로 삼지 않고, 미국의 핵심 안보 문제에 치명적인 위협을 가하지 않는다. 역사학자 모세 마오즈는 헤즈볼라활동과 관련해서 이렇게 말한다. "대체로 이스라엘을 공격 목표로 삼는다. 미군이 레바논에 주둔할 때는 미국을 공격했다. 그들이 사람을 죽인 것은 레바논으로부터 외국 군대를 쫓아내려는 목적 때문이다. 헤즈볼라가 자신의 영역을 벗어나 미국을 공격한다는 것은 생각할 수 없다." 중동 문제 전문가인 패트릭 실도 헤즈볼라는 이스라엘을 겨냥한 지역적인 현상이라며 동의했다. 테러 전문가 다니엘 벤냐민과 스티븐 시몬은 하마스와 관련해서 같은 견해를 표명했다. 지금까지 하마스는 미국을 공격 목표로 삼지 않았다. 테러리스트들의 행동은 도덕적으로 잘못된 것이지만 미국의 전략적 이익이라는 점에서 모든 테러리스트를 동일시할 수 없다.

오사마 빈 라덴과 그의 측근이 팔레스타인 테러조직과 연결되어 있다는 확실한 증거가 없다. 팔레스타인 테러리스트들은 대부분 이슬람의 회복이나 칼리프의 지위 회복을 향한 알카에다의 열망에 동의하지 않는다. 실제로 PLO는 세속적이다. 이슬람교도가 아니며 민족주의를 신봉한다. 이스라엘 점령을 이유로 팔레스타인이 이슬람 신앙에 끌리게 된 것은 1990년대 후반에 들어서부터였다. 흉악한 폭력을 행사할망정, 이스라엘과 서방을 향해 되는 대로 폭력을 저지르지 않는다. 팔레스타인의 테러는 이스라엘에 대한 그들의 불만, 즉 초기 시온주의자의 유입에 대한 저항을 시작으로 1948년 팔레스타인 국민이 추방된 후 지속되는 불만에 근거를 두었다. 오늘날 그들의 행동은 요르단강 서안과 가자 지구를 식민지화하려는 이스라엘의 끈질긴 투쟁에 대한 반응이며, 팔레스타인의 약한 지위를 드러낸다.

1967년 테러리스트들이 몇 명의 유대인을 억류하고 있다가 생포되었다. 그 후 지금까지 이스라엘은 정착촌을 건설하고, 도로망을 구축하고, 군사기지를 만드는 등 식민 정책을 쓰면서 그 정착에 저항하는 팔레스타인을 잔인하게 억압했다. 팔레스타인이 저항의 방편으로 테러를 감행하는 것은 놀랄일이 아니다. 통상적으로 점령군을 격퇴하려면 누구나 동원할 수 있는 방법이다. 하마스" 같은 단체는 이스라엘의 생존권을 공식적으로 인정하지 않고있다. 하지만 당시 아라파트와 PLO가 그것을 인정했고 팔레스타인 자치정부수반 마흐무드 압바스는 기회가 있을 때마다 인정할 의사가 있다고 밝혀왔음을 잊어서는 안 된다.

이스라엘과 미국이 공통적인 테러의 위협 때문에 연합하고 있다는 주장은기존의 관계를 후퇴시킨다. 미국은 세계적인 테러의 심각한 위험을 깨닫고대항하는 데 있어 이스라엘의 도움이 시급했기 때문에 이스라엘과 동맹 관계를 맺은 것이 아니다. 미국이 테러 문제를 안게 된 것은 이스라엘을 오랫동안 강력하게 지지해 왔다는 사실 때문이다. 이스라엘에 대한 지지가 중동다른 곳에서도 인기가 없고 과거 수십 년에 걸쳐 왔다는 것, 그러나 미국의일방적인 정책이 얼마나 큰 비용을 발생시켰는지 많은 사람이 모를 수 있다는 사실은 뉴스거리가 아니다. 이런 정책은 알카에다를 고무하고 모병을 돕고, 중동 전 지역에 반미 감정을 확산시켰다.

이스라엘 지원과 반미 테러의 상관관계

이스라엘의 전략적 가치를 믿는 사람은 미국의 이스라엘 지원과 테러 문제의 연관성을 부인한다. 특히 9·11테러와 관계가 없다고 주장한다. 오사마빈 라덴이 사망 전 팔레스타인의 곤경을 돌아보게 되었는데 순전히 모병에도움이 된다고 판단했기 때문이다. 워싱턴근동정책연구소WINEP의 로버트 새틀로프 소장은 "빈 라덴을 말할 때 팔레스타인을 떠올리는 것은 기회주의적현상"이라고 말한다. WINEP 연구원(전 미 국무부 정책기획국장) 데니스 로스에 따르면, 빈 라덴은 단지 그의 미국 공격이 팔레스타인의 곤경 때문이라는 인상을 풍김으로써 적법성을 찾는다. WINEP의 또 다른 연구원 마틴 크레이머는 미국의 이스라엘 지원이 널리 퍼져 있는 분노의 원인이며, 알카에다의 모병을 촉진한다고 믿는 편향되지 않은 테러 전문가를 본 적이 없다고 말한다. 전《코멘터리Commentary》편집장 노먼 포도레츠의 주장도 다르지 않다. 그는 이스라엘이 존재하지 않았거나 마법으로 사라진다고 해도, 미국은 아랍인들이 생각하는 모든 악의 화신으로 서 있을 것이라고 주장한다.

이스라엘을 대변하는 사람이 이런 주장을 하는 것은 놀랄 일이 아니다. 미국의 이스라엘 지원이 반미 테러를 가속화했고 반미 감정을 부추겼다는 사실을 인정하는 것은, 이스라엘에 대한 무조건적 지원이 미국에 상당한 비용을 부담한다는 사실을 인정하는 것과 마찬가지다. 그렇게 되면 워싱턴은 팔레스타인에 대해 과거와 다른 접근 방법을 채택하고, 이스라엘에 조건부 지원을 해야 한다. 이런 주장과 달리 이스라엘에 대한 지원이 아랍 및 이슬람 세계에 반미 감정을 부추기고, 반미 테러리스트들의 분노에 불을 붙였다는 증거가 풍부하다. 불만의 원인이 그것만은 아니지만 불만의 중심인 것은 사실이다.

일부 이슬람 급진주의자는 다음 몇 가지 이유로 분노한다. 첫째, 순수하게 서방 세계의 물질주의와 돈에 매수되기 쉬운 성향. 둘째, 흔히 주장하는 아랍의 석유 도둑질. 셋째, 부패한 아랍 군주에 대한 지원. 넷째, 중동 지역에 대한 지속적인 군사 개입 등 미국의 이스라엘 지원과 이스라엘이 팔레스타인을 가혹하게 대한다는 사실에 분노한다. 현대 이슬람 근본주의자들에게 중요한 영감을 준 이집트 저술가 사이드 쿠틉이 미국에 적대감을 품은 것도 같은 맥락이다. 그는 미국이 부패하고 방탕할 뿐 아니라 이스라엘을 지원한다고 생각했다. 헤즈볼라의 영적 지도자 사이드 무함마드 후세인 파들랄라는 2002년 이렇게 표현했다. "미국이 간간이 정착촌 건설을 부정하는 소심하고 알 수 없는 몇 마디 말을 하지만, 1948년 팔레스타인 점령과 1967년 점령지에 정착촌을 건설하는 정책과 관련한 이스라엘의 모든 행동은 전적으로 미국의 책임이라고 확신한다. 미국은 위선적인 나라다. 이스라엘에 흔들림 없는 지원과 치명적인 무기를 제공하지만, 아랍국들과 팔레스타인에는 말뿐이다."

미국의 이스라엘 지원과 반미 테러의 상관관계는 한 남자를 통해 분명하게 드러난다. 1993년 세계무역센터에 첫 번째 공격을 감행한 주범 람지 유세프다. 그는 공격 책임이 자기에게 있다고 밝히면서 미국이 이스라엘에 대한 지원을 중단해야 한다는 주장이 담긴 편지를 뉴욕의 여러 신문사에 보냈다. 유세프는 1995년 파키스탄에서 체포된 후 미국으로 호송하는 정보부원들에게 "미국 희생자들에게 죄책감을 느낀다"고 말했다. 그러나 스티브 콜은 2005년 퓰리처상 수상 작품인 《유령 전쟁Ghost Wars》에서, 유세프는 이스라엘군의 아랍인 살해 중단에 대한 간절한 열망과 미국을 표적으로 하는 폭탄 투하만이 '변화를 일으킬 유일한 길'이라는 그의 신념이 양심의 가책보다 우선했다고 표현한다.

유세프는 이스라엘에 대한 미국의 정책 변화를 추구하는 자신의 행동이 합리적이고 논리적이라고 말한 것으로 알려졌다. 콜에 따르면, 유세프는 비행 중에 다른 동기는 없으며 미국 외교 정책에서 그 밖의 어떤 쟁점도 관심이 없었다. 유세프의 측근 압둘 라만 야신이 CBS 뉴스 통신원 레슬리 스탈에게 한 말이 그 사실을 확증해 준다. 유세프는 "테러가 팔레스타인 형제들과 사우디아라비아에 있는 형제들을 위한 보복이 될 수 있다"면서 그와 관련해 많은 이야기를 했다.

9·11테러와 오사마 빈 라덴

가장 분명한 한 가지 경우를 생각해 보자. 오사마 빈 라덴과 알카에다의 경우다. 새틀로프, 더쇼비츠, 크레이머, 그 밖의 주장과 달리 빈 라덴이 청년 시절부터 팔레스타인의 대의에 깊이 공감하고, 미국이 이스라엘을 강력하게 지원하는 데 분개했다는 증거가 많다. 빈 라덴과 알카에다를 추적했던 CIA 분석가 마이클 슈어에 의하면, 젊은 시절 빈 라덴은 신사적이고 품행이 단정했다. 빈 라덴의 좋은 매너와 유연한 성품에 어울리지 않는 한 가지 예외가 있었는데 바로 팔레스타인에 대한 지지였고, 미국과 이스라엘에 대한 부정적인 태도였다. 9·11 사태 후 빈 라덴의 어머니는 탐방 기자에게 말했다. "청소년 시절, 그 아이는 다른 아이들과 다를 바 없는 착한 아이였어요. 유독 팔레스타인 사태와 전반적인 아랍과 이슬람교도 세계를 염려하고, 슬퍼하고, 좌절했어요."

1994년 12월 29일, 빈 라덴의 대중 연설에서 팔레스타인 문제를 거론했다. 빈 라덴의 대중 연설문 편집자 브루스 로렌스는 빈 라덴의 중심 주제는 처음부터 팔레스타인이었기에, 마지막에 추가될 수 있는 사안이 아니라는 점을 분명히 했다. 빈 라덴은 9월 11일 전, 몇 차례의 기회를 통해 미국이 팔레스타인을 무시하고 이스라엘을 지원한다고 비난했다. 그 이유로 미국에 성전, 즉 지하드(신앙, 원리를 위해 투쟁하는 것)를 선포했다. 베냐민과 시몬에 의하면 1996년 빈 라덴이 발표한 '두 성소가 소재하는 땅을 점령한 미국에 대한 전쟁 선언'이라는 제목의 파트와(이슬람 칙령)에서 두드러진 불만은 빈 라덴이 언제나 부르짖는 시온주의자-십자군 연맹이다.

1997년 3월 CNN 리포터가 미국에 지하드를 선포한 이유가 무엇이냐고 물었을 때 빈 라덴은 대답했다. "미국 정부가 불공평하고 독재적이고 포악하기 때문에 지하드를 선포했다. 미국 정부는 직접적으로 또는 이스라엘이 선지자 무함마드가 밤길 여행을 한 땅(팔레스타인)을 점령하도록 돕는 방법으로 극도로 불공평하고 포악한 행동을 저질러 왔다. 팔레스타인, 레바논, 이라크에서 희생당한 사람에 대한 간접적인 책임이 미국에 있다고 본다." 이러한 주장은 예외적인 것이 아니다. 《이코노미스트》의 중동 통신원 막스 로덴베크는 빈 라덴에 관한 2권의 책을 평가하는 글에서 이렇게 썼다. "모든 주제 중에서도, 팔레스타인 주민이 당한 불공평한 처사에 대한 복수야말로 빈 라덴의 연설에 강력한 어조로 되풀이는 개념이다."

9·11위원회는 팔레스타인에 대한 이스라엘의 행위와 미국의 이스라엘 지원이 빈 라덴과 알카에다 핵심 대원의 공격 동기가 되었다는 점을 분명히 했다. 위원회의 간부가 작성한 연구보고서를 보면 빈 라덴은 이스라엘 야당 지도자 아리엘 샤론이 예루살렘 템플 마운트에(이스라엘 전투경찰 수백 명의 호위를 받은) 도발적으로 방문한 직후인 2000년 가을로 공격 일정을 앞당기려 했다. 템플 마운트는 이슬람 3대 성소 중 하나인 알아크사 사원이 있는 곳이다. 보고서의 기록은 이렇다. "빈 라덴은 무함마드 아타*와 다른 조종사들이 비행 훈련을 위해 미국에 도착한 줄 알고 있었다. 알카에다 지도자는 이스라엘을 지원하는 미국에 대한 응징을 원했다. 이듬해 빈 라덴은 샤론이 2001년 6~7월 중에 백악관을 방문한다는 사실을 미디어를 통해 알고 나서 테러를 앞당기려 했다."

9·11 테러 시점을 사전에 통보한 것 외에도 미국의 이스라엘 지원에 대한 빈 라덴의 분노를 암시하는 것이 목표물을 선택한 이유였다. 1999년 빈 라덴과 미션의 리더인 아타와의 첫 미팅에서 이루어진 당초 계획은 미 국회의사당을 공격하는 것이었다. 이스라엘 지원에 대한 미국 정책의 산실이라고 생각했기 때문이다. 간단히 말해서 빈 라덴과 대리인은 팔레스타인 문제를 주

요 관심사로 여기고 있었다. 9·11위원회는 공격의 주모자로 지목받는 칼리드 셰이크 무함마드[19]가 팔레스타인 문제에 자극받았다고 말한다. 위원회는 미국에 대한 무함마드의 적의는 학생 시절의 경험이 아니라 이스라엘에 우호적인 미국 외교 정책에 대한 반감에서 나오는 것이라고 첨언한다. 이스라엘에 대한 미국 지원이 9·11 테러의 동기가 되었다는 사실을 이보다 설득력 있게 증언할 수는 없다.

비록 빈 라덴 자신이 팔레스타인 문제에 직접 관여하지 않는다 할지라도, 이는 모병의 효과적인 도구로 작용했다. 냉전이 종결된 이후, 그리고 2000년 2차 인티파다[20]가 발발한 이후 아랍과 이슬람의 분노가 두드러진 것은 팔레스타인을 향한 폭력이 심화되고, 가시적이 되었다는 사실에서 부분적인 이유를 찾을 수 있다. 1차 인티파다(1987~1992)는 비교적 평화적이었다. 오슬로 평화협상(1993~2000)이 진행되는 동안 점령 지구 내의 평온이 대체로 유지되었다.

인터넷의 발달과 〈알자지라〉와 같은 대체 미디어의 출현으로 대량 학살에 관한 뉴스를 24시간 방영한다. 이스라엘이 팔레스타인에 대한 폭력을 강화할 때, 전 세계 아랍인과 이슬람교도가 지켜보고 있었다. 미국에서 만든 무기에 의해, 미국의 암묵적 승인 때문에 폭력이 이루어지는 것을 지켜본 것이다. 이와 같은 상황이 미국 비판자들에게 잠재적인 무기로 작용한다. 2001년 12월, 헤즈볼라의 부지도자인 셰이크 나임 카셈이 레바논 군중을 향해 "더 이상 미국이 정치적으로 레바논에 발을 붙일 수가 없습니다. 레바논에서 사용된 무기들이 미국 무기인 것을 기억하시지 않습니까?"라고 외친 것은 바로 그 때문이다.

뒤바뀐 여론

이런 정책은 아랍인과 이슬람교도가 미국에 적개심을 품게 할 뿐 아니라, 알카에다를 동정하고, 지원하는 사람을 발생시키는 원인이 된다. 세계적인 여론조사 기관 퓨리서치센터에 따르면, 이라크 침공 전인 2002년 중동의 분쟁 지역에서 미국에 대한 여론은 극히 부정적이었다. 팔레스타인 문제가 주원인이다. 중동 문제 전문가 시블리 텔하미에 따르면, 아랍 세계의 대중이 팔레스타인 문제보다 더 깊이 공감하는 사안은 없다. 팔레스타인 문제 이상으로 미국의 인상에 근본적인 영향을 미치는 것은 없다. 우사마 막디시도 같은 의견을 냈다. "어떤 사안도 팔레스타인 문제보다 미국에 대한 아랍의 적개심을 광범위하고 통렬하게 느끼게 하는 것은 없다. 상반되는 아랍의 세속주의와 이슬람적인 역사 해석이 팔레스타인 문제에 있어서만큼은 자유를 지지한다는 미국의 공식적인 주장과 실제 정책 사이의 차이를 동일하게 인식하기 때문이다." 미국의 이스라엘 지원은 반미 감정의 원인이 되는 데서 그치지 않고, 테러와의 전쟁을 승리로 이끄는 일과 이익 증진을 위한 미국의 노력을 어렵게 한다.

정부의 연구와 여론조사가 똑같은 결론을 내린다. 아랍 국민은 미국의 이스라엘 지원에 깊은 적개심을 품고 있다. 그것은 아랍의 문제에 무감각한 정책일 뿐 아니라 미국이 공언하는 가치와도 일관성이 없다고 생각한다. 아랍인이 미국의 과학 기술, 제품, 영화와 TV에 대해 우호적이고, 미국인과 미국 민주주의에 대해 놀랄 만큼 긍정적인 견해를 가지고 있음에도 미국의 외교 정책, 특히 이스라엘 지원에 대해서는 대단히 부정적이다.

2001년 미국을 방문한 예멘의 물리학자는 말했다. "우리가 미국을 방문하면 진정으로 미국을 사랑하게 된다. 고국에 돌아오면 미국은 자국민에게 정의와 공정성을 적용하지만 외국인에게는 그렇지 않다는 것을 발견하게 된다." 2004년 발표한 펜타곤 국방과학이사회의 보고서에 따르면, 이슬람교도는 우리의 자유를 싫어하는 것이 아니라 우리의 정책에 반감을 갖는다. 9·11위원회는 이스라엘-팔레스타인 분쟁과 이라크에서의 미국 정책이 아랍과 이슬람교도 세계에서 가장 인기 있는 논평의 주제라는 것은 누구나 아는 사실임을 시인했다.

저명한 여론조사회사 조그비 인터내셔널Zogby International은 아랍 6개국 국민을 대상으로 물었다. '미국에 대한 그들의 태도가 무엇에 의해 결정된다고 생각하느냐, 미국의 가치에 관한 생각이냐, 아니면 미국의 정책이냐?' 미국의 정책이 중요한 역할을 한다고 대답한 비중이 압도적이었다. '미국' 하면 먼저 떠오르는 생각은 '불공평한 외교 정책'이었다. 미국의 이미지 개선을 위해 할 수 있는 일이 무엇이냐고 물었을 때, 가장 많이 나온 대답이 '중동 정책을 바꾸고 이스라엘 지원을 중단하라는 것'이었다. 2003년 6월 국무부는 의회의 요구에 따라 아랍과 이슬람교도 세계에 대한 공공외교자문위원회를 설치했다. 위원회는 이들 국가의 국민은 팔레스타인인의 곤경과 곤경에 대한 미국의 역할 때문에 마음 아파하고 있다고 보고했다.

유명한 아랍계 지도자들, 정통한 공공 평론가들은 미국의 무조건적인 이스라엘 지원이 중동 전 지역에서 미국의 인기를 떨어뜨려 왔다는 사실을 환기한다. 2004년 6월 부시 행정부가 이라크 과도 정부를 이끌게 한 UN 특사 라크다르 브라히미는, 이 지역의 가장 큰 해악은 이스라엘의 지배 정책과 그로 인해 팔레스타인 주민이 겪는 고통이라고 말했다. 아울러 중동 전역의 국민은 부당한 정책과 이에 대한 미국의 지원 역시 부당하다는 사실을 알고 있다고 전했다. 2004년 당시 이집트 대통령 호스니 무바라크(재임 기간 1981~2011)는 이렇게 경고했다. "전에 없던 미국에 대한 적대감이 존재하는 데, 미국이 아무 말 하지 않아도 이스라엘 총리 샤론은 자기가 원하는 대로 할 수 있다는 것이 아랍인들의 시각이고, 그것이 적대감의 일부 원인이 된다." 요르단 왕 압둘라 2세는 2007년 3월 양원 합동 회의 연설을 통해 "팔레스타인의 정의와 평화를 부정하는 것이 문제의 핵심이다. 문제는 우리 지역뿐 아니라, 전 세계에 심각한 결과를 초래한다"고 덧붙였다.

친미 정권이 미국에 대한 대중의 불만을 고조시키는 정책을 바꾸기 원하는 것은 당연하다. 아랍과 이슬람 세계의 반미 감정의 원인이 이스라엘에 대한 미국의 지원 정책만은 아니다. 지원을 조건부로 한다고 이들 국가와 미국 간의 모든 갈등이 해소되지 않을 것이다. 팔레스타인에 대한 이스라엘의 행동이 초래한 결과와 그 정책에 대한 미국의 지지를 비판한다고 해서 아랍 국가에 순수한 반유대적 감정을 부정하는 것은 아니다. 아랍 국가의 정부와 단체가 이런 태도를 부채질하고, 이스라엘과 팔레스타인의 갈등에서 관심을 돌리기 위한 수단으로 삼는다는 사실을 부정하는 것도 아니다. 포인트는 미국이 그토록 일관성 있게 이스라엘을 지원하는 과정에서 지불해야 하는 대가가 엄청나다는 단순한 사실이다. 이런 자세는 미국에 대한 중동의 적대감에 기름을 끼얹을 뿐 아니라 반미 극단론자들을 부추겨 그들의 모병을 돕고, 독재 정권에 편리한 희생물을 제공해서 그들의 실수를 덮게 한다. 또한 미국이 잠재 지지국을 설득해서 그들 국가의 극단론자들에 대항하는 일을 어렵게 만든다.

테러리즘과 싸운다는 문제에서 미국과 이스라엘의 이익을 동일시할 수는 없다. 팔레스타인을 거스르고 이스라엘을 지원하는 것은 싸움을 쉽게 하기보다 어렵게 만든다. 테러와의 전쟁을 위한 동반자라는 근거는 무조건적인 미국의 지원에 설득력을 제공하지 못한다.

불량 국가 다루기

새로운 전략의 근거는 이스라엘이 테러리즘을 지원하고 대량 살상 무기 WMD를 보유하려는 독재적인 불량 국가를 다루는 데 없어서는 안 될 동맹국이라 말한다. 테러와의 전쟁을 위한 동반자라는 주장처럼 이 친숙한 정당성은 그럴듯하게 들린다. 시리아, 이란, 후세인의 이라크와 같은 독재 정권이 이스라엘과 미국에 똑같이 적대적이지 않은가? 이들은 모두 WMD를 사용해서 미국을 협박하고 테러리스트를 지원하고 싶어 하지 않는가? 이런 위험을 생각한다면 이스라엘을 위험한 이웃 나라로부터 보호하고, 무자비한 정권을 압박해서 붕괴되거나 태도를 바꾸는 날을 앞당기기 위해서라도 이스라엘에 풍족한 원조를 계속하는 것이 타당하지 않은가?

그러나 새로운 근거는 사실상 타당성이 없다. 각각의 정권이 일부 테러조직을 지원하고 WMD에 대한 명백한 관심을 보인다는 점에서 미국과 심각한 의견 대립을 보이지만, 미국의 이스라엘에 대한 집착만큼 미국의 이익을 위협하는 것은 아니다. 중동에서 중요한 미국의 전략적 이익은 석유다. 이 상품에 대한 접근성 유지는 특정한 국가의 지역 장악을 막는 것에 달려 있다. 이 것은 미국이 1990~1991년 쿠웨이트로부터 이라크를 추방할 때처럼, 이들 중 한 나라가 지나치게 강해지거나 지나치게 공격적일 때 추적하는 데 정당성을 부여한다. 그러나 이란, 이라크, 시리아를 동시에 추적하는 것은 타당성이 없다.

미국이 불량 국가와 대치하는 이스라엘을 지원하는 이유를 설명하기 위해 제기하는 주장은 전략적인 근거에서 설득력이 떨어진다. 그들이 독재자라는 사실이 냉혹한 미국의 적대감을 정당화할 수 있는가? 아니다. 이익 증진에 도움이 될 때 미국은 다른 독재자와 손을 잡아왔다. 그들이 테러단체를 지원하는 것이 충분한 근거가 될 수 있을까? 반드시 그렇지는 않다. 불량 국가와 테러단체는 미국 공격을 자제했고, 미국은 테러 움직임에 눈감아 왔다. 대부분의 국가와 마찬가지로 미국은 이익 증진에 도움이 된다고 판단할 때 호의를 보일 것 같지 않은 정권과도 기꺼이 협력했다. 예컨대 워싱턴은 1980년대 이란과 전쟁을 한 이라크의 후세인을 지지했다. 정부 문서에 의해 입증된 대로 파키스탄의 군부독재가 카시미르 및 기타 지역에서 이슬람 테러를 지원하는데도 파키스탄을 지원했다. 미국은 탈레반과 협상할 때 이란의 도움을 받고, 시리아로부터 알카에다에 관한 정보를 받는다. 이런 것들이 협력할 기회를 제한한 것은 사실이지만, 어떤 나라도 미국의 절실한 이익에 치명적인 위협이 되지는 않는다는 것을 알 수 있다.

레바논에 대한 시리아의 간섭이나 페르시아만에서 발생할 수 있는 미국 우방에 대한 이란의 도전은 어떠한가? 문제가 만만치는 않지만 미국이 이스라엘을 강하게 지원해야 할 이유가 되지 못한다. 이스라엘이 레바논에 간섭하는 것 자체가 레바논에서 미국의 노력을 복잡하게 만들었다. 이스라엘의 WMD를 사용하겠다는 표명이 중동 국가들에 WMD 소유를 절실하게 했다. 앞서 언급했듯이 이스라엘은 레바논에서 안보 유지나 페르시아만에서 힘의 균형을 유지한다는 점에서 자산 가치가 크지 않다. 파트 II에서 구체적으로 설명하겠지만 이스라엘과 로비는 문제의 정권을 효과적으로 다루고자 하는 미국의 노력에 찬물을 끼얹어 왔다.

이스라엘을 돕는 근거로 특별한 전략적 주장을 내세우는 것은 우회적이다. 이 근거는 위험한 인접국들을 다루는 데 있어서 필수적인 동맹국으로 이스라엘을 꼽는다. 그러나 이스라엘에 대한 헌신이야말로 인접국들을 최우선적인 위협으로 만든다. 워싱턴은 인접국들과의 갈등이 기존 이스라엘과의 관계에 구속받지 않는 자신의 정책 때문에 발생한 것이라고 말하기 쉽다. 어느 경우에도 인접국들은 현재 미국에 해를 가하기에 너무 약소하다(물론 이라크처럼 미국이 저지른 행동과 관련해서 그들의 삶을 더 힘들게 할 수 있지만). 이스라엘은 미국이 불가피하게 그들과 대치했을 때 이렇다 할 자산 가치를 증명하지 못했다.

심지어 WMD의 위협도 이스라엘 지원에 대한 설득력 있는 근거가 아니다. 미국은 중동이나 기타 지역에서 WMD의 확산을 방지할 나름의 이유가 있다. 그러나 최선의 노력을 기울였음에도 이 지역 일부 국가가 WMD를 보유한다고 가정해도 미국에 재앙을 불러오지는 않을 것이다. 미국이 후세인의 WMD나 이란이 버리지 않는 핵무기 보유 야망을 걱정했던 것도 그것이 이스라엘에 위협을 준다는 사실 때문이었다. 부시 대통령도 2006년 3월 그 점을 시인했다. "이란의 위협은 그들이 주장 하듯 우리의 강력한 동맹국 이스라엘을 파괴하는 데 목적이 있습니다."

불량 국가와 핵무기

미국과 이스라엘이 강력한 핵무기를 보유하고 있다는 점을 감안할 때 이러한 위험은 과장된 것이다. 미국이나 이스라엘을 공격한다는 것은 터무니없다. 이스라엘은 자체적으로 수백 개의 핵무기를 보유하고, 미국은 수천 개를 가지고 있다. 두 나라 중 한쪽이 공격을 당한다면 가해자는 즉각 파괴적인 보복을 당할 것이다. 어느 쪽도 핵무기를 가진 불량 국가의 협박을 당하지 않을 것이다. 협박자가 동일한 운명에 처할 것을 각오하지 않고 협박을할 수는 없다.

냉전 중 소련은 수천 개의 핵무기를 지니고 있었고, 혁명적 이데올로기를 신봉했으며 그것에 이끌려 행동했다. 인간의 생명에 가치를 두지 않는 무모한 지도자의 통치를 받았다. 그렇지만 모스크바는 엄청난 무기로 미국을 협박할 수 없었다. 스탈린, 흐루쇼프, 브레즈네프조차 시도하지 못했다. 이유는 명백하다. 미국이 자체 무기로 보복할 수 있기 때문이다.

불량 국가 중 어느 나라가 자신이 보유하는 핵무기를 테러단체에 줄 수 있다는 우려도 실현 가능성이 희박하다. 무기를 넘겨주면서 발각이 안 된다거나, 나중에 책임을 지고 벌을 받지 않는 것을 자신할 수 없기 때문이다. 엄청난 위험을 무릅쓰고 확보한 핵무기를 남에게 준다는 것은 상상하기 힘들다. 그들은 무기 사용을 통제할 수 없을 것이다. 미국이나 이스라엘이 특정 불량 국가가 WMD 공격을 감행할 수 있는 무기를 테러리스트에게 제공했다는 의혹만으로 그 나라를 황폐화하지 않는다고 장담할 수 없다. 미국이 핵무기를 보유한 소련이나 핵무장을 한 중국(과거 중국의 지도자들은 세계에서 가장 잔혹한 대량 학살자들에 속했다)과 공존할 수 있다면, 핵보유국 파키스탄을 묵인하고 핵보유국 인도를 포용할 수 있다면, 아무리 내키지 않아도 핵을 보유한 이란과도 공존할 수 있을 것이다.

송송 이늘 정권에 대한 전쟁 억지력이 통하지 않을 것이라는 말을 듣는다. 이들의 지도자(이란 대통령 마흐무드 아마디네자드 같은)는 순교를 환영하는 비이성적인 광신자이기 때문이다. 《워싱턴 포스트》의 극우파 칼럼니스트 찰스 크라우트해머(1950~2018)는 '죽음의 의식을 찬양하고 천년왕국설을 신봉하는 사람들에게 전쟁 억지는 단순한 소망에 불과하다'고 주장한다. 그런 주장을 부인할 수는 없다. 세계적인 지도자가 자멸적인 광기에 빠지지 않는다고 100% 장담할 수 없기 때문이다. 그런 공포감을 일으키는 주장을 의심할 수 있는 이유가 있다. 비이성적인 지도자 중 누구도 WMD 공격을 혼자 감행할 수 없다. 실제로 타격을 가하려면 적극적인 도움과 함께 기꺼이 순교하겠다는 많은 사람의 동의가 있어야 한다. 예컨대 이란에서는 당시 대통령 아마디네자드도 군사 지휘권을 갖지 못했다. 이들 중 누구도 순교를 호소한 적이 없다(후세인도 올가미가 목에 걸리기 전까지 그러지 않았다).

그런 주장은 과거에도 있었지만 사실과 다른 것으로 판명되었다. 미국의 강경파는 소련 지도자들이 이데올로기를 추종하고 생명의 존엄성을 모르기 때문에 전쟁 억지가 불가능할지 모른다고 주장했다. 미국 지도자들은 마오쩌둥이 핵무기 전쟁으로 수십만의 인명을 살상할 수 있다는 이유로 중국의 핵무기 취득을 두려워한 적이 있다. 전 국무장관 딘 러스크(1909~1994)는 행동이 난폭하고, 성마르고, 완고하고, 적의에 차 있는 중국이 세계관과 인생관 자체가 비현실적인 지도자에 의해 이끌리고 있다고 경고했다. 그러나 핵무기와 관련한 중국의 태도는 매우 신중한 것으로 드러났다. 미국 지도자들이 중동의 WMD 확산을 팔짱 끼고 바라만 볼 수는 없지만, 이 문제가 미국이 이스라엘을 강하게 뒷받침하는 전략적 근거가 될 수 없다.

시리아나 이란이 레바논이나 이라크에서 미국에 도전장을 낸다고 가정해 보자. 아니면 그들이 WMD를 보유하거나 보유를 원한다고 하자. 어떤 경우든 미국과 이스라엘의 관계는 문제 해결을 어렵게 한다. 이스라엘의 핵무기 보유는 인접국들이 핵무기를 보유할 직접적인 이유가 된다. 이스라엘의 정권 교체는 그들에게 위협을 주고 그 열망을 강화시켰다. 이스라엘은 핵무기를 보유하면서 핵확산금지조약NPT에 서명하기를 거부한다. 그럼에도 미국은 이스라엘을 지원하고 잠재적 무기 확산국의 무기 개발 프로그램을 억제한다. 이러한 미국의 태도는 위선적이다. 과거 두 차례 이라크에서의 행적으로 보아, 미국이 잠재적 무기 확산국에 대한 무력 사용을 고려할 때 이스라엘의 자산 가치를 기대할 수 없다. 이스라엘이 싸움에 참여할 수 없기 때문이다.

미국의 이스라엘 지원과 이스라엘의 계속된 팔레스타인 압박이 어우러져 많은 지역에서 미국의 입지가 좁아졌다. 테러리즘과의 전쟁, 중동 민주화와 같은 중요한 사안과 관련해서 의미 있는 협력을 얻기 어렵다. 1장(거대한 수혜자)에서 언급했듯이 미국인들은 미국의 이스라엘 지원이 지나치다고 바라본다. 외국 지식인층은 점령 지구 내의 이스라엘 정책에 대한 암묵적 지원에서 도덕적 모호성을 발견했다. 52명의 전 영국 외교관들은 2004년 4월 토니 블레어 총리에게 서한을 보냈다. 서한에는 이스라엘과 팔레스타인 간의 분쟁이 서방과 아랍 및 이슬람 세계의 관계를 망쳤다고 적혀있었다. 그러면서 부시와 샤론의 정책이 일방적이고 불법적이며 이스라엘과 팔레스타인이 많은 희생을 해야 할 것이라고 경고했다. 블레어는 이 문제에 신중히 대처하라고 부시 행정부에 계속 촉구해 왔기 때문에(성공은 못 했지만), 그런 경고를 듣지 않아도 알고 있었다. 88명의 전 미국 외교관들이 부시 대통령에게 비슷한 서한을 보냈기 때문이다. 저널리스트이자 노련한 군 통신원으로 알려진 제에브 시프는 말했다. "이스라엘 점령을 포함한 끊임없는 분쟁은 새로운 테러의 파도를 불러올 것이고 미국이 그토록 두려워하는 국제적인 테러가 확산될 것이다."

2006년 이 모든 것의 결과가 분명히 드러났다. 수니파로 하여금 악화일로에 있는 이라크에 부상하는 이란 문제를 해결하려던 미국의 노력이 무산되고 말았다. 수니파는 미국이 팔레스타인과 갈등 관계에 있는 이스라엘의 편을 들어왔다는 사실을 염려했을 뿐만 아니라 미국에 가까이 다가가는 데서 올 수 있는 정치적 위험성을 알고 있었다. 이와 관련해《월 스트리트 저널》은 아랍 외교관들의 생각을 다음과 같이 전한다. 사우디아라비아, 이집트, 카타르, 쿠웨이트, 아랍에미리트와 같은 나라가 이란을 포함한 중동 지역의 안보 차원에서 워싱턴이 이스라엘을 압박해서 능동적으로 평화 조성에 참여하게 만들어야 미국과 협력하기 힘들 것이라고 말이다. 한 아랍 외교관은 바그다드로 향하는 길은 다른 우회로가 아닌 예루살렘을 통과한다고 말했다. 초당파 이라크 연구 그룹은 미국이 아랍과 이스라엘의 분쟁을 직접 처리하지 않는 한 중동에서 목표를 달성하지 못할 것이라고 결론지었다.

간단히 말해 테러리즘과의 전쟁에서, 다양한 중동 독재자들과의 대치 속에서, 이스라엘을 미국의 중요한 동맹국으로 취급하는 것은 이스라엘의 능력을 과신하는 것이다. 또한 이스라엘의 정책이 문제 해결을 위한 미국의 노력을 어렵게 한다는 사실을 무시하는 것이다. 이스라엘의 전략적 가치는 냉전이 종식된 이후 꾸준히 하락했다. 경쟁 강국을 물리치는 데 도움을 준다는 주장으로 이스라엘에 대한 흔들림 없는 지원을 정당화할 수 없다. 이스라엘에 대한 무조건적인 지원은 미국을 과격 극단주의자들의 표적이 되게 할 뿐 아니라 유럽과 아랍 우방국을 포함한 제3국들의 눈에 경직되고 위선적인 나라로 비치게 한다. 미국이 이스라엘과 전략적 협력을 통해서 이득을 얻는 것은 사실이지만 모든 상황을 고려할 때 이스라엘은 자산이 아닌 부채다.

의심스러운 동맹국

이스라엘의 전략적 가치가 의문으로 남는 마지막 이유는 이스라엘이 성실한 동맹국답게 행동하지 않을 때가 있다는 점이다. 이스라엘이 국익을 생각하는 것은 어느 국가와 마찬가지지만, 자신의 목표를 이루는 데 도움이 된다고 판단하면 미국의 이익에 위배되는 것이라도 서슴지 않는다. 1954년 악명 높은 '라본 사건Lavon Affair'은 이스라엘 스파이들이 미국의 공공건물 폭파를 기도했지만, 워싱턴과 이집트 사이에 위화감을 조성하려다 실패한 사건이다. 1979~1980년 이스라엘은 미국 외교관들을 인질로 잡고 있던 이란에 군수물자를 팔았다. 이란과 이라크의 전쟁 중 미국이 이란에 대해 우려감을 가지고 암묵적으로 이라크를 지원하는 상황에서도 이스라엘은 이란의 주요 군수품 공급자의 역할을 맡았다.

이스라엘은 레바논에 억류된 이스라엘 인질을 구출하기 위해 1989년 이란으로부터 3600만 달러의 석유를 사들였다. 모든 일이 이스라엘의 시각에서 당연했지만 미국의 정책에 반하고 전반적인 미국의 이익에는 해를 끼쳤다. 이스라엘은 미국의 적들에게 무기를 판매하는 것 외에도 중국처럼 미국의 가상 적국이 될 수 있는 제3국들에 미국 기술을 양도했다. 이것은 미국법을 위반하고 미국의 이익을 위협하는 일이다. 1992년 국무부 감찰관은 1983년부터 이스라엘에 의한 조직적인 무허가 양도 패턴이 점증하는 데에 대한 증거가 포착되고 있다고 발표했다. 동시에 '도탄 사건Dotan Affair(전 이스라엘 공군 구매국장이 미국의 군사원조자금 수백만 달러를 횡령한 사건)' 조사를 맡은 회계 감사원General Accounting Office, GAO들이 문제를 논의하기 위해 이스라엘 관리들과의 만남을 시도했다. GAO에 의하면 이스라엘 정부는 해당 문제를 논의하는 것도, 감사관들이 이스라엘 국민을 신문하는 것도 허용하지 않았다.

그렇다고 달라진 것은 없다. 2004년, 이스라엘을 지원해 온 전 국방부 차관 더글러스 파이스까지도 이스라엘이 1994년에 중국에 판매한 킬러 드론killer drone의 성능 향상을 약속했을 때 분개한 것으로 알려졌다. 부시 행정부의 고위 관리는 "미국과 이스라엘의 군사 관계에 뭔가 매우 잘못 되어가고 있는 것이 있다"고 말했다. 이런 긴장감을 증폭시키는 데에 이스라엘이 미국에 벌이고 있는 광범위한 스파이활동이 있다. GAO에 의하면, 이스라엘은 동맹국 중에서도 미국에 가장 적극적인 스파이활동을 펼치고 있다. 경제 기밀을 빼내면 이스라엘 기업이 세계시장에서 미국 기업에 비해 중요한 이점을 얻을 수 있는 반면, 미국 국민은 추가로 비용을 부담하게 된다.

걱정스러운 것은 이스라엘이 미국의 군사 기밀을 빼내기 위해 부단히 노력한다는 점이다. 이 문제는 1981~1985년 '조너선 폴라드 사건'에 의해 드러났다. CIA 정보 분석관인 조너선 폴라드가 이스라엘에 극비 자료를 대량으로 넘겨준 불명예스러운 사건이다. 이스라엘은 폴라드가 체포된 후에도 해당 정보가 무엇인지 밝히기를 거부했다. 폴라드 사건은 빙산의 일각에 불과하다. 1986년 이스라엘 첩자들이 미국 기업으로부터 스파이 카메라 기술을 훔치는 일이 있었다. 후에 중재 위원단은 이스라엘의 불성실, 불법, 부정한 행위를 고발하고 해당 기업인 레콘옵티컬Recon Optical에 약 300만 달러의 손해배상을 명령했다.

이스라엘 스파이들은 펜타곤 전자정보 프로그램과 관련한 미국의 기밀 정보에 접근했고, 국방부 반테러 팀 고위 간부인 노엘 코치를 채용하려다 실패했다.《월 스트리트 저널》은 전 법무부 내부보안과장 존 대빗이 한 말을 인용했다. "우리처럼 스파이활동에 종사하는 사람은 이스라엘을 미국 내에서 두 번째로 적극적인 정보기관으로 간주한다."

2004년 새로운 논란거리가 터졌다. 당시 펜타곤의 핵심 간부 래리 프랭클린이 미국의 이란 정책에 관한 극비 정보를 이스라엘 외교관에게 넘겨준 혐의로 체포되었다. 그는 AIPAC 고위 관리 스티븐 로젠과 케이스 웨이스맨의 도움을 얻은 것으로 알려졌다. 프랭클린은 유죄 답변 교섭(유죄를 시인하는 대가로 검찰 측이 형량을 감해서 구형해 주는 협상)을 받아들여 12년형을 선고받았고, 로젠과 웨이스맨은 2007년 가을에 재판을 받게 되었다.

물론 이스라엘만이 미국에서 스파이활동을 하는 것은 아니다. 워싱턴도 우방과 적국들을 대상으로 광범위한 스파이활동을 펼친다. 특별히 놀랄 일도, 비난할 일도 아니다. 국제정치는 힘든 비즈니스다. 각국은 우위를 점하기 위해 무분별한 일을 벌이기도 한다. 워싱턴과 예루살렘의 긴밀한 관계는 이스라엘이 미국의 기밀을 쉽게 빼낼 수 있게 했고, 이스라엘은 주저하지 않았다. 중요한 후원자를 상대로 스파이활동을 거리낌 없이 할 수 있다는 사실은, 냉전이 끝난 현재 시점에서 전략 가치에 대한 의구심을 들게 한다.

결론

미국의 지원이 장기적 안목에서 이스라엘의 이익과는 관계없는 정착촌 건설을 위해 사용되어 왔다고 주장할 수 있다. 이스라엘이 해당 지원을 통해 엄청난 혜택을 누려온 사실에는 의문의 여지가 없다. 미국 또한 냉전 중에 그 지원을 통해서 얼마간의 전략적 가치를 향유한 것은 사실이지만 지원을 계속할 이유를 충분히 정당화할 수 없다. 냉전이 한창일 때 이스라엘에 보조금을 지급하고 보호하는 것이 미국에 득이 되었을 수도 있다. 그러나 이 명분은 소련이 무너지고 중동에서 초강대국 간의 경쟁이 끝나면서 사라졌다.

미국이 끌어안은 이스라엘과 그 정책은 미국의 안정과 번영을 도모하지 않는다. 오히려 우방들과의 관계를 손상하고, 미국의 지혜와 도덕적 비전에 의문을 품게 한다. 반미극단론자의 출현을 도울 뿐 아니라 변화무쌍하기는 해도 극히 중요한 지역 문제 해결을 위한 미국의 노력을 복잡하게 만든다. 미국과 이스라엘 간의 특별한 관계는 더 이상 전략적 근거로 방어될 수 없다. 설득력 있는 근거를 찾기 위해 다른 곳에 눈을 돌려야 한다. 다음 장에서 미국 지원에 대한 도덕적 근거를 살펴보기로 한다.

설득력을 잃어가는 도덕적 근거

A DWINDLING MORAL CASE

3장

조지 W. 부시는 2004년 5월 AIPAC의 연차 정책 콘퍼런스에서 이스라엘 지원을 설명하려고 몇 가지 도덕적 주제를 들고나왔다. 부시 대통령은 양국을 묶는 끈, 즉 양국이 공유하는 가치와 자유 수호에 강한 의지를 다지기 위한 AIPAC의 노력을 찬양하는 것으로 연설을 시작했다. "이스라엘과 미국은 많은 공통점이 있습니다. 양국은 투쟁과 희생을 통해 태어났습니다. 양국은 종교적 박해를 피한 이민자들에 의해 이국땅에 세워졌습니다. 법과 시장경제의 토대 위에 활기찬 민주주의 국가를 건설했습니다. 우리는 확고한 신앙에 바탕을 두고 있습니다. 하나님이 인간의 행사와 모든 삶의 가치를 주관하신다는 신앙입니다. 이러한 유대가 우리를 자연스러운 우방으로 만들었으며, 이 유대는 결코 끊어지지 않을 것입니다."

더불어 부시는 한 가지 차이점에서 도덕적 결론을 끌어냈다. "미국이 지금까지 지리적 위치 때문에 비교적 안전할 수 있었지만, 이스라엘은 거친 인접국들에 둘러싸인 작은 나라로 우리와 상황이 다릅니다. 이스라엘 국경에는 언제나 적이 있고, 테러리스트가 있습니다. 이스라엘은 영웅 정신으로 싸우며 수없이 방어했습니다. 이스라엘의 용기는 미국의 존경을 얻기에 충분합니다."

부시의 말은 이스라엘 지원이 전략적 근거가 아니라 본질적으로 도덕적 요구에서 정당화되었음을 시사한다. 미국의 지원에 대한 도덕적 근거는 몇 가지 주장에 기초하고 있다. 이스라엘 지지자들은 이 특별한 관계를 정당화하기 위해, 다음과 같은 이유로 이스라엘은 관대하면서도 무조건적인 지원을 받을 가치가 있다고 주장한다.

이스라엘은 약소국으로서 파괴에 혈안이 되어 있는 적들로 둘러싸여 있다. 이스라엘은 민주주의 국가이며 도덕적으로 바람직한 정부 형태를 갖추고 있다. 유대인들은 과거 범죄로부터 고통받아 왔다. 이스라엘은 적들의 행위, 특히 팔레스타인에 비해 도덕적이었다. 팔레스타인은 2000년 7월 이스라엘이 제시한 평화 제안을 거부하고 폭력을 선택했다. 이스라엘의 창조는 '하나님의 뜻'이라고 성경에 명시되어 있다. 이들 주장을 하나로 묶어보면, 이스라엘은 중동에서 유일하게 미국의 가치를 공유하는 나라이므로 미국 국민 사이에 폭넓은 지지를 받는다는 일반적인 주장이 실증된다. 미국의 정책 입안자들은 이 다양한 주장을 수용하고 있다. 그들이 수용하지 못하더라도 미국인들은 이스라엘을 지원하기를 바라고 유대 국가에 압력을 가하지 않기를 원한다.

숙고해 보면 미국의 무조건적인 지원에 대한 도덕적 근거는 설득력이 없다. 이스라엘의 존재를 뒷받침하는 도덕적 근거는 있지만 이제 이스라엘은 위험에 처해 있지 않다. 이스라엘의 과거와 현재의 행위는 객관적인 시각에서 볼 때 팔레스타인에 대한 특혜나 전략적 이익과 동떨어진 지역에서 펼치는 미국의 정책에 미약하게 도덕적 기초를 마련해 준다.

도덕적 근거와 역사

도덕적 근거는 미국인(유대인과 이방인 모두)이 인식하고 있는 이스라엘 역사에 대한 특별한 이해에서 나온다. 이스라엘 역사를 살펴보면 유대인은 유럽에서와 마찬가지로 중동에서도 희생자였다. 인권운동가 작가 엘리 비젤은 "유대인은 한 번도 가해자로 산 적이 없고 언제나 희생자였다"고 말한다. 아랍인, 특히 팔레스타인인은 유럽에서 유대인을 학살한 반유대인과 유사한 가해자다. 이러한 관점은 레온 유리스의 유명한 소설《엑소더스Exodus》(1958)에 분명하게 드러난다. 이 소설은 유대인을 희생자와 영웅으로 팔레스타인인을 악한과 겁쟁이로 그린다. 1958~1980년 2000만 부가 팔렸고 1960년 영화로 만들어져 많은 관객을 모았다. 학자들은《엑소더스》의 내용이 아랍과 이스라엘의 갈등을 바라보는 미국인들의 시각에 지워지지 않는 영향을 준 사실을 발견했다.

이스라엘의 건국을 비롯해, 이스라엘이 인접국과 팔레스타인을 어떻게 대했는지에 대해 일반적인 인식은 왜곡되어 있다. 이는 일단 신화에 근거한다. 이스라엘 학자들은 현재의 이스라엘 국경선이 자리 잡은 이후 줄곧 그것을 체계적으로 폐기했다. 유대인이 유럽에서 자주 희생된 사실에는 의문의 여지가 없지만, 중동에서 뿌리내린 유대인은 가해자였고 그들에게 희생당한 사람들은 과거부터 현재까지 팔레스타인인들이었다. 이 사실은 풍부한 증거 자료에 의해 뒷받침되고 있을 뿐 아니라 직관적으로도 이해할 수 있다.

유럽에서 팔레스타인으로 건너온 유대인들이 이미 거주하는 아랍 주민들에게 가혹한 방법을 쓰지 않고 어떻게 나라를 세울 수 있었겠는가? 미국과 캐나다를 세운 유럽인들은 원주민들에게 심각한 범죄 행위를 저지르지 않고 나라를 세울 수 없었다. 그렇듯 침략에 분개하면서 저항하는 현지 주민들에게 유사한 범죄를 저지르지 않고 유대 국가를 건설한다는 것은 불가능한 일이었다. 유감스럽게도 이스라엘이 말하는 새로운 역사는 미국에게 승인받지는 못하고 있지만, 도덕적인 근거가 충분해진 미국인에게 비중 있게 이들이 다가오는 것은 그 새로운 역사 때문이다. 인터넷과 24시간 방송되는 케이블 뉴스를 통해 많은 미국인은 점령 지구 내의 팔레스타인 주민들에게 무자비하게 대응하는 이스라엘을 보았다. 더불어 2006년 제2차 레바논 전쟁에서 이스라엘이 취한 행동의 결과를 보았다. 이스라엘방위군은 레바논 전역에서 민간인을 목표물로 삼았고, 남부 레바논 도심과 마을에 수백만 개의 클러스터 폭탄을 쏟아부었다.

이런 무자비함 때문에 미국에서 이스라엘의 대외적 이미지가 훼손되기는 했지만, 이스라엘 지지자들은 양국 관계를 지탱하기 위해 도덕적 근거를 내세운다. 이 시점에서 미국 정책이 기본적인 미국의 가치와 모순된다는 주장이 나올 수 있다. 만약 미국이 도덕적인 기준만 놓고 선택한다면 이스라엘이 아니라 팔레스타인을 지원해야 한다는 그럴듯한 주장이 나올 법도 하다. 이스라엘은 경제적 번영을 이루고 있고 중동에서 가장 강력한 군사력을 가지고 있다. 어떤 나라도 이스라엘과 전쟁하지 않을 것이다. 이스라엘이 심각한 테러 문제에 직면하고 있지만 주로 점령 지구를 식민지화하는 과정에서 온 결과다. 이와 반대로 팔레스타인은 국가가 없고, 가난하고, 미래가 불투명하다. 어느 쪽이 강한 도덕적 호소력을 갖는가? 팔레스타인의 많은 결점을 고려하더라도 말이다.

문제의 진상을 규명하기 위해 도덕적 근거의 배경을 이루는 주장을 구체적으로 살펴볼 필요가 있다. 초점은 이스라엘의 행위에 맞춰질 것이고, 중동이나 다른 국가들과 비교하지 않을 것이다. 우리가 이스라엘의 행위에 초점을 맞추는 것은 유대 국가에 반감이 있거나 그 행위에 비난의 여지가 있어서가 아니다. 모든 국가가 언젠가 심각한 범죄를 저질렀다는 사실을 인정하게 마련이며, 국가를 세우는 일이 폭력적인 도전이 될 때가 많다는 사실을 충분히 인식하고 있다.

우리가 이스라엘의 행위에 초점을 맞추는 이유는, 미국이 다른 나라들에 비해 이스라엘에 막대한 수준의 물적·외교적 지원을 제공하고 있으며, 미국의 이익을 희생하면서까지 이를 감행하고 있기 때문이다. 목적은 이스라엘이 과연 고결한 태도와 행동으로 특별 대우를 받을 만한지 규명하는 것이다.

과연 이스라엘의 행동은 다른 나라들보다 탁월한가? 역사적 기록을 보면 그렇지 않다는 것을 알 수 있다.

도덕적 근거 1, 약자 지지하기

이스라엘은 약하고 포위되어 있으며, 악의에 찬 아랍 골리앗 군대에 둘러싸여 있는 '유대인 다윗'으로 줄곧 묘사된다. 이런 이미지는 이스라엘 지도자들과 그에 동조하는 작가들이 만들어낸 것이지만, 오히려 그 반대가 사실에 가깝다. 이스라엘은 언제나 아랍의 적대국보다 군사적으로 우위에 있었다. 1948년 이스라엘 독립 전쟁을 돌이켜 보자. 팔레스타인과 아랍 5개국을 상대로 싸운 시온주의자들은 병력도 무기도 형편없이 열세였다는 것이 일반적인 통념이다. 저명한 이스라엘 역사가 베니 모리스는 1948년 전쟁의 힘의 균형에 대해 "좀처럼 잊히지 않는 신화"라고 표현한다.

혹자는 1948년 이스라엘의 병력이 열세였다고 생각할 수 있다. 이스라엘은 작은 신생국으로 많은 사람과 풍부한 자원을 가지고 있는 아랍 국가에 둘러싸여 있었다. 이스라엘과 아랍의 인구 규모와 자원을 비교한다면 군사력 균형에 대해 할 말이 없다. 모리스에 의하면, 아주 작은 이스라엘과 아랍 해를 둘러싸고 있는 거인을 보여주는 세계지도는 과거에도, 현재까지도, 그리고 당분간은 그 지역의 진정한 힘의 균형을 보여주지 못한다. 상대적인 인구수를 보더라도 마찬가지다. 1948년 이슈브Yishuv(이스라엘 건국 이전 팔레스타인에 건설된 유대인 정착촌)에 약 65만 명이 살았다. 이는 팔레스타인계 아랍인 1200만 명, 이라크를 포함한 주변국에 거주한 아랍인 3000만 명과 대조를 이룬다. 이유는 간단하다. 아랍 국가들은 그들의 잠재적인 자원을 실제 병력으로 전환하는 데 말할 수 없이 비효율적이었으나, 이스라엘은 그와 대조적으로 뛰어나게 효율적이었다.

독립 전쟁은 각기 다른 2개의 분쟁이었다. 첫 번째는 유대인과 팔레스타인인 간의 내전으로 1947년 11월 29일(UN이 위임통치령을 내려 팔레스타인을 분할하기로 결정한 날) 시작되어 1948년 5월 14일(이스라엘이 독립을 선언한 날)까지 계속되었다. 두 번째는 이스라엘과 아랍 5개국 간의 국제 전쟁으로 1948년 5월 15일 시작되어 1949년 3월 10일 끝났다.

내전은 병력과 무기의 양과 질에서 압도적인 우위를 점하고 있던 시온주의자들에게 일방적인 승리를 안겨주었다. 1936~1939년 사이에 일어난 폭동 과정에서 영국군에게 많은 군사력을 잃고 1948년까지 회복되지 못한 팔레스타인에 반해, 유대인 전투 부대는 훨씬 조직화되고 훈련되어 있었다. 이스라엘 역사가 일란 파페는 "수천 명의 팔레스타인과 아랍 비정규군이 수십만 명의 잘 훈련된 유대인 부대와 대치하고 있었다"고 증언했다. 이스라엘 지도자들은 힘의 불균형을 잘 알고 있었으며 그것을 좋은 기회로 삼았다. 1948년 전쟁 중에 군 총사령관이었고 이스라엘방위군IDF 참모 차장을 지낸 이가엘 야딘(1917~1984)은 "영국군이 1948년까지 팔레스타인에 주둔하지 않았더라면 아랍 폭동을 한 달 이내에 진압했을 것"이라고 주장했다.

아랍 5개국의 군대와 싸우는 동안 이스라엘은 병력에서 확실한 우위를 점하고 있었다. 전쟁이 시작된 5월 중순, 이스라엘은 "아랍 침략군 2만 5천~3만 명보다 많은 3만 5천 명이 전쟁에 참여했다. 7월 다니 작전에서 IDF는 무장병력 6만 5천 명을 보유했고, 12월에는 9만 명에 가까운 무장 병력을 보유했다. 단계마다 아랍 연합군에 비해 월등한 병력이 팔레스타인에서 그들과 대치했다"고 이스라엘 역사가 모리스는 말한다. 이스라엘은 분쟁(1948년 5월 15일~6월 10일) 초기 25일을 제외하고 무기도 상대보다 우세했다. 트란스요르단(요르단의 옛 이름)의 아랍 소군단이 예외가 될 수 있지만, 이스라

PART I 미국, 이스라엘 그리고 로비

엘 병력은 아랍 적국들에 비해 우수했고 조직화되어 있었다. 모리스는 전쟁의 결과에 결정적인 역할을 한 것은 유대인의 월등한 화력, 병력, 조직, 지휘 통제력이었다고 분석한다.

IDF는 1956년 이집트와의 전쟁과 1967년 이집트, 요르단, 시리아와의 전쟁에서 신속하고 결정적인 승리를 거뒀다. 미국의 대규모 원조가 이스라엘에 흘러 들어가기 전이었다. 1973년 10월, 이스라엘은 이집트와 시리아군의 아연실색할 만한 기습 공격에 꼼짝없이 당했다. 싸움이 시작되고 며칠 동안은 병력의 열세로 후퇴를 모면할 수 없었지만, 군사력을 회복해 이집트-시리아군을 괴멸시키려는 찰나에 미국과 소련이 개입하면서 싸움이 끝났다. 모리스에 의하면, 이 놀랄 만한 반전은 공중, 육상 할 것 없이 IDF의 무기가 훨씬 우수했기 때문이다. 병력도 마찬가지다. 이스라엘의 파일럿, 무기 수리와 그라운드 통제를 맡은 스태프, 탱크 조종사, 병사들이 아랍 상대국들보다 잘 훈련되고 통제되었다. 이스라엘이 거둔 승리는 이스라엘의 애국심과 조직력, 군의 용맹성을 웅변적으로 증언하고는 있지만 이스라엘이 초창기부터 무력하지 않았다는 사실을 말해준다.

강력한 군사 대국 이스라엘

오늘날 이스라엘은 중동에서 가장 강력한 군사 대국이다. 재래식 병력도 인접국들에 비해 월등하고 중동에서 유일하게 핵무기를 보유하고 있다. 이집트와 요르단이 이스라엘과 평화조약을 맺었고, 사우디아라비아도 그렇게 하겠다고 나서고 있다.[21] 시리아는 소련이라는 후원자를 잃었고, 이라크는 세 차례의 비참한 전쟁을 치르는 동안 약해졌으며, 이란은 수백 마일 떨어져 있을 뿐 아니라 지금까지 이스라엘을 공격한 적이 없다.[22]

팔레스타인의 경우 군사력은 말할 것도 없거니와 경찰력에서도 이스라엘의 존재를 위협할 수 없다. 그마저도 심각한 내전에 의해 약화된 상태다. 팔레스타인 자살특공대에 의한 살상이 모든 이스라엘인의 가슴에 공포감을 불러일으키지만, 영토 보전에 위협이 되지 못하는 것은 물론 이스라엘 경제에 미치는 영향도 미미하다. 헤즈볼라 같은 단체들이 수개월 또는 수년에 걸쳐 보잘것없는 성능의 미사일과 로켓을 이스라엘에 쏘아 이스라엘인 몇백 명을 죽일지 모른다. 그러나 이스라엘에 위협이 되지는 못한다. 텔아비브대학교의 자피전략연구소가 2005년 발표한 평가 자료에 의하면, 전략적 균형은 결정적으로 이스라엘에 기울어 있으며, 군사력과 저지력에 있어서 이스라엘과 인접국 간의 질적인 거리는 계속 벌어지고 있다. 약자를 돕는 것이 납득할 만한 근거라면 미국은 이스라엘의 적국들을 지원하는 것이 옳다.

이스라엘이 오랫동안 주변국들에 포위되어 왔고, 언제나 희생자였다는 주장을 다른 차원에서 볼 여지는 있다. 이스라엘이 군사적으로 우세할지라도 아랍 인접국들이 이스라엘을 파괴시키는 데 열중하고 있다는 주장이다. 실제로 어떤 사람들은 아랍이 이스라엘을 바다로 몰아내기 위해 1948년, 1967년, 1973년 전쟁을 부추겼다고 주장한다. 초기에 이스라엘이 심각한 위협을 받은 것은 틀림없지만 세 차례의 전쟁 중 누구도 이스라엘을 파괴할 엄두를 낸 적이 없다. 그들 한가운데 유대 국가가 버티고 있다는 사실이 좋아서가 아니라(분명히 기분 좋은 일은 아니다), 이스라엘을 이길 힘을 가져본 적이 없기 때문이다. 1948년 전쟁 중 일부 아랍 지도자들이 "이스라엘을 바다로 몰아낸다"라는 말을 꺼냈을 거라는 사실에는 의문의 여지가 없다. 이는 대중의 기분을 맞추기 위한 수사에 불과했다. 아랍 지도자들은 팔레스타인을 희생물로 삼아서 자신의 영토를 확보하는 데 관심이 쏠려 있었다. 아랍 정부들이 팔레스타인의 복지보다 자신의 이해를 앞세우는 경우 중 하나였다. 모리스는 다음과 같이 서술했다.

"이스라엘이 독립을 선언한 1948년 5월 14일과 아랍군이 이스라엘을 침공한 5월 15일 이후에 벌어진 일은 참전국 모두에 의한 총체적인 영토 약탈이었다. 이스라엘, 트란스요르단, 시리아, 이집트, 심지어 레바논까지도 팔레스타인 아랍 국가의 탄생을 막고, 팔레스타인을 분할해 나눠 가지는 쪽으로 기울었다. 오랜 역사 문헌과 반대로, 압둘라(트란스요르단의 왕)가 동부 팔레스타인을 침공한 목적은 유대 국가를 파괴시키기 위해서라기보다 팔레스타인 아랍국을 제물로 삼아 자기 왕국의 영토를 넓히는 데 있었다. 전쟁 내내 아랍군은 이슈브Yishuv와 유대인 영토에 대해 공격적 자세를 피하느라 세심한 주의를 기울였다. 압둘라와 글러브(트란스요르단의 아랍군을 지휘한 영국 장군)가 1948년 신생 유대인 공화국이 무너지는 모습을 보았더라면 과연 기뻐했을지 알 수 없는 일이다. 압둘라는 작은 유대 국가가 출현하는 것보다는 자국 국경에 팔레스타인 아랍 국가가 출현하고, 시리아가 커지고, 이집트가 세력을 확장할 가능성이 있다는 사실이 훨씬 고통스러웠을 것이다."

모리스의 말대로 압둘라는 이스라엘을 공격하는 데 군사력을 쏟기로 했지만, 유대인을 바다로 내몰겠다는 선언이 과연 진심이었을지 의구심이 드는 유일한 아랍 지도자였다. 전 이스라엘 외무장관이자 유명한 역사가인 슐로모 벤아미도 1948년 전쟁과 관련한 아랍의 목표에 대해 비슷한 견해를 말했다. "준비가 부족하고 통합이 안 된 상태에서도 아랍군은 조국의 공공연한 압력에 밀려 전쟁터로 갔다. 지도자들은 나름의 영토 확장 계획을 가지고 있었다. 팔레스타인에 군대를 투입하는 아랍 지도자들은 팔레스타인 국가를 설립하는 것보다는 그들의 영토 확보 야욕을 관철시키거나 아랍 연합 내 다른 경쟁국을 꺾겠다는 심적 동기가 강했을 것이다."

1967년 전쟁을 일으킨 책임이 원칙적으로 이집트와 시리아에 있고 이스라엘은 희생자라고 하는 근거 없는 이야기 역시 또 하나의 사회적 통념이 되었다. 아랍이 이스라엘을 공격할 준비를 하고 있을 때, IDF가 기선을 제압해 놀랄 만한 승리를 거둔 것으로 알려졌다. 그러나 전쟁에 관한 새로운 자료가 공개되면서, 1967년 늦은 봄 아랍 측은 유대 국가를 파괴하려는 기도는 고사하고 이스라엘을 상대로 전쟁을 일으키겠다는 생각조차도 없었다는 것이 분명해졌다. 저명한 이스라엘 신新역사가 아비 슐라임은 "이집트 대통령 나세르에게 이스라엘과 전쟁을 하려는 의사도 계획도 없었다는 것이 평론가들 사이에 일치된 견해"라고 기술했다.

실제로 전쟁 발발은 이스라엘의 책임이 크다. 시리아의 공격을 전쟁의 주 원인으로 보는 통념이 있지만, 시리아 전선에서 확전을 감행한 이스라엘의 전략은 중동을 1967년 전쟁으로 끌어들인 가장 중요한 요인이 되었다는 게 슐라임의 분석이다. 벤아미는 당시 IDF 총참모장 이츠하크 라빈(1922~1995)이 이스라엘을 의도적으로 시리아와의 전쟁으로 몰고 갔다고 말한다. 라빈은 시리아와 전쟁을 선동하려고 작심했다. 시리아가 이스라엘을 공격하는 파타를 지원하지 못하게 막을 방법이 없었기 때문이다. 1967년 5월, 티란 해협을 봉쇄하기로 한 이집트의 결정이 이스라엘에게 우려를 안겨준 원인이 되었다는 사실을 부인하는 것은 아니다. 미국의 정책 입안자나 이스라엘의 많은 지도자가 인정했듯이 그 자체가 이집트 공격의 전조는 아니었다. 위기를 평화적으로 해결하기 위한 신중한 노력도 진행 중이었다. 그런데도 이스라엘 지도자들은 평화적으로 위기를 해결하기보다는 전쟁을 선호했기 때문에 궁극적으로 공격하는 쪽을 택한 것이다.

특히 이스라엘 군 지휘관들은 장기적으로 이스라엘의 전쟁 억지력을 강화하려고 주요 적국인 이집트와 시리아에 심각한 군사적 패배를 안겨주길 원했다. 영토에 야욕을 품은 사람도 있었다. 전쟁 전날 밤 당시 IDF 작전 사령관인 에제르 바이츠만(1924~2005)은 풍성한 성과를 약속하는 제2차 독립 전쟁을 눈앞에 두고 있다는 말로 감정을 숨기지 않았다. 1967년 6월 5일, 이스라엘이 첫 공격을 감행한 것은 공격이 임박할 것을 예상하고 선수를 친 것이 아니었다. 당시 이스라엘 총리 메나헴 베긴의 말을 빌리면 "선택의 전쟁", 즉 장기적인 힘의 균형 차원에서 치른 예방 전쟁이었다. 그는 이렇게 말했다. "우리는 자신에게 정직해야 한다. 우리가 그(이집트 대통령 나세르)를 치기로 결정한 것이다."

1973년 10월, 이집트와 시리아가 이스라엘을 공격한 것은 분명하다. 알려진 대로 두 아랍 국가가 추구한 전략에는 정해진 목적이 있었다. 이집트는 시나이 반도의 작은 영토를 정복해서 나머지 영토 반환을 놓고 이스라엘과 협상하겠다는 속셈이었고, 시리아는 골란고원 탈환을 원했다. 이집트와 시리아 어느 쪽도 이스라엘을 위협하거나 침략하겠다는 의지가 없었다. 이스라엘은 중동에서 가장 막강한 군대와 핵무기를 보유하고 있다.

이스라엘을 공격하는 어떤 시도도 자살 행위와 다름이 없다. 역사가 베니 모리스는 이 점을 지적한다. "이집트 대통령 안와르 사다트와 시리아 대통령 하페즈 알아사드는 1967년 잃어버린 영토를 되찾고 싶었다. 누구도 이스라엘을 공격하는 데 목적을 두지 않았다." 카이로와 다마스쿠스의 핵심 결정권자들은 IDF에 싸움을 거는 행위는 지극히 위험한 전략이라는 사실을 인식하고 있었다. 이집트 공격 계획에 참여한 하산 엘 바드리 장군은 승리가 불가능해 보였다고 말했다. 예상은 적중했다. 두 아랍 국가는 첫 공격으로 받은 상처에서 회복한 IDF에 참패를 당했다.

이란이 예외가 될지 모르지만 오늘날 인접국들이 이스라엘 파괴를 기도한다는 주장은 설득력이 없다. 이스라엘은 이집트, 요르단과의 평화조약에 서명했다. 9장(시리아 겨냥하기)에서 설명하겠지만 2000년에 시리아와의 평화조약을 거부했다. 사우디아라비아 왕세자는 2002년 아랍 정상회담에서 사실상모든 아랍 국가가 이스라엘을 인정하고 유대 국가와의 관계 정상화를 이루자는 제안을 함으로써, 이스라엘과 팔레스타인 간의 갈등을 풀어보려 했다. 이스라엘은 그에 화답해서 점령 지구에서 철수하고 팔레스타인 난민 문제를공정하게 해결하기 위해 힘썼다. 아랍 동맹국들은 그 제안에 만장일치로 지지 의사를 보냈고, 후세인까지 지지했다. 더 이상 진전을 보지 못했지만 사우디는 2007년 다시 그 제안을 들고나왔다. 후세인이 물러난 후 이라크가 이스라엘을 파괴하는 데 관심을 두고 있다는 증거는 없다. 하마스와 헤즈볼라가이스라엘의 존재를 부정하고 고통을 안겨줄 수 있지만, 언급한 대로 그들은치명적인 위험을 가할 능력을 가지고 있지는 않다. 이란이 핵무기를 갖게 된다면 이스라엘에 심각한 위협이 될 것은 분명하다. 그러나 이스라엘이 자체핵무기를 보유하고 있는 한 자신의 희생을 각오하지 않는 공격은 생각할 수없다.

도덕적 근거 2, 민주주의 우방국 돕기

미국의 지지는 이스라엘이 민주주의 우방이라는 주장으로 정당화된다. 지지자들은 이스라엘이 중동 유일의 민주주의 국가이며 적대적인 독재 국가에둘러싸여 있다는 점을 환기시킨다. 이 논리는 설득력 있게 들리지만 이런 대규모의 미국 지원을 설명할 수 없다. 전 세계에 많은 민주 국가가 있지만 이스라엘 정도의 무조건적인 원조를 받는 나라는 없다.

민주주의 국가라는 사실은 워싱턴과 얼마나 밀접한 관계를 갖느냐에 대한 신뢰할 만한 지표가 되지 않는다. 미국은 과거 다수의 민주 정부를 전복했고 이익을 증진한다고 생각될 때 독재자들을 지지했다. 아이젠하워 행정부가 1953년 민주적으로 선출된 이란 정부를 전복한 반면, 레이건 행정부는 1980년대 후세인을 지지했다. 부시 행정부는 당시 이집트의 호스니 무바라크, 파키스탄의 페르베즈 무샤라프 같은 독재자들과 관계를 유지하면서 점령 지구에서 민주적으로 선출한 하마스 정부를 약화시키려고 노력했다. 베네수엘라에서 투표로 선출한 유고 차베스 대통령과의 관계는 매우 좋지 않았다. 민주 국가라는 사실이 미국의 이스라엘 지원을 정당화하지도, 설명하지도 못한다.

'민주주의 동반자'라는 근거도 미국의 핵심 가치와 걸맞지 않은 이스라엘의 민주주의 속성 때문에 약화되어 있는 상태다. 미국은 인종, 종교, 민족성에 관계 없이 모든 사람이 평등한 권리를 누릴 수 있는 자유 민주주의 국가다. 이스라엘 국민은 아랍, 이슬람교도, 크리스천을 포함한 다양한 배경을 가지고 있지만 그중에서도 혈족 관계(증명 가능한 유대인 가문)에 기준을 두는 명백한 유대 국가다. 이스라엘의 유대적 속성은 1948년 5월 14일, 공식 선포된 이스라엘 국가 독립 선언서에 나타나 있다. UN은 유대인이 자신의 국가를 세울 권리를 승인해야 한다고 주장하며, '에레즈 이스라엘(이스라엘의 땅)'에 유대 국가를 설립한다고 선언한다. 그 신생국을 자신의 땅에 세워진 유대인 주권국이라고 호칭한다.

이스라엘 지도자들은 국경 안의 유대인 유지를 위협받지 않는 것이 중요하다고 강조한다. 이스라엘의 유대적 속성 때문이다. 이스라엘은 1967년 이전의 국경선 이상으로 국경이 확장될 가능성에 대해 걱정한다. 국경을 넘나드는 유대인이나 팔레스타인인들의 대규모 이동, 팔레스타인인과 유대인의 출산율과 함께 더 많은 아랍인을 살게 할 수 있다는 점 때문이다. 예컨대 이스라엘 초대 총리 다비드 벤구리온은 최소한 4명의 건강한 아이를 출산하지 않는 유대인 여인은 군인이 군대 생활을 회피하는 것과 마찬가지로 국가에 대한 의무를 이행하지 않는 것이라 선포했다. 2005년 당시 분쟁 지역 동예루살렘을 포함한 전 이스라엘에 유대인 530만 명, 아랍인 136만 명이 거주하고 있었다. 가자 지구와 요르단강 서안 지구에 거주하는 380만 명의 팔레스타인 주민을 고려하면, 과거 팔레스타인 위임통치령이 있던 지역에 겨우 14만 명의 이스라엘인이 살고 있었다. 모든 정황으로 미루어 보건대, 팔레스타인인은 유대인보다 출산율이 높다. 유대계 이스라엘인은 아랍 시민과 팔레스타인인이 인구 문제를 일으킨다고 힐난하는데, 위의 사실을 고려할 때 놀랄일이 아니다.

유대 국가인 이스라엘의 11가지 기본법은 아랍인이든 유대인이든 국민에 대한 평등권을 보장한다고 생각할 수 있지만, 실상은 그렇지 않다. 인간의 존엄성과 자유에 대한 기본법 초안은 미국의 권리장전과 유사하다. "모든 사람이 법 앞에 평등하며 성, 종교, 국적, 인종, 종족집단, 출신 국가, 또는 어떤 부적절한 요인을 이유로 차별 대우를 받아서는 안 된다"고 명시함으로써 모든 이스라엘인에 대한 평등을 약속한다. 그러나 크네세트Knesset(이스라엘 국회)위원회가 1992년 입법화한 최종 법안에서 이 조항을 삭제했다. 이스라엘 크네세트의 아랍 의원들은 법 앞에 평등을 보장하는 문구를 삽입해서 기본법을 수정하려고 여러 차례 시도했다. 그러나 유대인 동료 의원들이 번번이 거부 의사를 표명했다. 평등 원칙이 법에서 소중하게 다뤄지는 미국과 현저히 대조를 이루는 대목이다.

유대인의 정체성 유지를 위한 이스라엘의 자세가 확고하고, 비유대인의 법에 의한 평등을 거부하는 것 외에도 이스라엘의 136만 아랍인들은 사실상

2등 국민으로 취급받는다. 2003년 이스라엘 정부위원회는 이스라엘인이 아랍인을 무성의하고 차별적인 태도로 대하는 것을 발견했다. 아랍계 이스라엘인에 대한 불평등은 유대계 이스라엘인 사이에 만연한 현상이다. 2007년 3월 시행된 여론조사에 따르면, 유대계 이스라엘인 55%가 구별된 오락 시설을 원했고, 75% 이상이 아랍계 이스라엘인과 같은 빌딩에서 살지 않겠다고 응답했다. 응답자의 반 이상이 유대인 여성이 아랍인과 결혼하는 것은 국가에 대한 반역과 같다고 대답했고, 50%가 직속 상관이 아랍인이라면 직장을 그만두겠다고 했다. 2003년 7월 이스라엘민주주의연구소는 53%에 달하는 유대계 이스라엘이 아랍인에 대한 완전한 평등을 반대하며, 77%가 중요한 정치적 결정에 절대 다수의 유대인이 참여해야 하는 것으로 믿는다고 보고했다. 31%만이 정부 내에 아랍 정당을 두어도 좋다고 했다. 이런 정서는 이스라엘이 건국 이래 60년 만인 2007년 1월에 와서야 처음으로 이슬람계 아랍 장관을 임명했다는 사실과 합치한다. 과학, 스포츠, 문화를 관장하는 부처의 장관 한 사람을 임명하는 데에도 많은 논쟁이 있었다.

아랍 시민을 대하는 민주주의 국가 이스라엘

아랍 시민을 대하는 이스라엘의 태도는 차별 그 이상이다. 예컨대 이스라엘 내의 아랍인 숫자를 줄이기 위해 이스라엘 국민과 결혼하는 팔레스타인인에게 시민권을 주지 않고, 이들 배우자에게 이스라엘에서 살 권리를 주지 않는다.

이스라엘 인권 기구인 브첼렘B'Tselem은 이런 제한 규정을 '누가 이곳에 살수 있는지를 인종 차별적인 기준에 따라 결정하는 인종 차별적인 법'이라고 부른다. 올메르트 정부는 애국심이 없는 시민의 시민권을 박탈하는 법 제정을 추진했는데, 2007년 1월 10일 크네세트의 장관급 입법위원회의 승인을 얻었다. 의심의 여지 없이 아랍계 이스라엘인을 겨냥하는 이 입법은 이스라엘 법무장관에 의해, "시민의 자유를 해치는 과격하고 급진적인 움직임"이라는 딱지가 붙었다. 이스라엘의 건국 원칙, 즉 유대 국가를 세운다는 명백한 목적을 감안하면 이해할 수 있을지 몰라도 모든 사람이 가문에 상관없이 평등한 대우를 받는다는 미국의 다민족 민주주의 이미지와 일치하지 않는 처사다.

2007년 초 베냐민 네타냐후는 동방 정교회 신자들에게 사과한 적이 있다. 그가 재무장관으로 있던 2002년 단행한 복지 예산 삭감으로 그들이 고통을 받았기 때문이다. 그는 이를 통해 한 가지 중요하고 예기치 못한 혜택을 보았다. 비非유대인의 출산율이 극적으로 감소했다는 것이다. 아랍인의 인구 증가에 깊은 우려를 하는 이스라엘인과 네타냐후에게 반가운 소식이었다.

만약 누군가 미국에서 네타냐후와 같은 말을 한다면 저주를 받을 게 틀림없다. 미국 각료 한 사람이 아프리카계 미국인과 히스패닉의 출산율을 감소시키는 정책을 통해 백인의 수적 우위를 지킬 수 있다고 주장한다면 얼마나 원성이 자자할지 상상해 보라. 역사적으로 중요한 위치에 있는 지도자들이 팔레스타인에 경멸적인 말을 했음에도 제재를 받는 일이 없는 이스라엘의 풍토에서는 새삼스러운 일이 아니다. 캠프 데이비드 협정으로 노벨 평화상까지 수상한 메나헴 베긴 이스라엘 전 총리는 "팔레스타인은 두 발로 걷는 짐승"이라고 했고, 전 IDF 총참모장 라파엘 에이탄은 "약을 먹고 병 속에 갇혀있는 바퀴벌레", "좋은 아랍인은 죽은 아랍인"이라고 말한 적도 있다. 전 참모총장 모세 야알론은 팔레스타인인의 위협을 암과 같다고 묘사하고 그가 화학요법 치료를 하고 있다고 했다.

차별적 견해는 이스라엘 지도자들에게 국한된 것은 아니다. 2000년대 중반 유대계 이스라엘 고등학생을 대상으로 한 조사에서, 75%의 응답자가 아랍인은 무식하다고 대답했다. 동일한 비중의 학생들이 그들은 미개하다고 했고, 74%가 아랍인은 불결하다고 대답했다. 래리 더프너는《예루살렘 포스트》에 이렇게 썼다. "아랍인이 불결하다는 주장은 강경론자의 정치적 발언이 아니다. 아랍인에 대한 지나친 표현도 많다. 아랍인이 불결하다는 말은 불합리하고, 위선적이고, 완고하고, 전 인종집단에 대한 절대적인 혐오감을 나타내는 말이다. 그들은 유대인보다 불결하지 않다. 아랍인을 불결하다고 하는 것은 인종차별주의를 가장 악의에 찬 형태로 표현한 것이다."

조사 과정을 지켜본 사람은 "우리는 이 조사 결과에 놀라지 않았다. 이 분야에 익숙한 사람이라면 누구나 왜곡된 시각이 존재한다는 것을 안다. 이 결과는 왜곡 현상의 최극단으로 볼 수밖에 없다"고 평가했다. 아랍계 이스라엘 청소년을 대상으로 같은 조사가 이루어진 것은 특기할 만하다. 더프너는 이렇게 보고한다. "유대인에 대한 그들의 시각 역시 부정적이지만, 유대인 학생이 그들을 보는 시각에 비하면 양호하다."

아랍계 이스라엘인에 대한 적대적인 태도는 인구 위협에 대한 두려움과 유대인의 열망과 결합되어 아랍인을 추방하거나 이주시켜야 한다는 의견에 힘이 실렸다. 2006년 전략적 위협 담당 부총리로 임명된 아빅도르 리베르만은 "최대한 이스라엘을 동질적인 유대 국가로 만들기 위해 추방을 선호한다"고 밝혔다. 아랍인의 비중이 높은 이스라엘 지역을 유대인 정착민이 거주하는 요르단강 서안과 교환하자는 것이다. 이스라엘 각료 중 그가 추방을 주장한 첫 사례는 아니다.

논란의 여지가 많지만 그는 이 문제에 있어 문외한이 아니다. 2003년 5월 이스라엘민주주의연구소는, 유대계 이스라엘인 57%가 아랍 이주 정책을 써야 한다는 견해를 밝혔다. 2004년 이스라엘 하이파대학교 국가안보연구소의 조사에 의하면 그 수치는 63.7%로 늘었다. 2005년 이스라엘 연구를 위한 팔레스타인센터 조사에서는 42%의 유대계 이스라엘인이 정부가 아랍계 이스라엘인의 이주를 권장하는 것이 옳다고 믿었고, 17%는 그 생각에 동의하는 것으로 나타났다. 이듬해 인종차별주의와의 투쟁센터는 40%의 유대계 이스라엘인이 지도자가 아랍인의 이주를 권장해 주기 바란다는 조사 결과를 밝혔다. 이스라엘민주주의연구소는 그 수치가 62%라고 말한다. 40% 이상의 백인이 흑인, 히스패닉, 아시아인이 미국을 떠나도록 권고해야 한다고 선언한다면 통렬한 비판을 피하지 못할 것이다.

멈추지 않는 자주 국가 건설 전쟁

이스라엘과 팔레스타인의 오랜 갈등과 그것이 양측에 끼친 고통을 생각한다면 이런 태도는 충분히 예상할 수 있다. 미국 역사를 통틀어 미국인이 소수집단(특히 아프리카계 미국인)에 취한 태도보다 나쁘다고 할 수도 없다. 그러나 현재의 미국에서 '공유하는 가치, 자유에 대한 강한 신념'이라는 생각에 심각한 도전을 던진다면, 쏟아지는 비난을 모면하기 어려울 것이다.

이스라엘은 팔레스타인의 자주적인 국가 건설을 거부하고 점령 지구 내에서 기본 인권을 부인하는 법적·행정적·군사적 제도를 강요함으로써 민주적 지위에 손상을 입었다. 이스라엘은 가자와 요르단강 서안 지구에 사는 팔레스타인 주민의 삶을 통제했으며, 오래 발붙이고 살아온 그들의 영토를 식민지화했다. 2005년 여름, 가자 지구로부터 형식상 철수했지만 거주민을 계속 통제하고 있다. 이스라엘은 하늘과 바다와 육상의 접근을 통제함으로써 팔레스타인을 가자 지구 내의 포로로 가두어 두고, 이스라엘의 허가 없이는 움직이지 못하게 하고 있다. 당시 UN의 고위 관리였던 얀 에겔란트(현 노르웨이 난민위원회 사무총장)와 스웨덴의 외무부 장관 얀 엘리야손(전 UN 사무부총장)은 2006년 쓴 글에서 "팔레스타인은 새장에서 살고 있으며 그들의 경제는 물론 이거니와 정신적, 신체적 복지를 황폐화시키고 있다"라고 지적했다.

요르단강 서안에서 이스라엘은 팔레스타인의 토지를 몰수해 정착촌 건설을 계속하고 있다. 2006년 12월, 이스라엘 신문《하레츠》사설은 그러한 상황을 보고한다. "세상을 놀라게 하고 불쾌감을 주는 요르단강 서안 정착촌 건설에 관한 새로운 폭로 없이 한 주간도 지나가는 일이 없다. 이것은 노골적인 범법 행위일 뿐 아니라 공식적인 정부 정책과도 완전히 모순된다." 이스라엘인의 조직 피스나우Peace Now가 이스라엘 정부 기록을 근거로 조사한 결과, 이스라엘 측이 정착촌 건설을 목적으로 보유하는 토지의 32%는 사유재산인 것으로 밝혀졌다. 이스라엘은 땅 대부분을 영구 보존하겠다고 생각한다. 팔레스타인의 재산을 탈취하는 것은 이스라엘 법을 위반할 뿐 아니라 사유재산 보호라는 민주주의 기본 원칙에도 위배되는 것이다.

이스라엘은 유대 시민에 한해서 활기찬 민주 질서를 유지하고 있다. 유대 시민은 정부를 비판할 수 있고, 비판하고 있으며, 공개·자유 선거를 통해 지도자를 선출할 수 있다. 역설적으로 들릴지 모르지만 이스라엘 정책을 비판하는 것이 미국보다 훨씬 쉽다. 이스라엘 신문을 통해서 많은 증거를 얻은 것도 그 때문이다. 그런데도 아랍계 이스라엘인은 체계적으로 무시당하고 있으며, 점령 지구에 사는 수백만 명의 팔레스타인인이 정치적 권리를 완전히 박탈당하고 있다. 민주주의를 공유하는 국가라는 도덕적 근거가 빛을 잃을 수밖에 없는 것이다.

도덕적 근거 3, 과거의 범죄에 대한 보상

  도덕적 정당화의 셋째 이유는 기독교 문명에 기초를 둔 서방에서 이스라엘이 겪은 고난의 역사, 특히 홀로코스트의 비극적인 경험이다. 유대인이 여러 세기에 걸쳐 박해당했기 때문에, 유대인은 오직 유대인 본국에서만 안전할 수 있다는 것이 일반적 견해다. 따라서 이스라엘이 특별 대우를 받아야 한다는 주장이 시온주의 프로그램의 기초가 되었고, 미국과 다른 나라들을 설득해서 이스라엘을 건국하는 데 중요한 역할을 했다. 오늘날도 그 영향력은 여전하다. 유대인이 반유대주의라는 비열한 유산으로 말미암아 엄청난 고통을 겪었다는 사실과 이스라엘의 탄생이 지난한 역사에 대한 적실한 대응이라는 사실에 의문의 여지가 없다. 이런 역사가 이스라엘 건국과 생존을 도덕적으로 지지한다. 도덕적 지지는 미국의 민족자결권 수호 의지와 일치한다. 그러나 이스라엘의 탄생이 무고한 제3자 팔레스타인을 범죄의 목표물로 동반한다는 사실을 간과해서는 안 된다. 유대인에 대한 범죄는 이스라엘의 존재를 정당화하지만, 팔레스타인에 저지른 범죄는 특별 대우를 해달라는 이스라엘의 주장이 설득력을 잃게 한다.

  많은 문서 속에 사건에 관한 역사가 살아 숨 쉬고 있다. 정치적 시온주의가 시작되던 19세기 후반 팔레스타인에 거주하는 유대인 수는 약 1만 5천 명에서 1만 7천 명에 불과했다. 1893년 아랍인이 전체 인구의 약 95%를 차지했고 오스만제국의 지배를 받는 상태에서도 그들의 영토를 1300년 동안 소유해 왔다. 팔레스타인이 '땅 없는 사람을 위한 사람 없는 땅'이라는 시온주의자의 속담은 민족이 점유하고 있던 땅을 잘못 표현한 말이다.
  초기 시온주의자는 19세기 마지막 10년 동안 썰물처럼 유럽을 빠져나가기 시작한 유대인이 팔레스타인으로 건너가서 그곳에 살고 있는 아랍인보다 수적 우위를 점하기를 바랐다. 그러나 뜻대로 되지 않았다. 유대인 대부분이 미국으로 가기를 원했기 때문이다. 1880~1920년 유럽을 떠난 4백만 명의 유대인 중 불과 10만 명만이 팔레스타인으로 갔다. 히틀러가 집권하기 전까지 팔레스타인의 유대인 숫자는 영국이 인정한 관대한 이민 할당량을 채우지 못했다. 이스라엘이 건국된 1948년 그곳에 정착한 65만 명의 유대인은 팔레스타인 인구의 35%에 불과했고 그들이 소유한 땅은 7%에 지나지 않았다.

시온주의자는 시작부터 팔레스타인 전역을 비롯, 심지어 레바논과 시리아 일부를 포괄하는 유대 국가를 건설하려고 마음먹었다. 물론 그들 사이에서도 이상적인 국가 건설을 위해 국경선을 어디에 그어야 할 것인지 견해차가 있었고, 대부분 자신의 야망을 충족하는 것이 가능하지 않다는 것을 알았다. 여기서 분명히 해야 할 부분은 시온주의를 이끄는 주류가 종교적 정체성이 다를 뿐 아니라 아랍인과 유대인이 나란히 사는 국가를 세우는 일에는 관심이 없었다는 사실이다. 그들의 목표는 유대인이 최소한 인구의 85%를 차지하는 국가를 세우는 것이었다. 시온주의자의 야망은 팔레스타인의 항구적인 분할을 넘어서는 것이었다.

미국 사람, 특히 이스라엘을 지지하는 사람은 일반적으로 시온주의자가 항구적인 팔레스타인 분할에 동의할 것이라고 믿는다. 그들은 1937년 영국 필위원회Peel Commission와 1947년 UN이 내놓은 분할 계획에 찬성했다. 계획을 수락했다고 해서 팔레스타인의 일부만 받아들이거나 팔레스타인 국가 건설을 지지할 의사가 있는 것은 아니었다. 학계에서 분명히 밝히듯이 시온주의자 지도층이 첫 단계로 분할을 수락했지만, 하나의 전술적인 움직임이지 진정한 목적은 아니었다. 그들은 장기적인 시각에서 팔레스타인 국가와 공존할 의사가 없었다. 팔레스타인 전역에 유대 국가를 건설하겠다는 꿈과 정면으로 상충되는 것이다.

필위원회의 분할 계획을 놓고 시온주의자들 사이에 격렬한 반대 의사가 있었지만, 그들의 지도자 벤구리온의 노력으로 시온주의자는 가까스로 제안을 수락하게 되었다. 이를 받아들인 것은 벤구리온의 말을 팔레스타인 전 국토를 차지하겠다는 뜻으로 이해했기 때문이다. 그는 1937년 여름 시온주의자 집행부 앞에서 국가를 세우고 나면 군대를 결성해서 분할을 철폐하고 팔레스타인 전 지역으로 확장할 것을 분명히 했다. 그 해 벤구리온은 아들 아모스에게 비슷한 말을 했다. "팔레스타인 전 지역은 아니더라도 당장 유대 국가를 건설하는 것이다. 나머지 땅은 시간이 흐르면서 우리 차지가 될 것이다. 반드시 그렇게 만들어야 한다."

1937년 필위원회의 계획은 진전하지 못했다. 시온주의자는 10년 동안 팔레스타인 위임통치령이 내려진 지역을 미래의 유대 국가로 편입하는 데 몰두했다. 벤구리온은 1947년 초반 여전히 팔레스타인 전 지역을 원하고 있음을 보여주는 발언을 했다. 이스라엘의 학자 유리 벤 엘리제르는 이렇게 기술했다.

1947년 5월 13일, 벤구리온은 유대인 대행회사 중역들 앞에서 "이스라엘 땅 전부를 원합니다. 그것이 원래 의도입니다"라고 말했다. 한 주 뒤 이슈브의 지도자는 예루살렘의 새로 선출된 국회의원 모임에서 "밸푸어 선언과 위임통치령의 본래 의도, 그리고 여러 세대에 걸쳐 유대 민족이 품어온 소망은 결국 이스라엘의 모든 땅에 유대 국가를 건설하는 것이라는 사실에 찬성하지 않는 사람이 있습니까?" 6월 마파이당 사무국에서 한 연설에서 벤구리온은 "그 땅의 한 부분이라도 소홀히 한다면 그것은 실수입니다. 우리는 그렇게 할 권리도 없고, 그렇게 할 필요도 없습니다"라고 말했다.

보상이란 이름 뒤에 숨겨진 야망

그해 11월 UN은 팔레스타인을 시온주의자와 팔레스타인 아랍인을 중심으로 분할하는 새로운 안을 도출했다. 시온주의자는 이 역시 공식 수락했다. 실상은 벤구리온이 트란스요르단의 압둘라 왕과 팔레스타인을 이스라엘과 트란스요르단을 중심으로 나누고 팔레스타인에 국가를 허용하지 않는다는 내용의 협상을 끝낸 상태였다. 영국이 승인한 이 비밀협정은 트란스요르단이 요르단강 서안 지구를 얻고 이스라엘이 팔레스타인의 나머지 영토를 가능한 범위 내에서 차지하는 결과를 낳았다. 이 협약은 본래 의도에서 다소 빗나갔지만 1948년 전쟁에서 실현되었다.

전쟁 중에 이스라엘 지도자들은 요르단강 서안 정복을 신중히 검토했다. 예상 비용이 기대 이익을 초과한다는 결론에 다다랐다. 후에 요르단이 된 트란스요르단은 1967년 6일 전쟁에서 IDF에 정복당하기까지 요르단강 서안을 지배했다. 이스라엘 창립자들은 거대한 이스라엘 건설을 꾀했고, 팔레스타인 국가 건설과 유대 국가 내의 팔레스타인인에 대한 배려는 관심 밖이었다. 많은 영토를 정복하는 것이 시온주의자의 의지인 반면, 팔레스타인의 아랍인 숫자가 유대인보다 압도적으로 많았기 때문에 언젠가 이스라엘이 될 땅에서 많은 아랍인을 추방하는 것 외에 선택의 여지가 없었다. 아랍인들이 자진해서 자기 땅을 포기할 리 없는 만큼 그들의 목적을 달성할 방법이 없었던 것이다. 팔레스타인 분할을 골자로 하는 필위원회의 계획이 인구 이주를 분명하게 제시한 것은 그 때문이다. 그것이 유대인 55%, 아랍인 45%로 이스라엘을 만들라는 UN의 분할 계획이 실현되지 않은 이유였다. 다수의 아랍인이 떠나도록 설득하지 않고는 팔레스타인 전역에 유대 국가를 세울 방법이 없었다.

이런 현실에서 추방은 건국운동 초기부터 시온주의자들의 화젯거리가 되었다. 유대 국가를 건설하는 데 걸림돌이 되는 인구 문제를 해결하는 유일한 방법으로 인식되었다. 벤구리온은 이 문제를 직시하고 "1941년 강제적이고 무자비한 추방이 아니고는 아랍 주민의 대대적인 철수를 상상할 수 없다"고 말했다. 1937년 10월, 그는 아들에게 "우리는 현대적인 방위군을 조직하고 (…) 아랍 주변국들과 상호 협상을 하든 다른 방법을 쓰든 간에 팔레스타인 지역에 정착촌을 건설하는 것이 가능하리라고 확신한다"는 글을 보냈다. 상호 협상이 바람직한 것은 말할 필요도 없지만, 협상 가능성이 낮다는 사실을 알고 있던 벤구리온은 시온주의자의 목적을 달성하기 위해 강한 군대가 필요하다고 판단했다. 역사가 베니 모리스는 이 점을 간결하게 표현한다. "벤구리온은 이주시키는 방안을 선호한다. 숫자가 많고 적의에 차 있는 아랍 소수 민족이 그들 가운데서 함께 산다면 유대 국가는 존재할 수 없다고 생각했다. 벤구리온의 생각은 옳았다. 그가 그렇게 하지 않았더라면 국가의 탄생은 불가능했을 것이다. 그 땅은 청소되어야 한다. 피할 수 없는 현실이다. 팔레스타인을 뿌리 뽑지 않았으면 지금 이곳에 유대 국가가 존재하지 못했을 것이다."

강제 추방은 끔찍하고 논쟁의 여지가 있는 전략이다. 경쟁국 국민의 이주를 계획한 다음 그것을 전 세계에 알리는 일은 있을 수 없다. 1941년 벤구리온은 "강제 추방 없이 이주가 이루어질 수 있다는 것은 상상할 수 없는 일"이라고 한데 이어 "영국이든 미국이든 이주를 선호하는 타국인의 주장을 꺾을 수 없겠지만 절대로 그것을 시온주의자의 프로그램이 되게 해서는 안 된다"고 말했다. 그가 이 정책을 거부한다는 것이 아니라 시온주의자가 공개 선언을 해서는 안 된다는 것이었다. 모리스는 이스라엘 건국을 주도한 사람들에게 이주 문제가 얼마나 민감한 사안이었는지 강조하면서, "그들은 속기사들에게 틈을 내어 관련한 토론 기록을 지우도록 지시했는데, 이는 시온주의자 공동체 내에서 관행으로 이어진 일"이라고 말했다. 나아가 팔레스타인 분할을 위한 필위원회의 계획에 대한 벤구리온과 시온주의 지도자들의 반응을 보도하는 《유대인 신문》은 일반적으로 벤구리온이든 누구든 간에 이주 문제를 적극 찬성했다거나, 그것을 거론했다는 말조차 기사화하지 않았다.

1948년 팔레스타인인들을 몰아내고 유대 국가를 건설할 기회가 왔고, 70만 명의 팔레스타인인을 추방했다. 이스라엘과 미국의 이스라엘 지지자들은 아랍인들이 지도자의 지시에 따라 떠났다고 주장했지만 학자들은 이것이 거짓임을 밝혀냈다. 대부분의 아랍 지도자는 팔레스타인 주민들에게 고국에 머물 것을 종용했다. 하지만 시온주의자의 손에 의해 살해될 것을 두려워한 나머지 도망칠 수밖에 없었다.

전쟁이 끝난 뒤 이스라엘은 팔레스타인인의 귀환을 막았다. 1948년 6월 벤구리온은 "어떤 대가를 치르더라도 그들의 귀환을 막아야 한다"고 말했다. 1962년 이스라엘은 국경 안의 땅 93%를 소유하게 되었다. 이 결과를 얻기까지 531개의 아랍 마을이 파괴되고 11개 도시의 주민들이 거주지를 내주어야 했다. 이스라엘 국가를 세우기 위해 시온주의자들이 팔레스타인인에게 가한 참혹상을 전 이스라엘 국방장관 모세 다얀의 말을 통해 엿볼 수 있다. "아랍 마을이 서 있던 자리에 유대인 마을이 세워졌다. 여러분은 아랍 마을의 이름조차 모른다. 지도에 마을 이름이 없는 것이 여러분의 책임은 아니다. 지도책도 없을 뿐 아니라 아랍 마을도 더 이상 거기에 없다 (…) 이 나라에 아랍 주민이 거주하지 않은 곳에 세워진 마을은 한 군데도 없다."

팔레스타인 국가 건설에 대한 뿌리 깊은 저항

이스라엘이 세워지면서 팔레스타인인에게 심각한 불공평이 따랐다는 사실은 이스라엘 지도자들도 알고 있다. 벤구리온은 1956년 세계유대인의회 의장 나훔 골드만에게 말했다. "만약 내가 아랍 지도자라면 절대 이스라엘과 타협하지 않을 것입니다. 그건 당연한 일입니다. 우리는 그들의 나라를 빼앗았습니다. 하나님이 우리에게 약속하신 것이지만 그들에게 그것이 무슨 상관이겠습니까? 우리의 하나님은 그들의 하나님이 아닙니다. 우리는 이스라엘의 자손이고 그것은 사실입니다. 그러나 2000년 전의 약속이 그들에게 무슨 의미가 있습니까? 반유대주의, 나치, 아우슈비츠가 존재했지만 그들의 잘못은 아니지 않습니까? 그들은 한 가지 사실만 보고 있습니다. 우리가 여기와서 그들 나라를 빼앗았다는 사실입니다. 왜 그들이 그것을 받아들여야 합니까?"

이스라엘의 인권 창시자인 제프 자보틴스키는 1923년 그가 쓴 글에서 본질적으로 같은 관점을 표명했다. "식민지화가 자명하다. 그것이 무엇을 의미하는지 지각 있는 유대인이나 아랍인이라면 누구나 안다. 식민지화의 목적은 하나다. 그 나라의 주민인 아랍인들에게 그 목적이 받아들여질 리 없다. 이는 자연스러운 반응이며 무엇도 그것을 바꿀 수 없다." 벤구리온의 절친한 친구이며 초기 시온주의자들 간에 유력한 지식층에 속했던 베를 카츠넬슨은 "시온주의자의 산업은 정복의 산업이다"라고 거친 표현을 썼다.

건국 이후 60년 동안 이스라엘 지도자는 팔레스타인의 국민적 열망을 부정했다. 당시 골다 메이어(1969~1974년 역임) 총리는 "지구상에 팔레스타인 같은 것은 존재하지 않는다"라는 유명한 말을 했다. 많은 이스라엘 지도자가 요르단강 서안과 가자 지구를 이스라엘에 편입시키는 일에 관심을 품어 왔다. 모셰 다얀은 1949년 어느 모로 보나 이스라엘의 국경은 말도 안 된다고 주장했다. 이스라엘의 동쪽 경계는 요르단강이 되어야 한다는 것이 그의 생각이었다. 다얀도 예외가 아니었다. 벤구리온 자신은 말할 것도 없고 그의 동료 장군 역시 요르단강 서안을 손에 넣어야 한다는 사실에 관심을 보였다. 시온주의자의 궁극적 목표인 거대한 이스라엘의 비전은 1948년 전쟁으로 끝나지 않았다는 모리스의 지적은 정확하다.

1987년 12월 제1차 인티파다가 시작된 후 일부 이스라엘 지도자는 요르단강 서안과 가자 지구 특정 지역에 거주하는 팔레스타인인에게 제한적 자치권을 허용하는 호의를 보였다. 어떤 사람들은 1993년 오슬로 협정에 서명한 이츠하크 라빈 총리가 점령 지구 전 지역에 팔레스타인 주권국을 세우게 할 의사가 있었다고 주장한다. 이 견해는 옳지 않다. 라빈은 명실상부한 국가 건설을 반대했다. 라빈은 그가 암살당한 1995년 다음과 같이 말했다. "이스라엘 전부 또는 대부분이 아니라 유대 국가로서 이스라엘인 간 평화공존을 추구한다. 즉 수도, 예루살렘 연합, 새로 만들어진 요르단과의 안보 경계, 그다음 팔레스타인인의 삶을 지배하는 팔레스타인 자치령(국가가 아니라)의 평화공존이다. (…) 나의 목표는 6일 전쟁 이전의 국경으로 돌아가는 것이 아니라 두 개의 자치 지역, 즉 요르단강 서안과 가자 지구에 거주하는 이스라엘인과 팔레스타인인을 분리하는 것이다."

팔레스타인 국가 건설에 대한 뿌리 깊은 저항은 1990년대 후반까지 이어졌다. 당시 영부인이었던 힐러리 클린턴의 발언이 연루된 사건에서도 모습을 드러냈다. 그녀는 "다른 나라와 어깨를 나란히 하며 근대 국가로 기능할 수 있는 팔레스타인이 존재한다는 것은 '중동의 평화'라는 장기적인 이익에 부합하는 일"이라고 말했다. 이에 1998년 봄, 이스라엘과 미국의 지지자들은 그녀를 신랄하게 비판했다. 《뉴욕 타임스》에 따르면, 백악관 관리는 그녀의 말이 백악관의 공식 입장이 아니라 사견에 불과하다고 선언했다. 백악관 공보 비서관은 그녀의 견해는 대통령의 견해가 아니라고 밝혔다.

2000년 들어 미국 정치가들은 팔레스타인 국가가 바람직하다는 발언을 공개적으로 할 수 있었다. 이에 이스라엘 지도자들은 극단론자들의 폭력과 팔레스타인 인구 증가가 주는 압박감에 밀려 가자 지구의 정착촌을 철거하고 요르단강 서안을 포함한 영토 협상을 검토하게 되었다. 팔레스타인에 기꺼이 주권국을 허용하겠다는 이스라엘 정권은 없다. 앞으로 언급하겠지만, 이스라엘 전 총리 에후드 바라크가 2000년 캠프 데이비드에서 내놓은 너그러운 제안도 팔레스타인이 사실상 이스라엘의 통제를 받는 국가임을 허용한 것에 불과하다는 주장이 있다. 2002년 전 총리 이츠하크 샤미르는 팔레스타인에 어떤 형태의 국가를 허용하는 것도 반대한다는 입장을 되풀이했다. 장기집권 중인 이스라엘 총리 베냐민 네타냐후는 2003년 당시 반주권semisovereign 국가만 팔레스타인에 허용할 수 있다는 점을 분명히 했다.

유대인을 대상으로 한 유럽의 범죄는 이스라엘이 존재할 강한 도덕적 근거를 제공했다. 새로 정착하는 국가가 어느 정도의 폭력 없이 탄생한다는 것은 기대하기 어렵다. 이스라엘은 팔레스타인을 상대로 끔찍한 폭력과 차별을 계속했다. 이스라엘의 생존권을 이유로 이런 정책이 정당화되어서는 안 된다. 일부 이슬람 극단론자가 비현실적인 꿈을 꾸고, 이란 전 대통령 마흐무드 아마디네자드가 2005년 "이스라엘은 시간의 페이지에서 지워져야 한다"고 말했지만, 이스라엘의 생존은 의심할 여지가 없다. 중요한 것은 유대 민족이 겪은 고통이 오늘날 이스라엘이 무슨 일을 해도 미국이 도와야 할 의무를 부여하는 것은 아니라는 점이다.

도덕적 근거 4, '착한 이스라엘인' vs. '사악한 아랍인'

또 다른 도덕적인 주장은 이스라엘을 두고 고비가 올 때마다 평화를 추구하고, 적국의 도발이 있을 때조차 자제력을 발휘해 온 위대하고 고상한 나라로 묘사한다. 그와 반대로 아랍은 사악하고 무분별하게 행동해 왔다고 주장한다. 이는 이스라엘 지도자들과 앨런 더쇼비츠, 《뉴 리퍼블릭》 편집장 마틴 페레즈 같은 미국 측 이스라엘 옹호자들이 되풀이하는 주장이다. 페레즈는 이스라엘이 '전쟁의 도덕purity of arms'으로 불리는 원칙에 철저하다고 주장한다.

전쟁의 도덕이란 이스라엘군에게 추가로 위험을 불러오는 한이 있더라도 민간인을 보호하기 위해 최선을 다해야 한다는 원칙이다. 그는 이스라엘이 다년간에 걸쳐 정교하게 훈련된 군사력으로 테러에 대응하고, 테러리스트들이 원하는 것을 일부 들어주는 방법으로 달래기도 하면서 대처해 왔다고 주장한다. 반면에 아랍 적국들은 예외 없이 9·11테러에 참여했다고 말한다. 이스라엘 전 총리 아리엘 샤론과 에후드 올메르트에 의하면, IDF는 세상에서 가장 도덕적인 군대. 이스라엘의 행위에 관한 묘사는 또 다른 신화, 즉 전 예루살렘 부시장 메론 벤베니스티가 말하는 신성한 설화의 한 부분이다.

이스라엘 학자는 초기 시온주의자의 태도에서 팔레스타인 아랍인을 향한 자비심을 찾아볼 수 없다고 한다. 아랍 거주민들은 유대인을 죽이기도 하고 집을 부수기도 하면서 시온주의자의 침입에 저항했다. 1937년 6월 벤구리온은 자기 생각을 솔직하게 털어놓았다. "내가 아랍인이라면, 팔레스타인과 모든 아랍 거주민을 유대인의 법에 종속시킬 이민자에게 더 격렬하게, 더 지독하게, 더 결사적으로 저항했을 것이다." 시온주의자는 격렬하고 무자비하게 대응했다. 이 기간에 어느 쪽도 도덕적 우위를 주장할 수 없었다.

이스라엘 학자는 또 1948년 이스라엘 건국 당시 처형, 대량 학살, 강간 등 명백한 인종 청소 행위가 있었다고 털어놓는다. 물론 시온주의 지도자가 팔레스타인인을 살해하고 강간하라고 지시하지 않았지만, 잔인한 방법을 써서라도 곧 유대 국가가 될 땅에서 많은 팔레스타인인을 제거할 것을 촉구했다. 1948년 1월 1일, 벤구리온은 그들 가운데 팔레스타인인을 어떻게 처리할 것인지 시온주의 지도자들과 중요한 회합을 하던 시점이다. 그가 쓴 일기에는 이런 내용이 적혀 있다. "강력하고 잔인한 대응이 필요하다. 타이밍, 장소, 타격할 목표물이 정확하지 않으면 안 된다. 한 가족을 응징하는 경우라면 여인, 아이를 불문하고 무자비할 필요가 있다. 그렇지 않으면 효과적인 대응이될 수 없다. 죄가 있든 없든 차별을 두어서는 안 된다." 벤구리온은 당시의 정책을 대변하고 있다. 지도가 이런 식이었기 때문에 유대인 병사의 잔학한 행위는 놀랄 일이 아니다. 이러한 행위는 여타의 전쟁에서도 보아왔다. 그런데도 이 시기의 잔학상은 이스라엘이 특별히 도덕적이라는 주장에 설득력을 부여하지 못한다.

이스라엘은 적과 팔레스타인에 자주 가혹한 행위를 보였다. 그것은 도덕적으로 뛰어나다는 어떤 주장과도 모순된다. 모리스는 1949년과 1956년 사이, 이스라엘방위군과 민간인 수비대가 사용한 지뢰와 부비트랩이 아랍 침입자 2700~5000명을 죽였다고 추산한다. 틀림없이 그들 중 일부는 이스라엘인을 죽이려는 의도를 가지고 있었지만, 증거 자료에 따르면 살해당한 대부분은 무장하지 않았고 경제적·사회적 이유로 침입한 것으로 알려졌다. 모리스는 무제한 사격 정책이 침입자들의 연속된 잔혹 행위를 불러왔다고 말한다.

이런 행위는 이례적이지 않다. IDF는 1956년과 1967년 전쟁 중 수백 명의 이집트 포로를 사살했다. 1967년 새롭게 정복한 요르단강 서안에서 팔레스타인인 10만~26만 명을 추방했고, 골란고원에서 8만 명의 시리아인을 몰아냈다. 인종 청소 대상 중 대개 무기를 휴대하지 않은 일부가 몰래 도망쳐 집으로 돌아가려다가 발각되어 현장에서 사살되는 일도 있었다. 국제사면위원회Amnesty International에 의하면, 1967년과 2003년 사이 이스라엘은 요르단강 서안과 가자 지구에서 가옥 10만 채 이상을 파괴했다. 1982년 레바논 침략 후 크리스천 민병대가 사브라와 샤틸라 난민 수용소에 수용된 무고한 팔레스타인인을 대량 학살하기도 했다. 이스라엘 조사위원회는 이런 잔학상이 발생한 것은 레바논 팔랑헤 단원의 수용소 침투를 허용한 당시 국방장관 아리엘 샤론에게 개인적인 책임이 있다고 밝혔다. 샤론 같은 고위직 관료에게 책임을 물은 위원회의 용기는 칭찬해야겠지만 이스라엘 투표자들이 그를 차기 총리로 선출했다는 사실을 잊어서는 안 된다.

'착한 이스라엘인'의 민낯

이스라엘은 지금까지 요르단강 서안과 가자 지구를 오랜 시간 통제해 왔다. 역사가 페리 앤더슨의 말대로 근대사에서 공식적으로 가장 긴 군사 점령 기간이다. 베니 모리스는 점령이 시작되었을 때 이스라엘인에 관해 설명한다. "이스라엘인은 지금까지 세계 역사에서 겪어온 군사 점령과는 질적으로 다른 '개화된', '인자한' 점령이라고 믿고 그렇게 알리고 싶어 했다. 사실은 전혀 그렇지 않다. 이스라엘은 폭력, 억압과 공포, 협동과 반역, 매질과 고문을 했다. 매일 협박하고 굴욕을 주고 속임수를 썼다."

제1차 인티파다 당시(1987~1991년) IDF는 군부대에 곤봉을 나눠주고 그것으로 팔레스타인 저항자의 뼈를 부러뜨리라고 일렀다. 세이브더칠드런Save the Children 기구의 스웨덴 지부는 1990년 5월 점령 지구의 분쟁이 어린이들에게 미치는 영향을 상세히 기록한 1000쪽 분량의 보고서를 냈다. 이 보고서에는 인티파다가 시작된 후 2년 동안 23만 600~29만 900명의 어린이가 매 맞은 상처를 치료해야 한다고 적혀 있다. 3분의 1이 10살 미만, 5분의 1이 5살 미만이었고, 5분의 4이상이 머리, 상체, 그 밖에 여러 부위를 얻어맞았고, 3분의 1에 해당하는 어린이가 다수의 골절상을 포함해 뼈가 부러진 상태로 다녔다.

제1차 인티파다가 진행되는 동안 IDF의 부참모장이던 에후드 바라크는 어떤 상황에서도 어린이를 총살하지 말라고 지시했다. 그럼에도 세이브더칠드런은 6500~8500명의 어린이가 인티파다 첫 두 해 동안 총격에 부상당한 것으로 추정했다. 보고서는 106건의 총격으로 인한 어린이 사망 기록과 관련해서 대부분이 무작위로 쏜 총 또는 도탄에 의해서가 아니라 조준 사격에 의해 사망한 것으로 결론지었다. 그중 20%가 총상을 입었고, 12%는 뒤에서 쏜 총에 맞았다. 15%의 어린이가 10살 이하였으며 대부분이 데모대에 참가하지 않은 상태에서 총에 맞았다. 5분의 1에 이르는 어린이가 집에서 또는 집으로부터 10미터 이내 거리에서 총에 맞았다.

제2차 인티파다(2000~2005)에 대한 이스라엘의 대응은 훨씬 폭력적이었다. 이스라엘 일간지 《하레츠》는 IDF의 효율성은 경이적이지만 충격적인 살인 기계라고 선언하기에 이르렀다. IDF는 반란이 일어난 며칠 동안 100만 발의 총알을 쏟아부었다. 이것은 신중한 대응이라고 보기 어렵다. 반란이 진행되는 동안 이스라엘은 3386명의 팔레스타인인을 죽였고, 이스라엘인 992명이 팔레스타인인들에 의해 죽임을 당했다. 이스라엘인 1명이 목숨을 잃을 때 팔레스타인인 3.4명이 이스라엘에 의해 희생을 당했다는 계산이다. 희생자 중 676명이 팔레스타인 어린이였고, 118명이 이스라엘 어린이였다.

팔레스타인 대 이스라엘 어린이의 비율은 5.7:1이다. 3386명의 팔레스타인 사망자 중 1815명이 구경꾼이던 것으로 짐작된다. 1008명이 이스라엘과의 교전 중에 사망했으며, 나머지 563명은 어떤 상태에서 희생당했는지 알려지지 않았다. 팔레스타인 희생자 중 절반이 넘는 숫자가 전투병이 아닌 것으로 추정된다. 이스라엘에서도 비슷한 패턴을 볼 수 있다. 992명의 사망자 중 683명이 민간인, 나머지 309명이 군인이었다. 이스라엘군은 2003년 3월 이스라엘 불도저에 깔려 죽은 23세의 미국 여인을 포함해 몇 명의 외국 평화운동가들을 살해했다. 이스라엘 정부는 민간인 사망과 관련해서 가해자를 처벌하기는커녕 조사도 하지 않았다.

이스라엘의 행위와 관련한 사실은 유력한 이스라엘단체를 포함한 수많은 인권단체에 의해 상세히 기록되어 온 만큼, 공정한 관찰자라면 반론의 여지가 없을 것이다. 신벳Shin Bet(이스라엘 비밀 정보 기관)의 전 관리 4명이 제2차 인티파다가 진행되던 2003년 11월, 이스라엘이 취한 행위를 비판한 것은 그 때문이다. 그들 중 1명은 "우리는 불명예스러운 행위를 하고 있다"고 말했고, 다른 1명은 "이스라엘의 행위에 부도덕의 소지가 있다"고 말했다.

2006년 가자 지구와 레바논에서 폭력이 격화되는 데 따른 이스라엘의 반응에서도 유사한 양상을 발견할 수 있다. 2006년 6월, 하마스가 이스라엘군 2명을 죽이고 1명을 생포한 데 대한 보복으로 이스라엘은 가자 지구를 재점령했다. 가자 지구 거주민에게 소요 전력의 반 이상을 공급하는 발전소를 포함해 중요한 기간 시설들을 공중 사격과 기관포 사격으로 파괴했다. IDF는 가자 지구를 재점령한 이후 수백 명의 팔레스타인인을 살해했는데, 그중 어린이가 다수 포함되었다. 2006년 11월, UN 고등 판무관 루이스 아버는 선언했다. "인권침해가 극심하다." 2006년 7월, 헤즈볼라 민병대가 이스라엘과 레바논 국경을 넘어서 2명의 IDF 병사를 생포하고 몇 명을 살해했다. 이에 이스라엘은 레바논 민간인에게 막대한 응징을 가하겠다는 계산으로 도로, 교량, 정유소, 빌딩 등에 폭탄 세례를 퍼부어 레바논의 기간시설을 파괴했다. 1000명 이상의 레바논 국민이 죽었고, 대부분 죄 없는 민간인이었다. 이런 식의 반응은 전략적으로 어리석을 뿐 아니라 전쟁법을 위반한 것이다. 간단히 말해서 이스라엘이 적을 다루는 데 있어서 자제력을 발휘한다는 흔한 주장은 근거가 없다.

이 점에 대한 명백한 반론으로 이스라엘이 전 역사를 통해 아랍 정부 거부파와 팔레스타인 테러리스트로부터 치명적인 위협을 받아왔다는 주장이 있다. 이스라엘이 시민을 보호하기 위해 무슨 일이라도 해야 하지 않겠는가? 이스라엘이 거칠게 반응한다고 하더라도 테러리즘이 가진 고유의 악을 생각할 때 미국의 지속적인 지원은 타당하다는 주장이다.

이 주장 역시 설득력 있는 도덕적 근거가 되지 못한다. 팔레스타인인은 죄 없는 제3자와 함께 이스라엘 점령자들을 테러했다. 민간인 공격을 서슴지 않는 그들의 자세는 비난받아 마땅하다. 그러나 팔레스타인은 정치적인 기본권을 오랫동안 침해받았고, 이스라엘의 양보를 받아내기 위한 대안이 없다고 믿기 때문에 그러한 행동이 놀랍지 않다. 전 총리 바라크는 팔레스타인인으로 태어났다면, 테러리스트 조직에 가담했을 것이라고 실토한 적이 있다. 상황이 반전되어 아랍이 그들을 점령했다면 틀림없이 압제자에게 유사한 전술을 썼을 것이다. 전 세계 레지스탕스운동이 지금까지 그래왔던 것처럼 말이다.

'사악한 아랍인'이 될 수밖에 없었던 이유

테러리즘은 시온주의자가 같은 약자 위치에 서 있을 때 사용한 전술이다. 요즘은 익숙하지만 1937년 후반 버스와 군중 속에 폭탄을 설치하는 기법을 팔레스타인에 소개한 것은 악명 높은 무장 시온주의자단체 이르군Irgun 출신의 이스라엘 테러리스트였다. 베니 모리스는 아랍인이 유대인으로부터 폭탄테러의 효용성을 배웠을 것으로 추측한다. 1944년에서 1947년 사이 팔레스타인에서 영국을 몰아내기 위해 시온주의자단체가 테러 공격을 했으며, 그

PART Ⅰ 미국, 이스라엘 그리고 로비

과정에서 무고한 민간인이 희생됐다.

1948년 이스라엘 테러리스트는 UN 중재인 카운트 포크 버나도트를 살해했다. 예루살렘을 국제화하라는 제안이 마음에 들지 않았기 때문이다. 이런 행위를 한 사람은 고립된 극단론자가 아니었다. 살해 음모의 주모자는 이스라엘 정부에 의해 사면되었고, 그들 중 한 사람은 나중에 크네세트 의원으로 선출되었다. 버나도트를 살해했다고 시인했지만 재판을 받지 않은 또 한 사람의 테러리스트 리더가 있었다. 그는 두 번의 총리를 지낸 이츠하크 샤미르(재임 기간 1983~1984, 1986~1992)다. 그는 공공연하게 주장했다. "유대인 윤리도, 유대인 전통도, 테러가 전투의 한 수단이 될 수 있음을 부정하지 않는다. 테러는 점령자(영국)를 향한 전쟁에서 큰 역할을 담당할 수 있다." 샤미르는 1998년 인터뷰를 통해 테러리스트로 활동한 과거를 후회하지 않는다고 전했다. "내가 만약 그 일을 하지 않았더라면 과연 우리 힘으로 유대인 독립 국가를 세울 수 있었을지 의심스럽다."

이르군을 지휘했고 나중에 총리가 된 메나헴 베긴도 이스라엘 독립 이전 수년간 가장 유명한 유대인 테러리스트였다. 베긴을 말할 때 전 이스라엘 총리였던 레비 에슈콜은 그를 테러리스트라 부르는 적이 많았다. 오늘날 팔레스타인인이 테러를 사용하는 것은 도덕적으로 비난할 만하지만, 테러에 의존했던 시온주의자도 마찬가지다. 이스라엘의 과거 및 현재의 행위가 도덕적으로 뛰어나다는 근거로 미국의 이스라엘 지원을 정당화할 수는 없다.

모종의 방어선으로 헤즈볼라나 팔레스타인인이 이스라엘 민간인을 표적으로 삼는 반면, 이스라엘은 고의로 비전투원을 표적으로 삼지 않는다는 주장이 있을 수 있다. 이스라엘을 공격하는 테러리스트는 민간인을 인간 방패로 사용하기 때문에, IDF는 악한 적을 칠 때 무고한 민간인을 죽이지 않을 수가 없다고 말할 수 있다. 이런 논리 역시 설득력이 없다. 11장(로비와 제2차 레바논 전쟁)에서 언급하겠지만, IDF는 레바논에서 민간인 거주지를 공격 목표로 삼았지만 헤즈볼라가 민간인을 인간 방패로 사용한 증거는 없다. 팔레스타인 민간인을 죽이는 것이 공식적인 이스라엘 정책이라는 증거도 없다. 하지만 IDF는 하마스나 이슬람 지하드 같은 단체를 상대로 싸울 때, 민간인 사상자를 내지 않으려고 주의를 기울이는 일이 드물다. 헤즈볼라나 팔레스타인인이 민간인을 표적으로 삼는다는 사실이 이스라엘이 압도적으로 우세한 병력을 사용해서 민간인의 생명을 위험에 빠뜨려도 좋다는 이유가 될 수 없다.

이스라엘이 하마스나 헤즈볼라와 같은 단체들의 폭력적인 행동을 무력으로 대응하는 것이 정당하다는 사실에는 의문의 여지가 없다. 월등한 군사력을 사용해서 무고한 민간인들에게 엄청난 고통을 안겨주는 것은 특별히 도덕적이라는 주장에 의혹을 품게 한다. 이스라엘이 다른 나라보다 더 잘못하지는 않았을지 모르지만 더 잘한 것도 없다.

도덕적 근거 5, 캠프 데이비드 신화

이스라엘인은 평화를 중시하고 팔레스타인인은 전쟁에 열중한다는 주장은 오슬로 평화 프로세스 완성 실패에 대한 클린턴 행정부의 표준 해석에 의해 힘을 얻는다. 이야기는 이렇다. 2000년 7월 캠프 데이비드에서 총리 바라크는 팔레스타인이 원하는 모든 것을 주겠다고 제안했다. 그러나 이스라엘을 파괴하기로 작심한 아라파트가 너그러운 제안을 거절하고 2000년 후반 제2차 인티파다를 일으켰다. 2000년 12월 23일, 클린턴 대통령이 제안한 소위 '클린턴 파라미터'라고 일컫는 너그러운 제안을 이스라엘은 받아들이고 아라파트는 거부했다. 아라파트가 평화에 관심이 없다는 것을 드러내는 증거였다.

이를 통해 보면 평화 절차의 실패는 전적으로 아라파트의 잘못이다. 이스라엘은 평화를 갈망했지만 신뢰할 만한 파트너를 찾지 못했다. "아랍은 기회를 잃어버릴 기회를 절대 놓치지 않는다"는 이스라엘 전 외무장관 아바 에반의 유명한 재담을 확인이라도 해주듯 말이다. 이 설명은 이스라엘도 미국도 지속적인 갈등에 책임이 없다는 뜻을 담고 있다. 아라파트가 책임자로 있는 한 이스라엘이 팔레스타인에 양보를 거절하는 것이 옳다는 주장에 힘을 싣는다.

이러한 주장에서 문제를 찾는다면 한 가지밖에 없다. 그렇지 않다는 것이다. 바라크가 팔레스타인에 그들의 국가를 인정하겠다고 제안한 첫 번째 이스라엘 지도자, 아니 유일한 지도자라는 점을 인정하더라도 말이다. 하지만 캠프 데이비드에서 그들에게 제시한 조건은 절대 너그러운 것이 아니었다. 바라크의 제안은 팔레스타인에 즉시 가자 지구에 대한 통제권을 넘겨주고 요르단강 서안 91%에 대한 점진적 통제권을 주겠다는 약속을 담은 것이 분명하다. 그러나 팔레스타인의 시각에서 볼 때 이 제안은 커다란 문제점이 있다. 이스라엘의 계획은 요르단강 계곡(요르단강 서안의 약 10%)을 6~21년 동안 통제한다는 것(이것을 놓고 협상 중 오고 간 내용에 대해 의견이 분분하다)인데, 이것은 팔레스타인에 주겠다는 즉각적인 통제권이 91%가 아니라 81%라는 의미다. 팔레스타인은 이스라엘이 과연 요르단강 계곡의 통제권을 양도할지 확신할 수도 없었다.

또한 요르단강 서안의 범위에 대한 팔레스타인의 시각이 이스라엘보다 포괄적이었다. 양자의 차이는 문제가 된 영토의 5%에 달한다. 차이의 의미는 팔레스타인이 요르단강 서안의 76%를 차지하고, 이스라엘이 요르단강 계곡을 양도한다면 86%가 될 수 있다는 것이다. 팔레스타인은 1993년 오슬로 협정을 통해 영국 위임통치령의 78%에 대한 이스라엘 주권을 인정하기로 약속했기 때문에 이 제안을 받아들이기 어려웠다. 그들의 시각에서 보면 또다시 양보해서 남아 있는 22% 중 기껏해야 86%만 받아들이라는 요청과 마찬가지다.

2000년 여름, 캠프 데이비드에서 이스라엘이 제시한 최종 제안은 요르단강 서안에 대한 팔레스타인의 영속적인 소유를 허용하지 않겠다는 내용을 담고 있는데, 이 점이 사태를 어렵게 만들었다. 팔레스타인은 요르단강 서안이 이스라엘 땅에 의해 3개의 구획으로 나누어질 것이라고 주장했다. 이스라엘이 주장을 반박했지만, 바라크는 이스라엘이 예루살렘에서 요르단강 계곡에 이르는 극히 작은 쐐기 모양의 땅을 유지해야 한다고 생각했다. 요르단강 서안을 둘로 갈라놓는 이 땅은 요르단강 계곡의 통제권을 유지한다는 이스라엘의 계획을 위해 중요했다. 그 결과 캠프 데이비드에서 제안된 팔레스타인 국가는 요르단강 서안 내의 이스라엘 영토에 의해 쪼개진 채 요르단강 서안과 가자 지구의 뚜렷이 구분된 2~3개의 구획으로 구성되었다. 바라크는 요르단강 서안의 팔레스타인 영토는 터널이나 다리를 놓으면 되고, 가자 지구와 요르단강 서안은 통로를 만들어 왕래하면 된다고 주장했다.

예루살렘이라는 문제와 관련해서 그것을 둘로 나누자는 바라크의 제안은 옳은 방향을 향한 움직임이었다. 그럼에도 팔레스타인은 동예루살렘에 거주하는 아랍 이웃에 대한 완전한 주권을 약속받지 못했으며, 제안에 대한 매력을 떨어뜨리는 결과를 초래했다. 이스라엘은 새로운 팔레스타인 국가의 국경, 영공, 수자원을 통제하고, 팔레스타인은 자신을 방어할 군대를 영원히 가질 수 없게 되었다. 이런 조건을 받아들일 수 있는 지도자는 상상하기 힘들다. 세계 어떤 국가도 축소된 주권이나, 장애를 안고 명실상부한 경제, 사회를 건설할 수 없다. 모든 정황을 미루어 볼 때, 바라크 정권 당시 외무장관이자 캠프 데이비드에서 핵심 역할을 맡았던 슐로모 벤아미가 "만약 내가 팔레스타인이라도 캠프 데이비드를 거부했을 것"이라고 말한 것은 놀랄 일이 아니다.

실패의 원인은 아라파트에게 있다?

아라파트가 협상력을 강화하고 평화 절차 자체를 무산시키기 위해 2000년 9월 제2차 인티파다를 일으켰다는 일반적인 주장은 사실과 다르다. 캠프 데이비드 후에도 그는 이스라엘, 미국과 협상을 계속했다. 폭력 사태가 일어나기 며칠 전 총리 에후드 바라크의 집을 방문하기도 했다. 협상의 실패와 관련해서 중요한 책을 저술한 프랑스 저널리스트 찰스 엔 더린에 의하면, 두 지도자가 이례적으로 우호적이고 협상 전망에 긍정적이었다. 신벳의 우두머리였던 아미 아얄론은 "아라파트는 인티파다를 일으킬 준비도 안 되어 있고 일으키지도 않았다"고 말했다. 과거 미국 상원의원 조지 미첼이 주도했고 평화 절차를 재개하는 임무를 맡았던 미첼위원회도 같은 결론에 도달했다.

제2차 인티파다는 샤론이 2000년 9월, 유대교 최고의 성지 템플마운트를 방문한 직후에 일어났다. 이슬람교도의 알아크사 이슬람 사원이 위치한 곳으로 이슬람의 세 번째 성지로 간주되는 곳이기 때문에 틀림없이 1000명 이상의 이스라엘 경찰이 샤론을 수행했을 것이다. 샤론이 도발적인 행동은 폭력을 격화시킨 원인이지, 폭력의 근본 원인은 아니었다. 샤론의 방문하기 전부터 팔레스타인 간에 불만이 고조되었고, 양측 주요 인사는 위험을 감지하고 있었다. 팔레스타인 지도자는 폭력적인 반응을 예상했다. 이를 방지하기 위해 미국과 이스라엘 관료에게 샤론의 방문을 막아달라고 요청했다.

아라파트에 대한 불만이 고조되고 있다는 것이 문제의 일부 원인이다. 아라파트의 부패한 리더십은 국가를 위기에서 건지기는커녕 삶의 질 향상을 위해서도 도움이 되지 않았다. 그러나 주요 원인은 점령 지구 내에서 보인 이스라엘의 도발적인 정책과 더불어 샤론의 방문에 이어 발생한 시위에 난폭하게 반응한 데 있었다. 벤아미의 지적은 명확하다. "제2차 인티파다는 전술적 동기에서 시작된 것이 아니다. 오슬로 협정이 시작된 이래 이어진 평화 절차가 삶의 존엄성과 복지를 제공하는 데 실패했다는 사실, 팔레스타인 지도자의 무능과 부패 때문에 쌓인 팔레스타인 민중의 분노와 좌절감이 원인이었다."

팔레스타인의 좌절감의 깊이를 이해하기 어렵지 않다. 1993년 오슬로 평화협정으로부터 7년 뒤 제2차 인티파다가 발발하기까지, 이스라엘은 1억 6000만 제곱미터 이상의 팔레스타인 땅을 몰수해 400킬로미터의 통행로와 안보 도로를 만들었다. 30개의 새로운 정착촌을 만들고, 요르단강 서안의 정착자를 10만 명 늘려 총인구수를 배가시켰다. 이스라엘은 팔레스타인에 영토를 반환하겠다는 약속을 어겼을 뿐 아니라 검문소를 만들어 팔레스타인인에게 이동의 자유를 제한하고, 경제에 타격을 주었다. 결국 2000년 팔레스타인인이 폭발했다.

이스라엘인은 월등한 화력으로 대응했다. IDF는 폭동 시작 며칠 만에 100만 발 이상의 탄환을 쏟아부었다. 아라파트가 제2차 인티파다를 일으키지 않았지만 추가로 폭력을 선동해서 협상력을 높이려는 어리석은 시도를 했다. 그런 움직임이 바라크의 합의 의지를 감소시켰을 뿐 아니라 이스라엘 유권자에 대한 바라크의 지위를 손상시켜, 2001년 2월 샤론에게 정권을 넘기는 결과를 빚었다. 폭동의 힘을 활용하려는 아라파트의 시도 때문에 협상이 지연되었는데, 레임덕lame duck에 빠진 클린턴 행정부로서는 평화 절차를 마무리할 시간이 부족하게 되었다. 어떤 사람은 폭력을 조장한 아라파트의 궁극적인 목적이 이스라엘을 지도상에서 지워버리는 데 있다고 주장한다. 아라파트가 세계 무대에 등장했던 1960년대 초만 해도 그것이 목적이었지만, 1980년대 들어서 팔레스타인이 이스라엘을 없앨 방법이 없다는 것을 깨달았다. 오슬로 평화협정에 참여하면서 영향을 받았겠지만, 1990년대가 지난 뒤에야 그가 이스라엘의 존재를 받아들이고 이스라엘과의 싸움은 팔레스타인 역사 전체가 아니라 점령 지구에 대한 통제 문제라는 점을 인식하게 되었다.

캠프 데이비드 협상이 실패로 끝나고 제2차 인티파다가 발발했다. 이스라엘의 핵심 정보 요원들은 아라파트가 이스라엘의 존재를 받아들인 상태에서 요르단강 서안과 가자 지구에 팔레스타인 국가를 세우는 일에 관심을 두고 있다고 믿게 되었다. 중동 전문가 제레미 프레스먼은 논평한다. "아라파트와 팔레스타인인이 이스라엘을 제거하기로 결심했다면 바라크의 제의를 받아들인 다음 새로운 국가를 세워 이스라엘 제거를 위한 거점으로 삼아야 했다. 그들의 협상 태도를 보면 어떤 약속이라도 상관없고, 2개 국가 해법의 틀이 유지되기만을 바라는 태도였다."

클린턴은 바라크가 캠프 데이비드에서 제시한 마지막 제안을 개선해서 '클린턴의 파라미터(매개 변수)'라는 안건을 냈다. 이를 아라파트가 거부했다는 주장 역시 잘못된 것이다. 팔레스타인은 클린턴의 계속된 노력에 감사하고, 상당한 진전이 이루어졌다고 단언했으며, 일정 부분에 대한 해명을 요청했다. 나머지 부분에 대해서는 유보적인 입장을 취하는 공식적인 반응을 보였다. 이스라엘 정부 역시 바라크가 싱글 스파이스 20장으로 요약한 제안 내용에 유보적이었다. 팔레스타인과 이스라엘 모두 클린턴의 파라미터를 받아들이고 협상을 지속하기 위한 기초로 간주했지만, 그것을 전부 받아들이지 않았다. 당시 백악관 대변인 제이크 시워트가 2001년 1월 "양측이 약간의 유보적인 의견을 달고 대통령의 아이디어를 받아들였다"고 말한 것은 이 점을 두고 한 말이다.

클린턴은 나흘 뒤 이스라엘정책포럼을 상대로 한 연설에서 이것을 확인했다. 이스라엘과 팔레스타인 간의 협상은 2001년 1월 후반까지 이집트 타바에서 계속되었다. 회담을 깬 것은 아라파트가 아닌 바라크였다. 이스라엘에서 선거가 임박하고 대중의 의견이 회담을 강하게 반대하는 쪽으로 흐르자, 바라크는 자신이 지지받지 못하고 있다고 판단했다. 클린턴 파라미터와 오슬로 평화협정에 강한 반대 의견을 가지고 있던 바라크의 후임자 샤론은 팔레스타인의 계속된 요구에도 불구하고 협상 재개를 거부했다. 2001년 초 평화가 가시권에 들어와 있었는지 알 수 없지만, 아라파트와 팔레스타인이 평화를 위한 마지막 기회를 거부하고 화해 대신 폭력을 선택했다고 주장하는 것은 잘못이다.

도덕적 근거 6, 이스라엘을 지원하는 것은 하나님의 뜻이다

일부가 미국과 이스라엘의 밀착 근거로 내세우는 마지막 도덕적 주장이 있다. 4장(이스라엘 로비란?)에서 자세히 설명하겠지만, 소위 크리스천 시온주의자라고 일컫는 복음주의 크리스천은 유대 국가 건설을 성서 예언의 성취로 본다. 창세기는 하나님이 에이브러햄과 그의 자손에게 이스라엘 땅을 주었다고 기록한다. 이스라엘이 요르단강 서안을 식민지화하는 것은 하나님이 부여한 땅을 되찾는 것뿐이라는 견해다. 일부 크리스천들은 이스라엘 창조를 계시록에 기록되어 있는 마지막 전쟁의 핵심 요건으로 본다. 두 가지 관점 모두 이스라엘이 민주주의 국가, 약자, 또는 도덕적으로 월등한 사회이기 때문이 아니라 하나님의 뜻을 따르는 나라이기 때문에 미국의 지원을 받아야 한다는 의미를 담고 있다.

이러한 주장이 독실한 종교인에게 호소력을 주는 것은 사실이지만, 아마겟돈(최후의 전쟁)을 기대하는 것이 미국 외교 정책에 대한 건강한 기초는 아니다. 미국은 교회와 국가가 분리되어 있고 일정 그룹의 종교적 의견이 국가의 외교 정책을 결정할 수 없다. 가난한 팔레스타인인을 학대하고 그들의 권리를 억압하는 이스라엘을 지지하는 것이 크리스천 윤리라는 해석은 납득하기 어렵다.

미국 국민이 원하는 것은 무엇인가?

지금까지 살펴본 여섯 가지 도덕적 주장은 미국인은 유대 국가와 변함없는 동질감을 느끼고 있으며, 이스라엘에 대한 미국 지지의 진정한 기초라는 폭넓은 주장에 힘을 실어준다. 《보스턴 글로브》의 칼럼니스트 제프 자코비는 미국의 지지에 관해 말했다. "이스라엘과의 결속은 미국의 대중여론에서 찾아볼 수 있는 변함없는 특징이다. 미국인이 친이스라엘 성향을 띠기 때문에 미국 정부가 친이스라엘 정책으로 갈 수밖에 없다. 미국인이 아랍국들과 갈등 관계에 있는 이스라엘을 지지하기 때문에 미국의 중동 정책은 이스라엘을 방어할 수밖에 없다."

2007년 정책 콘퍼런스에서 당시 AIPAC 대변인 조시 블록은 다음과 같이 주장했다. "모든 사람의 의견이 일치하는 것은 한 가지 이슈, 즉 미국과 이스라엘의 관계를 지지하는 것이다. 우리가 소중하게 간직하고 있는 기본적 가치를 중동에서 오직 한 나라, 동맹국 이스라엘이 반영하고 있다. 모든 추세가 미국인들이 이 사실을 분명히 알고 있음을 밝혀준다."

자세히 살펴보면 널리 받아들여지고 있는 이 주장에 타당성은 없다. 미국과 이스라엘은 유대-크리스천 전통에 바탕을 둔 문화적 친화력을 공유하고 있다. 이스라엘이 민주 국가이고 반유대주의의 고난을 견뎌왔으며, 팔레스타인 테러리즘에 대한 싸움에서 이스라엘과 공감대를 가지고 있기 때문에 많은 미국인이 이스라엘을 호의적으로 보는 것은 사실이다. 유대주의와 기독교가 뿌리를 공유한다는 것이 과거 유대인과 크리스천 간의 우호적 관계에 대한 신뢰할 만한 근거는 아니다. 크리스천은 잔인한 전쟁을 했을 뿐 아니라 여러 세기에 걸쳐서 폭력적 반유대주의의 중심에 있었다. 크리스천 시온주의자를 포함한 일부 근본주의자는 지금도 유대인의 개종을 중요한 복음주의의 목표로 삼는다. 문화적 친화력이 현재의 미국 지원, 또는 미국인이 일반적으로 유대 국가에 대해 갖는 우호적인 태도를 설명할 수는 없다.

미국인이 이스라엘을 지지하는 것은 미국에 있는 지지자들이 이스라엘에 대한 비판을 막으면서 긍정적인 면을 부각시켜 호감을 느끼게 하는 데 일부 이유가 있다. 실제로 이스라엘의 행동에 대한 비판은 미국보다 이스라엘 내부에 더 많다. 점령 지구에서 이스라엘이 하는 일에 대해, 동맹국인 이스라엘의 진정한 전략적 가치에 대해 자유롭고 솔직한 토론이 이루어진다면 이스라엘에 대한 미국의 동정심은 줄어들 것이다.

이스라엘과 특정 이스라엘 정책에 대한 대중의 지지도가 과장되어서는 안된다. 비록 미국인이 이스라엘을 호의적인 시각으로 보며 유대 국가의 존재를 지지하는 것은 분명하지만, 이스라엘에 대한 지지도가 특별히 높은 것은 아니다. 대부분의 미국인이 미국은 이스라엘에 대한 유연성 없는 지지의 대가를 치르고 있다고 생각한다.

퓨리서치센터는 미국인이 이스라엘과 팔레스타인 중 어느 쪽에 동정심을 갖고 있는지 조사했다. 언제나 이스라엘이라고 하는 사람이 월등히 많았지만, 1993년에서 2006년까지 이스라엘을 50% 이상 지지한 것은 딱 한 번이었다. 2006년 제2차 레바논 전쟁 중 52%를 기록했을 뿐 2005년 7월에는 37%밖에 되지 않았다. 퓨리서치센터가 2005년 11월에 실시한 조사에 의하면, 미국 대중의 39%가 이스라엘을 세계적인 불만의 주요 원인이라고 대답했다. 여론을 주도하는 계층의 경우 그 수치가 훨씬 높다. 실제로 뉴스 미디어의 78%, 군부 지도자의 72%, 안보 전문가의 72%, 외교 문제 전문가의 69%가 이스라엘에 대한 지지가 전 세계적인 미국 이미지에 심각한 해를 끼친다고 답했다. 9·11 사태 이후《뉴스위크》의 여론조사 결과, 오사마 빈 라덴이 미국 공격을 결심하게 한 요인이 '미국의 이스라엘 지원'이라고 믿는 응답자가 58%였다.

미국 국민은 미국 정치가에 비해 특정한 이스라엘의 행동에 비판적이며, 이스라엘을 강경 자세로 대하는 것이 미국에 유리하다면 그렇게 하는 것이 옳다고 믿고 있다. 2003년 실시한 조사 결과, 미국의 60%가 이스라엘이 팔레스타인과의 분쟁을 해결하라는 미국의 압력에 불응할 경우 원조를 끊어야 한다고 생각한다는 사실을 보여주었다. 73%는 미국은 갈등 관계에 있는 어느 쪽을 편들어서도 안 된다고 했다. 2년 뒤 반인종주의연맹the Anti-Defamation League에서는 미국인 78%가 워싱턴은 이스라엘과 팔레스타인, 어느 편도 들어서는 안 된다고 믿는다는 사실을 발견했다. 퓨리서치센터 소장 앤드루 코후트는, "중동 분쟁에 대한 미국 국민의 이중적인 태도를 지적하며, 동정은 하지만 미국의 중립적인 역할을 원한다"고 말했다.

지도자들과 달리 미국인들은 2006년 레바논 전쟁 중 이스라엘 문제 해결에 대해 강한 의지를 보였다. 여론조사 결과, 대중의 절반 이상이 레바논 전쟁에 이스라엘이 같은 책임을 지고 있거나 대부분의 책임이 있다고 생각했다. 두 차례의 여론조사에서 응답자의 절반 이상이 미국이 편을 들어서는 안 된다고 답했다. 미국은 이스라엘이 개입된 근래의 모든 분쟁에서 단호히 이스라엘 편을 들었다. 열렬하고 무조건적인 지원은 대부분의 미국인이 이스라엘에 우호적이라는 일반적인 견해로 설명될 수 없다.

결론

　이스라엘 지지자들이 공통적으로 내세우는 도덕적 또는 전략적인 근거로 50년 가까이 유대 국가와 미국이 유지해 온 놀랄 만한 관계를 설명할 수 없다. 냉전 시대가 끝나면서 전략적 근거는 대체로 사라졌다. 점령 지구 내에서 이스라엘이 취한 행동 때문에 도덕적 근거가 손상된 상태에서 특히 그렇다. 그럼에도 관계는 지속적으로 커지고 깊어졌다.

　일부 미국인들은 이런 상태를 비정상적인 것으로 보지 않는다. 미국이 이스라엘을 지원하는 배경에는 강력한 도덕적·전략적 이유가 있다는 믿음 때문이다. 그러나 이 연구에서 살펴본 중요한 사실들이 이 관점과 차이를 보이기 때문에 진정으로 그렇게 믿는 사람의 수가 유대 국가에 대한 미국의 예외적인 관계를 설명하기에 충분하다고 볼 수 없다. 우리는 어리둥절할 수밖에 없다. 그렇게 주장하는 적은 수의 사람들이 미국 외교 정책에 영향을 주어 균형을 깨거나, 잘못된 근거를 가지고 핵심 정치가나 정책 입안자를 설득해 온 것이다. 전략적·도덕적 근거는 설득력을 잃고 있다. 놀랍도록 증가 추세를 보이는 미국의 지원 뒤에 뭔가 다른 것이 버티고 있음이 분명하다. 다음 장에서 이 문제를 다룰 것이다.

이스라엘 로비란?

4장

WHAT IS THE
"ISRAEL LOBBY"?

미국에서 이익집단이 국익에 대한 인식을 형성하고, 입법자와 대통령을 설득해서 자신들이 선호하는 정책을 채택하도록 경쟁하는 것은 일상적이다. 다른 이익집단이 전쟁 결정을 포함한 여러 방면에서 미국의 외교 정책 형성에 영향을 끼쳐왔다. 미국 헌법의 아버지 제임스 매디슨은 《페더럴리스트》 10호에서 경쟁 분파 간의 상호작용을 격찬한 바 있다.

특정 이익집단의 정치적 수완이 탁월할 때 국가 정책 전반에 악영향을 미칠 수 있다. 특정 산업을 외국의 경쟁으로부터 보호하는 관세 제도는 일정 기업에 특혜를 줄 수 있다. 하지만 그로 인해 다수의 소비자가 제품에 비싼 값을 지불해야 한다. 미국총기협회NRA가 총기 단속법을 완화하는 데 성공하면 총기 제조사나 딜러에게 혜택이 가지만, 사회는 총기 관련 사고의 위험에 노출된다. 미국석유협회API의 전 로비스트가 백악관환경품질위원회White House's Council on Environmental Quality, WHCEQ의 위원장이 된 후, 자신의 지위를 이용해 온실가스 분출과 지구 온난화에 대한 보고서를 적당히 처리할 때, 석유 산업이 자신의 이익을 보호하기 위해 국민에게 끼치는 좋지 않은 영향을 걱정할 수밖에 없다.

이스라엘 로비가 미국 외교 정책에 미치는 영향을 유심히 살펴보면 다음 두 가지를 알 수 있다. 첫째는 에너지 이익집단이 환경법 제정에 미치는 영향이고, 둘째는 제약회사가 약 처방에 대한 정책 수립에 행사하는 역할과 똑같다는 것이다. 미국이 전략적·도덕적 기초에서 타당성이 없는 중동 정책을 추구하는 이유는 로비에 참여하는 개인과 단체의 활동 때문이다. 로비의 노력이 없다면 미국의 무조건적인 지원을 정당화하기 위해 거론되는 전략적·도덕적 주장이 자주 의문에 붙여졌을 것이다. 또한 미국의 중동 정책은 오늘날과 현저하게 달랐을 것이다. 친이스라엘 세력은 스스로 이스라엘의 국익 증진과 동시에 미국에 도움이 되는 정책 형성에 주력한다고 믿는다. 그러나 우리 의견은 다르다. 그들이 지지하는 정책 대부분이 미국과 이스라엘의 이익에 도움이 되지 않으며 미국이 다른 접근 방법을 채택했더라면 두 나라의 형편은 훨씬 나았을 것이다.

앞에서 언급한 것처럼 우리는 이스라엘의 생존권을 위한 미국의 지원에 의문을 던지지 않는다. 생존권은 정당하며 세계 160개국이 그 권리를 인정하고 있다. 우리가 의문시하는 것은 이스라엘에 대한 지원의 폭이며, (1장에서 논한 바와 같이) 무조건적인 지원의 성격이다. 동시에 미국의 중동 정책이 어느 정도까지 이스라엘의 복지를 염두에 두고 이루어져 왔느냐 하는 것이다(파트 II에서 상세히 다룬다). 이것을 규명하기 위한 첫 단계로 이 장에서는 이스라엘 로비의 핵심적인 구성 요소를 밝히고 시간의 흐름에 따라 어떻게 변천되어 왔는지 살펴보기로 한다. 그것이 영향력을 갖게 된 이유가 무엇인지, 아랍 로비와 아랍의 잠재 경쟁자들과 비교 분석한다. 이제 이스라엘 로비를 막강한 이익집단으로 만들어 미국의 중동 정책 형성에 영향력을 갖게 하는 차별화된 전략에 대해 살펴볼 것이다.

로비의 정의

미국 외교 정책을 친이스라엘 방향으로 유도하기 위해 적극적으로 활동하는 개인과 조직의 연합을 '이스라엘 로비'라는 간단한 용어로 표현한다. 로비는 중앙 리더십을 가진 통일된 운동은 아니다. 광범위한 연합을 구성하는 개인과 단체는 특정한 정책의 쟁점을 놓고 의견 대립을 보인다. 그것은 모종의 음모나 공동모의가 아니다. 로비를 구성하는 개인과 조직은 공개적으로, 그리고 다른 이익집단과 똑같은 방법으로 활동한다. '이스라엘 로비'라는 용어는 이 느슨한 연합에 참여하는 개인과 일부 단체가 공식적인 로비활동(선거에 의해 선출되는 관리를 직접 설득하기 위한 노력)에 참여하지 않는다는 점에서 오해를 불러일으킬 수 있다. 다른 이익집단처럼 로비의 다양한 구성원들이 미국의 정책에 영향을 주기 위해 여러 방법으로 일하는 것을 말한다. 이 이익집단을 친이스라엘 공동체나 이스라엘을 돕는 운동이라고 표현하는 것이 정확할 수 있다. 다른 단체들이 펼치는 활동 범위가 단순한 로비의 차원을 넘어서기 때문이다. 그럼에도 불구하고 핵심단체가 로비에 가담하고 통상적으로 '이스라엘 로비'라는 말을 사용하기 때문에(농장 로비, 보험 로비, 총기 로비, 또는 다른 인종 로비들과 함께) 여기서도 그 표현을 쓰기로 한다.

특정한 이익집단의 경우와 마찬가지로 이스라엘 로비의 범위를 정확하게 규정할 수는 없다. 어느 편이라고 단정하기 어려운 경계선상의 개인과 조직이 있기 때문이다. 미국주요유대인단체대표자콘퍼런스CPMAJO의 명예 전무 부회장(2024년 기준)인 말콤 호엔라인처럼 핵심 멤버로 활동하는 개인, 미국 시온주의자기구ZOA처럼 분명하게 로비단체의 한 부분을 차지하는 집단은 구분이 쉽다. 반면 아랍계 미국인협회처럼 뚜렷하게 로비단체의 한 부분으로 볼 수 없는 집단과 컬럼비아대학교의 라시드 칼리디 교수처럼 제외해야 할 개인도 있다. 언제나 지위가 애매한 개인과 집단이 있다. 사회적·정치적 활동과 마찬가지로 이스라엘 로비의 경계에는 모호한 데가 있다.

이런 상황이 로비의 중앙집권화를 어렵게 하고, 분명한 구성원을 가진 계급 조직을 형성할 수 없게 하는 요인이다. 회원증도 없고 입회 의식도 없다.

그 중심에는 미국 정부와 미국 국민을 격려해서 이스라엘에 물적 원조를 제공하게 한다. 그리고 정부의 정책을 지원함과 동시에 영향력이 있으면서도 그러한 목표를 최우선으로 삼는 개인을 지원하는 것을 목적으로 하는 조직이 있다. 로비는 이스라엘에 헌신하고 미국의 지속적인 지원을 원한다. 하지만 핵심적인 개인과 집단만큼 열정이 없고 끈기 있는 활동을 보이지도 않으면서 경계 영역에 머물러 있는 집단과 개인들로부터 지지를 이끌어낸다. 미국-이스라엘공공문제위원회AIPAC의 로비스트, 워싱턴근동정책연구소WINEP의 연구원, 반인종주의연맹ADL의 지도자, 이스라엘을 위한 크리스천연합CUFI은 모두 핵심단체다. 이따금 지역신문에 이스라엘을 지지하는 서신을 보내고 친이스라엘 정치 행위를 하는 위원회에 수표를 보내는 개인은 폭넓은 지지자 네트워크의 일원이다.

　이스라엘에 호의적인 모든 미국인이 로비 가담자라는 의미는 아니다. 사적인 소개를 덧붙이자면 이 책의 저자들은 이스라엘의 생존권을 지지하고, 이스라엘의 업적을 칭송한다. 국민이 안전하고 번영하는 삶을 누리기 바라며, 이스라엘의 생존이 위협을 받을 때 미국이 도와야 한다고 믿는다는 의미에서 친이스라엘계다. 우리는 분명히 이스라엘 로비스트가 아니다. 이스라엘을 지지하는 모든 미국 관리를 이스라엘 로비스트라고 볼 수 없다. 변함없이 이스라엘 원조에 찬성표를 던지는 상원의원을 로비스트의 일원이라고 할 수 없다. 왜냐하면 친이스라엘 이익집단의 정치 압력에 반응하는 것일 수 있기 때문이다.

　로비스트의 일원이 되기 위해서는 미국 외교 정책을 친이스라엘 쪽으로 바꾸기 위한 적극적인 활동이 수반되어야 한다. 조직은 그것이 중요한 사명의 일부가 되고 그 목적을 위해 상당한 비중의 자원과 프로그램을 소모해야 한다. 개인에게 그것은 직업과 개인 생활의 일정 부분을 바쳐 미국의 중동 정책에 영향을 주는 것을 의미한다.《뉴욕 타임스》의 기자 데이비드 E. 생어나 듀크대학교의 브루스 젠틀슨 교수처럼 이따금 중동 문제를 다루고, 이스라엘에 우호적인 사건을 보도하는 저널리스트나 학자를 로비스트의 일부로 볼 수는 없다. 언제나 이스라엘의 편을 들고 미국의 변함없는 이스라엘 지원을 위해 글을 기고하는《워싱턴 포스트》의 칼럼니스트 찰스 크라우트해머와 역사학자 버나드 루이스는 분명히 로비스트다. 각각 노력이나 특별한 활동에 차이가 있을 수 있고, 이스라엘에 영향을 주는 사안에서 의견 차이는 있을 수 있다.

　ZOA의 모튼 클라인, CUFI의 존 해기, 이스라엘의 안전을 기원하는 미국인들의 모임Americans for a Safe Israel, AFSI의 라엘 진 아이작은 이스라엘과 팔레스타인 간의 2개 국가 해법a two-state solution에 반대한다. 이스라엘이 점령 지구를 계속 보유해야 하고 WINEP의 데니스 로스와 브루킹스연구소[23]의 마틴 인디크(전 이스라엘 주재 미국대사) 협상에 의한 해결을 지지한다. 그리고 이스라엘의 특정한 행동을 비판한다. 견해차가 있음에도 이스라엘이 미국에 반하는 행동을 하더라도 외교적·경제적·군사적 지원을 해야 한다고 믿고 있다. 이들은 각자 직장 생활을 하면서도 많은 부분을 이런 지원을 격려하는 데 바쳤다. 로비를 음모나 공동모의로 보는 것은 물론, 한 가지 목적에 전념하는 단일체로 보는 것은 잘못이다. 마찬가지로 유대 국가와 미국의 특별한 관계 유지를 위해 활동하는 사람을 제외하는 것도 잘못이다.

미국유대인 사회의 역할

　로비스트의 대부분이 유대계 미국인으로 구성되어 있다. 그들은 미국의 외교 정책을 이스라엘에 유리한 방향으로 이끌기 위해 전념한다. 역사가 멜

빈 우룹스키는 "미국 역사상 어떤 인종집단도 외국의 일에 그렇게 광범위하게 개입한 적은 없다"고 말했다. 스티븐 T. 로젠탈도 "1967년 이래로 어떤 국민도 유대계 미국인들이 이스라엘에 하듯 다른 나라의 성공에 몰두한 적은 없었다"며 그의 말에 동의했다. 정치학자 로버트 H. 트라이스는 1981년 친이스라엘 로비가 최소한 75개의 독립적인 유대인조직으로 구성되어 있으며 대부분 이스라엘 정부의 행동과 정책을 지원한다고 말했다. 이들 집단과 개인은 정치가나 뉴스 매체에 편지 보내는 일을 포함한 지원활동을 하고, 친이스라엘 정치 지망생에게 정치헌금을 보내고, 지도자 명의로 자기들의 프로그램을 알리기 위해 접촉해 오는 1개 또는 그 이상의 친이스라엘조직을 후원하는 활동을 하는 데 그치지 않는다.

그럼에도 불구하고 이스라엘 로비는 미국유대인과 동일시될 수 없다. '유대인 로비'는 이스라엘에 대한 미국 지원을 장려하기 위해 일하는 다양한 개인과 집단을 설명하는 적절한 용어가 아니다. 한 가지 예로 이스라엘에 대한 헌신의 깊이라는 점에서 미국유대인들 사이에도 상당한 차이가 존재한다. 그들 중 3분의 1은 이스라엘을 중요한 이슈로 보지 않는다. 신뢰성 있는 조사를 통해 2004년 미국유대인의 36%가 이스라엘에 대한 정서적 친밀도가 '특별하지 않다', 또는 '전혀 없다'는 것을 발견했다. 더욱이 이스라엘에 애정을 가진 다수의 미국유대인이 로비단체의 모든 정책을 지지하지는 않는다. 그것은 다수의 총기 소유자가 NRA가 주장하는 정책을 다 지지하지는 않으며, 모든 퇴직자가 미국은퇴자협회AARP가 제시하는 입장을 모두 지지하지는 않는 것과 마찬가지다. 예를 들어 핵심 로비단체는 전쟁을 지지하지만, 이라크와의 전쟁에 대한 미국유대인의 지지도는 전체 국민보다 떨어진다. 오늘날 그들은 전쟁을 반대한다. 크리스천 시온주의자처럼 이스라엘 문제를 지지하는 데 적극적인 개인과 단체 중 일부는 유대계가 아니다. 그 구성원 중 유대계 미국인들이 가장 큰 비중을 차지하지만, 그 느슨한 연대의 일원들을 이스라엘 로비스트로 보는 것이 정확하다. 우리는 로비를 특별한 정치적 프로그램으로 정의해야 한다. 그것을 지지하는 사람의 종교적 또는 인종적 정체성으로 정의해서는 안 된다.

　미국유대인이 이스라엘에 애정을 갖는 것을 이해하기 어렵지 않다. 서론에서 언급한 것처럼 다른 인종집단이 외국 땅에서 비슷한 생활을 하는 사람에게 느끼는 친밀감과 다르지 않다. 시오니즘운동 초기, 미국에 사는 유대인이 시온주의를 용납하지 않았지만 히틀러가 집권한 1933년 이후, 특히 제2차 세계대전 중 유대인에게 저지른 만행이 알려지면서 지지도가 증가했다.
　이스라엘이 건국된 1948년 이후 소수의 유대인만이 미국을 등지고 이스라엘로 가겠다고 결심했다. 당시 총리 다비드 벤구리온을 비롯한 이스라엘 지도자들이 그것을 비난했다. 그럼에도 불구하고 이스라엘에 대한 강한 애정은 미국유대인의 정체성을 가늠하는 중요한 요소가 되었다. 역사적으로 팔레스타인에 유대 국가를 세운 것은 나치 홀로코스트 이후였기 때문에 그 자체가 기적이었다. 사막에 꽃이 피게 한 이스라엘의 성과는 자부심의 원천이었다. 이스라엘과의 긴밀한 동질감은 미국 사회에 빠르게 동화되어 가는 동시에, 세속화되어 가는 유대인에게 새로운 공동체의 기반을 제공했다. 로젠탈은 다음과 같이 기술하고 있다.

　유대주의를 이스라엘과 동일시한다는 것은 조국으로부터 8000마일 떨어진 세속화된 나라에 유대인 정신을 집중함으로써 종교적 부담을 피할 수 있는 편안한 길이다. 미국유대인 사회의 새로운 정신적 지주가 된 유대교 회당은 이스라엘이 중심을 이루었다. 새로운 유대교 전문가 계급이 교외에서 생겨났다. 얼마 후 구성원들은 종교에 대해 무관심이 늘었다. 그것을 해결할 수 있는 효과적인 수단은 이스라엘밖에 없다는 사실을 발견하게 되었다. 이스라엘의 엄청난 재정적·정치적 후원에 부응해서 새로운 기구들이 탄생했고, 자금 모금과 로비활동이 미국유대인과 이스라엘의 관계를 대변했다.

영향력 있는 단체의 출현

미국유대인은 시민으로 구성된 영향력 있는 단체들을 구성했고, 그들의 프로그램은 미국 외교 정책에 영향을 주어 이스라엘을 이롭게 하는 일을 포함했다. 핵심조직에는 미국-이스라엘공공문제위원회AIPAC, 미국유대인위원회AJC, 미국시온주의자기구ZOA, 이스라엘정책포럼IPF, 미국유대인위원회AJC, 반인종주의연맹ADL, 개혁유대주의종교활동센터, 이스라엘 안보를 위한 미국인의 모임, 리쿠드의 미국 친구들, 메르카즈-USA, 하다사*등 많은 단체가 있다. 1992년 사회학자 차임 왁스만은 《아메리칸 쥬이시 이어북》에 "시온주의와 친이스라엘활동에 헌신한 80개 이상의 미국유대인조직이 수록되어 있다. 또한 다른 조직은 이스라엘의 복지 증진, 이스라엘 국가 후원, 이스라엘에 대한 이익 제고를 목적으로 활동하는 것으로 보인다"고 기록했다. 규모가 크고 영향력 있는 51개 단체가 전미유대인기구의장회의CPMAJO에 함께 모인다. 이들 각자의 사명은 다양한 집단들을 이스라엘의 복지를 위한 통일된 힘으로 결집하는 것, 미국과 이스라엘의 특별한 관계를 강화하기 위해 일한다는 내용을 포함한다.

로비스트에는 유대국가안보문제연구소JINSA, 중동포럼 MEF, 워싱턴근동정책연구소WINEP와 같은 싱크탱크, 대학과 연구 기관에서 일하는 개인이 포함되어 있다. 수많은 친이스라엘 공공문제위원회 PAC가 있어서, 친이스라엘 정치

지망생 또는 이스라엘에 비협조적이거나 적대적인 경쟁자를 가진 후보에게 자금을 지원할 준비가 되어 있다. 정치자금을 추적, 집계하는 민간 연구단체인 책임정치센터the Center for Responsive Politics, CRP는 36개의 친이스라엘 PAC(대부분이 친이스라엘이라는 사실을 밝히지 않는 비밀 PAC)가 활동하고 있으며, 2006년 중간 선거 중 의원 후보들에게 지원한 돈이 대략 300만 달러에 이른다고 보고한다.

외교 정책을 프로그램의 중심으로 삼는 다양한 유대인단체 중에서 AIPAC은 가장 영향력 있는 단체다. 1997년《포춘》은 국회의원과 사무국 직원을 대상으로 워싱턴에서 가장 영향력 있는 로비단체를 들어보라고 했을 때, AIPAC은 AARP에 이어 두 번째라고 대답했다. 그것은 미국노동총연맹산업별회의AFL-CIO와 전미총기협회와 같은 중량급 로비단체를 앞지르는 것이었다. 《내셔널 저널》2005년 3월호도 워싱턴의 '머슬 랭킹muscle rankings'에서 AIPAC을 AARP와 함께 2위에 올려놓았다. 캘리포니아주 민주당 전 국회의원 머빈 디 몰리는 AIPAC은 말할 것도 없이 의회에서 가장 효과적인 로비단체라고 시인했다. 34년 동안 국회의원으로 재직한 의회 외교문제위원회의 전 의장 리 해밀턴은 1991년, AIPAC에 필적할 로비단체는 없고 그들은 타의 추종을 불허한다고 말했다.

AIPAC의 영향력은 하룻밤 사이에 생긴 것이 아니다. 시오니즘 초기, 심지어 이스라엘이 건국된 후에도 이스라엘을 위한 로비는 막후에서 조용히 이루어졌다. 통상적으로 영향력 있는 정부 관료, 특히 대통령, 소수의 유대인 지도자, 친시온주의 보좌관, 또는 유대인 간의 개인적인 접촉에 의존했다. 우드로 윌슨 전 대통령이 1917년 밸푸어 선언을 지지한 것은, 부분적으로 유대인 친구인 연방 대법원 판사 루이스 D. 브랜다이스와 라비 스티븐 와이스의 영향 때문이었다. 마찬가지로 이스라엘의 국가 건설을 지지하고 그것을 승인하기로 한 트루먼의 결심은 확실하지 않지만, 유대인 친구들과 보좌관의 중재에 영향받은 것으로 알려졌다.

이스라엘 지지자가 대중의 이목을 끌지 않는 것은 미국에서 사라지지 않는 반유대주의에 대한 염려와 함께, 이스라엘에 대한 노골적인 로비가 미국 유대인을 이중 충성의 비난에 노출시킬 수 있다는 두려움 때문이다. AIPAC은 명백하게 시온주의의 뿌리를 가지고 있다. 설립자 이사이아 케넨은 1951년 등록된 미국시온주의자연합의 대표였다. 케넨은 1953~1954년 미국 로비단체인 미국시온주의자공공문제위원회로 개편했으며, 1959년 미국-이스라엘공공문제위원회AIPAC로 개칭했다. 케넨은 대중 캠페인이나 군중 동원보다는 핵심 의원과의 개인적인 접촉에 의존했으며, AIPAC은 일반적으로 이스라엘의 이익 증진을 위해 케넨의 규칙을 적용했다. 제1의 규칙은 "법령의 뒤에 서라. 전면으로 나서지 말라(즉 드러내지 말고 행동하라)"였다.

유대인 신문《포워드》의 전 편집장 J. J. 골드버그에 의하면, 시온주의자의 영향력은 케네디와 존슨 행정부 시절에 급격하게 커졌다. 그 원인은 미국 사회에서 유대인의 부와 영향력이 증대하고, 케네디와 존슨이 많은 유대인을 그들의 가까운 자문위원으로, 기부자로, 사적인 친구로 두고 있었기 때문이다. 당시 AIPAC은 소수의 직원과 예산을 가진 조직이었다. 전 유럽연합 주재 미국대사 스튜어트 아이젠스탯이 밝히듯이 1960년대 중반에 와서야 공개된 조직을 가지고 이스라엘을 위해 정치활동을 펼치는 유대인조직의 면모를 갖추게 되었다.

로비단체의 규모, 재력, 영향력은 1967년 6월 6일 전쟁 후 급격한 신장세를 보였다. 아이젠스탯은 전쟁을 이렇게 평가한다. "이스라엘의 독립 전쟁 이후 미국유대인을 자극해서 행동으로 이끈 동기가 되었다. 자랑스럽고, 강하고, 자신을 방어할 수 있다는 새로운 유대인으로서의 자부심이 미국유대인

사회에 형언할 수 없는 영향을 주었다." 반유대주의와의 싸움이 유대인 대량학살의 공포에 대한 인식에 힘입어 성공을 거두었다. 오랜 차별의 벽이 무너졌다. 유대계 미국인은 정치적 의지를 위축시켰던 공포감에서 해방되었다. 동화작용이 활기를 띠고 보편화되는 시점에서 이스라엘이 유대인 정체성의 초점이 되었기 때문에 정치적 밀착을 표현 못 할 이유가 없었다.

이스라엘의 복지에 대한 유대인단체의 높은 관심은 소모전War of Attrition(1969~1970년)과 10월 전쟁(1973년)까지 계속되었다. 분쟁이 이스라엘의 군사력에 대한 자부심을 일으켰지만, 한편으로 이스라엘의 안보에 대한 두려움을 불러일으켜 이스라엘을 주목하게 하는 계기가 되었다. 당시 미국유대인공동체 관련 자문위원회NJCRAC(후에 '유대인공공문제협의회'로 개칭)의 대표이사 앨버트 체르닌은 1978년 최우선 순위는 물론 이스라엘이고, 대중의 관심과 함께 미국유대인 지도자의 견해를 반영할 것이라고 의지를 피력했다. 역사가 잭베르트하이머는 "이스라엘을 떠받치기 위한 정치적 노력이 미국 내 유대인공동체와 관련한 단체들의 모든 관심사를 뛰어넘는다는 사실을 인정하는 놀라운 발언"이라고 논평한다.

미국의 이스라엘에 대한 원조가 사적 기부금의 차원을 넘어서면서 친이스라엘단체는 미국 정부의 지원을 유지하고 증가시키는 데 목적을 둔 정치활동을 벌였다. 베르트하이머에 의하면 이스라엘 로비와 관련한 전반적인 책임은 1950년 설립된 CPMAJO와 AIPAC이 담당했다. 1967년까지만 해도 그들의 역할은 크지 않았다. 1970년대와 1980년대에 와서 정치적 지원에 대한 이스라엘의 요구가 두 단체를 급부상시켰다.

이러한 노력은 이스라엘에 대한 지원이 미국에 부담을 주는 것이기 때문에 정치권에서 그 정당성이 증명되어야 한다는 인식을 반영한다. 1975년 케넨의 뒤를 이어 AIPAC의 대표가 된 모리스 아미타이는 "이스라엘을 돕는다는 측면에서 본다면, 그 게임의 이름은 정치 행동"이라고 말했다. 아미타이와 그의 후임 톰 다인이 이끄는 AIPAC은 가족적인 분위기의 저예산 조직으로 시작했지만, 2024년 기준으로 400명 이상의 종업원을 고용하는 거대 조직으로 성장했다. 연 예산 규모(순수하게 사적 기부금 기준으로)가 1973년 약 30만 달러에서 4000~6000만 달러로 늘어나 거대한 기반을 가진 조직으로 탈바꿈했다. 케넌은 이목을 두려워했지만 AIPAC은 그 능력을 홍보하는 데 주력했다.

유대인 자문위원이나 호의적인 이방인들이 유대인을 위해 벌이던 초기의 로비 방식과 대조적으로, AIPAC과 로비단체는 대중을 상대로 하는 프로그램을 이스라엘 유대인을 위한 인도적인 후원으로 규정하지 않는다. 로비가 진화하면서 미국과 이스라엘의 전략적 이익과 도덕적 가치 정립에 대한 정교한 주장을 만들어 내고 증진하는 일을 포함하게 되었다.

풍부한 자금력과 함께 냉전 후 정치 상황이 맞아 떨어진 데다 모금활동에 대한 새로운 연방법이 제정되었다. 날이 갈수록 AIPAC의 정치적 영향력이 커졌다. 그 결과 독립적인 PAC의 설립이 가속화되고, 친이스라엘 정치 지망생에 대한 자금 제공이 쉬워졌다. 《월 스트리트 저널》 기자 워런 배스는 "AIPAC이 1960년대 초기 강력한 존재가 아니었을지 몰라도 1980년대에 들어와서는 '워싱턴의 가장 영향력 있는 단체'로 부상했다"고 전했다(2024년 현재 435개 연방 하원 선거구 모두에 관련 조직이 있으며, 미국 내 가장 영향력 있는 로비 단체로 꼽힌다).

다양성 안에서의 합의와 견해차에 대한 규범

로비는 중앙집권화와 계급제도가 확립된 운동이 아니다. 로비를 구성하는 유대인단체들 사이에서도 정책과 관련한 견해의 차이가 있다. 최근 AIPAC

과 대표자콘퍼런스CPMAJO가 리쿠드와 이스라엘 내 강경파 쪽으로 기울고 오슬로 평화협정(앞으로 더 많은 지면을 할애하게 된다)에 회의적이다. 반면 많은 소규모 그룹, 예컨대 아메이누, 당장의 평화를 위한 미국인들의 모임, 메레츠-USA, 티쿤 커뮤니티는 2개 국가 해법을 강력하게 지지한다. 그것을 실현하기 위해 이스라엘이 많은 양보를 해야 한다고 믿는다.

견해의 차이가 다른 조직 사이에 불화를 빚기도 한다. 이스라엘정책포럼, 당장의 평화를 위한 미국인들의 모임, 평화를 위한 유대인의 소리, 정의와 평화를 위한 유대인연합은 2006년 AIPAC이 후원한 의회결의안 HR 4681에 공개적으로 반대 의사를 표명했다. 결의안은 팔레스타인을 원조하는 데 이스라엘 정부보다 가혹한 제한을 둔다는 내용을 담고 있다. 완화된 개정안이 통과되었지만, 친이스라엘단체가 정당 라인에 붙어 요지부동하는 단일체는 아니라는 사실을 깨닫게 하는 대목이다.

그럼에도 불구하고 미국유대인 공동체 내의 조직화된 그룹들, 그중 가장 규모가 크고 자금력이 풍부한 단체는 유대 국가가 어떤 정책을 추구하든 확고부동한 미국의 지원을 지지한다. 2000년 6월, 중국에 대한 무기 판매가 문제가 되어 이스라엘 원조를 삭감해야 한다는 주장이 제기되었을 때 AIPAC의 대변인은 말했다. "우리는 이스라엘 지원 문제를 어떤 상황과 연계하는 것에 반대한다. 연계하기 시작하면 그것이 계속될 것이기 때문이다." 온건한 성향을 보이는 당장의 평화를 위한 미국인들의 모임조차도 이스라엘에 대한 경제적·군사적 원조를 지지하고, 미국 원조의 삭감이나 조건부에 반대한다. 그들은 미국의 지원금이 점령 지구 내의 정착촌 건설을 지원하는 데 사용되는 것을 막기 위해 힘쓸 뿐이다.

마찬가지로 온건한 이스라엘정책포럼은 미국의 지원이 조건부여야 한다고 주장하지 않지만, 2개 국가 해법을 효과적으로 추진하도록 미국 정부를 설득한다. 요컨대 평화 절차와 쟁점에 대한 의견은 달라도 대부분의 친이스라엘 그룹이 특별한 관계가 유지되기를 바란다. 특기할 만한 예외 그룹은 '평화를 위한 유대인의 목소리JVP'다. 이 단체는 이스라엘이 요르단강 서안지구, 가자 지구, 동예루살렘의 점령을 포기할 때까지 이스라엘에 대한 군사원조를 중지하라고 미국 정부에 요청했다. 혹자는 그렇다면 JVP 로비단체의 일부가 아니지 않느냐고 주장할 수도 있다.

이스라엘 관리는 미국의 지원을 극대화하려는 의도에서 미국유대인 지도자와 만나 이스라엘 정책에 대한 미국의 지원을 얻어내도록 종용한다. 대표자콘퍼런스의 전 회장인 랍비 알렉산더 쉰들러는 1976년 이스라엘 잡지와의 인터뷰에서 이렇게 말했다. "대표자콘퍼런스와 그 멤버는 공식적인 이스라엘 정부 정책의 대변자 역할을 했다. 관변의 지시가 있을 때 그것이 유대인 공동체에 어떤 영향을 미치든 상관없이 최선을 다하는 것이 우리가 할 일이라고 여겨졌다." (쉰들러는 인터뷰를 맡은 기자에게 미국의 유대인들은 누구에게도 이용당하는 것을 원치 않는다고 말함으로써, 상황이 바람직하지 않다는 견해를 드러냈다.) 또한 유대인공공문제협의회NJCRAC의 앨버트 체르닌도 "미국 내 문제에 대해서 우리가 정책을 결정했지만, 이스라엘 문제에 관해서는 정책이 주어졌다. 실제로 대표자콘퍼런스는 이스라엘이 그 정책을 전달하는 데 필요한 통로의 역할을 했다"고 말했다.

《포워드》의 오리 니르는 2005년 주요 유대인단체의 무명활동가가 한 말을 인용했다. "우리는 일상적으로 다음과 같이 이야기한다. 이것이 특정 이슈에 대한 우리의 정책이다. 우리는 이스라엘이 어떻게 생각하는지 점검하지 않으면 안 된다. 하나의 공동체로서 언제나 그렇게 하지 않으면 안 된다." 당시 미국유대인위원회의 고위 관리 하이만 북바인더는 말했다. "급박하고 정말 중요하거나 근본적인 일이 없는 한 미국의 지원을 유지하기 위한 이스라엘의 정책 라인을 그대로 따른다. 우리는 미국계 유대인으로서 이스라엘의 정책에 잘못이 있다는 말을 입에 올리지 않는다."

미국의 지원을 끌어내는 이스라엘의 능력은 여러 상황에서 증명되었다. 시온주의자(그리고 후에는 이스라엘) 관리들은 미국유대인 지도자에게 1947년 UN 분리 계획 찬성을 위한, 1948년 미국의 분리 계획 인정을 위한 캠페인을 벌이도록 했다. 1948년 UN 중재자 포크 버나도트가 추진했으나 실패로 끝난 평화 계획에 반대하는 로비를 하라고 부탁했다. 이러한 공동 작업은 트루먼 행정부를 설득해서 1952년 이스라엘에 대한 경제원조를 대폭 증액하게 했고, 국방부와 국무부가 제안한 이집트에 대한 10억 달러 상당의 무상 군사원조를 무산시켰다.

1967년 6월 전쟁 발발의 위기 중 이스라엘 정부는 워싱턴에 있는 대사에게 다음과 같이 지시했다. "존슨 행정부에 압력을 가할 수 있도록 대중의 분위기를 이끌되, 우리가 대중 캠페인의 배후에 있다는 사실이 드러나지 않도록 하라." 이 캠페인은 이스라엘에 호의적인 미국인으로 하여금 다양한 스타일로 편지를 보내고, 사설을 쓰고, 전보를 치고, 대중 성명서를 발표하게 하는 활동이 포함되어 있다. 그 목적은 이스라엘 외무부의 말을 빌리면 행정부 내의 친구들의 입지를 강화할 수 있는 사회 환경을 만드는 것이다. 마침내 백악관 관리는 이스라엘 측에 편지쓰기 캠페인을 중단하라고 요청했다. 그러나 이스라엘 대사는 "물론 우리는 계속하고 있다"고 예루살렘에 보고했다. 역사가 톰 세게브에 의하면 백악관은 대통령이 이스라엘 편에 서야 한다는 시민들의 편지로 가득했다.

공동체 행동 규범이 나오기까지…

　오늘날 이스라엘의 행동에 즉각 반응하고 지지하는 경향은 미약할지 모른다. 로비에 참여하는 주요단체는 여전히 이스라엘 지도자들이 좋아하는 노선을 따르는 경우가 많다. 2003년 3월, 중동 평화를 위한 부시 행정부의 로드맵이 발표되었다. 대표자콘퍼런스CPMAJO의 말콤 호엔라인은 《하레츠》를 통해, 이스라엘 정부가 로드맵에 유보 의사를 보일 경우 미국유대인 공동체는 지지할 것이라고 밝히고, 의사를 표명하는 데 주저하지 않을 것이라고 강조했다.

　이스라엘 정부와 미국유대인 그룹들 사이에 의견 대립이 없는 것은 아니지만, 유대인 공동체는 근본적인 안보 문제에 이스라엘에 대한 대중의 비난이 있어서는 안 된다는 원칙을 받아들이는 것이 통례였다. 스티븐 로젠탈에 의하면, 400만 명의 미국유대인에게 이스라엘을 비난하는 것은 다른 종교인과 결혼하는 것보다 악한 죄다. 북바인더는 "유대인이 이스라엘 정부에 의문을 갖는다고 생각하면 죄책감이 들게 마련이다. 그런 생각은 의문을 품는 것과 같다"고 말했다. 미국유대인을 상대로 한 설문조사 결과 응답자 3분의 1은 아랍국과 평화협상에 대한 개인적 견해와 상관없이 선거로 정당하게 선출된 이스라엘 정부 정책을 지지해야 한다고 생각하는 것으로 나타났다. 유력한 유대계 미국인단체가 이스라엘의 정책에 심각한 불만을 느끼고 있더라도, 미국 정부가 이스라엘 정부를 강하게 압박하도록 강요하는 일은 있을 수 없다.

　대중의 비판에 관한 규범과 관련해서 많은 사례가 생생한 증언을 한다. 예를 들어 1973년 진보적인 미국유대인들이 브레이라Breira(대안)라는 조직을 구성했다. 조직의 목적은 이스라엘과 전 세계에 흩어져 사는 유대인의 공개적인 토론을 장려하고, 점령 지구에서 이스라엘의 철수와 팔레스타인의 평화 정착에 대한 지지를 얻어내는 것이다. 브레이라는 미국의 신문광고를 통해 자신들의 견해를 홍보했다. 브레이라 지도자 중 몇 명은 아메리카 프렌즈 봉사단the American Friends Service Committee, AFSC의 후원하에 팔레스타인 대표자 그룹을 만난 미국유대인 대표단에 소속되기도 했다.

소수의 유대인 지도자가 브레이라를 방어했지만, 주요 유대인조직이 격렬하게 반발했다. AIPAC의《니어 이스트 리포트》는 브레이라가 이스라엘의 지원을 해친다고 비난했다. 개혁주의 율법학자 대표였던 아더 렐리벨트는 "브레이라는 이스라엘의 원조 삭감에 관한 주장을 독려하고 이스라엘이 테러리스트로부터 무방비 상태가 되게 만든다"고 주장했다.《하닷사》뉴스레터는 브레이라 멤버를 '패배주의의 치어리더'로 호칭하고, 회원들에게 독단을 가지고 이스라엘의 안보와 유대인의 생존을 위협하는 조직의 진출을 막을 것을 촉구했다. 보수 랍비총회의 회장은 브레이라가 PLO의 앞잡이라고 선포했고, 브레이라의 입장은 아랍의 관점과 실질적으로 동일하다는 성명서를 47명의 랍비가 발표했다.

이스라엘의 정착을 지지하는 그룹과 이스라엘의 안전을 기원하는 미국인들의 모임은 브레이라의 지도자를 '파타를 위한 유대인'이라고 지칭하면서, 좌익의 대의에 찬동하고 있다고 비방하는 30쪽짜리 팸플릿을 배포했다. ZOA의 잡지《미국 시온주의자》는 "공공연하게 바울을 외치는 유대인은 그들이 저지른 반역의 결과를 알아야 한다. 그들은 그 결과를 느낄 수 없겠지만, 수천 마일 떨어진 동료 유대인이 느끼고 있다"면서 브레이라가 언론의 자유를 남용한다고 비난했다.

브레이라는 공개적인 토론 풍토를 견지하거나 조성할 기회를 마련하지 못했다. 지역 공동체가 브레이라의 대표성을 인정하지 않았다. 뉴헤이븐의 유대인공동체협의회는 브레이라의 비판적인 시각을 공동체 내부에 국한시킨다는 조건으로 지역 브레이라 분회를 인정하기로 합의했다. 미국유대인위원회가 준비한 내부 규약을 보면 그 그룹을 조직에 흡수하되, "민감한 이스라엘-디아스포라 문제에서 견해가 다르면 그것을 대중에게 호소하는 것을 삼가고 유대인 공동체에 설명한다"는 조건에 동의해야 한다. 브레이라는 지속적인 모금이 불가능했고, 리더십의 부재로 5년 뒤 해산했다. 브레이라 논쟁에 대한 반응으로 대표자콘퍼런스CPMAJO, 미국유대인 회당협회, 미국유대인위원회, 미국유대인공동체 관련 자문위원회NJCRAC가 불만을 제기할 장소를 모색하기 위해 내부 연구 또는 대중 질의를 통한 연구 조사를 시행했다.

전《포워드》편집장 J. J. 골드버그는 "모든 단체가 동일한 결론에 도달했다. 이슈가 있을 때 미국유대인은 자유롭게 토의할 권리가 있지만 대중의 시야를 벗어난 신중한 포럼을 통해서만 가능하다"고 말했다. 1976년 주미 이스라엘 대사 심차 디니츠는 NJCRAC 대표자콘퍼런스의 대표자들과 유대인 공동체의 행동 규범을 마련했다. "첫째, 이스라엘인만이 이스라엘의 정책을 결정할 권한을 갖는다. 둘째, 미국유대인은 공적으로 이스라엘과 입장을 같이 한다. 논쟁은 사석에서만 가능하다"라고 골드버그는 전했다. 저널리스트이자 《로비》The Lobby : Jewish political power and American foreign policy》의 저자 에드워드 티브난은 "1970년대까지 이스라엘을 전적으로 지원하는 것이 전 미국 내 유대인 공동체가 가져야 하는 리더십의 요건"이라고 기록했다.

이스라엘 정책을 비판하는 대중

이스라엘 정책에 대해 대중이 갖는 비판은 변함 없다. 1996년 10월 ZOA의 회장 모튼 클라인은 반인종주의연맹ADL 의장 에이브러햄 폭스먼에게 항의 편지를 보냈다.《뉴욕 타임스》칼럼니스트 토머스 L. 프리드먼을 ADL의 만찬에 초대했다는 이유였다. 당시 프리드먼은 정기적으로 이스라엘과 총리 베냐민 네타냐후를 비난하는 글을 기고하고 있었다. 클라인은 그 편지를 대표자콘퍼런스CPMAJO에 참석한 관리들에게 회람했고, 폭스먼이 프리드먼을 사상경찰이라고 비난하게 만들었다. 네타냐후의 커뮤니케이션 디렉터인 다비드 바일란이 개입해 시온주의자를 표방하는 어떤 조직도 프리드먼에게 강연할 기회를 주어서는 안 된다고 선언하면서 논쟁은 격화되었다. 프리드먼이 이스라엘 정책을 비판하는 일은 있지만, 그렇다고 반이스라엘주의자가 아니다. 열렬한 이스라엘 옹호자 중 1명이다. 클라인의 반응은 공개 토론에 대한 반대 물결이 얼마나 거센지를 보여준다.

수년 뒤 당시 세계유대인의회의 의장을 맡고 있던 에드가 브론프만 시니어는 부시 대통령에게 "논란거리인 안보 울타리security fence를 포기하도록 이스라엘에 압력을 넣어달라"는 서신을 보내고 '배반자'라는 비난을 받았다. 당시 조직의 상임 부회장인 이시 리블러는 "세계유대인의회 의장이 이스라엘 정부에 의해 지지받는 정책을 거부하라고 미국 대통령에게 로비하는 것은 추악한 일"이라고 선언했다. 2년 후 2005년 11월, 온건한 이스라엘정책포럼의 대표 세이무어 라이히가 국무장관 콘돌리자 라이스에게 이스라엘을 압박해서 가자 지구의 중요한 국경 검문소를 개방하게 해야 한다고 조언했을 때, 리블러를 포함한 사람들은 분개했다. 라이히의 조언은 합리적인 의도에서 이루어진 것이지만 무책임한 행동이라고 비난받았다.

정통파 연합회장 스티븐 사비츠키는 "이스라엘 정부를 모욕하는 행위일 뿐 아니라, 그런 식의 접근을 반대하는 수백만 미국유대인을 분노하게 하는 행위"라고 말했다. 리블러는 이렇게 선언했다. "주류 지도자들이 민주적으로 선출된 이스라엘 정부의 안보 정책을 거스르는 로비를 자유롭게 할 수 있다고 생각할 때, 세계유대인의회에 문제가 있음이 틀림없다. 이런 행위를 묵인한다면 남아 있는 우리의 우방 유대인 디아스포라를 무시하는 것과 마찬가지다"라고 경고했다. 이러한 공격에 위축된 라이히는 선언했다. "이스라엘에 관한 한 압력이라는 말은 내 사전에 없다."

이스라엘에 관한 정책을 공개적으로 비판하기 싫어하는 이유는 간단하다. 이스라엘의 정책을 비판함으로써 이스라엘의 적국, 개인 또는 단체에 도움을 주지 않겠다는 명백한 소망 외에도 미국과 이스라엘의 관계를 지속적으로 지지하기 어려워지고, 유대인 공동체에서 모금이 어려워진다는 점이다. 그들은 주류단체로부터 배척당한다는 부담을 안고 있다. 당장의 평화를 위한 미국인들의 모임, 티쿤 커뮤니티, 이스라엘정책포럼, 뉴 이스라엘 펀드는 브레이라가 견뎌내지 못한 토양에서 견디고 성장했다. 하지만 뉴 쥬이시 아젠다 같은 진보적인 유대인 그룹은 브레이라가 경험한 것에 직면하고 10년 이상을 버티지 못했다.

당장의 평화를 위한 미국인들의 모임이 1993년 대표자콘퍼런스에 받아들여졌다. 그러나 진보적인 메레츠-USA와 자유주의적인 개혁주의 랍비협회는 콘퍼런스 내 온건한 단체의 지지가 있음에도 2002년 회원권을 박탈당했다. 소규모 그룹에서는 평화를 위한 유대인의 목소리가 '이스라엘에 대한 지지가 불충분하다'는 이유로 샌프란시스코 지역의 주요 유대인 공동체 행사에 참석하지 않았다. 그리고 텍사스대학교의 힐렐지부는 팔레스타인의 인권을 위한 유대인 학생들의 모임이 스터디를 위한 장소를 요청했을 때 거절했다.

불만을 가진 유대인 대변자를 소외시키려는 노력은 오늘날까지 계속되고 있다. 2006년 진보적 시온주의자연맹UPZ이 점령 지구의 이스라엘방위군IDF 작전에 비판적인 브레이킹더사이런스Breaking the Silence(IDF 퇴역 군인들이 설립한 비정부기구)의 캠퍼스 모임을 후원했을 때, ZOA가 UPZ를 비난하고 나섰다. 그리고 캠퍼스의 이스라엘 연대ICC로부터 추방할 것을 요청했다. ICC는

PART I 미국, 이스라엘 그리고 로비

AIPAC와 ADL를 포함하는 친이스라엘단체의 네트워크다. ZOA의 총재 모턴 클라인은 이스라엘을 비난하는 집단을 지원하는 것은 ICC의 사명이 아니라고 주장했다.

UPZ의 총재는 이스라엘에 대한 사랑을 강조했고 다른 그룹도 이에 동조했다. ICC 운영위원회는 결국 ZOA의 요구를 거절했다. 이에 굴하지 않고 클라인은 "선동 못 하게 하는 일은 그들의 사명이다. 그런데도 이스라엘에 대한 선동을 묵인하는 것은 놀라운 일이다"라고 주장하며 운영위원회를 비난했다. ZOA는 또 ICC 소속단체에 보도자료를 보내 그들의 투표 방법을 바꾸게 했다. 보도자료는 다음과 같은 이스라엘 외무장관의 보도 내용을 담고 있다. "유대인 공동체가 이런 조직을 받아들이고 심지어 후원하는 것은 불행한 일이다. 이스라엘에 대한 그들의 부정적인 영향은 중단되어야 한다." 그 후 ICC 운영위원회에 속한 정통파 그룹이 UPZ 추방에 찬성한다고 선언했다.

우익으로 기우는 로비

대부분의 미국유대인은 오랫동안 자유주의의 대의와 민주당을, 그리고 이스라엘-팔레스타인 문제에서는 2개 국가 해법을 지지했다. 로비스트들 가운데 AIPAC, 대표자콘퍼런스CPMAJO와 같은 유력단체는 시간이 흐르면서 보수 색채를 띠게 되었고, 지금은 이스라엘 매파 입장을 지지하는 강경론자들이 주도하고 있다. J. J. 골드버그가 《유대인의 힘Jewish Power》에서 상술한 것처럼, 6일 전쟁과 그에 따른 영향으로 강경파 시온주의자, 정통파, 신보수주의권에서 엄청나게 쏟아져 나온 신新유대인들이 주목받게 되었다. 골드버그는 이렇게 기록했다. "그들의 거센 도전은 눈에 거슬렸고, 분노는 강렬했다. 나머지 유대인 공동체는 정중하게 뒤로 물러서서 신유대인들이 주도하도록 내버려

두었다. 소수파가 다수를 대변하고, 유대인의 정치활동과 관련한 지배적인 목소리가 되었다."

이런 추세는 1974년 잭슨 바닉 수정안(소련에 대한 무역 최혜국 지위를 모스크바의 더 많은 유대인 이주 허용과 연계한 수정안)을 위한 캠페인과 더불어 신보수주의운동의 출현과 성장에 의해, 리쿠드가 이스라엘 보수당과 권력을 공유하면서 핵심 친이스라엘조직들이 강경 노선을 지지하는 노력으로 더욱 강화되었다. 골드버그에 의하면, 샤미르 전 이스라엘 총리의 천재적인 전략이 유대인 사회를 대표하는 핵심단체들을 조종해서 곁길로 빠지는 일 없이 정부의 절반을 차지하는 리쿠드의 대변인 역할을 하게 만들었다. 리쿠드당 관계자들(샤미르의 비서실장 요시 벤아론을 포함한)은 대표자콘퍼런스의 의장직을 보수적인 인사가 맡을 수 있도록 노력했고, 말콤 호엔라인이 1986년 콘퍼런스의 상임 부회장으로 선출될 수 있도록 공작했다. 강경 노선에 속하는 단체는 이스라엘 지도자의 주목을 받고 가까워질 수 있었고, 유대인 공동체의 권위 있는 대변자라는 확신을 갖게 했다. 노동당 당수 시몬 페레스의 보좌관은 술회했다. "미국유대인들을 무시한 것은 우리가 저지른 큰 실수 중 하나였다. 샤미르 쪽 사람들이 무슨 일을 하든지 보고만 있었다."

우익으로 기우는 현상은 로비에 참여하는 일부 핵심조직의 의사 결정에서, 재력이 든든한 소수의 보수주의자가 AIPAC과 같은 조직을 장악하는 등 영향력을 증대하고 있다는 사실에서 엿볼 수 있다. 대표자콘퍼런스에 50개 이상의 단체가 참여하고 있으며 규모에 상관없이 한 표씩 투표권을 갖는다. 저널리스트 마이클 매싱에 따르면, 콘퍼런스에는 소규모 보수 그룹이 대규모 자유주의 그룹보다 압도적으로 숫자가 많기 때문에 그들의 영향력을 중립화할 수 있다. 여기서 이스라엘 정착운동을 지지했고 오슬로 평화협정에 회의를 가지고 있는 호엔라인(상임부회장)에게 결정권을 위임하게 했다.

마찬가지로 AIPAC 이사회 회원의 지위는 얼마나 훌륭하게 AIPAC의 멤버를 대표할 수 있느냐보다 이사 각자의 재정적 기여도에 좌우된다고 매싱은 덧붙였다. AIPAC에(그리고 이스라엘에 호의적인 정치가들에게) 가장 많은 돈을 기부하는 사람이 가장 열성적으로 이스라엘을 방어하는 경향을 띤다. AIPAC의 최고 지도자(주로 전 대표들로 구성됨)는 대부분의 유대계 미국인에 비해 중동 문제에서 훨씬 강경한 태도를 취한다. AIPAC이 1993년 오슬로 평화협정을 공식적으로 인정했지만 특별히 한 일이 없고, 에후드 바라크가 총리가 된 1999년 이후 팔레스타인의 국가 설립을 인정하는 대신 반대를 철회하는 데 그쳤다.

실제로 AIPAC을 포함한 강경파 그룹은 이스라엘 정부가 선호하는 것보다 극단적인 입장을 지지해 왔다. 예를 들어 매파에 속하는 ZOA는 로비를 통해 팔레스타인 당국에 미국 원조 시 추가로 제한을 가하는 내용의 외국 원조법 수정안을 통과시키는 데 성공했다. 클린턴 행정부와 이스라엘 라빈 정부가 반대 입장을 취하고 있었는데도 말이다. 대표자콘퍼런스는 오슬로 평화협정을 찬성하지 않았고, AIPAC은 미국 측에 대사관을 텔아비브에서 예루살렘으로 옮기도록 요청함으로써 1995년 예루살렘 대사관 법을 뒤에서 지원했다. 평화협정을 와해시킨다는 명백한 의도가 깔려 있었다. 그 견해가 강경하지 않다는 이유로 당시 전무이사 톰 다인을 축출한 것은 AIPAC 권력 중심부의 측근을 형성하는 핵심 기부자인 것으로 알려졌다.

극단적인 견해를 가진 사람이 로비에 참여하는 핵심조직을 후원하고 지배하는 경향 외에도, 친이스라엘 그룹이 우익으로 기우는 또 다른 이유가 있다. 기부금이 계속 흘러들어올 수 있다는 점 때문이다. 사회학자 왁스만은 말했다. "많은 미국유대인조직이 그들 존재에 대한 정당성을 찾기 위해 이스라엘이 필요하다. 애초에 이스라엘의 가치 향상과 국력 강화를 목적으로 설립되었을지 몰라도, 오늘날 이스라엘은 이들의 존속을 위해 매우 중요하다."

공격받기 쉬운 이스라엘의 이미지를 부각시키고, 반유대주의가 사라지지 않고 오히려 증대되고 있다는 경고를 보냄으로써 잠재 후원자를 높은 수준으로 유지하며, 조직의 지속적인 생존을 보장받을 수 있다. 북아메리카 유대인 교육 서비스의 조너선 우처는 1992년 이 점을 정확히 표현했다. "우리는 전혀 새로운 산업의 출현을 보았다. 세계 도처에서 반유대주의와의 싸움을 내세우는 조직들이 탄생했다. 시몬비젠탈센터Simon Wiesenthal Center의 성공은 주목할 만하다. 유대인의 안보를 위협하는 반유대주의자를 추적하는 작업에서 ADL을 제치며 유력한 기업이 되었다. 오늘날 반유대주의와의 싸움에서 강자를 놓고 순위를 매기는 유대인 신문에서 서로 높은 순위를 차지하기 위해 획책하는 모습이 눈에 띄는 것은 슬픈 일이다."

그 후 3년이 지나 《뉴욕 타임스》의 토마스 L. 프리드먼은 이렇게 말했다. "라빈과 아라파트가 악수를 나누었을 때, 대표자콘퍼런스와 같은 미국유대인 주류 그룹은 미온적인 지지를 보내는 데 그쳤다. 정통파와 유대인 주변 그룹은 노골적인 적개심을 드러냈다. 마치 적이 있고, 누군가 싸울 상대가 있어야 조직이 살아남을 수 있는 것처럼 보인다."

미국유대인 공동체의 많은 그룹이 특정한 이스라엘 정책에 비판적이라는 사실, 특히 점령 지구 내의 지속적인 거주에 비판적이라는 점을 강조하는 것은 중요하다. 이스라엘정책포럼이나 정의와 평화를 기원하는 유대인 연맹Brit Tzedek v'Shalom은 평화 절차에 미국이 참여할 것을 권장하고, 비중이 크지 않은 몇 가지 법안을 통과시키는 데 성공을 거두었다. 이런 그룹은 재정자금이 빈약하고 AIPAC, ADL, ZOA, 대표자콘퍼런스가 갖는 영향력이 없다. 불행하게도 정치가, 정책 입안자, 미국유대인의 목소리를 대표하는 미디어는 이들 주력단체의 견해를 채택한다. 다수의 의견을 대표한다고 주장하는 주요 로비단체가 다수의 견해와 상충되는 정책을 주장할 수밖에 없는 것이다.

신보수주의의 역할

로비가 우익으로 기우는 현상은 신보수주의의 출현으로 심화되었다. 신보수주의운동은 1970년대 이후 미국의 지적·정치적 생활에서 중요한 부분을 차지했다. 관심을 끈 것은 9·11 사태 이후였다. 이 그룹은 부시 행정부가 일방적인 외교 정책, 특히 2003년 3월 이라크 침공이라는 불운한 결정을 수립하는 데 한몫을 했다.

신보수주의는 미국 내 정책 및 외교 정책 양면에서 뚜렷한 견해를 갖는 정치적 이데올로기다. 물론 여기서는 후자와 관련이 있다. 대부분의 신보수주의자는 미국 헤게모니의 미덕을 찬양한다. 민주주의 확산을 촉진함과 동시에 잠재한 적들이 필적할 수 없도록 군사력을 사용해야 한다고 믿고 있다. 민주주의를 확산하고 미국의 지배력을 유지하는 것만이 항구적인 평화로 향하는 최선의 길이라고 그들은 생각한다. 신보수주의는 미국의 민주주의 체제가 미국을 패권국으로 인정받게 하고, 그것이 실현된다면 미국의 지도력이 환영받게 될 것이라고 믿는다. 그들은 반이스라엘 성향을 띠고 미국의 행동 자유에 제동을 건다고 보는 UN에 회의적인 경향이 있고, 동맹국들, 관념론적인 평화주의자로 간주하는 유럽의 나라들을 경계한다. 신보수주의는 새로운 미국을 위한 신보수주의의 표현대로, 미국의 지도력이 자국에도 유익하고 세계를 위해서도 유익하다고 보면서 미국이 일방적으로 힘을 사용하는 것을 선호한다.

특기할 만한 사실은 신보수주의자는 유익한 세상을 만들어 가는 데 있어 군사력이 극히 유용한 도구라고 믿는 점이다. 미국이 군사적 용맹성을 떨치고 필요에 따라 사용할 수 있음을 보여주고 동맹국이 미국의 뒤를 따른다면, 가상 적국은 저항해도 소용없음을 알고 미국과 한 배를 타기로 결심할 것이라는 믿음이다. 한마디로 신보수주의는 매파적인 정치이데올로기다.

신보수주의자들은 다양한 조직에서 요직을 차지하고 있다. 유명한 신보수주의자는 엘리엇 아브람스, 케네스 아델만, 윌리엄 베넷, 존 볼턴, 더글러스 파이스, 진 커크패트릭, I. 루이스 스쿠터 리비, 리처드 펄, 폴 월포위츠, 제임스 울시, 데이비드 웜서와 같은 전·현직 정책 입안자들이 있다. 고故 로버트 바틀리(1937~2003), 데이비드 브룩스, 찰스 크라우트해머, 윌리엄 크리스톨, 브렛 스티븐스, 노먼 포도레츠와 같은 저널리스트들과 푸아드 아자미, 엘리엇 코헨, 아론 프리드버그, 버나드 루이스, 루스 웨지우드와 같은 학자들이 있다. 맥스 부트, 데이비드 프룸, 로엘 마크 게레흐트, 로버트 케이건, 마이클 레딘, 조수아 무라브치크, 다니엘 파이프스, 다니엘 플렛카, 마이클 루빈, 그리고 메이러브 웜서와 같은 싱크탱크의 석학들도 있다.

신보수주의를 이끄는 주요 언론은《코멘터리》,《뉴욕 선》,《월 스트리트 저널》의 사설 특집 기사와《위클리 스탠더드》가 있다. 이들 신보수주의와 밀접하게 연결된 지지 그룹은 미국기업연구소AEI, 안보정책센터CSP, 허드슨연구소, 민주주의수호기금FDD, 유대국가안보문제연구소JINSA, 중동포럼MEF, 미국신세기프로젝트PNAC, 워싱턴근동정책연구소WINEP가 있다.

모든 신보수주의자는 이스라엘과 강한 연대감을 갖고 있으며, 그 사실을 떳떳하게 강조한다. 신보수주의자 맥스 부트는 "이스라엘을 지지하는 것이 신보수주의의 핵심 원리고, 이는 자유민주주의 공유에 근거한다"고 말한다. 반유대주의와 미국 정치에 관해 글을 쓴 정치학자 벤저민 긴스버그는 신보수주의자들이 우익으로 기우는 이유에 대해 이렇게 주장했다. "이스라엘과 밀착되어 있다는 사실, 그리고 미국의 군사 준비에 반대하면서 제3세계의 대의를 소중하게 여기는 1960년대 민주당에 대한 좌절감이 갈수록 깊어졌다는 사실 때문이다." 긴스버그는 이어 "특히 그들이 레이건 대통령의 반공산주의를 이스라엘의 안보를 보장해 줄 수 있는 정치운동으로 보고 껴안았기 때문"이라고 쓰고 있다.

신보수주의와 우익집단

신보수주의자의 매파적 성향을 생각한다면 이스라엘 우익집단과의 동조가 놀랍지 않다. 신임 리쿠드당 총리 베냐민 네타냐후를 위해 1996년에 클린브레이크Clean Break(영토 확보를 위한 새로운 전략) 연구보고서를 초안한 것은 8명의 신보수주의자(더글러스 파이스, 데이비드 웜서, 리처드 펄이 중심이 된) 그룹이다. 보고서는 이스라엘이 평화 절차를 포기하고, 군사력을 포함한 대담한 조치를 사용해 적대적인 중동 정권을 무너뜨리는 방법으로 아랍과 이스라엘의 갈등을 뛰어넘어야 한다고 주장한다.

많은 신보수주의자가 워싱턴에 기반을 두고 있으며, 이해가 중첩되는 싱크탱크, 위원회, 출판사와 연결되어 있다. 이들은 미국과 이스라엘 사이의 특별한 관계 증진에 목적을 두고 있다. 신보수주의자의 일원으로서 AEI의 연구원이자 우익 CSP, 허드슨연구소, JINSA, PNAC, MEF, FDD와 연계를 가지고 있다. WINEP 자문위원역을 담당하는 리처드 펄을 생각해 보자. 그의 동료 역시 여러 단체와 연결되어 있다. 윌리엄 크리스톨은《위클리 스탠더드》의 편집장이면서 PNAC를 공동 설립했다. FDD, MEF, AEI와도 관계를 가지고 있었다.《워싱턴 포스트》의 칼럼니스트 찰스 크라우트해머는 AEI가 주는 어빙 크리스톨(윌리엄의 부친이며 신보수주의 창시자의 한 사람) 상을 수상했고, 수차례 PNAC 공개장에 서명했다. 그는《위클리 스탠더드》의 객원 편집자인 동시에 FDD와도 관계를 맺고 있다.

네트워크를 연구하는 사람이 이들의 연결 관계를 보면 흥미로울 것이다. 엘리엇 아브람스(CSP·허드슨·PNAC), 윌리엄 베넷(AEI·CSP·PNAC), 존 볼턴(AEI·JINSA·PNAC), 더글러스 파이스(CSP·JINSA), 데이비드 프룸(AEI·《위클리 스탠더드》), 로엘 마크 게레흐트(AEI·PNAC·《위클리 스탠더드》), 마이클 레딘

(AEI·JINSA), 진 커크패트릭(AEI·FDD·JINSA·PNAC·WINEP), 조수아 무라프치(AEI·JINSA·PNAC·WINEP), 다니엘 파이프스(PNAC·MEF·WINEP), 노먼 포도레츠(허드슨·코멘터리·PNAC), 마이클 루빈(AEI·CSP·MEF), 폴 월포위츠(AEI·PNAC·WINEP), 데이비드 웜서(AEI·MEF·FDD), 제임스 울시(CSP·JINSA·PNAC·FDD)와 같은 경우다.

이 목록이 신보수주의운동 내부에 얽혀있는 관계를 망라하는 것은 아니다. 공모의 그림자(또는 우익의 음모)를 엿볼 수 있다고 생각하는 사람이 있을지 모르지만 그런 것은 아니다. 역으로 신보수주의를 배양해 온 싱크탱크, 위원회, 기금, 출판사는 여타의 정책 네트워크와 다를 바 없이 활동한다. 이들은 세상에 알려지는 것을 피하거나 숨은 음모에 가담하기는커녕, 여론을 형성해 미국의 외교 정책을 이끌어간다는 목적에서 자기를 선전한다. 신보수주의 네트워크는 조세개혁, 환경, 이민과 같은 분야에서 발생하는 네트워크와 흡사하다.

신보수주의자들은 이스라엘과 미국의 안보에 관심을 갖는다. 그들이 처방하는 정책이 두 나라에 이익을 줄 것으로 믿는다. 그러나 1980년대 '고ఆ보수주의자'로 불리는 전통 보수주의자들은 신보수주의가 미국보다 이스라엘에 관심을 갖는다고 주장했다. 저명한 보수 정치 이론가 러셀 커크는 "신보수주의에 생명을 불어넣는 것은 이스라엘의 보존이다. 모든 것 뒤에 자리하고 있다"고 단언했다. 신보수주의자들은 이런 주장을 격렬하게 부정했고 그 결과 경쟁적인 위치에 있는 보수분파 간에 설전이 오갔다. 마침내 분쟁이 가라앉기는 했지만, 보수주의운동을 벌이는 두 성향 간에 긴장이 이어지고 있다.

신보수주의운동의 핵심 원리가 미국유대인 공동체를 지배하는 자유주의적 태도와 상반되는 것임에도 평론가는 신보수주의의 뿌리가 유대인임을 강조했다. 《신보수주의 혁명, 유대인 지식인들과 공공정책의 형성》에서 머레이 프리드먼은 신보수주의를 '미국유대인 보수주의'라고 표현한다. 모든 신보수주의자가 유대인이 아니라는 점에서 로비는 인종이나 종교가 아니라 정치의제로 정의되어야 한다.

이스라엘에 대한 지원이라든가 강경 분파를 선호하는 경향을 보이면서, 신보수주의의 기본교리를 대부분 채택한 이방인이 많다. 그들 가운데《월 스트리트 저널》편집장 고故 로버트 바틀리, 전 교육부장관 윌리엄 베넷, 전 UN 대사 존 볼턴과 진 커크패트릭, 전 CIA 국장 제임스 울시가 있다. 이들이 신보수주의 프로그램을 추진하는 데 중요한 역할을 담당했지만 신보수주의운동의 핵심은 유대인이다. 이런 의미에서 신보수주의는 친이스라엘운동의 축소판이다. 유대계 미국인이 로비스트의 대부분을 차지하듯 그들은 신보수주의운동의 중심을 이룬다. 비유대인은 양쪽에서 적극적이다. 한편 신보수주의자의 정치 의제는 미국유대인의 전통적인 정치적 관점과 상충된다. 그런 의미에서 신보수주의자는 상징적이다.

크리스천 시온주의자

로비는 중요한 이방인집단을 포함한다. 바로 크리스천 시온주의자다. 이들은 폭넓은 정치적 의미를 갖는 기독교 우파운동Christian Right 조직의 분파다. 구성원을 보면 고故 제리 폴웰, 게리 바우어, 고故 팻 로버트슨, 존 해기와 같은 종교인, 전 의회 다수당 당수 톰 디레이(텍사스주, 공화당), 공화당 원내총무였던 리처드 아미(텍사스주, 공화당), 상원의원 제임스 인호퍼(오클라호마주, 공화당, 1934~2024)와 같은 저명한 정치가들이다. 그들의 유일한 관심사가 이스라엘 후원은 아니지만 많은 기독교 복음주의자가 유대 국가를 후원하고 있다. 최근에는 내부의 관심을 증진하기 위해 조직을 만들었다. 어떤 의미에서 크리스천 시온주의자는 미국유대인 공동체에 속하는 다양한 친이스라엘 그룹의 '주니어 파트너'로 볼 수 있다.

크리스천 시온주의의 뿌리는 세대주의dispensationalism 신학에서 찾을 수 있다. 이것은 19세기 영국 성공회 선교사 루이스 웨이와 존 넬슨 다비의 노력에 힘입어 영국에서 출현한 성서 해석에 기초한다. 세대주의는 전前천년설의 한 형태로서 세계는 그리스도가 재림할 때까지 환난의 시기를 경험할 것이라는 신학적 주장이다. 세대주의자는 크리스천과 마찬가지로 그리스도의 재림이 성경에 예언되어 있다고 믿는다. 유대인의 팔레스타인 귀환은 재림으로 향한 예정된 절차에서 중요한 요소다. 다비와 웨이 및 그 추종자들의 신학은 저명한 영국 정치가에게 영향을 주었으며, 영국 외무장관 아더 밸푸어가 팔레스타인에 유대 국가를 세운다는 착안을 받아들이게 한 요인으로 작용했다.

세대주의 신학은 19세기와 20세기 초 복음주의자 드와이트 무디(시카고 무디바이블협회 창설자), C. I. 스코필드, 윌리엄 E. 블랙스톤을 비롯한 프로테스탄트(16세기 종교개혁으로 가톨릭에서 분리되어 성립된 교파의 총칭) 신학자에 의해 미국에 보급되었다. 관련 서적은 홀 린드세이의 베스트 셀러《대유성 지구의 종말》과 티모시 라헤이의《휴거 이후 남은 자들》이 있는데, 아마겟돈을 다룬 소설 시리즈로서 판매 부수가 총 6500만 부 이상(2016년 기준)인 것으로 알려졌다.

1948년 이스라엘의 국가 건설이 세대주의운동에 활력을 불어넣었다. 이스라엘 지도자들이 신의 기적으로 간주한 1967년 6일 전쟁은 정치적 영향력을 강화시키는 중요한 계기가 되었다. 세대주의자들은 이스라엘이 예루살렘 전체와 요르단강 서안(이스라엘 리쿠드당의 견해대로 그들은 요르단강 서안을 유대와 사마리아라고 부른다) 지구 점령을 구약 성경의 예언 성취로 해석했다. 이러한 징후들에 힘입어 세대주의자와 기독교 복음주의자는 미국이 장차 전개될 종말을 예고하는 성경의 청사진과 틀림없는 방향에 서 있다고 확인하는 작업을 시작했다.

멤피스 신학대학교의 전 학장 티모시 웨버는 말했다. "세대주의자는 6일 전쟁 전에는 필드에서 벌어지고 있는 종말 게임을 설명하면서 역사의 관람석에 앉아 있는 것으로 만족했다. 그러나 이스라엘이 요르단강 서안과 가자지구로 영역을 넓혀가면서 필드로 내려와 팀을 정비했다. 전에는 관여한 적이 없는 정치·금융·종교적인 일에 참여했다." 이들의 노력은 소위 기독교 우파(이들 모두가 이스라엘을 적극 지원하는 것은 아니다)운동 출현에 중요한 구실을 했고, 확대되는 복음주의운동의 정치적 영향력에 도움을 받았다.

이런 사실을 고려할 때, 중동포럼을 이끄는 강경파 다니엘 파이프스가 "이스라엘방위군을 제외하고는 미국 크리스천 시온주의자들이 유대 국가의 전략적 자산일 수 있다"고 한 말에 공감한다. 또한 베냐민 네타냐후의 전 커뮤니케이션 디렉터인 마이클 프룬트는 2006년 이런 글을 썼다. "크리스천 시온주의자를 주신 하나님께 감사하고 동의를 떠나 미래의 이스라엘과 미국의 관계는 미국유대인보다는 미국 기독교인에 의해 좌우될 가능성이 크다."

크리스천 시온주의자는 이스라엘에 대한 지원 격려를 공공연한 목적으로 삼는 단체를 만들었다. 이스라엘을 위한 크리스천연합CUFI(설립자인 존 해기는 이단체를 AIPAC의 기독교 버전이라고 불렀다), 이스라엘을 위한 미국크리스천리더십콘퍼런스, 이스라엘을 위한 단일연합, 이스라엘 공동체의 크리스천친구들CFOIC, 크리스천에 의한 이스라엘공적활동위원회, 국제크리스천대사관예루살렘ICEJ, 기타 군소 그룹이 있다. 크리스천 시온주의자는 크리스천과 유대인 간 국제조합IFCJ의 핵심 주자다. IFCJ는 랍비 고故예키엘 엑스타인(1955~2019)이 설립한 시카고 소재의 조직(2024년 현재 수장은 위르겐 뷜러 박사)으로 유대인과 크리스천 간의 이해와 협력을 증진하고, 이스라엘에 대한 폭넓은 지원을 구축하는 것을 사명으로 한다. IFCJ는 2002년, 전 크리스천 연맹 총재이자 공화당 전략가인 랄프 리드와 연합해서 '이스라엘을 위해 일어서라'라는 단체를 만들었다. 단체의 목적은 영적·정치적으로 이스라엘을 위한 일에 사람들을 참여시키고 매년 이스라엘을 위한 '국제적인 기도와 묵상의 날'을 후원하는 데 있다.

신앙과 정착운동

크리스천 시온주의자의 신앙은 미국유대인 공동체 안의 그룹과 정착운동을 지지한다. 2개 국가 해법에 반대하는 이스라엘의 단체와 현대적이고 행동지향적인 양상으로 자연스럽게 결합한다. 이스라엘을 위한 크리스천연합CUFI 설립자 해기는 이스라엘 지원에 관해 말했다. "모든 나라가 인간의 역사에 의해 세워졌지만 이스라엘은 하나님의 역사에 의해 만들어졌기 때문에 이스라엘을 지원한다." 또한 해기는 그를 따르는 사람들에게 "하나님은 그 땅을 저버리는 것을 싫어하신다"고 말했다. 운동을 통해 1200만 달러 이상의 기금을 모았고, 점령 지구 내의 정착을 포함한 이민자의 정착을 도왔다고 주장한다. 해기의 견해는 크리스천 시온주의의 전형이다.

복음주의 종교 회합을 창설하고 기독교 우파운동에서 막강한 조직력을 가지고 있던 고故 에드 매커티어는 단언했다. "사해, 요르단강, 지중해의 모래 한 알갱이까지도 모두 유대인의 것이고, 서안 지구와 가자 지구도 포함된다." 크리스천과 유대인 간 국제조합IFCJ의 디렉터 말콤 헤딩은 말했다. "4000년 전 하나님이 에이브러햄과 맺은 언약을 통해 주신 모든 땅이 이스라엘의 것이라는 사실을 지지한다. 팔레스타인은 없다." 마찬가지로 유대 공동체의 크리스천친구들CFOIC의 설립자 테드 베켓은 "이스라엘 공동체의 크리스천친구들CFIC의 사명이 유대, 사마리아, 가자 지구의 정착민들에게 원조를 제공하는 것"이라고 설명했다. 이 단체는 미국 교회와 이스라엘 정착촌에 개별적인 연대를 맺음으로써 교회가 정착촌을 도울 수 있게 한다. 예를 들어 콜로라도 주 아바다에 있는 파이스바이블 교회는 아리엘 샤론의 요르단강 서안 정착촌을 양자로 삼고 도서관, 진료소, 기타 목적을 위해 후원금을 보내는 것으로 알려졌다.

2개 국가 해법은 팔레스타인에 대한 영토 양보에 반대한다. 1977년 이집트 대통령 안와르 사다트가 난국 돌파를 위해 예루살렘을 방문하기 전날 밤, 복음주의단체는 미국의 주요 일간지에 광고를 냈다. "유대 국가를 잘라내어 다른 나라에 주고자 하는 어떤 노력도 깊은 우려와 함께 주시한다." 1996년 국제 크리스천 시온주의자 의회는 결의안을 냈다. "그분의 백성에게 주신 땅을 분할해서는 안 된다. 팔레스타인 국가 설립을 인정하는 국가는 큰 잘못을 저지르는 것이다." 크리스천 우파운동의 리더(그리고 전 공화당 대통령 후보) 팻 로버트슨(1930~2023)은 "2006년 1월 이스라엘 총리 아리엘 샤론이 뇌졸중으로 고통받은 것(뇌졸중으로 쓰러진 이후 코마 상태에 있다가 2014년 사망)은 가자 지구에서 철수하겠다는 그의 결심에 대한 하나님의 징계"라고 했다. 그렇게 말한 것은 열렬한 믿음에 기인한다.

로버트슨의 말을 그대로 옮긴다. "그는 하나님의 땅을 분할했다. EU, UN, 미국의 기분을 맞추기 위해 동일한 경로를 밟는 어떤 이스라엘 총리에게 화가 있을 것이다. 하나님은 '이 땅은 내 것이다. 가만 내버려 두어라'라고 말씀하신다." 로버트슨은 부적절하고 지각없는 말을 했다고 사과했지만, 일부 크리스천 복음주의자들이 이스라엘의 정당성을 얼마나 인정하고 있는지를 시사한다.

미국 정치가 중 유력한 인사도 이러한 믿음에 영향을 받은 것으로 보인다. 2002년 하원 다수당 원내부 총무이자 다수당 원내총무를 지낸 톰 디레이는 이스라엘 땅을 팔레스타인에 주는 것에 반대한다고 AIPAC 연차 정책 콘퍼런스에서 말했다. "유대와 사마리아를 여행했고, 골란고원에 서 보기도 했습니다. 점령한 땅은 없었습니다. 내가 본 것은 이스라엘뿐입니다." 디레이에 앞서 다수당 원내총무를 지낸 리처드 아미는 2002년 5월 하드볼의 크리스 매튜에게 "이스라엘이 요르단강 서안 전체를 점유하는 데 만족하며 팔레스타인인이 떠나야 한다고 믿게 되었다"고 말했다. 상원의원 제임스 인호퍼는 의회 연설에서 이스라엘이 팔레스타인 전체를 소유해야 할 권리가 있음을 다음과 같이 설명했다. "가장 중요한 이유는 하나님이 그렇게 말씀하셨기 때문입니다. 하나님이 에이브러햄에게 나타나셔서 '내가 이 땅, 요르단강 서안을 너에게 주겠다'고 말씀하신 곳은 바로 이곳(헤브론)입니다."

크리스천 시온주의자들이 이스라엘을 지원한다는 사실을 생각할 때, 이스라엘 강경 노선 지지자들이 그들과 공통된 대의를 취하는 것은 당연하다. 특히 주류 교회에서 점령에 대한 반대의 목소리가 커진다는 점을 고려할 때 그렇다. 콜린 신들러는 "그렇게 해서 1977년 이후 공생관계가 탄생했고, 이스라엘 우파와 크리스천 우파 모두의 이데올로기에 기여했다"고 말했다. 1979년 메나헴 베긴의 리쿠드 정부는 폴웰에게 전용 제트기를 선사했고, 폴웰은 1980년 탁월한 성과를 올렸다는 사실을 인정받아 이방인 최초로 제프 자보틴스키 메달을 받았다(다른 수상자로는 작가 레온 유리스와 엘리 비젤이 있다).

1981년 이스라엘이 이라크의 오시라크 원자로를 폭격했을 때였다. 베긴은 레이건 대통령에게 연락하기도 전에 먼저 폴웰에게 연락해 자신을 위해 일을 시작하고, 미국 국민에게 이스라엘의 행동을 설명해 달라고 부탁한 것으로 전해진다. 당시 총리 베냐민 네타냐후는 1996년 이스라엘 크리스천 지지협회의 후원을 받아 일단의 복음주의 지도자들을 이스라엘로 불렀다. 팻 로버트슨과 데후드 올메르트(당시 예루살렘 시장)가 2002년 예루살렘 캠페인을 위한 기도회에 공동 대표로 참여했다.

이스라엘 정부는 관광 수입을 올리고, 미국 복음주의자들의 후원을 견고하게 유지한다는 두 가지 목적에서 이스라엘 방문을 장려했다. 당시 총리 아리엘 샤론은 2002년 ICEJ가 주최하는 연차 장막 축제 모임(이스라엘에서 외국 종교인들이 가장 많이 모이는 행사로 알려져 있다)에서 말했다. "우리는 여러분의 후원이 필요합니다. 가지고 돌아가셔야 할 메시지를 드립니다. 여러분과 같은 분들을 더 많이 보내달라는 것입니다." 샤론의 후임자인 에후드 올메르트도 그가 예루살렘 시장을 맡고 있을 당시 집회에 모인 사람들에게 "군의, 국력의, 국방의 일부"라며 비슷한 말을 했다.

두 종파의 연대

크리스천 시온주의자들은 중동 문제에서도 목소리를 높였다. 이스라엘을 위한 크리스천연합CUFI은 2006년 여름 제2차 레바논 전쟁 중 워싱턴에서 친이스라엘 모임을 주선했다. 제리 폴웰은 그 기회를 포착해서 경고했다. "우리는 국경 없는 전쟁의 문턱에 서 있습니다. 그것은 미래에 일어날 아마겟돈과 그리스도의 영광스러운 재림의 전주곡, 전령이 될 것입니다." 천년왕국설을 믿는 베스트 셀러 작가 홀 린드세이는 2007년 1월, 이란에 대한 예방 차원의 핵 공격은 이스라엘이 취할 수 있는 유일하고도 논리적인 선택이라고 했다. 존 해기는 2006년 《예루살렘 카운트다운》에서 "장래 이란과의 핵전쟁은 의심의 여지가 없다. 에스겔 38~39장에 나오는 전쟁이 이 책이 출판되기 전에 시작될 수도 있다"고 경고했다. 해기는 제임스 베이커가 또다시 이스라엘의 등에 칼을 꽂고 있다며, 2006년 12월에 나온 초당파 이라크 연구단체 보고서를 비난했다. 부친의 세대 같으면 이란을 폭격했을 것이라고 단언했다.

유대인-미국인 조직은 미국에서 크리스천의 목표 달성을 모색하고, 유대인을 크리스천으로 개종시키려는 것이 아닌가 하는 우려를 떨치지 못하면서도 크리스천 시온주의자들과의 연합을 환영했다. AIPAC은 복음주의운동과 협력하기 위해 연락 사무소를 설치했다. 미국시온주의자협회와 같은 친 리쿠드단체는 폴웰과 긴밀한 연결 고리를 만들었다. 이들은 크리스천 복음주의자들과 협력했다고 해서 신보수주의의 창시자 중 한 사람인 어빙 크리스톨로부터 코멘터리 몇 페이지에 걸친 축복을 받았다. 전 ADL 디렉터 나단 펄무터에 의하면, 유대인은 크리스천 우파의 내부적 우선사항을 용납할 수 있었다. 그것은 자유주의 유대인의 견해와 근본적으로 다르지만, 이들이 중요하게 생각하는 어느 것도 이스라엘만큼 중요하지는 않다.

2007년 초 크리스천 우파의 정치 의제를 정기적으로 비판해 온 펄무터의 후임자 에이브러햄 폭스먼도 펄무터의 견해를 지지했다. "ADL이 유대 국가에 심각한 위협이 있을 때 복음주의자의 지원을 받아들였다. 미국유대인위원회의 전무이사인 데이비드 해리스는 크리스천 우파와 연합하는 것은 본질적으로 실용적이다. 내일 종말이 닥칠지 모르는 마당에 이스라엘은 오늘 풍전등화와 같은 상태에 있다."

로비에 참여하는 두 종파 간의 강력한 연대는 2007년 AIPAC 정책 콘퍼런스에서 드러났다. 당시 오프닝 디너에서 행한 존 해기의 연설이 참석자들로부터 열렬한 환영을 받은 때였다. "유대인은 영적 생활을 제외한 모든 것을 가지고 있다. 반유대주의는 유대인이 하나님께 반역했기 때문에 발생한 결과다. 하나님은 이스라엘의 모든 유대인이 그분이 하나님이심을 고백할 수 있도록 하기 위해 반유대주의 민족을 이끌어 이스라엘 민족을 징계하셨다"는 내용의 글을 썼다는 사실을 생각하면, 해기에 대한 반응은 자못 놀라운 것이었다. 해기의 우려스러운 발언에도 불구하고 ADL의 폭스먼은 그가 이스라엘을 지지하고 있기 때문에 나름의 역할이 있다고 선언했다.

크리스천 시온주의자들의 목적을 아는 이스라엘인은 온건해졌고, 유대계 미국인들은 그들의 포용심에 경계의 눈초리로 대했다. 역사가 나오미 코헨은 말한다. "이스라엘의 요구사항이 아니었다면 대부분의 미국유대인은 생각할 것도 없이 신크리스천 우파와의 모든 관계를 거절했을 것이다." 그들은 유대인을 기독교로 개종시키는 것이 복음주의단체의 장기적인 목표라며 우려한다. 더불어 크리스천 시온주의자의 비타협적인 태도가 팔레스타인과의 영구적인 평화 조성을 힘들게 만들 것이라고 염려한다.

당장의 평화를 위한 미국인들의 모임에서 활동하는 조앤 모트는 미국유대인과 크리스천 우파 간의 동조 관계를 '사악한 제휴'라고 부른다. 이스라엘 칼럼리스트 온건파 요시 앨퍼는 정착지 확장을 지지하는 크리스천은 우리를 완전한 재앙의 시나리오로 몰아가고 있다고 경고한다. 그는 CBS 뉴스와의 대담에서 "하나님이 이들로부터 우리를 구하실 것"이라고 말했다. 이스라엘계 미국인 학자인 게르숌 고렌버그도 "세대주의 신학은 유대인의 행복한 운명을 예견하지 않는다"며, "유대인은 멸망하거나, 개종하거나 둘 중 하나"라고 비슷한 견해를 펼친다. 특히 "크리스천 시온주의자들은 진정으로 유대 민족을 사랑하지 않는다. 우리를 그들의 연극 속 등장인물로 사랑하며, 그 연극은 유대인들이 4막에서 사라지는 5막짜리 연극"이라고 말한다.

크리스천 시온주의의 영향력

이스라엘 로비에서 크리스천 시온주의가 차지하는 비중은 어느 정도일까? 크리스천 시온주의자는 정착운동을 재정적으로 지원하고 '영토 양보'를 공개적으로 비난함으로써 미국과 이스라엘에서 강경파의 입지를 강화하면서 미국 지도자들이 이스라엘을 압박하기 힘들게 했다. 그들의 후원이 아니었다면 이스라엘의 정착인 수는 훨씬 적었을 것이다. 미국과 이스라엘 정부는 그들의 정치활동, 점령 지구 내에서 머무는 문제로 인한 압박을 덜 받았을 것이다. 게다가 크리스천의 투어(상당 부분이 복음주의 크리스천의 후원으로 이루어진다)는 이스라엘의 무시할 수 없는 소득원이 되고 있으며, 해마다 10억 달러 가까운 수입을 발생시킨다.

비유대인이면서 목소리가 큰 이스라엘 후원자는 미국의 지원을 미국유대인들의 하소연에 반응하는 것 이상으로 이끈다. 유대인 선거구민을 보유하지 못한 정치가의 정치적 계산에 영향을 줄 수 있다. 역사가 어바인 앤더슨은 "세대주의적 사고는 기독교 성경의 영향을 기초로 이스라엘 국가를 지지하는 미국의 문화적 경향을 강화한다"고 말한다. 특히 성경을 읽으면서 자란 사람은 유대인이 팔레스타인으로 모이는 현상을 '재림의 전주곡'으로 이해할 수 있다. 또 많은 미국인이 유대인들이 팔레스타인으로 귀환해서 나라를 세우는 것은 정당한 일이라고 생각할 수 있다.

그렇다고 크리스천 시온주의자들의 영향을 과대평가할 일은 아니다. 거대한 이스라엘을 향한 그들의 집착과 2개 국가 해법에 대한 반대에도 불구하고, 2000년 캠프 데이비드 회담에서 클린턴 행정부가 내세운 2개 국가 해법 추구를 막지 못했다. 또한 요르단강 서안에서 이스라엘인의 이동을 명령했던 1998년 와이리버 협정도 막지 못했다. 2001년 크리스천 우파와 밀접한 관계를 맺으면서 팔레스타인 국가 건설을 지지한다고 선언한 조지 W. 부시 대통령의 선언을 막는 데도 실패했다.

크리스천 시온주의자들이 미국의 중동 문제에 무심한 이유가 몇 가지 있다. 크리스천 우파는 부시 대통령의 정치 기반에 핵심적인 부분으로 작용(이것이 어느 정도까지는 넓은 의미의 로비활동에서 크리스천 시온주의자들의 힘을 실어주는 요인이 되었다)하면서 부시 대통령과의 제휴를 통해 광범위한 사회 문제까지 영향을 미쳤다. 이스라엘 지원은 로버트슨, 바우어, 폴웰이 관심을 갖는 쟁점 중 하나에 불과하고, 그것이 가장 중요한 쟁점이 아닐 수도 있다. 크리스천 우파의 지도자들은 4000만 명 이상의 결신한 복음주의 기독교인을 대변한다고 주장하지만, 이스라엘을 깊이 염려하는 신도들이 적다는 것은 의심할 여지가 없다. AIPAC과 대조적으로 국가 안보에 대한 분석력이나 외교 정책에 관한 법 제정을 지도할 만한 조직력도 부족하다. 1980년 루스 몰리, 1999년 어바인 앤더슨이 실시한 의회 조력자의 활동 조사를 보면 폴웰이나 명망 있는 우파 종교인이 이스라엘 문제로 의회를 직접 상대해서 로비를 펼쳤다는 증거가 없다.

마찬가지로 크리스천과 유대인 간 국제조합IFCJ의 설립자 랍비 예기엘 엑스타인은 이스라엘 작가 제브 차페츠에게 말했다. "2003년 국가안보보좌관 콘돌리자 라이스를 방문할 때 인솔했던 복음주의자 대표단이 이스라엘을 위해 백악관에 로비한 유일한 크리스천 그룹이었다." 엑스타인의 말에 과장이 있더라도 이스라엘이 복음주의자의 관심 목록에 오른 이슈 중 하나에 불과하다는 것은 명백하다. 그와 대조적으로 AIPAC, ADL, ZOA, 대표자콘퍼런스는 이스라엘에 대한 미국 지원을 활동 계획 우선순위에 올려놓고, 외교 정책에 영향을 주기 위한 노력의 일환으로 JINSA나 WINEP과 같은 싱크탱크의 지원을 받고 있다.

기독교는 복잡한 도덕적·종교적 교리들을 내포하며 이스라엘에 대한 무조건적인 지원을 격려하지도 정당화하지도 않는다. 크리스천 시온주의자들은 성경의 예언이 전 팔레스타인에 대한 유대인의 통치를 정당화한다고 생각할지 모른다. 그러나 '네 이웃을 네 몸과 같이 사랑하라'는 그리스도의 가르침은 팔레스타인 주민을 다루는 이스라엘의 태도와 어긋난다. 주류 크리스천 교회가 평화와 정의라는 원리에 입각해서 2개 국가 해법을 공개적으로 지지하고 이스라엘 정책의 많은 관점을 비판할 때, 구약 성경의 내용과 유대-기독교 전통이 유사하다는 사실은 비판으로부터 자유롭지 못했다. 미국유대인의 경우 이스라엘이 하는 일을 모두 지지하지 않는다. 복음주의자를 포함한 크리스천도 마찬가지다.

크리스천 시온주의자들은 주요 친이스라엘 유대인단체처럼 재정 능력이 없고, 중동 문제를 다룰 때 그들이 활용하는 미디어 이용 능력도 없다. 크리스천 시온주의자들의 중심에 있던 로버트슨이나 바우어가 도덕적 또는 종교적 문제를 가지고 이야기할 때 미디어의 관심은 끌 수 있지만, 이스라엘이나 중동을 다룬 시사 문제에 관련된 매체들은 이들보다는 브루킹스연구소나 WINEP의 이야기에 귀 기울일 게 뻔하다. 크리스천 시온주의자들을 로비에 관여하는 유대인 구성원으로 볼 수 있지만, 핵심은 아니다.

로비가 갖는 힘의 원천

이스라엘 로비가 그토록 효과적인 이유는 무엇일까? 하나는 미국 정치 시스템의 개방성이다. 미국 정부의 형태는 전통적으로 언론의 자유가 보장되어 있다. 선거 비용이 필요할 뿐 아니라 선거자금에 대한 규제가 미약한 분리형 시스템이다. 이런 환경이 다른 그룹이 상이한 방법으로 정책에 접근하고 영향을 주게 만든다. 이익집단은 선호하는 후보에게 선거자금을 제공하고 견해를 달리하는 후보를 낙선시킨다. 그들은 선출된 국회의원이나 행정부 구성원을 대상으로 로비할 수 있으며, 지지하는 사람이 정책을 입안하는 핵심 위치에 임명될 수 있도록 힘쓴다. 더욱이 이익집단은 다양한 방법을 동원해서 여론을 형성한다. 의견을 같이하는 저널리스트를 활용하거나, 책 쓰기, 특집 기사 쓰기 등 견해를 달리하는 사람을 깎아내리거나 고립시키는 방법이다. 의욕적이고 자원이 풍부한 경우라면 공공 정책에 영향을 줄 방법은 무궁무진하다.

로비의 효율성은 다원화된 사회에서 이루어지는 이익집단의 정치적 역동성을 반영한다. 민주주의하에서는 소규모집단이라 하더라도 특정 쟁점에 헌신적일 때, 다른 사람들이 대체로 무관심할 때 상당한 영향력을 행사할 수 있다. 단의 수가 적어도 정책 입안자들, 특히 국회의원은 집단의 의견을 수용하는 경향을 띤다. 자신을 탓할 사람이 없다는 확신 때문이다. 미국의 상원의원과 동료가 로비에 밀려 논란의 여지가 있는 법안에 서명하게 된 이유를 물었다. 그들은 "서명하지 않는다고 해서 정치적으로 얻을 수 있는 이득은 없고 서명해도 화낼 사람이 없지만, 서명하지 않을 경우 미국에 사는 일부 유대인을 화나게 할 수 있다"고 대답했다.

미국 정치는 작지만 강력한 이익집단에 의해 영향력이 쏠린다. 이는 반대집단의 영향력이 약하거나 존재하지 않을 때 심화된다. 정치가는 한쪽의 이익을 수용할 수밖에 없는데, 대중은 한쪽 이야기만 듣기 쉽다는 것이 그 이유다. 특정 이익집단은 농촌 지원이건 외교 정책이건 간에 그들의 절대 수를 뛰어넘는 정치력을 구사할 수 있다.

이스라엘 로비는 영향력 경쟁에서 많은 이점을 가지고 있다. 미국유대인은 비교적 부유하고, 교육 수준이 높으며, 감탄할 만한 박애주의의 전통을 가지고 있다. 그들은 정당에 후한 헌금을 하고 높은 수준의 정치 참여도를 보인다. 물론 일부 미국유대인단체가 이스라엘에 헌신적이지 않을 수 있다. 하지만 대다수가 관여하고 있고 상당한 소규모단체가 이스라엘 문제라면 발 벗고 나선다. 그들이 크리스천 시온주의자들의 후원에 줄을 대는 행운을 얻기라도 하면 잠재적인 기반을 확보하는 셈이다.

그에 못지않게 중요한 것은 로비에 참여하는 주요 유대인조직이 괄목할 만한 자원과 전문성을 갖추고 있다는 점이다. 정치학자 로버트 트라이스에 의하면, 대부분의 주요 유대인단체들의 특징은 구성원이 많고 훈련된 전문가를 보유하고 재정이 탄탄한 사회·복지·정치 프로그램을 가지고 있다. 또한 전문성이 있는 실무자 그룹과 커뮤니케이션 네트워크를 보유하고 있다. 조직을 보유한다는 것은 중요한 외교 정책에 문제가 발생할 때 친이스라엘운동이 전국적인 수준에서 결집할 수 있는 조직력을 소유한다는 의미다.

이러한 노력은 미국인들이 갖는 이스라엘에 대한 이미지가 우호적이라는 사실에서 힘을 얻는다. 전 상원의원 워렌 루드먼(뉴햄프셔주, 공화당)은 "이스라엘이 소비자가 선호하는 상품을 가지고 있다"고 말한다. 앞으로 살펴보겠지만 우호적인 이미지는 이스라엘의 좋은 면을 보여주려는 로비의 노력 때문이다. 이는 미국과 이스라엘이 유대-크리스천 문화를 공유하며 다양한 비공식 관계에 의해 연결되어 있다는 데 기인한다.

로비는 효과적인 반대파가 없다는 데서 힘을 얻는다. 상원의원이 지적한 것처럼 대항하는 정서가 없다. AIPAC의 압력에 반하는 투표를 했다고 해서 정말 잘했다고 할 사람은 없다. 아랍계 미국인들은 정치적으로 적극적이지 않다. 숫자가 적을 뿐 아니라 유대계 미국인처럼 부유하지 않고, 짜인 조직을 가지고 있지 못하며, 다양성이 두드러지지 않기 때문이다. 그룹으로 볼 때 아랍계 미국인은 학계, 기업, 미디어 관련 업계에서 탁월한 지위를 차지하지 못하고, 정치계에서도 눈에 띄지 않는다. 또한 아랍인의 미국 이민이 본격화된 시기가 2000년대 후반일 뿐 아니라 이민 1세가 풍요롭지 못하고, 요직에 있는 사람들도 적다. 게다가 미국의 사회적 관습과 제도에 익숙하지 못하고, 정치에 적극적이지 못한 결과로 다음 세대에 비해 영향력이 적다는 점에서 부분적인 이유를 찾을 수 있다. 친아랍조직도 이스라엘 로비를 구성하는 그룹의 상대가 되지 못한다. 미국에 친아랍, 친팔레스타인 이익집단이 있지만, 그들은 AIPAC이나 친이스라엘조직에 비해 규모가 작고, 자금력이 없으며, 효율성도 떨어진다.

AIPAC에서 발행하는 《니어 이스트 리포트》의 전 편집장 미첼 바드는 말한다. "아랍 로비는 처음부터 선거구 정치에서 불이익을 당했을 뿐 아니라 조직에서도 열세였다. 정치적 마인드를 가진 단체들이 있기는 하지만, 대부분이 재정적 지원이나 대중의 지지 없이 혼자서 이끌어가는 조직이다." 미국 정치가들은 아랍계 미국인 로비로부터 압력을 받는다고 불평하는 일이 없다 (전혀 없는 경우가 많다). 그들의 의견을 수용하기 위해 입장을 바꿔야 할 이유가 없는 것이다. 트루먼 전 대통령은 "정치 생활 중 한 번도 아랍표가 세력이 비슷한 선거전을 흔들어 놓는 것을 본 적이 없다"고 말했다.

아랍계 미국인의 출신국과 배경이 다양하고 이슬람교도와 기독교인이 섞여 있어서 중동 문제에 일치된 목소리를 내기가 쉽지 않다. 실제로 날카로운 의견 대립을 보이기도 한다. 많은 미국인이 이스라엘과 미국 간의 문화적 동질감을 느끼고 이스라엘 사람은 우리와 마찬가지라는 믿음을 갖는다. 하지만 아랍인은 낯선(심지어는 적대적인) 문명권의 사람으로 생각되는 일이 많다. 그 결과 미국유대인이나 그들의 크리스천 친구들과 달리 아랍계 미국인이 미국인의 마음을 사로잡기 힘들 수밖에 없다. 1981년 아랍계 미국인 그룹에 대해 트라이스가 내린 평가는 진실하다. "대부분의 중동 정책에 미치는 그들의 영향력은 무시해도 좋은 수준이다."

미미한 석유의 영향

아랍 정부도, 아랍이 과시하는 '오일 로비'도 이스라엘 로비와 견줄 수 있는 수준이 아니다. 석유회사나 부유한 산유국이 미국 중동 정책에 영향력을 행사한다는 믿음이 퍼져 있다. 2003년 이라크 전쟁은 오일 전쟁이며 할리버튼(세계에서 가장 큰 석유 채굴 기업 중 하나) 같은 관련 기업의 이익 때문이라는 주장이 있다. 이러한 견해는 흥미롭게도 이스라엘 옹호자 마틴 페레스, 노엄 촘스키, 스티븐 존스와 같은 비평가에 의해 조성되고 전파된다. 부시 가족과 사우디 왕가가 인적·재정적으로 결탁해서 미국에 불리한 중동 정책을 수립했다는 주장도 있다. 다양한 해석은 이스라엘 로비스트가 많은 로비스트 중 하나에 불과하며, 가장 중요한 것이 아닐 수 있다는 생각을 유도한다.

2000년대 초반만 해도 미국이 페르시아만에 깔린 에너지 자원에 전략적 관심을 갖는 데는 의심할 여지가 없었다. 2024년 현재 미국은 셰일 혁명으로 에너지 자립도가 꾸준히 상승하고 있다. 미국 내 원유 생산 증가로 이제 중동의 원유 수입은 감소하고, 당분간 이 추세는 이어질 전망이다. 그런데 석유와 천연가스는 복잡하게 얽힌 세계시장에서 거래되기 때문에 전체적인 공급에 차질을 가져오는 일체가 가격 상승의 요인이 되고, 경제에 타격을 준다. 에너지 중동 의존도가 높았을 당시 미국 지도자들이 페르시아만을 중요한 관심사로 보고, 그 지역의 힘의 균형을 꾀함과 동시에 적대 국가가 해당 지역으로부터 석유를 수송하지 못하도록 조치한 이유다. 미국은 이 기본적인 사실 때문에 국내 및 외교 정책에서 견해 차이를 보이는데도 걸프 지역의 나라와 우호적인 관계를 모색했다.

석유는 제2차 세계대전 후 사우디와 밀접한 동맹국이 되게 만들었으며, 여러 해 동안 이란 국왕 샤를의 지지를 이끌었다. 정권이 무너진 1979년 후, 힘의 균형을 유지하고 석유의 흐름을 지킨다는 소망이 '이란-이라크 전쟁(1980~1988)' 중 레이건 행정부를 후세인이 통치하는 이라크로 기울게 했다. 1990년 미국은 산유국 쿠웨이트를 점령한 이라크를 쫓아내기 위해 전쟁에 개입했다. 해당 지역에서 한 나라가 헤게모니를 쥐는 것을 막는다는 미국의 오랜 정책과 일관하는 조치였다. 이런 정책을 실현하기 위해서 강력한 로비가 필요하지 않았다. 비우호적인 손아귀로부터 페르시아만을 지켜야 할 필요성에 대해 의문을 제기할 사람은 아무도 없었다.

　미국이 석유에 대한 접근의 차원을 넘어서서 중동에 진출한다는 의도를 가지고 있을 때, 부유한 아랍 국가도, 강력한 오일 로비도 미국의 정책에 큰 영향을 미치지 못했다. 아랍의 오일 달러나 에너지회사가 미국의 정책을 조종한다면 미국은 이스라엘을 멀리할 수밖에 없고, 팔레스타인이 국가를 건설하도록 도울 것이다. 지금까지 사우디아라비아와 같은 나라들이 이스라엘-팔레스타인 갈등에 공평한 입장을 취하도록 워싱턴에 압력을 넣었지만 소용이 없었다.

　1973년 10월 전쟁 중 석유 무기를 휘둘렀어도 이스라엘에 대한 지원이나 중동 지역과 관련한 미국의 전반적인 정책에 영향을 미치지 못했을 것이다. 마찬가지로 오일회사가 미국의 정책을 조종한다면 워싱턴이 후세인의 이라크, 무아마르 카다피의 리비아, 이슬람 공화국과 같은 대형 산유국의 비위를 맞추고, 미국 기업들이 에너지 개발을 도왔을 것이다. 시장에 내다 팔아서 돈을 벌어들이는 것을 기대할 수 있다. 그러나 미국은 3개국에 경제 제재를 가했다. 석유 산업의 기대와는 정반대였다. 파트 II에서 보겠지만, 미국 기업이 이득을 볼 수 있는 비즈니스 거래를 좌절시키면서 미국 정부가 고의로 개입한 경우도 있다. 일부 비평가가 생각하듯 오일 로비가 강력하다면 그런 상황들이 발생했을 리 만무하다.

　부유한 산유국들이 미국에서 그들의 이미지를 제고하고 특정한 무기 거래를 위해 홍보 전문회사와 전문 로비스트를 고용해 로비를 벌인다. 때때로 노력의 결실을 보기도 한다. 주목할 만한 성과는 AIPAC의 반대에도 불구하고 의회를 설득해 1982년 사우디아라비아에 대한 공중조기경보기AWACS의 판매 승인을 얻어낸 것이다. 이스라엘 로비의 한계성과 아랍 로비의 영향력을 주장하기 위해 이 사례를 거론하기도 하지만, 아랍 로비가 승리할 수 있었던 것은 유리한 조건들 때문이다. 그 조건이란 우선 석유의 전략적 중요성이 뚜렷했고, 소련은 걸프 지역에 군사적 위협으로 비쳤다. 또한 로널드 레이건 대통령이 인기가 있었고, 행정부가 의회의 승인을 얻어내기 위해 총력을 기울였다는 점이다. 그런데도 판매 안건은 간신히 통과(상원에서 최종 투표 결과는 52:48이었다)되었다. 레이건은 로비와 의회의 새로운 반대에 부딪혔고, 사우디아라비아와 요르단에 대한 후속 무기 판매를 철회해야 했다.

로비와 산유국의 영향력

미국에서 아랍 산유국이 갖는 영향력의 한계는 지지 기반이 부족하다는 데서 기인한다. 그들은 로비활동을 벌이기 위해 전문적인 로비스트나 홍보 회사에 의존할 수밖에 없다. 비평가가 외국 권력의 대리인에 불과하다며 로비스트의 대표성에 흠집을 내기 쉽다. AIPAC 전 집행위원장 톰 다인은 사우디의 로비활동을 평가 절하한 적이 있다. "그들은 프레드 더튼과 같은 외국 에이전트를 고용해 자기들이 시키는 대로 하게 만든다. 에이전트의 지원은 미국 토양에 뿌리를 박고 있는 것이 아니다." 그와 대조적으로 이스라엘 로비는 미국 시민의 일부가 정치에 참여하는 것을 의미하며, 합법적인 형태의 정치활동으로서 정당하게 받아들여진다.

대부분의 산유국 정부는 권력 유지를 위해 많은 수익원에 의존한다. 그런 상황에서 공급을 감축하겠다고 위협해도 신뢰하지 않으므로 영향력이 줄어들 수밖에 없다. 정부가 서방 경제에 엄청난 투자를 하고 있어서 경제 불황이 지속될 경우 막대한 손실을 감수해야 한다. 생산을 감축하면 가격이 올라가고, 대체 에너지원이 매력적으로 보일 수밖에 없다. 미국을 포함한 많은 국가가 석유 의존도에서 벗어날 수 있는 동기로 작용할 것이다. 그렇게 되면 산업 강국을 석유와 가스에 묶어두고 싶은 주요 산유국은 언제라도 영향력을 발휘할 수 있는 효과적인 수단을 잃어버리게 될 것이다. 그 결과 미국의 수입 에너지 의존도가 미국의 정책에 영향력을 행사할 수 없다.

에너지회사는 어떠한가? 이들이 로비활동을 벌이는 것은 사실이지만, 최근 대부분의 노력을 외교 정책보다는 상업적 이익에 기울여 왔다. 에너지회사는 특별히 조세 정책, 정부 규제, 환경 문제, 시추 가능 지역에 대한 접근, 기타 실무적인 에너지 정책에 집중한다. 그들에게 외교 정책은 통상적으로 제2의 관심사다. 정치학자 로버트 트라이스에 따르면 그들의 일차적인 목표는 중동에서 그들의 이익을 극대화할 수 있는 정치적·경제적 환경을 조성하는 것이다. 정치적 이익에 대한 기업 경영자의 관심은 일반적으로 친아랍 그룹에 비해 제한적이다.

그들의 관심 영역이 좁다는 사실은 석유 산업의 대표적 무역협회인 미국 석유협회 웹사이트에 들어가 보면 알 수 있다. '정책 이슈'라는 표제 밑에 기후 변화, 탐사·생산, 연료, 세금과 무역, 고국의 안전이라는 다섯 가지 항목이 제시되어 있다. 사이트 어디서도 이스라엘, 아랍-이스라엘의 갈등이나 외교 정책에 대한 언급은 찾아볼 수 없다. 그와 대조적으로 AIPAC, ADL, 대표자 콘퍼런스CPMAJO의 웹사이트에서는 이스라엘과 미국 외교 정책이 등장한다. 1980년대 초 AIPAC의 모리스 아미타이는 말했다. "석유 사업가나 기업 경영자가 로비하는 것을 보면 99%는 자신의 이익에 도움이 된다고 판단하는 일에 집중한다. 세법과 관련한 로비를 하는 것이다. 외교 정책에 관한 문제를 놓고 로비하는 일은 없다. 어떤 의미에서 그 분야는 우리의 영역에 속한다."

미국 기업은 친이스라엘단체의 보복이 두려워 미국 중동 정책에 영향을 주는 일을 기피하는 경향이 있다. 1975년 걸프 석유가 미국 내 친아랍 활동을 위해 재정 보증을 했다는 사실이 탄로나면서 대표자콘퍼런스와 반인종주의연맹의 공공연한 비난을 샀다. 걸프는 자신의 행동을 사과하고 독자들에게 앞으로는 절대로 그런 일이 없을 것이라는 내용의 광고를 《뉴욕 타임스》에 실었다. 트라이스는 "미국 기업들이 중동 문제와 관련한 국내 정치 토론에 참여하지 않으려는 경향을 보인다"며, 그 이유를 "경계를 늦추지 않고 민감하게 반응하는 친이스라엘 로비 때문"이라고 분석했다.

일부 논평자는 석유·가스회사가 이라크에서 돈이 벌리는 양보를 얻어내거나, 석유 가격을 올려서 이익을 얻기 위한 목적으로 미국의 정책을 조종하고 불안정한 상황을 조성한다고 믿는다. 그러나 직접적인 증거를 찾기 어렵고 주요 에너지회사의 장기적인 이익에 위반된다. 에너지회사는 석유가 풍부한 지역에서의 전쟁, 경제제재, 정권 교체를 기피한다. 이런 사태는 유전과 가스전에 대한 접근을 위협해 돈을 벌 기회를 없애고, 미국인이 석유회사의 주요 생산품에 대한 수요를 줄이는 방법을 고려할 수 없게 만든다.

당시 딕 체니 부통령은 대형 석유 서비스회사 핼리버튼의 사장으로 있던 1990년대 미국에 의한 이란의 경제제재를 반대했다(10장에서 언급하는 바, 주로 로비에 의한 정책이었음). 미국 기업이 미국의 제재 만능 정책 때문에 뒤처지고 있다고 불평했다. 과거 체니의 입장을 볼 때, 만약 석유회사가 중동 정책을 통제할 수 있었다면 미국은 다른 목적을 추구할 수밖에 없었을 것이다.

훌륭한 자본가인 석유회사는 그들이 참여하지 않은 외교 정책에서 이익을 얻고, 그 사실을 부정하지도 않는다. 후세인과의 비즈니스를 마다하지 않았을 석유회사가 이라크에서 여전히 돈이 벌리는 양보를 얻어내려 하는 것은 놀랄 일이 아니다. 그러나 미국 외교 정책에 대한 아랍 정부와 오일 로비의 영향력은 이스라엘 로비와 비교가 안 된다.

석유 사업가는 외교 정책을 그들이 좋아하는 방향으로 기울게 하지 않아도 될 뿐 아니라 이스라엘 같은 영향력도 없기 때문이다. 1970년대 초 컬럼비아대학교의 교수이자 케네디와 존슨 정부 시절 국무부 차관을 지낸 로저

힐스만은 다음과 같은 견해를 밝혔다. "전문적인 식견이 없는 일반인이라도 석유가 제왕으로 군림하는 중동에 대한 미국의 외교 정책은 미국의 석유 산업보다 미국유대인 공동체의 압력, 이스라엘을 도우려는 자연스러운 욕구에 민감하게 반응해 왔다는 사실을 잘 안다." 《니어 이스트 리포트》 전 편집장이자 미국 이스라엘 협력기업AICE에서 현재(2024년 기준) 전무이사를 맡고 있는 이스라엘과 아랍의 로비를 비교하면서 아람코 같은 석유회사가 로비 캠페인을 벌였지만, 미국 정책에 가시적인 영향을 주지 못했다는 점을 인정한다. AIPAC의 전 법률 담당 이사 더글러스 블룸필드는 2003년 BBC 뉴스에서 "AIPAC은 반대 세력이 전혀 없다는 엄청난 이점을 가지고 있다"고 말했다.

'이중 충성Dual Loyalty'의 문제

미국유대인으로 구성되어 있으며, 미국 정책을 친이스라엘로 몰고 가려는 세력으로 구성된 '이스라엘 로비'의 모습을 지켜보는 사람들은 불편함을 느낄 수 있다. 과거 유럽에서 반유대주의자들이 사용하던 유언비어 '이중 충성'이라는 망령을 다시 보는 것 같다는 이유 때문이다. 이중 충성의 배경에는 전 세계에 흩어져 사는 유대인들은 영원한 이방인으로서 동화될 수 없고 훌륭한 애국자가 될 수도 없다는 의미가 깔려 있다. 지금은 퇴색되어 버린 이 주장으로는 유대인들은 자기들끼리만 충성한다. 또한 오래전 폭로되어 신뢰를 잃어버린 '시온 장로들의 의정서Protocols of the Elders of Zion'에 따르면 이렇다. "유대인은 그들이 거주하는 나라에서 세상을 지배하려고 비밀스레 음모를 꾸미는 유대인 장로위원회를 위해 일하면서 제5열(전시에 후방 교란, 간첩 행위 등으로 적국의 진격을 돕는 자)처럼 작용한다. 반유대적 배경을 안고 있는 이중 충성은 유대인은 자기들끼리만 충성하며, 본국에 대해서는 진정한 충성심이 없다는 뜻을 내포한다."

그러나 오늘날 학자와 논평자는 이중 충성을 1개 이상의 국가에 순수한 충성심을 가지고 있는 폭넓은 상황을 중립적이고 경멸적으로 표현할 때 쓴다. 이스라엘 정치학자 가브리엘 셰퍼는 2003년 "다른 인종적 배경을 가진 디아스포라Diaspora를 비교하면서 그들의 행태를 '전체 충성', '이중 충성', '분리 충성'으로 구분한다. 그리고 이 세 가지 반응 모두 '인종', '민족', '종교집단'이 서로 다른 나라에 흩어져 있을 때 발생한다"고 언급했다. 사려 깊은 유대계 미국인이 자신들의 태도와 경험을 설명하기 위해 이중 충성이라는 말을 사용하는 경우가 있다. 그들이 의미하는 것은 과거 반유대인이 유대인을 비방하기 위해 사용하던 것과는 다르다.

유대계 미국인이 충성심이 없다는 어떤 견해도 옳지 못하다. 우리는 "미국 유대인이 미국 시민 중 가장 애국적이고 충성된 사람이라고 해도 지나치지 않다"는 대표자콘퍼런스CPMAJO의 말콤 호엔라인의 말에 전적으로 동의한다. 앞에서 밝혔듯이 이스라엘을 위한 로비는 미국의 정치적 전통과 일관성이 있다. 미국의 정치는 모든 개인이 국가, 종교, 가정, 고용인 등에 대한 애정과 충성심을 가질 수 있고, 미국 시민은 공식적/비공식적 결합을 통해 그런 충성심과 관심을 표현할 수 있다는 가정하에 전개되었다.

2006년 퓨 글로벌 애티튜드Pew Global Attitudes가 13개국의 크리스천을 대상으로 한 조사에서 미국인 42%가 자신을 크리스천으로 우선 생각하고, 그다음 미국인으로 본다고 대답했다. 외국에 대한 호감을 포함하는 상이한 애착심은 조상, 종교 관계, 개인적 경험(외국 유학, 미국 평화봉사단 활동 등), 또는 얼마간의 다른 원인에 기인한다. 미국 시민이 정치 생활에서 애착심과 호감을 표현하는 것은 합법적이고, 그것이 실질적인 민주주의다. 미국인은 이중 국적을 가질 수 있고 외국 군대에서 복무하는 것까지 허용된다. 실제로 그런 사례가 있다.

미국 외교 정책에 영향을 주어 이스라엘을 유익하게 만드는 미국인 대다수가 실제 미국에 도움이 된다고 믿는다. AIPAC의 전 집행위원장인 톰 다인은 인터뷰에서 말한다. "나는 미국 외교 정책에 대해, 어떻게 세계에서 미국의 지위를 강화할 수 있을 것인지 생각하면서 이 일을 하게 되었다. 동시에 이스라엘에 대해 많은 생각을 했다. 그것은 내가 유대인이기 때문이다." 전 대표자콘퍼런스 회장 테오도르 만은 2001년, "지도적인 위치에 있는 미국유대인이 미국과 이스라엘의 이해를 동일하게 생각한다"고 말했다.

이해관계의 상충

이런 관점이 폭넓고 깊숙이 자리 잡고 있다는 것은 의심할 수 없지만, 한 가지 문제가 있다. 언제나 두 나라의 이해가 같을 수 없다는 것이다. 국제정치가 꼭 그렇게 되는 것은 아니다. 이스라엘과 미국의 이해가 상충 되는 사례는 과거에도 있었고 앞으로도 마찬가지일 것이다. 1960년대 이스라엘의 핵무기 보유는 전략적으로 이해가 가지만, 이스라엘의 핵무기 개발은 미국의 이익에 부합하지 않았다. 이스라엘이 무고한 팔레스타인인을 죽이거나 다치게 할 때 그것은 미국의 국가적 이익에 맞는 일이 아니다(고의성이 없다 하더라도). 미국이 만든 무기를 사용할 때는 더욱 그렇다. 1982년 이스라엘이 레바논을 침공하기로 한 결정에서 유사한 이해의 차이를 볼 수 있다. 이스라엘이 사우디아라비아와 페르시아만 국가에 대한 미국의 첨단 무기 판매 계획에 반대하는 데서도 그것을 읽을 수 있다.

이스라엘 지지자는 예루살렘과 워싱턴 사이에 근본적인 이해의 차이가 있다는 사실을 인정하지 않는다. 그들은 2장과 3장에서 설명한 것처럼 논박한 전략적·도덕적 근거를 철저하게 수용하고, 근거의 변함없는 타당성을 정책 입안자에게 설득하기 위해 힘쓴다. 그들이 이런 견해에 집착하는 데는 중요한 가치가 갈등을 일으킬 때 통상적으로 인간이 느끼는 불안감이 작용할 수 있다. 미국과 이스라엘의 이해가 상충될 때 이스라엘의 일부 미국 지지자들은 미국을 포기하고 이스라엘을 선택해야 하는 경우가 존재한다는 사실을 인정하지 않을 것이다.

일부 유력한 정책 입안자들을 포함한 사려 깊은 유대계 미국인은 유대인의 정체성, 이스라엘의 복지에 대해 납득할 만한 관심, 미국에 대한 순수한 충성심 사이에 갈등이 일어날 가능성은 물론 일어나고 있다는 사실을 터놓고 인정한다. 헨리 키신저는 비망록에서 이 문제를 솔직하게 다루고 있다. "신앙의 차원을 떠나서 이야기한다. 나치집단수용소에서 죽은 내 가족 13명의 희생을 결코 잊지 못한다. 대부분의 이스라엘 리더가 개인적인 친구였다. 나는 나의 감정이 선호하는 것을 내가 인식하는 국가의 이익에 종속시켜야 했다. 언제나 쉬운 일은 아니었다. 이따금 아픔으로 다가왔다."

미국인이 다른 나라에 강한 호감을 느낄 때 그 애정의 근원이 무엇이든, 조국에 대한 그들의 결의가 얼마나 일관성이 있느냐와 상관없이 긴장이 생기게 마련이다. 많은 사람이 인정하지 않지만, 키신저는 그것을 인정한다. 빌 클린턴의 중동 문제 보좌관이었던 익명의 인물은 말했다. "미국의 이익을 위해 행동하지만, 프리즘을 통과시킨 후 행동한다." 유대계 미국인 외교관도 비슷한 감정을 표현했다. "내가 중동이나 UN에서 일하지 않게 된 것을 하나님께 감사드린다. 이스라엘에 반대표를 던져야 할 것이기 때문이다."

이들의 이야기가 불충을 고백하는 것은 아니다. 그들은 모든 인간이 느끼고 갈등을 일으키는 복잡한 충성심에 대해 감탄스러울 만큼 솔직하다. 2003년 저널리스트 에릭 알터만도 자신의 이중 충성은 이스라엘 10대 투어 리더, AIPAC대학교 대표는 말할 것도 없고, 부모로부터, 조부모로부터, 히브리학교 교사와 랍비로부터 주입된 것이라고 솔직하게 인정했다. 알터만은 미국을 포기하고 이스라엘을 선택하는 일이 일어나지 않으리라 생각하는 대신 이렇게 말했다. "최소한 미국과 이스라엘의 이해가 상충되는 가상적인 경우를 생각할 만큼 솔직해져야 한다. 이스라엘의 최선을 지지하게 된다는 사실을 인정할 수밖에 없는 자신을 발견하고 상당한 고독을 느낀다." 알터만 혼자서만 그런 상황을 겪는 것은 아니다. 미국유대인위원회의 전 국내 문제 담당 이사 스티븐 스타인라이트의 말을 들어보자. 유대인 민족주의자, 준※분리주의자로서 미국에서 자란 경험을 이야기한 후, 다음과 같이 덧붙인다.

세상에서 가장 중요한 분리는 '우리'와 '그들'이라는 사실을 주입하는 것이 민족주의자 훈련 과정이었다. 우리는 미국과 캐나다 국기에 경례를 붙였고, 진실한 감정으로 두 나라의 국가를 불렀다. 일차적인 충성이 향해야 할 곳은 분명했다. 그런 긴장이 생길 때마다 고전적이고 잘 다듬어진 대답을 알고 있다. 그것은 이스라엘과 미국은 민주주의다, 양자는 가치를 공유한다, 양자는 공통적인 전략적 이해를 갖는다, 한쪽에 대한 충성이 다른 쪽에 대한 불충을 의미한다고 볼 수 없다 등이다. 이는 엄청난 의문을 내포한다. 그것이 사실일지 모르지만, 예외사항을 배제한 절대적인 개념은 될 수 없다. 그룹에 대한 충성과 미국에 대한 광의의 소속감 사이에서 균형을 잡는 데 적지 않은 어려움을 겪는다. 미국은 이런 이중 충성을 대체로 참아주었다. 우리는 크리스천이 홀로코스트로 얻은 죄책감과 상관없다고 생각하지만 현실은 현실이다.

이런 현상이 유대계 미국인에게 국한되는 것이 아니라는 점은 중요하다. 이러한 긴장은 전 세계 인종이 한데 모여 형성된 미국 사회의 불가피한 특징이다. 양국 간에 명백한 갈등이 발생할 경우, 미국유대인 대다수가 미국의 이익보다는 이스라엘의 이익을 앞세우는 어떤 암시조차도 부인할 것이라는 점

역시 중요하다.

　미국이 이스라엘에 무조건적인 지원을 이어가야 한다고 믿는 유대인이나 비유대인이 그들의 입장을 내세울 권리는 얼마든지 있다. 그들의 충성심을 의심하는 것은 옳지 못하다. AIPAC과 같은 조직이 중립적이지 못하다거나 AIPAC, ADL, 대표자콘퍼런스cpmajo나 그와 비슷한 조직을 끌어가는 개인이 이스라엘에 대한 애정에 의해 동기부여가 된다는 사실을 지적하는 비평가 역시 정당하다. 외교 정책에 대한 그들의 생각을 이스라엘이 지배하기 때문이다.

　그렇지 않다면 대표자콘퍼런스의 호엔라인이 유대 국가의 안보에 몸을 바친다고 설명하는 이유가 무엇이겠는가? CUFI의 존 해기가 이스라엘 정착촌에 대한 지지와 미국의 공식적인 반대 입장의 갈등 가능성을 이야기하면서, 하나님의 법은 미국 정부의 법과 미 국무부의 법을 능가하는 것이 아니냐고 반문하는 이유가 무엇이겠는가? AIPAC의 전 정보 및 리서치 담당이사 레니 벤 데이비드는 1997~2000년 워싱턴의 이스라엘 미션 부국장으로 봉사하겠다고 동의했다. 이스라엘에 대한 강한 애착심으로 고무되지 않았다면 그렇게 했겠는가? 특별한 이해를 가진 로비가 미국의 국내/외교 정책에 미치는 영향을 묻는 것이 정당한 것처럼, 이들이 주장하는 정책이 미국의 국익에 도움이 되는지 묻는 것은 정당하다. 애국심을 비난할 수 없다 하더라도, 그들이 제시하는 조언으로 미국에 전략적 중요성이 있는 지역과 세계에 혼란을 주는 정책이 만들어질 수 있다. 조언의 건전성에 대해 의문을 제기하는 것은 유대인이 불충하다는 의미를 가지며, 낡아빠지고 이제는 아무도 신용하지 않는 이중 충성이라는 말과 관계가 없다.

결론

이스라엘 로비는 음모나 공동모의와 정반대다. 그것은 공공연하게 활동하면서 자신의 영향력을 선전한다. 이스라엘 로비를 구성하는 집단과 개인이 미국 외교 정책에 영향을 줄 수 있는 유리한 위치에 있기는 하다. 하지만 기본적인 활동 면에서 농촌 로비, 강철이나 직물 노동자, 인종 로비와 같은 압력단체와 다르지 않다. 그들을 차별화하는 것은 비범한 효율성이다. 앞으로 나올 두 챕터에서 이스라엘 로비가 목표를 이루기 위해 동원하는 전략을 살펴볼 것이다.

5장 정책 과정 이끌어가기
GUIDING THE POLICY PROCESS

　이스라엘에 대한 미국의 확고한 지원을 얻어내기 위해 로비에 참여하는 집단과 개인은 두 가지 광범위한 전략을 추구한다. 하나는 워싱턴의 정책 수립 과정에 상당한 영향력을 행사한다. 다른 하나는 이스라엘에 대한 우호적인 공개 토론이 이루어지고 그것이 앞서 살펴본 전략적·도덕적 근거를 반영할 수 있도록 노력을 기울인다. 이 장에서 두 가지 전략 중 첫째 전략을 살펴보고, 6장(대중 담론 지배하기)에서 자신들의 의도대로 대중 담론을 이끌기 위해 기울이는 노력을 이야기할 것이다.

　미국의 정치권력은 입법부와 행정부로 나뉜다. 로비가 겨냥하는 정부 부처가 어디냐에 따라 전술이 달라진다. 자신의 견해에 동조하는 개인을 선출하거나 핵심적인 위치에 앉히기 위해 노력한다. 그 외에도 로비집단은 독자 행보에 관심을 가질 수 있는 관리를 대상으로 정치적 계산에 부심한다. 입법자 또는 정책 입안자의 개인적 견해와 상관없이 로비는 이스라엘에 대한 무비판적인 지원이 멋진 정치적 선택이 될 수 있기를 희망한다. 이스라엘 로비는 힘있는 압력단체와 마찬가지로 핵심 관료가 기꺼이 고려할 수 있는 정책을 강요하며, 내심 피하고 싶지만 좋아하는 척하게 유도한다. 로비집단이 반대하는 문제를 미국 지도자가 고집하기 어렵게 하고, 핵심 리더가 이들 집단이 지지하는 정책을 선호할 수 있도록 인식을 형성하는 방법으로 목적을 달성한다.

국회의사당 쥐고 흔들기

로비 효율성의 핵심은 미국 의회에 행사하는 영향력에 있다. 이스라엘은 다른 나라와 달리 국회의 비판에서 벗어나 있다. 국회가 논쟁의 여지가 있는 쟁점을 다루고, 의견 대립이 다반사라는 점을 고려할 때 놀라운 현상이다. 낙태 문제, 군비 관리, 차별 철폐, 동성애자의 권리, 환경, 무역 정책, 건강관리, 이민, 복지 문제 등 어느 것이든 상관없이 의회에서는 활발한 토론이 이루어진다. 그러나 이스라엘 문제에 비판적이던 사람도 입을 다물기 때문에 토론이 이루어지지 않는다.

2007년 2월, 하원의 중동과 남아시아 관련 소위원회가 이스라엘-팔레스타인 평화 절차에 대한 청문회를 열었다. 이스라엘이 개입되면 신중한 검토가 이루어지지 않는다는 사실이 밝혀졌다. 잊혀가는 평화 절차를 재개하기 위한 당시 국무장관 콘돌리자 라이스의 노력과 관련해 소위원회는 증인 3명에게 증언을 구했다. 일부 정책 문제에 대한 이견이 있기는 해도 3명 모두 로비의 중심주의자였다. 클린턴 행정부 시절 두 차례 이스라엘 주재 미국 대사를 지냈으며 브루킹스연구소 부소장으로 2024년 생을 달리한 고故 마틴 인디크, 워싱턴근동정책연구소WINEP의 데이비드 마콥스키, 우익계 중동포럼을 이끄는 신보수주의 학자 다니엘 파이프스다.

팔레스타인인이나 아랍계 미국인은 말할 것도 없고, 이스라엘에 비판적인 사람은 한 사람도 참여하지 않았다. 그래서 대체안을 제시하거나 미국에 다른 접근 방법을 취하도록 제안할 수 있는 분위기가 아니었다. AIPAC에서 일했고, 2개 국가 해법을 열렬히 지지하는 온건파 친이스라엘단체인 이스라엘정책포럼의 핵심 인물 M. J. 로젠버그는 당시 상황을 요약한다. "그것은 갈등 관계에 있는 두 곳 중 한쪽만 발언이 허용된 청문회였다. 아랍의 관점을 막는 공식적인 의회 청문회를 지켜본 사람은 마음이 상하거나 분개할 수밖에 없었다. 그것은 미국과 이스라엘 모두에게 유해한 일이었다."

　이스라엘 로비가 의회에서 성공할 수 있는 한 가지 이유는 핵심 멤버 중
일부가 전 하원의장 리처드 아미 같은 크리스천 시온주의자라는 점이다. 그
는 2002년 9월 "외교 정책에서 최우선 순위는 이스라엘을 지키는 것"이라고
말했다. 미국 국회의원의 최우선 순위가 미국을 지키는 것이어야 한다고 생
각하는 것이 상식이지만 아미는 그렇게 말하지 않았다. 미국시온주의자기구
의 회장 모튼 클라인은 아미의 뒤를 이어 하원의장이 된 톰 디레이를 "이스
라엘 골수분자"라고 말했다. 디레이는 자신이 실제로는 이스라엘인이라고
했다.

　의회에는 또 미국 정책이 이스라엘의 이익을 지지할 수 있도록 힘쓰는 유
대인 상원 및 하원의원이 있었다. 2006년 유대계 미국인이 하원과 상원의원
으로 선출되었다. 이는 미국 사회에서 그들이 이룬 성취와 전통적으로 높은
수준의 시민 참여, 정치 참여를 증명해 준다. 상원의원 조셉 리버먼(코네티컷
주, 민주당)과 찰스 슈머, 하원의원 제롤드 내들러(뉴욕주, 민주당), 헨리 왁스먼
(캘리포니아주, 민주당), 로버트 웩슬러(플로리다주, 민주당)는 열렬한 이스라엘
지지자다. 왁스먼은 2006년 선거가 끝난 후, 이스라엘에 대한 모든 견해를
공유하지 않는 민주당 의장이 있을 수 있다고 말했다. 그러나 그들이 이스라
엘과 중동 문제를 다루는 위원회의 의장을 맡지는 않을 것이라는 점을 분명
히 했다. 그의 생각은 옳았다. 앞에서 언급한 하원 소위원회 의장을 이스라
엘 지지자인 게리 애커먼(뉴욕주, 민주당)이 맡았고, 국회에서 이스라엘에 대
한 헌신이라면 추종을 불허하는 톰 랜토스(캘리포니아주, 민주당)가 외교 문제
위원회 의장을 차지했다. AIPAC의 전 리더 중 한 사람은 랜토스를 진정한 이
스라엘인이라고 표현했다.

　입법 절차를 친이스라엘 쪽으로 기울게 하는 것이 국회의원만은 아니다.

그 중심에 의회 스태프가 위치하면서 외부 이익집단을 파악하고 그들의 상관을 위해 상이한 정책 옵션을 분석한다. AIPAC 회장을 역임했던 고故 모리스 아미테이는 말한다. "국회 실무진에는 특정 이슈를 유대인의 시각에서 보려 하고, 실제로 그렇게 하는 유대인이 있다. 이들은 그 이슈와 관련해 상원의원을 대신해서 결정을 내릴 수 있다. 많은 일을 실무에서 해결할 수 있다." 로비에 참여하는 대표자는 때때로 정책 수립 과정에 참여해 스태프의 법안 작성을 돕고, 의원들이 공적인 장소에서 사용할 수 있는 논점을 제공한다. 그리고 의원 상호 간에 핵심 쟁점에 대한 입장 정리를 위해 보내는 '친애하는 동료 의원Dear Colleague' 편지 작성을 돕고, 국회 차원의 압력을 넣기 위해 행정부에 보내는 공개서한을 기안하고 배포하는 일을 돕는다.

정치자금과 AIPAC

로비스트 구성단체 중에서 의회에 영향을 줄 수 있는 단체는 AIPAC이다. 이는 양당 정치인 사이에 알려진 사실이다. 빌 클린턴은 당시 놀랄 만큼 효과적이고, 이 도시에서 로비하는 어떤 단체보다 우수하다고 AIPAC을 평가했다. 전 하원의장 뉴트 깅리치는 지구상에서 가장 효과적인 이익집단이라고 했다. 당시 상원 다수당 원내총무 해리 레이드(네브래스카주, 민주당)도 미국에서 AIPAC처럼 조직이 짜여 있고 존경받는 정치조직은 생각할 수 없다고 동의했다. 《뉴요커》의 제프리 골드버그는 AIPAC을 '로비계의 거물'이라고 부른다. AIPAC 자체의 웹사이트에서 미국의 대이스라엘 관계에 영향을 주는 가장 중요한 조직이라는 《뉴욕 타임스》의 평가를 자랑스럽게 인용하고 있다.

AIPAC의 성공은 선거자금을 움직일 수 있는 역량에서 기초한다. 첫째, 그들의 목적을 지지하는 의원과 의원 후보를 보상하고 그렇지 않은 사람을 벌하는 방법을 사용한다. 미국 선거에서 자금력은 필수다. AIPAC은 자신의 노선에서 벗어나지 않는 한 당사자가 확실한 재정적 후원을 받을 수 있도록 보장한다.

이는 여러 면에서 작용한다. AIPAC에 정치 헌금을 하는 사람 중 다수가 자기 명의로 정치자금을 후원하는 거액 기부자다. 저널리스트 마이클 매싱은 연방선거위원회FFC의 데이터를 통해 다음과 같은 사실을 발견했다. "1997년과 2001년 사이에 AIPAC 이사회 멤버 46명이 300만 달러가 넘는 선거자금을 기부했으며, 그들 중 상당수가 친이스라엘 PAC들과 의원 후보에게 많은 기부를 하고 있다." 또한《워싱턴 포스트》는 2004년 기사를 통해 다음과 같이 밝혔다. "2000년 이후 AIPAC 이사회 멤버 각자가 선거 기간 중 정치 위원회를 대상으로 평균 7만 2000달러의 기부금을 냈다."

둘째, AIPAC은 정치 후보자를 기부자나 자금원과 연결시킨다. AIPAC은 '미국-이스라엘공공문제위원회'라는 이름과 달리 정치활동 위원회가 아니며, 공개적으로 후보자를 지지하거나 직접 선거자금을 전달하지 않는다. 가능성 있는 후보자를 가려내고 후원자를 만날 수 있도록 주선하며 증가 추세에 있는 친이스라엘 PAC에 정보를 제공한다. 역사가 데이비드 비알레의 견해는 이렇다. "미국유대인에 의한 이스라엘 로비는 6일 전쟁 이후 미국 의회에서 가장 정교하고 효과적인 로비조직으로 발전했다. 전국적인 PAC 네트워크를 조성해서 각 후보의 이스라엘에 대한 지원 정도를 분류하고 그를 토대로 선거자금을 지원함으로 가능했다."

또한 2006년 8월, AIPAC 회장 하워드 프리드먼은 말했다. "AIPAC이 국회의원 후보를 만날 것이다. 후보는 이스라엘의 곤경과 중동 전체의 복잡한 문제를 충분히 이해할 수 있도록 보고를 받게 된다. 우리는 각 후보에게 미국과 이스라엘 관계에 대한 견해를 나타내는 의견서를 작성하게 할 것이다. 그런 절차를 통해서 그들의 입장을 분명히 파악할 것이다."

프리드먼이 수행하는 AIPAC의 업무방식은 정치인의 증언과 일치한다. 1980년대 초, 캘리포니아의회 의원 후보로 뛰었던 톰 하이든은 자신이 지원받을 수 있었던 이유에 대해 설명한다. "이스라엘의 친구가 되겠다는 조건으로 지역의 유력한 중개인 마이클 버만(캘리포니아의회 의원으로 활동한 하워드 버만의 동생)으로부터 지원받을 수 있었다." 선거에서 이긴 하이든이 소회를 밝혔다. "몇 번이고 되풀이해서 율법에 대한 적법성이 증명되지 않았으면 안 되었을 것이다. 증명해 주는 사람은 랍비와 유대인조직 책임자를 필두로 하는 엘리트들이다. 중요한 심사에는 이스라엘의 정당들과 밀접한 연대를 맺고 있는 단체, AIPAC도 참여하고 있다. 필요할 경우 이스라엘 대사들, 법무관리관, 이스라엘의 친구라는 공식 선언서를 발부할 수 있는 관리들이 개입한다." 하이든은 유별나게 눈에 띄지만, 국가 수준의 공직이라는 정치 경력을 가지고 있었기에 그럴 수 있었다는 것을 알 수 있다. 1990년 상원의원 마크 해트필드(오리건주, 공화당)와의 경쟁에서 실패한 민주당 후보 해리 론스데일은 선거운동 중 AIPAC 본부를 방문했던 일을 이야기한다.

"친이스라엘이라는 말로 그들을 설득할 수 있었다. 선거운동 초기에 워싱턴 D.C.에 있는 AIPAC에 토론의 목적으로 초청받았다는 것을 알게 되었다. 잊을 수 없는 경험이다. 내가 친이스라엘이라는 사실만으로 충분치 않았다. 그들은 중요한 주제가 담긴 목록을 주고 각 항목에 대한 특별한 의견을 심문했다. 그대로 이야기하면 의견이 어때야 한다는 것을 말해주었고, 공석에서 해당 의견을 표현할 때 어떤 단어를 사용해야 하는지 가르쳐 주었다. AIPAC과 만난 직후 이스라엘을 지원하는 미국인 후원자의 명단을 받았다. 선거자금을 원하면 그중 누구와 연락을 해도 좋다는 것이다. 나는 연락했고, 이후 플로리다에서 알래스카까지 미국 전역에서 기부금이 몰려들었다."

전 아이다호 주지사 존 V. 에반스도 1986년 아이다호 상원의원 스티븐 심스와 경합했을 때 겪었던 이야기를 들려준다. AIPAC 본부를 방문했을 때 그들은 정치행동위원회PAC가 아니라는 점을 강조했다. 미국 전역에 PAC을 가진 유대인조직이 있고, 우리가 연락만 하면 그들이 도와줄 수 있다고 말했다. 《월 스트리트 저널》에 따르면, AIPAC은 에반스를 독립조직 같아 보이지만 AIPAC과 연결된 사람이 운영하는 여러 조직으로 안내했고, 공화당 상원의원 스티브 심스에게 진 그에게 20만 4950달러를 지원했다.

AIPAC은 의회 투표 기록을 보관하면서 그것을 회원들에게 열람시켜 어떤 후보, 또는 PAC을 지원할 것인지 결정할 수 있게 한다. 이스라엘에 적대적으로 보이는 후보나 현직 의원의 경우 AIPAC은 선거자금이 경쟁 상대에게 가도록 조종한다. 1988년 《워싱턴 포스트》가 입수한 AIPAC 내부 문서를 통해 정치부 국장이 1986년 상원 선거에 나선 후보의 선거자금을 모으는 데 적극 도왔다는 사실이 밝혀졌다. 1987년 《월 스트리트 저널》은 보도했다. "AIPAC이 정치자금을 보내는 일에 직접 개입하지 않는다고 주장하지만, 유대인 기부자로부터 지원금을 받으면서 모호한 이름으로 운영되는 51개 이상의 친이스라엘 PAC을 AIPAC 임원, 또는 AIPAC 산하의 정책 입안 단체 직원들이 운영한다." 후에 연방선거위원회가 AIPAC이 친이스라엘 PAC 네트워크를 통제한다는 사실에 증거가 불충분하다고 판정을 내렸다. 하지만 AIPAC이 기부금을 조종한다고 믿는 사람이 많다. 닉슨 행정부에서 국무부 차관보로 일했고 카터 행정부에서 국무부 차관을 지낸 베테랑 외교관 데이비드 뉴섬은, AIPAC이 입법 과정에서 유력한 의원에게 막강한 영향력을 갖는 비결을 물었을 때 '돈'이라고 대답했다.

부정할 수 없는 돈의 힘

　정치자금을 감시하는 민간 조사단체, 책임정치센터CRP는 선거에서 36개의 친이스라엘 PAC이 활동했다는 사실을 밝혔다. 2006년 중간 선거 당시 이들 단체는 양당 후보자에게 300만 달러 이상의 자금을 전달했다. 1990년에서 2004년 사이, 친이스라엘단체는 5700만 달러에 이르는 돈을 후보와 당에 기부했다. 반면 아랍계 미국인과 이슬람교도 PAC의 기부금 총액은 80만 달러에 못 미쳤다. 특정 후보에 대한 정치헌금과 전국적인 당조직에 제공한 기부금을 계산하면 친이스라엘 세력이 선거에 미치는 영향은 엄청나다. CRP의 스티븐 바이스는 "만약 당신이 후보이고 AIPAC으로부터 친이스라엘이라는 딱지만 얻는다면 전국 각처에서 자금이 흘러들어오기 시작할 것"이라고 말했다.

　이런 전술이 갖는 영향력은 의심의 여지가 없다. 2006년 민주당 예비 선거에서 네드 라몬트(2024년 현재 코네티컷 주지사)에게 패배한 후 무소속으로 나온 상원의원 조셉 리버먼이 의원 자리를 유지할 수 있었던 것은 친이스라엘단체와 개인이 기부한 '돈의 힘'이다. 리버먼은 24개의 친이스라엘 PAC으로부터 총 14만 5000달러 이상의 돈을 받았다. 이들 그룹 중 라몬트를 도운 그룹은 하나도 없다. 같은 해 7만 6000달러에 이르는 친이스라엘 PAC의 정치헌금이 셸던 화이트하우스를 도와 현직 상원의원 링컨 채피(로드아일랜드주, 2024년 현재 자유당)를 물리치게 한 일도 있었다. 채피는 이스라엘에 미온적인 것으로 알려진 사람이다. 그 밖에도 친이스라엘 PAC의 혜택을 받은 사람은 로버트 메넨데스(뉴저지주, 민주당)와 브래드 엘스워스(인디애나주, 민주당)다.

쥬이시 텔레그래프 에이전시Jewish Telegraph Agency의 론 캄페스에 의하면, 이들(그리고 다른 후보들)을 후원한 돈은 널리 확산된 기부자 네트워크를 통해 보내졌고, 많은 기부자가 친이스라엘 로비스트인 AIPAC과 강한 유대를 가지고 있다.

　AIPAC 관련 네트워크가 모든 선거에 영향을 줄 수 있는 것은 아니다. 친이스라엘 그룹이 제공한 거액의 헌금도 론데일이나 에반스를 당선시키는 데 실패했다. 그리고 전 상원 소수당 원내총무 톰 대슐(사우스다코타주, 민주당)이나 현역 상원의원 릭 샌토럼(펜실베이니아주, 공화당)의 2004년, 2006년 두 차례의 재선을 성공으로 이끌지 못했다. 지난 30년 많은 후보의 당선을 도왔으며, 이스라엘에 비우호적이라고 생각하는 사람을 낙선시켰다. 2002년 이 단체는 경쟁자에게 선거자금을 지원하는 방법으로 여성 하원의원 신시아 맥키니(조지아주, 민주당)를 낙선시켰다. 맥키니는 2004년에 의원직을 얻었지만 2006년 재선에서 다시 실패했다. 2006년 선거에서 민주당 예선 경쟁자였던 행크 존슨은 친이스라엘 PAC 일곱 군데로부터 최소 3만 4000달러를 받았다.
　시카고의 부유한 비즈니스맨이자 전 AIPAC 회장인 로버트 애셔는 일리노이 출신 변호사 리처드 더빈을 천거해서 현역 하원의원 폴 핀들리(일리노이주, 공화당)와 경쟁했다. 더빈은 국회의원 경력이 없었다. 애셔는 당시를 이렇게 회상했다. "나는 더빈의 견해를 탐문했다. 폴 핀들리와 대항할 뿐 아니라 이스라엘의 친구로 일할 사람을 지원하고 싶었다. 그는 미국 국내외 유대인의 지원을 받아 핀들리를 이겼다. 유대인의 돈으로 가능했던 일이 아닌가? 우리가 어떻게 해서 이스라엘에 비우호적인 사람을 패배로 이끌었는지 이야기하면서 전국을 돌아다녔다. 그 문은 열렸다."
　애셔는 '이번 선거야말로 의회로부터 이스라엘의 가장 위험한 적을 몰아낼 절호의 찬스'라고 선언하는 내용의 편지를 잠재 기부자에게 보내 성금을 종용했다. 마침내 31개의 친이스라엘 PAC으로부터 총 10만 4325달러의 선거자금을 받았다. 1982년 선거에서는 이런 방법을 통해 일리노이주 원 후보의 동일단체로부터 1인당 평균 3700달러씩 받았다. 과거 일곱 차례나 국회의원을 지낸 핀들리를 근소한 차이로 이긴 더빈은 상원의원에 선출되었고, 상원 다수당 원내 총무를 역임했다.

거스르면 이들 손에 쓰러진다

2002년 4인방(AIPAC의 정책 수립을 돕는 4명의 부유한 기부자 그룹) 멤버 중 한 사람인 메이어 부바 미첼은 국회의원 얼 힐리어드(앨라배마주, 민주당)를 축출하기 위해 같은 전술을 썼다. 힐리어드의 경쟁자는 더빈과 마찬가지로 전국의 AIPAC 후원자로부터 정치자금을 받았다. 《뉴요커》의 제프리 골드버그에 의하면 "애셔는 부바에게 힐리어드의 경쟁자를 물리쳤는데 소감이 어땠느냐고 묻자, 더빈이 이겼을 때 당신이 느낀 소감과 같다"고 말했다. AIPAC은 하원의원 피트 맥클로스키, 상원의원 J. 윌리엄 풀브라이트(애리조나주, 민주당), 상원의원 로저 젭슨(아이오와주, 공화당)과 같이 해당 정책에 반하는 정치인을 낙선시키는 데 중요한 역할을 담당했다.

젭슨의 운명은 고발적인 데가 있다. 로널드 레이건 대통령의 탄원에 굴복해 1981년 사우디아라비아에 대한 공중조기경보통제기AWACS 판매를 지지하기로 했을 때부터 표적이 되었다. 1984년 상원의원 선거전에서 민주당 출신 톰 하킨이 친이스라엘 PAC의 선거자금 10만 달러를 받았고 젭슨은 의원직을 상실했다. 상원의원 앨런 크랜스턴(캘리포니아주, 민주당)은 "젭슨의 운명이 상원들을 공포로 몰아넣어 중동 문제와 관련한 투표에서 입장을 바꾸기 어렵게 만들었다"고 논평했다.

1982년 일리노이 주지사로 출마했던 전 상원의원 출신 애들레이 스티븐슨

3세(일리노이주, 민주당)의 경우도 로비가 선거에 미치는 영향에 대한 좋은 사례다. 1980년, 정착촌 건설을 중단하지 않으면 이스라엘에 대한 원조 삭감을 요구하는 상원법 개정을 처음으로 주장했을 때 친이스라엘단체와 충돌했다. 스티븐슨은 개정안이 통과될 수 없다는 것을 알았지만, 동료 의원은 미국의 공식적인 정책에 반하는 행위를 하더라도 이스라엘을 지원하려 한다는 사실을 알리고 싶었다. 그 법안은 7표밖에 못 얻었고 부결되었다.

마음에 내키지 않으면서도 개정안에 반대표를 던진 상원의원 세나토르 쿠엔틴 버딕(노스다코타주, 민주당)은 일리노이 의원을 향해 "애들레이, 미안해요. 그러나 나는 재선을 앞두고 있어요"라고 말했다. 2년 후 스티븐슨이 주지사로 출마했을 때 선거자금이 고갈되고 있다는 사실을 알고 그의 경쟁자에게 갔다. 전 상원의원의 말에 의하면, 아내와 함께 반유대주의자라고 매도당했고 유대인 민주당 위원회 위원들이 압력에 밀려 맥을 못 추었다. 게다가 그의 유대인 친구는 물론 지원한 사람 역시 매도당했다. 근소한 차이로 낙선한 스티븐슨은 "로비가 수차례에 걸쳐서 선거 결과를 좌우했다"고 말한다.

1984년 상원의원 찰스 H. 퍼시(일리노이주, 공화당)의 패배는 AIPAC을 거스르는 정치가가 치러야 하는 비용에 대한 선례로 남았다. 1976년 포드 대통령이 으름장을 놓아 중동 정책을 재평가하도록 한 일이 있었다. AIPAC이 후원해서 이에 대해 항의하는 내용이 담긴 '76년의 서한'을 내놓았는데 친이스라엘 성향을 보이는 퍼시가 이 서한에 서명하기를 거절하면서 AIPAC의 분노를 샀다. 그는 팔레스타인 테러리스트에 비해 온건한 PLO의 의장 아라파트를 방문하는 '실수'를 저질렀다.

1984년 치러진 예비선거와 총선거에서 퍼시의 경쟁자들이 친이스라엘 PAC으로부터 거액의 자금을 받았다. AIPAC의 주요 후원자이기도 한 캘리포니아의 비즈니스맨 마이클 골란드는 일리노이주의 퍼시 반대운동을 위해 110만 달러를 썼다(후에 골란드는 1986년 캘리포니아 상원 선거전에서 선거자금

불법 지원 혐의로 유죄판결을 받았다). 퍼시가 근소한 차이로 패배한 후 톰 다인은 당시 상황을 설명했다. "퍼시를 쫓아내기 위해 전 미국유대인이 동원되었고, 공적 신분을 가지고 있거나 그것을 열망하는 모든 미국 정치인이 메시지를 받았다." 다인이 과장하기는 했지만 교훈은 명백하다. 2002년 《포워드》의 편집자인 J. J. 골드버그가 말한 것처럼 의회에는 '이 사람들을 거스르면 이들 손에 쓰러진다'는 인식이 있다.

AIPAC과 친이스라엘 공공문제위원회PAC의 초점은 이스라엘에 우호적인 후보 선출에 그치지 않는다. 그들은 이스라엘이 비판적인 정치인을 탄탄한 지원자로 교체하는 데 성공을 거둬왔다. 미국 의회 내 대표적 보수강경파로 소문난 전 상원의원 제시 헬름스(노스캐롤라이나주, 공화당)는 재임 동안 미국의 대외원조 프로그램을 거리낌 없이 비판했다. 이는 이스라엘에 대한 막대한 원조에도 반대했다는 의미다. 때문에 1984년 당시 노스캐롤라이나의 주지사 제임스 헌트를 상대로 재선을 위한 선거를 치르면서 힘겨운 경쟁을 했다. 막강한 적을 몰아낼 기회를 감지한 AIPAC은 헌트에게 선거자금을 쏟아부었다. 헬름스는 이를 통해 메시지를 받았고, 이듬해 이스라엘을 방문해 유대교인이 쓰는 야물커(키파)를 머리에 쓰고 통곡의 벽에 키스하는 사진을 찍었다. 샤론과 함께 집무실에서 사진도 찍었다. 중요한 것은 헬름스가 2002년 퇴임 시까지 이스라엘의 영향력 있는 지지자로 활동했다는 사실이다.

비슷한 경우는 힐러리 클린턴에게서도 찾아볼 수 있다. 그녀는 1998년 팔레스타인의 국가적 지위를 지지했고, 1999년 수하 아라파트(야세르 아라파트의 아내)와 공개 석상에서 포옹한 사실로 로비그룹으로부터 거센 비난을 받았다. 힐러리는 대통령에 출마하면서 열렬한 이스라엘 지지자가 되었고, 레바논을 상대로 한 파괴적인 전쟁에 강한 지지를 표명했다. 강경 노선을 타는 이스라엘 안보를 기원하는 미국의 모임AFSI 전무이사였던 고故 헬렌 프리드먼은 "힐러리의 연설은 훌륭했으며 그녀의 정치 역사에서 수하와 키스한 사실을 우리는 잊을 수 없다"고 선언했다. 친이스라엘 PAC은 2006년 힐러리의 재선을 위한 선거운동에 3만 달러 이상을 후원했다.《포워드》는 2007년 1월, 클린턴이 2008년 민주당 대통령 지명전에서 유대인 공동체의 정치 기부금 중 큰 몫을 확보할 것으로 예상된다고 보도했다.

선거의 압력과 설득이 먹혀들지 않을 경우 AIPAC은 우호적이지 못한 정치가를 협박하는 것으로 알려져 있다. 2006년 여성 의원 베티 맥컬럼(미네소타주, 민주당)이 자유주의적이고 친이스라엘 성향을 가지고 있음에도 AIPAC이 지지하는 팔레스타인 반테러리즘법에 반대표를 던졌다. 하마스가 지도자로 선출된 데 이어 팔레스타인 지도부에 엄격한 제재를 가하겠다는 이 법안은 국무부, 가톨릭 사제단, 당장의 평화를 위한 미국인들, 이스라엘정책포럼 같은 친이스라엘단체들도 반대했다. 그럼에도 불구하고 AIPAC 로비스트는 맥컬럼의 비서실장에게 "테러리스트에 대한 의원의 지지는 용서받지 못할 것"이라고 했다. 맥컬럼은 AIPAC의 대표자 하워드 코르에게 사과하고 집무실에 AIPAC 대표단이 출입하는 것을 금했다.

AIPAC의 기본적인 메시지는 명확하다. 상원, 하원을 막론하고 AIPAC의 정책을 거스르는 것은 불장난과 같다. 선거에서 도전을 받고 패배하는 이유가 로비의 결과만은 아니라 하더라도(신시아 맥키니의 당선 전망은 대중에게 알려진 국회의사당 경비와의 충돌 사건에 의해서 손상되었고, 링컨 채피는 2006년 반공화당 정서 때문에 험난한 선거전을 치러야 했다), 정치가의 선거에 미치는 로비의 영향은 정평이 있다. 1991년 의회 소식통이 밝히듯이, AIPAC이 전국적으로 이스라엘의 정책에 반대하는 운동을 벌이는 경우라면 몰라도, 이스라엘에 반하는 표를 던지는 것은 워싱턴주의 휴지통에 반대표를 던지는 것과 같다. 전 AIPAC 이사였고 후에 회계를 담당한 모리스 아미타이가 2002년 모두가 잘

하고 있는 것 같다고 말할 수 있었던 이유다. 2007년 2월, 카터 전 대통령이 "하원이건, 상원이건 누구도 이스라엘과 팔레스타인 문제에 대한 균형 잡힌 입장을 취하고 평화조약을 위해 협상하자고 이야기할 사람은 없을 것 같다"고 말한 이유다. 또한 "재선을 꿈꾸는 의원으로서 보수적인 이스라엘 정부에 반하는 것으로 해석될 수 있는 특정 입장을 취하는 것도 정치적인 자살 행위로 볼 수 있다"고 덧붙였다.

AIPAC은 위대한 친구인가, 무서운 늑대인가?

연례 정책 콘퍼런스가 행정부의 지도적 위치에 있는 관료를 포함해서 양당의 저명한 인사의 어전御前 공연장이 되는 것도 AIPAC의 영향력이 그만큼 막강하다는 것을 설명해 주는 사례다. 2007년 정책 콘퍼런스에 참여한 연사는 부통령 딕 체니, 하원의장 낸시 펠로시(캘리포니아주, 민주당), 상원 다수당 원내총무 해리 레이드와 소수당 원내총무 미치 매코널(켄터키주, 공화당), 하원 소수당 원내총무 존 베이너(오하이오주, 공화당)다. 전년도에는 체니, 보에너, UN대사 존 볼턴, 상원의원 수전 콜린스(메인주, 공화당)와 에반 베이(인디애나주, 민주당), 하원의원 로이 블런트(미주리주, 공화당), 셸리 버클리(네바다주, 민주당), 아더 데이비스(앨라배마주, 민주당), 빌 파스크렐(뉴저지주, 민주당), 로버트 웩슬러, 전 상원의원이며 유력한 대통령 후보 존 에드워즈가 참여했다. 또 그전의 연사에는 조지 W. 부시 대통령, 두 국무장관 콜린 파월과 콘돌리자 라이스, 전 하원의장 데니스 해스터트(일리노이주, 공화당), 리처드 아미, 뉴트 깅리치, 친이스라엘 학자가 포함되어 있다. 양당 정치가의 변함없는 후원을 받는 로비조직은 유례를 찾아보기 어렵다.

선거에 영향을 주는 AIPAC의 능력은 이스라엘에 풍족한 원조를 얻게 하고, 이스라엘을 조금이라도 비판하는 것은 위험한 일로 인식되게 만든다. 이 사실이 국회에 미치는 영향은 생각하는 것 이상이다. 모든 형태의 로비그룹이 직접 설득하고 선거자금을 사용해서 의회에 접근할 뿐 아니라 그들에게 동조하는 의원에게 입법 보조금을 제공한다. 쟁점을 분석하고 법안 구상을 직접 도울 숙련된 간부를 파견하며 선거권자에게 필요한 연설문과 논점을 제시함으로써 영향력을 행사한다. 모든 의원이 격주로 발간되는 AIPAC 시사통신 《니어 이스트 리포트》를 받을 뿐 아니라 이스라엘에 영향을 주는 문제가 발생할 때 간부를 도울 수 있도록 직원을 파견하기도 한다.

AIPAC이 자발적으로 나서서 선거에 영향력을 행사하는 것은 아니다. 전 AIPAC 간부 중 한 사람인 더글러스 블룸필드에 의하면 이렇다. "의회 의원들과 스태프는 자료가 필요할 때 국회도서관, 의회 조사국Congressional Research Service, 위원회 스태프, 행정부 전문가를 찾기에 앞서 AIPAC을 찾는다." 의원들은 AIPAC을 방문해서 선거에 관련된 도움을 얻는다. 연설문을 기안하고 법안을 만들며, 전술에 대해 조언하고 연구를 수행하며 공동 후원자와 표를 모아줄 사람을 발굴하는 일과 관련한 도움 등이다. 파트 II에서 구체적으로 설명하겠지만 AIPAC은 입법과 정책 수립 과정에 개입한다.

협상을 완료하기 위해 AIPAC의 자매조직인 미국-이스라엘 교육재단AIEF은 의원이 무상으로 이스라엘을 여행할 수 있도록 자금을 지원한다. 이 여행은 국회의원이 친이스라엘 성향을 길러주게 돕고 기금 모금을 쉽게 하며, 이스라엘 지도자가 어떤 정책을 선호하고 그 세계관이 무엇인지 알 수 있게 해준다. 이스라엘은 전 세계 약 200개국 중 하나에 불과하지만 모든 의원이 외유하는 나라 중 10%를 차지하는 이유가 바로 이 때문이다. 공공청렴센터the Center for Public Integrity, CPI는 AIEF가 2000년 1월부터 2005년 중반까지 여행을 위해 100만 달러를 썼다고 밝혔다. AIPAC과 유대인단체는 잭 에이브러모프와 톰 디레이 스캔들 이후 새로 바뀐 윤리 규정이 여행에 장애가 되지 않도록 로비했고, 성공을 거뒀다. AIPAC의 활동이 영향력 있는 로비와 유사하고, 미국 정치 시스템의 이익집단 전통과 일관성이 있다는 것이 중요하다.

스티븐 아이작은 논문 〈유대인과 미국 정치〉에서 AIPAC의 모리스 아미타이가 "중요한 것은 절대로 예상할 수 없는 어려운 일에 있는 것이 아니다. 민주주의 전통적인 전술, 즉 편지와 전화를 이용하라"고 말했음을 밝힌다. 집행부가 이스라엘의 이익에 반하는 행동을 취한다고 생각될 때 로비스트는 의회에 영향을 주는 전통적인 전술을 동원해서 압력을 넣는다. 그런 일이 발생하면, 대통령이나 내각 관료는 국회의 상원이나 하원, 또는 양원 대부분이 서명한 따끔한 내용의 편지를 받는다. 제럴드 포드 대통령이 1975년 미국과 이스라엘 관계를 재평가하라고 으름장을 놓았을 때 체험했던 때처럼 말이다.

부시 대통령은 2002년 4월 이스라엘 군사에 의한 대규모 점령 지구 침입을 중단시키려 했을 때 비슷한 편지를 받았다. 편지에 담긴 서명자의 압도적인 비중은 AIPAC의 우격다짐에 답하는 웅변적인 증언이다. 상원의원 다니엘 이노우에(하와이주, 민주당)는 1975년 포드에게 보내는 편지에 서명한 후 "5000통의 편지에 답하는 것보다 한 통의 편지에 서명하는 것이 쉽다"고 말했다.

상원의원 존 컬버(아이오아주, 민주당)는 "압력이 커서 굴복할 수밖에 없었다"고 말했다. 전 국무장관 콘돌리자 라이스도 2007년 3월 중동을 방문하며 평화 절차를 재개하려 했을 때 비슷한 압력을 경험했다. 중동으로 떠나기 전 그녀는 AIPAC이 후원하는 의원 79명이 서명한 편지를 받았다. 팔레스타인 통일 정부가 이스라엘을 승인하고, 테러를 포기하며, 이스라엘-팔레스타인 협약을 준수하겠다고 약속할 때까지 그들과의 만남을 삼가도록 촉구하는 내용이었다. 전 국무장관 로렌스 이글버거는 AIPAC의 톰 다인에게 "다인 씨, 내가 당신과 거래하는 것은 당신이 나를 해칠 수 있기 때문이오"라고 말한 것은 놀랄 일이 아니다.

결론은 스스로를 '미국의 친이스라엘 로비'라고 부르는 AIPAC이 의회에 거의 독보적인 장악력을 가지고 있다는 사실이다. 미국 정부의 주요 3부 중 하나가 이스라엘을 지지하는 데 전념하고 있다. 그러나 당연히 이루어져야 할 이스라엘을 향한 미국 정책에 대한 공개 토론이 이루어지지 않고 있다. 정책이 전 세계에 중요한 결과를 야기할 수 있는 것임에도 그렇다. 상원의원 어니스트 홀링스(사우스캐롤라이나주, 민주당)는 2004년 의회를 떠나면서, AIPAC이 제시하는 것 외에 이스라엘 정책을 생각할 수 없다고 했다. 또 다른 상원의원은 익명으로 1991년《워싱턴 포스트》기자에게 증언했다. "동료들은 AIPAC이 매우 냉혹하고, 매우 민첩하고, 매우 강력한 조직으로 알고 있다. 상원의원의 80%가 소수의 투표에 예민하다. 그들은 자신이 하고 있는 일이 진정 옳다고 생각하지 않는다. 싸우면 패하기 십상인데 왜 싸우겠는가?" 전 이스라엘 총리 아리엘 샤론은 미국 청중을 향해 말했다. "사람들이 이스라엘을 어떻게 도울 수 있겠느냐고 물으면, 'AIPAC을 도우라'고 대답합니다." 그의 후임자인 에후드 올메르트도 가장 "위대한 후원자요, 가장 위대한 친구인 AIPAC을 주신 하나님께 감사한다"고 말함으로써 같은 생각을 드러냈다.

친이스라엘 대통령 만들기

의회를 통하든 직접적인 방법을 통하든, 로비에 참여하는 그룹은 행정부에 상당한 영향력을 행사한다. 미국 대통령은 의회만큼은 압력에 민감하게 반응하지 않고, 이스라엘이나 로비에 반대할 때가 있다는 태도를 보여왔다.

지금은 이스라엘의 전략적 가치가 줄어들고 일부 행위들(점령 지구를 식민지화 하려고 계속 노력하는 것과 같은)이 미국의 공식 정책과 상충될 때조차 그런 현상을 볼 수 없다.

행정부에 대한 영향력은 유대인 선거권자가 대통령 선거에 미치는 영향에서 온다. 미국 내 유대인 인구가 많지 않음에도 불구하고(3% 미만), 이들은 양당 후보에게 막대한 선거자금을 기부한다. 대통령 보좌관이며 전 백악관 비서실장을 지낸 해밀턴 조던은 카터 전 대통령에게 보낸 비밀 비망록에 "이 나라에서 주요 정치자금 모금이 있을 때는 언제나 미국유대인들이 상당한 역할을 담당합니다"라고 썼다. 실제로 《워싱턴 포스트》는 민주당 대통령 후보가 민간자금원을 통해 조달하는 선거자금의 60%를 유대인 후원자에게 의존하는 것으로 추산했다. 다른 곳에서 추산한 수치는 이보다 낮지만 유대계 미국인의 기부금은 민주당과 해당 대통령 후보에게 제공되는 기부금의 20~50%에 달하는 비중을 차지한다. 기부금의 목적이 이스라엘의 문제만은 아니지만, 이스라엘에 적대적(또는 무관심한 경우까지도)인 것으로 판단되는 후보는 자금이 그들의 경쟁 상대에게 흘러가는 위험을 감수해야 한다.

유대인 유권자들은 투표율이 높고 대통령 선거에 영향력을 가진 캘리포니아, 플로리다, 일리노이, 뉴저지, 뉴욕, 펜실베이니아와 같은 핵심 주에 집중되어 있다. 여전히 민주당을 선호하지만 민주당 후보에 대한 지지를 당연시해서는 안 된다. 존 F. 케네디는 1960년 유대인 표 82%를 얻었다. 그러나 조지 맥거번은 1972년 64%밖에 얻지 못했고, 지미 카터는 1980년 45%밖에 못 얻었다. 박빙의 선거전에서는 유대인 표가 핵심 주의 균형을 깰 수 있다.

예루살렘공공문제센터의 제프리 헬름라이히는 유대인 표에 관해 말했다. "미국의 유대인 유권자는 선거 결과에서 '당락을 좌우할 수 있는 잠재 능력'을 갖는다. 그들은 핵심 주에서의 높은 집중률을 통해 힘을 발휘하며, 미국 정치에서 다른 그룹들과 차별화된 방법을 통해 결정권자로 작용하는 경향을 보인다." 이는 결코 과장이 아니다. 유대인 유권자는 치열한 선거전에서 중요한 영향력을 갖는다. 대통령 후보자들은 그들의 지지를 얻기 위해 상당한 노력을 기울인다.《예루살렘 포스트》의 2007년 기사는 유대인의 지지를 얻기 위한 노력을 "벚꽃만큼이나 확실한 워싱턴의 의식"이라고 표현했다. 후보들은 유대인 유권자단체뿐 아니라 AIPAC과 다른 로비조직에 잘 보이기 위해 특별히 열중한다. 유명한 조직으로부터 확실한 승인을 받아야 기금 모금이 수월하고 투표율이 높아진다는 것을 알기 때문이다.

후원을 얻고 유지한다는 것은 전폭적으로 이스라엘을 지지한다는 것을 의미한다. 그것이 모든 대통령 후보, 존 에드워즈, 밋 롬니, 존 매케인이 2007년 허즐리아 콘퍼런스(강경 노선인 정책과 전략을 위한 협회IPS가 주최하는 것으로 해마다 이스라엘 국가 안보를 토론하는 모임)에서 강한 톤으로 친이스라엘을 연설한 이유다. 그들은 2004년 대통령 선거에서 하워드 딘이 겪은 비운을 다시 경험하고 싶지 않았다. 하워드는 미국이 아랍과 이스라엘 갈등 문제에서 공평한 역할을 취해야 한다고 주장하는 실수를 범했다. 딘의 지명전 라이벌 중 1명이던 조셉 리버먼은 이스라엘을 배반한다고 비난하면서 그의 연설을 무책임한 발언이라고 몰아붙였다. 모든 고위 민주당 하원의원들이 서명한 질책성 편지가 그의 발언을 비판했다.《시카고 쥬이시 스타》는 딘이 이스라엘에 해가 될 것이라는 익명의 공격자에 의한 경고(증거가 충분치는 않지만)로 유대인 지도자들의 이메일 서류함이 마비될 지경이라고 보도했다.

이는 어리석은 우려였다. 딘은 흔들림이 없는 이스라엘 지지자다. 선거 캠페인 공동의장은 전 AIPAC 회장 스티븐 그로스만이고, 딘은 중동 문제에 대한 자신의 견해가 당장의 평화를 위한 미국인들의 모임APN보다 AIPAC의 견해를 반영한다고 말했다. 딘의 아내는 유대인이고 그의 자녀 역시 유대 교육을 받고 자랐다. 딘이 문제삼은 것은 미국의 이스라엘 지원이 아니라 단지 양측을 화해로 이끌고, 워싱턴이 정직한 중재자 역할을 해야 한다고 주장한 것뿐이다. 급진적인 아이디어는 아니지만 로비에 참여하는 핵심 그룹은 아랍과 이스라엘의 갈등을 두고 '공평'이라는 단어를 쓰는 것을 싫어한다. 딘이 민주당 지명전에서 실패한 데는 여러 가지 이유가 있지만, 열렬한 친이스라엘이 되지 않을 경우 치러야 할 잠재적 비용을 강조하고 있다.

행정부 길들이기

로비의 핵심조직은 행정부를 직접 겨냥하기도 한다. 대표자콘퍼런스CPMAJO의 주요 사명은 백악관이 콘퍼런스의 견해에 반하는 행동을 할 때 압력을 넣는 것이다. 제럴드 포드가 이스라엘 지원 정책을 재평가하도록 했을 때, 1992년 조지 H. W. 부시가 차관 보증을 잠시 중단시켰을 때, 또는 조지 W. 부시가 9·11 사태 직후 팔레스타인 국가 건설을 주장했을 때와 같다.

행정부 정책에 영향을 주는 확실한 방법이 있다. 로비의 목적은 그 관점을 공유하는 인사가 행정부의 중요한 위치를 점할 때 충족될 수 있다. 1992년의 악명 높았던 예를 들어보자. 당시 친이스라엘 후보의 잠재적 부자로 이름난 하임 카츠는 AIPAC 회장 데이비드 스타이너와의 통화 내용을 비밀리에 녹음했다. AIPAC이 우호적인 정치가에게 직접 선거자금을 공급한 이야기 외에도, 스타이너는 카츠에게 말했다. "국무장관 제임스 베이커와 만나 이스라엘에 30만 달러의 원조를 제공한다는 약속과 함께 일반에게 알려지지 않은 10억 달러의 물자 공급을 얻어냈다." 또한 "클린턴의 선거 본부를 포함한 선거운동에 우리 측 사람 12명이 참여하고 있으며 모두 중요한 자리를 차지하게 될 것"이라고 덧붙였다. 카츠의 말이 밖으로 새어 나가면서 스타이너는 그만

둘 수밖에 없었다. 그는 카츠의 말이 거짓이라고 했지만 억지 주장이라는 의혹을 떨치기 힘들었다.

견해를 같이하는 인사가 각 행정부의 중요한 자리를 차지하는 것을 원치 않는 집단이 있겠는가? 다른 로비도 똑같은 일을 했다. 전 내무부장관 게일 노튼과 차관 J. 스티븐 그릴스는 부시 행정부에 임명되기 전 석유·광산업계를 위한 로비스트로 일했다. 다니엘 L. 트로이는 2001년 식품의약 담당 수석 법률고문으로 임명받기 전 담배와 의약업계를 대변한 변호사였다.

이스라엘 로비도 다를 바 없다. 클린턴 행정부의 중동 정책은 이스라엘 또는 친이스라엘조직과 긴밀한 유대가 있는 관료의 영향을 크게 받았다. 가장 두드러진 2명의 예를 들어보자. 먼저 AIPAC의 전 연구 조사 부책임자이며, 친이스라엘계 워싱턴근동정책연구소WINEP 공동 설립자인 마틴 인디크가 있다. 그는 클린턴 정부 국가안전보장회의NSC에서 일했고, 이스라엘 대사(1995~1997년, 2000~2001년)와 국무부 차관을 역임했다(1997~2000년). 데니스 로스는 클린턴의 중동 특사로 일했고 2001년 정부를 떠나 WINEP에 가담했다. 이들은 2000년 7월, 캠프 데이비드 협상에서 클린턴의 보좌관으로 일했다.

인디크와 로스는 평화 절차를 지지하고 팔레스타인 국가 건설에 찬성해 이스라엘을 배반한다는 강경파의 부당한 비난을 받았다. 이스라엘 지도자에게 허용된 재량권 내에서 그렇게 한 것이다. 1장에서 논했듯이 캠프 데이비드 미국 측 대표단은 이스라엘 총리 에후드 바라크로부터 도움을 받았다. 협상에서 취해야 할 입장을 이스라엘과 협의했고 갈등 해결을 위해 독단적인 제안은 하지 않았다. 2000년 12월에 제시한 '클린턴 파라미터'까지도 미국 측의 독단적인 제안이라기보다, 클린턴의 협상이 어디까지 와있고 해결점을 찾기 위한 교섭 공간이 어때야 하는지 나름의 평가 결과를 요약한 것이다. 팔레스타인 협상자는 이스라엘이 내놓은 특정 제안에 불평을 했는데 미국

PART I 미국, 이스라엘 그리고 로비

도 이스라엘과 똑같은 생각을 제시하곤 했다. 미국은 그것을 '중재안'이라고 했다. 미국 팀 멤버 중 한 사람은 팔레스타인에 제시된 이스라엘의 제안서가 이스라엘의 의견이 아닌 미국의 의견으로 제시되는 경우가 많았다고 인정했다. 아무도 속지 않는 얕은 꾀였고 팔레스타인의 의혹만 키우는 일이었다. 팔레스타인 대표단은 한쪽은 이스라엘 국기, 다른 한쪽은 미국 국기를 흔드는 2개의 이스라엘 팀과 협상하고 있다고 항의했다.

문제는 인디크나 로스와 같은 인사가 미국의 이익에 최선이라고 생각하는 일에서 헌신적인 공직자로 일했느냐(분명히 그랬다고 인정하지만) 하는 것이 아니다. 그들이 이스라엘과 동조한다는 사실은 잘 알려져 있다. 그것이 협상 중에 미국 행정부의 효과적인 일 처리를 어렵게 하고, 이스라엘 정부에 대한 영향력 행사를 방해해서 평화 조성의 기회를 잡지 못하게 하는 것은 아닌가 하는 점이 더욱 중요하다. 우리는 이러한 상황이 수포로 돌아간 캠프 데이비드 정상회담을 포함해 오슬로 평화협정 전반에 방해가 되었다고 믿는다.

이 문제는 엘리엇 아브람스, 존 볼턴, 더글러스 파이스, 아론 프리드버그, 존 해너, I. 루이스 리비, 윌리엄 루티, 리처드 펄, 폴 월포위츠, 데이비드 웜서와 같은 충실한 친이스라엘 신보수주의자를 거느린 부시 행정부에서 두드러졌다. 이들은 끊임없이 이스라엘이 선호하는 정책을 밀어붙였고 로비의 핵심조직으로부터 지원받았다.

로비단체 역시 이스라엘에 비판적인 것으로 판단되는 사람들이 외교 정책과 관련한 중요한 자리에 앉지 못하게 하려고 노력한다. 1987년 전 AIPAC 책임자였던 톰 다인은 기자와의 인터뷰에서 말했다. "실제 있었던 일이다. 1988년 한 대통령 후보가 우리에게 전화를 걸어 '곧 입후보하려고 한다. 아무개를 최고 선거관리자의 위치에 앉히고 싶은데 그를 어떻게 생각하는지 조언해 달라'고 말했다." 다인은 좋다고 대답했지만 언제나 그런 것은 아니다. 카터 당시 대통령은 국무장관으로 조지 볼을 기용하고 싶었지만, 볼이 이스라엘에 비판적이며 로비단체가 임명을 반대할 것이라는 사실을 사전에 알았다. 마찬가지로 1995년 엘 고어 부통령의 연설문 작성 책임자로 발탁된 하버드 강사 리처드 마리우스는 일을 시작하기도 전에 해고당했다. 《뉴 리퍼블릭》 발행자 마틴 페레츠(고어의 대학 시절 강사였고 절친한 친구)가 1992년 《하버드 매거진》에 마리우스가 쓴 도서 비평에 근거해서 그를 반유대주의자라고 잘못 주장했기 때문이다.

2001년 브루스 리델이 국가안전보장회의에서 중동 문제를 다루는 직책에서 물러났을 때 《뉴 리퍼블릭》은 이와 관련해 다음과 같이 보도했다. "리델이 후임자로 중동 문제 전문가 알리나 로마노스키를 지명했으나, 펜타곤 관리들이 보기에 유대 국가를 충분히 지지하지 않는 것 같아 임명을 보류했다." 그 자리에는 엘리엇 아브람스가 임명되었다. 이란-콘트라 사건[25] 때 의회로부터 받은 정보를 알리지 않은 사실에 대해 유죄를 인정한 사람이다. 아브람스는 1997년 그의 책에서 "하나님과 에이브러햄의 언약에 충실한 유대인이 그들이 사는 나라에서 구별되어야 하는 것은 당연하다. 이스라엘을 제외한 나라에서 다른 사람과 구별된다는 것이 유대인의 정체성"이라고 기록한다. 그가 이스라엘을 반대할 리 만무하다. 중동 정책이라는 극히 중요한 책임을 맡고 있는 사람의 발언치고는 놀랍다. 네이선 구트만은 이스라엘 일간지 《하레츠》에 "그의 임명은 이스라엘 정부를 위해 하늘이 내린 선물"이라고 기고했다.

결론

외교 정책 이익집단과 마찬가지로 이스라엘 로비는 다양한 경로를 통해서 미국 정부에 영향을 주려고 노력한다. 이스라엘 로비는 다른 집단에 비해 활동하기에 유리한 위치에 있다. 바로 그들의 노력이 효과적일 수밖에 없는 이유다. 그 노력은 단지 핵심부에 영향력을 행사하는 것에 국한하지 않는다. 이스라엘과 중동에 대한 대중 담론을 주도하고, 미국인이 이스라엘을 지지하도록 유도할 뿐 아니라 무조건적인 미국의 지원에 의문을 갖지 못하도록 힘쓴다. 이 전략이 다음 장의 주제다.

6장 대중 담론 지배하기
DOMINATING PUBLIC DISCOURSE

로비의 주요 관심사 중 하나는 1972년 이스라엘과 관련한 대중 담론이 2장과 3장에서 분석한 전략적·도덕적 근거를 반영하게 하는 것이다. 로비의 구성원은 이스라엘의 전략적 가치를 끊임없이 재확인하고 이스라엘과 이스라엘의 건국에 대해 일방적인 설명을 되풀이하며 정책 토론을 통해 이스라엘의 행동을 방어하는 방법으로 목적을 이룬다. 목적은 대중을 설득해서 미국과 이스라엘의 이해와 가치가 같다고 인식시키는 데 있다.

로비단체는 이스라엘의 정책을 비판하거나 특별한 관계에 도전하는 사람을 소외시키고, 그런 사람의 견해가 대중이 모이는 자리에서 전달되는 일이 없도록 힘쓴다. 고압적인 전술을 써서 반이스라엘 또는 반유대인 세력을 비난하고 비판하는 사람의 입을 막는 경우도 있다. 대중 담론을 친이스라엘 방향으로 이끄는 일은 중요하다. 점령 지구에서의 이스라엘 정책과 역사, 미국의 중동 정책을 수립하는 과정에서 작용하는 이스라엘 로비의 역할을 공개적으로 솔직하게 토론할 때 많은 미국인이 기존 정책에 의문을 갖고 미국의 국익을 위해서 효과적인 이스라엘과의 관계를 요구하기 쉽다.

따라서 로비의 핵심 구성원은 미디어 싱크탱크와 학계에서 이스라엘에 대한 담론에 영향을 주기 위해 힘쓴다. 이들이 여론을 형성하는 데 매우 중요한 역할을 하기 때문이다. 그들은 이스라엘의 긍정적인 면을 부각시키기 위해, 그리고 이스라엘의 과거나 현재의 행동에 의문을 품거나 무조건적인 미국 지원에 의혹을 품는 사람을 소외시키기 위해 노력한다. 친이스라엘 세력은 유대 국가에 관한 토론을 지배하는 것이 목적 달성을 위해 필수라는 사실을 안다. 이런 노력이 언제나 성공하는 것은 아니지만 놀랄 만큼 효과적인 것이 사실이다.

미디어가 메시지다

이스라엘에 대한 대중의 태도를 긍정적으로 유지할 수 있는 결정적인 요건은 주류 미디어다. 이는 이스라엘에 우호적일 뿐 아니라 미국의 지원을 문제 삼지 않도록 이스라엘과 중동 문제를 다루는 것이다. 이스라엘을 심각한 논조로 비판하는 글이 미국 전역의 다수 청중에게 전달된다. 하지만 민주주의 국가의 뉴스와 비교할 때 이스라엘을 다루는 미국 미디어는 이스라엘에 우호적으로 편중되는 경향이 짙다.

이런 주장이 '유대인이 미디어를 지배한다'는 고리타분한 주장으로 들릴 수 있지만, 절대 그렇지 않다. 마틴 페레츠와 모티머 주커만과 같은 유대계 미국인이 권력을 이용해서 이스라엘과 중동에 대한 견해를 피력하는 데는 의문의 여지가 없다. 엘리트들이 예외 없이 다양한 관심사를 표명하기 위해 그들만의 특별한 지위를 이용하는 것과 마찬가지로 이런 행동은 합법적이고 새삼스러운 일이 아니다. 주류 미디어에는 미국과 이스라엘 관계를 포함한 이스라엘의 정책을 기탄없이 비판하고 싶은 출판업자, 편집자, 칼럼니스트, 리포터들이 분명히 있다. 친이스라엘주의자임에도 그 나라에 대해 공개적인 토론을 환영하는 영향력 있는 사람들도 있다.

유대인이나 친이스라엘 세력이 미디어와 이스라엘에 대한 '미디어의 견해를 지배한다'는 주장은 잘못됐을 뿐 아니라 못마땅하기까지 하다. 로비가 주류 미디어의 논조를 모니터하고 영향력을 행사하기 위해 노력하는 것이야말로 로비가 미디어를 지배하지 않는다는 확실한 이유가 된다. 미디어가 자신의 판단대로 하게 내버려 둔다면 끊임없이 친이스라엘적인 기사와 논평으로 지면을 채우지는 않을 것이다. 모든 민주주의 국가들이 그렇듯 유대 국가와 그것을 향한 미국 정책에 보다 공개적이고 활발한 토론이 이루어질 것이다. 그런 토론은 유대인들이 확실하게 미디어를 지배하는 유일한 국가인 이스라엘 자체에서 특히 활발하다.

이스라엘에 대한 로비의 관점이 주류 미디어에 폭넓게 반영되는 것은 일부 이유가 있다. 바로 이스라엘에 대해 글을 쓰는 미국 평론가가 친이스라엘이라는 사실이다. 1976년 로버트 H. 트라이스는 국내 이익집단과 미국의 중동 정책을 비교하면서 특정 사실을 알게 되었다. "1966~1974년 친아랍 그룹이 경험한 심각한 정치적 핸디캡 중 하나는 지명도가 높고, 전국의 신문과 잡지에 기고할 수 있는 칼럼니스트로부터 지원을 얻을 수 없었다는 것"이다. 반면 친이스라엘 그룹은 전국을 상대로 하는 칼럼니스트뿐 아니라 미국에서 폭넓은 독자층을 가진 일간지 편집자로부터 지원받을 수 있다는 사실을 발견했다. 친이스라엘 그룹은 친아랍 그룹에 비해 여론 형성에 적극적이었다. 1970년 대표자콘퍼런스CPMAJO는 1700개 일간지와 주요 방송에 사진과 인물 소개로 짜인 기자회견 자료집을 배포했다. 트라이스의 말에 의하면, 친이스라엘 그룹은 자기 편 정보를 유기적으로 대중에게 전송하는 데 있어 지역사회로부터 전국을 상대로 기고하는 칼럼니스트, 미국의 주요 신문들, 전국에 정보를 제공하는 국제적인 뉴스 매체에 이르기까지, 미디어조직에서 친아랍 그룹보다 성공적이었다.

그 후로 크게 달라진 것은 없다. 2002년 미디어 비평가인 에릭 알터만은 중동 관련 학자들 사이의 토론이 "이스라엘 비판을 상상도 할 수 없는 사람에 의해 지배되었다"고 했다. 그는 자격 조건을 따지지 않고 자동 반사적으로 이스라엘을 지원한다고 생각하는 칼럼니스트와 논평자 56명의 명단을 작성했다. 그러나 이스라엘의 행위를 끊임없이 비난하거나 친아랍을 지지하는 학자를 5명밖에 찾아내지 못했다. 일부 독자가 알터만이 여러 건을 잘못 분류했고 그들 중 몇 사람은 세상을 떠났다고 항의했지만, 격차가 워낙 커 그가 주장하는 요점을 약화시킬 수 없었다.

《뉴욕 타임스》와《워싱턴 포스트》에서 중동 문제를 다룬 칼럼니스트의 경우를 생각해 보자. 미국 작가 고故 윌리엄 새파이어(1929~2009)와 언론인 고故 A. M. 로젠탈(1922~2006)은 열정적인 이스라엘 옹호론자들이다(새파이어는 특히 아리엘 샤론에게 우호적이었다). 미국 보수주의 정치 언론인인 데이비드 브룩스는 일관성 있게 이스라엘을 지지했지만, 미국 유대계 언론인 토마스 L. 프리드먼은 온건했다. 몇 차례 일부 이스라엘의 정책(때때로 로비 자체에 대해)을 비판했지만 팔레스타인의 편에 서거나 미국이 이스라엘과 거리를 두어야 한다고 주장하는 일은 없었다. 자칭 진보주의자이며 미국 외교 정책의 다방면을 비판한 니콜라스 D. 크리스토프는 2007년 3월 "미국과 이스라엘 관계에 관한 대중의 토론이 부족하다"는 칼럼을 써 논쟁을 불러일으키기도 했다. 그의 논평에서는 중동 문제가 자주 등장하지 않으며, 친팔레스타인 입장을 취하지 않는다. 여성 칼럼니스트 모린 다우드가 친이스라엘 신보수주의자를 날카롭게 비판했지만, 크리스토프처럼 유대 국가에 대한 미국 정책 관련 글을 쓰는 일은 드물었다.《타임》이 발표한 정기적인 칼럼니스트 명단 중에는 일관성 있게 팔레스타인의 입장을 옹호하는 사람도, 2001년에 퇴임한 칼럼니스트 앤터니 루이스만큼 공평한 사람도 찾아볼 수 없다.

《워싱턴 포스트》에는 이스라엘을 지지하는 칼럼니스트들이 있다. 짐 호글랜드, 로버트 케이건, 찰스 크라우트해머, 조지 윌이 여기 해당한다. 과거에는 2명이 더 있었다. 미 제3보병사단에서 종군 취재 중 사망한 고故 마이클 켈리와《위클리 스탠더드》발행자이면서《타임》에 칼럼을 쓰는 윌리엄 크리스톨이다. 그들은 충실한 친이스라엘주의자일 뿐 아니라 이스라엘 온건파보다는 매파인 리쿠드당의 아이디어와 정책을 선호한다. 리처드 코헨도《포스트》에 중동 문제에 관한 기사를 쓰지만 성향은《타임》의 프리드먼과 비슷하다. 친이스라엘이면서 지적인 비평을 쓰고 싶어 하는 사람이다. 미국에서 가장 영향력 있는 일간지 어느 곳도 아랍이나 팔레스타인을 일관성 있게 지지하는 논평자를 고용하지 않는다.

감히 이스라엘을 비평할 수 있는가?

2009년까지 이스라엘을 비평한 유명한 칼럼니스트로는 로버트 노박이 유일하다. 그의 칼럼은《시카고 선타임스》와 신디케이트 계약이 되어 있고,《포스트》에 정기적으로 게재됐다. 하지만 노박도 팔레스타인 대의의 옹호자라고 볼 수는 없다. 반대편을 보면《타임》이나《포스트》어느 쪽도 새파이어나 크라우트해머, 프리드먼과 코헨을 따라갈 사람이 없다.《로스앤젤레스 타임스》는 이스라엘 옹호론자 3명, 즉 맥스 부트, 조너선 체이트, 조나 골드버그의 글을 정기적으로 싣는다. 이스라엘에 대한 팔레스타인의 입장을 방어하는 사람은 말할 것도 없고, 이스라엘에 비판적인 칼럼니스트도 고용하지 않는다.

간헐적으로 이스라엘의 정책을 비판하는 객원기자의 칼럼을 사설 맞은 면에 올리지만, 의견의 균형 면에서 이스라엘 편으로 기운다. 영국 여러 신문에 정기적으로 글을 올리면서 이스라엘을 날카롭게 비판했던 고故 로버트 피스크나 패트릭 실에 비견할 만한 논평자가 미국에는 없다. 이스라엘의 논평자

아미라 해스, 아키바 엘다르, 기드온 레비, 브래들리 버스턴 같은 사람은 흉내도 못 낸다. 그들은 자국이 추구하는 특별한 정책을 공개적으로 비판한다. 주안점은 이 사람들이 옳고 친이스라엘이 그르다는 말이 아니다. 그들과 같은 목소리가 미국 주요 신문에는 없다는 점을 지적하고 싶은 것이다.

당연한 일이지만 친이스라엘 편향은 신문 사설에서도 엿볼 수 있다.《월스트리트 저널》의 명예편집장이자 퓰리처상 수상자인 고故 로버트 바틀리는 이스라엘 역대 총리였던 이츠하크 샤미르, 아리엘 샤론, 베냐민 네타냐후가 원하는 것이 무엇이든 긍정했다. 저널은《시카고 선타임스》,《뉴욕 선》,《워싱턴 타임스》 같이 유명한 신문들과 함께 마치 이스라엘 총리 기자실에서 쓴 듯한 사설을 정기적으로 싣는다.《뉴욕 타임스》의 사설은 이스라엘 정책을 비판하며 이름값을 한다. 2006년 비판의 논조가 강해졌다는 느낌을 받을 때가 있다.《타임》은 팔레스타인의 불만은 타당하고 자신의 국가를 가질 권리가 있다는 점을 인정한다. 그럼에도 불구하고 여러 해 동안 양편을 공평하게 다루지 않았다. 전《타임》의 편집장 막스 프랑켈은 친이스라엘 태도가 사설 선정에 미친 영향에 대해 자세하게 설명했다. "나는 말로 표현할 수 있는 것보다 이스라엘에 헌신적이었다. 이스라엘에 우호적인 입장에서 중동을 논평하는 대부분의 글을 썼다. 유대인보다 아랍인 독자가 인정했듯이 친이스라엘의 관점에서 글을 썼다."

《코멘터리》,《뉴 리퍼블릭》,《위클리 스탠더드》 같은 잡지도 기회가 있을 때마다 이스라엘을 변호하는 글을 올리는 데 열광적이다.《코멘터리》의 전 편집자 노먼 포도레츠는 예루살렘의 저널리스트가 모인 자리에서 이런 말을 한 적이 있다. "유대인 신문과 일반 신문 모두에 글을 쓰는 유대인의 역할은 이스라엘을 방어하는 것이지, 이스라엘을 공격하는 사람과 합세하는 것이 아니다."《뉴 리퍼블릭》에서 편집자 생활을 했던 마틴 페레츠는 이스라엘이라는 국가와 사랑에 빠져 있다고 선언하고, 이스라엘에 대한 일종의 정책 노선이 있다고 인정했다.

이스라엘 문제를 포함하는 미디어의 뉴스 보도는 논평에 비해 편향된 경향이 적어 보인다. 리포터가 객관성을 유지하려고 노력하는 것과 이스라엘의 실제 행동을 인정하지 않은 채 점령 지구나 남부 레바논 사태를 다루기 힘들다는 것도 이유가 될 수 있다.

로비는 미디어도 바꿀 수 있다

로비에 참여하는 그룹은 이스라엘에 대한 비우호적인 보도를 막기 위해 편지, 데모, 반이스라엘로 생각되는 뉴스 매체에 보이콧운동을 벌였다. 2002년 《포워드》의 보도처럼 "미디어의 반이스라엘 편향을 근절하는 것은 미국유대인이 6000마일 떨어져 있는 갈등과 가장 직접적이고 정서적인 관계를 맺는 수단이 되어 왔다." CNN의 간부는 이스라엘에 반한다고 항의하는 메시지를 하루에 6000통이나 받은 적이 있고 《시카고 트리뷴》, 《로스앤젤레스 타임스》, 《마이애미 헤럴드》, 《뉴욕 타임스》, 《필라델피아 인콰이어러》, 《워싱턴 포스트》의 중동 문제 보도 내용을 문제 삼은 소비자들로부터 보이콧을 당했다.

한 통신원은 이런 현실에 대해 저널리스트 마이클 매싱에게 말했다. "신문이 AIPAC를 포함한 친이스라엘 그룹을 두려워한다. 압력은 냉혹하다." 뉴욕 주재 이스라엘 영사의 전 대변인 메나헴 샬레브는 말했다. "물론 자기 검열을 거친다. 저널리스트, 편집자, 정치가가 몇 시간 안에 몇천 통의 분노에 찬 전화를 받는다는 사실을 알고 있다면, 이스라엘을 비판하기 전에 한 번 더 생각하게 된다." 유대인 로비는 압력을 조직화하는 데 능하다. 미국의 유대인 언론기관도 압력에서 자유로울 수 없다.

1989년 AIPAC의 미디어 책임자 토비 더쇼비츠는 《워싱턴 쥬이시 위크》에 연락해서 래리 콜러 기자가 AIPAC에 쓰고 있는 글을 막아 달라고 요청했다. 글이 정확하지 않은 것 같다는 이유였다. 물론 글의 내용이 AIPAC에 비판적이라는 점이 진짜 이유였다. 콜러가 임무를 받았을 때 더쇼비츠와 AIPAC의 법률 고문 데이비드 이프신은 캐럴에게 전화를 걸어 "만약 콜러가 임무를 제대로 수행하면 소송을 할 수 있다는 의사를 재고하겠다"라고 말했다. 이해하기 힘든 시도가 캐럴에게 압력을 가하는 데 성공하지는 못했지만, 1991년 AIPAC의 외교 정책 책임자인 스티븐 로센은《워싱턴 쥬이시 위크》의 이사회 몇 사람에게 메모를 보냈다. 캐럴이 좌파 정치인과 지나치게 동조하고 있으며 유대인 공동체 조직을 와해시키려 한다는 내용이었다. 1992년 4월, 신문사 경험이 없는 새 편집자가 캐럴의 상관으로 기용되었다. 캐럴은 3개월 후 사임했고 AIPAC 뉴스레터《니어 이스트 리포트》의 전 편집자가 빈 자리를 채웠다.

강력한 미디어 감시 그룹 중 하나는 미국 중동 문제 보도의 정확성을 위한 위원회CAMERA다. 이는 미국 공영 라디오 방송National Public Radio에 비판적인 시각을 가지고 있으며, 때때로 '팔레스타인 라디오 방송National Palestine Radio'이라고 부르기도 한다. 그들이 주장하는 편향된 미디어 기사를 일반에게 알리기 위해 웹사이트를 운영하기도 했다. 그 외에도 CAMERA는 2003년 5월 33개 도시의 미국 공영 라디오 방송국NPR 앞에 데모대를 배치하고, 방송국의 중동 문제 보도가 이스라엘에 우호적이 될 때까지 후원을 중단하도록 기부자를 설득했다. 전하는 바로는, 보스턴의 공영방송인 WBUR은 기부금이 100만 달러 이상 줄었다. 2006년 CAMERA는《뉴욕 타임스》와《뉴욕 선》에 지미 카터의 책《팔레스타인Palestine : Peace Not Apartheid》를 비난하는 전면 광고를 실었다. 이 광고에는 발행자의 전화번호가 포함되었고 독자들에게 전화해서 불만을 이야기하라고 촉구하는 내용이 담겨 있다.

의회의 이스라엘 지지자로부터 NPR에 대한 압력이 더해졌다. 2003년 3월,

캘리포니아 민주당 의원 톰 랜토스, 브래드 셔먼, 헨리 왁스먼과 같은 이스라엘 옹호자를 포함한 일단의 의원이 NPR 사장 케빈 클로스에게 편지를 보내 중동 기사에 대한 내부감사를 요청했다. 클로스는 거절했으나 압력을 견디다 못해 다양한 유대인단체에 구조 요청을 할 수밖에 없었다.

이스라엘에 대한 미국인의 이해를 높여라

로비는 우호적인 기사가 다른 형태를 취하도록 하는 역할을 한다. 2003년 네덜란드 작가 이안 부루마는 《뉴욕 타임스》에 〈이스라엘에 대해 어떻게 말해야 하나?〉라는 제목의 글을 썼다. 미국에서 이스라엘에 대해 비판적이고 냉정하게 말하기 어려울 때가 있다고 밝히고, 이스라엘이나 시온주의에 대한 정당한 비판조차도 감사자에 의해 반유대주의로 비난받는 일이 많다고 지적했다. 당시 《예루살렘 포스트》의 편집자였고 《월 스트리트 저널》에서 칼럼니스트와 편집위원회 멤버로 활동한 브렛 스티븐스는 《포스트》에 공개장을 실었다. 〈당신이 유대인인가?〉라는 질문으로 시작되는 이 공개장은 부루마에게 보내는 신랄한 공개장이다. 스티븐스는 문장 두 단락에 이어 "나에게 중요한 것은 당신이 스스로를 유대인이라고 말하는 것"이라고 썼다.

이것이 어째서 문제가 되는가? 이방인에게 이스라엘에 말하려면 최소한 유대인이 아니면 안 된다는 것이 스티븐스의 견해다. 간단히 말해서 이 놀라운 공개장이 주는 메시지는 비유대인이 이 주제를 가지고 말할 때 유대인이 받아들일 방법으로만 말해야 한다는 것이다. 역사가 토니 주트가 《뉴욕 타임스》 사설 맞은편 《런던 리뷰 오브 북스》에 냈던 기사를 지지하는 내용의 특집 기사를 실었을 때였다. 《뉴욕 타임스》의 편집자 한 사람이 자신을 유대인으로 소개해 달라고 토니 주트에게 부탁했다. 위의 내용이 얼마나 민감한 사안인지 설명해 주는 대목이다.

스티븐스의 견해는 대부분의 미국유대인을 포함해 많은 사람이 싫어하는 것임에 틀림없다. 로비에 참여하는 지도층이 이스라엘과 관련한 쟁점을 가지고 자유롭고 공개적인 토론을 벌이는 것을 꺼린다는 것을 알 수 있다. 반인종주의연맹ADL의 책임자 에이브러햄 폭스먼은《뉴욕 타임스》기자 제임스 트라우브에게 "아이디어의 자유 시장이 궁극적으로 거짓을 진실로 바꿔준다는 것은 천진난만한 생각"이라고 말했다. 폭스먼은 '진실이 그 자체의 덕성만으로 승리할 수 없다. 거짓의 시장이 너무 강력하다'는 교훈을 경험으로 배우게 되었다고 회상한다. 거짓은 미국과 이스라엘의 관계, 이스라엘의 전략적·도덕적 지위에 심각한 질문을 던질 때 드러난다. ADL은 이스라엘과 유대 국가에 대한 미국의 무조건적인 지원을 비판하는 사람이 대중 담론에서 힘을 쓸 수 없게 한다. 그리고 이스라엘에 대한 그들의 견해가 용인될 수 없다는 사실을 인식시키려 한다.

탁월한 논평자를 선발해서 친이스라엘 관점을 퍼뜨리는 것이 이스라엘에 우호적인 환경을 조성하는 마지막 방법이다. 대표자콘퍼런스CPMAJO는 이스라엘에 '미국의 소리'라는 그룹을 설립하게 했다. 콘퍼런스 웹사이트에 의하면, 비영리단체인 이 그룹의 목적은 이스라엘에 대한 미국인의 이해를 높이고 지원을 강화하기 위한 것이다. 이를 위해 미국 라디오 토크쇼 담당자를 이스라엘로 불러서 프로그램을 예루살렘에서 생방송을 하게 하는 데 목적이 있다. 미국의 소리 웹사이트는 이 조직을 이스라엘 홍보활동의 최전선에 있다고 평가한다. 대표자콘퍼런스의 말콤 호엔라인(미국의소리위원회 위원장직 겸임)은 "가장 중요하고 재미있고 효과적인 홍보활동 중 하나"라고 했다. 미국의 소리에는 올리버 노스, 글렌 벡, 모니카 크라울리, 마이클 메드베드, 암스트롱 윌리엄스, 그밖에 방송 관계자가 참여하고 있다. 캠페인은 토크쇼 진행자가 청취자에게 친이스라엘 메시지를 공급할 수 있도록 돕는다.

다양한 노력은 공통적인 목적을 갖는다. 주류 미디어 조직이 이스라엘을 부정적으로 보이게 하는 정보나 사건을 되도록 피하게 하고, 강력한 미국 지원을 정당화할 수 있는 전략적·도덕적 근거를 다져줄 대중 논평을 촉진하는 것이다. 이런 노력이 100% 성공한다고 볼 수는 없지만 상당한 효과를 발휘한다.

외곬으로 사고하는 싱크탱크

친이스라엘 세력은 핵심 쟁점에 대한 실질적인 정책뿐 아니라 대중 담론을 형성하는 데 중요한 역할을 하는 싱크탱크를 통해 상당한 영향력을 행사한다. 뉴스 미디어도 분석과 논평을 제공하기 위해 정부 관리나 학계에 의지하기보다 워싱턴에 소재한 싱크탱크에 의존한다. 싱크탱크는 활기찬 홍보와 미디어 관련 부서를 가지고 공적인 영역에서 전문적 견해를 펼친다. 국회의원을 포함한 정부 관리들이 이해하기 쉽도록 요약된 메모를 배포하고, 세미나에 초대해서 아침 식사를 하면서 이야기하게 하며, 관리와 스태프를 대상으로 브리핑을 하고, 자체 분석가에게 특집 기사와 함께 가시적인 형태의 논평을 싣게 하는 등의 활동을 전개한다. 그들이 가진 아이디어에 대해 많은 사람이 공감할 수 있는 분위기를 형성하는 데 목적을 둔다.

미국기업연구소AEI의 브루킹스 같은 싱크탱크는 대통령 선거운동을 할 때, 고문단을 보내고 행정부에 직원을 파견한다. 이들이 권력에서 떠날 때 피난처를 제공하고 권력의 핵심부 안팎에서 토론에 영향을 줄 수 있도록 발판을 마련한다. 새로운 정책 아이디어를 위한 인큐베이터 역할을 하면서 워싱턴 권력조직에서 극히 중요한 부분을 담당한다.

이스라엘을 둘러싼 정책 영역에서 객관적인 소리를 내야 할 필요성이 있다는 인식을 바탕으로, 전 AIPAC 회장 래리 와인버그와 아내 바비 와인버그, AIPAC 부회장과 AIPAC 리서치 부국장 마틴 인디크가 1985년 워싱턴근동정책연구소WINEP를 창설했다. WINEP이 이스라엘과의 연결 관계를 내세우지 않고, 중동 문제에 대한 균형 있고 현실적인 관점을 제공한다고 주장하지만 사실은 다르다. 이스라엘의 정책을 지지하는 데 전념하는 개인이 자금을 대고 그들에 의해 운영되는 조직이다. 자문위원회에는 에드워드 루트워크, 마틴 페레츠, 리처드 펄, 제임스 울시, 모티머 주커만 같은 막강한 친이스라엘 인사들이 끼어 있다. '근동'의 어떤 국가나 그룹의 관점을 선호한다고 볼 수 있는 사람은 없다. 참가자 대부분이 순수한 학자거나 관료 출신이지만 중동 문제에 중립적인 관점을 가지고 있다고 보기 어렵고, WINEP 구성원들 속에서 관점의 다양성을 찾아보기 힘들다.

싱크탱크가 가진 로비의 영향력은 WINEP를 뛰어넘는다. 4장에서 언급했듯이 친이스라엘 인사는 과거 25년 동안 미국기업연구소, 보안정책센터, 대외정책연구소, 헤리티지재단, 허드슨연구소, 대외정책분석연구소, 유대국가안보문제연구소에서 주도적인 위치를 차지했다. 싱크탱크는 결정적으로 친이스라엘이며 유대 국가에 대한 미국의 지원을 비판하는 사람은 찾아보기 힘들다.

싱크탱크가 가진 로비 영향력의 다른 증거로는 브루킹스연구소의 진화를 들 수 있다. 이 연구소의 중동 문제에 대한 최고 전문가는 탁월한 학자이며 아랍과 이스라엘의 갈등에 대한 공평한 견해로 정평이 있는 전 NSC 관리 윌리엄 B. 콴트였다. 1970년대 중반 브루킹스연구소는 중동과 관련한 영향력 있는 보고서를 냈다. 이스라엘 철수의 필요성, 팔레스타인의 자치권(독립 국가의 가능성을 포함한), 예루살렘 종교 유적지에 대한 자유로운 접근, 이스라엘의 안전보장을 강조하는 내용을 담고 있었다. 전문가 그룹에 의해 만들어진 브루킹스 연구보고서는 카터 행정부가 이집트-이스라엘 평화협상을 성공으로 이끈 청사진으로 인식되고 있다.

오늘날 이들 쟁점과 관련한 연구는 중동 정책을 연구하는 사반센터에서 이루어진다. 이 센터는 브루킹스연구소가 2002년 1300만 달러를 들여 설립했는데, 대부분의 소요자금을 시온주의자 하임 사반이 지원했다. 그에 관해 《뉴욕 타임스》는 "할리우드에서 정치권과 가장 깊은 관계가 있는 거물일지 모른다. 그는 워싱턴 주변을 시작으로 넓은 세상을 향해 힘을 과시하고 돈을 뿌리면서 이스라엘과 관련한 모든 일에 영향을 주기 위해 노력하고 있다"라고 평했다. 또 다른 주간지 《타임》은 "지칠 줄 모르는 이스라엘 치어리더는, '나는 한 가지 이슈밖에 없는 사람이다. 그것은 이스라엘이다'라고 말하는 것 같다"라고 평했다. 아리엘 샤론은 그의 노력에 감동한 나머지 "위대한 미국 시민이며 필요할 때는 언제나 이스라엘 편에 서는 사람"이라고 치켜세웠다. 사반센터 운영 책임자로 마틴 인디크가 선정되었다. 그는 클린턴 행정부 관료를 역임했고 AIPAC 리서치 부국장으로 일했으며 WINEP의 설립을 도왔다.

사반이 자금을 대고 인디크가 지휘하는 연구소가 친이스라엘이 아니라는 것은 상상하기 어렵다. 사반센터가 종종 아랍 학자들을 방문하면서 다양한 의견을 피력하는 것은 분명하다. 인디크와 사반센터 연구원들이 이스라엘과 팔레스타인 간의 2개 국가 해법을 지지하기도 한다. 그렇지만 사반센터 출판물이 이스라엘에 대한 미국 지원에 의문을 제기하는 일은 없다. 핵심적인 이스라엘 정책을 강도 있게 비판하는 일도 찾아보기 힘들다. 센터의 노선에서 벗어나는 사람은 전 NSC 관리 플린트 레버레트의 짧은 임기가 설명해 주듯이 오래 버티지 못한다.

센터의 친이스라엘 성향은 센터가 주관하는 사반포럼에서 드러난다. 저명한 미국 및 이스라엘 지도자가 동원되는 이 포럼은 워싱턴이나 예루살렘에서 개최된다. '아메리카와 이스라엘, 소용돌이 속에 있는 중동 문제 대처하기'라는 주제로 열린 2006년 포럼에는 이스라엘 외무부 장관 치피 리브니, 빌 클린턴, 상원의원 힐러리 클린턴, 시몬 페레스, 윌리엄 크리스톨, 하원의원 톰 랜토스와 제인 하먼, 전략 문제를 담당하는 이스라엘의 장관 아빅도르 리버먼이 참석했다. 친아랍계, 미국과 이스라엘의 관계에 대해 다른 소리를 낼 수 있는 사람은 없다.

이들이 아이디어와 정책 형성에 중요한 영향을 미치기 때문에 엘리트 중심부의 힘의 균형은 이스라엘 쪽으로 쏠려 있다. 반사적으로 친이스라엘 편에 서지 않는 뉴 아메리카 재단, 카토연구소, 중동연구소가 있기는 하다. 그러나 워싱턴에서 규모가 크고 가장 눈에 띄는 외교 정책 연구 기관은 대체로 이스라엘 편이기 때문에 무조건적인 미국 지원에 의문을 던지지 않는다.

뉴욕에 있는 미국외교협회를 빠뜨릴 수 없다. 탁월한 연구진을 보유한 협회의 견해는 워싱턴의 유력 싱크탱크보다 다양한 영역을 포괄한다. 여러 해 동안 열렬한 친이스라엘 인사 맥스 부트를 비롯해서 전 미국유대인의회 회장 헨리 지그먼과 같은 두드러진 이스라엘 정책 비평가를 유치하고 있다. 협회가 2006년 9월 이란 대통령 마흐무드 아마디네자드를 초청했을 때 나타난 반응에서 알 수 있듯이 이곳도 압력에서 자유롭지 못했다. 유명한 유대인단체가 격렬하게 항의했고, 유명인사를 퇴직시키려는 움직임이 일었다. 협회장 리처드 하스가 디너 미팅을 업무 회의로 격하시키면서 진정되었다.

ADL의 에이브러햄 폭스먼은 《뉴욕 타임스》에서 "그 사람과 빵을 자르는 것은 사선을 넘는 것"이라고 말했다. 이스라엘과 홀로코스트에 대한 아마디네자드의 공격적인 발언을 감안할 때 이해할 수 있는 반응이다. 그것은 로비가 대중 담론을 형성하는 데 기울이는 노력을 깨닫게 해준다.

치안을 유지하는 학계

　토론을 통제하는 로비의 노력이 가장 큰 어려움을 겪은 곳은 학계다. 교수는 종신직을 가지고 있을 뿐 아니라(이것이 많은 형태의 압력으로부터 신분을 보장해 준다) 지적 자유가 핵심 가치이며 통념에 도전하는 일이 적지 않다. 또 그것으로 상을 받는 일이 많은 영역에서 일하고 있다. 게다가 대학교 캠퍼스에는 언론의 자유를 존중하는 정신이 뿌리내리고 있다. 미국 대학교들이 국제화되면서 과거 30년 동안 타국의 학생과 교수가 미국으로 진출했다. 그들은 미국인들에 비해 이스라엘의 행위에 비판적인 경향을 보인다.

　로비단체는 1990년대 캠퍼스 토론 형성에 노력을 기울이지 않았다. 오슬로 평화협정이 진행되고 있었기 때문이다. 이 기간에는 이스라엘과 팔레스타인인 간에 폭력이 적었고, 많은 사람이 갈등이 해결될 것으로 믿고 있었다. 1990년대에는 이스라엘에 대한 비판의 소리가 그렇게 강하지 않았으므로 로비가 개입할 필요가 없었다. 그러나 오슬로 평화협정이 좌절되고 2001년 2월 샤론이 집권하면서 대학의 비난이 거세졌다. 2002년 봄 이스라엘방위군IDF이 요르단강 서안 지구의 팔레스타인 통제 지역을 재점령하고, 제2차 인티파다에 대항해서 대규모 병력을 투입하면서 격렬해졌다. 로비는 캠퍼스 탈환에 적극 나섰다. 민주주의 수호를 위한 캐러밴Caravan for Democracy과 같은 새로운 조직이 우후죽순으로 일어나 이스라엘에서 강사를 초빙해 중동 유일의 민주주의 국가인 이스라엘에 관한 토론을 전개했다. 공공문제에 대한 유대인협회JCPA가 이스라엘을 방어하기 원하는 학생을 위해 지지 훈련 프로그램을 주선했다. 또 이스라엘 옹호론을 펴기를 원하는 26개의 단체를 통합할 목적으로 이스라엘 캠퍼스 연합을 결성했다.

　이스라엘을 위한 크리스천연합은 보스턴에 소재하면서 캠퍼스 문제를 전문으로 하는 그룹, 데이비드 프로젝트와 파트너십을 맺었다. 크리스천이 이스라엘을 옹호하는 활동을 펼칠 수 있도록 대학 집회와 훈련 프로그램을 마련하는 것이 이들의 목적이다(베이커스필드에 있는 캘리포니아주립대학교가 시작했다). 이스라엘을 위한 크리스천연합CUFI 전무이사 데이비드 브로그는 다음 세대를 준비하는 것이 프로그램의 목적이라고 했다. 데이비드 프로젝트 이사 찰스 제이콥스는 말했다. "하나님이 이스라엘 땅을 주셨다는 대답 이상의 대답을 할 수 있도록 가르칠 것이다. 갈등을 국경 전쟁으로서가 아니라 아랍과 이스라엘 간의 지역적 갈등으로, 세계 전쟁의 중심점으로 이해할 수 있도록 말이다."

예상할 수 있듯이 캠퍼스 탈환활동에서 가장 중요한 조직은 AIPAC이다. 이 조직은 1970년대 후반부터 캠퍼스활동을 모니터하고 젊은 이스라엘 지지자를 훈련시켰다. AIPAC은 이스라엘이 공격을 받으면서 훈련 프로그램에 대한 지출을 3배로 늘렸다. AIPAC 리더십 개발국장인 조너선 케슬러에 의하면, 이러한 노력은 캠퍼스에서 활동하는 학생 수, 역량, 전국적인 친이스라엘활동에 대한 참여를 확대했다. 2003년 여름, AIPAC은 비용을 전액 지원해서 학생 240명을 워싱턴 D. C.에 보내 4일간 집중적으로 지지 훈련을 시켰다. 훈련을 마친 학생들이 캠퍼스에 돌아가면 모든 종류의 지도자와 네트워크를 조성하고, 그들이 이스라엘을 지지하도록 하는 데 집중했다. 그 결과 2007년 150명의 학생회장을 비롯한 1200명의 학생이 AIPAC 연차 정책 콘퍼런스에 참석했다.

학생 계발을 위한 캠페인은 고용 관습에 영향을 주기 위한 노력이 병행되었다. 예를 들어 1980년대 초 AIPAC은 학생을 채용해서 반이스라엘로 생각할 수 있는 교수와 캠퍼스단체를 뽑았다. 그 결과가 '1984년 AIPAC 칼리지 가이드, 캠퍼스에서의 반이스라엘 캠페인'에 수록되었다. 반인종주의연맹ADL은 이스라엘과 관련해서 문제가 있다고 생각하는 개인과 조직을 목록으로 작성했다. 대학 캠퍼스에서 활동하면서 반유대주의를 감추기 위한 가면으로 반시온주의를 사용하는 친아랍 동조자에 대한 배후 정보를 비밀리에 유포했다.

이러한 노력은 다니엘 파이프스가 2002년 9월, 캠퍼스 워치Campus Watch라는 웹사이트를 개설하면서 강화되었다. 웹사이트를 이용해서 의심스러운 학과와 관련한 사건 서류를 게재하고, 이스라엘에 적대적으로 생각되는 말과 행동을 보고하도록 격려했다. AIPAC의 전술을 베낀 것이다. 학자들을 블랙리스트에 올리고 겁을 주는 뻔한 시도는 거친 반응을 일으켰다. 나중에 파이프스가 사건 서류를 삭제했지만, 웹사이트에서는 지금도 미국 대학에서 반이스라엘 행동에 대한 이야기가 돌면 보고하라고 학생들을 부추기고 있다.

타이틀 VI 프로그램

이스라엘에 대한 비판을 근절하려는 파이프스의 노력은 여기서 그치지 않았다. WINEP과 이스라엘 샬롬센터 양쪽에 임용된 이스라엘계 미국인 학자 마틴 크레이머가 《내셔널 리뷰》의 객원 편집자이며 보수적인 후버연구소의 선임 연구원 스탠리 쿠르츠와 함께 연방 정부가 중동과 주요 대학 스터디 프로그램에 제공하는 기금을 삭감하거나 감시하도록 의회에 종용했다. 이스라엘 비평가를 침묵시키거나 최소한 비평을 억제해서 대학 당국이 파이프스, 크레이머, 쿠르츠와 같은 견해를 가진 학자를 고용하는 데 주목적이 있었다.

그들은 고등 교육기관 국제교육법HR 3077을 지지했다. 정부가 임명한 위원회에 연방 지원금을 받는 국제교육센터를 감시하는 의도가 있었다. 위원회의 임무는 정부지원금을 받는 센터에 다양한 관점과 함께 전 세계 외국어, 국제 문제에 대한 전반적인 견해가 반영될 수 있게 교육부와 의회에 건의하는 것이 포함되었다. 제안된 법안이 해가 없는 것 같지만, 중동 관련 교육이 편파적이며 반아메리카, 반이스라엘 태도를 조장하는 것이라는 크레이머와 쿠르츠의 주장과 같은 맥락이었다.

법안이 원안 그대로 통과된다면, 정부 지원을 원하는 대학은 그들의 지역 스터디 프로그램을 위해 기존의 미국 정책을 지지하면서 이스라엘에 비판적이지 않은 사람을 기용하는 것이 유리하다고 판단할 수밖에 없다. AIPAC, ADL, 미국유대인의회, 그 밖에 5개 단체를 포함한 핵심 그룹은 비난하는 편지를 의회에 보내며 그 계획을 후원했다. "기존의 타이틀 VI 센터가 이스라엘을 무시하거나 모욕하면서 팔레스타인, 아랍권, 이슬람 세계에 대한 긍정적인 이미지를 심고 있다." HR 3077은 하원의 승인은 받았지만 상원 전체 회의의 공식적인 검토 대상이 되지 못했다. 유사한 법안이 2005년 다시 상정되어 2006년 3월 근소한 차이로(221:199) 하원을 통과했다. 그러나 상원은 결정을 거부했고 109차 의회 회기 말에 소멸되었다.

2007년 국회의 위임을 받아 업무를 수행하는 국립연구원NRC이 타이틀 VI 프로그램을 연구한다. 행정부 차원에서 대통령의 임명을 받은 사람이 국제 교육과 어학 교육 프로그램을 감시하는 제도를 만들자고 권고했을 때, 크레이머와 쿠르츠는 승리를 외쳤다. NRC는 그 연구를 통해서 기존 교육 프로그램에 문제가 없음을 밝히고, 크레이머와 쿠르츠의 편향된 주장을 인정하지 않았다. 연구에 참여한 전 인구조사국장 케니스 프리위트는 "편향은 없었다"고 기자들에게 말했다. 타이틀 VI 센터를 지지하는 사람 중 일부는 "이런 프로그램을 대통령이 지명하는 고위급 관리에게 맡기면 학교의 위상도 올라가고 지원을 얻는 데 도움이 될 것"이라고 말했다. 그러나 한 사람에게 방대한 감독권을 맡기면 대통령의 지명을 받는 사람이 파이프스, 크레이머, 쿠르츠의 프로그램을 실천에 옮길 위치에 설 수 있다는 우려가 제기됐다.

타이틀 VI 프로그램이 다양한 견해를 고려하지 못했다고 느끼는 사람은 상원에서 검토한 2007년 4월 판 타이틀 Ⅵ 국제 교육 프로그램 법안에 만족을 못했을 것이다. 대학의 반응이 만족스럽지 못할 때 불평하는 사람은 교육부에 불만을 제기할 것이고 그렇게 되면 장관의 검토를 받게 될 것이다. 장관은 불평을 참작해서 법안의 갱신 여부를 결정할 것이다. 이것이 법으로 지정되면 로비단체의 행동을 예상할 수 있다. 이스라엘 정책을 비판하는 사람을 고용하는 중동 교육 프로그램에 비난을 퍼부어 교육부에 타이틀 Ⅵ 지원을 중단하도록 몰아가거나, 문제가 된 대학이 지원금을 지키려는 목적에서 친이스라엘 방향으로 기울기를 바랄 것이라는 상상이 가능하다.

많은 자선가가 캠퍼스에 이스라엘 우호적인 학자의 수를 늘릴 목적으로 미국 대학교에 '이스라엘 교육 프로그램'을 개설했다(기존의 130개 유대인 교육 프로그램 외에). 학계의 반이스라엘 정서에 대처하는 목적이었다. 2003년 5월 1일 뉴욕대학교가 이스라엘 학문을 위한 토브센터를 개설한다고 발표했고, 버클리, 브랜다이스, 에모리를 포함한 대학들에도 유사한 프로그램이 개설되었다. 대학은 프로그램의 교육적 가치를 강조하지만, 그 배경에는 캠퍼스에서 이스라엘의 이미지를 개선한다는 의도가 깔려 있었다. 토브재단의 책임자인 프레드 레이퍼는 NYU센터에 자금을 지원했으며, NYU의 중동 프로그램에 확산된 아랍적인 관점을 방어하는 목적이었다고 분명히 밝힌다.

게임의 거물 셸던 애덜슨이 조지타운대학교 유대 문명 프로그램을 확장해서 유대인을 중심으로 국제관계의 패러다임에 초점을 두는 센터를 만들도록 수백만 달러를 지원하겠다고 제안한 것으로 알려졌다. 그 배경에도 비슷한 동기가 있다. 2006년 8월, 《하레츠》는 애덜슨과 유대인센터 지지자의 핵심 목표 중 하나는 대학교의 아랍 세력을 억제하는 것이라고 밝혔다. 프로그램의 제1국장 요시 샤인(텔아비브대학교 하르토그 행정대학원장 역임)은 "이런 프로그램을 조지타운대학교에 개설하는 것은 이 학교가 예수회Jesuit고, 워싱턴에 소재하며, 대외 서비스에 강점이 있는 대학이기 때문에 중요하다"고 말했다. 마찬가지로 랍비 헤럴드 화이트는 "설립되는 센터가 기존의 아랍센터와 균형을 이룰 수 있다는 점에서 중요하고, 많은 조지타운대학교 출신이 국무부로 진출하기 때문에 특별히 중요하다"라고 강조했다.

학자도, 학자의 출판도 예외는 아니다

학계의 치안을 유지하려는 로비의 열망은 행정부에 압력을 가하거나 개인적 결심에 영향을 주는 등 주목할 만한 성과를 올렸다. 2002년 여름, 시카고대학교의 친이스라엘단체는 캠퍼스에 유대인 학생을 싫어하고 위협하는 분위기가 존재한다고 주장했다. 교수와 대학 본부가 그 문제에 대해 아무런 조치를 취하지 않는다고 비난했다. 그에 그치지 않고 교수진과 대학 관리자들이 사태를 묵인하고 심지어 격려한다고 했다. 이런 주장에 충격을 받은 당국은 학생들의 주장을 수집해 조사했다. 그 결과 2건만이 사실로 판명되었다. 하나는 기숙사에서 발생한 반유대적인 낙서로 상주하는 직원이 즉시 지우지 못해 문제가 되었고, 다른 하나는 대학원생이 이 메일 목록에 아우슈비츠에 대한 농담을 올린 것이다. 유감스럽기는 하지만, 유대인 학생이 이야기한 것처럼 박해와 따돌림의 분위기라고는 볼 수 없다.

당시 미주 이스라엘 대사와 시카고의 이스라엘 총영사가 시카고대학교를 방문했다. 총장과 교무처장에게 캠퍼스에서 이스라엘의 지위를 개선할 방안을 찾게 하려는 것이다. 같은 시기 시카고대학교 교수이자, 저명한 팔레스타인-미국인 역사가인 라시드 칼리디의 이메일이 스팸 폭탄을 맞았다. 컬럼비아대학교가 시카고대학교의 칼리디를 스카웃했을 때도 전 컬럼비아 교무처장 조너선 콜은 "그의 정치적 견해에 불만을 품은 사람들로부터 불평이 폭주했다"고 밝혔다. 수년 뒤 컬럼비아로부터 칼리디를 영입하려 했던 프린스턴 대학교도 같은 경험을 했다. 컬럼비아대학교에서 여러 해 교수 생활을 한 팔레스타인계 미국인 학자 고故 에드워드 사이드도 비난의 표적이었다. 콜에 따르면, 저명한 문학비평가 에드워드 사이드가 팔레스타인을 지지하는 발언을 한다면 수백 통의 이메일, 편지, 신문, 잡지 기사가 사이드를 탄핵하거나, 제재를 가하거나, 파면하라고 요청했다.

컬럼비아의 진통은 거기서 그치지 않았다. 데이비드 프로젝트는 2004년 컬럼비아의 중동 교육 프로그램을 담당하는 교수진이 반유대적이며, 이스라엘을 옹호하는 유대인 학생을 위협한다는 선전영화를 만들었다. 컬럼비아는 《뉴욕 선》 같은 신보수주의 간행물로부터 질책을 받았다. 영화에 대한 조사를 맡은 교수위원회는 반유대주의의 증거를 찾지 못했다. 교수가 학생의 질문에 대해 신경질적인 답변을 했을 가능성이 있다. 물론 충분히 이야깃거리가 될 수 있다. 위원회는 고발된 교수가 명백한 협박의 표적이었다는 사실을 알아냈다.

단편적인 사건에 지나지 않는다고 생각할지 모르지만, 예일대학교의 역사사회학과에서 미시간대학교의 탁월한 역사가 후안 콜 교수의 임명을 놓고 투표했던 2006년에도 같은 일이 발생했다. 콜 역시 웹로그 수상작 정보에 근거한 논평을 쓴 사람으로서 이스라엘 정책을 비판해 왔다.《월 스트리트 저널》과 《워싱턴 타임스》의 친이스라엘 칼럼니스트가 콜의 임명을 공격했다. 《쥬이시 위크》는 유대인 기부자 몇몇이 예일의 결정에 항의하기 위해 학교를 방문했고, 예일대학교 임명위원회에 의해 결정이 번복되었다고 보도했다. 기부자의 압력이 얼마나 큰 영향력을 갖는지 알 수 없지만, 그 사건은 일부 이스라엘 후원자들이 캠퍼스 담론 형성에 차지하는 비중을 웅변한다.

이스라엘을 보호하려는 노력은 개인 연설자, 초빙교수, 객원 강연자도 표적으로 삼는다. 자유로운 표현과 공개적인 토론을 억제하는 것이다. 1984년 스탠퍼드대학교 학생들이 동창이며 하원의원을 지낸 피트 매클로스키를 객원 강사로 초청했다. 매클로스키는 2020년 공화당에서 민주당으로 당적을 옮겼지만, 당시 미국의 무조건적인 이스라엘 지원에 대한 비판으로 유명했다. 1980년 이스라엘이 매년 요르단강 서안 지구 정착지에 지출하는 금액만큼 미국 원조를 줄이도록 한다는 법 개정을 제안했다. 그는 이러한 행동들로 반유대주의라는 비난을 받았고 1982년 상원의원 선거에서 패하는 원인이 되었다. 그것으로 그치지 않았다. 스탠퍼드의 힐렐 지부는 그의 임명을 유대인 공동체의 뺨을 때리는 것이라고 비난했다. 평의원회를 관장하는 학생은 그의 교수요목에서 전 국무차관 조지 볼의 논문을 빼고 친AIPAC의 견해를 반영하지 않으면 봉급을 깎거나 해고하겠다고 협박했다. 정상적인 관행이라고 볼 수 없는 일이다. 그들은 그들의 관점을 대변하는 객원 강사를 채용하고, 채용된 강사의 수업 시간을 늘리라고 주장했다. 교수진은 학생들이 학문의 자유를 심각하게 손상시키는 범죄 행위를 했다고 진단했고, 마침내 매클로스키는 스탠퍼드대학교 교무처장으로부터 공식적인 사과를 받았다.

우리도 이런 전술을 경험했다. 2006년 초, 미 해군참모대학교가 주최하는 연례 현대 전략포럼에 패널로 참석해 달라는 초청을 받았다. 패널의 주제는 '권력의 속성'이었다. 중동의 정치나 그 지역에 대한 미국 외교 정책과 관련 없는 주제였다. 《이스라엘 로비》가 2006년 3월 출간된 후, 해군참모대학교 학장은 국회의원들로부터 우리를 콘퍼런스의 강사로 세우는 것이 적절한지 추궁하는 전화를 받았다. 품격 있는 학장은 별다른 조치를 취하지 않았고, 우리에게도 아무 일이 없었다. 그 후 월트 교수가 몬태나대학교에 강사로 초청받았을 때 몇 명의 교수들로부터 강한 비난을 받았다. 실패로 돌아갔지만 교수들은 강의를 편성한 교수를 쫓아내기 위해 노력을 아끼지 않았었다.

교수를 표적으로 삼고 임용에 영향을 주는 것 외에도, 친이스라엘 학계와 단체가 그들의 견해에 도전하는 학자의 출판을 막으려고 노력했다. 1998년

ADL은 이스라엘을 비판하는 정치학자 노먼 G. 핀켈슈타인에게 전화를 걸어 《시련기의 국가A Nation on Trial》의 배포를 중단하라고 요구했다. 다니엘 골드하겐의 저서로 논란의 여지가 있는《히틀러의 자발적 학살 집행자들Hitler's Willing Executioners》을 날카로운 필치로 비판한 책이다.《히틀러의 자발적 학살 집행자들》은 홀로코스트가 나치의 신념과 히틀러의 광기만이 아니라, 나치 이전부터 독일 사회에 만연한 '말살주의 이념'에 뿌리하고 있다고 주장한다. 골드하겐의 책처럼《시련기의 국가》는 저명한 학자로부터 찬사와 비판을 함께 받았다. 그러나 ADL 책임자 에이브러햄 폭스먼은 "중요한 것은 골드하겐의 주장이 옳으냐 그르냐가 아니라, 어떤 것이 타당한 비판이고 어떤 것이 돌이킬 수 없을 정도로 불합리한 비판이냐 하는 것"이라고 주장하면서 책이 출간된 것을 비판했다.

2003년에도 비슷한 일이 있었다. 하버드대학교 법학과 교수 앨런 더쇼비츠를 대변하는 변호사들이 그가 쓴《이스라엘의 진상The Case for Israel》을 집중적으로 비평한 노먼 G. 핀켈슈타인의 책《후안무치를 넘어서Beyond Chutzpah》의 출판을 저지하는 목적으로 캘리포니아대학교 출판사에 협박 편지를 보냈다. 더쇼비츠는 핀켈슈타인에 대한 항의로 당시 캘리포니아 주지사 아놀드 슈왈제네거(공공기관의 명목상 권한만 가지고 있음)에게 편지를 썼다. 더쇼비츠는 발매 금지를 강요하지는 않지만, 캘리포니아대학교 출판사 관계자들이 그의 행동에 대해 긍정적인 해석을 내리는 것은 분명한 사실이라고 했다. 그러나 그들은 압력을 이겨내고 핀켈슈타인의 책을 발간했다.

미국인이 이스라엘에 대한 비판적 견해를 읽거나 듣지 못하게 하는 운동은 고등학교에서도 찾아볼 수 있다. 2005년 2월《뉴욕 선》은 컬럼비아대학교의 칼리디 교수가 뉴욕시 교육청이 후원하는 고등학교 교사를 위한 프로그램에 참여한다고 보도했다.《뉴욕 선》과 일부 정치인들은 그를 해고하기 위

PART ㅣ 미국, 이스라엘 그리고 로비

한 작업에 착수했다. 그가 이스라엘을 인종차별 국가로 부른다고 규탄했고 (칼리디는 이 주장을 강력히 부인했다), 시장 후보였던 하원의원 앤서니 위너(뉴욕주, 민주당)는 도발적이라는 낙인을 찍었다. 브루클린시의회 의원인 심차 펠더는 "혐오감을 주는 일"이라고 표현했다. 뉴욕시 교육청장 조엘 클라인은 그의 프로그램 참여를 중단시키고, 라시드 칼리디를 교육청 소속 교사들의 전문성 개발을 위한 프로그램에 참여시키지 않을 것이라는 성명서를 발표했다. 다음 해 뉴욕 시의회는 뉴욕 소재 이스라엘 영사관 홍보부 주최 이스라엘 연구 프로그램을 승인했다. 30여 개의 유대인단체는 고등학생을 효과적인 이스라엘 지지자로 훈련하기 위한 전국적 규모의 프로그램을 마련하고 있었다.

친이스라엘단체와 개인은 캠퍼스 담론을 형성하기 위해서 학생, 교수,대학 당국자, 커리큘럼을 대상으로 전쟁을 벌여왔다. 학계에서 기울인 노력이 의회나 미디어에서 기울인 노력만큼의 성과를 얻지 못했지만 헛수고는 아니었다. 중동에서 이는 끊임없는 소용돌이와 이스라엘의 지속적인 점령 지구 확대 정책에도 이스라엘을 향한 대학교 캠퍼스의 비판은 2000년대 초반보다 줄었다.

못마땅한 전술

이스라엘을 위한 로비는 전적으로 정당하다. 대중 담론에 참여해서 대중의 관점을 형성하려는 노력이 정당한 것과 마찬가지다. 현재 로비가 미치는 영향이 미국이나 이스라엘의 이익에 도움이 된다고 생각하지는 않지만, 대부분의 전술이 민주정치의 본질인 정상적 혼전의 일부로서 합리적이다. 유감스럽게도 일부 친이스라엘 그룹과 개인이 상반되는 견해를 무마하기 위해서 극도의 비논리적인 방법으로 이스라엘을 방어하는 일이 있다. 이스라엘을 비판하는 사람을 협박하고 비방하거나, 그들의 경력에 손상을 주거나 일자리를 잃게 하려는 시도가 포함될 수 있다.

학계에서 이루어지는 로비활동은 민주사회에서 용납될 수 없는 예를 보여준다. 로비는 가혹한 전술을 학계에 국한하지 않는다. 유대인이면서 이스라엘의 행동을 비판하는 뉴욕대학교 역사학자 토니 주트가 2006년 10월 경험한 일을 생각해 보라. 뉴욕시 폴란드 영사관에서 '이스라엘 로비와 미국 외교 정책'을 주제로 한 강연이 있었다. 폴란드 정부가 행사를 후원한 것이 아니다. 광범위한 화제에 걸쳐서 강연을 주선하는 독립 그룹 네트워크 20/20에 영사관이 시설만 빌려준 것이다. 미국유대인위원회 전무이사인 데이비드 해리스가 행사가 있다는 것을 알고 폴란드 총영사에게 연락을 취했다. 해리스는 폴란드 친구에게 전화를 걸어 "강의는 폴란드 외교 정책 전반과 전적으로 배치될 것"이라고 말했다. 총영사는 ADL로부터 두 차례의 질의를 받았는데, 그에 대해 "그 전화는 고상한 압력이었다. 성인이고 그걸 인지할 수 있을 만큼의 아이큐는 된다"고 말했다. 영사관은 주트의 강의를 취소할 수밖에 없었다. 저명한 미국 지식인들이 자유 토론을 말살하는 명백한 시도를 규탄하는 공개장을 냈다. 주트는 이스라엘 정책을 비판했다는 이유로 자신과 가족들을 죽이겠다는 몇 차례의 협박을 받은 적도 있다.

비슷한 사건이 또 터졌다. 미국 프랑스 대사관이 세간의 찬사를 받은 카르멘 칼릴의 책《잘못된 믿음 Bad Faith》출간을 축하하기 위한 연회를 계획할 때다. 야비한 프랑스 관리, 루이 다키에가 프랑스 유대인을 아우슈비츠에 강제 이송하는 과정에서 맡은 역할에 대해 해부한 책이었다. 격정적이며 홀로코스트에 프랑스가 연루되었다는 것을 고발하는 내용이다. 전하는 바에 의하면, 칼릴이 쓴 후기 때문에 대사관은 불평을 들어야 했다. "다키에를 추적하는 과정에서 나를 비탄에 빠뜨린 것은 프랑스 유대인들의 테러와 가까이 마주하며 살아야 한다는 것이고, 이스라엘의 유대인들이 팔레스타인 사람들에게 넘겨지는 모습을 지켜보는 것이다." 압력을 견디지 못한 프랑스 대사관은 후기에 표현한 작가의 사견을 수용할 수 없다면서 연회를 취소했다.

2003년 3월 IDF가 가자 지구에 있는 팔레스타인 주택을 허무는 것을 막다가 불도저에 깔려 죽은 젊은이에 대한 이야기를 담은 연극 〈내 이름은 레이첼 코리My Name Is Rachel Corrie〉와 관련된 사건은 훨씬 충격적이다. 코리의 일기와 이메일을 토대로 만들어진 연극은 2005년 4월, 런던 로얄 코트에서 개봉되어 갈채를 받았다. 2006년 3월 화제작을 올리기로 정평난 뉴욕 시어터 워크숍에서 공연할 예정이었으나 개막일을 한 달 남겨놓고 연기되었다. 《뉴욕 타임스》는 워크숍의 예술 감독이 작품에 대한 지역 유대인 종교 지도자와 공동체 지도자의 의견을 수렴한 후 공연하기로 결정했다고 보도했다. 《로스앤젤레스 타임스》는 "샤론의 와병과 팔레스타인 선거에서 하마스가 선출된 사실 때문에 매우 곤란한 상황에 처했다"는 말을 들었다고 인용했다(로얄 코트에서 공연된 연극은 2006년 가을, 뉴욕 무대에 섰고 80회를 넘기지 못하고 막을 내렸다).

2006년 12월, 캐나다에서도 비슷한 일이 벌어졌다. 캐나다 최대 비영리 극장이 공연을 계획했다가 토론토 유대인 공동체의 분노가 두려워 취소한 것이다. 같은 일이 2007년 4월에도 일어났다. 《마이애미 헤럴드》의 말을 빌리면, 마이애미의 모자이크 시어터가 영향력이 있고 흥분한 소수 독자와 외부 인사의 항의를 받고 연극을 무대에 올리려고 계획했다가 취소한 것이다. 위험한 비평일 수 있는 사람을 지나치게 추적한 나머지 로비그룹이 법정에 서는 일까지 벌어졌다.

ADL은 1980년대, 1990년대 초 인종차별 정책을 쓰는 남아프리카 정부에 대한 정보 수집 경력이 있는 사설탐정 로이 불록의 협조를 받았다. 불록은 경찰국과 차량 관리국의 비밀 정보를 빼낸 로스앤젤레스 경찰서의 간부로부터 정보를 받았다. 두 사람은 캘리포니아에 소재하는 600개의 조직과 약

2000명의 파일을 보유하고 있으며 그중 일부를 ADL에 제공했다. 그들이 표적으로 삼은 감시 대상은 백인 지상주의자와 신나치 그룹 외 유대인 반체제 인사, 아랍계 미국인 그룹, 이스라엘 정부를 비판하는 사람이 포함되어 있다. 샌프란시스코 지방 검사가 범죄 수사에 착수했고 마침내 경찰서 컴퓨터의 불법 사용을 인정했다. 그러나 지방 검사는 ADL을 기소하기를 꺼렸다. 좋은 일을 하는 영향력 있는 기관이라고 생각했기 때문이다. 지방 검사는 그 지역의 인종이나 종교에 대한 편협한 사고와 맞서는 조건으로 7만 5천를 내겠다는 ADL의 제안을 받아들였다. 조직과 불록 모두의 형사적 책임을 묻지 않기로 했다.

3명의 표적 대상에 대한 민사소송이 제기되었는데 2명은 유대인이었다. ADL은 법정 밖에서 문제를 해결하기로 합의하고, 1인당 법정 비용을 포함하여 5만 달러 이상의 벌금을 부담했다. ADL 대표자 에이브러험 폭스먼은 ADL이 누구에게도 스파이 행위를 한 적이 없다고 발뺌했다지만 활기차고 안전하고 안정된 이스라엘의 피난처는 유대인의 안전과 안보와 생존의 일부라고 말함으로써 이스라엘에 비판적인 그룹에 대한 조사활동을 변호했다. ADL은 그들이 사명으로 내세우는 반유대주의나 편협한 사고로부터 공동체를 보호하지 않았다. 이스라엘이나 미국의 지원에 비판적이라고 생각하는 사람을 표적으로 삼았다.

'새로운 반유대주의'

강력한 무기, 즉 반유대주의라는 비난에 대해 살펴보지 않고 로비에 대한 완전한 토론은 불가능하다. 이스라엘의 행동을 비판하거나 친이스라엘단체가 미국의 중동 정책에 영향력을 행사한다고 말하는 사람은 반유대주의자로 몰리기 십상이다. 이스라엘 로비가 있다고 말하는 사람은 반유대주의자라고 비난받을 위험을 안고 있다. AIPAC이나 대표자콘퍼런스CPMAJO가 그들의 영향력에 대해 주저 없이 이야기하고, 이스라엘 미디어도 스스로를 미국의 유대인 로비스트라고 지칭하는 데도 말이다.

　로비는 자신의 힘을 과시하는 동시에 그것에 관심을 집중시키는 사람을 공격한다. 이런 비난은 특히 유럽에서 악의에 찬 반유대주의의 재현에 대한 경고성 주장의 맥락에서 이루어진다. 2002년 10월, 대표자콘퍼런스 회장 모티머 B. 주커만은《U.S. 뉴스 앤드 월드 리포트》에 유럽은 썩었다고 경고하는 '수치스러운 반유대주의의 오염'이라는 글을 썼다.《보스턴 글로브》의 칼럼니스트 제프 자코비는 2004년 3월호 칼럼에 유럽에서 '반유대주의의 암'이 재발하고 있다고 썼다. EU 미국 대사는 2004년 초, "1930년대만큼이나 좋지 않은 국면을 향해 달음질치고 있다"고 말했다.

　반유대주의를 측정하는 것이 간단하지 않지만 증거의 무게는 다르다. 미국에서 유럽의 반유대주의에 대한 비난이 일던 2004년 봄, ADL과 퓨리서치센터the Pew Research Center가 실시한 유럽 여론조사에서는 반유대주의가 감소 추세에 있는 것으로 나타났다. 친이스라엘 그룹에 의해 유럽에서 가장 반유대적인 국가로 묘사되고,《뉴 리퍼블릭》의 마틴 페레츠가 "오늘날 그 수도는 제3공화국 시절 못지않게 유럽 반유대주의 본부라고 할 수 있다"고 표현한 프랑스에 대해 생각해 보자. 위와 같은 평가에도 2002년 프랑스 시민을 대상으로 한 여론조사 결과, 89%가 유대인과 함께 살 수 있다고 대답했고 97%가 반유대적인 낙서를 심각한 범죄로 믿었다. 87%는 프랑스의 유대인 회당을 공격하는 것을 수치스러운 일이라고 생각했다. 85%의 프랑스 천주교도는 유대인이 비즈니스와 금융에서 영향력을 가지고 있다는 주장을 받아들이지 않았다. 프랑스의 유대인 공동체 대표는 2003년 여름, 프랑스는 미국보다 반유대적이지 않다고 선언했다.《하레츠》가 보도한 바에 따르면, 프랑스 경

찰 당국은 유럽의 어떤 국가보다도 많은 이슬람교 인구를 보유하고 있음에
도 반유대적 사건이 2005년 50% 줄었다고 발표했다.

2006년 2월, 프랑스 유대인이 이슬람교 갱에 의해 잔혹하게 살해되었을
때 수십만 명의 프랑스 시위대가 거리로 나와 반유대주의를 규탄했다. 프랑
스 유대인과 합동으로 거행된 공식 추도식에 자크 시라크 대통령과 도미니
크 드 빌팽 총리가 모두 참석했다. 2002년 소련에 거주하던 유대인이 이스라
엘보다 독일로 이주했다. 유대계 신문《포워드》에 의하면, 세계에서 가장 빠
른 성장세를 보이는 유대인 공동체를 만들었다는 사실은 주목할 만하다. 유
럽의 상황이 1930년대만큼 좋지 않다면 그곳으로 많은 유대인이 이주한다
는 것은 상상할 수 없다.

유럽이 반유대주의의 재앙으로부터 자유롭지 못한 것은 인정한다. 유럽에
악독한 반유대주의자들이 존재한다는 사실을 부정할 사람은 없다(미국도 마
찬가지지만). 그러나 많은 수는 아니며 유럽 사회에 받아들여지지 않고 있다.
유럽 이슬람교 중 일부는 팔레스타인인들에 대한 이스라엘의 행동에 분노하
고, 노골적인 인종차별주의자로 활동하는 반유대주의자들이 있다는 사실을
부인할 수 없다. 영국의 반유대주의를 감시하는 단체, 공동체 안전 트러스트
Community Security Trust, CST는 2006년 그와 같은 사건이 31% 증가했다고 발표했다.
개탄할 만한 사건이지만, 보고된 사건은 594건(6000만 명 이상의 인구를 가진 나
라에서)이고, 4분의 1이 2006년 레바논 전쟁과 때를 같이 한다. CST의 마크
가드너가 인정하듯, 이것은 1930년대와 비교할 수 없는 수치다. 이스라엘에
소재한 반유대주의에 대항하는 글로벌포럼 같은 단체는 같은 기간 반유대주
의 사건이 감소했다고 발표한다. 코딩의 문제나 불충분한 신고 가능성을 감
안한다면, 반유대주의 사건에 상당한 증감이 있다고 보아야 하며 해석에 신
중을 기해야 할 것이다.

애매한 주장을 뛰어넘어야 한다는 압박감에서 친이스라엘단체는 새로운 반유대주의를 들고나와 이스라엘 비판과 같은 것이라고 주장한다. 2006년 초, 영국 교회 총회가 '캐터필러가 만든 불도저가 팔레스타인 주택을 부순다'는 이유로 캐터필러 불매운동을 벌이기로 결의했다. 그때 랍비 최고지도자는 영국의 유대교-크리스천 관계에 가장 부정적인 영향을 줄 수 있다고 불평했다. 개혁파 랍비이자 개혁유대교운동의 전 회장 랍비 노티 베이필드는 "일반 신도들, 심지어 교회 중심에서까지 반유대주의에 가까운 반시온주의적 태도가 싹트고 있다는 것은 분명히 문제"라고 말했다. 교회는 반시온주의의 죄도, 반유대주의의 죄도 없다. 단지 이스라엘 정책에 대해 항의할 뿐이다.

새로운 반유대주의라는 두려움을 무기로

이스라엘 지지자들이 이스라엘을 비판으로부터 방어하기 위해 새로운 반유대주의라는 두려움을 무기로 사용한 역사가 있다. 이스라엘이 1967년 정복한 땅에서 철수하라는 압박이 갈수록 더해가던 1974년이었다. ADL의 아널드 포스터와 벤자민 엡스타인은 이스라엘에 대한 사회 일반의 거부감 증대에 비추어 반유대주의가 증가 추세에 있다고 주장하는《새로운 반유대주의The New Anti-Semitism》라는 책을 출간했다. 1980년대 초, 당시 ADL 책임자 나단 펄무터와 그의 아내 루스 앤 펄무터는《미국의 진정한 반유대주의The Real Anti-Semitism in America》라는 책을 발간했다. 당시는 레바논의 침공과 이스라엘의 정착촌 확장 문제가 추가적인 비판을 야기하고, 아랍 동맹국들에 대한 미국의 무기 판매가 격렬한 논쟁을 불러일으키던 때다. 책의 논지는 아랍과 평화 관계를 조성하라는 이스라엘의 압력과 사우디아라비아에 공중조기경보AWACS 판매 사건이 보여주듯이 반유대주의가 되살아나고 있다는 것이다. 펄무터는 유대인에 대한 적대감에서 발생하지 않는 행동을 지칭하는 유대적 행동들도 유대인의 이익과 이스라엘의 복지를 침해할 수 있고, 쉽게 반유대주의로 탈바꿈할 수 있다는 사실을 암시했다.

이 주장이 갖는 논리적 문제는 1990년대 반유대주의에 대한 언급이 없었다는 사실이 증명한다. 이스라엘이 오슬로 평화협정에 관여하던 때다. 1995년 이스라엘 학자는 과거에 적어도 기독교가 로마 제국의 권력을 장악했던 시절 반유대주의가 현재보다 덜했던 적은 없었다고 기록한다. 2002년 봄, 점령 지구에서의 잔혹한 행위로 이스라엘이 세계적으로 비난을 당하고 있을 때 반유대주의 주장이 들끓었다.

비평가는 이스라엘을 부당한 기준에 묶어두거나 생존권을 의문시한다고 비난받는다. 유명한 이스라엘 작가이자 정치가로 활동하지만, 소련의 반체제운동가였던 전 이스라엘 내무부 장관 나탄 샤란스키는 "새로운 반유대주의가 유대 국가의 생존을 의문시하는 한편, 이스라엘에 대한 정치적 비판이라는 가면을 쓰고 나타나 차별적 접근법과 이중 기준을 적용한다"고 선언했다. 이스라엘의 행동을 비판하는 사람은 생존권을 부정하는 사람이며, 유대인에 적대적이라는 의미가 내포되어 있다는 취지의 주장이다. 그러나 이는 이스라엘의 행동에 대한 비판을 이스라엘의 합법성과 결합시키고 있다는 점에서 잘못됐다. 비평가는 생존권을 의문시하지 않는다. 그들이 문제시하는 것은 팔레스타인에 대해 이스라엘이 취하는 행위다. 그것은 정당한 비판이다. 이스라엘인 중에도 그 행위를 문제 삼는 사람이 많다.

서방 비평가들이 그런 주장을 할 때 이스라엘을 이중 기준에 적용시켜 판단하는 것이 아니다. 몇몇 비평가가 이스라엘에 대해 부당한 비판을 할 수 있지만, 대부분은 서방 측 이스라엘을 모든 민주주의에 적용하는 것과 같은 기준으로 평가한다. 이스라엘과 그 지지자들은 이스라엘이 중동에서 유일한 민주주의 국가이므로 특별 대우를 받아야 한다고 주장한다. 그렇다면 이스라엘은 영국, 캐나다, 덴마크, 미국 등과 같이 행동해야 하고 버마(미얀마), 군부 독재로 악명 높았던 페르베즈 무샤라프의 파키스탄, 피델 카스트로의 쿠바와 같은 군사독재 정권과 달라야 한다.

이스라엘이 지탄받는 것은 팔레스타인인에 대한 이스라엘의 태도가 민족자결권의 원칙은 물론, 광범위하게 수용되는 인권과 국제법에 어긋나기 때문이다. 이런 이유로 비난받는 것이 이스라엘만은 아니다. 미국은 아부 그라이브 교도소에서 발생한 학대 사건과 관타나모 수용소의 피감수에 대한 처리방식 때문에 많은 비난을 샀다. 그러나 미국은 이중 기준에 묶여 있지 않다. 자신이 선포한 가치와 널리 수용되는 인권에 충실할 책임을 안고 있을 뿐이다. 이스라엘도 그 점에서 다르지 않다.

거대한 소음장치 消音裝置

이런 훌륭한 점들에도 불구하고 반유대주의 주장은 미국에서 이스라엘 비평가를 다루기 위한 무기로 사용된다. 이 전술은 많은 이유 때문에 효과를 발휘할 수 있었다. 첫째, 반유대주의는 홀로코스트의 극악무도한 범죄가 보여주듯 큰 죄악을 이끈 신념이다. 지금도 사회 대부분에서 신뢰를 얻지 못하고 있다. 반유대주의는 미국 사회에서 가장 모멸적인 호칭이다. 반유대주의자라고 불리는 데서 오는 두려움은 이스라엘의 행동이나 미국 지원에 대해 품고 있는 걱정스러운 마음을 입 밖으로 낼 수 없게 한다.

둘째, 이스라엘이나 로비를 비판하는 사람이 반유대인이라는 비방을 받게 되면 공적 영역에서 소외당하는 결과가 초래될 수 있다. 비평가의 주장이 미디어의 주목을 받지 못할 뿐 아니라 정부 관료, 영향력 있는 엘리트, 단체들이 그의 도움을 구하지 않게 될 것이다. 정치가는 반유대주의자라고 낙인찍힌 사람과 가까이하기를 꺼린다. 정치 경력에 등골이 오싹한 결과를 초래할 수 있기 때문이다.

셋째, 이스라엘이나 로비를 비판하면서 자신이 반유대주의자가 아니라는 사실을 명백하게 증명하기 어렵다. 눈으로 확인할 수 없는 의향이나 동기와 관련해서 아니라는 것을 증명하기가 어렵다. 반유대주의와 일치하지 않는 행위를 대더라도 설득력을 얻기 어렵다. 반유대주의라는 비난은 최근까지 이스라엘이나 로비에 대한 비판의 필요성이 있음에도 무시하거나 별 의견이 없는 것처럼 행동하게 하는 효과적인 방법으로 사용되었다. 반유대주의라는 비난은 반유대주의가 널리 퍼져 있다고 믿는 미국유대인들 사이에서 공명을 일으키기 쉽다. 전 세계에 퍼져 있는 유대인의 역사가 염려할 만한 충분한 이유를 제공하지만 그것만이 아니다. 반유대주의를 염려하는 경향은 유대 홀로코스트의 역할에 의해 증폭되었다.

피터 노빅이 그의 독창적인 책《미국인의 삶에 미치는 홀로코스트의 영향The Holocaust in American Life》에서 명료하게 지적한 것처럼 격변을 몰고 온 사건은 미국유대인의 의식에서 중요한 요소로 자리 잡았다. 세계에 대한 사고방식을 규정하고 일부에게는 강력한 피해 의식을 갖게 했다. 유대인이 미국에서 거둔 성공에도 불구하고 많은 유대계 미국인이 악독한 반유대주의가 되살아날 수 있다고 염려한다. 잭 베르트하이머는 말한다. "아무리 따져봐도 미국 내 반유대주의는 급격히 줄어들었다. 많은 미국유대인이 미국 내 다른 인종이나 종교에 대한 유대인의 편협한 사고가 해결해야 할 문제라고 믿는다." 《뉴욕 타임스》의 칼럼니스트 프랭크 리치는 "다른 유대인과 마찬가지로 전 세계가 반유대주의자로 꽉 차 있다고 믿고 싶은 것인지 모른다"는 말로 이를 뒷받침한다.

미국유대인의 공포감은 이스라엘이 전 세계의 비난에 휩싸이던 2002년 봄에 분명하게 드러났다.《빌리지 보이스》에 글을 쓰는 나트 헨토프는 "모든 유대인은 타임스퀘어에 모이라"고 고함을 질러도 절대 놀라지 않을 것이라고 기록했고, 언론인 론 로젠바움은 《뉴욕 옵서버》에 '제2의 홀로코스트가 올 것 같다'는 글을 실었다. 매우 헌신적인 이스라엘 옹호자인《뉴 리퍼블릭》의 레온 위셀티어는 〈히틀러는 죽었다, 유대 민족의 패닉 반대론〉이라는 글을 쓸 수밖에 없었다. 그는 다음과 같이 미국의 유대인을 묘사했다. "폭발하기 쉬운 성질, 재앙에 대한 상상력에 사로잡혀 있다. 지적 통제력을 상실하고 있다. 모든 유대인의 문간에 죽음이 서성거린다. 공포가 난무한다. 이성이 탈선했다. 확실한 것은 염려뿐이다. 부정확하고 선동적인 유추가 무성하다. 홀로코스트의 심상이 눈에 띈다."

영향력 있는 인물이 일으킨 파장

미국유대인이 이스라엘의 행동이나 AIPAC과 같은 영향력 있는 그룹을 비판하는 사람(그리고 특별히 이방인)을 보면 반유대주의자일지 모른다는 생각을 하기 쉽다. 이스라엘의 정책에 대한 비판이 있을 때 일부 지지자들이 반유대주의라는 비난을 하고 나서는 것은 이 때문이다. 가장 두드러진 사례는 지미 카터가 출간한《팔레스타인》에 대한 격렬한 반응이다. 제목은 도발적일지 몰라도 주장이 그렇게 강한 것도 이스라엘의 전략적 상황에 공감하지 않은 내용도 아니다. 카터는 이스라엘의 요르단강 서안 지구 점령을 비판하면서 그것이 팔레스타인인의 삶에 갖는 의미를 기록했다.

미국에서는 이런 쟁점들을 놓고 솔직한 토론이 어렵다고 지적한다. 그러나 유명한 이스라엘 정치가 요시 베일린의 말대로, 이스라엘에 대한 카터의 비판에는 이스라엘인들 스스로 이야기하지 않은 것이 아무것도 없다. 카터가 사용한 '인종 격리 정책apartheid'이라는 용어(그에 대한 분노가 이 때문에 일어난 것으로 보인다)조차 점령을 비판하는 이스라엘 지식인들, 남아프리카의 유명한 노벨 평화상 수상자 데스몬드 투투 주교와 정보부 장관 로니 카스릴스가 사용한 용어를 옮겨놓은 것에 불과하다.

ADL과 CAMERA는 주요 신문에 광고를 실어서 카터의 책을 공격했다. 많은 비평가가 카터가 주장하는 요지를 놓고 의견들을 나눴고, 전 대통령인 카터에게 인신공격을 퍼붓는 사람도 있었다. 에이브러햄 폭스먼은 카터가 반유대주의에 빠져 있다고 생각했고, 마틴 페레츠는 카터가 역사에 유대인을 미워하는 사람으로 남을 것 같다고 했다. 악명 높은 홀로코스트 부정자 데이비드 어빙을 상대로 한 소송에서 획기적인 승리를 일궈낸 역사가 데보라 립스타트는《워싱턴 포스트》에 카터에 관해 말했다. "카터는 전통적인 반유대주의적 헛소문에 수없이 넘어진다. 카터의 견해는 백인우월주의단체 KKK 전 리더인 데이비드 듀크의 견해와 닮은 데가 있다." 이에 카터는 말했다. "나는 반유대주의자라는 소리를 들어왔다. 완고한 편견자라는 말도 들었다. 표절자라는 말도 들었다. 비겁하다는 사람도 있었다."

카터는 이집트-이스라엘 평화 절차를 지휘해서 이스라엘의 총체적인 안보에 기여했다. 기여에 대한 인사가 그 정도라는 사실에 놀라움을 금할 수 없다. 신보수주의자로 활동했던 스탠퍼드대학교 교수이자, 철학자인 프랜시스 후쿠야마가 미국기업협회에서 행한 찰스 크라우트해머의 '2004 어빙 크리스톨 강연'을 비판하는 글을 발표했을 때 비슷한 반응이 일어났다. 후쿠야마의 분석은 예리하고 정중했지만(무엇보다도 그는 크라우트해머를 "천부적인 사상가"라고 불렀고, 그의 아이디어는 "깊이 생각해 볼 만한 가치가 있다"고 했다), 이슬람 세계에 관한 크라우트해머의 견해가 이스라엘의 경험에 의존한다고 한 말 때문에 크라우트해머로부터 반유대주의자라는 비난을 받았다.

우리도 이런 공격이 생소하지 않다. 맨 처음 쓴 글,《이스라엘 로비The Israel Lobby》가 2006년 3월《런던 리뷰 오브 북스》에서 출간되었을 때 우리는 반유대주의자라는 잘못된 비난을 받았다. 엘리엇 코헨은《워싱턴 포스트》에 〈맞아, 그것이 반유대주의야〉라는 제목으로 우리 책에 대한 특집 기사를 실었고,《뉴욕 선》은 우리를 미국의 대표적인 백인우월주의자인 전 하원의원 데이비드 듀크와 동일시했다. ADL은 유대인의 로비는 정당한 정치활동을 벌이는 이익집단이라는 우리의 지적을 무시한 채 비난했다. "전형적으로 음모가 깔린 반유대주의적 분석이다. 유대인의 힘과 유대인의 통제력에 대한 헛소문을 퍼뜨린다."《뉴 리퍼블릭》은 네 차례에 걸쳐서 논문을 공격했고 모두 반유대주의자라는 주장을 담고 있었다. 윌리엄 크리스톨은《월 스트리트 저널》특집 기사를 통해 반유대주의자라고 비난했고, 하버드대학교 이디쉬 문학부 교수인 루스 위시는 우리의 글을 19세기 악명 높은 독일 반유대주의자의 글과 동일시했다.《하레츠》의 시무엘 로스너는 카터의 책을 비판한 글에서 "노벨 평화상을 수상한 전 대통령도, 월트와 미어샤이머만큼은 반유대주의자가 아니"라며 너그러운 의견을 개진했다.

　이스라엘 비평가를 반유대주의자라고 비난하는 경향은 2007년 초, 최고 기록(어쩌면 최저 기록일지도 모른다)을 갱신했다. 미국유대인위원회는 인디애나대학교 영문학 교수 알빈 H. 로젠펠트가 〈진취적인 유대인 사고와 새로운 반유대주의〉라는 제목으로 쓴 논문을 발행했다. 로젠펠트는 극작가 토니 쿠슈너, 역사가 토니 주트, 시인 아드리안 리치,《워싱턴 포스트》칼럼니스트 리처드 코헨을 포함해 이스라엘에 비판적인 자유주의 미국유대인 그룹을 나열했다. 그리고 그들이 이스라엘의 생존권을 부정하는 새로운 반유대주의와 같이 보조한다고 비난했다. 위원회의 전무이사 데이비드 해리스는 논문을 소개하는 글에서 "새로운 추세가 갖는 놀라운 특징은 일부 유대인들이 시온주의와 유대 국가에 대한 공격에 동참하고 있다는 사실"이라고 썼다. 로젠펠트의 표적이 된 사람은 그가 제기한 비난을 강하게 부정했다. 티쿤Tikkun의 랍비 마이클 러너는 근거 없는 비난이 초래할 수 있는 결과를 지적했다. "우리가 다른 이슈에 대해 자유롭고, 심지어 진보적인 국회의원들과 이야기를 나눌 때 그들도 반유대주의자, 반이스라엘이라는 딱지가 붙는 것이 두려워 대이스라엘 정책이 미국의 최고 이익, 또는 세계 평화를 훼손한다고 말하기 두렵다고 은밀하게 이야기한다."

아끼기에 쓴소리도 할 수 있어야 한다

모든 경우에서 실제적인 반유대주의의 증거를 찾아볼 수가 없다. 진정한 반유대주의는 유대인을 불쾌한 방법으로 차별하고 다양한 방법으로 박해한다. 반유대주의자는 유대인이 공직에 출마하고 선거 캠페인에 기부금을 내며 기사와 책을 쓰고 로비그룹을 결성하는 등 정당한 정치활동을 하는 것처럼 보이지만, 실제로는 음모를 꾸미는 것이라고 주장한다. 진정한 반유대주의자는 유대인의 완전한 참정권을 빼앗기 위해 가혹한 조치를 서슴지 않으며, 폭력적인 유대인 박해를 지지한다. 온건한 경우라 해도 반유대주의는 고정관념에 사로잡혀 있게 마련이다. 유대인을 의혹이나 경멸의 눈초리로 봐야 한다고 암시하는가 하면, 사회 전반에 완전하고 자유롭게 참여할 수 있는 능력을 부인한다. 진정한 반유대주의는 종교나 인종차별주의와 다르지 않다. 이것들은 제2차 세계대전이 끝난 후 미국과 유럽에서 비난을 받았다.

이스라엘 정책에 비판적인 시각을 가지고 있거나 로비가 미국 외교 정책에 미치는 영향을 염려하는 이방인과 유대인은 반유대주의의 견해가 걱정스러운 일임을 알고 단호하게 부정한다. 그들은 유대인도 다른 인간들과 같이 선행과 악행을 할 수 있고, 사회 구성원과 동일한 지위를 가질 권리가 있다고 믿는다. 그들은 이스라엘이 자신의 권익을 방어하면서 현명하고 올바른 정책을 추구하고 전략적으로 어리석고 부도덕한 일을 할 수도 있다고 믿는

　　　　　　　　　　　　　PART ㅣ 미국, 이스라엘 그리고 로비

다. 이런 관점은 반유대주의와 상반된다. 유대인을 다른 사람과 똑같이 대하고, 이스라엘을 정당한 나라로 취급하는 것이다.

이런 관점에서 이스라엘이 잘할 때는 찬사를 받고 잘못할 때는 비판을 받아야 마땅하다. 미국인 역시 이스라엘이 미국의 이익을 손상시킬 때 화를 내고 비판할 권리가 있다. 이스라엘을 아끼는 미국인이라면 정부가 이스라엘의 이익에도 도움이 안 되는 조치를 취한다고 판단될 때 비판할 수 있어야 한다. 여기에 특별 대우나 이중 기준이 개입할 여지가 없다. 마찬가지로 로비를 비판하는 사람들도 그것을 음모나 공동모의로 보지 않고 우리가 주장하듯 친이스라엘조직의 활동 다른 이익집단과 다르지 않다고 주장한다. 반유대주의라는 주장이 효과적인 명예훼손의 전략이 될 수는 있지만, 근거 없는 주장이 되기 쉽다.

실제로 반유대주의라는 공격이 논쟁을 멈추게 하는 영향력을 상실하고 있다는 징후가 나타났다. 카터 전 대통령의 책은 공격에도 불구하고 인기리에 판매되었으며(브랜다이스대학교에서의 성공적인 강연을 포함해), 많은 유명인사와 주류 출판사들이 이스라엘 정책과 로비의 영향력에 대한 지적인 비평을 내놓고 있다. 심지어 윌리엄 크리스톨 같은 사람도《월 스트리트 저널》에 "주류 유대인조직이 반유대주의라는 카드를 너무 사용해서 그 효과가 줄었다"고 기술했다. 반유대주의자가 아니라 단순히 이스라엘의 정책에 의문을 품거나, 로비가 미국의 국익에 도움이 되는 정책을 추구하는 것은 아니라는 사실을 지적하는 사람에게 지나친 화살이 쏟아진다는 것을 깨닫는 사람이 늘고 있다.

분명히 해두기로 하자. 반유대주의는 길고 비극적인 역사를 가진 비열하고 잔혹한 현상이다. 우리 모두 반유대주의가 다시 출현하는 것을 주시해야 한다. 실제로 그런 현상이 나타날 때는 저주해야 한다. 우리는 아랍과 이슬람 세계에서 반유대주의가 고개를 들고, 미국과 유럽 사회 일각에서 그런 조짐이 보이는 것에 통탄해야 한다. 반유대주의와 정당한 이스라엘 비판을 구분하는 것은 중요하다. 구분이 애매해지면 인종과 종교를 차별하는 편협한 사고와 싸우는 것이 어렵고 미국 외교 정책을 이성적으로 토론할 수 없다. 정치활동을 벌이는 이익집단을 비판하는 것과 마찬가지로 무조건 이스라엘을 지원하도록 밀어붙이는 단체의 활동에 대해 마음 놓고 토론할 수 있어야 한다.

결론

　로비에 참여하는 단체가 적용하는 다양한 전략은 상호보완적이다. 정치인들이 이스라엘의 정책이나 이스라엘에 대한 미국의 유연성 없는 지원에 의문을 갖는 것을 위험하게 생각한다면, 주류 미디어는 로비와 다른 생각을 가진 권위 있는 소리를 찾기 힘들 것이다. 대부분의 미국인이 유대 국가에 긍정적인 인상을 느끼도록 이스라엘에 대한 대중 담론이 형성된다면, 정치가는 로비의 주도를 따를 수밖에 없는 강한 이유를 갖게 될 것이다.

　반유대주의를 거론하는 것은 토론을 불가능하게 할 뿐 아니라 이스라엘에 대한 근거 없는 이야기를 만든다. 여타의 이익집단이 여러 형태로 비슷한 전략을 사용하지만, 대부분이 친이스라엘조직이 지금까지 쌓아올린 정치적 영향력을 갖겠다는 꿈을 꾸는 데 그칠 것이다. 문제는 이스라엘 로비가 미국 외교 정책에 끼칠 영향이다. 미국의 국익에 이로운 영향을 미칠 것인가, 아니면 미국뿐 아니라 이스라엘에까지 해가 될 것인가. 이 질문은 파트 II에서 다룰 것이다.

이 책에 등장하는 주요 중동전쟁

전쟁	원인	시기
이스라엘 건국전쟁 (제1차 중동전쟁)	이스라엘과 아랍연맹의 팔레스타인 위임통치령 통치권 분쟁	1948~1949
수에즈 전쟁 (제2차 중동전쟁)	이집트에 의한 수에즈 운하 국유화 선언	1956
6일 전쟁 (제3차 중동전쟁)	이집트의 일방적인 이스라엘 선박 통과 금지 조치	1967.6.5~10
욤키푸르 전쟁 (제4차 중동전쟁)	이집트와 시리아의 시나이 반도와 골란고원 군사적 탈환 시도	1973.10.6~25
제1차 인티파다	이스라엘의 요르단강 서안과 가자 지구 점령에 대한 팔레스타인인들의 지속적인 시위 및 폭동	1987~1993
걸프 전쟁	미국 주도의 34개국 다국적 연합에 의해 이라크의 쿠웨이트 침공 및 병합에 반대	1990~1991
이라크 전쟁	미국이 테러와의 전쟁을 선포하며 영국 등 연합군과 함께 이라크를 침공	2003~2011
제2차 인티파다	이스라엘 점령지에 대항한 팔레스타인의 대규모 반대 시위	2000~2005
제2차 레바논 전쟁	헤즈볼라가 이스라엘 병사 2명을 납치한 것에 대한 보복으로 발발	2006

PART II

로비의 실제

서론 로비는 미국에게 유익했을까

이스라엘 로비의 의제가 의회로 하여금 유대 국가에 대외원조를 제공하게 하는 데 국한된다면 특별히 걱정할 것이 없다. 하지만 그 돈을 다른 목적으로 유용하게 사용할 수 있음에도 부유한 미국은 30억 달러 이상의 돈을 매년 이스라엘에 지출하고 있다. 그러나 지금까지 로비의 노력은 대외원조에만 국한하지 않았다. 다른 이익집단과 마찬가지로 미국 외교 정책의 다양한 국면(이스라엘의 경우는 주로 중동에 초점이 맞춰져 있다)에 영향을 주기 위해 힘쓰고 있다. 중동 정책에 영향을 주는 이런 노력을 이해할 수 없는 것은 아니다. 물질적 원조도 중요하지만 세계의 유일한 초강대국으로 하여금 막강한 역량을 쏟아서 이스라엘을 책임지도록 하는 일이 훨씬 중요할 것이다.

로비의 의제가 미국에 유리한 것이라면 크게 염려하지 않아도 된다. 앞으로 나오는 다섯 장에 걸쳐서 그렇지 않다는 사실을 증명할 것이다. 미국은 2000년대 중반 중동에 대한 세 가지 주요 관심사를 가지고 있다. 페르시아만 석유를 계속해서 세계시장으로 흘러가게 하고, 대량 살상 무기의 확산을 억제하며, 그 지역에서 발생하는 반미 테러리즘을 줄이는 것이다. 로비가 이런 관심사를 충족하는 정책을 후원한 사례들이 있지만, 그동안 로비조직이 추구한 정책은 궁극적으로 미국을 불리한 상황에 빠뜨렸다. 물론 그들의 의도는 아니었을 것이다. 그런 정책을 밀어붙이는 단체와 개인은 틀림없이 그들이 선호하는 행동이 미국에도 유리할 것이라 믿었을 것이다. 그러나 실상은 그렇지 않았다. 이스라엘을 유리하게 할 목적으로 추구한 정책이 이스라엘의 이익에 손상을 주는 경우도 적지 않았다.

로비의 의제agenda

이스라엘에 대한 미국의 원조를 확보하는 것 외에 로비에 참여하는 그룹은 미국의 힘이 이스라엘의 이익, 특히 안보에 도움이 되는 방향으로 사용될 수 있도록 힘을 기울였다. 이는 실제로 팔레스타인과 오랜 갈등 관계에 있는 이스라엘을 지원하고 미국의 힘을 빌려서 이스라엘과의 갈등을 유발할 수 있는 운동 또는 국가와 싸운다는 것을 의미한다. 4장에서 언급했듯이 친이스라엘 공동체 안에서도 실질적인 팔레스타인 국가를 허용하는 것이 과연 옳은 일이냐에 대한 의견 차이가 있다. 이에 대한 지도층의 생각은 하부 계층에 비해 부정적이다. 그럼에도 이스라엘 지지자 중 이스라엘과 팔레스타인 두 진영에 대한 공평한 정책을 지지하는 사람이 적고, 미국이 이스라엘을 압박해서 평화적으로 해결하도록 주문하는 사람은 더욱 적다. 대부분의 친이스라엘 그룹, 특히 로비의 중심조직은 미국이 중동 지역에서 월등한 군사력을 유지할 수 있도록 이스라엘을 도와주기를 원한다.

또한 이스라엘의 군사 시설에 부족함이 없는 원조를 유지하는 것 외에도 미국의 힘을 빌려서 이스라엘의 지역적 적대국인 이란, 후세인 통치하의 이라크, 시리아와 싸울 수 있기를 소망했다. 로비는 미국이 불량 국가의 핵무기 소유를 막아주기를 바란다. 나아가 이들 그룹 중 일부는 미국의 영향력으로 이란, 이라크, 시리아의 정권을 무너뜨리고 이스라엘과 평화를 유지하며 공존할 수 있는 지도자로 교체하기를 원한다. 가장 원하는 것은 워싱턴이 민주주의를 확산시켜 중동 전역을 변화시키고 테러리즘에 대한 지원을 고갈시키는 것이다.

로비는 미국 지도자들을 압박해서 헤즈볼라를 무장 해제하고 레바논을 이스라엘에 우호적인 국가로 만들기 위해 힘써왔다. 그러나 레바논은 헤즈볼라를 지원하고 무기를 공급하고 있다. 시리아는 역사적으로 레바논 정치에 오래 관여해 왔기 때문에 이란과 시리아의 행위에 급격한 변화가 오지 않는 한 그 목표가 성취되기는 어렵다. 로비는 이스라엘 적대국들 간의 연결 고리에 비추어 그 모두를 끝도 없는 악의 연결망으로 간주했다. 미국이 그들을 파괴하지 못한다면 최소한 가까이 오지 못하게 막아야 한다고 생각한다.

이처럼 이스라엘을 위협하는 상황에 대처하기 위해서 로비에 참여하는 핵심 그룹은 상당한 군사력을 중동 지역에 주둔시키도록 미국을 압박했다. 로비는 이라크와의 전쟁 상황을 만드는 데 중요한 역할을 했다. 그것이 '중동 지역 개혁'이라는 원대한 캠페인의 첫발이었다. 2000년대 중반 이스라엘에서 목소리가 큰 지지자는 미군이 이라크에서 철수해 그 지역 외곽으로 재배치하는 것을 반대했다. 인접 지역에 미군을 주둔시키는 것이 이스라엘의 적국들에 위협을 주면서도 유사시나 기회가 있을 때 행동을 취할 수 있는 유리한 입지 조건을 만들어 준다는 명분 때문이다.

9·11 사태 이후의 미국과 이스라엘

냉전이 종식되면서 이스라엘이 미국을 위한 전략적 자산이라는 주장을 하기가 힘들어졌지만, 로비는 1990년대에 의제를 추진하는 데 상당한 진전을 보았다. 2001년 9월 11일, 미국은 테러 공격을 받았다. 미국이 아랍과 이슬람 세계, 특히 중동에 많은 관심을 기울이게 했고 이스라엘과 로비에 결정적인 계기를 부여했다.

부시 행정부가 미국과 이스라엘의 긴밀한 관계가 반미 테러리즘을 부추긴 다는 판단에 이스라엘을 조금이라도 멀리해서 아랍과 이슬람 세계에서의 이 미지 향상을 꾀한다면 어떻게 될 것인가? 부시 대통령이 샤론 정부에게 요 르단강 서안에 대한 식민지화 정책을 중단하고 실질적인 팔레스타인 국가 건설을 인정하도록 압력을 넣는다면 어떻게 될 것인가? 1990년 이후 미국이 중동 대부분 지역에 미군 주둔을 확대한 것은 이스라엘에 유리하게 작용했 는데, 그것을 축소한다면 어떻게 될 것인가?

이런 염려는 예사로 넘길 수 있는 것이 아니다. 오사마 빈 라덴이 팔레스 타인의 대의에 깊은 관심을 두고 있고 미국의 이스라엘 지원을 불쾌하게 생 각한다는 믿을 만한 증거가 있었다. 그는 아랍 땅, 특히 사우디아라비아에서 미군이 주둔하는 것에 분개했다. 두 정책이 미국에 대한 아랍과 이슬람의 분 노에 불을 지르고 알카에다의 테러를 부추긴다. 미국이 예전에 취했던 '중동 의 역외 균형자offshore balancer'의 역할로 다시 돌아가는 것으로, 또 이스라엘과 팔레스타인의 갈등이 종식되도록 강하게 압박하는 것으로 이런 상황에 대응 할 수 있을까? 이런 대응의 전례가 있다. 1980년대 초 레이건 행정부는 레바 논에 미군을 파병했지만 241명의 해병대를 희생시킨 베이루트 자살폭탄 테 러 이후 철수했다. 지미 카터와 조지 H. W. 부시도 로비에 주의를 기울이지 않고 이스라엘에 압력을 가하는 데 집중해서 지역 평화에 이바지할 수 있는 명실상부한 진전을 일궈냈다.

많은 우려에도 9·11 사태 이후 중동의 위협에 관심이 집중된 것은 이스라 엘과 미국의 지지자들에게 새로운 기회가 되었다. 이스라엘이 테러와의 전 쟁에서 반드시 필요한 동맹국이고 이스라엘의 적이 미국의 적이라고 부시 행정부가 확신한다면, 미국은 팔레스타인에 대한 샤론의 강경 노선을 지지 하는 동시에 이스라엘의 중동 지역 적국, 즉 헤즈볼라, 이란, 이라크, 시리아를 공격 목표로 삼기 쉬워진다. 미국의 정책 입안자들이 중동에서 미국의 적이나 마찬가지인 이스라엘의 적을 제거하기 위한 노력을 기울이는 것이 전략적 의미에서 옳다는 사실을 아는 것이 중요했다. 충분히 예상하듯이 이스라엘과 로비에 참여하는 핵심 그룹은 이 기회를 현실화하기 위한 작업을 시작했다.

그들의 노력은 성공했다. 부시 행정부는 새로운 위협을 만들어야 한다는 로비의 견해를 수용하고 반대 의견을 배격했다. 미국은 팔레스타인, 이란, 중동 등 다른 지역에 대해 이스라엘이 선호하는 정책을 채용하고, 그 정책을 정당화하는 이스라엘의 주장을 수용하게 되었다. 미국과 이스라엘 지도자들은 마치 같은 글을 읽고 이야기하듯이 똑같은 목소리를 내기 시작했다. 이런 상황에서 오는 결과는 지나치기 쉽다. 사태가 이렇게 돌아가면서 부시와 샤론(그리고 에후드 올메르트) 총리는 본질적으로 세상을 동일한 시각으로 보게 되었다. 대통령과 그의 보좌관은 로비의 격려가 없어도 상관이 없었다. 이슬람 세계에 대응하는 방법과 관련해서 이스라엘의 견해를 수용했고, 9·11 사태 이후 더 심화되었다.

9·11 사태 이후 미국의 중동 정책 변화에 대한 해석이 정확하다고 볼 수 없다. 부시 행정부와 이스라엘 정부 사이의 심각한 의견 대립을 간과하고 있기 때문이다. 9·11 사태 이후 한 해 동안 부시와 샤론 사이에 팔레스타인 문제를 놓고 충돌이 있었다. 이스라엘과 팔레스타인의 갈등을 해결하려는 부시의 노력은 이스라엘과 팔레스타인의 평화를 촉진하고 아랍의 적대감을 누그러뜨린다는 패러다임을 반영했다. 이 견해는 국무부, 미국의 정보 분야, 군부에서 상당한 지지를 받았다. 부시는 미국의 대시리아 정책과 관련해서 이스라엘, 로비와 전혀 다른 견해를 가지고 있었다. 로비는 팔레스타인과 시리아의 쟁점 양쪽에서 부시를 압박해서 경로를 바꾸게 하고, 자신이 선호하는 정책을 채택하게 하는 데 성공했다.

로비는 미국이 대이라크 정책과 대이란 정책을 수립하고, 부시 행정부가 중동을 민주주의의 물결로 뒤덮는다는 원대한 계획을 구상하는 데 결정적인 역할을 담당했다. 2006년 여름, 레바논 전쟁을 일으킨 이스라엘의 판단이 그르지 않았다는 것을 미국인에게 주지시키고, 양당 정치가들이 이스라엘을 아낌없이 지원하도록 심혈을 기울였다.

　이런 주장들은 논란의 여지가 있다. 가볍게 할 수 있는 주장이 아니다. 이라크 전쟁 이전은 물론 전쟁 중에도 많은 유명인사가 부시 대통령의 중동 정책, 특히 이라크 침공과 관련한 그의 결심이 최소한 부분적으로라도 이스라엘을 이롭게 하려는 것임을 암시했다. 예상대로 이스라엘인과 친이스라엘 미국인은 이 견해를 반박하고 나섰다. 그렇게 주장하는 사람을 반유대주의자라는 귀에 익은 주장으로 공격하기도 했다. 논쟁의 여부를 떠나 다음의 쟁점은 실제적이다. 로비가 미국의 중동 정책에 상당한 영향력을 행사했는가? 그 결과가 미국이나 이스라엘에 유익했는가? 첫째 질문에 대한 대답은 분명히 '그렇다'이고, 둘째 질문에 대한 대답은 결단코 '아니다'라고 믿는다.

　이제부터 부시 행정부의 중동 정책을 점령 지구와 관련한 이스라엘에 대한 정책 지원과 이라크 침공에 대한 평가를 자세히 살펴본다. 시리아와 이란 정책에 관심을 기울이면서 워싱턴의 중동 지역 변화를 꾀하는 원대한 정책에 대해 생각한다. 끝으로 미국이 2006년 레바논 전쟁에 어떻게 대처했는지 살펴볼 것이다. 각 경우에서 로비가 강력하지 않았더라면, 그 구성원들이 다른 접근 방법을 선택했다면 미국의 정책은 달랐을 것이라는 사실을 이야기한다. 미국은 또 미국의 국익을 도모하며 일관성이 있는 행동을 취하고, 그것이 이스라엘에도 유익한 결과를 가져왔음을 밝힐 것이다.

로비와
팔레스타인인들

THE LOBBY vs.
PALESTINIANS

7장

2001년 가을과 2002년 봄, 부시 행정부는 이스라엘에 점령 지구에서의 확장 정책을 중단하고 팔레스타인 국가 건설을 지지함으로써 아랍과 이슬람 세계의 반미 감정을 누그러뜨리려 했다. 9·11 사태가 발생한 후 미국의 정책 입안자들은 이스라엘과 팔레스타인의 갈등을 종식시키기 위해 진지한 노력을 기울이는 것이 테러 그룹에 대한 지지를 줄이는 것이라고 생각했다. 더불어 이란과 시리아까지 포함하는 국제 반테러 연맹 결성을 용이하게 할 것이라고 믿었다.

부시 행정부는 예루살렘의 정책을 전환시키는 데 역부족이었고 오히려 팔레스타인에 대한 이스라엘의 강경 노선을 지지하게 되었다. 부시와 참모진은 시간이 흐르면서 이스라엘의 접근방식을 인정했고 이스라엘은 기존방식을 고수했다. 2003년 《워싱턴 포스트》의 헤드라인은 그러한 상황을 '부시와 샤론의 동일한 중동 정책'이라고 요약했다. 변화를 일으킨 주요 원인은 로비의 영향력이다.

이야기는 2001년 9월 하순에 시작된다. 부시 대통령은 당시 점령 지구에서 자제심을 보이고 제2차 인티파다를 저지하기 위해 최선을 다하도록 총리 아리엘 샤론을 압박하기 시작했다. 행정부는 아라파트의 리더십에 비판적이었음에도 이스라엘 외무장관 시몬 페레스에게 팔레스타인 리더 아라파트와 만나도록 하라고 샤론에게(《뉴욕 타임스》의 표현에 따르면) '엄청난 압력'을 가했다. 10월 초, 새로 선출된 미국 대통령은 팔레스타인 국가를 지지한다고 공식적으로 발언했다. 2개 국가 해법을 열렬히 지원한 클린턴 대통령조차 임기 마지막 달까지도 공석에서 '팔레스타인 국가'라는 말을 입 밖에 꺼내지 못한 점에서 놀라운 진전이다. 9·11 사태 이전, 부시가 아랍과 이스라엘의 갈등에서 손을 떼겠다고 강조한 사실을 고려하면, 이렇듯 갑작스러운 관심은 주목할 만하다.

이스라엘 지도자들은 워싱턴이 아랍과의 우호적인 관계를 위해 유대 국가를 '배반하는 것'은 아닌가 하는 우려 속에서 이러한 진전에 경악했다. 《워싱턴 포스트》는 "샤론의 가까운 소식통에 의하면 미국이 이스라엘 공격을 후원해 온 이란, 시리아, 그 밖의 국가를 미국이 주도하는 연합체에 끌어넣으려 한다는 사실에 샤론이 분통을 터뜨리고 있다"고 보도했다. 10월 초, 샤론이 들고 일어나서 "우리를 제물로 삼아 아랍의 비위를 맞추려 한다"고 부시를 비난했다. 이스라엘은 체코슬로바키아같이 되지는 않을 것이라고 경고했다. 발언 후 몇 시간이 안 되어 이스라엘방위군 IDF은 헤브론에 있는 팔레스타인 지역 몇 곳을 침공했다.

전하는 바에 의하면, 부시는 샤론이 자신의 행동을 뮌헨에서 있었던 영국 총리 네빌 체임벌린의 항복과 동일시했다고 발끈했다. 당시 백악관의 공보비서관 아리 플라이셔는 용납할 수 없다는 말로 샤론의 발언에 반응했다. 이스라엘 총리가 형식적인 사과를 했지만 기본적인 문제는 해결되지 않은 상태였다. 10월 하순, 이스라엘 관광장관 레하밤 제비가 팔레스타인 분파의 변절자에 의해 암살당하자 IDF는 팔레스타인이 통제하는 요르단강 서안 지구에 대규모 침공을 전개했다. 부시는 당시 이스라엘 외무장관 시몬 페레스와 직접 만나 신속한 철군을 요구했다. 그러나 이스라엘 정부는 "아라파트가 팔레스타인 영토에 대해 만족할 만큼 단호한 조치를 취할 때까지 떠날 수 없다"는 이유로 거절했다. 영국 일간지 《가디언》은 다음과 같이 보도했다. "아리엘 샤론이 야세르 아라파트의 생존을 위협하는 팔레스타인 영토 점령을 중단하라는 미국의 요구에 전면 부인함으로써 부시가 정권을 잡은 이래 워싱턴과 가장 치열한 마찰을 일으켰다."

만족하지 못하는 샤론과 압박받는 부시

샤론과 친이스라엘 로비는 커지는 논란을 해결하기 위해 기민하게 움직였다. 그들은 미국과 이스라엘이 테러로부터 똑같은 위협에 직면한다며 부시 행정부와 미국 국민을 설득했다. 이후 이스라엘 관료와 핵심 로비단체는 아라파트와 오사마 빈 라덴이 다르지 않은 만큼 미국과 이스라엘은 팔레스타인인이 선출한 지도자와 정치적으로 제휴할 것이 아니라 오히려 격리해야 한다고 수없이 강조했다. 2001년 12월, 샤론은 그가 오랜 지지자라고 부르는 《뉴욕 타임스》의 칼럼니스트 윌리엄 새파이어에게 "미국에 사는 당신들은 테러와 전쟁 중이다. 이는 이스라엘에 사는 것과 마찬가지다. 우리는 똑같은 전쟁을 벌이고 있다"라고 말했다.

미국의 중동 정책에 대한 샤론의 염려는 부시가 팔레스타인 국가를 지지한다고 발표하기 수 주일 전인 9·11 사태 직후에 시작되었다. 그는 9월 14일, 미국유대인 지도자들과의 전화 통화에서 "부시 행정부가 아라파트를 빈 라덴과 다르다고 생각하고, 테러와의 전쟁에서 아라파트의 지지를 얻기 위해 이스라엘에 강경한 자세를 취할 것이 염려된다"고 분명히 말했다. 샤론은 지도자들에게 도움을 청했으나 별다른 움직임이 일어나지 않았다. 미국이 9·11 사태의 후유증을 앓던 시점에서 미국의 정향이 분명하지 않았기 때문이다.

그런 불확실한 시점에서 미국신세기프로젝트PNAC는 9월 20일, 부시에게 공개서한을 보냈다. 서한에는 윌리엄 J. 베닛, 엘리엇 코헨을 비롯한 신보수주의자가 서명했다. 편지는 이스라엘을 "국제 테러리즘에 대항하는 미국의 가장 믿음직스러운 동맹국"으로 표현하면서, 대통령에게 '우리의 동료 민주국가를 전적으로 지원할 것'을 요구했다. 또한 미국이 팔레스타인 권력층에 대한 모든 지원을 중단해야 한다고 조언했다.

부시가 2개 국가 해법을 지지한 후 테러와 싸우겠다는 정책의 대체적인 윤곽이 선명하게 드러났다. 샤론은 새로운 의제에도 만족하지 않았다. AIPAC은 성명서 발표를 통해 팔레스타인에 대한 부시의 발언에 즉각 반응했다. 성명서는 "부시의 아이디어를 지원하는 보좌관이 테러와의 전쟁을 약화시키고 있다. 그들은 테러를 꿈꾸고 지원하는 자를 응징하기보다 대통령이 뒤로 물러서게 한다"고 주장한다. 동시에 주요 미국유대인단체의 대표자콘퍼런스 CPMAJO 회장 모티머 주커만은 "부시가 근시안적이고 잘못된 정책을 추구한다"고 말했다. 친이스라엘 세력은 기회가 있을 때마다 기본적인 메시지를 되풀이했다.

로비의 영향력 있는 인사는 샤론이 적절한 시기라고 판단할 때까지 IDF가 이스라엘이 최근에 재점령한 팔레스타인 지역에 주둔할 수 있도록 부시 행정부에 압력을 가했다. 반인종주의연맹 책임자 에이브러햄 폭스먼은 10월 23일, 국무장관 콜린 파월에게 편지를 보냈다. "이스라엘이 최근에 점령한 지역에서 군을 철수시키라는 국무부의 요구를 받고 대단히 괴로워하고 있다. 우리는 그런 요구가 부적절하다고 생각한다. 이스라엘의 자위권을 인정하는 오랜 미국 정책에 역행하는 것이다. 세계는 테러와 싸우기 위해 연합하고 있다. 팔레스타인 당국은 폭력과 테러를 저지하기 위한 조치를 거부해 왔다." 주커만도 "이스라엘을 압박하는 부시의 노력은 부적절하고, 무절제하며, 테러와의 전쟁을 벌이는 상황에서 논리에 맞지 않는다"고 말함으로써 폭스먼의 견해에 동조했다.

로비는 의회에도 영향을 미쳤다. 11월 16일, 89명의 상원의원이 부시에게 편지를 보내 '팔레스타인 지도자 아라파트가 이스라엘에 대한 폭력을 끝내기 위해 필요한 조치를 취할 때까지 만나지 않기로 결정한 것'을 격찬했다. 그들은 팔레스타인에 대한 이스라엘의 보복 행위를 막지 말아달라고 요구하면서 행정부가 이스라엘을 강하게 지지한다는 사실을 공언해 달라고 주장했다.《뉴욕 타임스》에 의하면, 그 편지는 핵심 상원의원들과 미국유대인 공동체 지도자들이 2주 전에 가진 모임에서 제안된 것이며, AIPAC이 폭스먼의 편지에 대한 조언에 특별히 적극적이었다.

11월 하순에 와서 예루살렘과 워싱턴의 관계는 호전되었다. 일부 로비의 역할이 있었고, 아프가니스탄에서 미국이 거둔 첫 승리로 알카에다와 협상하기 위한 아랍의 지원 필요성이 줄어들었다고 생각한 데도 원인이 있었다. 12월 초 샤론은 백악관을 방문해서 부시와 긴밀한 회합을 가졌다. 미팅이 시작되기 전, IDF가 이스라엘에서의 자살폭탄 테러에 대한 보복으로 가자 지구의 목표물을 공격했다. 부시는 이스라엘을 비난하지 않았고 자제를 요청하지도 않았다. 백악관 대변인은 "이스라엘은 주권국이며 안전하게 살 권리가 있다"고 강조했다. 부시는 아라파트에게 이스라엘에 대한 테러를 중지하도록 노력을 기울여 달라고 요구했다.

2002년 2월, 샤론은 백악관을 다시 방문하고 부시와 화기애애한 미팅을 가졌다. 이스라엘 총리는 아라파트가 테러를 지원한다는 주장을 되풀이하면서 "그가 이스라엘과 팔레스타인의 갈등을 해결하는 데 가장 큰 걸림돌"이라고 말했다. 부시는 이런 일련의 주장에 귀를 기울였다. 그는 한 달 전인 2002년 1월에 일어난 '카린 A 사건'의 배후가 아라파트라는 보도를 믿었다. 카린 A는 50톤의 무기와 폭발물을 실은 화물선으로 홍해에서 이스라엘 해군에 붙잡혔을 때 이란에서 출항한 것이 분명했다. 분명한 증거는 없지만 최종 목적지가 가자 지구인 것으로 판명됐다. 그 무기가 레바논 헤즈볼라로 가고 있었다고 주장하는 사람도 있었다.

아라파트가 직접 연루되었다는 확실한 증거가 없지만 이스라엘 정부와 로비는 아라파트가 이스라엘에 대한 테러를 지원하기 위해 무기와 폭발물을 애써 구입했다고 주장했다. 팔레스타인 지도자는 카린 A에 대한 책임을 부인하고, 미국 국무장관 콜린 파월과 몇몇 사람들은 아라파트의 결백 주장과 모순되는 증거를 발견하지 못했다고 했다. 결국 부시는 이스라엘과 그 지지자들의 의견에 동의했다. 부시는 백악관에서 옆자리에 앉은 샤론에게 말했다. "아라파트는 우리말을 들었습니다. 나는 소신을 밝혔고 더 이상 할 말이 없습니다. 그는 테러와 싸우기 위해 그의 권한이 허용하는 한 최선을 다해야 합니다. 우리는 그 소식을 듣고 놀랐습니다. 카린 A의 분명한 한 가지 목적, 즉 테러를 겨냥한 무기를 싣고 있음을 알고 대단히 실망했습니다."

로비가 부시에게 굴욕감을 주다

미국과 이스라엘의 입장은 한데 모아졌지만, 유월절 축제 때 하마스의 자살폭탄 테러로 이스라엘인 30명이 사망하면서 2002년 3월 하순에 두 나라 간에 마찰이 일어났다. 팔레스타인 당국은 즉각 공격을 비난하고 관련자를 기소하겠다고 약속했다. 과격분자에 대한 팔레스타인의 불쾌한 처벌이 이스라엘을 시큰둥하게 만들었다. 지금까지 충분히 겪어온 터다. 샤론은 대규모 군사 작전을 펼쳤고, IDF는 요르단강 서안 지구에 있는 팔레스타인의 주요 도시를 장악했다. 부시는 이스라엘의 행동이 아랍과 이슬람 세계에서의 미국의 이미지를 손상하고, 테러와의 전쟁을 악화시킨다는 사실을 인식했다. 4월 4일 샤론에게 침략을 중단하고 철수를 개시하라고 요구했다. 이틀 후에도 지체 없이 철군하라는 메시지를 재차 강조했다. 4월 7일 부시의 당시 국가안보보좌관 콘돌리자 라이스는 기자들에게 "지체 없다는 말은 당장이라는 뜻이다"라고 말했다. 바로 그날 국무장관 파월은 중동으로 날아가 전쟁을 중단하고 협상을 시작하라고 압력을 가했다.

행정부는 다른 접근 방법을 채택하라는 내용의 공격을 받았다. 제일 먼저 파월이 표적의 중심이 되었는데, 그는 이스라엘에 적대적이지 않지만 동조하지는 않는 것으로 비쳤다. 중동 방문 중에 아라파트를 만난다는 계획도 있었다. 국무장관은 부통령 집무실, 펜타곤의 강력한 이스라엘 지지자들로부터 뿜어져 나오는 열기를 느낄 수 있었다. 그들은 이스라엘을 억제하려는 생각을 포기하도록 부시와 라이스를 압박했다. 라이스는 파월과 통화하느라 전화통을 붙들고 있었고 그를 심하게 질책하는 듯했다. 파월은 그녀의 걱정이 백악관 내에 있는 누군가의 견해와 연관이 있다고 생각했다.

신보수주의자들도 미디어를 통해 파월을 질책했다. 미국의 칼럼니스트이자 정치학자 로버트 케이건과 '신보수주의의 대부'로 묘사되는 고故 어빙 크리스톨은 4월 11일 자《위클리 스탠더드》에 "파월이 실질적으로 테러리스트와 테러를 대항해 싸우는 측의 벽을 허물어 버린 거나 다름없다"라고 기고했다. 다음날 당시《위클리 스탠더드》에서 일하던 데이비드 브룩스는〈짐 레러와 함께하는 뉴스시간〉에서 말했다. "파월의 여행은 진짜 재앙과 강한 대조를 이루는 재앙이다. 그는 미국의 체면을 손상했고 미국의 중동 정책을 갈가리 찢어버렸다. 중요한 것은 우리의 도덕적 선명성을 흐려놓았다는 점이다."

미국에서 이스라엘의 입장을 주장하던 전 이스라엘 총리 베냐민 네타냐후는 파월이 이스라엘에 도착하기도 전에 그의 여행은 아무 쓸모 없다고 말했다. 결과를 보면 그의 생각은 옳았다. 행정부 내의 힘의 균형은 급격하고 완전하게 파월의 반대 방향으로 기울었고, 워싱턴에 있던 차관은 이스라엘에 있는 파월에게 전화를 걸어 "입단속을 하는 중입니다. 모두 당신을 비난하고 있어요"라고 말했다. 후에 파월은 "중동 여행은 떠올리기 싫은 가장 비참한 날 10일 안에 들 것"이라고 말했다.

파월은 메시지를 알아차렸다. 이스라엘을 떠나기 전 샤론과 가진 연합 기자회견에서 보여준 그의 행동에서 나타났다. 《선데이 텔레그래프》의 존 심슨은 기록한다. "국무장관의 말과 몸짓은 고객을 불러 책임 추궁을 하는 경리 부장의 자세가 아니었다. 전혀 그렇지 않았다. 파월은 환심을 사려하는 것 같았고 공손해 보였다. 샤론이 워싱턴에서 받는 지지와 그의 친구들이 대통령에게 미치는 영향력이 어느 정도인지 깨닫는 것 같았다." 네타냐후의 예언은 적중했다. 파월의 여행은 쓸모없었다.

파월 다음의 표적은 부시였다. 그는 유대인 지도자와 크리스천 복음주의자로부터 압박을 받고 있었다. 당시 하원 다수당을 이끈 톰 디레이, 딕 아미, 상원 소수당 원내총무 트렌트 로트가 4월 10일에 백악관을 방문해서 한발 물러서라고 직접 경고했다. 《타임》에 의하면, 그다음 날 제리 폴웰 목사와 전 대통령 후보 게리 바우어가 이끄는 복음주의 지도자들이 "샤론에게 요르단 강 서안 지구에서 물러나도록 종용하는 행정부의 압력을 중단하라"고 요구하는 편지를 부시에게 보냈다. 폴웰 목사가 신도들에게도 여기에 참여하도록 권유하자, 백악관에 전화와 이메일이 빗발쳤다. 소식통에 의하면, 이튿날 대통령 수석 보좌관이 폴웰에게 전화를 걸어 대통령이 샤론의 뜻을 따르기로 했다는 사실을 확인해 주었다.

4월 11일 부시가 항복했다는 외적인 사인이 나왔다. 대통령은 "샤론이 '평화를 사랑하는 사람'으로 믿는다"고 백악관 공보비서관 아리 플라이셔가 말했다. 부시가 샤론에게 철군을 주장한 지 일주일이 된 시점이었다. 부시는 파월이 헛수고를 하고 돌아온 4월 18일, 성명서를 공식적으로 되풀이한 다음 기자들에게 말했다. "샤론이 완전하고도 즉각적인 철군을 하라는 그의 요구에 만족스러운 반응을 보였다." 샤론이 그 조치를 실행하지 않았지만 부시는 그것을 문제 삼지 않았다. 이스라엘은 4월 21일 '디펜시브 실드 작전'을 공식 종료한다고 발표했다. 하지만 IDF는 팔레스타인 지역에 그대로 머물렀고, 오늘날도 이스라엘 정권의 통제가 상당 부분 유효한 상태다.

멈추지 않는 로비의 압박

로비는 압박을 멈추지 않았다. 대표자콘퍼런스와 유대인 공동체 연합은 4월 중순 워싱턴에서 대규모 집회를 후원했다. 하원의원 딕 아미, 전 이스라엘 총리 베냐민 네타냐후, 대표자콘퍼런스 회장 모티머 주커만, 하원 소수당 원내총무 리처드 게파트 외 유명한 주요인사들이 모습을 보였다. 군중은 국방부 차관 폴 월포위츠가 팔레스타인의 고통과 팔레스타인 국가 건설의 가능성에 대해 언급하자 "아라파트와 함께 꺼지라"는 야유를 보냈다. 미국시온주의기구 책임자 모톤 클라인은 "부시가 이스라엘에 대한 압박을 중단하라는 메시지를 받아들이지 않으면, 우리는 이 집회의 커다란 의미를 상실할 것이다"라고 말했다. 익명의 행정부 관리는 "정책이 다수의 지지에 기반을 두는 것은 아니"라며, 집회를 지켜본 후 자신의 소감을 이야기했다. "우리는 유대인 지도자들로부터 너무나 많은 것을 듣는다. 그렇게 많은 유대인이 이 집회에 참여하는 것을 보면 그것이 증명되고도 남는다."

의회는 의회대로 샤론을 지지하고 있었다. 4월 중순 네타냐후가 국가 원수에 걸맞은 호위를 받으며 국회를 방문해 40명의 상원의원을 만났다. 5월 2일 행정부의 반대에도 국회는 이스라엘에 대한 지지를 확인하는 2개의 결의안을 통과시켰다(상원 92:2, 하원 352:21). 미국이 이스라엘과 단결하고, 하원 결의안의 표현을 빌리자면 "두 나라가 테러와의 전쟁에 공동 참여하고 있다"고 강조하는 결의안이었다. 하원의 결의안은 테러 문제의 핵심으로 떠오른 아라파트의 지속적인 테러 지원을 규탄했다.

진상조사위원회 양원 대표단은 이스라엘에서 샤론(그때 워싱턴에서 부시와 만나고 있었다)이 아라파트와 협상하라는 행정부의 압력을 거부해야 한다고 공언했다. 5월 9일 하원세출위원회가 회합을 가지고, 이스라엘의 테러와의 전쟁을 위해 200만 달러를 추가 지원하는 문제를 논의했다. 백악관은 원조에 반대했다. 국무장관 파월이 선두에 서서 그것을 막기 위해 의회 지도자와 만났다. 그러나 결의안 통과를 도왔던 로비의 압력이 있었다. 파월이 손을 들고, 부시가 마지못해 법안에 서명함으로 추가 지원이 성사되었다. 샤론과 로비가 미국 대통령과 국무장관을 상대로 승리한 것이다. 당시 이스라엘 신문《마리브》의 저널리스트 케미 샬레브는 이에 관해 기고했다. "샤론의 보좌관들이 파월이 손을 드는 모습을 보고 만족감을 감추지 못했다. 샤론은 부시 대통령의 두 눈을 보았다. 자랑스럽다는 눈빛으로 먼저 깜박였다."

부시의 실추된 체면은 전 세계 논평자의 시선을 비껴갈 수 없었다. 스페인의 주요 일간지《엘 파이스》는 "만약 한 나라의 무게가 사건 처리의 영향력에 의해 결정된다면 최강국은 미국이 아니라 이스라엘"이라고 꼬집어 외부 관찰자의 견해를 대변했다. 그러나 보다 공평한 정책을 추구하려는 부시의 노력을 좌절시키는 데 결정적인 역할을 한 것은 샤론이나 이스라엘이 아니라, 미국 내에서 활동하는 친이스라엘 세력이었다.

'더 많은 것들이 바뀌어야…'

이런 좌절에도 부시는 제2차 인티파다를 종식시키고 이스라엘과 어깨를 나란히 하며 평화롭게 살 수 있는 실질적인 팔레스타인 국가를 건설하기 위한 길을 모색했다. 그는 아랍과 이스라엘의 갈등을 하루빨리 해결하는 것이 미국의 국익에 부합한다고 생각했다. 그러나 부시는 해내지 못했다. 2002년 봄 이후 부시와 로비 사이의 힘의 균형에 이렇다 할 변화가 없었기 때문이다. 이것이 이스라엘 지도자들에게 부시의 중동 정책에 대한 지렛대 역할을 해주었고, 그들이 싫어하는 정책을 무시하거나 무력화할 수 있는 요인으로 작용했다.

6월 24일 부시는, 2002년 봄에 그가 겪은 고통을 뛰어넘으려는 계산에서 중동과 관련한 중요한 연설을 했다. 이는 두 가지 점에서 주목할 만하다. 첫째, 부시는 평화 절차가 진전되기 위해서는 아라파트가 권력을 포기해야 한다고 주장했다. 그는 평화를 위해서 지금과 차별화되는 새로운 리더십을 팔레스타인에 요청했다. 저널리스트 데이비드 란다우는《하레츠》에서 팔레스타인 국가운동의 영원한 리더로 보이는 아라파트가 조지 W. 부시에게 정치적인 암살을 당했다고 지적한다. 아라파트를 떼어놓으라고 요청해 온 이스라엘인은 환호했다. 적어도 2명의 유명한 이스라엘 보수주의자, 당시 이스라엘 부총리 나탄 샤란스키와 베냐민 네타냐후는 연설에 그런 주장을 삽입하라고 부시를 설득하는 데 있어서 자신들의 역할이 컸다고 주장했다.《하레츠》는 〈분석, 아리엘 샤론이 자신의 아이디어를 관철시키다〉라는 헤드라인으로 연설과 관련한 기사를 실었다.

둘째, 부시는 2005년까지 팔레스타인 국가를 건설하라고 요구했다. 그는 이 목적을 달성하기 위해 "점령 지구에서 이스라엘의 정착활동이 중단되어야 한다. 이스라엘군이 안보 상태가 개선되는 것을 보며 2000년 9월 28일(제2차 인티파다 시작 시점) 이전에 점유하고 있던 지점까지 완전 철수하는 것이 필요하다"고 강조했다. 이에 부시는 최후의 해결책이 어떤 모습이며 어디에서 어디로 간다는 계획이 없다고 비난받았다. 연설이 미래에 합의해야 할 사항을 구체적으로 명시하지 않아 모호했지만 그의 발언은 중요했다.

부시 행정부는 EU, 러시아, UN과 협력해서 이스라엘과 팔레스타인 간의 평화협상으로 가기 위한 '로드맵'을 구상하느라 긴밀한 움직임을 보였다. 부시의 연설에서 제시된 주안점을 부각하기 위해 소위 '사중주 Quartet'라고 불리는 계획이 마련되었다. 부시 행정부는 2002년 여름, 그 로드맵이 이스라엘과 팔레스타인의 갈등을 해결하기 위한 최선의 길이라는 결론을 내렸다. 그러나 2003년 봄이 되도록 실행에 필요한 이렇다 할 진전이 없었다. 아라파트를 설득해서 물러앉게 하고, 사중주가 로드맵의 구체사항을 도출하는 데 시간이 걸렸다는 것이 지연된 이유였다. 더욱이 부시 행정부는 2003년 3월 19일의 침공을 시작으로 이라크와의 전쟁을 준비하느라 바빴다. 아라파트가 마흐무드 압바스를 팔레스타인 자치 정부의 수상으로 임명함으로써 정치적 권력을 축소하기로 결정한 3월 7일에 마침내 로드맵에 대한 본격적인 검토가 시작되었다. 일주일 뒤인 3월 14일, 부시는 로드맵을 이행할 준비가 되었다고 선언했다. 그렇게 4월 30일, 사중주는 평화 계획의 세부사항을 발표했다.

6월 초 대통령은 로드맵을 이행하고 아라파트보다는 압바스의 영향력을 강화하려는 목적을 가지고 중동으로 향했다. 후세인의 성공적인 축출에 이어 부시의 명성은 하늘 높이 치솟았다. 한 달 전 미 해군 항공모함 USS 에이브러햄 링컨호에서 '임무 완수'를 기념하는 사진 촬영이 있었고, 전쟁 후 아라크의 재건과 관련한 문제가 눈에 띄지 않았다. 미국 내 부시의 인기는 기록적이었다. 평화와 관련해 진지한 태도를 보이도록 모든 관련국을 압박할 수 있는 최적의 상황에 있었다. 6월 3일 이집트에서 아랍 지도자를 만났고, 다음날 요르단 아카바에서 압바스와 샤론을 만났다. 여행 전 기자들은 2004년 재선을 위한 선거전을 눈앞에 두고 있는 부시가 과연 이스라엘을 압박할 수 있을지 회의적이었다. 부시는 기자들에게 말했다. "물론 할 수 있습니다. 평화 절차를 진전시키기 위해 필요한 결정을 정치적인 이유 때문에 두려워한다면 나는 성공할 수 없습니다."

미팅은 진지했다. 평화 절차에 직접 개입하기 위한 부시의 노력은 조짐이 좋았다. 그러나 로드맵은 좌절되고 말았다. 샤론은 사중주 계획에 마음에도 없는 찬사를 보냈지만 명실상부한 팔레스타인 국가 건설에 반대했고, 팔레스타인과의 협상에 흥미를 못 느꼈다. 점령 지구에 실질적인 국가를 건설하기 위한 협상이었기 때문이다. 2003년 3월 이전부터 로드맵에 대한 그의 반대 입장은 분명했다. 《워싱턴 포스트》의 2002년 12월 16일 자 사설에 따르면, 샤론이 유권자에게 부시를 지지할 준비가 되어 있다고 말은 하지만, 그가 파견한 사절이 미국 관리들과의 미팅을 통해 로드맵 초안을 맹렬하게 비난해 왔다. 또한 이스라엘의 신문은 "샤론 자신은 최근의 각료 회의에서 미국 행정부의 계획이 타당성이 없다"고 보도한 것을 밝혔다.

쓸모없는 로드맵

부시가 로드맵을 이행하기 위해 노력 중이라고 발표한 2003년 3월 중순, 샤론은 공식 발언을 아꼈다. 미국이 이라크 침공을 준비하고 있는 시점에서 부시를 비난하고 싶지 않았기 때문이다. 그렇지만 케미 샬레브가 《포워드》에 쓴 글에서 "샤론과 그의 보좌관들의 전략적 목표는 궁극적으로 로드맵을 무력화시키고, 소위 '마드리드 사중주의' 나머지 세 멤버(EU, UN, 러시아)를 평화 절차에 참여할 수 없도록 제외시키는 것"이라고 분명히 밝혔듯이 그 계획에 대한 샤론의 견해는 바뀌지 않았다. 4월 중순 《하레츠》는 사설을 통해서 선언했다. "샤론이 화해에 기초한 평화협정을 이루는 데 필요한 개념적 변화를 자기 것으로 만들지 못했다. 총리는 정착지에 대한 비전과 요르단강 서안 합병에 대한 집착을 포기해야만 할 것 같다."

로드맵에 대한 샤론의 반대 입장을 고려할 때, 로비의 핵심조직 수장들이 부시의 계획을 대표자콘퍼런스 회장 주커만의 표현대로 '쓸모없는 로드맵'으로 본 것은 놀랄 일이 아니다. 3월 14일 부시가 로드맵을 지지한다고 발표한 후 수 시간이 지나서 국가안보보좌관 콘돌리자 라이스는 백악관에서 유대인 지도자 대표단과 만났다.《하레츠》는 "미팅의 목적은 그 계획에 대해 미국유대인이 가지고 있는 유보적인 입장을 돌려놓는 것"이라고 보도했다. 그러나 기사에 의하면, 라이스는 회의 참석자들의 염려를 덜어줄 수 없었다. ADL 책임자 에이브러햄 폭스먼과 대표자콘퍼런스의 당시 상임 부회장 말콤 호엔라인이 특히 비판적이었다. 호엔라인은 계획에 대한 이스라엘의 반응을 기다릴 필요가 있다고 했지만, 이스라엘이 유보적인 입장을 취할 경우 미국 유대인 공동체는 그 입장을 지지할 것이라고 강조했다.

AIPAC도 국회의사당에 있는 부시 대통령에게 로드맵과 관련해서 이스라엘에 압력을 가하지 말라고 촉구하고, 어떤 것이든 이스라엘의 양보가 필요할 때 팔레스타인이 계획이 명시하는 안전 요구에 철저히 따라야 한다는 편지의 발기인으로 나섰다. 5월 초 85명의 상원의원과 283명의 하원의원이 편지에 서명했다. AIPAC이 로드맵을 조건부로 승인했지만 의회의 지지를 얻기 위한 활동은 벌이지 않았다. 이는 로비 전선이 로드맵에 터놓고 반기를 드는 단체들과 의기투합할 수 있게 하는 효과를 가져다주었다. 많은 친이스라엘 논평자들이 로드맵을 밀어붙이려는 행정부의 결단을 비난했다. 찰스 크라우트해머는《워싱턴 포스트》에 기고한 글에서 "아라파트가 권력에 조금이라도 관여하는 한 로드맵을 추진하는 것은 외교적 자살과 같다"고 했다. 그러나 《뉴욕 타임스》의 토마스 L. 프리드먼은 주요 유대인단체들이 평화 계획을 지지하지 않는다는 사실을 비판했다. 티쿤 커뮤니티나 이스라엘정치포럼과 같은 매파단체들 외에 로드맵을 적극 지지하는 친이스라엘 그룹이 없었다. 가망이 없다는 말과 다름없었다.

세부사항이 확정된 4월 30일, 이스라엘 강경파들은 로드맵에 대해 걱정하지 않았다. 다음날 저널리스트 브래들리 버스턴은《하레츠》에 쓴 글에서 "사람들이 웃고 있는 이유가 무엇인가?"라고 질문했다. 답은 부시 행정부가 샤론 및 그의 참모들과 나눈 사적인 합의를 통해 '사중주'의 평화 계획과 관련한 그들의 우려를 진정시켰다는 것이다. 《파이낸셜 타임스》는 국가안보위원회의 핵심 멤버인 엘리엇 아브람스와 스티븐 해들리가 샤론에게 로드맵에 대한 미국 측의 압력이 없을 것임을 비밀리에 확인해 주었다고 전한다.

많은 사람이 대통령의 평화 추진에서 중요한 단계로 해석한 2003년 6월 초 부시가 중동을 방문한 이후에도 샤론은 여전히 염려하고 있었다. 대통령이 미국으로 돌아온 지 얼마 안 되어 이스라엘은 하마스의 핵심 지도자인 압델 아지즈 란티시를 암살하려다 실패했다. 5일 동안 7명을 표적 암살targeted assassination한다는 계획 중 첫 번째 사례였다. 샤론은 5월에 파월 국무장관과 골치 아픈 상황만 만들지 않으면 표적 암살을 하지 않겠다고 약속했다. 그러나 이번 경우는 골치 아픈 상황이 아니었다.

하마스는 공격당하기 전날, 종전에 대한 협상을 재개할 용의가 있다고 밝혔다. 《포워드》는 샤론이 아카바 정상회담²⁰에서 상황을 악화시키고 경험이 얼마 안 된 팔레스타인 총리의 입지를 약화시키는 행동은 피하기로 약속했다고 보도했다. 이스라엘의 논평자는 이스라엘 총리가 로드맵을 좌초시키려 한다고 생각했다. 《하레츠》의 통신원은 이스라엘에서 미묘한 암살 캠페인의 타이밍을 이해할 수 없다고 말했다.

부시는 심기가 불편했다. 6월 10일 "며칠 전 이스라엘 무장 헬리콥터의 공격에 마음이 아팠습니다"라면서 샤론을 나무라는 데 그쳤다. 《워싱턴 포스트》에 의하면 측근들의 표현이 더 강했다. 로비의 강경파에게는 이스라엘에 대한 비판이 용납되지 않았고, 부시가 독립을 위한 약간의 제스처만 보여도 의기투합해서 막았다. 디레이는 대통령의 측근들과 사적인 모임에서 "부시가 이스라엘을 비난하면 이스라엘을 지지하는 의회결의안을 밀어붙이겠다"고 말했다. 6월 11일 부시는 백악관에서 만찬을 주최하고 100명의 유대인 지도자와 함께 홀로코스트 추모 박물관에서 개최하는 새로운 전시회를 기념했다. 그날 저녁 부시와 사적으로 만난 호엔라인은 말했다. "미국의 반응이 비생산적일 수 있다는 사실을 대통령과 백악관 인사들이 인정했다. 백악관이 잘 알고 있기 때문에 누구라도 할 수 있는 그 말에 사람들이 놀라움을 표했다."

6월 12일 백악관은 또 한 차례 유턴을 했다. 이스라엘에 대한 확실한 지지 자세를 보였다. 《워싱턴 포스트》는 다음과 같이 보도했다. "백악관과 국무부 관료들이 하나 같이 외교의 초점을 이스라엘의 행동으로부터 지난주 이집트에서 아랍 지도자들이 한 약속, 즉 이스라엘을 겨냥한 테러에 대한 지원과 자금 제공을 끊겠다는 약속으로 돌리고 싶었다. 파월 국무장관은 아랍 외무장관들에게 일일이 전화를 걸어 그 점을 강조했다."

백악관 공보 비서관 아리 플라이셔는 "문제는 이스라엘이 아니라 희망적인 절차의 진전을 막으려고 살해를 서슴지 않는 테러리스트들"이라고 말했다. 하원은 이스라엘 국민과의 결속을 다짐하고 이스라엘이 테러와 싸우기 위해 무기를 사용하는 것은 정당하다는 내용의 결의안을 399:5로 통과시켰다. 부시는 아랍과 이슬람 세계의 반미 감정을 부추기고, 행정부의 테러와의 전쟁을 악화시키는 이스라엘의 행동을 억제하기 위한 노력에서 굴욕적인 패배를 맛보게 됐다.

일방주의가 들어앉고, 로드맵은 사라지다

2003년 6월 하순, 흡사한 패턴이 뚜렷했다. 부시 행정부에서는 이스라엘의 안보 울타리에 대한 반대의 목소리가 일기 시작했다. 그것은 이스라엘이 협상을 통한 해결을 피하기 위해 고안한 커다란 장벽이자 '부동의 현실facts on the ground'로 인식되었다. 문제는 울타리 자체의 건설보다 점령 지구의 다른 지역을 연결하여 수천 명의 팔레스타인인에게 어려움을 가중시킬 수밖에 없는 도로 건설 계획이었다. 부시는 7월 25일 팔레스타인 총리 마흐무드 압바스와 가진 백악관 합동 기자회견에서 불만을 표했다. "그 벽에 문제가 있다고 생각하며 아리엘 샤론과 논의했습니다. 요르단강 서안 지구를 벽이 관통하면 팔레스타인과 이스라엘의 신뢰가 조성되기 어렵습니다." 그러나 나흘 후 부시가 옆에 서 있는 자리에서 샤론은 안보 울타리가 팔레스타인인에게 줄 수 있는 어려움을 최소화하겠다고는 했지만, 설치 작업을 계속하겠다는 뜻을 분명히 밝혔다. 부시는 샤론의 의견에 반대하는 대신 팔레스타인 테러가 평화에 대한 본질적인 장애라는 견해를 수용했다.

부시 행정부는 안보 장벽에 대해 불편한 심기를 드러냈다. 파월 국무장관은 인터뷰를 통해 그 울타리가 팔레스타인 영토를 차지하기 위한 이스라엘의 전략이고, 콘돌리자 라이스는 행정부가 4월에 미국이 승인한 울타리 건설비 9억 달러에 대한 차관 보증을 삭감할 것이라고 했다. 이에 의회의 이스라엘 지지자들이 결집해서 백악관에 항의했다. 상원의원 찰스 슈머는 대통령이 의회의 뜻을 따르지 않고 이스라엘의 자위 노력을 처벌한다면 의회는 모든 역량을 기울여 차관 보증의 삭감을 막을 것이라고 경고했다. 이스라엘은 크게 걱정하지 않았다. 이스라엘의 고위 관리는 "우리는 아무 압력도 받지 않고 있다. 미국은 진정한 민주주의 국가이고 그 행정부는 정치적이다. 때때로 현실은 정치적인 통제력에 의해 결정된다"고 말했다.

하지만 차관 보증 문제는 그들이 뜻한 대로 되지 않았고 부시 행정부는 11월 하순에 당해 초 이스라엘에 할당한 30억 달러의 차관 보증금 중 2억 8950만 달러를 삭감했다. 로비는 가벼운 처벌이라고 판단했기 때문에 강하게 항의하지 않았다. 미국은 이스라엘에 대한 물적 지원의 중심인 대외 직접 원조는 건드리지 않았다. 10%의 차관 보증을 삭감하면 이스라엘이 빌리고자 하는 전체 금액의 작은 부분에 대해서만 높은 이자를 지불하면 되는 것이다. 이스라엘 재무부의 총괄국장은 이자로 인해 발생하는 비용이 연간 400만 달러인 것으로 추산했다. 이스라엘처럼 부강한 나라로서는 많다고 볼 수 없는 금액이었다.

부시 행정부는 2003년 가을 또 한 차례의 작은 승리를 거두었다. 샤론이 아라파트를 요르단강 서안 지구에서 축출해 귀향 보내겠다고 으름장을 놓았다. 파월과 라이스는 팔레스타인 지도자를 축출하는 것은 미국이 용납할 수 없는 일이라고 이스라엘에 통보했다. 그들은 메시지를 받아들였고 아라파트는 요르단강 서안 지구에 그대로 머물렀다. 그러나 작은 승리가 물꼬를 바꾸지 못했다. 2003년 가을, 샤론은 조지 부시의 로드맵을 좌절시키고 일방적 철수라는 자신의 계획을 추진하는 일에 착수했다. 샤론은 국가안보위원회 근동 및 북아프리카 문제 담당 선임국장이자 신보수주의자로 유명한 엘리엇 아브람스를 로마에서 열린 비밀회의에 초청했다. 샤론은 회의에서 로드맵이 요구하는 협상을 통한 해결을 추구하되 팔레스타인에 대한 자신의 해결 방법을 추진하겠다고 미국 관리들에게 귀띔했다. 수개월간의 정책 전개 과정에서 이스라엘이 가자 지구로부터 모든 정착촌을 철수시킨 다음, 영토를 팔레스타인에 넘긴다는 방침이 분명해졌다. 요르단강 서안 일부 지역을 팔레스타인에 넘기되 논쟁의 대상이 된 지역을 이스라엘이 보유한다는 복안이었다.

점령 지구에 있는 지역을 팔레스타인에 넘기겠다는 샤론의 결심은 그들의 곤경에 동정했기 때문이 아니라, 가자 지구와 요르단강 서안 전 지역을 이스라엘이 보유할 경우 거대한 이스라엘에 아랍인이 유대인보다 많아질 것이라는 두려움에서 기인한다. 한마디로 총리의 정책을 움직이는 원동력은 '인구 문제'였다.

절차가 진행되는 동안 팔레스타인인은 사실상 발언권을 가질 수 없었다. 이스라엘이 해결 조건을 조정하면 팔레스타인은 자신의 국가를 가질 수 없게 된다. 당시 샤론의 최측근 보좌관이던 도브 웨이스글라스는 그 점을 분명히 했다. "우리가 한 일이 갖는 중요한 의미는 정치적 절차의 동결이다. 절차가 동결될 때 팔레스타인 국가 건설이 무산되고 피난처, 국경, 예루살렘에 대한 논쟁이 사라진다. 팔레스타인 국가라는 패키지 전체가 그에 따르는 모든 문제와 함께 우리 의제에서 사라지게 되었다." 부시가 샤론에게 화를 내고 로드맵을 재가동시킬 법하다. 국가안보 보좌관에 의하면 대통령은 그것만이 항구적인 평화와 안전을 가져다줄 수 있는 '유일한 길'이라고 믿었다. 하지만 그런 일은 일어나지 않았다.

2004년 봄, 부시는 샤론의 일방적인 접근 방법을 수용하고, 대단히 용감한 절차로서 세계는 샤론이 그런 정책을 추구한 것에 감사 표시를 해야 한다고 말했다. 4월 14일 부시는 극적으로 전환했다. 이스라엘은 1967년 점령한 모든 지역을 반환할 필요가 없고, 팔레스타인 난민은 이스라엘 고향으로 돌아올 수 없으며, 새로운 팔레스타인 국가에 정착해야 할 것이라고 선언함으로써, 린든 존슨 이후 모든 대통령의 국가 정책을 뒤집은 것이다. 이전에는 이스라엘과 팔레스타인이 이런 문제들을 협상하도록 하는 것이 미국 정책이었다. 이러한 움직임은 중동의 분노를 촉발했지만 미국 내에서는 일반적으로 대통령 재선을 앞둔 시점에서 조지 부시가 취할 수 있는 영리한 정치로 받아들여졌다.

2004년 초《뉴욕 타임스》의 토마스 L. 프리드먼은 이스라엘과 팔레스타인의 갈등에 부시가 곤경에 처한 핵심을 다음과 같이 지적했다. "샤론은 팔레스타인 지도자 아라파트를 라말라에 있는 그의 집무실에 연금했고, 조지 부시를 백악관 집무실에 연금했다. 샤론은 아라파트를 탱크로 포위하고, 부시는 유대인과 크리스천 친이스라엘 로비스트, 샤론의 명령이라면 물불을 가리지 않는 부통령 딕 체니, 대통령 선거가 있는 해에는 이스라엘에 어떤 압력을 가해서도 안 된다고 조언하는 정치 보좌관들에게 포위되었다. 모두 대통령이 아무 일도 하지 못하도록 묶어놓는 공모자들이다."

이 기간 내내 이스라엘은 미국의 항의에도 불구하고, 로드맵이 이스라엘에 모든 정착촌 건설활동(정착촌의 자연적 증가를 포함해서)을 중단하도록 요구하고 있는데도 요르단강 서안의 정착촌 건설과 팔레스타인 지도자 암살을 계속했다. 미국의 시각에서 볼 때 전혀 도움이 안 되는 상황에서도 그랬다. 2002년 7월 22일, IDF는 팔레스타인 종전 계획을 아랑곳하지 않고 이름 있는 하마스 지도자 셰이크 살라 셰하다와 14명을 살해했다(9명의 어린이를 포함해서). 백악관은 공격을 가혹하다고 비난했지만 표적 암살 정책을 그만두라고 이스라엘을 강압하지 않았다. 이야기한 것처럼 IDF는 2003년 6월, 또 다른 하마스 지도자인 란티시를 죽이려다 미수에 그침으로써 무르익어 가는 종전을 무산시켰다.

2004년 3월 22일, 이스라엘은 미국제 헬파이어 미사일을 사용해서 하마스의 창설자이자 정신적 지도자 셰이크 아흐메드 야신을 암살했다. 이런 움직임은 일반적으로 중동에서의 미국의 지위에 대한 심각한 타격으로 받아들여졌다. 미국제 무기가 사용되었기 때문이기도 했지만 아랍 세계가 휠체어를 탄 장애인을 부시 행정부가 살해하도록 승인했다고 믿었기 때문이다. 암살 사건 이후 《워싱턴 포스트》의 칼럼니스트 짐 호글랜드는 "찰스 드골이 예외가 될 수 있을지 모르나 어떤 우방 지도자도 아리엘 샤론보다 미국의 외교와 전략을 끈질기게, 심각할 정도로 복잡하게 만든 사람은 없다. 그는 전사의 강인함과 불굴의 정신으로 모든 사람의 숨통을 끊고 선택의 여지를 앗아간다"라고 전했다. 한 달도 채 안 된 2004년 4월 17일 IDF는 결국 란티시를 살해했다.

아라파트가 죽었지만 변한 것은 없다

2004년 11월에 아라파트가 사망하고 외부 관찰자들이 자유롭고 공정하다고 평가한 마흐무드 압바스가 민주선거를 통해 팔레스타인의 새로운 지도자로 떠올랐다. 혹자는 압바스가 이스라엘을 인정하고 테러리즘 포기를 공언했으며 협상을 통해 갈등을 해결하기를 열망하기 때문에, 이것이 평화 절차를 진전시킬 수 있는 절호의 기회라고 생각할 수 있다. 부시는 재선 성공을 통해서 제2기에 들어섰기 때문에 온건한 압바스를 후원하면 어떤 대통령보다 유리한 위치에 설 수 있었다. 부시 행정부는 처음부터 팔레스타인 지도자를 끌어안았다. 그러나 명실상부한 국가 건설을 돕는 데 필요한 일을 하지 않았고, 궁극적으로 그의 권력 기반을 뒤흔드는 결과를 초래했다.

부시가 압바스를 돕지 못한 가장 큰 이유는 '팔레스타인으로부터 일방적으로 철수한다'라는 샤론의 계획(그리고 후임자 에후드 올메르트의 계획)을 지지하기로 약속한 사실 때문이다. 로드맵의 필요성에 대한 그의 선언과 달리 부시는 실질적인 팔레스타인 국가 건설을 약속하지 않는 전략을 지지했다. 따라서 로드맵은 실패가 예정되어 있었다.

미국시온주의자단체, 유대인정통주의자단체와 같은 일부 친이스라엘 그룹은 팔레스타인에 영토를 넘겨준다는 생각에 반대했다. 그러나 반인종주의연맹, 미국유대인의회, 미국유대인위원회와 같은 주요단체는 철수를 지지했다. 대표자콘퍼런스CPMAJO의 고위 관리들은 지도자들의 60~75%가 철수를 선호하는 것으로 추정했다. 이를 열렬한 지지라고 볼 수 없을지 몰라도 로비가 샤론과 부시의 정책 전환을 지지하기에 부족함이 없었다.

압바스와의 협상을 거부해 팔레스타인 주민들에게 특혜를 줄 기회를 부여하지 않음으로써 샤론은 2006년 1월 하마스의 선거를 승리로 이끌었다. 《하레츠》의 칼럼니스트 브래들리 버스턴은 선거 직전에 "팔레스타인 국회의원을 선출하는 다음 주 선거에서 이스라엘이 하마스의 선거 참모라면 하마스의 승리를 의심하는 사람은 없을 것"이라고 전했다. 하마스가 권력을 잡으면서 이스라엘은 협상하지 않을 또 하나의 핑곗거리가 생겼고, 부시 행정부가 이스라엘에 팔레스타인과 대화하라고 촉구할 가능성도 줄었다.

설상가상으로 에후드 올메르트가 신임 총리로 백악관을 예방했을 때, 부시가 환영한 이스라엘의 일방적 철수 정책은 약 2개월 뒤인 2006년 여름 붕괴되었다. 2005년 8월, 가자 지구에서 철수한 이스라엘인이 조그만 땅덩어리를 사실상 차단함으로써 팔레스타인인은 국가 건설은 고사하고 사회 기준에 맞는 생활조차 할 수 없었다. 가자 지구의 팔레스타인인은 이스라엘을 향해 로켓포를 발사했고, 2006년 6월 25일에 이스라엘 병사 1명을 사로잡았다. 이스라엘은 참을 수 없는 상황이라고 판단하고 3일 후 가자 지구에 다시 들어갔다. 올메르트를 포함한 이스라엘인 대부분은 만약 이스라엘이 요르단강 서안 일부에서 일방적으로 철수한다면 똑같은 상황을 맞게 될 것임을 간파하고 남아 있는 팔레스타인인을 감금시키기에 이르렀다.

일주일이 지난 7월 12일, 헤즈볼라가 이스라엘-레바논 국경에서 2명의 이스라엘 병사를 생포하는 사건이 발생하면서 전쟁으로 비화되었다. 헤즈볼라는 북부 이스라엘에 로켓과 미사일을 퍼부었다. 이스라엘은 2000년 남부 레바논에서 일방적으로 철수한 터라, 요르단강 서안 일부 지역에서도 일방적으로 철수하는 것으로 팔레스타인과의 갈등을 끝낼 수는 없다는 생각을 굳게 했다. 올메르트는 2006년 늦은 여름 이스라엘 대중을 등에 업고 철수 계획을 철회했다. 올메르트는 2007년 1월 중국 뉴스 매체인 〈신화통신〉과의 솔직한 인터뷰를 통해 2006년 1월 실각한 샤론으로부터 정권을 인수했을 때만 해도 일방적인 전략, 소위 '집중 계획convergence plan'이 팔레스타인 문제를 해결해 줄 것으로 확신했다. 그러나 그의 생각이 틀렸다는 것이 증명되었다. 지금은 일방적인 철수보다는 협상을 통한 2개 국가 해법을 구하는 것이 더 현실적이다.

라이스가 '파월화'되다powellized

부시 행정부 또한 일방주의가 실패할 수밖에 없는 전략이라고 판단하고 로드맵의 노선에 따라 협상을 통한 해결을 추구하기 시작했다. 2006년 후반 국무장관 콘돌리자 라이스가 팔레스타인과 이스라엘 지도자들을 협상 테이블로 끌어들이려고 애썼다. 그녀의 목표는 '정치적 지평선political horizon'이라고 부르는 포괄적인 해결의 틀을 마련하기 위해 이야기를 시작하는 것이었다. 라이스가 이스라엘과 팔레스타인의 진지한 협상을 위해 힘쓰고 있을 때, 사우디는 아랍연맹이 2007년 3월, 2002년의 평화 계획을 수정해서 다시 내놓도록 아랍연맹을 설득했다.

새로운 제안은 이스라엘이 팔레스타인뿐 아니라 22개 아랍연맹 회원국과 정상적인 관계를 유지할 것을 요구했다. 이스라엘은 모든 점령 지역과 골란 고원으로부터 철수하고, 동예루살렘을 수도로 하는 팔레스타인 주권국 설립을 인정하며, 관련국들 간에 합의된 팔레스타인 난민 문제에 대한 공정한 해법을 협상해야 한다고 제안했다. 사우디는 제안서가 협상의 기초라는 점을 분명히 했다.

미국과 사우디 모두 이스라엘과 팔레스타인 간의 갈등을 종식하고자 하는 의욕을 가지고 있었다. 점령 지구에 대한 지속적인 이스라엘 지원 정책은 미국의 테러 문제를 악화시킬 뿐 아니라 부시 행정부가 이라크 전쟁과 이란의 핵 프로그램과 관련해 아랍 국가의 도움을 얻기 힘들게 했다. 사우디는 나름대로 이란을 제어하기 위해 미국과의 긴밀한 협력을 원했지만, 미국이 팔레스타인과 갈등 관계에 있는 이스라엘을 지원하는 사실에 사우디 국민이 분노하고 있어서 한계가 있었다. 사우디 역시 갈등이 종결되기를 원했다. 이란이 점령 지구의 과격 팔레스타인 세력을 움직이기 때문이다.

이런 상황에서 평화 절차의 진지한 움직임이 일어날 수 있는 조건이 무르익었다. 사실은 그렇지 못했다. 올메르트가 아랍연맹의 제안에 흥미를 보이지 않았다. 2002년 평화 제안과 같은 전철을 밟을 것으로 판단했기 때문이다. 이스라엘 총리는 이스라엘이 점령 지구의 전 지역에서 철수해야 한다는 조항을 포함한 일부 제안이 불만스러웠다. 그는 팔레스타인의 귀환권right of return 문제에 대해서 어떤 타협도 하지 않겠다고 결정했다. 2007년 3월, 《예루살렘 포스트》와의 인터뷰에서 "이 문제에 대해 이스라엘이 어떤 책임도 질 필요가 없다고 생각한다. 더 이상 협상은 없다"라고 말했다. 그는 이스라엘을 향한 단 1명의 팔레스타인 난민 귀환도 생각할 가치조차 없다고 덧붙였다. 이 논점을 포함한 이슈들은 이스라엘이 2002년 평화 제안을 기초로 대화하는 데 동의했더라면 후속 협상을 통해 해결점을 충분히 찾을 수 있는 문제들이었다.

《하레츠》는 3월 하순 사설을 통해 "현실감각이 있는 정부 같으면 인정과 화해의 의지를 수용하고, 받아들일 수 없으면 유보하면서 지역적인 수준의 대화를 모색했을 것"이라고 지적했다. 5월 중순 올메르트는 아랍과의 평화를 진지하게 추구하지 않았다는 이유로 충실한 이스라엘 지지자 2명, 즉 ADL의 에이브러햄 폭스먼과 노벨상 수상자 엘리 비젤을 비롯한 많은 사람으로부터 비난을 받았다. 비난의 소리가 거세지자 이스라엘 총리는 아랍연맹의 제안을 논의하려던 참이라고 변명했지만, 별다른 행동은 없었다. 이스라엘은 평화협상의 실패에 대한 책임을 아랍국들에 떠넘기는 외교 캠페인을 전개했다.

부시 행정부는 아랍 지도자들을 향해 평화 제안을 이스라엘의 구미에 맞게 수정하라고 요청했지만, 올메르트를 압박해서 아랍의 제안을 받아들이게 하기 위한 어떤 조취도 취하지 않았다. 평화 절차를 추진하려는 라이스의 노력은 아무런 성과를 거두지 못했다. 2007년 2월, 15명의 주요 유대인조직 지도자와 만난 자리에서 라이스는 "행정부가 이스라엘에 대한 압박을 자제할 뿐 아니라 정치적 지평선에 대한 제안도 따로 하지 않을 것"임을 분명히 했다. 이런 양보가 장관의 업무 효율성을 제한했다. 2월 19일 라이스는 예루살렘으로 날아가 올메르트와 압바스를 협상 테이블에 앉혔다. 이스라엘 총리가 가능한 해결책 틀을 논의하지 않아 평화협상을 되살리려는 라이스의 노력은 수포로 돌아갔다. 그 후 올메르트와 압바스는 라이스와 함께 기자 회견장에 나타나기를 거부했다. 《뉴욕 타임스》는 〈예루살렘의 제스처〉라는 제목의 사설에서, 라이스가 두 사람이 마지못해 동의한 알맹이 없는 공동성명을 발표하는 동안 양옆에 두 지도자를 서게 하지도 못했다고 꼬집었다.

2007년 3월, 라이스는 올메르트와 함께 이스라엘로 돌아와 이스라엘과 팔레스타인의 중재자 역할을 할 수 있다는 뜻을 내비쳤다. 8개월 동안 일곱 번째 방문이었다. 올메르트는 외교 브로커로 활동하겠다는 라이스의 제안을 거절하고 대담 후에 잡혀 있던 기자회견을 취소했다. 런던의 《데일리 텔레그래프》는 올메르트와 라이스가 만난 다음 날 〈이스라엘이 라이스를 윽박지르다〉라는 제목의 헤드라인으로 상세히 보도했다. 국무장관은 빈손으로, 그것도 부시 행정부가 백악관을 떠나기 전 아랍과 이스라엘의 평화를 향한 의미 있는 진전을 이룰 수 있다는 전망조차 마련하지 못한 채 워싱턴으로 돌아왔다.

환영받지 못하는 라이스

국무장관에게 굴욕적일 뿐 아니라 미국의 국익에 반하는 이 결과는 두 가지 요인에서 기인한다. 첫째, 전임자인 샤론과 마찬가지로 올메르트는 평화를 끌어내기 위해 팔레스타인과 협상하는 것에는 관심이 없었다. 이스라엘에 요르단강 서안의 모든 지역을 포기하고 실질적인 팔레스타인 국가를 설립하라고 주장할 것이 뻔하기 때문이다. 올메르트는 요르단강 서안의 일부 지역을 포기할 의사가 있지만 대부분의 지역을 보유하겠다는 의지를 분명히 했다. 올메르트 정부는 2006년 12월 말, 10년 만에 처음으로 요르단강 서안 지구에 정착촌을 건설한다고 발표했다. 다음 달 기존 정착촌 중 가장 큰 말레 아두밈에 주택을 신축하겠다고 발표했다. 평화가 요르단강 서안 지구의 95%를 팔레스타인에 양보하는 것을 의미한다면 이스라엘은 평화보다는 점령을 선호하는 것이다.

평화의 진정한 걸림돌은 이스라엘이 아니라 2006년 1월에 권력을 잡은 후 이스라엘 파괴를 공언하는 하마스라고 생각할 수 있다. 팔레스타인 공동체 안에서 하마스의 위상이 높아지고 있는 현상은 확실히 평화 달성을 복잡하게 만들고 있다. 그렇다고 극복할 수 없는 문제가 아니다. 이스라엘이 진정으로 팔레스타인과 평화협상을 할 의지가 있다면, 아랍연맹, 압바스, 하마스 내의 온건한 구성원들과 협력해서 평화 절차를 진전시키고, 하마스조직 내의 거부파와 이슬람 지하드 같은 과격단체들을 소외시키거나 전복시키는 일도 가능하다. 이스라엘은 유대 국가와 평화를 이룩하는 데 관심을 보이는 아랍 국가와 협력하는 데 열정을 보이지 않았다. 평화협상을 원하는 온건파를 약화시키는 정책은 폭력만이 유일하고 효과적인 수단이라고 주장하는 강경파의 힘만 키워줄 뿐이다.

둘째, 미국의 친이스라엘 세력은 미국, 특히 라이스 국무장관이 올메르트 정부에 평화 정책을 쓰도록 압박하지 못하게 만들었다. 백악관에서 이스라엘에 대한 의미 있는 압력을 막는 주요 걸림돌은 엘리엇 아브람스다. 그는 부통령을 위해 일하는 강력한 신보수주의자 존 해나와 데이비드 윔서의 도움을 받는다. 저널리스트 짐 로브는 "아브람스가 라이스의 희망을 열매 맺게 할 진지한 협상의 가능성을 약화하기 위해 힘쓰고 팔레스타인 문제를 최종적으로 해결하기 위한 정치적 지평선을 제시하라는 사우디 왕 압둘라의 요구를 짜증스럽게 생각한다는 말을 들었다"고 보도했다.

아브람스는 올메르트의 비서실장 요람 투르보비츠, 올메르트의 외교 담당 보좌관 샬롬 투르제만과 긴밀한 사이이고, 부시 행정부가 올메르트가 싫어하는 정책을 강요하지 않게 하는 역할을 담당한다. 이스라엘 국무총리실에서 보좌관으로 일했던 다니엘 레비에 따르면, 라이스의 평화 조성 요구가 너무 적극적이면 T+T(요람 투르보비츠와 샬롬 투르제만)가 백악관 엘리엇 아브람스에게 파송되고, 그는 체니의 협조를 얻어 대통령을 마음대로 조종한다. 미국외교협회에서 중동 문제를 담당한 헨리 지그먼에 따르면, 미국이 정치 절차에 진지하게 임할 것 같은 낌새만 보여도 엘리엇 아브람스가 유럽이나 다른 장소에서 올메르트의 사신들을 만나 그런 위험성이 없다고 확인시켜 주곤 했다.

라이스가 2월 19일 압바스, 올메르트와의 회합을 갖기 위해 이스라엘에 도착하기 직전, 이스라엘 총리는 미디어에 전날 부시와 이야기를 나눴으며 총리와 대통령의 견해가 완전히 일치한다는 것을 알림으로써 라이스가 그렇게 중요하지 않다는 점을 암시했다. 알루프 벤과 사무엘 로스너는 《하레츠》에 "그 메시지는 분명했다. 라이스가 말하는 것은 중요하지 않았다"고 기록했다.

부시 행정부 내 힘의 균형이라는 점에서 라이스가 얼마나 불리한 입장에 있었는지는, 2006년 말 국무부 고문 필립 젤리코의 사직으로 분명해진다. 2006년 늦은 여름, 그는 라이스에게 이스라엘과 팔레스타인의 평화를 위한 협상 문제에 주력하라고 격려했다. 워싱턴이 아랍과 유럽 국가와 제휴해서 이란 문제를 해결하려면 그 작업이 필수적이라고 판단했다. 그는 2006년 12월 15일, 워싱턴근동정책연구소의 강연에서 이 점을 분명히 했다.

강연이 끝난 후 친이스라엘단체들로부터 강력한 항의가 들어왔다. 《뉴욕타임스》에 의하면 "국무부는 젤리코와의 연계를 부인하는 성명을 발표함으로써 강연 내용이 국무부의 공식 의견이 아님을 밝혔다. 이스라엘 관리들은 이란과 팔레스타인 문제를 연관시키는 젤리코의 발언에 당황했으며, 후에 라이스는 당시 이스라엘 외무장관 치피 리브니에게 미국은 이란과 팔레스타인 문제를 독립된 2개의 사안으로 본다는 것을 확인해 주었다." 젤리코는 다음 달 국무부를 떠난다고 발표했다. 이름을 밝히지 않은 백악관 소식통은 사퇴 이유 중에 미국의 중동 정책에 대한 불만이 포함되어 있다고 전했다. 2007년 3월 초, 라이스는 젤리코의 후임으로 모든 미국신세기프로젝트PNAC 편지에 서명한 신보수주의자 엘리엇 코헨을 임명했다.

라이스는 하마스를 제물로 압바스에게 힘을 실어주려고 애썼다. 로비 쪽에서도 그녀의 효율성을 제한했다. 부시 대통령은 2007년 1월 하순에 안보능력 증강을 위해 압바스에 8600만 달러를 지원하기로 결심했다. 그러나 당시 부동의 이스라엘 옹호자이며 영향력 있는 세출소위원회 의장인 여성 하원의원 니타 로위(뉴욕주, 민주당)가 그 요청을 거부했다. 또 다른 친이스라엘 의원인 앤서니 와이너는 라이스에게 편지를 보내 자금 청구를 철회하라고 요구했다. 미국시온주의자기구 대표 모턴 클라인은 부시가 하마스나 알카에다와 다름없이 압바스도 강경한 자세로 대해야 한다고 거들었다.

압바스에 대한 클라인의 비타협적인 자세는 다른 유대인 지도자들도 공유하고 있었다. 이들은 특히 압바스가 2007년 2월 하마스와 통일 정부를 세우는 데 합의했다는 사실에 분개했다. 비록 팔레스타인이 2개 국가 해법을 위해 협상하고 이스라엘과 평화를 유지한다는 원칙에 변함이 없다고 분명히 밝혔음에도, AIPAC은 의회를 압박해서 미국 정부가 압바스를 포함한 통일 정부의 누구와도 협상할 수 없도록 시도했지만 실패했다. 행정부는 로위를 달래기 위해 청구 금액을 5900만 달러로 줄이고, 이 자금을 훈련, 비군사적 설비 구매, 이스라엘과 가자 지구 사이의 안보 증진을 위해서만 사용될 것이라고 명시했다. 로위는 조정안에 동의하고 지출을 승인했다.

그럼에도 하마스를 소외시키려는 부시 행정부의 노력은 2007년 6월 실패로 돌아갔다. 파타의 안보력을 강화해서 하마스를 가자 지구에서 쫓아내고 권력을 잡게 하려는 미국의 의도를 알아채고 하마스가 선수를 친 것이다. 뒤늦게 압바스를 지지하는 노력의 일환으로 이스라엘은 동결된 팔레스타인 세수tax revenues를 풀어줌과 동시에 팔레스타인 포로를 석방하기로 약속했고, 예루살렘과 워싱턴은 경제제재 일부를 풀었다. 그러나 이스라엘이 압바스가 권위를 세우고 반대파를 누르는 데 필요한 한 가지, 즉 국가 건설에 대한 현실적인 전망을 제공할 기미가 보이지 않는다. 결과적으로 갈등은 악화될 것이고 아랍과 이슬람 세계에서의 미국의 지위는 더욱 손상될 것이다.

결론

로비가 아니었으면 부시 행정부가 이스라엘과 팔레스타인 간의 평화를 조성하는 데 있어서 자기중심적이고 현실적이었을 것임에 틀림없다. 미국은 근래 들어 타국의 변화를 강요해서 자국의 이익을 도모한 역사를 가지고 있다. 워싱턴은 소련이 붕괴되면서 소련 지도자로부터 많은 양보를 얻어냈고, 우크라이나, 카자흐스탄, 벨로루시를 압박해서 핵무기 보유를 포기하게 했다. 광범위한 경제 제재를 풀어준다는 조건으로 리비아를 설득해서 대량 살상 무기WMD 프로그램을 포기하게 한 것도 비슷한 노력의 결과다. 클린턴 행정부는 1999년 격렬한 공중전을 통해 세르비아를 코소보에서 몰아냈고, 부시 행정부는 많은 나라에 압력을 가해서 국제 형사법원 창설을 위한 집회를 막았다. 10장에서 구체적으로 설명하겠지만 미국은 핵 야욕을 포기시키기 위해서 오랫동안 이란을 설득해 왔다. 최종적인 평화협상을 끌어내기 위해서 이란, 팔레스타인, 아랍 관련국에 압력을 가하는 것도 다른 쟁점에 대한 미국의 처신과 크게 다를 것이 없다.

미국은 이스라엘과 팔레스타인 관계를 다루는 데 있어서 엄청난 영향력을 구사할 수 있는 잠재력을 가지고 있다. 이스라엘에 대한 모든 경제적·외교적인 지원을 끊겠다고 위협할 수 있다. 그것으로 충분하지 않다면 국제적인 협력을 동원해서 이스라엘을 고립시키는 것도 어렵지 않다. 지난 세기말, 남아프리카공화국이 따돌림을 당했던 것처럼 말이다. 팔레스타인과 관련해서 미국이 점령 지구에 명실상부한 국가 건설의 꿈을 성취시켜 주고 막대한 경제 원조를 장기적으로 보장하겠다고 약속할 수 있다. 그 대가로 팔레스타인은 이스라엘에 대한 모든 테러 행위를 멈춰야 할 것이다. 이스라엘 내 정치 파벌과 비정상적인 현상을 보이는 팔레스타인 정치 지도자들, 양측에 폭력적인 반대론자들이 존재한다는 사실을 고려할 때 최종 합의점을 찾는 것이 어려울 수 있다. 그러나 수수방관하거나 이스라엘에 대한 끊임없는 지원으로 나아진 것은 아무것도 없다. 이런 정책으로 말미암아 팔레스타인과 이스라엘의 상황은 더욱 악화되었고, 미국의 평판이 갈수록 나빠지고 있으며, 이란과 이라크 문제와 같은 시급한 사안을 다루기도 어려워지고 있다.

이스라엘의 이미지가 미국인에게 호의적이라는 사실에 비추어 이러한 분석이 비현실적이라는 주장이 나올 수 있다. 이런 관점에서 본다면, 부시가 팔레스타인 대신 이스라엘을 지원해 온 이유도 미국 대중의 의견이 이스라엘을 강력하게 지지한다는 사실에 있다. 한마디로 대통령은 국민의 의지에 순응한다는 것이다. 이 주장은 미리 본 적이 있다. 이것이 미국과 이스라엘의 특별한 관계를 뒷받침하는 도덕적 근거의 핵심이다. 그러나 이 주장은 원대한 평화협상을 위해 미국이 이스라엘에 압력을 가할 의지가 있다면 미국 국민 역시 지지할 것이라는 사실을 무시한 것이다. 조사 결과, 미국이 팔레스타인보다 이스라엘에 동정심을 갖는다는 것이 밝혀졌지만 다수가 공평한 정책을 지지하는 것으로 드러났다. 대부분의 미국인은 2002년 봄, 부시가 이스라엘에 취한 강경한 자세를 지지한다.

2002년 4월 10~11일 《타임》과 CNN이 공동으로 실시한 여론조사 결과, 미국인 60%가 '샤론이 점령한 팔레스타인 지역으로부터 철수하기를 거부할 경우 이스라엘에 대한 원조를 중단하거나 줄여야 한다고 생각'하는 것으로 나타났다. 조사 대상자의 75%가 파월이 이스라엘을 방문할 때 아라파트를 만나야 한다고 생각했다. 샤론에 대해서는 35%가 신뢰할 수 있다고, 35%는 주전론자로 알고 있었고, 20%가 테러리스트로 25%는 미국의 적으로 간주했다.

1년 뒤 2003년 5월, 메릴랜드대학교가 실시한 여론조사에서는, 미국인 60%가 이스라엘이 갈등 해결을 위한 미국의 압력을 거부할 경우 이스라엘에 원조 중단을 지지한다는 사실이 밝혀졌다. 정치에 적극적인 미국인의 경우 수치는 70%로 증가했다. 실제로 73%가 미국이 갈등 관계에 있는 어느 쪽도 지지해서는 안 된다고 대답했다. 응답자의 17%만이 이스라엘과 팔레스타인의 갈등은 테러리즘과의 전쟁 중 일부라는 부시와 샤론의 주장에 동의한다고 대답한 것은 주목할 만하다. 54%는 이를 같은 땅을 놓고 싸우는 국가단체 간의 갈등으로 보았다. 같은 조사에서 대부분의 미국인이 로드맵에 대해 잘 알지 못하지만 55%가 긍정적인 시각을 가지고 있는 것으로 밝혀졌다. 핵심적인 내용을 가르쳤을 때 지지도는 74%로 올라갔다. 2005년 ADL의 조사에서도 미국인의 78%가 미국 정부는 이스라엘도 팔레스타인도 지지해서는 안 된다고 생각하는 것으로 나타났다.

9·11 사태 이후, 미국인은 이스라엘에 대한 압력이 미국의 국익에 부합한다고 생각되면 그렇게 해야 한다는 자세를 보였다. 부시 대통령 역시 팔레스타인인에게 실질적인 국가를 갖게 하는 것이 이스라엘과 팔레스타인의 갈등을 해결하는 유일한 길임을 인식했고, 부시 행정부는 여러 경우에서 목표 증진을 위해 힘썼다. 그러나 국민 여론도 대통령의 주도적인 의지도 큰 역할을 하지 못했다. 미국이 이스라엘에 압력을 가해서 협상을 통해 해결하도록 하는 일을 로비가 묶어두었기 때문이다.

부시는 2001년 가을, 공식적으로 팔레스타인 국가 설립 아이디어를 지지했다. 2002년 봄, 그는 요르단강 서안 팔레스타인 몇 개 지역에서 이스라엘이 철수하도록 요구하고 파월 국무장관을 보내 평화 절차에 시동을 걸게 했다. 그해 여름 부시는 독립적이고 민주적인 팔레스타인 국가 건설의 분명한 일정을 제시하는 로드맵 계획에 착수했다. 이듬해 그는 로드맵 추진을 위해 중동을 방문했다. 2006년 팔레스타인에 대한 일방적인 정착을 강요하려는 이스라엘의 계획이 실패로 돌아가자, 행정부는 국무장관 콘돌리자 라이스를 앞세워 갈등을 끝내기 위한 노력을 재개했다.

로비는 부시 행정부의 노력을 무위로 돌리기 위해 신속하고 효과적으로 움직였다. 로비에 참여한 단체는 다양한 전술을 동원했다. 공개서한, 의회결의안, 특집 기사와 보도자료, 행정부 관리와 영향력 있는 유대인 및 복음주의 단체와의 직접적인 회합 등이었다. 백악관 국가안보회의NSC의 엘리엇 아브람스와 같은 친이스라엘파 정부 관리는 이스라엘 관리와 수시로 만나 진행 중인 계획을 억제하기 위해 힘쓰며 그들의 노력을 도왔다. 부시는 미국의 영향력을 사용해 평화 진전을 꾀하는 대신(예컨대 로드맵에 대한 이스라엘의 협력을 미국 지원에 연결하는 등), 매번 샤론(이후 올메르트)이 선택하는 정책을 지지하는 것으로 끝내고 말았다. 2004년 10월, 전 국가안보 보좌관 브렌트 스코크로프트는 부시 대통령을 두고 샤론이 "그의 새끼손가락으로 움직인다"고 말했다.

미국 대통령에게 도전하는 능력, 심지어 워싱턴이 팔레스타인 문제를 다루는 데 있어서 이스라엘이 선호하는 접근 방법을 따르게 하는 능력이야말로 현행 이익집단 정치의 전형을 보여준다. 대중 여론조사가 미국 국민이 팔레스타인에 공정한 해결책을 제시하도록 이스라엘을 압박하는 것을 지지한다는 결과를 보여주기는 하지만 로비단체, 특히 강경 노선에 있는 구성원은 평균적인 미국인보다 이 문제에 많은 관심을 가지고 접근한다. 그 결과 AIPAC, 대표자콘퍼런스cpMAJO의 지도자같은 그룹이 선출된 공무원들에게 형평성을 잃은 압력을 가할 수 있고, 그들이 선호하는 정책을 채택할 가능성이 높아진다. 전반적인 미국의 이익을 침해하고 본의 아니게 이스라엘에 해를 주는 경우도 마찬가지다.

미국이 팔레스타인에 반하는 이스라엘 정책을 지지하게 하는 것이 로비단체들의 핵심 목표다. 목표는 거기서 머무르지 않는다. 그들은 이스라엘이 중동의 지배적인 강국으로 남을 수 있도록 미국이 도와주기를 원한다. 이스라엘 정부와 미국의 친이스라엘단체는 부시 행정부와 협력해서 이라크, 시리아, 이란에 대한 정책을 수립해 왔을 뿐 아니라 중동 지역의 질서 재편을 구상해 왔다. 로비와 이스라엘은 이라크에 타격을 주어 중동 전역의 민주화로 확산할 것으로 기대하고 미국이 2003년 3월, 이라크 침공을 결정하는 데 영향을 주었다. 이 점에 대해 살펴보기로 하자.

이라크와 중동 변혁의 꿈
IRAQ AND DREAMS OF TRANSFORMING THE MIDDLE EAST

8장

미국이 이라크를 침공한 이유가 무엇인가? 조지 패커는 《암살자의 문The assassins' Gate : America in Iraq》에서 아직도 확실히 알 수 없지만, 이라크 전쟁과 관련한 사건 중 가장 놀라운 일이라고 말한다. 그는 "부시 대통령의 첫 번째 임기 중 국무부 정책 기획국장을 역임한 리처드 하스가 그 답을 모른 채 무덤까지 갈 것 같다"라고 한 말을 인용하고 있다.

한 가지 의미에서 그들의 불확실성을 이해할 만하다. 후세인을 전복시키려는 결심이 무엇을 담고 있는지 여전히 헤아리기 어렵다. 그는 대량 살상 무기wMD의 보유 열망을 포함해 걱정스러운 야망을 가진 잔인한 독재자였지만, 그 위험한 무기를 손에 넣을 수 있는 능력은 없었다. 후세인의 군대는 1991년 걸프전에서 대패했고 10년에 걸친 UN 경제제재로 더욱 약화되었다. 이라크의 군사력은 2003년 당시 하잘것없었다. 까다로운 UN 조사를 통해 이라크의 핵 프로그램은 물론, 쌓여 있던 생화학 무기까지 폐기하기에 이르렀다.

후세인과 오사마 빈 라덴 사이에 확신할 만한 관계도 없었다(사실은 서로 적대감을 품고 있었다). 빈 라덴과 그의 측근은 이라크가 아닌 아프가니스탄이나 파키스탄에 자리를 잡고 있었다. 9·11 사태 이후 미국이 알카에다에 면도날 같은 초점을 맞출 것으로 모든 사람이 예상하고 있을 때다. 부시 행정부는 세계무역센터나 펜타곤 공격과 상관도 없고, 이미 효과적으로 억제되어 힘을 못 쓰는 나라를 침공하기로 결정한 것이다. 정황상 너무 당황스러운 결정이었다.

또 다른 각도에서 보면 이해가 안 되는 것도 아니다. 미국은 세계에서 가장 강한 나라고, 마음만 먹으면 후세인을 축출할 능력이 있다는 데 의심할 여지가 없다. 기나긴 냉전을 승리로 이끌고 1989년 이후 군사적인 성공을 구가했다. 1991년 손쉽게 이라크를 패배시켰고, 1995년 발칸의 유혈 사태를 종식시켰으며, 1999년 세르비아를 격퇴했다. 9·11 사태에 이어 지체 없이 탈레반을 축출함으로써 무적 군대의 이미지가 강화되었고, 이라크전에 회의를 품던 사람들은 더 이상 전쟁이 불필요하고 어리석은 행동이라고 떠들지 못했다.

미국인은 9·11 사태에 경악했다. 테러리스트가 WMD를 손에 넣을지 모르는 상황에서 많은 지도자는 '위험의 싹이 자라게 내버려 둬서는 안 된다'는 확신을 갖게 되었다. 전쟁을 선호하는 사람은 후세인을 무너뜨릴 때 미국이 대적할 수 없는 강대국에 그치지 않고, 미국의 뜻에 따르지 않는 정권을 무릎 꿇릴 수 있다는 확신을 불량 국가들이 갖게 될 것이라고 믿었다. 전쟁이 있기 전 미국은 강대국인 동시에 군사적 용맹성이라는 확신에 차 있었고, 안보에 깊은 우려를 하고 있었다. 위험한 조합이었다.

다양한 요인들이 전쟁 결정을 끌어낸 전략적 맥락을 형성한 것으로써 그 선택을 용이하게 한 배후의 추진력을 어느 정도 이해하게 해준다. 그러나 그 방정식에는 또 다른 변수가 존재했고 그것이 없었다면 전쟁은 일어나지 않았을 것이다. 그 요인은 이스라엘 로비, 즉 9·11 사태 이전부터 미국의 이라크 공격을 강요했던 신보수주의 정책 입안자와 학자다. 전쟁을 선호하는 세력은 후세인을 제거하면 미국과 이스라엘의 전략적 입지가 향상될 뿐 아니라 미국의 손으로 모두에게 유익한 중동 지역 변혁의 과정이 시작될 것으로 믿었다. 이스라엘 관료와 전 이스라엘 지도자가 이런 움직임을 지지했다. 주적 중 하나이자, 1991년 이스라엘에 스커드 미사일을 발사한 인간이 미국의 손으로 무너지는 모습을 보고 싶었기 때문이다.

이스라엘과 로비로부터 받은 압력이 2003년 3월, 부시 행정부가 이라크를 공격하게 한 유일한 요인은 아니지만 결정적인 요인이었다. 많은 미국인이 그것을 '오일 전쟁(또는 핼리버튼 같은 기업을 위한 전쟁)'이라고 믿지만 이런 주장을 뒷받침할 직접적인 증거를 찾아볼 수 없고, 상당한 증거가 주장에 의문을 품게 한다. 다른 관측자는 공화당 전략가(부시 행정부 당시 백악관 비서실 부실장) 칼 로브 같은 정치 보좌관들을 비난한다. 그 전쟁이 국가를 전쟁의 기초 위에 올려놓음으로써 공화당 체제를 오래 유지하려는 마키아벨리적 음모의 일부임을 암시한다는 것이다. 이런 견해는 특정 정당에 의한 주장으로서 호소력은 있지만 뒷받침할 증거는 부족하다. 어째서 저명한 민주당 의원이 전쟁을 지지하게 되었는지 설명하지 못한다. 또 다른 해석은 그 전쟁을 '민주주의를 확산시킴으로써 중동 변혁을 이끈다'는 원대한 계획의 첫 단계로 본다. 이 견해는 옳다. 놀라우리만큼 야심 찬 계획은 뒤에서 이야기하듯이 이스라엘의 안보에 대한 우려와 복잡하게 얽혀 있다.

이스라엘과 신보수주의가 끌어낸 전쟁

대체 설명과는 다르게 이스라엘을 안전한 국가로 만드는 열망이 상당 부분 전쟁의 동기가 되었다고 주장한다. 전쟁이 시작되기 전에도 논란의 여지가 있던 이 주장은 이라크가 전략적인 재앙으로 바뀐 시점에서 훨씬 큰 논란거리가 되었다. 전쟁을 밀어붙인 개인과 단체는 이 주장이 이스라엘과 미국에 이익을 줄 것으로 믿었고, 궁극적으로 현재 경험하고 있는 패배를 예상하지 못한 것이 분명하다. 전쟁을 부추긴 로비의 역할을 설명하기 위해서는 더많은 증거가 필요하다. 이스라엘과 친이스라엘그룹, 특히 신보수주의자가 침공 결정에 중요한 역할을 했다는 증거는 많다.

이 증거를 검토하기에 앞서 지식인, 사회에서 존경받는 인사가 그 전쟁이 이스라엘의 안보와 연결되어 있다고 공언해 온 사실에 주목해야 한다. 전 국무부 고문 필립 젤리코는 2002년 9월 10일, 버지니아대학교 청중을 향해 말했다. "후세인은 미국에 직접적인 위협이 되지 않습니다. 진짜 위협은 이스라엘에 대한 위협입니다. 이것은 위협이라고 말할 수 없습니다. 유럽은 그다지 신경 쓰지 않고 있습니다. 미국 정부는 그것에 대해 호들갑을 떨지 않습니다. 인기 있는 상품이 아니기 때문입니다."

2002년 8월, 나토 퇴역 사령관이자 전 대통령 후보였던 웨슬리 클라크 장군은 말했다. "지금 공격을 지지하는 사람들이 사석에 있다면, 후세인이 미국에 위협이 안 되는 것이 맞을 수 있다고 할 것이다. 그들의 생각이 그가 핵무기를 가지고 이스라엘을 공격한다면 어떻게 할까 하는 데 미치면 두려움을 느낄 것이다." 2003년 1월, 독일 저널리스트 한 사람이 저명한 신보수주의 학자이자 영향력 있는 국방정책위원회의 회원 루스 웨지우드에게 그 전쟁을 지지해야 하는 이유를 물었다. 웨지우드는 이렇게 답했다. "예의를 벗어난 대답일지 모르겠습니다. 독일과 이스라엘의 특별한 관계를 생각나게 하는 일이지만, 후세인은 이스라엘의 생존을 위협하고 있습니다. 그것은 단순한 사실이지요." 웨지우드는 이라크가 독일이나 미국에 직접적인 위협이라는 말로 전쟁을 정당화하지 않았다.

미국이 이라크를 침공하기 수 주일 전에 저널리스트 조 클라인은《타임》에 이렇게 썼다. "강한 이스라엘이 이라크와의 전쟁의 근거를 찾는 데 골몰하고 있다. 근거란 부시 행정부 내의 신보수주의 세력과 미국유대인 공동체의 지도자가 간직하고 있는 환상이며 입 밖에 내기 힘든 주장에 해당한다." 전 상원의원 어니스트 홀링스도 2004년 5월, 비슷한 주장을 했다. 그는 이라크가 미국에 직접적인 위협이 아니라는 사실을 알고 말했다. "우리가 그 나라를 침공하는 이유는 모두 알고 있듯이 우방 이스라엘을 지키기 위한 것이다."

많은 유대인단체가 홀링스를 반유대주의자라고 매도했고, ADL은 그의 발언을 유대인이 정부를 장악하고 조종하기 위해 음모를 꾸민다는 옛날 반유대적 헛소문을 연상시킨다고 비난했다. 홀링스는 오랫동안 이스라엘을 지지해 왔으며, 단순히 명백한 사실을 이야기했을 뿐 사실과 다른 주장을 한 것이 아니라고 말함으로써 그들의 비난을 반박했다. 그는 자신을 비판한 사람들에게 반유대주의자로 매도한 데 대해 사과하라고 요구했다.

패트릭 뷰캐넌, 아르노 드 보르흐그바르, 모린 다우드, 조지 앤 가이어, 게리 하트, 크리스 매튜, 하원의원 제인스 P. 모란(버지니아주, 민주당), 로버트 노박, 팀 루서트, 앤서니 지니 장군 같은 유명인사들은 전쟁의 원동력은 미국 내 친이스라엘 강경론자라고 증언하거나 암시했다. 노박은 전쟁이 일어나기 전부터 그것은 샤론이 일으키는 전쟁이라고 했고 여전히 같은 주장을 이어나갔다. 2007년 4월, 그는 말했다. "이 전쟁을 시작하려고 결심하는 과정에서 이스라엘이 많은 기여를 했다고 확신한다. 전쟁 발발 전날 밤, 샤론은 상원의원과의 비공개 회의를 통해 '후세인을 제거하는 데 성공하면 이스라엘의 안보 문제가 해결될 것'이라고 말했다는 사실을 알고 있다."

이스라엘과 이라크 전쟁이 연결되어 있다는 사실은 싸움이 시작되기 전부터 널리 인식되어 있었다. 2002년 가을, 미국의 침공 가능성이 헤드라인을 장식하기 시작했을 때 저널리스트 마이클 킨슬리는 "이스라엘의 역할에 대한 대중 담론의 부족이야말로 '방안에 들어온 코끼리를 모두 보고 있지만 입을 열지 못한다'는 속담처럼 코끼리에 대한 두려움 때문"이라고 표현했다. 그는 기피 현상의 이유가 반유대주의자라고 매도당하는 것에 대한 두려움이라고 말했다. 전쟁 시작 2주 전,《하레츠》의 네이선 구트만은 "이스라엘을 전쟁과 연결하는 목소리가 커지고 있다. 미군을 불필요한 걸프전에 내보내는 주요 이유는 이스라엘을 돕겠다는 조지 부시 대통령의 의지라고 주장한다. 그리고 그 목소리는 전 방향에서 들려온다"라고 기고했다.

며칠 후 2011년까지 《뉴욕 타임스》 편집장을 역임한 저널리스트 빌 켈러는 "전쟁이 이스라엘 때문이라는 사고가 지배적이며 생각보다 널리 확산되어 있다"라고 썼다. 전쟁 시작 2년 후인 2005년 5월, 마침내 미국유대인위원회의 배리 제이콥스는 이스라엘과 신보수주의자들이 미국의 이라크 침공에 책임이 있다는 믿음이 미국 지식 사회 내에 널리 퍼져 있다는 사실을 인정했다.

누구든지 이스라엘의 안보에 대한 염려가 부시 행정부의 이라크 침공 결정에 영향을 주었다고 말하는 사람을 향해 '반유대주의자가 아니면 자학적인 유대인'이라고 주장할 것이다. 그런 비난이 나올 게 틀림없지만 그 주장은 사실과 다르다. 이스라엘과 로비가 전쟁을 일어나게 하는 데 결정적인 역할을 담당한 것은 틀림없다. 그렇다고 이스라엘이나 로비가 미국 외교 정책을 통제한다는 말은 아니다. 특정한 정책을 강요하는 데 성공적이었고, 특별한 상황에서 그들의 목적을 성취하는 데 성공적이었다는 말이다. 환경이 달랐다면 미국을 전쟁으로 내몰 수 없었을지 모른다. 그들의 노력이 아니었다면 미국은 이라크에 지지 않았을 것이다.

이스라엘과 이라크 전쟁

이스라엘은 언제나 이라크를 적으로 생각해 왔다. 특별히 이라크에 대해 신경을 쓰게 된 것은 프랑스가 후세인에게 원자로를 제공하겠다고 약속한 1970년대 중반이다. 이라크가 핵무기를 만들기 위한 발판으로 원자로를 사용할지 모른다고 염려한 것은 이해할 수 있는 일이다. 1981년 이스라엘은 위협에 대한 반응으로 가동에 들어가지도 않은 오시라크 원자로를 폭파했다. 그런 방해에도 이라크는 여러 곳에 산재한 비밀 장소에서 핵 프로그램 작업을 계속했다. 이런 상황이 이스라엘이 1991년 걸프전을 열정적으로 지원한 이유를 설명해 준다. 이스라엘의 주요 관심사는 쿠웨이트에서 이라크군을 몰아내는 것이 아니라 후세인을 무너뜨리고 이라크의 핵 프로그램이 붕괴되는 것을 확인하는 데 있었다. 미국이 후세인을 권좌에서 끌어내리지는 않았지만, 전쟁 후 이라크에 적용한 UN의 핵사찰 제도는 이스라엘의 염려를 줄여주었다.

2001년 2월 26일, 《하레츠》는 "샤론은 이라크가 이란보다 지역 안보에 많은 위협을 준다고 믿고 있으며, 후세인 정권의 오만하고 무책임한 행동 때문"이라고 했다. 2002년 초 샤론의 발언에도 부시 행정부가 이라크와의 전쟁을 한 차례의 더 진지하게 고려하고 있다는 사실이 확실시됐다. 일부 이스라엘 지도자는 미국 관료에게 이란이 더 큰 위협이라는 생각을 전했다. 그러나 그들은 후세인을 끌어내리는 데 반대하지 않았고, 미국에 충고를 아끼지 않는 사람조차 이라크와 전쟁을 막기 위해 부시 행정부를 설득하지 않았다. 이스라엘 정부도 미국 내 지지자를 동원해서 침공에 반대하는 로비를 벌이지 않았다. 이스라엘 지도자들은 미국이 후세인을 추적하다가 이란을 놓치는 것은 아닐까 노심초사했다. 그들은 부시 행정부가 신속히 이라크에서 승리를 거둔 후 이란과 시리아를 처리한다는 대담한 계획에 동의한다는 사실을 알고 난 후에야 미국의 침공을 지원하기 시작했다.

이스라엘은 이라크 전쟁을 일으키기 위해 주도적으로 나서지는 않았다. 전쟁에 대한 아이디어를 품은 사람은 미국 내 신보수주의자고 9월 11일 이후부터 전쟁을 추진한 가장 큰 책임이 그들에게 있었다. 그러나 이스라엘은 대통령이 침공에 대한 최종 결심을 하기 전부터 신보수주의자와 연합해서 부시 행정부와 미국 국민에게 전쟁의 당위성을 설득했다. 이스라엘 지도자들은 전쟁 전 수개월 동안 부시 대통령이 전쟁을 포기하는 것을 끊임없이 걱정했다. 부시가 겁을 먹고 손을 들지 않도록 그들은 최선을 다했다.

2002년 봄, 이스라엘은 활동을 전개하기 시작했다. 부시 행정부가 미국 국민을 상대로 전쟁의 필요성을 알리는 캠페인을 시작하기 수개월 전이었다. 4월 중순에 전 이스라엘 총리 베냐민 네타냐후가 워싱턴에 와서 미국 상원의원, 무엇보다 《워싱턴 포스트》의 편집자를 만나 "후세인이 옷 가방이나 배낭에 넣어 미국 본토로 운반할 수 있는 핵무기를 개발하고 있다"고 주장했다. 수 주일 후 당시 샤론의 대변인인 라난 기신은 경고했다. "후세인을 지금 처리하지 않으면 앞으로 5~6년 후에는 핵무기로 무장한 이라크, WMD 운반 시스템을 갖춘 이라크를 상대하지 않으면 안 될 것이다."

　　5월 중순, 이스라엘 총리를 역임했던 고 시몬 페레스는 CNN TV 방송을 통해서 "후세인은 빈 라덴만큼 위험한 인물이고 미국은 그의 핵무기 제조를 좌시할 수는 없다"고 말했다. 페레스는 지금이야말로 이라크 지도자를 끌어내려야 할 시점이라고 주장했다. 한 달 뒤, 전 이스라엘 총리 에후드 바라크는 《워싱턴 포스트》에 "부시 행정부가 무엇보다 먼저 이라크에 초점을 맞추고 후세인을 제거해야 한다. 그가 사라지고 나면 새로운 아랍 세계가 전개될 것"이라는 내용의 특집 기사를 실었다.

　　2002년 8월 12일, 샤론은 이스라엘 국회의 외교국방위원회를 상대로 "이스라엘이 최대의 위험에 직면하고 있다"고 말했다. 8월 16일 《하레츠》, 《워싱턴 포스트》, CNN, CBS를 포함한 몇몇 신문, 텔레비전, 라디오 방송국은 이스라엘이 미국의 이라크 공격 지연을 막기 위해 힘쓰고 있다고 보도했다. 부통령 체니가 테네시주 내슈빌에서 열린 해외 참전 향군회 참석 인사를 향한 연설을 신호로 전쟁 캠페인을 개시하기 10일 전이었다. 샤론은 부시 행정부에 작전을 지연시킬 경우 미래의 행동 조건이 더 불편하게 전개될 것이라고 조언했다. 라난 기신은 공격을 늦추면 사담에게 WMD 프로그램을 가속화할 기회만 주게 될 것이라고 했다.

페레스 외무장관은 "문제는 '만약'이 아니라 '언제'냐의 문제"라고 CNN과 인터뷰했다. 그는 "시간이 흐를수록 후세인은 군사력을 증강할 것이기 때문에 공격을 연기하는 것은 실수"라고 말했다. 당시 국방부 차관 바이츠먼 시리도 "미국이 당장 행동을 취하지 않으면 앞으로는 힘들어질 것이다. 1~2년만 지나면 후세인이 WMD 개발에 한 발짝 가까이 다가가게 될 것"이라면서 동의를 표했다. 〈이스라엘이 미국에 말하다, 이라크 공격을 늦추지 말라〉는 CBS의 헤드라인이 그 상황을 가장 잘 대변한 것일지 모른다.

페레스와 샤론은 미국을 재촉해서 행동하기를 원치 않고, 미국이 자신의 판단에 따라 행동해야 한다고 강조하는 것을 잊지 않았다. 이스라엘 지도자들과 미국 내 지지자는 일부 미국 논평자들, 그중에서도 패트릭 뷰캐넌은 이스라엘 국방부와 미국의 지지층이 1991년 걸프전의 추진 세력이라고 주장한 사실을 알고 있었다. 책임을 회피하는 것이 정치적으로 유리할 수는 있다. 하지만 그들의 공개 발언에 비춰볼 때 2002년 8월까지는 이스라엘 지도자들이 후세인을 유대 국가에 대한 위협으로 간주했다. 그를 권좌에서 끌어내리기 위한 목적으로 부시 대통령을 부추겨서 전쟁을 일으켰다는 사실에는 의심의 여지가 없다.

같은 시기에 '이스라엘 정보부 관리들이 이라크가 생화학 무기 생산을 서두르고 있다는 증거를 포착했다'는 뉴스가 있었다. 페레스는 CNN에 인터뷰했다. "우리는 후세인이 핵 보유를 눈앞에 두고 있다고 생각할 뿐 아니라 그 사실을 알고 있다."《하레츠》는 "후세인이 지난주 이라크의 핵에너지위원회에 작업을 가속화하라고 지시했다"라고 보도했다. 이스라엘은 워싱턴에 이라크의 WMD 프로그램에 대한 경고를 보냈다. 그 시기는 샤론의 계산에 의하면, 이스라엘과 미국 간의 전략적 협력이 최고조에 도달했을 때다. 침공 후이라크에 WMD가 없다는 것이 밝혀지면서 상원정보위원회와 이스라엘 크네세트는, 이스라엘이 부시 행정부에 준 정보가 거짓임이 드러났다는 보고서를 냈다. 이스라엘의 퇴역 장군은 "이라크의 핵 능력에 대한 이스라엘의 정보는 미국과 영국 정보가 제시하는 정황과 완전히 일치했다"고 말했다.

다른 나라에 위험한 행동을 부추김으로써 자국의 이익을 도모하는 나라가 이스라엘이 처음은 아니다. 외부의 위험과 마주하는 나라가 타국에 짐을 떠넘기는 경우가 많은데 전통적으로 미국도 비슷한 행동을 취해왔다. 1980년대 이란 혁명 수비대의 위협을 제어할 수 있도록 후세인을 뒤에서 지원했고, 1979년 소련이 아프간을 침공하자 아프간 무자혜딘"을 무장시키고 지원했다. 미국은 이들 전쟁에 군대를 파견하지 않았다. 전쟁을 해야 할 이유가 있는 다른 나라들이 혼자 감당하기 힘든 전쟁을 치를 수 있도록 최선을 다했다.

후세인과의 전쟁은 필수?

경쟁 상대를 미국이 제거해 주기 바라는 이스라엘의 욕구는 이해할 수 있다. 부시 대통령이 2002년 9월 전쟁에 앞서 UN 안전보장이사회의 승인을 받기로 결정한 사항을 두고 이스라엘 지도자는 난감했다. 후세인이 UN의 이라크 사찰에 동의했을 때 더 많은 걱정을 했다는 사실은 이해할 수 있다. 전쟁 가능성을 약화시키기 쉬운 사실이 이스라엘 지도자를 괴롭혔다. 외무장관 페레스는 기자들에게 말했다. "후세인과의 전쟁은 필수다. 사찰과 사찰단이 양식이 있는 사람에게 유효하지만, 정직하지 못한 사람은 쉽게 그들을 속여 넘길 수 있다." 9월 하순, 모스크바를 방문한 샤론은 새로운 사찰 임무를 지휘하는 러시아 대통령 블라디미르 푸틴에게 효과적인 사찰을 하기에는 너무 늦었다고 전했다. 그 후 수개월 동안 UN의 움직임에 좌절한 페레스는 2003년 2월 중순, 안전보장이사회 상임이사국으로서의 지위가 의심스럽다며 프랑스를 격렬하게 몰아붙였다.

핵 사찰에 대한 고집스러운 반대로 말미암아 이스라엘은 외롭고 어색한 입장에 처하게 되었다. 10년간 외교 특파원으로 뉴욕에서 기자 활동을 했던 마크 페렐만은 2002년 9월,《포워드》에 이렇게 기고했다. "이번 주 후세인이 무조건적인 UN 무기 사찰을 수락하자 이스라엘은 곤란한 처지에 놓이게 되었으며, 부시 행정부가 목표로 하는 이라크 정권 교체를 지지하는 유일한 국가라는 사실이 명백하게 드러났다."

UN 외교에도 불구하고 이스라엘은 후세인에게 독설하고 히틀러에 비유하면서 밀어붙였다. 서방이 이라크에 용감히 대항하지 않으면 1930년대에 나치 독일을 상대로 저질렀던 실수를 다시 저지르게 될 것이라고 주장했다. 유명한 이스라엘 학자인 슐로모 아비네리는《로스앤젤레스 타임스》에 "1930년대 대독일 유화정책을 비난하는 사람들은 이라크에 대항해 행동하지 않을 경우 같은 비난을 받게 되지 않을지 곰곰이 생각해야 한다"고 썼다. 이 말에 담긴 의미는 명백하다. 이라크 침공을 반대하는 사람은 누구나, 또는 팔레스타인과 협상해야 한다고 강요하는 사람은 누구나 네빌 체임벌린과 다름없는 유화주의자이며 후손들에게도 그런 식으로 평가받을 수밖에 없다.《예루살렘 포스트》는 강경했다. 전쟁을 지지하는 사설과 특집 기사를 실었다. 전쟁에 반대하는 글을 찾아볼 수 없었다. 심지어《예루살렘 포스트》는 "사담을 쫓아내는 것이 테러리즘과의 전쟁의 핵심이며, 그러지 않고는 승리는 물론, 본격적으로 대테러전을 시작하는 것조차 불가능할 것"이라는 사설을 내보냈다.

이스라엘 유명인사들도 외교적 논쟁을 벌이는 대신 전쟁을 지지하는 페레스, 샤론과 목소리를 같이 했다. 전 총리 에후드 바라크는 2002년 9월 초,《뉴욕 타임스》에 낸 특집 기사에서 후세인의 핵무기 프로그램이 그를 제거할 만한 절실한 필요성을 설명해 준다고 말했다. 이어서 현재 시점에서 가장 큰 위험은 행동을 하지 않는 것이라고 덧붙였다. 그의 전임자 베냐민 네타냐후는 《월 스트리트 저널》에 〈사담을 무너뜨리는 근거〉라는 제목의 글을 실었다. 네타냐후는 후세인의 정권을 와해시키는 것 외에는 아무것도 소용이 없다고 선언하고, 자신이 "후세인 정권에 대한 한발 앞선 공격을 압도적으로 지지하는 이스라엘 국민의 의견을 대변한다"고 말을 이었다. 그는 후세인 정권이 핵무기를 보유하기 위해 혈안이 되어 있다고 주장했다.

네타냐후의 영향력은 특집 기사와 텔레비전 출연을 뛰어넘어 광범위한 영역까지 미쳤다. 미국의 고등학교, 대학교, 대학원에까지 가서 유창한 영어로 강연할 뿐 아니라 미국 정치 시스템을 환히 꿰뚫으면서 거기 뛰어들어 능숙한 솜씨로 영향력을 행사한다. 그는 부시 행정부 안팎의 신보수주의자와 긴밀한 관계를 유지하며, 국회와 광범위한 연고를 가지고 여러 차례 국회에서 연설을 하거나 증언해 왔다. 바라크 역시 많은 미국 정책 입안자, 정치가, 안보 전문가, 학자와 인연을 맺고 있다.

전쟁 발발 전 수개월 동안 이스라엘 정부의 전쟁에 대한 열정은 식을 줄 몰랐다. 《하레츠》는 2003년 2월 17일, 〈이스라엘방위군IDF, 열정적으로 이라크 전쟁을 기다리다〉라는 기사를 올렸다. 이스라엘의 군사·정치 지도자가 이라크 전쟁을 고대한다는 내용을 담고 있었다. 열흘 후, 제임스 베넷은 《뉴욕 타임스》에 〈이스라엘, 이라크 전쟁이 중동 지역에 유익하다고 주장〉이라는 헤드라인으로 글을 썼다. 《포워드》는 2003년 3월 7일, 〈예루살렘, 미국의 전쟁 지연을 초조해하다〉라는 제목의 기사를 올렸다. 이스라엘 지도자들은 전쟁이 늦지 않게 빨리 하기를 원했다는 점을 분명히 하고 있었다.

2006년 빌 클린턴에 따르면, 모든 이스라엘 정치가들에게 후세인이 위협적인 존재이기 때문에, 그가 WMD를 가지고 있지 않더라도 제거해야 한다고 생각한다고 말한 점은 놀랍지 않다. 전쟁에 대한 욕구는 이스라엘 지도자들에게 국한되지 않았다. 후세인이 1990년에 정복한 쿠웨이트를 제외하고는 대부분의 정치가와 대중이 열정적으로 전쟁을 지지하는 나라는 미국 외 지역에서 이스라엘이 유일했다. 2002년 한 조사 기관의 여론조사 결과를 보면 이스라엘 유대인 58%가 "이스라엘이 미국을 달래서 이라크를 공격하게 만들어야 한다"고 응답했다. 2003년 2월에 실시한 또 다른 여론조사는 이스라엘 유대인 77.5%가 "미국의 이라크 침공을 원한다"고 밝혔다. 토니 블레어가 이끄는 영국에서는 전쟁 격전에 실시한 여론조사에서 응답자의 51%가 전쟁을 반대했고, 겨우 39%만 찬성했다.

비정상적이라 할 수 있는 상황은 《하레츠》의 기자 기드온 레비에게 질문을 던지게 했다. "영국에서 5만 명이 이라크 전쟁 반대 시위를 했는데 이스라엘에 한 사람도 없는 것은 무슨 일인가? 이스라엘에 전쟁의 필요성에 대한 대중 논쟁이 없는 것은 무슨 이유인가?" 그는 "서방 국가 중 그 지도자들이 서슴지 않고 전쟁을 지지하고, 반대 의견이 없는 나라는 이스라엘이 유일하다"고 덧붙였다.

전쟁에 대한 이스라엘의 이러한 열정은 미국에 있는 자기편 일부 인사들에게 "이스라엘 관료들을 향해 매파적인 수사를 그만두고, 전쟁이 마치 이스라엘을 위한 전쟁인 것처럼 비치지 않게 하라"고 주문하게 했다. 이스라엘 프로젝트라고 알려진 정치 자문단이 2002년 가을, 미국에 있는 핵심적인 이스라엘 인사들과 친이스라엘 지도자들에게 6페이지짜리 메모를 돌렸다. 〈이라크에 대한 조언〉이라는 제목의 메모는 전쟁에 대한 하나의 공개 성명이었다. "여러분의 목적이 정권 교체라면 격렬한 반발 가능성을 전제로 말에 신중해야 합니다. 여러분은 미국인이 미국을 지키기보다 이스라엘을 지키기 위해 이라크 전쟁을 치르는 것이라고 믿기를 원치 않을 것입니다."

몇몇 보도에 따르면 샤론은 전쟁 전날 밤, 이라크 전쟁 가능성에 대해 입을 다물고 특별히 이스라엘이 부시 행정부를 부추겨서 후세인을 무너뜨리는 것처럼 보일 수 있는 말을 삼가도록 이스라엘 외교관과 정치가에게 당부했다. 이스라엘 지도자는 이스라엘이 미국의 이라크 침공을 지지한다는 인식이 늘어가는 사실에 신경이 쓰였다. 실제로 이스라엘은 이라크 침공을 지지했다. 단지 입장이 널리 알려지는 것을 원치 않았을 뿐이다.

로비와 이라크 전쟁

이라크 전쟁의 배후 세력은 오랫동안 미국의 힘을 활용해서 세계의 주요 지역을 재편하기를 꿈꿔온 소수의 신보수주의자다. 이들은 1990년대 중반 이후 후세인 정권의 전복을 지지해 왔고 이는 미국과 이스라엘 모두에 이롭다고 믿었다. 그룹에는 펜타곤 민간인으로 두세 번째인 폴 월포위츠와 더글러스 파이스, 리처드 펄을 비롯해 케네스 아델만과 제임스 울시, 부통령 비서실장 스쿠터 리비, 국무부 무기 통제 및 국제 안보 담당 차관 존 볼턴과 그의 특별 보좌관 데이비드 웜서, 국가안보위원회 중동 정책 담당관 엘리엇 아브람스 같은 부시 행정부의 명망 있는 관리들이 포함되어 있었다. 로버트 케이건, 찰스 크라우트해머, 윌리엄 크리스톨, 윌리엄 새파이어 같은 유명 저널리스트도 있었다.

이스라엘인과 그들의 미국 친구들은 신보수주의자가 정책을 담당하는 고위직에 임명된 것을 긍정적인 사실로 받아들였다. 월포위츠가 2001년 1월에 국방부 차관으로 선출되자 《예루살렘 포스트》는 유대인과 친이스라엘 공동체들이 기뻐한다고 보도했다. 2002년 봄 《포워드》는 "월포위츠가 행정부에서 가장 매파 기질을 가진 친이스라엘 세력으로 알려져 있다"라고 지적했다. 2002년 후반에 그를 "의식적으로 유대인 행동주의를 추구하는" 50인 중 첫 인물로 선정했다. 유대국가안보문제연구소JINSA는 이스라엘과 미국의 강한 파트너십을 추진한 공로로 그에게 '헨리 M. 잭슨 뛰어난 봉사상Henry M. Jackson Distinguished Service Award'을 수여했고,《예루살렘 포스트》는 월포위츠를 '헌신적인 친이스라엘인'이라고 소개함과 동시에 '2003년 올해의 인물'로 선정했다.

전쟁의 근거를 만드는 일에 있어서 파이스의 역할은 이스라엘에 대한 장기간에 걸친 애착심과 강경파 그룹과의 연관성을 생각하면 이해가 쉽다. 파이스는 유대국가안보문제연구소JINSA와 미국시온주의자기구ZOA 같은 핵심 로비단체와 긴밀한 관계를 유지해 왔다. 1990년대에는 정착촌을 지지하는 글을 쓰고 이스라엘이 점령 지구를 보유해야 한다고 주장하는 글을 썼다. 더 중요한 것은 그가 '클린브레이크Clean Break(영토 확보를 위한 새로운 전략)' 연구보고서를 1996년 6월에 펄, 웜서와 함께 저술했다는 사실이다.

이스라엘 극우 싱크탱크의 후원을 받아 새로 들어서는 베냐민 네타냐후를 위해 쓴 이 보고서는 네타냐후에게 '후세인을 이라크의 권좌에서 끌어내리는 것에 초점을 맞추라. 이는 나름대로 이스라엘의 중요한 전략 목적'이라고 권고했다. 또 이스라엘이 전 중동 질서를 재편하기 위한 단계를 밟아야 한다고 조언했다. 네타냐후가 이들의 조언을 실행에 옮기지 않았지만 파이스와 펄, 웜서는 같은 목표를 지향하는 부시 행정부를 지지했다.《하레츠》의 칼럼니스트 아키바 엘다르는 "파이스와 펄이 미국 정부와 이스라엘의 이해 사이에서 위험한 줄타기를 하고 있다"고 경고했다. 조지 패커는 그의 저서《암살자의 문》에서 지적했다. '파이스와 웜서에게 있어 이스라엘의 안보가 전쟁을 지지하게 된 가장 중요한 요인이었을 것이다.'

존 볼턴과 스쿠터 리비도 충실한 이스라엘 지지자들이었다. 당시 UN 주재 미국 대사였던 볼턴(트럼프 행정부 시절 국가안보보좌관 역임)은 열정적으로 이스라엘의 이익을 추구했다. UN 주재 이스라엘 대사는 2006년 5월, 볼턴을 UN 주재 이스라엘 비밀요원이라고 농담했다. "비밀이다. 우리 측 외교관이 5명이 아니라 볼턴을 포함해서 최소한 6명이다"라고 이어 말했다. 2006년 후반에 논란의 여지가 있음에도 볼턴이 그 자리에 재임명되었고, 그것이 문제시되자 친이스라엘단체는 볼턴 편을 들고 나섰다. 리비가 어떤 인물인지는 2005년 가을, 그가 백악관을 떠났을 때《포워드》에 기록된 글을 통해 알 수 있다. "이스라엘 관리들은 리비를 좋아했다. 접근이 쉽고, 이스라엘과 관련한 문제에 진정한 관심을 두고 있으며, 그들의 대의에 호의적인 중요한 인물이다."

부시 행정부 밖의 신보수주의자들은 정부 내 동료들과 다름없이 이스라엘에 헌신적이었다. 칼럼니스트 찰스 크라우트해머가 2002년 6월 10일, 바르일란대학교에서 시온수호자상Guardian of Zion Award을 받은 후 예루살렘에서 한 강연을 생각해 보자. 그는 이스라엘 오슬로 평화협정에 참여한 것을 잘못된 유대인 메시아주의의 예로 들며 논평했다. 강연 중에 크라우트해머는 자신을 분명하게 이스라엘, 이스라엘인과 동일시하고 있었다. 그는 말했다. "30년 전 오늘, 6일 전쟁이 끝났습니다. 새 시대가 왔다고 생각했습니다. 예루살렘은 재결합했고, 템플마운트는 이스라엘의 손으로 돌아왔습니다. 저의 논지는 오늘날 유대인과 유대 국가로서 우리가 겪는 고통은 새로운 메시아주의에 대한 열정에 뿌리박고 있다는 것입니다." 신보수주의 학자들과 마찬가지로 크라우트해머는 침공 직전까지 집요하게 전쟁을 지지했다.

유명한 신보수주의자들 중 많은 사람이 이스라엘과 강한 유대가 있는 유대계 미국인이지만 전쟁을 선호하는 지도층 일부는 그렇지 않았다. 존 볼턴 외에 미국신세기프로젝트의 후원을 받아 부시 대통령과 클린턴 대통령에게 보낸 공개서한에 서명한 사람 중에는 전 CIA 국장 제임스 울시와 전 교육부 장관 윌리엄 베넷 같은 이방인도 있었다. 울시는 후세인이 9·11 사태에 책임이 있다는 사실을 증명하는 데 부심했다. 또한 9·11 공중 납치자 중 한 사람인 무함마드 아타가 프라하에서 이라크 정보 요원을 만났다는 초기 정보를 확인하기 위해 노력했다. 신빙성이 없을 뿐 아니라 다수가 거짓으로 믿고 있었지만 울시와 부통령 딕 체니는 전쟁의 근거를 강화하기 위해 그 정보를 떠올렸다.

친이스라엘조직은 어떻게 전쟁을 지지했나?

로비스트 중 신보수주의자만이 이라크 전쟁을 밀어붙인 것은 아니다. 주요 친이스라엘조직의 핵심 지도자도 전쟁을 지지했다. 신보수주의자 중 다수가 그들과 긴밀한 관계를 유지하고 있었다. 전쟁 캠페인이 시작되던 2002년 9월 중순, 저널리스트 미첼 골드버그는 《살론salon》에 "주류 유대인 단체들과 지도자들이 현재 미국의 바그다드 침략을 강력하게 지지하는 세력에 포함되어 있다"고 기고했다. 바그다드 함락 후에 쓴 《포워드》의 사설에도 기록되어 있다.

"부시 대통령이 이라크 전쟁 캠페인을 시도했을 때, 미국에서 가장 영향력 있는 유대인조직이 그를 방어하기 위해 모여들었다. 공동체 지도자들은 이어지는 성명서에서 후세인의 세계와 WMD를 제거할 필요성을 역설했다. 어떤 단체는 이라크 지도자의 제거야말로 중동에 평화를 가져오기 위한, 미국이 벌이는 테러와의 전쟁을 승리로 이끌기 위한 중요한 발걸음이라고 한 발짝 앞서갔다. (…) 이스라엘의 안전은 주요 유대인단체의 사고에 자리 잡고 있는 중요한 요소다."

주요 유대인 그룹 간에 전쟁을 반대하는 의견은 없었지만, 지지 과정에서 얼마나 많은 영향력을 행사해야 하는지 이견이 있었다. 가장 큰 염려는 침공을 노골적으로 지지할 경우 전쟁이 이스라엘을 위해 싸우는 것처럼 보일 수 있다는 점이다. 그럼에도 불구하고 2002년 가을, 유대인공공문제협의회와 주요 미국유대인조직, 대표자콘퍼런스CPMAJO는 이라크에 대한 최후의 수단으로 병력 사용을 지지하기로 결의했다. 로비의 일부 유명인사는 한 걸음 앞서 나갔다. 침공을 열렬하게 찬성한 대표자콘퍼런스 모티머 주커먼은 전쟁을 촉진하기 위해 2002년 8월 말, 자신이 편집장으로 있는《U.S. 뉴스 앤드 월드 리포트》에 대중 성명을 발표했다. "후세인 전복 후에 올 수 있는 무서운 결과를 예측하는 사람은(부시 대통령이 분명히 그렇지만) 악몽을 깨지 않고 그대로 살 경우 점점 나빠질 뿐이라는 사실을 부인한다. 악몽을 그대로 안고 사는 데서 오는 결과는 좋지 않다. 그것을 깨는 최선의 약은 예방약이다."

미국유대인의회 의장 잭 로센과 개혁유대주의종교행동센터의 책임자인 랍비 다비드 사퍼스타인도 열정적으로 전쟁을 지지하는 매파다. 자유주의적 정치관으로 유명하고,《워싱턴 포스트》가 국회 종교 로비스트의 전형으로 지칭하는 사퍼스타인은 2002년 9월, "유대인 공동체는 후세인이 제기하는 위협을 강력하게 대처하기 원한다"고 말했다. 유럽 전역에서 영향력 있는 신문《쥬이시 위크》도 전쟁을 지지했다. 편집인이자 발행인인 개리 로젠블라트는 2002년 12월 중순에 쓴 사설에서, "워싱턴이 후세인과 벌이는 임박한 전쟁은 세계에, 특히 이스라엘에 무서운 위협을 가하는 위험한 독재자를 제거하는 것으로 끝나지 않는다"고 기고했다. 그러면서 "독재자가 나쁜 생각을 발표하면 믿으라. 그것이 히틀러와 홀로코스트로부터 얻은 교훈 중 하나다. 토라는 '적이 너를 죽이려 하면, 그를 먼저 죽이라'고 가르친다. 자기방어는 허용된 것이 아니라 명령이다"라고 덧붙였다. AIPAC이나 ADL과 같은 조직도 전쟁을 지지했지만 그들은 최대한 나팔소리를 낮췄다.

전쟁이 재앙으로 돌아가면서 이스라엘 지지자들은 로비에서 가장 영향력이 있는 AIPAC이 침공을 지지하지 않았다고 주장한다. 그러나 이 주장은 상식 테스트에서 불합격이다. AIPAC은 언제나 이스라엘이 원하는 것을 지지했다. 이스라엘이 미국의 이라크 침공을 원했기 때문이다. 네이선 구트만은 전쟁 시작 직후인 2003년 봄, AIPAC 연차 총회 보고를 통해서 이 문제를 거론했다. "AIPAC은 무엇이든지 이스라엘에 유익한 것을 하는 것이 관례다. 따라서 이스라엘이 전쟁을 지지하는 한 미국의 수도에 모인 수천 명의 AIPAC 로비스트들도 지지해야 한다." 2003년 1월, AIPAC의 전무이사 하워드 코르가 《뉴욕 선》에 한 말은 분명하다. 그는 "의회가 이라크에 대한 병력 동원을 허용하도록 조용히 진행한 로비는 AIPAC의 성공작 중 하나다"라고 했다. 제프리 골드버그는 《뉴요커》에 이라크 전쟁 캠페인 중 AIPAC의 정책이사였던 스티븐 J. 로센의 프로필을 길게 다루었다. 그는 "AIPAC이 의회를 상대로 이라크 전쟁을 지지하는 로비를 벌였다"고 썼다.

　AIPAC은 미국이 이라크에 주둔하는 동안 지지자 역할을 했다. 부시 행정부는 당시 전쟁자금을 할당받기 위해 민주당 상원의원들을 설득하는 데 어려움을 겪고 있었다. 공화당 상원의원들은 AIPAC에 민주당 의원들이 자금 요구를 지지할 수 있도록 로비해 달라고 요청했다. AIPAC 대표단이 민주당 상원의원과 대화한 후 지출 승인이 떨어졌다. 2004년 5월, 부시가 AIPAC에서 그의 이라크 정책을 옹호하는 연설을 했을 때 23번의 기립박수를 받았다. 전쟁에 대한 미국의 여론이 좋지 않던 2007년, AIPAC 총회에서 부통령 체니가 이라크 전쟁을 강행해야 하는 근거를 설명했다. 《예루살렘 포스트》의 데이비드 호로비츠에 의하면, 그는 박수갈채를 받았다.

　하원 소수당 원내총무 존 베이너가 "이라크에서의 실패가 이스라엘 국가에 직접적인 위협이라는 사실을 믿지 않을 사람이 누가 있겠습니까? 이라크에서의 실패에서 오는 결과는 생각조차 하기 싫을 정도로 불길합니다"라고 말하자 기립박수를 받았다. 그와는 대조적으로 하원의장 낸시 펠로시가 부시 행정부의 '파도'와 같은 전략을 비난했을 때 많은 청중이 야유를 보냈다.

AIPAC만이 부시와 밀착해서 이라크 전쟁을 위해 로비한, 또는 최소한 전쟁을 반대하지 않은 주요단체는 아니다. 2007년 3월 《포워드》에 따르면, 대부분의 유대인조직이 전쟁에 대한 반대의 목소리를 내지 않았으며 행정부를 지지했다. 이것은 미국유대인의 전쟁에 대한 태도를 감안할 때 특기할 만하다. 2005년 이후 실시한 13차례의 여론조사 결과를 토대로 작성한 2007년 갤럽 연구보고서에 따르면, 미국의 대중(52%)에 비해 훨씬 많은 미국유대인(77%)이 이라크 전쟁을 반대한 것으로 나타났다. 규모가 크고 재정이 튼튼한 친이스라엘조직들이 이라크와 관련해서 폭넓은 미국유대인들과 보조를 맞추지 않는 경향이 확연했다. 티쿤 커뮤니티와 평화를 위한 유대인의 소리 같은 소수 유대인조직은 전쟁이 시작되기 전부터 오늘날까지 전쟁에 반대했다. 그러나 4장에서 보았듯이 이들 단체는 자금력이 충분하지 못하고 AIPAC처럼 강한 영향력도 없다.

로비의 핵심 그룹이 취하는 정치적인 입장과 미국유대인의 공적인 자세 간의 간극은 강조가 필요한 본질적인 요점이 무엇인지 알려준다. 유명한 이스라엘 지도자, 신보수주의자, 많은 로비 지도급 인사가 미국의 이라크 침공을 열망했지만, 대다수의 미국유대인 공동체는 그렇지 않았다. 컬럼비아대학교 저널리즘 교수인 새뮤얼 프리드먼은 전쟁 시작 직후 퓨리서치센터에서 시행한 여론조사 결과를 편집해 결과를 밝혔다. 52%의 유대인이 62%의 일반 대중보다 이라크 전쟁을 덜 지지한다는 것이다. 따라서 이라크 전쟁을 유대인의 영향으로 돌리거나 전쟁을 일으켰다고 유대인을 탓하는 것은 중요한 실수다. 전쟁의 책임은 대부분 로비의 영향 때문이며 특히 신보수주의 진영에 책임이 있다. 앞서 강조했듯이 로비가 언제나 광범위한 공동체를 대변하는 것은 아니다.

회의적인 미국의 전쟁 승낙받기

신보수주의자는 부시가 대통령이 되기 전부터 군사력을 사용해서 후세인 정권을 전복시키는 목적의 활동을 시작했다. 그들은 1998년 초 클린턴 대통령에게 사담 제거를 요청하는 2통의 편지를 보냄으로써 물의를 일으켰다. 첫 번째 편지(1998년 1월 26일)는 미국신세기프로젝트PNAC의 후원하에 쓰였고 엘리엇 아브람스, 존 볼턴, 로버트 케이건, 윌리엄 크리스톨, 리처드 펄, 도널드 럼즈펠드, 특히 폴 월포위츠가 서명했다. 두 번째 편지(1998년 2월 19일)는 걸프의 평화와 안전을 위한 위원회가 후원했다. 이 조직은 앤 루이스(민주당 국가위원회 전 정치국장)와 전 하원의원 스티븐 J. 솔라즈(뉴욕주, 민주당)가 첫 걸프전과 관련한 로비를 하기 위해 설립한 조직이다. 이 편지는 첫 번째 편지에 서명한 사람들을 포함해 더글러스 파이스, 마이클 레딘, 버나드 루이스, 마틴 페레즈, 데이비드 웜서가 서명했다.

고위급 인사가 참여한 2건의 편지 외에 신보수주의자들과 함께 로비에 참여하는 동료들은 이라크 해방 법안을 통과시킬 수 있도록 1998년에 적극적인 활동을 펼쳤다. 법안에는 이렇게 명시되어 있었다. "의회가 이라크 후세인이 이끄는 정권을 제거하기 위한 노력을 지원하고, 그 정권을 대신한 민주 정부의 출현을 촉진하는 것이 미국의 정책이 되어야 한다." 신보수주의자들이 법안에 열정을 보인 것은 그것이 이라크 정권 교체 규정을 명시하고 있을 뿐 아니라 후세인 전복에 헌신하는 그룹에 9700만 달러의 자금을 지원한다는 내용을 담고 있기 때문이다. 그들은 긴밀한 관계를 유지하고 있는 아흐메드 찰라비가 이끄는 이라크국가회의INC(후세인에 반대하는 이라크 내 조직)를 마음에 두고 있었다. 펄, 월포위츠, 울시 세 사람 모두 JINSA처럼 법안 통과를 위해 열심히 로비했다. 법은 하원에서는 360:38로, 상원에서는 만장일치로 통과되었다. 1998년 10월 31일, 클린턴 대통령의 서명을 받았다.

클린턴에게 이라크국가회의는 쓸모없었지만 중간선거 및 탄핵을 앞둔 그로서 거부할 수 있는 입장이 아니었다. 그와 보좌관은 찰라비를 달갑게 생각하지 않았고 법 시행을 위해 한 일이 별로 없다. 실제로 클린턴이 대통령에서 물러설 때까지 INC 같은 그룹을 위해 배정된 돈을 거의 지출하지 않았다. 대통령은 후세인을 축출한다는 목표에 말로만 동의를 표시했을 뿐 실현을 위해 한 일은 없으며, 이라크의 독재자를 권좌에서 끌어내리기 위해 미국의 군사력을 사용한다고 생각하지 않고 있었음에 틀림없다. 간단히 말해서 신보수주의자들이 바그다드의 정권 교체를 미국 정부의 공식적인 목표가 되게 하는 데는 성공했지만, 클린턴 재임 중에는 이라크와의 전쟁 승인을 얻지 못했다.

유명한 신보수주의자들이 새 정부의 요직을 차지하고 전쟁 계획에 대한 그들의 열정이 식지 않았음에도 부시 행정부 초기 몇 개월 동안은 이라크 침공을 독려하지 못했다. 후에 리처드 펄은 후세인 전복 지지자들이 새 정권 초기에 행정부 내에서 별다른 주장을 못 했다고 말했다. 2001년 3월,《뉴욕 타임스》는 "몇몇 상원의원의 경우 럼즈펠드와 월포위츠가 선거 전에 후세인 대통령을 전복시키기 위한 노력을 강화하겠다는 그들의 주장에 부응하지 못한 것을 불평하고 있다"고 보도했다. 《워싱턴 타임스》는 〈매들이 비둘기가 되었는가?〉라는 제목으로 사설을 실었는데, 1998년 1월 26일 PNAC가 클린턴 대통령에게 보낸 편지를 토대로 작성된 것이다.

2004년에 출간된 2권의 책, 리처드 클라크의 《모든 적들에 대항하여Against All Enemies》와 론 서스킨드의 《충성의 대가The Price of Loyalty》의 평판과 그와 관련한 논란을 두고, 부시와 체니가 2001년 1월 말에 집권하자마자 이라크 침공에 몰두했다고 생각할 수 있을지 모른다. 그러나 잘못된 생각이다. 그들이 후세인을 무너뜨리는 데 관심을 가진 것은 틀림없지만 9·11 사태 전까지 이라크 전쟁을 진지하게 고려했다는 사실을 증명하는 공식적인 기록이 없다. 흥미롭게도 전쟁을 준비하는 동안 부시의 주요 외교 정책 보좌관이었던 콘돌리자 라이스는 2000년 초, 미국은 핵으로 무장한 이라크와 공존할 수 있다는 기사를《포린 어페어스 Foreign Affairs》에 썼다. 라이스는 후세인의 재래식 군사력이 심각할 정도로 약화되었다고 선언하고, 후세인의 정권 때문에 공황 상태에 빠질 필요가 없다고 말했다.

부통령 딕 체니는 1990년대 내내 이라크를 정복하는 것은 중요한 전략적 실수라고 주장했고, 1998년 초 신보수주의자들이 후세인에 대한 군사 행동을 요구하는 내용으로 클린턴 대통령에게 보낸 편지에 서명한 적이 없다. 그는 2000년 전쟁 캠페인 막바지 단계에서도 바그다드에 가지 않겠다는 1991년의 결심을 굽히지 않고, "이라크와의 관계에서 현 상태를 유지하기를 바란다"고 말했다. 2001년 초까지 부통령과 대통령의 생각이 달라졌음을 암시하는 증거는 없다. 부시 행정부의 고급 관리 직책을 받으면서 이라크 전쟁을 지지한 사람은 1998년 클린턴 대통령 앞으로 보낸 2통의 편지에 서명한 럼즈펠드 국방부 장관이 유일한 것으로 보인다. 석유회사, 무기 제조업자, 크리스천 시온주의자, 켈로그 브라운 앤드 루트 같은 방위산업 계약자를 포함해서 전쟁의 책임자로 지목받는 다른 그룹도 이 시기에 이라크 침공을 지지하는 목소리를 내지 않았다. 초기에는 대체로 신보수주의자뿐이었다.

비극적인 사태가 전환점이 되다

신보수주의자가 전쟁을 구상한 중심 세력이라는 점에서 중요했지만 부시나 클린턴을 설득해서 침공을 지지할 힘은 없었다. 그들이 목적을 달성하기 위해서는 도움이 필요했고, 그 도움이 9·11 사태를 통해 왔다. 구체적으로 말하면 비극적인 사태가 부시와 체니의 코스를 바꾸게 했고, 후세인을 무너뜨리기 위한 예방 전쟁의 강력한 지지자가 되게 했다. 로버트 케이건은 조지 패커와의 인터뷰에서 이 점을 지적한다. "9월 11일은 전환점이다. 다른 어떤 것도 아니다. 9월 10일, 부시의 상황과는 다르다." 신보수주의자, 그중에서도 가장 주목할 만한 스쿠터 리비, 폴 월포위츠, 전 프린스턴대학교 역사가 고 버나드 루이스는 대통령과 부통령이 전쟁을 지지하게 만드는 데 결정적인 역할을 했다.

그들에게 있어서 9·11 사태는 그들이 전부터 가지고 있던 미국 외교 정책에 대한 견해를 납득시킬 새로운 기회를 제공했다. 그들의 가장 큰 이점은 이렇다. 대통령과 부통령이 국제정치와 관련한 급격한 사고의 전환을 요구하는 것으로 보이는 공전의 재앙을 어떻게 받아들여야 할지 몰라 전전긍긍하고 있을 때, 케이건의 표현대로 세계를 향한 이미 준비된 접근법을 가지고 있다는 것이었다.

월포위츠의 행동은 특히 두드러진다. 그는 2001년 9월 15일, 캠프 데이비드에서 부시와 핵심 사안을 놓고 회의하는 자리에서 아프가니스탄보다 이라크를 먼저 공격해야 한다고 주장했다. 후세인이 미국 공격에 가담했다는 증거가 없었고, 빈 라덴은 아프가니스탄에 있는 것으로 알려졌음에도 말이다. 5일 뒤 체니가 후세인을 표적으로 하는 선동을 그만두라고 했을 정도로 월포위츠는 이라크 정복을 끈질기게 주장했다. 한 공화당 의원의 말을 빌리면, "그는 쉴 새 없이 이라크를 입에 올리는 앵무새 같았다. 그것이 대통령의 신경을 건드렸다." 부시는 월포위츠의 조언을 거절하고 대신 아프가니스탄을 선택하기로 했다. 그러나 이라크와의 전쟁 가능성이 진지하게 검토 중이었고 2001년 11월 21일, 대통령은 미 군사 기획자를 불러 침공을 위한 구체적인 계획을 수립하라고 지시했다.

다른 신보수주의자들 역시 권력의 핵심으로 파고드는 데 어려움을 겪었다. 완전한 배경을 파악하지는 못했지만 버나드 루이스와 당시 존스홉킨스 대학교의 고 후아드 아자미가 체니 부통령을 설득해서 이라크 전쟁을 지지하게 하는 데 중요한 역할을 했다는 증거가 있다. 《슬레이트》의 편집자 제이콥 와이스버그는 루이스를 이라크 침공의 배후에서 가장 중요한 지적 영향력을 끼친 사람으로 보고 있었다. 체니는 그의 참모 에릭 에델만과 존 해나 같은 신보수주의자에게서 영향을 받았다. 그러나 부통령에게 가장 큰 영향을 준 사람은 틀림없이 비서실장 스쿠터 리비일 것이다. 그는 행정부 내에서 가장 영향력 있는 인물 중 하나로, 이라크에 대한 그의 견해는 절친한 친구이자 오랜 멘토인 폴 월포위츠의 견해와 유사하다.

9·11 사태 직후 《뉴욕 타임스》는 "폴 D. 월포위츠와 I. 루이스 리비가 이끄는 행정부의 일부 고위 관리들이 아프가니스탄에 있는 오사마 빈 라덴의 네트워크뿐 아니라 이라크와 레바논 베카의 테러 기지로 의심되는 지역을 대상으로 하는 신속하고 광범위한 군사 행동을 유도하고 있다"고 보도했다. 2002년 초에는 부통령이라는 지위도 부시 대통령에게 미국의 후세인 축출을 설득하는 데 도움이 되었을 것이다.

행정부 내의 신보수주의자들이 이라크 전쟁을 일으키는 데 얼마나 중요하게 작용했는지 증언하는 두 가지 사항이 있다. 첫째, 그들이 강한 결의만 가지고 있었던 것이 아니다. 이 말은 과장이 아니다. 그들은 후세인을 권좌에서 끌어내리는 일에 몰두했다. 2003년 1월, 행정부의 고위 관리는 말했다. "일부 인사들의 경우 신학자의 자세로 이 일에 접근하고 있음에 틀림없다. 우리가 당장 행동을 취하지 않으면 우리 사회의 종말이 올 것으로 믿는 종교에 가까운 현상이다." 《워싱턴 포스트》의 저널리스트는 콜린 파월을 "눈알을 굴리면서 젠장, 내가 왜 이렇게 이라크에 집착하는 거야"라고 중얼거리며 이라크 전쟁을 앞둔 시점에 백악관 회의에서 돌아오는 모습으로 묘사했다. 밥 우드워드에 따르면, "국방정책위원회 회원인 케네스 아델만은 시간이 흐를수록 걱정이 되어 견딜 수가 없고 전쟁이 일어나지 않으면 지원이 줄어들 것으로 보인다"고 말했다.

둘째, 국무부, 정보 분야, 군대 내부에서는 이라크 전쟁을 일으키는 데 관심이 없었다. 파월 국무장관이 대통령의 전쟁 결정을 지지했지만, 그것이 바람직하지 않다는 생각을 가지고 있었다. 국무부 내의 직원들도 전쟁에 회의적이었다. 그러나 국무부와 의견을 달리하는 2명의 핵심 인물 존 볼턴과 데이비드 웜서가 있었다. 그들은 유명한 신보수주의자로서 백악관과 긴밀한 관계를 유지하고 있었다. CIA 국장 조지 테네트도 이라크와 관련해서 백악관을 지지했지만 적극적인 전쟁 지지자는 아니었다. 실제로 정보 분야에 전쟁에 대한 근거를 두고 설득력이 있다고 생각한 사람은 얼마 없었다. 구체적으로 설명하겠지만 신보수주의자들이 자체적인 정보 부서를 갖추게 된 것도 그 때문이다. 군, 특히 육군은 이라크 회의론자들이었다. 육군 참모총장 에릭 신세키 장군은 월포위츠에게 비난받았다. 그는 신세키가 추정한 점령에 필요한 소요 병력이 적정 수준에 형편 없이 못 미친다고 주장했다. 후에 럼즈펠드는 전쟁 계획에 의문을 표시했다. 행정부 내의 전쟁 강경론자는 백악관과 펜타곤의 고위직 민간인이었고 대부분이 신보수주의자였다.

그들은 이라크 침공이 테러와의 전쟁을 위해 필수라는 주장을 내세웠다. 그들의 초점은 부시에게 압력을 가하는 데 맞춰져 있었고, 일부는 정부 안팎의 전쟁 반대 의견을 제압하는 데 맞춰져 있었다. 2001년 9월 13일, JINSA는 〈이것은 빈 라덴을 넘어서는 일이다〉라는 제목의 보도자료를 냈다. 보도자료는 "검사 차원의 확실성을 가지고 오사마 빈 라덴의 죄를 증명하기 위해 벌이는 오랜 조사활동이 전적으로 불필요하다. 그는 말로 죄를 지었고 행동으로 죄를 지었다. 그의 생애가 범죄 기록이다. 후세인의 경우도 똑같다. 과거 우리의 행동은 충분히 강하지 못했으며, 이제는 이런 수동적인 패턴을 바로잡을 기회를 포착해야 한다"는 주장을 담고 있다. 일주일 뒤 9월 20일, 유명한 신보수주의자와 그 동료 그룹이 부시에게 공개서한을 보냈다. 이라크가 9·11 사태와 직접 관련이 있다는 증거가 없더라도, 테러리즘과 후원자 근절을 목표로 하는 모든 전략에 후세인을 이라크 권력에서 제거하기 위한 단호한 노력이 포함되지 않으면 안 된다는 것이다. 편지는 이스라엘이 미국의 충실한 동맹국으로서 국제적 테러리즘에 대항해 왔고 앞으로도 그럴 것임을 부시에게 환기시키고 있었다.

9월 28일, 찰스 크라우트해머는 《워싱턴 포스트》에서 아프가니스탄을 처리하고 나면 다음은 시리아, 이어서 이란과 이라크가 뒤따라야 한다고 주장했다. "테러와의 전쟁은 바그다드에서 종결될 것이다. 그때 우리는 세계에서 가장 위험한 테러 정권을 제거하게 된다." 10월 1일, 《위클리 스탠더드》에서 로버트 케이건과 윌리엄 크리스톨은 탈레반이 패배한 직후 이라크의 정권 교체를 요구했다. 《U.S. 뉴스 앤드 월드 리포트》의 마이클 배론 같은 전문가들은 세계무역센터의 먼지가 가라앉기 전에 이라크가 9·11 사태에 도움을 주었거나, 공격을 계획했을 수 있다는 증거가 나타나고 있다고 주장했다.

전쟁 지지의 북을 울려라

신보수주의자들은 그 후 18개월에 걸쳐 이라크 침공에 대한 지지를 얻기 위해 끈질긴 홍보 캠페인을 벌였다. 2003년 4월 3일, 그들은 부시에게 확실하게 이스라엘의 안전을 후세인 정권 전복과 연결하는 또 다른 공개서한을 보냈다. 편지는 "이스라엘 정부가 테러와 싸우기 위해 벌이는 캠페인을 강한 의지로 지지해 준 데 대해 부시에게 감사한다"는 말로 시작한다. 그런 다음 "미국과 이스라엘은 공통의 적을 마주하고 있으며 동일한 전쟁을 치르고 있다"고 주장한다. 부시가 후세인을 권력에서 몰아내기 위한 계획을 서두르지 않을 경우, 이스라엘 친구들과 우리가 지금까지 겪어 온 피해가 언젠가는 훨씬 큰 공포의 전주곡에 지나지 않았음을 알게 될 날이 올 것이라며 전쟁을 촉구하고 있다. 편지는 다음의 메시지로 마무리된다. "테러에 대항하는 이스라엘의 싸움은 우리의 싸움이다. 이스라엘의 승리는 우리 승리의 중요한 부분이다. 우리는 도덕적·전략적 이유들 때문에 테러리즘과의 싸움에서 이스라엘의 편에 서야 한다."

편지의 목적은 아라파트, 빈 라덴, 후세인을 이스라엘과 미국 모두를 위협하며 언제 닥칠지 모르는 위험 요소를 안고 있는 자로 그리는 데 있었다. 이렇게 위험을 공유하고 그 위험이 점증한다고 묘사함으로써 미국과 이스라엘의 긴밀한 관계를 정당화할 뿐 아니라, 미국이 이들 세 인물을 치명적인 적으로 취급하는 것과 이스라엘이 제2차 인티파다를 강경 자세로 대응한 것이 정당한 행위임을 주장한다. 앞에서 살펴보았듯이 편지가 쓰인 2002년 4월 초에는 부시 행정부와 샤론 정부 간의 의견 충돌이 많았다. 편지 서명자 중에는 케네스 아델만, 윌리엄 베넷, 린다 차베스, 엘리엇 코헨, 밋지 덱터, 프랭크 개프니, 로엘 마크 게레흐트, 도널드 케이건, 로버트 케이건, 윌리엄 크리스톨, 조슈아 무라브치크, 마틴 페레츠, 리처드 펄, 다니엘 파이프스, 노먼 포도레츠, 제임스 울시 등 보수주의자들이 포함되어 있었다.

평소에는 신보수주의자로 보이지 않는 다른 친이스라엘 학자들도 끊임없이 전쟁 지지의 북소리를 요란스럽게 울려댔다. 전쟁에 대한 이유는 2002년 《위협적인 폭풍The Threatening Storm》이라는 으스스한 제목을 단 케네스 폴락의 책이 출간되면서 힘을 받았다. 그것은 후세인이 위험한 일을 좋아하고 비이성적이어서 그의 행동을 저지할 방법이 없다고 주장하면서 예방 전쟁만이 현실성이 있는 유일한 대안이라고 결론지었다. 폴락은 이전에 후세인 축출을 '롤백 환상rollback fantasy(1950년대 아이젠하워 행정부가 채택한 미국의 반소 외교 정책으로, 소극적인 방어에서 적극적인 공세로 전환하는 것을 주요 내용으로 하는 정책에 대한 환상)'이라고 주장하던 전 클린턴 행정부 관료였다. 그렇기에 책이 증거를 처리하는 데 있어서 편향적이라는 문제를 안고 있을망정 그가 호전적인 입장으로 전환한 것만은 특기할 만하다. 이 시기에 폴락은 미국외교협회Council on Foreign Relations에서 브루킹스연구소 사반센터 중동 정책 담당자로 자리를 옮기게 된다. 그곳에서 그와 센터 책임자 마틴 인디크는 전쟁 수개월 동안 여러 차례 특집 기사와 논편을 발표했는데, 후세인은 저지할 수 없고, UN 핵사찰로는 해결책이 못되고, 아무리 개탄스럽더라도 무력은 틀림없는 사실이라는 내용이었다.

신보수주의자와 그의 동료도 똑같은 주장을 전개했고, 이스라엘이 전쟁을 추진하기 위해 사용하는 언어를 똑같이 사용했다. 신보수주의자는 1930년대의 뮌헨을 거론하면서 후세인을 히틀러에, 전쟁 반대론자(브렌트 스코크로프트와 상원의원 척 헤이글 같은)를 네빌 체임벌린과 같은 유화론자에 비유했다. 그들은 이스라엘과 미국은 불투명한 공통의 적, '국제 테러'를 마주하고 있으며, 《뉴욕 타임스》 칼럼니스트 윌리엄 새파이어의 말을 인용하자면 "세계 테러의 중심"이라고 주장했다. 주전론자는 후세인이 미국과 이스라엘에 대해 WMD를 사용할 뿐 아니라 그것을 테러리스트에게 넘겨줄 수 있는 공격적이고 무분별한 지도자로 묘사했다. 신보수주의 논평자는 프랑스는 말할 것도 없고, UN과 UN이 이라크에 파견한 핵 사찰단을 모욕하며 외교와 다자간 공동 정책의 취약성을 역설했다. 그들은 중동이 크라우트해머의 말대로 "무엇보다도 권력이 존경받는 지역"이기 때문에 군사력만 통한다는 이스라엘의 격언을 되풀이했다.

이 분석이 대통령에게 보내는 공개서한, 신문 칼럼, 서적, 특집 기사가 정책 수립 과정에 미치는 영향력을 과장하는 것이 아니냐고 반문할 수 있다. 자주 발표되는 공개편지를 읽는 사람이 그렇게 많지는 않을 것이다. 이라크와 상관없는 기사, 사설, 미국 신문에 올리는 특집 기사가 얼마든지 있다는 것이다. 이는 잘못된 관점이다. 부시와 클린턴 대통령에게 보내는 많은 편지에 서명한 사람은 국회의 영향력 있는 정책 입안자, 입법자와 인연을 맺으면서 그들에게 영향을 줄 뿐 아니라 일부는 과거에 그들과 긴밀한 관계 속에서 일했다.

실제로 럼즈펠드, 월포위츠, 파이스를 포함해 클린턴에게 보낸 첫 번째 편지에 서명한 사람이 부시 행정부의 핵심 정책 입안자로 기용되었다. 9·11 사태에서 이라크 침공에 이르기까지 부시에게 보낸 편지에 서명한 사람은 의미 없는 소리나 지껄이는 사람이 아니다. 이는 미국의 유력지 《워싱턴 포스트》와 《뉴욕 타임스》에 이라크에 관한 기사를 자주 쓴 찰스 크라우트해머와 윌리엄 새파이어 같은 저널리스트도 마찬가지다. 그들의 견해는 《위클리 스탠더드》 같은 신보수주의 잡지에 실리는 기사와 다름없이 미국 정부 안팎의 영향력 있는 사람들에게 존재감이 있다. 외부 인사들에 의해 쓰이는 기사는 이라크 침공의 필요성에 대해 의견을 같이하는 부시 행정부 내부인의 주장을 보강하는 역할을 한다. 이런 노력의 근본 목적은 전쟁에 대한 결정이 긍정적으로 이어지도록 논쟁에서 사용되는 말을 명확히 하는 데 있다. 이는 전쟁을 위한 광범위한 캠페인의 중요한 부분을 차지했다. 전쟁이 필요할 뿐 아니라 유익하게 보이도록 함으로써 반대할 가능성이 있는 사람을 테러에 관대한 사람으로 묘사한다. 그리고 사람들에게 익숙한 도덕적·전략적 주장을 반복해 미국의 운명을 이스라엘의 운명과 연결함으로 이들의 노력은 침공에 대한 찬반 토론을 잠재우는 데 도움을 주었다.

이라크에 정보기관 상주시키기

이라크 침공 지지를 얻기 위해 벌이는 홍보 캠페인의 핵심은, 수집한 정보 자료를 후세인이 당장 위협을 가할 것처럼 보이도록 조작하는 것이다. 스쿠터 리비는 이 영역에서 중요한 역할을 담당한 사람이다. 여러 차례 CIA를 방문하고 분석가에게 압력을 가해 전쟁의 근거를 만들 수 있는 증거를 찾아내게 했다. 2003년 초, 이라크에 대한 상세한 브리핑 자료를 준비한 다음, 자료를 안전보장이사회 발표 준비를 하던 콜린 파월에게 넘겨주어 악명 높은 프레젠테이션을 하게 했다. 저널리스트 밥 우드워드에 따르면, 파월의 차석인 리처드 아미티지는 그의 지나친 과장에 어안이 벙벙할 정도였다. 리비는 단편적인 예사로운 말에서 최악의 결론만을 이끌어냈다. 리비의 지나치다 싶은 주장은 삭제했지만 훗날 파월 자신도 인정하듯이 그의 UN 발표는 오류로 가득했다.

정보 조작 노력에는 9·11 사태 이후 설립된 두 조직이 개입하고 있었다. 그 사실이 부질없이 세상을 시끄럽게 하는 신문에 유출되었고, 해당사항은 더글러스 파이스 국방부 차관에게 직접 보고되었다. 반테러 정책 평가 그룹 The Policy Counterterrorism Evaluation Group에 어쩌면 정보 커뮤니티가 못 찾아내고 놓쳤을지도 모르는 알카에다와 이라크의 연결 관계를 찾아내는 임무가 부여되었다. 리처드 펄과 긴밀한 관계인 레바논계 미국인 데이비드 웜서, 마이클 말루프가 핵심 멤버들이었다. 《뉴욕 타임스》 기자 제임스 라이즌은 "월포위츠에게 CIA를 신뢰할 수 없다는 확신을 갖게 하는 데 이스라엘 정보가 숨은 역할을 담당했다"고 말한다. 이 불만이 그가 정보가 필요할 때 아흐메드 찰라비에게 의뢰하고, 반테러 정책 평가 그룹을 만들게 했다.

특별계획국OSP은 이라크와의 전쟁에 대한 호응을 얻는 데 필요한 증거를 찾도록 지시받았다. 이 부서의 책임자는 월포위츠와 오랜 친분을 가지고 있는 신보수주의자 에이브럼 슐스키였고, 미국기업연구소 출신 마이클 루빈, 워싱턴근동정책연구소 출신 데이비드 셴커, 당시 대학교 졸업 후 총리 시몬 페레스 밑에서 일했던 마이클 마코프스키가 직원으로 있었다. OSP는 찰라비와 이라크 망명자로부터 나온 정보를 주로 이용했고, 동시에 다양한 이스라엘 정보원과 연결되어 있었다. 실제로 《가디언》은 "OSP가 이스라엘 샤론 휘하의 특별 정보 부서와 밀접한 동시 연락망을 구축하고, 부시 행정부에 모사드가 준비한 것보다 후세인에 대한 민감한 정보를 제공하기 위해 모사드조차 도외시했다"고 보도했다. 펜타곤 조사국장은 2007년 2월, OSP가 정보사회의 일치된 견해와 분명한 차이가 없는 정보를 '특별 정보 평가보고서'라는 이름으로 배포한다고 비난했다.

펜타곤과 백악관의 신보수주의자는 이라크 정보를 찰라비와 그의 동료 망명자에게 의존했을 뿐 아니라 후세인이 물러난 후 이라크의 지도자가 될 사람으로 지목했다. 반면에 CIA와 국무부는 찰라비를 정직하지 못하고 불성실하다고 간주하고 경계 대상으로 삼았다. 가혹한 것 같지만 그 판단은 후에 증명되었다. 찰라비와 이라크국가회의ᴵᴺᶜ가 미국에 거짓 정보를 제공하는 바람에 미국 점령군과의 관계가 와해되고 말았다. 찰라비는 이란에 기밀 정보를 제공했다고 비난받았다(그는 사실을 부인했다). 그가 이라크의 조지 워싱턴이 될 것으로 기대한 신보수주의자의 희망도 전쟁 전, 그들의 예언처럼 빗나가고 말았다.

신보수주의자들이 찰라비를 껴안은 이유는 무엇인가? INC 리더인 그는 오래 로비에 참여하는 개인 및 조직들과 긴밀한 관계를 유지해 왔다. JINSA와 특별한 유대를 가지고 1997년 이후 이사회, 심포지엄, 여러 행사에 게스트로 초청받았다. 그는 AIPAC, 미국기업연구소ᴬᴱᴵ, 허드슨연구소, 워싱턴근동

정책연구소WINEP과 같은 친이스라엘조직들과 밀접한 관계를 쌓아왔다. 허드슨 연구소 설립에 기여한 맥스 싱어는 찰라비를 "아랍 세계에 정통할 뿐 아니라 본질적인 서방 사람"이라고 평가했다. 궁지에 몰린 찰라비가 2005년 11월 초, 그의 여덟 번째 강연을 위해 AEI에 왔을 때, AEI 대표는 그를 "매우 위대하고 용감한 이라크의 애국자, 자유주의자, 해방자"라고 소개했다. 역사학자 버나드 루이스도 찰라비를 적극 지지했는데, 그는 바그다드가 함락된 후 INC 리더가 이라크를 책임져야 한다고 주장했다.

찰라비는 로비의 지원에 대한 보답으로 정권을 잡으면 이스라엘과 좋은 관계를 유지하겠노라고 약속했다. 파이스의 전 법률 파트너인 L. 마크 젤에 따르면, 찰라비는 예전에 이스라엘 하이파에서 이라크 모술까지 뻗어 있던 파이프라인을 복원하겠다는 약속도 했다. 이는 이라크의 정권 교체를 지지하는 친이스라엘 세력이 가장 듣고 싶어 하는 말이었다. 그 대가로 찰라비를 밀기로 한 것이다. 저널리스트 매튜 버거는 거래 관계의 진수를《주이시 저널》에 다음같이 기록하고 있다. "INC는 워싱턴과 예루살렘에서 유대인의 영향력을 활용하면서 대의에 대한 지지를 촉진할 수 있는 방편으로 관계 개선을 생각했다. 유대인 그룹은 그들 나름대로 INC가 후세인의 정권을 대신할 때, 이스라엘과 이라크 간의 관계 증진을 노려볼 기회라고 생각했다." 저널리스트 네이선 구트만은 "미국유대인 공동체와 이라크 반정부 세력은 여러 해 동안 서로의 제휴를 감추기 위해 노력했다"고 전했다.

물론 신보수주의자와 그들의 동맹국들은 공백 상태에서 활동한 것이 아니며, 그들만의 힘으로 미국을 전쟁으로 내몰지도 않았다. 앞에서 강조했듯이 9·11 사태로 부시 대통령과 체니 부통령이 외교 정책의 변화를 급격히 고려하지 않았다면 이라크 전쟁이 일어나지 않을 수 있었다. 1998년 초부터 이라크의 정권 교체를 촉구하던 폴 월포위츠 국무부 차관과 같은 신보수주의자는 9·11 사태가 일어나자, 후세인이 연루되었다는 증거가 없는데도 9·11을 후세인과 연결시켰다. 그를 전복시키는 것이 테러와의 전쟁을 승리로 이끌 수 있는 길이라고 주장했다. 로비활동은 필요조건이지만 전쟁을 위한 충분 조건은 아니었다.

대표적인 신보수주의자이자 미국 국방정책 자문위원 리처드 펄은 이라크 전쟁을 일으키는 데 있어서 신보수주의자가 담당한 역할에 대해 조지 패커와 대담하는 자리에서 이 점을 지적했다. "부시가 충분히 그럴 수 있는 상황이었던 만큼 브렌트 스코크로프트와 짐 베이커가 추천한 사람을 스태프로 썼다면 상황은 달랐을 것이다. 중요한 자리에 앉은 사람들의 아이디어를 거스르고 전쟁을 수행하지는 않았을 테니까."《뉴욕 타임스》칼럼니스트 토마스 L. 프리드먼은 2003년 5월《하레츠》의 아리 샤비트와 이야기하면서 "이라크 전쟁은 신보수주의자들이 원한 것이다. 그들이 마케팅한 것이다. 그들 25명의 이름을 제시할 수 있다. 그들은 모두 이 사무실(워싱턴 D. C.에 소재)에서 반경 다섯 블록 내에서 일하고 있다. 당신이 1년 6개월 전에 그들을 무인도로 유배시켰다면 이라크 전쟁은 일어나지 않았을 수도 있다"라고 비슷한 평가를 내렸다. 우리는 전쟁에 대한 궁극적인 결정이 내려지기까지 개인, 아이디어, 환경이 종합적으로 작용했다는 것을 알지만 전적으로 펄과 프리드먼의 견해에 동의하는 바다.

이라크 전쟁은 오일 전쟁이었나?

독자 중에는 이스라엘 로비가 이라크 침공 결정에 영향을 미쳤다는 점을 인정하면서도, 그것이 결정 과정에 차지한 비중은 무시해도 좋을 만하다고 주장할 수 있다. 실제로 많은 미국인과 외국인 관측자가 2003년 이라크 침공의 동기는 이스라엘이 아니라 '석유'라고 생각하는 것 같다. 그런 주장의 한 가지 예를 들어보자. 부시 행정부가 중동의 광대한 유전을 통제하려는 굳은 결의를 가지고 있었다. 미국이 그를 통해 잠재 적국을 대비해 거대한 지정학적 영향력을 확보할 수 있다고 믿었기 때문이다. 이 시나리오에 의하면 행정부가 이라크 정복이라는 목적 달성을 향한 커다란 행보로 판단했다는 이야기가 된다.

또 다른 주장은 이라크 전쟁을 일으킨 범죄자는 높은 유가를 통해 이익을 얻으려는 산유국, 특히 그 석유회사라는 주장이다. 이스라엘과 로비를 비판한 유대계 미국인 노엄 촘스키도 이에 찬동했다. 이 주장은 2004년 마이클 무어의 다큐멘터리 영화 〈화씨 9/11〉로 유명해졌다. 세계 경제에서 차지하는 석유의 중요성을 감안할 때 이라크 정복이 석유 때문이었다는 주장은 그럴듯해 보인다. 그러나 이 설명은 논리적·실증적이라 보기 어렵다. 2장에서 강조했듯이 미국의 정책 입안자는 누가 페르시아만의 석유를 장악하느냐에 관심을 가져왔다. 그들은 한 나라가 석유를 통제하는 것을 염려해 왔다. 미국이 걸프 지역의 많은 산유국과 밀접한 관계를 유지했지만, 부시 행정부를 포함한 미국 정부는 세계 다른 국가보다 유리한 고지를 점하기 위해 걸프 지역의 주요 산유국 정복을 진지하게 검토한 적은 없다.

어떤 결의안이라든가 금수 조치로 인해 석유가 세계시장으로 나올 수 없는 경우라면 미국이 주요 산유국 침공을 고려할지도 모른다. 그러나 이라크는 그런 경우가 아니었다. 후세인은 누구라도 사겠다고만 하면 석유를 팔기 위해 애썼다. 미국이 석유 통제권을 확보하기 위해 다른 나라를 정복하려고 했다면 큰 유전과 적은 인구를 보유한 사우디아라비아가 훨씬 매력적인 표적이었을 것이다. 게다가 빈 라덴은 사우디아라비아에서 나고 자랐으며 9월 11일, 미국을 공격한 테러리스트 19명 중 15명이 사우디인이었다(이라크인은 한 명도 없었다). 석유 통제가 부시의 진짜 목적이었다면, 9·11 사태는 사우디 공격을 위한 좋은 구실이었을 것이다.

사우디아라비아를 점령한다는 것이 간단한 문제는 아니지만 무장한 이라크 사람을 진압하는 것보다 수월했을 것이다. 석유에 대한 관심이 2002~2003년에 이라크를 침공하도록 부시 행정부를 밀어붙였다는 증거도 찾아볼 수 없다. 이와 대조적으로 1990~1991년에는 사우디아라비아의 지도자들이 군사력을 동원해서 쿠웨이트로부터 이라크를 몰아내도록 부시 대통령을 압박했음에 틀림없다. 당시 미국 정책 입안자와 마찬가지로 그들은 후세인이 사우디아라비아를 침공하고 중동 지역의 석유를 통제할 수 있다는 생각에 두려웠다.

미국 주재 사우디 대사였던 반다르 왕자는 후세인을 쿠웨이트에서 몰아내는 데 지지를 얻기 위해 친이스라엘 그룹과 긴밀하게 협력했다. 그러나 제2차 걸프전 무렵에는 이야기가 달라졌다. 사우디아라비아가 이라크에 대한 미국 군사력 동원을 공공연히 반대하고 나섰다. 전쟁이 이라크를 붕괴시키고 중동을 불안하게 할까 두려웠던 것이다. 그리고 이라크가 전쟁을 견딘다고 하더라도 시아파가 권력을 잡기 쉽다는 사실이 사우디아라비아를 이끌어가는 수니파를 걱정스럽게 만들었다. 단지 종교적인 이유가 아니었다. 그렇게 된다면 중동 지역에서 이라크의 영향력이 커질 가능성도 있었다. 사우디 국내에서 반미주의가 커지고 있는 상황에서 미국이 이라크에 대한 예방 전쟁을 일으킬 경우 악화되기가 쉬웠다.

평소 이라크나 이슬람 공화국인 이란과 같은 거대한 산유국들의 비위를 맞추려고 애써온 석유회사도 이라크 정복 결정에 앞장서지 않았다. 그들은 2003년 전쟁을 위해 로비하지 않았으며 대부분 어리석은 짓이라고 생각했다. 피터 바이나트는 2002년 9월, 《뉴 리퍼블릭》에 "미국 석유 산업이 그동안 로비한 것은 전쟁이 아니라 경제제재를 풀어달라는 데 목적이 있었다"고 적었다. 석유회사의 관심은 전쟁이 아니라 돈을 버는 데 있었다.

지역 변혁의 꿈

미국이 이라크 전쟁으로 인해 곤경에 빠져서 비싼 대가를 치르게 되리라고는 아무도 예상하지 못했다. 오히려 장기적인 관점에서 중동 질서를 미국과 이스라엘에 유익을 주는 방향으로 재편한다는 원대한 계획의 첫 단계로 시작된 것이다. 미국은 후세인을 파면시키는 것만이 목적이 아니었다. 이라크 침공과 점령을 통해 이라크를 민주국가로 변혁시켜서, 그 지역 독재 국가에 사는 사람들에게 매력적인 모델로 작용하게 만드는 것이 미국의 꿈이었다.

이라크 전쟁의 결과 폭포 같은 민주주의 도미노 현상이 일어날 것으로 예상했다. 그러나 민주주의를 확산시키려면 이라크 외에도 중동 일부 국가에 무기를 사용할 필요도 있다. 일단 전 지역에 민주주의가 정착되면 이스라엘과 미국에 친한 나라가 표준이 되면서 이스라엘과 팔레스타인 간의 갈등은 저절로 해결되고, 다른 지역 적대국은 잠잠해질 것이며, 테러와 핵 확산이라는 두 가지 문제가 대체로 사라질 것이라고 클린브레이크 연구보고서를 통해 밝혔다.

체니 부통령은 지역 변혁이라는 야심만만한 근거에 대해 2002년 8월 26일, VFW 컨벤션 연설에서 상세히 설명했다. 컨벤션은 이라크 전쟁에 대한 동의를 구하기 위해 행정부가 벌이는 캠페인 개시의 의미를 지니고 있었다. "가장 큰 위협이 사라지면 그 지역에서 평화를 사랑하는 사람들이 영속적인 평화를 가져다줄 수 있는 가치 선양의 기회를 갖게 될 것입니다. 과격 세력은 지하드 전력을 재고하게 될 것입니다. 해당 지역 중도파가 용기를 내게 될 것입니다. 이스라엘-팔레스타인 평화 절차에 추진력이 붙게 될 것입니다."

체니는 6개월 동안 여러 모임에서 이 주장을 반복했다. 부시 대통령은 이라크 전쟁의 이유를 설명하면서 지역 변혁에 대한 동일한 열정을 표시했다.

2003년 2월 26일, AEI의 청중을 대상으로 역설했다. "미국은 중동의 자유와 평화를 지키는 데 목적이 있습니다. 세계는 민주적 가치 확산에 분명한 관심을 가지고 있습니다. 안전하고 자유로운 국가는 살상의 이데올로기를 배양하지 않기 때문입니다. 민주적 가치는 평화로운 환경에서 더 나은 삶을 추구합니다. 중동에는 자유에 대한 갈망이라는 희망의 조짐이 있습니다. 이라크에서의 성공은 중동 평화를 향한 새로운 단계를 시작할 수 있게 할 것입니다. 팔레스타인의 진정한 민주적 평화를 궤도에 올려놓게 될 것입니다."

야심만만한 전략은 자유의 변혁 능력이라는 신학적인 믿음에 근거한 것으로서 이전의 미국 정책과는 극적인 대조를 보인다. 9·11 사태 전, 부시와 체니는 이를 수용할 기미를 보이지 않았다. 두 사람은 국가안보보좌관 라이스와 함께 지역 변혁의 중심 사상인 무력을 통한 민주화에 반대한 것으로 기록되어 있다. 부시는 2000년 선거운동 중 클린턴 정부가 무력을 통한 민주화를 강조한다며 날카롭게 비판한 적이 있다. 그렇다면 무엇이 이런 변화를 일으킨 것인가? 2003년 3월《월 스트리트 저널》은 "이스라엘과 로비에 참여하는 신보수주의자가 미국의 중동 정책에 대한 급격한 변화의 원동력"이었다고 말한다. 헤드라인은 모든 것을 말해준다. "대통령의 꿈은 한 정권을 바꾸는 것으로 그치는 것이 아니라 지역을 바꾸는 것이다. 이스라엘과 신보수주의자가 구상한 친미, 지역 민주화가 목표다."

중동 지역을 민주화한다는 찰스 크라우트해머의 원대한 계획은 이스라엘 정치가 나탄 샤란스키의 머리에서 나온 것으로 그의 저서는 부시 대통령에게 감명을 주었다고 전해진다. 이스라엘에서 샤란스키만 그런 목소리를 낸 것이 아니다. 후세인만 무너뜨리면 중동이 이스라엘에 유리한 방향으로 변화된다는 것이 정당을 초월한 이스라엘의 주장이다. 이스라엘 전 총리 에후드 바라크는 2002년 9월 초《뉴욕 타임스》에 쓴 글에서 주장한다. "후세인의 정권을 종식시키면 아랍 세계의 지정학적인 전망에 변화가 올 것이다. 후세인이 없는 아랍 세계에서 향후 권력을 잡는 세대의 많은 사람이 현재 페르시아만 일부 국가, 요르단이 누리기 시작한 점진적 민주화를 수용하게 될 것이다. 후세인 정권을 전복시키면 이스라엘과 팔레스타인의 갈등 해결의 실마리가 풀릴 것이다."

2002년 8월 크네세트 외교국방위원회 리쿠드 당원인 유발 슈타이니츠는 《크리스천 사이언스 모니터》와의 대담에서 말했다. "미국이 이라크를 점령하고 나면 아프가니스탄처럼 새 정권이 들어설 것이고, 이라크 군 기지를 미국이 사용하게 될 것이다. 그렇게 되면 시리아에 압력을 넣어 헤즈볼라나 이슬람 지하드 같은 테러조직에 대한 지원을 쉽게 막을 수 있을 것이다. 그것은 레바논 군에 헤즈볼라를 붕괴시킬 수 있게 함으로써 시리아의 레바논 점령을 종식시킬 수 있을 것이다. 이런 일이 실현되면 우리는 새로운 중동을 보게 될 것이다."

마찬가지로 2003년 2월 알루프 벤은 《하레츠》에 기고했다. "국가 방위 보좌관에 프라임 할레비는 이스라엘방위군IDF고급 장교들과 샤론 총리에게 이스라엘이 전쟁 후에 경이로운 장밋빛 미래를 기대할 수 있다고 선언한다. 그들은 후세인이 무너지고 이란의 아야톨라, 무마르 가다피까지 무너지는 도미노 현상을 꿈꾼다. 지도자의 몰락과 함께 테러와 WMD도 사라지게 될 것이라고 주장한다."

《뉴욕 타임스》는 할레비가 2003년 2월 뮌헨에서 "후세인의 몰락 후에 바그다드에서 발생하는 충격파가 테헤란, 다마스쿠스, 라말라까지 긴 파장을 몰고 올 것"이라고 연설한 것을 보도했다. 기사 작성자는 "이스라엘이 일단 후세인이 사라지면 도미노는 쓰러지기 시작할 것이다. 이런 희망에 따라 그 지역의 온건파와 개혁파가 각각 자기 정부에 압력을 가할 것이다. 아라파트 팔레스타인 정권도 예외가 되지 않을 것이다"라고 전했다. 《포워드》는 전쟁 직전에 펴낸 기사에서 지역 변혁과 관련한 이스라엘의 사고방식을 이렇게 정리했다. "이스라엘의 정치, 군사, 경제계 고위층은 임박한 이라크 전쟁을 정치와 경제 형세를 역전시키고 현재의 곤경에서 벗어나게 할 사실상의 기적 같은 해결사로 간주하게 되었다."

이스라엘 지도자는 주도면밀하고 경험이 많아서 위기에서 건져주는 기적을 믿지 않을뿐더러 야심 찬 계획을 찬성하지 않을 것이다. 그 지역의 복잡성을 알기 때문에 성공을 믿지 않을 것이라고 생각할 수 있다. 그러나 이스라엘 지도자는 야심 찬 계획을 가지고 지역의 지도를 재편성해 왔다. 2000년 동안 아무도 살지 않던 곳에 유대 국가를 세운다는 최초의 시온주의의 꿈은 야심 그 자체였다. 1장에서 살펴보았듯이 다비드 벤구리온은 1956년 수에즈 전쟁에서 요르단강 서안 전역, 레바논 일부, 이집트 일부를 점령하고 싶었다. 샤론은 1982년 레바논 침략으로 그곳에 친이스라엘 크리스천 국가를 세우고 팔레스타인해방기구PLO를 영원히 말살함으로써 점령 지구에 대한 이스라엘 통치를 다질 수 있다고 믿었다. 이런 역사를 감안한다면 이스라엘 지도자가 그들의 초기 계획이 실패한 곳에서 미국이 성공할 수 있다는 희망을 가진다 해도 놀랄 일은 아니다.

중동 개조를 위해 로비가 담당한 역할

2002년까지 많은 신보수주의자 역시 미국이 중동을 민주화해서 미국과 이스라엘에 더 우호적인 환경을 조성할 수 있다는 생각에 많은 기대를 걸었다. 냉전이 종식되고 1990년대가 지나가면서 중 그들이 미국 외교 정책에 환멸을 느끼며 그런 생각을 하게 된 것이다. 신보수주의자뿐 아니라 친이스라엘 그룹도 오랫동안 미군이 직접 중동에 개입해서 이스라엘을 보호해 줄 수 있기를 바랐다. 그들은 미국 군대가 그곳에 영구적으로 주둔하는 데 관심이 있었다. 그러나 냉전이 지속되면서 그런 계획을 성공적으로 추진할 수 없었다. 미국이 그 지역에서 역외 균형자로 역할을 했기 때문이다.

중동에 배치된 대부분의 미 군사력은 긴급 전개 부대의 경우처럼 가시선 밖, 즉 피해가 미치지 않는 지역에 주둔했다. 워싱턴은 중동 강국들이 상호 견제하게 함으로써 바람직한 힘의 균형을 유지했다. 레이건 행정부가 이란-이라크 전쟁(1980~1988년) 중 후세인을 지원해서 이란 혁명군에 대항한 것은 그 때문이었다.

걸프전 후 클린턴 행정부가 이중 봉쇄 전략을 채택하면서 정책에 변화가 왔다. 미국이 필요할 때마다 양쪽을 오가면서 이란과 이라크의 상호 견제를 유지하는 대신, 새 전략은 미국 군사력 해당 그 지역에 주둔시켜 한꺼번에 양쪽을 저지하는 것이다. 이중 봉쇄 아이디어를 내놓은 사람은 마틴 인디크다. 그는 1993년 5월 워싱턴근동정책연구소WINEP에서 이 전략을 발표했고, 국가안보회의NSC 근동 및 남아시아 문제 담당 국장으로 일하면서 이를 실행했다. 인디크의 브루킹스 동료 케네스 폴락이 말하듯이 이중 봉쇄는 이스라엘의 안보 염려에 대한 대응으로 채택된 전략이다. 이스라엘은 안전하다고 느낄 때에만 평화 절차를 추진할 의향이 있다는 점을 클린턴 대통령에게 분명히 했다.

1990년대 중반까지만 해도 이중 봉쇄에 대한 불만이 많았다. 그것이 서로 증오하는 두 나라가 미국을 불구대천의 원수로 여기게 만드는 전략이고, 워싱턴에 두 나라 모두를 봉쇄하는 부담을 안겨주었다. 10장에서 논할 예정이지만, 이 정책을 AIPAC과 다른 로비그룹이 수호했을 뿐 아니라 의회와 클린턴에게 그것을 강화하게 만들었다. 신보수주의자는 한발 더 나아갔다. 그들은 이중 봉쇄 정책에 진전이 없다고 주장하면서 후세인을 제거하고 민주 정부로 대체해야 한다고 설득했다. 이들의 생각은 이라크 해방 선언Iraq Liberation

Actt에 대한 지지에, 1998년 초 클린턴 대통령에게 보낸 2통의 공개서한에 반영되었다.

중동에서의 민주주의 확산이 전 지역에 평화를 회복하는 길이라는 믿음이 신보수주의 세력권 안에서 뿌리 내리고 있었다. 냉전 후에 소수의 신보수주의자가 아이디어를 보급시키려 했지만 1990년대 후반까지 지지를 얻지 못했다. 이런 사고는 1996년 일단의 신보수주의자가 네타냐후를 위해 쓴 클린브레이크 연구보고서에 나타나 있다. 이라크 침공이 최대 관심사가 된 2002년까지 지역 변혁은 신보수주의자의 신앙이 되었으며, 미국 외교 정책의 중심축이 되게 했다. 그 결과 이스라엘 지도자, 신보수주의자, 부시 행정부 모두는 이라크 전쟁을 '중동 개조'라는 야심 찬 캠페인의 첫 단계로 간주하게 되었다.

결론

이라크와 더 넓은 지역에 대한 부시 행정부의 구상은 충격적인 실패의 연속이었다. 미군이 패배한 전쟁에 갇혀 있을 뿐 아니라 앞으로도 중동 전역에 민주주의를 수출할 것 같지도 않다. 이란은 잘못된 모험의 수혜자가 되었고, 핵무기 보유에 대한 열의는 여전히 식지 않고 있다. 이란과 마찬가지로 시리아도 워싱턴과 불편한 관계에 있다. 두 나라 모두 미군이 이라크의 수렁에 빠져 헤어 나오지 못하게 하는 데 강한 관심을 가지고 있다. 하마스가 가자 지구를 장악하고 있는 상황에서 팔레스타인 당국은 분열 현상을 보였다. 그 결과 이스라엘과의 평화는 요원해지고 있으며, 2006년 전쟁에서 이스라엘과 용감히 맞선 헤즈볼라는 레바논에서 그 어느 때보다 강력한 지위를 확보하고 있다. 라이스 전 국무장관의 애처로운 표현대로 새로운 중동의 산고를 목격할지 모른다. 그것은 틀림없이 미국이 이라크를 침공하기 전보다 훨씬 불안정하고 위험스러운 상황일 수밖에 없다.

이라크와의 전쟁은 이스라엘에도 좋지 않은 결과를 가져왔다. 특히 중동 지역에서의 이란의 입지를 강화시켰다는 점에서 그렇다. 2007년 초 《포워드》는 이스라엘에는 후세인이 권력을 박탈당한 후 유대 국가가 큰 위험에 빠지게 되었다는 합창이 점점 크게 울리고 있다고 전했다. 전쟁 전 AIPAC의 뉴스레터 《니어 이스트 리포트》와의 인터뷰에서 후세인 축출을 주장한 이스라엘인이자 이라크 전문가인 아마치아 바람은 말했다. "오늘(2007년 1월) 알고 있는 사실을 그때 알았다면, 전쟁을 부추기지 않았을 것이다. 후세인은 생각했던 것보다 훨씬 덜 위험한 사람이었다." 그는 이라크 침공이 예상한 것보다 훨씬 많은 테러를 유발했다고 인정했다. 2006년 2월, 이스라엘 비밀 정보 기관인 신벳은 후세인을 그리워하지 않는다고 장담할 수 없다고 말했다.

미국이 비참한 상태를 탈피하지 않으면 안 되는 상황에서, 부시 행정부는 이란 및 시리아와 대화하고, 이스라엘-팔레스타인 갈등 해결을 위한 노력을 경주하라는 압력을 받았다. 신보수주의자와 이스라엘인은 예루살렘으로 가는 길이 바그다드로 통한다고 믿었다. 미국이 이라크와의 전쟁에서 승리하게 되면 팔레스타인은 이스라엘에 제시하는 조건에 따라 평화를 조성할 수 있다고 믿었다. 그러나 양원 이라크 연구단체, 당시 영국 총리 토니 블레어, 그 외 많은 사람이 그 반대를 믿었다. 바로 바그다드로 가는 길이 예루살렘과 통한다는 믿음이다. 실질적인 팔레스타인 국가 건설을 승인하는 것이 미국과 이라크, 다른 중동 지역 문제를 해결하는 데 도움이 된다는 것이다. 이스라엘과 로비는 이라크에서 미국이 경험하는 문제가 팔레스타인과 관계없다고 고집하며 이 주장을 격렬하게 공격했다.

이라크 연구단체의 보고서가 발표되기 직전인 2006년 11월, 《하레츠》는 "미국이 팔레스타인의 현 상태를 변경하지 않도록 새 의회의 다수당인 민주당을 대상으로 유대인 로비스트들이 로비해 주었으면 하는 것이 총리 에후드 올메르트의 바람"이라고 보도했다. 마찬가지로 친이스라엘 그룹은 여전히 이란과 시리아가 워싱턴의 모든 요구를 받아들일 때까지 그들과의 대화를 거부해야 한다고 주장했다.

부시 행정부는 이라크에서 철수하라는 압박을 크게 받았지만 이스라엘 지도자들은 그대로 주둔해서 임무를 완수해야 한다고 주장했다. 이유가 무엇인가? 미군의 철수가 이스라엘의 안보를 해칠 수 있다는 생각 때문이다. 당시 이스라엘 외무장관 치피 리브니와 총리 올메르트는 2007년 3월 AIPAC 연차 총회에서 이 점을 분명히 했다. 리브니는 "인상이 중요하게 작용하는 지역에서 약점을 드러내고 과격 분자들에게 항복한다는 인상을 주지 않도록 조심해야 한다"고 강조했다.

올메르트는 훨씬 퉁명스러운 표현을 썼다. "이스라엘에 관심이 있는 사람은 (⋯) 전 중동 지역의 안전을 염려하는 사람은 미국이 이라크에서 성공적인 전쟁을 이끌고 퇴장해야 한다고 생각한다. 미국이 이라크에서 성공할 때 이스라엘은 안전하다. 이스라엘의 친구들은 그 사실을 안다. 이스라엘을 염려하는 친구들은 그것을 안다." 비평가들은 이런 올메르트의 말을 혹평했다. 그의 발언이 이스라엘이 미국의 이라크 침공을 지지했다는 추가 증거를 제시해 주었기 때문이다. 《하레츠》에 기고하는 브래들리 버스턴은 미국의 이라크 논쟁을 부추기는 올메르트에게 화가 나 있었다. 총리에 대한 그의 메시지는 간단했다. "제발 입 다물고 물러서라." 올메르트는 2006년 11월, 백악관 방문 중 미국이 이라크에서 이룬 위대한 과업이 중동에 가져다준 안전에 감명을 받고 고무되어 있다고 말함으로써 미국의 지속적인 이라크 주둔에 대한 지지를 표했다.

한결같이 이스라엘을 지지해 온 사람 중에서도 올메르트의 호전적인 발언에 불쾌한 감정을 드러낸 사람이 있다. 하원의원 개리 애커먼은 말했다. "충격적이다. 매우 비현실적인 관점이다. 우리 대부분은 우리 정책이 미국에 완전하고도 총체적인 재앙이라고 인식하고 있다." 미국인이 전쟁에 대한 애커먼의 감정을 공유한다고 생각하면 일부 이스라엘인, 그들의 미국 동료들이 이스라엘을 이라크 재앙의 책임으로부터 벗어나게 하려고 역사 기록을 수정하려고 애써온 사실은 놀랄 일이 아니다. 2007년 3월《예루살렘 포스트》편집자 데이비드 호로비츠는 〈이스라엘이 이라크 전쟁을 일으키도록 미국을 부추겼다는 거짓된 견해〉라는 글을 썼다.

마찬가지로 이스라엘의 사피르대학교 총장을 역임한 중동 전문가 샤이 펠드만은 2006년 여름《워싱턴 포스트》의 글렌 프란켈에게 말했다. "이것 봐요. 이스라엘은 이라크 전쟁을 위해 아무도 동원하지 않았어요. 이 문제를 놓고 이스라엘을 신보수주의자들과 연결시키는 것은 터무니없어요. 이스라엘은 이라크를 위험하다고 생각한 일이 없고, 더욱이 부시 행정부의 민주주의 의제를 지지하는 데 관심도 없었어요." 이 견해는 의심의 여지없이 이스라엘의 이해와 이스라엘이 직면하는 위협에 대한 펠드만의 신념을 반영한다. 하지만 우리가 설명한 것처럼 이는 전쟁을 앞두고 이스라엘 지도자가 실제로 말하고 행동한 것과는 정반대다.

WINEP의 연구원 마틴 크레이머는 이스라엘과 로비를 이라크 전쟁과 연결짓는 어떤 시도도 허위일 뿐이라고 주장하면서, 이라크 전쟁이 발발하기 전이란이 더 큰 위협을 준다고 주장하는 바람에, 이스라엘은 미국과 끊임없는 의견 충돌을 경험했다고 전한다. 그러나 이란에 대한 염려 때문에 이스라엘이 전쟁으로 향한 행군을 중단시키기 위해 진지한 노력을 기울인 적은 없다. 이스라엘 고위 관료는 미국이 후세인을 추적할 뿐 아니라 최후의 순간에 겁을 먹지 않도록 힘이 닿는 한 최선을 다했다.

그들은 이라크를 심각한 위협으로 생각했고 부시가 이라크와의 전쟁을 마무리한 후에 이란을 처치해야 한다고 확신하고 있었다. 미국이 이라크보다 이란에 초점을 맞추기를 원했을지 모르지만, 크레이머가 인정하듯이 이스라엘은 후세인의 사망 소식에 눈물을 흘리지 않았다. 오히려 그들의 지도자는 이라크에 대한 정보를 수집하고, 전쟁에 대한 제동을 걸기 위해 방송국을 찾아가고, 특집 기사를 싣고, 의회에서 증언하고, 펜타곤과 부통령 집무실의 신보수주의자들과 긴밀하게 협력했다. 텔아비브대학교 산하 재피전략연구센터의 이스라엘 전략가 요시 알퍼는 전 총리 샤론이 이라크 침공에 대해 유보적이었으며, 부시에게 전쟁을 일으키지 말라고 사적으로 경고했다고 주장한다. 알퍼는 샤론이 자신의 염려를 거리낌 없이 털어놓았으면 전쟁을 막을 수 있었을지 모른다고 암시를 주었다. "샤론이 이스라엘의 이익을 해치는 위험을 거론하며 공개적인 비판을 했다면 전쟁 전에 미국과 세계가 벌인 논쟁이 달라지지 않았을까?"

이라크를 점령하면서 나온 편리한 변명이지만 샤론이 이라크를 공격하지 말라고 부시에게 조언했다는 공문서의 기록은 없다. 이스라엘 지도자와 그의 핵심 보좌관이 전쟁을 강력히 지지했고 빠른 시일 내에 전쟁을 시작하라고 부시를 부추긴 적지 않은 증거가 있다. 샤론이 그 전쟁을 잘못이라고 생각했다면 대변인이 이라크의 WMD 위험을 강조하고, 샤론이 공격을 지연시키는 것이 미래의 행동에 편리한 환경을 조성하지 않을 것이라고 부시 행정부에 경고했다는 것인가?

샤론이 막후에서 공적인 발언과 다른 주장을 한 가능성은 있다. 바그다드가 함락된 후, 혹은 전쟁 시작 전에는 샤론이 전쟁에 반대한다는 말이 새어나왔을 것이므로 그럴 가능성은 없다. 샤론은 자신의 견해를 밝히는 것이 미국과 불화를 일으키는 한이 있어도 침묵을 지키는 경우가 없었기 때문에, 이라크 침공 결정이 이스라엘에 해가 된다고 생각했다면 공석에서 침묵을 지켰으리라고 믿기 어렵다. 요컨대 어떤 사실과 논리도 알퍼의 주장을 뒷받침하지 않는다.

이라크 재앙의 유발자가 책임을 부인하는 지금, "승리는 1000명의 아버지를 갖지만, 패배는 1명의 고아만을 남긴다"는 존 F. 케네디 대통령의 서글픈 말이 어느 때보다 적절하게 다가온다. 실제와 달리 이라크 전쟁이 언제나 실수로 보이지는 않았다. 2003년 봄, 몇 달 동안 미국은 놀랄 만한 승리를 거둔 것처럼 보였고 이스라엘 옹호자는 전쟁에 대한 책임을 부인할 필요가 없었다. 이스라엘의 핵심인사와 미국에 있는 동료는 이 짧은 기간을 기회 삼아 미국의 군사력을 동원해서 시리아와 이란을 압박하도록 부시 행정부에 압력을 가했다. 두 불량 국가도 후세인 정권과 동일한 운명을 맞게 하고 싶은 생각이었다. 이제 이스라엘 로비가 어떻게 시리아에 대한 미국 정책에 영향을 주었는지 살펴보고, 이어서 이란의 경우를 생각해 보기로 하자.

시리아
겨냥하기

TAKING AIM
AT SYRIA

미국은 50년 가까이 시리아와 껄끄러운 관계를 유지해 왔다. 시리아의 바스 정권은 냉전 중 소련의 핵심 고객이었고 독재 정권은 과거에 심각한 인권유린 행위를 저질렀다. 지금도 자국민의 기본적인 자유권마저 거부하고 있다. 부시 대통령이 시리아를 악명 높은 '악의 축'에 포함시키지는 않았지만 시리아는 미국의 이익을 위협하는 불량 국가로 거론된다. 미국의 대시리아 정책은 2001년 11월 이후 적대적이었다. 2003년 4월, 바그다드 함락은 미국이 다마스쿠스도 공격할지 모른다는 추측을 부채질했다. 이라크에서 상황이 악화되자 잠잠해졌지만, 다마스쿠스와의 관계는 개선되지 않고 대결 국면은 일상이 되었다.

만약 객관적인 안목으로 시리아를 바라본다면, 아랍 국가와 엄격하게 적대적인 관계를 유지하는 것이 미국에 유리한 것인지 확실하지 않다. 워싱턴과 다마스쿠스가 특별히 친밀한 관계는 아니지만 상호 이익을 위해 협력해 왔고, 시리아의 소박한 군사력이 미국의 중요한 이익에 심각한 위협이 되지는 않았다. 현 상황에서 보더라도 시리아와 똑같이 밉살스런 중동과 다른 지역 독재자가 미국의 보호를 받고 있는데 왜 시리아만 정권 교체 후보로 지목을 받는지 이해하기 어렵다.

시리아에 대한 부시 행정부의 부단한 적대감은 전략적으로 현명하지 못하다. 시리아는 아랍과 이슬람 세계에서 미국의 지위를 손상시켰고, 핵무기 확산을 저지하기 위한 미국의 노력을 방해했다. 이라크가 안정화하기 힘들게 했고, 미국의 테러 문제를 악화시켰다. 미국 내에서 외교 정책의 노선을 바꿔 다마스쿠스와 잠정 협정을 추구하라고 부시 대통령에게 요구하는 목소리가 높아진 것은 놀랄 일이 아니다. 이라크 연구단체는 2006년 12월, 부시 대통령에게 시리아와 조건 없는 외교적 대화를 적극 추진하라고 요구했다. 같은 달, 4명의 미국 상원의원이 다마스쿠스를 방문하고 당시 시리아 대통령 바샤르 알아사드와 대담했다. 2007년 4월에는 하원의장 낸시 펠로시가 친이스라엘로 명성이 높은 톰 랜토스와 헨리 왁스만을 포함한 6명의 하원 양당 대표를 이끌고 시리아를 방문해서 알아사드와 평화 절차 추진과 관련한 대화를 나누었다.

이스라엘과 로비는 저항이 있었음에도 시리아와 갈수록 대치하는 정책을 추구하도록 부시 행정부를 밀어붙이는 데 중심 역할을 했다. 그런 행위가 귀중한 협력 관계를 저해하는데도, 로비는 미국이 다마스쿠스를 소외시키고 압력을 넣도록 노력해 왔다. 이런 압력이 아니었다면 워싱턴의 대시리아 관계는 현재와 달랐을 것이고 미국의 국익과도 조화가 되었을 것이다. 로비의 영향력이 덜했더라면 미국과 시리아가 동맹국이 될 수 없을지는 몰라도 실용적이고 상호 이익이 되는 관계가 되는 것은 수월했을 것이다.

시리아의 위협

시리아는 심각한 군사적 위협이 아니다. 시리아의 국방비는 이스라엘의 5분의 1에도 못 미치며, 육군과 공군력은 전쟁이 일어나면 이스라엘방위군IDF이 쉽게 제압할 수 있는 수준이다. 1982년 레바논 침공 당시 IDF는 힘들이지 않고 시리아군을 패주시켰다. 그 전쟁은 시리아가 소련이라는 후원자로부터 원조를 받고 있을 때 일어났다. 그러나 다마스쿠스는 소련이 붕괴된 후에도 자력으로 버티고 있는 반면, 이스라엘은 매년 미국의 원조를 받는다. 이스라엘과 시리아의 전쟁은 상대가 되지 않는다. 시리아의 지도자가 이스라엘의 도발을 피하기 위해 노력하는 것도 그 때문이다.

미국의 경우 시리아를 패배시키는 것이 훨씬 쉬울 것이다. 이란 또는 후세인이 통치하는 이라크보다 약한 시리아 군대는 1982년 이스라엘의 공격을 받고도 심각한 적대적 행동을 보이지 않았다. 시리아는 이란이나 후세인 치하의 이라크와 달리 인구로 보나 재정 능력으로 보나 중동의 패권을 다툴 만한 형편이 아니다. 미국과 이스라엘을 괴롭힐 수는 있지만, 두 나라에 심각한 위협을 제기할 만한 자원이 없다. 핵무기 프로그램도 가지고 있지 않은 시리아가 장래에 누구를 공격하리라고 생각할 이유가 없다. 시리아는 1973년 이집트에서 입수한 화학 무기가 있고 생물학 무기 프로그램을 가지고 있을 수 있다. 시리아는 다량의 탄도 미사일을 보유하고 있어서 미국은 아니더라도 이스라엘과 인접 지역 다른 국가를 화학 무기로 공격할 수 있다. 이스라엘은 화학, 생물학, 핵무기를 자체에 보유하고 있어서 시리아로부터 받을 수 있는 것보다 많은 피해를 시리아에 줄 수 있기 때문에 시리아의 위협을 걱정한 적이 없다.

이스라엘은 시리아의 화학 무기에 대처할 효과적인 수단을 보유하고 있다. 시리아가 문제가 된다면 헤즈볼라를 대표로 하는 테러조직과 하마스, 이슬람 지하드를 지원한다는 사실 때문이다. 실제로 하마스의 지도자인 칼레드 마샬이 다마스쿠스에 2012년까지 살았다. 이들 모두가 이스라엘을 위협하는 것은 사실이지만 알카에다와 달리 헤즈볼라를 포함해 어느 조직도 미국을 직접 위협하지는 않는다. 히브리대학교 시리아 전문가 모세 마오즈는 "시리아도 성자가 아니라는 사실을 모르는 사람이 없지만 헤즈볼라는 대체로 이스라엘에 위협적인 존재"라고 말한다. 빈 라덴은 수니파이자 이슬람 근본주의자인 반면, 알아사드는 종교적으로 중립적 위치에 있는 세속 국가의 시아파 리더라는 점에서 시리아와 알카에다는 숙적이다.

알카에다는 시리아에서 20여 년간 바아스 정부를 상대로 투쟁해 온 이슬람 테러 그룹 시리아 무슬림 형제단과 연결된 것으로 알려지고 있다. 다마스쿠스와 워싱턴이 알카에다라는 공통의 적을 가지고 있다는 점을 감안할 때 9·11 사태 이후 시리아가 빈 라덴에 대한 중요한 정보를 부시 행정부에 제공하기 시작했다는 사실이 이해된다. 테러와의 국제 전쟁과 관련한 허풍과 달리 시리아가 '국제적 테러리즘', 즉 미국과 이스라엘을 공격 목표로 삼는 테러 그룹과 국가의 국제적인 네트워크를 지원한다는 것은 잘못된 주장이다. 시리아는 이스라엘만을 목표로 하는 특별한 테러조직을 지원한다. 시리아가 이라크 폭동을 지원한다는 의미에서 미국에 심각한 위협이 된다고 주장하는 사람이 있을지도 모른다. 그러나 다마스쿠스가 이라크 폭동을 지지하고 있다는 결정적인 증거가 없기 때문에 부시 행정부가 이란을 지지자로 지목했다. 그것이 국경을 가로질러 이라크로 흘러가는 일부 전투기와 무기에도 눈감을 수 있는 이유일지 모른다.

워싱턴은 9월 11일 이후 다마스쿠스에 적대적인 정책을 추구했다. 이 상황이 이라크에 주둔하고 있는 미군을 다급하게 만들 명분을 시리아에 주었다. 그러나 궁극적으로 시리아는 이라크에서 미국이 겪는 고통의 원인이 아니며, 부시 대통령과 참모들이 알아사드 정권을 위협하지 않는 한 다마스쿠스는 미국의 이라크 점령을 훼방하는 데 관심을 보이지 않을 것이다. 요컨대 시리아는 미국의 진정한 위험이 아니다. 그들이 세계 최강국에 싸움을 걸 이유가 없다. 1990년대 이후 다마스쿠스는 워싱턴과 비교적 좋은 관계를 유지했다. 시리아는 1991년 이라크와의 전쟁에서 미국과 연합해 싸웠고, 미국이 다마스쿠스와 예루살렘 간 평화를 위한 중재자로 나선 1990년대에는 경계를 했을망정 거짓 없는 관계를 유지했다.

클린턴 대통령은 1994년 10월에 당시 대통령 하페즈 알아사드를 만나러 다마스쿠스를 방문했든데, 미국-시리아 간 정상회담은 미국 대통령으로서 20년 만에 처음 있는 일이었다. 클린턴은 "대화에 새 에너지 주입이 필요하다는 확신이 있어서 그곳에 갔고, 확신을 가지고 떠나왔다"고 말했다. 시리아가 안전보장이사회의 비상임이사국이던 2002년 가을, 후세인이 통치하는 이라크에 UN 무기 사찰단을 들여보낸다는 UN 결의안 1441호에 찬성표를 던졌다. 부시 행정부가 2005년 레바논에서 시리아를 몰아내는 데 결정적인 역할을 했지만, 미국은 여러 해 동안 시리아의 도움을 얻어 레바논 내전(1976~1989년)을 종식시키고 평화를 유지할 수 있었다.

시리아 대통령 알아사드는 미국의 적이 되는 데 흥미가 없다. 전 부시 행정부 관료이자 최고의 시리아 전문가로 꼽히는 플린트 레버레트는 말한다. "바샤르 알아사드는 계속해서 미국과 더 좋은 관계에 관심을 표명해 왔다. 그러한 관심은 부친 하페즈 알아사드의 뜻과 완전히 일치하며 시리아의 전략적 필요와 관련해서도 일관성이 있다. 관계 증진이 내적 개혁이라는 알아사드의 장기적 야망을 이루기 위해서도 결정적인 중요성을 갖는다." 2003년 다마스쿠스의 집무실로 알아사드를 찾아간 저널리스트 시모어 허시는 그가 자신과 국가의 이미지를 바꾸고 싶어 했기 때문에 대화 추구에 진지하다는 사실을 알았다.

1990년대 이후로는 시리아가 이스라엘과의 평화협상을 원했다. 2000년 초에 협정이 성사될 뻔했는데, 당시 이스라엘 총리 에후드 바라크가 마지막 순간에 몸을 사렸다. 그 후로 시리아인은 협상을 재개해 서로의 차이점을 조정하자고 제안했으나 바라크의 후임자인 아리엘 샤론과 에후드 올메르트는 거절하고, 시리아에 대한 적대적 정책을 추진했다. 이스라엘 지도자는 미국을 압박해서 다마스쿠스를 위험한 적국으로 취급하게끔 했다.

이스라엘과 골란고원

워싱턴, 예루살렘, 다마스쿠스 간에 얽힌 복잡한 관계의 진면목과 로비가 담당한 역할을 이해하기 위해서는, 이스라엘이 2000년 시리아와의 평화협정에서 서명 직전까지 갔는데 어째서 그 이후 알아사드와 대화하기를 꺼렸는지 이해할 필요가 있다. 이스라엘과 시리아 간의 갈등의 뿌리는 골란고원에 있다. 이스라엘은 1967년 전쟁에서 그 땅을 시리아로부터 탈취하고 8만 명의 시리아인을 그들의 고향에서 쫓아냈다. 1981년 이스라엘은 골란고원에 이스라엘의 법과 사법권, 행정권을 적용하면서 '골란고원 법'을 통과시켜 본질적인 합병이 이루어졌다. 지금은 32개의 정착촌과 1개의 도시가 형성되어 1만8천 명의 유대인 정착민이 살고 있다(2006년 기준. 2021년 현재 2만7천 명으로 집계됐다).

시리아는 영토를 되찾기 위해 하마스와 헤즈볼라 같은 테러 그룹을 지원한다. 시리아군이 이스라엘을 위협할 수 있는 수준이 못되므로 테러 그룹은 이스라엘에 압력을 가할 수 있는 유일한 수단이다. 1994년 이스라엘 총리 이츠하크 라빈은 양국의 완전한 관계 정상화를 조건으로 시리아에 골란고원 전체를 돌려주기로 원칙적으로 합의했다. '라빈 서약'으로 널리 알려진 합의는 이스라엘이 1967년 6월 4일, 국경까지 철수할 때 시리아는 헤즈볼라, 하마스, 이슬람 지하드에 대한 모든 지원을 중단한다는 의미를 담고 있다.

라빈은 1년 뒤 암살당했지만 그의 후임자 시몬 페레스와 베냐민 네타냐후는 1967년 6월 4일, 국경까지 철수하겠다고 다짐했다. 페레스는 그 일을 실행에 옮기기에는 재임 기간이 짧았고, 네타냐후는 여러 이유로 큰 비중을 두지 못했다. 네타냐후의 후임자 에후드 바라크도 1967년 국경까지 완전히 철수할 의도는 없었지만, 실질적으로 골란고원 전체를 돌려줄 의향이 있었다.

이스라엘과 시리아의 관계는 양국이 합의를 끌어낸 데서 알 수 있듯이

1990년대 후반에는 그렇게 나쁘지 않았다. 클린턴 행정부는 협상 절차에 개입하고 최종 합의를 성사시키는 데 전념했다. 카터 전 대통령이 1979년 캠프 데이비드에서 이집트와 이스라엘 간 합의를 추진한 것과 유사했다. 이것은 시리아가 일당독재제이고 클린턴 행정부가 민주주의 확산에 전념했던 상황인데도 양국이 이 시기에 좋은 관계를 유지했음을 의미한다. 이스라엘은 다마스쿠스와 워싱턴 간의 진지한 관계를 실제로 환영했다. 미국이 오래 끌어온 시리아와의 분쟁을 해결해 주기를 원했기 때문이다.《뉴욕 타임스》는 클린턴 대통령이 1994년 10월, 다마스쿠스를 방문한 후 "이스라엘이 클린턴의 여행을 시리아와의 관계 진전을 위한 여행으로 본다"는 점을 분명히 했다.

1999년 가을, 클린턴은 이스라엘과 시리아 간의 협정을 성사시켰다고 생각했다. 바라크에게 강력히 권해서 양측을 2000년 1월 초, 웨스트버지니아 주 셰퍼즈 타운에서 만나게 했다. 그러나 바라크는 골란고원을 시리아에 되돌려 주는 사안에 대한 이스라엘의 여론이 냉담하다는 것을 알아챈 후 태도가 경직되었다. 협상 절차를 지연시키면서 자신이 힘든 중재자의 입장에 있다는 사실을 보여주려고 애썼다. 회담은 좌절될 수밖에 없었다. 클린턴의 중동 협상의 책임자였던 데니스 로스는 "바라크가 겁을 먹지 않았으면 2000년 1월에 협정이 이루어졌을 것"이라고 말했다. 2달 후 알아사드와 클린턴 간의 후속 회담은 소득이 없었다. 시리아 지도자가 바라크를 신뢰할 수 없게 되었다는 사실이 주요인이었다. 클린턴은 협상 좌절의 책임이 시리아가 아닌 이스라엘에 있음을 분명히 했다.

골란고원은 영원히 우리 손에

2001년 2월, 샤론이 바라크의 뒤를 이어 총리가 되었다. 이러한 변화의 과정에서 이스라엘과 시리아의 관계는 나빠졌고, 시리아와 미국의 관계 역시 손상되었다. 샤론은 4명의 전임자와 달리 골란고원을 되돌려 줄 의향이 없었다. 그는 "그때 무슨 조건을 제시받았건, 아무리 상상력을 발휘해도 있을 수 없는 일이었다"고 말했다. 샤론의 후임자인 에후드 올메르트는 "골란고원은 영원히 우리 손에 머무를 것"이라고 했다.

논란거리인 영토를 '이스라엘의 일부로 유지해야 한다'는 주장은 이스라엘 우익의 폭넓은 지지를 얻고 있다. 2007년 3월, EU 협의회 사무총장 하비에르 솔라나가 1967년에 시리아 잃어버린 영토를 되찾을 수 있도록 돕고 싶다고 했을 때, 리쿠드당 크네세트 회원인 이스라엘 카츠는 "이스라엘은 절대로 골란고원에서 물러서지 않을 것이다. 골란고원은 이스라엘의 안보와 수호를 위해 절대 없어서는 안 될 지역이다"라고 반응했다. 베냐민 네타냐후는 골란고원이 이스라엘 영토로 남아 있어야 한다고 믿는 게 분명하다. 이스라엘 여론도 골란고원을 보유해야 한다는 쪽이 우세하다. 2006년 10월과 12월에 여론조사의 결과, 시리아와의 평화를 조건으로 골란고원에서 철수하는데 약 65% 이상이 반대했다.

철수에 완고히 저항하는데 이스라엘 집권층 내부, 특히 군부 내에는 협상을 통한 갈등 해결을 지지하는 사람이 많다. 2004년 IDF 참모총장은 "이스라엘은 골란고원 없이 자체 방어가 가능하며, 시리아와 평화조약에 서명하는 쪽이 안전할 것"이라고 말했다. 그렇게 할 때 이스라엘이 오랜 적과 정상적인 관계를 형성할 수 있을 뿐 아니라 헤즈볼라, 하마스, 이슬람 지하드는 더이상 시리아의 지원을 받지 못하게 될 것이다. 헤즈볼라가 시리아의 지원을 받지 못하면 이란의 무기 공급도 힘들어질 것이다. 더 중요한 것은 시리아가 레바논에서 영향력을 행사함으로써 헤즈볼라를 제어할 수 있게 된다는 사실이다. 이런 주장은 헤즈볼라가 이스라엘을 교착 상태에 빠뜨렸던 2006년 전쟁 후에 상당히 긴급하게 제기되었다.

그때 전 참모총장과 전 이스라엘 정보기관 신벳 책임자를 포함해 영향력 있는 이스라엘 인사가 시리아와의 '평화계획포럼'이라는 조직을 창설했다. 조직의 목적은 이스라엘 정부를 설득해서 시리아의 평화 제안에 반응하게 하고 가능하다면 다마스쿠스와 예루살렘의 평화협정을 이끌어내는 데 있었다. 올메르트 정권의 국방장관인 아미르 페레츠처럼《하레츠》도 다마스쿠스와의 협상에 지지 입장을 고수해 왔다.

이스라엘의 지도층이 시리아에 골란고원을 반환할 의사가 없는 만큼, 그들은 다마스쿠스와의 평화협상을 재개하는 데 흥미가 없다. 대화할 이유가 없는 것이다. 그들은 비타협적인 태도를 정당화하기 위해서 시리아를 신뢰할 수 없고 무력밖에 모르는 불량 국가로 묘사하고 있다. 2004년 초에 워싱턴 주재 시리아 대사가 평화를 이야기할수록 공격을 받는다고 한 것은 당연한 이야기다. 시리아를 다루는 최선의 정책은 협력이 아닌 충돌이라는 것이 이스라엘 지도자의 시각이다. 그들은 부시 행정부가 동일한 시각을 갖도록 하는 데 관심이 있다. 이스라엘이 시리아와의 협상을 선호한 1990년대 말과는 대조적으로, 2001년 이후 이스라엘과 많은 미국 지지자가 미국 정부를 설득해서 시리아를 위험한 적국으로 취급하도록 하는 데 힘을 기울였다.

평화협정을 원하는 시리아와 반기지 않는 이스라엘

시리아는 여전히 골란고원을 되돌려 받기를 원하고 있다. 이스라엘과 대화를 재개하고 라빈서약의 노선을 기초로 협상에 의한 평화협정을 이끌어내기 위해 시도해 왔다. 그러나 이스라엘 지도자는 시리아와 대화하는 것조차 반기지 않았다. 시리아로부터 평화 제의가 있던 2003년 12월 초, 군 통신원 제브 시프는《하레츠》와의 대화에서 술회했다. "시리아 대통령의 회담 재개제의와 관련해서 가장 놀라운 일은 이스라엘의 공적인 반응이다. 총리 아리엘 샤론은 침묵을 지켰다. 그의 입에서 한마디 말도 들을 수 없었다. 우리는 한결같이 제안을 기다려 왔다."

알아사드 대통령은 2006년 12월 중순, 이탈리아 신문 《라 리푸블리카La Repubblica》와의 인터뷰에서 "시리아와 대화하라, 많은 이스라엘인이 말하듯이 허세라고 생각해도 잃을 것은 없다"며 올메르트에게 대화를 촉구했다. 동시에 시리아 외무장관은 《워싱턴 포스트》와의 대담에서 "시리아는 전제조건 없이 이스라엘과 대화를 시작할 용의가 있다"고 말했다. 이런 사실로 미루어 볼 때 시리아의 협상 태도가 달라진 것으로 해석된다. 올메르트는 대화 재개의 기회를 거부했고 부시 대통령에게 책임을 떠넘겼다. 외무장관은 부시가 시리아와의 협상을 금지했다고 말한다. 이스라엘인에 의해 되풀이된 총리의 발언은 부시에 대한 충성심만 아니라면 알아사드와 대화할 수 있다는 의미가 담겨 있다.

이 주장은 설득력이 없다. 워싱턴이 이스라엘에 시리아와 대화하지 못하게 한 사실을 이스라엘 주재 미국 대사가 부인했을 뿐 아니라, 이스라엘은 습관적으로 극히 중요한 이해관계가 얽혀있을 때 어떤 미국 지도자의 말도 듣지 않는다. 무엇보다 중요한 것은 올메르트가 진정으로 시리아와의 의미 있는 평화 회담에 관심이 있다는 증거를 찾아볼 수 없다는 점이다. 《하레츠》의 알루프 벤의 표현에 의하면, "이스라엘 정부의 한 고위 관료는 이스라엘은 시리아와 대화하겠다고 미국의 승낙을 요청한 일이 한 번도 없는데, 대화의 필요성에 대한 확신이 없기 때문"이다. 총리의 협상 거부는 이해할 만하다. 협정에 가격표가 붙기 때문이다. 그것은 바로 골란고원의 포기를 의미한다. 올메르트는 양보할 의사가 없었다. 《하레츠》의 기자 기드온 사메트는 "올메르트가 부시를 들먹이며 변명거리를 찾은 것은 골란고원으로부터 내려올 마음이 없다는 진짜 이유를 드러내고 싶지 않기 때문"이라고 전한다.

시리아가 이스라엘과 평화협상을 원하는 반면 이스라엘이 그 기회를 잡으려 하지 않는다는 또 다른 증거가 2007년 1월에 드러났다. 이스라엘 신문은 이스라엘과 시리아가 2004년 9월과 2006년 7월 사이에 양국 간의 협정 제안을 목적으로 유럽에서 비밀리에 만났다고 보도했다. 미팅은 비공개로 진행되었고 두 나라 모두 정책 입안자를 참석시키지 않았다. 두 나라 정부는 회담 내용을 계속 통보받았다. 《하레츠》에 따르면, 유럽 중재자와 시리아 측 회담 대표자가 당시 부통령 파루크 알샤라, 외무장관 왈리드 모알렘, 장군 계급을 가진 시리아 정보장교 1명을 포함한 시리아 고위 관료들과 여덟 차례의 개별 미팅을 가졌다. 양측은 이스라엘이 1967년 6월 4일, '현재의 국경에서 철수한다'는 내용의 합의를 끌어냈다. 시리아는 그 대가로 하마스와 헤즈볼라에 대한 지원을 중단하고 이란과도 거리를 두는 것으로 되어 있었다. 회담은 시리아 측이 협상 차원을 벗어나 실무 차원으로 이동하자고 제안하고 올메르트 정부가 그것을 거절하면서 끝이 났다.

2007년 4월, 하원의장 펠로시가 다마스쿠스의 알아사드 대통령을 방문하고 돌아와 직접 이스라엘에서 올메르트를 만났다. 올메르트는 평화 회담과 함께 협상을 재개할 준비가 되어 있다고 말했다. 그러나 펠로시가 올메르트의 입장을 오해했던 것으로, 이스라엘 정부는 시리아와의 대화에 관심이 없다는 뜻을 전달했다. 공식 성명서를 통해 악의 축의 일부로서 중동 전 지역의 테러를 부추기는 세력이라고 비난했다.

골란고원에 대한 올메르트의 입장은 언제라도 변할 수 있었다. 그가 시리아와 협상을 재개할지도 모른다는 신문 보도가 2007년 6월 초에 있었다. 당시 부총리였던 시몬 페레스가 시리아는 진지한 협상 준비가 되어 있지 않다고 주장하며 아이디어에 찬물을 끼얹기는 했지만 말이다. 또한 라빈 전 총리가 그랬듯이 미래의 이스라엘 지도자 누군가가 평화를 조건으로 논란거리인 영토에서 철수하겠다고 나올지 모른다. 우리는 이스라엘이 골란고원을 영원히 포기하지 않을 것이라고 주장하는 것이 아니다. 어떤 형태든 간에 이스라엘의 대다마스쿠스 정책이 미국의 대시리아 정책을 결정하는 것이지, 그 반대는 아니다.

2001년 2월 정권을 잡은 아리엘 샤론이 시리아와의 협상에 강력히 반대해 왔다는 점을 고려할 때, 부시 행정부가 알아사드 정부를 고립시키고 압박하기 위해 적지 않은 노력을 기울였다는 사실이 이상하지 않다. 이런 분석은 시리아가 하마스와 헤즈볼라와 같은 테러조직을 계속해서 지원하고 있다는 중요한 사실을 놓치고 있다. 따라서 부시 대통령이 시리아를 불량 국가로 취급한 데는 그럴 만한 이유가 있었다고 생각하는 사람이 있을 수 있다. 우리가 기억해야 할 것은 테러리스트 그룹 중 누구도 미국의 핵심적인 이해를 위협하지 않고, 다마스쿠스가 이들을 지원하는 것도 그들만이 이스라엘을 압박해서 골란고원을 포기하게 만드는 유일한 수단이기 때문이다.

이스라엘은 시리아와 평화 조성에 합의함으로써 시리아가 하마스, 헤즈볼라와 맺고 있는 연결 고리를 끊을 수 있다. 다마스쿠스가 지금과 다름없이 테러리즘을 지원하고 있었음에도 불구하고 1990년대 이스라엘 지도자가 시리아와 협상한 것은 그 때문이다.

앞에서 살펴보았듯이 미국 정부 내에는 시리아를 화해할 수 없는 적으로 취급하는 데 상당한 저항이 있다. CIA와 국무부는 다마스쿠스와의 대치가 전략적으로 현명하지 못하다는 주장을 펼쳐왔다. 그러나 이스라엘과 로비는 반대 입장을 취해 왔고 마침내 부시의 지지를 얻어냈다. 9·11 사태 이후 미국의 대시리아 정책의 변천 과정을 구체적으로 살펴보자.

9월 11일 이후의 예루살렘과 마다스쿠스

샤론 총리와 참모진은 부시 행정부에 대해 시리아를 이스라엘과 마찬가지로 미국에도 위험한 위협으로 본다는 사실을 분명히 했다. 그러나 2003년 3월 이전에는 워싱턴이 시리아에 집중하도록 압박하지 않았다. 그 이유는 이란을 더 염려하고 있을 뿐 아니라 이라크와의 전쟁을 위해 압력을 가하고 있어서 다른 문제로 워싱턴의 관심이 분산되는 것을 원치 않았기 때문이다. 이스라엘 지도자들은 2003년 4월 중순에 바그다드가 함락되자마자, 미국이 바그다드에 집중하고 추종을 불허하는 군사력을 사용해 정권의 버릇을 고쳐놓거나 정권 자체를 무너뜨리도록 압박하기 시작했다.

샤론은 4월 15일 인터뷰에서 요구사항을 제시했다. 그는 이스라엘 히브리어 신문《예디오트 아하로노트Yedioth Ahronoth》를 통해 "시리아 대통령 알아사드는 위험한 사람이므로 그의 판단은 유해하다"라고 말했다. 이라크 전쟁 직전에 알아사드가 후세인에게 시리아에 군 장비를 이동시키게 했다고 주장했다. 그리고 샤론은 미국에 다음과 같이 요청했다. "하마스와 이슬람 지하드에 대한 지원을 끝내고, 이란의 혁명 수비대를 레바논의 베카 계곡에서 몰아내라. 그리고 헤즈볼라를 이스라엘과 레바논의 국경에서 몰아내고 레바논군으로 대체하고, 이스라엘을 겨냥하는 헤즈볼라의 미사일을 제거하도록 시리아에 무거운 압박을 가하라." 놀라울 정도로 대담한 요구를 목격하면서 이스라엘의 고위급 외교관은 샤론이 다마스쿠스와 워싱턴의 관계에 대해 조언을 하면서 저자세를 취할 필요가 있다고 경고했다.

이스라엘의 고위 관료 중에서 부시 행정부에 시리아에 대해 강경 자세를 취하라고 요청한 것은 샤론만이 아니다. 국방부 장관 샤울 모파즈는 4월 14일 이스라엘 일간지《마아리브》에 "우리가 시리아에 요청하고 싶은 쟁점이 많다. 미국을 통해 요청하는 것이 적절하다고 생각한다"고 말했다. 구체적으로 그는 시리아가 하마스와 이슬람 지하드에 대한 모든 원조를 끊고 헤즈볼라를 붕괴시킬 수 있기를 원했다. 2주일 뒤, 샤론의 국가안보보좌관인 에프라임 할레비가 워싱턴을 방문했다. 시리아에 《포워드》 기자 오리니르가 말한 결정적인 행동을 취하도록 미국 관리들에게 촉구했다. 전하는 바에 의하면, 할레비는 알아사드를 무책임하고 무모하다고 표현했다. 5월 3일, 워싱턴 근동정책연구소WINEP과의 회의에서 그는 알아사드가 좋지 않은 영향에 약하다면서 예전처럼 꾀를 부리도록 그대로 둬서는 안 된다고 경고했다. 할레비는 "어리고, 건방지고, 경험이 부족한 시리아 대통령에게 죽지 않을 만큼 고통을 안겨줄 방법은 많다"고 강조했다.

후세인이 사라지자 이스라엘은 시리아가 최소한 이라크만큼 어쩌면 그보다 위험할 수 있다고 부시 행정부를 설득하기 시작했다. 그것은 시리아의 역량을 개관만 해도 알 수 있는 어리석은 주장이다. 총인구가 1900만 명도 안 되고, 국방 예산이 미국의 300분의 1에도 못 미치는 작은 나라다. 그러나 이스라엘 전략가인 요시 알퍼는 이스라엘의 관점에서 시리아가 이라크보다 더 많은 피해를 줄 수 있다고 경고했다. 2003년 4월 중순, 《워싱턴 포스트》는 샤론과 모파즈가 미국에 알아사드 시리아 대통령의 행동에 대한 비밀 정보를 제공하며 시리아에 대한 비난의 수위를 높이고 있다고 전했다.

이스라엘은 시리아를 악마로 만들고 미국이 압박의 고리를 늦추지 않게 하려고 후세인 정권에서 빠져나온 이라크의 고위 인사를 다마스쿠스가 숨기고 있으며, 이라크의 WMD를 감추고 있는 것은 더 나쁘다고 비난했다. 자살 폭탄 테러리스트가 바그다드의 UN 본부를 공격했던 2003년 8월, UN 주재 이스라엘 대사는 시리아가 트럭을 제공했다고 암시함으로써 외교적 파장을 일으켰다. 시리아에 부분적인 책임이 있음을 넌지시 드러낸 것이다.

같은 맥락에서 전 미국 주재 이스라엘 대사 이타마르 라비노비치는 "시리아의 우수한 정보원으로 미루어 9·11 사태에 대한 사전 정보를 몰랐을 리 없는데 미국에 사전 경고하지 않은 이유를 이해할 수 없다"고 저널리스트 시모어 허시에게 말했다. 이 놀라운 주장을 뒷받침할 수 있는 증거가 전혀 없다. 하지만 이스라엘이 그런 주장을 서슴지 않았던 것을 보면 미국이 또 다른 아랍 정권과의 싸움에 개입하기를 얼마나 고대하는지 알 수 있다.

9·11 사태 이후 로비와 다마스쿠스

세계무역센터가 무너지기 전부터 로비에 관여하는 중요한 인사들이 시리아를 주목하고 있었다는 사실을 상기할 필요가 있다. 다마스쿠스는 신보수주의자들이 새로 들어서는 네타냐후 총리를 위해 쓴 1996년 클린브레이크 연구보고서의 표적이었다. 다니엘 파이프스와 자유 레바논을 위한 미국위원회USCFL 책임자인 지아드 압델누어는 2000년 5월 미국에 군사 위협으로 시리아를 압박해서 레바논에서 병력을 철수하고, WMD를 제거하고, 테러 지원을 중단하게 하라고 요구하는 보고서를 공동 저술했다. USCFL은 로비단체와 유사하다. 주요 활동가와 지원자 중에 엘리엇 아브람스, 더글러스 파이스, 리처드 펄, 데이비드 웜서와 같은 여러 명의 신보수주의자가 끼어 있다. USCFL의 또 다른 핵심 지지자인 친이스라엘 하원의원 엘리엇 엥겔(뉴욕주, 민주당)처럼 모두가 2000년 보고서에 서명했다.

클린턴 시절에는 이 제안과 다른 유사한 제안도 호응을 얻지 못했다. 그 시기 이스라엘이 시리아와의 평화협상에 몰두하고 있었기 때문이다. 강경론자를 제외하고 로비단체 대부분이 클린턴의 대시리아 정책에 도전할 이유가 없었다. 대통령의 접근방식이 이스라엘이 선호하는 방식을 반영하는 경향을 보였기 때문이다. 2001년 샤론이 정권을 잡자 시리아에 대한 이스라엘의 시각은 급선회했다. 이런 변화에 대한 반응으로 로비단체가 다마스쿠스에 대한 적극적인 정책을 강요하기 시작했다.

이라크가 주 쟁점이던 2002년 봄, AIPAC도 시리아를 공식적으로 악의 축의 대열에 끼워 넣는 법안을 통과시키는 데 주력하고 있었다. 하원의원 엘리엇 엥겔은 의회에 '시리아 책임법Syria Accountability Act'을 도입했다. 시리아가 레바논에서 철수하지 않고, WMD를 포기하지 않으며, 테러리즘 지원을 중단하지 않을 경우 시리아에 대한 제재를 가한다는 내용의 법안이었다. 제안된 법안은 이스라엘과의 평화를 조성하기 위한 구체적인 절차를 취할 것을 시리아와 레바논에 요구하는 내용을 담고 있다. 이 법은 로비단체, 특히 AIPAC이 강력히 지지했다. 유대인전신통신사JTA에 의하면, 의회의 일부 친이스라엘 핵심 멤버가 그 틀을 잡았다. JTA는 행정부 내에서 가장 적극적인 지지자로 엘리엇 아브람스를 지목했다. 우리가 본 대로 그는 올메르트 집무실과 빈번히 접촉한 사람이었다.

2002년 봄, 부시 행정부는 시리아 책임법에 반대했다. 이라크 전쟁에 대한 여론 형성을 저해할 우려가 있고, 다마스쿠스가 워싱턴에 알카에다에 대한 유익한 정보 제공을 중단할 수 있다는 이유에서였다. 의회는 후세인과의 문제가 해결될 때까지 일시 보류하기로 합의했다. 2003년 4월, 바그다드가 함락되자 로비는 시리아에 대한 공격을 재개했다. 당시 이라크에 대해 결정적으로 승리했다고 판단한 일부 이스라엘 지지자들은 더 이상 시리아의 행동을 바꾸게 하는 것에 만족하지 못했다. 정권 자체를 무너뜨리기를 원했다. 폴 월포위츠는 시리아에 정권 교체가 이루어져야 한다고 선언했다. 리처드 펄은 저널리스트에게 전했다. "우리는 중동의 적대적인 정권들을 향해 간단한 메시지를 전하고 싶다. 다음 차례는 당신이다."

아브람스, 펄, 월포위츠 외에 행정부 내에서 시리아의 정권 교체를 추진한 핵심 멤버는 국무부 차관보(후에 UN 대사, 트럼프 행정부 시절 국가안보보좌관 역임) 존 볼턴이다. 이라크 전쟁이 일어나기 한 달 전, 그는 이스라엘 지도자들에게 "후세인 정권이 붕괴되면 즉시 부시 대통령이 이란, 북한과 함께 시리아를 처리할 것"이라고 말했다. 전하는 바로는 볼턴은 이를 달성하기 위해 7월 중순에 시리아의 WMD 프로그램이 중동의 안전에 심각한 위협을 가할 정도까지 이르렀으며, 가능한 조속한 시일 내에 처치하지 않으면 안 된다고 의회에서 증언할 준비를 하고 있었다. 그러나 CIA와 다른 정부 기관은 볼턴이 위험을 부풀리고 있다고 주장하면서 반대했다. 행정부는 볼턴에게 시리아 증언을 허용하지 않았지만 2003년 9월, 의회에 나타나 시리아가 점점 중동에서의 미국 이익을 위협한다고 증언했다.

4월 초 워싱턴근동정책연구소WINEP는 초당파적인 보고서를 냈다. 시리아는 "후세인의 무모하고, 무책임하고, 도전적인 태도를 추구하는 국가들은 후세인과 동일한 운명을 맞게 될 것이라는 메시지를 간과해서는 안 된다"는 선언을 담고 있다. 4월 15일 이스라엘계 미국인 저널리스트 요시 클라인 할레비는《로스앤젤레스 타임스》에 〈이번에는 시리아를 압박하라〉는 제목의 글을 올렸다. 같은 날 안보정책센터의 책임자인 신보수주의자 프랭크 개프니는《워싱턴 타임스》에 "부시 행정부가 군사력을 포함한 모든 수단을 동원해서 다마스쿠스의 행동 개조와 정권 교체를 동시에 이루거나, 둘 중 하나를 실현해야 한다"고 썼다. 그다음 날 이스라엘계 미국인 저널리스트이자 작가 제브 차페츠는《뉴욕 데일리 뉴스》에 〈테러를 좋아하는 시리아도 변화가 필요하다〉는 제목의 기사를 썼다. 당시 선임 편집자 로렌스 카플란은《뉴 리퍼블릭》4월 21일 자에 "시리아 지도자 알아사드는 미국의 심각한 위협"이라고 썼다.

시리아를 겨냥한 이런 주장은 후세인에 대한 공격과 놀라울 정도로 유사하다. 보수주의 논평자 제드 바빈은《내셔널 리뷰 온라인》에 올린 글에서 알아사드의 군대가 '종이 호랑이'이기는 하지만, 여전히 극도로 위험한 인물이라고 주장했다. 주장의 기초는 바빈에게 말해준 이스라엘 소식통이었다. "이스라엘의 군대와 정보 분야는 알아사드가 분별이 있는 지도자가 생각할 수 없는 위험을 무릅쓰는 사람이라고 확신한다. 따라서 알아사드의 예측을 불허하는 자세 자체가 큰 위험이다." 전 모로코 주재 미국 대사인 마크 긴즈버그는 시리아가 비밀리에 생산하는 WMD와 미사일 배터리 및 로켓의 무기화를 경고했다. 미국 내 이스라엘 지지자는 이스라엘의 동료들처럼 시리아가 후세인의 WMD를 숨기고 있음을 암시했다. 하원의원 엥겔은 "이라크에서 찾아내지 못한 WMD가 오늘날 시리아에 있다 해도 놀랄 일이 아니다"라고 말했다.

국회로 돌아가 보자. 엥겔은 4월 12일, 시리아 책임법을 재도입했다. 3일 뒤 리처드 펄은 그것을 의회에서 통과시키라고 요구했다. 그러나 부시 행정부는 미온적인 반응을 보이며 지연시켰다. 8월 중순 엥겔과 몇 명의 정치가, 뉴욕 출신 유대인 지도자들이 이스라엘로 날아가서 샤론의 집무실로 찾아가 90분 동안 만났다. 샤론은 엥겔이 시리아 책임법을 지지해 준 데 특별히 감사하고 법안 통과를 위해 의회를 압박하기 바란다는 점을 분명히 했다.

한편, 미국이 시리아에 충분한 압력을 가하지 않는다고 참석자들을 향해 불평을 쏟았다. 다음 달, 시리아 문제를 주무르는 행정부의 행동에 진절머리가 난다고 선언한 엥겔은 법안을 다시 밀어붙이기 시작했다. AIPAC의 전폭적인 지원을 등에 업고, 국회에서 표를 끌어모으기 시작했다. 부시는 로비의 전방위적인 공격 앞에서 의회를 제 자리에 묶어둘 수 없었고, '반反시리아법(시리아 제재법)'은 압도적인 표 차이로 통과되었다(하원 398:4, 상원 89:4). 2003년 12월 12일, 시리아 제재법은 부시의 서명과 함께 발표되었다.

부시가 동요한 이유는 무엇인가?

의회가 압도적인 표 차이로 시리아를 압박하는 데 손을 들었지만, 부시 행정부 내에서는 과연 이 정책이 지혜로운 정책인지 심각한 견해 차이가 있었다. 펄, 볼턴, 월포위츠와 같은 신보수주의자는 다마스쿠스에 싸움을 거는 데 열정을 보였지만, 국무부와 CIA 내부에서는 접근 방법에 반대했다. 대통령조차도 시리아와 직접 대치하는 데 미온적이었다. 유대인전신통신사JTA는 시리아 책임법에 서명하던 상황을 이렇게 설명한다. "부시는 행정부가 일반에게 알리고 싶지 않은 사안을 위해 유보해 두는 금요일 밤에 서명했고, 백악관의 분위기는 거의 내가 할 수 없이 이 일을 하기는 하지만 원해서 하는 일은 아니라는 식이었다." 서명을 한 후에도 부시는 실행은 천천히 할 것이라는 점을 강조했다.

부시가 미온적인 태도를 보인 데는 그럴 만한 충분한 이유가 있다. 앞에서 말했듯이 9·11 사태 이후 시리아 정부는 미국에 알카에다에 관한 중요한 정보를 제공했고, 워싱턴에 걸프에 관한 테러 공격이 계획되어 있다는 사실을 사전에 경고하기도 했다. 더욱이 시리아는 CIA 심문자가 9·11 공중납치범 조직책으로 알려진 무함마드 자마르를 체포할 수 있었다. 당시 백악관에서 부시 행정부를 위해 일했던 플린트 레버렛은 "대통령이 편지든 전화든 바샤르와 의견 교환을 할 때는 언제나 미국이 알카에다 문제를 처리하는 과정에서 협력해 준 시리아에 고마움을 표시했다"고 쓰고 있다. 알아사드 정권을 표적으로 삼는 것은 이런 소중한 인연을 손상시킬 뿐 아니라 국제 테러와의 전쟁 전반, 특히 알카에다와의 전쟁을 약화시키는 것이었다. 대통령은 시리아와 대립되는 정책은 미국을 위험에 빠뜨릴 수 있다고 생각했다.

부시는 이라크 폭동을 도울 수 있다는 점을 감안하더라도 시리아가 미국에 위협이 되지는 않는다고 판단했다. 알아사드는 워싱턴과 협력하기를 원했다. 시모어 허시에 의하면, 군 정보 책임자가 시리아는 심지어 배후 경로를 통해서라도 헤즈볼라의 군사 및 정치적 활동을 억제할 용의가 있음을 행정부에 알렸다. 알아사드에게 강경 자세를 취하는 것은 '아랍 국가들을 때리는 데 성이 차지 않는 골목대장'으로 미국을 비치게 할 수 있다. 시리아를 미국의 타격 리스트에 올려놓는 것은 시리아가 이라크에서 문제를 일으키게 하고, 시리아를 때리지 못하도록 미국을 계속 이라크에 묶어 두어야 할 이유를 다마스쿠스에 제공하는 것이다. 대통령이 시리아를 압박하기 원했다 하더라도 이라크 문제를 종결짓겠다고 생각하는 것이 옳았다.

행정부 내 신보수주의자는 시리아와 협력하는 것에 반대했다. 그들은 워싱턴에 알카에다에 관한 정보를 제공하는 정보 경로까지 못마땅해 했다. 레버렛은 "국방부 장관과 부통령 집무실 신보수주의자는 다마스쿠스에 신세를 지는 데서 오는 부담감을 느끼고, 미국이 테러 지원국에 적절히 대응할 수 없게 한다는 이유로 시리아의 도움을 받는 것도 반대했다"고 기록했다. 부시 대통령은 이런 적절한 대응에 관심을 보이지 않았다.

미국이 이라크에서 극적인 승리를 거둔 것처럼 인식되던 2003년 4월 중순, 부시는 펜타곤에 시리아에 대한 전쟁 계획을 수립하지 말라고 지시했다. 분위기가 고조되던 시기를 지나 이라크에서 일어난 일을 고려할 때 이 문제에 대한 생각이 바뀌었을 것 같지 않다. 대통령은 또 그가 서명할 때 약속한 것처럼 시리아 책임법 실행을 늦추어 미국 내 친이스라엘 강경파를 초조하게 만들었다. 2004년 봄, 하원의원 엘리엇 엥겔과 몇몇 동료는 부시의 행동 지연에 좌절한 나머지 강력한 법안을 새롭게 도입하겠다고 으름장을 놓았다.

올메르트의 주장과는 달리 과거 수년 동안 이스라엘이 평화 회담을 재개하자는 알아사드의 제안을 받아들인다면, 부시 행정부가 긍정적인 반응을 보일 수도 있다는 소리가 미디어에 떠돌았다. 2003년 12월, 군사 전문기자

제브 시프는 "행정부의 사고방식에 익숙한 미국 소식통의 견해로는, 이스라엘이 알아사드의 제안을 수락했다면 긍정적으로 반응했을 것"이라고 한다. "미국은 원칙적으로 다마스쿠스와의 군사적 대립을 원치 않으며 알아사드를 우호적인 반열에 올려놓을 준비가 되어 있다"고 기고했다. 한 달 뒤, 알루프 벤은 《하레츠》에 "미국의 고위 관리가 이스라엘이 시리아 대통령 바샤르 알아사드의 제안을 받아들인다면 미국이 반대하지 않을 것이라고 이스라엘에 통보했다"고 썼다. 그러나 벤은 "이스라엘이 하위 행정관리로부터 모순된 조언을 받았다"고 했다. 워싱턴이 이스라엘이 시리아와 대화하는 것을 원치 않는다는 보도도 있었다. 부시 행정부의 결론은 분별하기가 쉽지 않다. 다마스쿠스를 대처하는 최선의 방법에 대한 정책 입안자들 간의 끊임없는 줄다리기, 상호경쟁적인 이해관계에 대한 인식의 차이 때문이다.

결론

유감스럽게도 다마스쿠스에 대한 워싱턴의 대립적 접근은 미국에, 그리고 분명치 않은 이스라엘의 장기적 이해에도 부정적인 결과를 초래했다. 시리아는 워싱턴에 알카에다에 대한 정보 제공을 중단했다. 알아사드는 미국이 이라크에서 폭동을 진압하는 과정에서 미국에 도움을 주지 않고, 상황을 지속시킴으로써 자신의 입장을 보호할 수 있다. 또한 미국을 바그다드의 수렁에 빠져 꼼짝 못 하게 함으로써 시리아를 마음 놓고 추적하기 힘들게 만들 것이다. 다마스쿠스는 레바논의 헤즈볼라를 지원하고 있으며 암암리에 이란과 동맹을 맺어왔다. 이런 상황에서는 레바논의 평화를 유지하고 이란의 핵무기 보유 야욕을 포기하도록 하는 것이 힘들어질 수밖에 없다. 사태의 추이가 이런 식으로 돌아가는 것이 미국에 좋지 않음에도 강경파 로비스트는 대결 정책을 고집하면서 다른 노선을 주장하는 사람을 즉각적인 비판의 대상으로 삼는다.

이스라엘이 레바논 전쟁에서 패배한 후, 미국이 이라크에서 겪은 참혹한 상황으로 인해서 부시 행정부는 시리아에 평화를 제안하라는 압력을 받았다. 우리는 다마스쿠스가 이라크 상황을 안정시키는 데 도움을 주고, 미군이 철수하게 하면 그곳에 질서를 유지해 줄 수 있기를 바란다. 그렇게 된다면 시리아를 이란과의 동맹 관계에서 분리시키고 헤즈볼라를 약화시킬 수 있을 것이다. 앞에서 언급한 것처럼 하원의장 낸시 펠로시를 포함한 상·하원의원이 부시 행정부와 상관없이 다마스쿠스에 가서 알아사드 대통령을 만났다. 그들의 목적은 양원 이라크 연구단체의 권고에 따라 시리아와 미국의 관계를 개선하는 데 있으며 그러한 노력은 지역 안보 문제 해결을 수월하게 할 것이었다.

그러나 골란고원을 포기할 것으로 보이지 않는 이스라엘 지도자는 미국이 시리아와 협력 관계를 맺는 일에 흥미가 없다. 강력한 로비단체가 이스라엘의 관점을 공유하면서 부시 행정부가 알아사드 정권과 협력 관계를 추구하지 못하도록 많은 노력을 기울여 왔다. 그것은 성공적이었다. 미국의 대시리아 정책이 전략적으로 어리석다는 것을 인식한 라빈 전 총리와 같은 인물을 얻기까지 성공은 이어질 것이다.

이야기는 간단하다. 로비의 영향이 아니었다면 시리아 책임법은 없었을 것이며 미국의 대시리아 정책은 미국의 국익과 조화를 이루었을 것이다. 미국이 다른 정책을 썼다면 이스라엘의 정당성과 지역적 우위를 보장해 주는, 가장 고집스럽고 완강하고 폭력적인 적, 하마스, 헤즈볼라, 이슬람 지하드에 대한 국제적 지원을 줄여줄 시리아와 이스라엘의 평화조약을 탄생시켰을 것이다. 로비가 '대결'이라는 비생산적인 정책을 고집해서 미국과 이스라엘에 해를 준 경우가 미국의 잘못된 대시리아 정책만은 아니다. 미국의 대이란 정책에서도 유사한 모습을 볼 수 있다. 바로 다음 장의 주제다.

조준선에 든 이란

IRAN IN THE
CROSSAIRS

10장

1979년 이란 혁명이 이슬람 공화국을 수립하면서 미국과 이란은 적대 관계를 유지해 왔다. 무함마드 레자샤 팔레비가 권력을 되찾을 수 있게 한 이란에 대한 미국의 간섭과 새 정권이 다양한 과격단체를 지원한다는 점을 감안할 때, 양국이 서로를 의심하고 한정된 협력만 할 수밖에 없는 상황을 이해하기는 어렵지 않다. 이란은 시리아보다 심각한 전략적 도전을 미국과 이스라엘에 제기한다. 다마스쿠스와 테헤란 모두가 헤즈볼라, 하마스, 이슬람 지하드를 지원하는데 둘 다 알카에다의 적이다. 모두 화학 무기를 보유하고 있고 확실한 증거는 없지만 생물학 무기까지 보유하고 있을 가능성이 있다. 이란과 시리아 간에는 세 가지 본질적인 차이가 있다.

첫째, 이란은 핵 연료 사이클의 완결을 모색하고 있다. 원하기만 하면 핵무기를 제조할 수 있는 상태를 의미한다. 이스라엘을 포함한 인접국을 향해 핵탄두를 실어 보낼 수 있는 미사일을 개발하고 있다. 이스라엘이 이란을 실존하는 위협으로 부르는 까닭도 이것이다. 가까운 미래에 이란이 핵 미사일로 미국 본토를 공격할 가능성은 희박하다. 그러나 이란이 개발하는 어떤 무기도 중동에 주둔한 미군과 유럽 국가를 향해 사용될 수 있다.

둘째, 일부 이란 지도자들, 특히 전 대통령 마흐무드 아마디네자드는 홀로코스트의 발생과 이스라엘의 생존권에 의문을 제기하는 등 상당히 불온한 발언을 해

왔다. 아마디네자드의 주장, 즉 시간의 페이지에서 이스라엘을 사라지게 한다는 것(달리 표현해서 역사의 페이지에서 지워버린다는 주장)이 이스라엘 국가의 파멸, 다시 말해 이스라엘을 지도에서 지워버리는 것으로 잘못 해석되고 있다. 이는 이스라엘을 포함한 많은 국가에 심각한 고통을 줄 수밖에 없는 도발적인 주장임에 틀림 없다. 2006년 12월, 이란이 홀로코스트에 대한 콘퍼런스를 후원했다. 유명한 홀로코스트 부정자들과 평판이 좋지 않은 과격분자들이 참여했다. 이는 전 세계가 이란의 의도를 의심한 사건이다.

셋째, 이란은 페르시아만에서 가장 강력한 이슬람 국가이며 석유가 풍부한 지역을 장악할 가능성이 있다. 2003년 3월, 미국 침공 이후 이라크에서 벌어진 일을 감안하면 특히 그렇다. 이라크는 이란의 경쟁자였지만 지금은 전쟁으로 분리되고 찢어져 이란을 제어할 입장이 못 된다. 이란은 이라크에 있는 지배적인 시아파 세력과 손을 잡으면서 후세인이 바그다드에서 통치하던 때보다 훨씬 큰 영향력을 이라크에 행사할 수 있었다. 힘의 균형이 극적으로 달라지면서 일부 인사의 입에서 "이라크 전쟁의 승자는 이란 같다"라는 말이 나오게 된 것이다. 이란이 핵무기를 확보한다면 중동에서 이란의 힘의 우위는 확연해질 것이다. 이란의 힘이 커진다는 것은 어느 한 나라가 페르시아만의 헤게모니를 쥐지 못하도록 부심해 온 미국 입장에서는 유리한 일이 아니다.

그들은 화해를 원하지 않는다

기본적인 원칙은 1980년대에 이란이 이라크에 승리할 것 같던 유혈 전쟁에서 레이건 행정부가 후세인을 지원한 이유를 설명해 준다. 미국은 이란의 핵무기 보유를 막아야 할 강한 동기가 있다. 이스라엘은 이스라엘대로 같은 지역에 강한 세력을 두고 지내는 것이 장기적인 시각에서 전략적 위협이 될 수 있다는 것을 알기 때문에 이란의 걸프 지배를 싫어한다. 이란의 핵무장 가능성은 이를 궁극적인 악몽의 시나리오로 보는 이스라엘 지도자들에게 걱정거리를 안긴다.

중동 지역에서 이스라엘만 이란을 걱정하는 것이 아니다. 이란의 인접국은 증대되는 이란의 영향력과 이란이 가진 핵 보유 야욕을 우려한다. 그들은 이란이 1990년 8월, 후세인이 쿠웨이트를 침략했듯이 자기 나라를 침략할지 모른다는 생각으로 불안해한다. 그들은 이란이 아랍 국가라기보다 페르시아 국가라는 사실과, 시아파와 수니파 간의 힘의 균형을 염려하기 때문에 이란을 의심의 눈초리로 바라본다. 이란은 신심 깊은 시아파가 정권을 장악하고 있으며 이는 사우디아라비아, 쿠웨이트, 아랍에미리트 같은 수니파가 지배하는 국가 지도자를 긴장시킨다. 아랍 세계가 시아파의 영향력이 커지는 것을 지켜보고 있기 때문이다. 처음으로 시아파가 이라크를 지배하고, 시아파 조직인 헤즈볼라가 2006년 이스라엘과의 전쟁 이후 레바논에서 영향력을 얻었다. 테헤란은 일부 이라크 지도자와 긴밀한 유대 관계가 있을 뿐 아니라 헤즈볼라의 오랜 지지자이기도 하다.

미국의 걸프 동맹국을 포함해서 미국, 이스라엘, 이란의 아랍 인접국이 이란의 비핵화 정책을 유지하면서 이란이 지역의 맹주가 되는 것을 막으려고 힘쓰는 데 나름의 이유가 있다. 워싱턴은 이스라엘이 존재하지 않더라도 다른 걸프 국가가 테헤란에 의해 정복을 당하거나 위협을 당하지 않도록 이란을 저지하는 데 주력했다. 아랍 세계의 무조건적인 지원이 있다면 미국은 훨씬 용이하게 걸프 지역에서 힘의 균형을 확보할 수 있다. 그 지원을 얻기 위해서는 효과적인 전략이 요구된다.

이스라엘과 로비는 지난 세월 동안(원문은 "지난 15년에 걸쳐서") 미국이 전략적으로 현명하지 못한 대이란 정책을 추구하도록 강요해 왔다. 오늘날 그들은 군사력을 사용해서 이란의 핵 시설을 파괴하는 문제와 관련한 부시 행정부와 국회의 배후에서 중심적인 역학을 수행한다. 유감스럽게도 이 상황은 이란의 핵 개발 방지를 어렵게 만든다. 1990년대에는 이란이 양국 간의 관계 개선을 희망했음에도 이스라엘과 미국 지지자들이 클린턴 행정부를 압박해서 이란에 대립적인 정책을 추구하게 했다. 이런 양상은 부시 행정부 초기, 2006년 12월 부시 대통령에게 이란과 협상하라는 내용을 담은 이라크 연구단체의 건의를 이스라엘과 로비가 공동으로 무산시키기까지 반복되었다. 로비가 아니었다면 미국은 효과적인 대이란 정책을 펼쳤을 것이다.

미국이 아랍 국가의 협력을 얻기 힘들게 한 이스라엘의 점령 지구 정책 때문에 이란 문제 처리를 위한 미국의 노력은 힘을 발휘하지 못하고 있다. 2006년 국무장관 콘돌리자 라이스가 아랍과 이스라엘의 평화 절차 추진을 시작하게 된 것도 팔레스타인 문제와 관련해서 아랍 세계가 미국에 분개하는 한 워싱턴과 효과적인 대이란 정책을 펼쳐나갈 수 없다는 사우디아라비아의 주장 때문이었다. 7장(로비와 팔레스타인인들)에서 언급했듯이 라이스의 노력은 실패가 예견되어 있었다. 이스라엘의 지도층이 실질적인 팔레스타인 국가 건설을 원하지 않고, 부시 대통령이나 다른 대통령이 로비 때문에 이스라엘을 압박해서 문제의 접근 방법을 바꾸라고 하기가 어렵기 때문이다. 이스라엘과 미국 측 지지자들 덕분에 미국은 1990년대 이래로 비생산적인 대이란 정책을 추구하게 되었고, 자신의 이해관계 때문에 워싱턴의 이란 문제 처리를 도와줄 수도 있는 나라로부터 지원을 받는 데 어려움을 겪었다.

대결이냐, 화해냐

미국은 1953년부터 미국이 지원한 샤*가 몰락하면서부터 아야톨라 호메이니와 그의 이슬람 신정 체제가 집권한 1979년까지 이란과 우호적인 관계를 유지했다. 이후 양국의 관계는 전반적으로 적대적이었다. 이스라엘 역시 샤가 전복된 이래 테헤란과 적대 관계를 유지해 왔다. 1980년대에는 미국도 이스라엘도 이란의 심각한 위협을 받지 않았다. 이라크를 탈진시킨 오랜 이라크 전쟁 때문이다.

지역적인 힘의 균형을 확보하기 위해 미국은 전쟁의 교착 상태를 유지했다. 미국은 후세인의 군대가 이란군을 전장에 꼼짝 못 하게 묶어둘 수 있도록 도움으로써 목적을 달성했다. 전쟁이 끝난 1988년 이란은 기진맥진했고 최소한 수년 동안은 그 지역에서 문제를 일으킬 수 있는 형편이 아니었다. 전쟁 때문일 가능성이 크지만 1980년대에는 이란의 핵 프로그램이 보류 상태에 있었다. 1990년대 초 테헤란의 핵 야욕에 대한 증거가 포착되면서 이란의 위협을 보는 이스라엘의 관점에 본질적인 변화가 일어났다. 1993년 이스라엘 지도자는 이란이 이스라엘뿐 아니라 미국에도 큰 위협이라고 경고했다. 이후로 경고와 함께 공격적인 발언이 끊이지 않았는데, 이란이 핵 전선에서 전진을 멈추지 않았기 때문이다. 오늘날 많은 전문가가 이란의 신정 체제를 무너뜨리고 핵 보유 야망을 버리게 하거나 그 법적 지위를 인정하지 않는 등 조치를 취하지 않는 한 핵무기를 개발할 것이라고 믿는다. 로비는 이스라엘의 뒤를 이어 이란이 핵 강국이 되도록 놓아두는 것이 위험하다고 경고했다.

이스라엘과 로비는 이란이 팔레스타인의 대의를 지지하고, 이스라엘의 생존권 인정을 거절하며, 헤즈볼라를 지원한다는 사실 때문에 곤혹스러워하고 있다. 아마디네자드 대통령이 발표하는 선언은 이런 우려를 증폭시켰다. 이스라엘과 그 지지자는 이란의 정책이 유대 국가에 대한 깊은 이념적 반감을 대변한다고 하지만 중동 지역에서 이란의 전반적인 입지를 향상시키기 위한 전술이라고 보는 것이 더 정확하다. 팔레스타인의 대의를 지지함으로써, 헤즈볼라와 같은 단체를 지원함으로써 아랍 세계의 동정을 사고, 이란에 대항하는 아랍연맹의 기를 꺾을 수 있는 것이다.

이란 전문가 트리타 파르시의 말처럼 헤즈볼라와 팔레스타인에 대한 이란의 지지는 시기에 따라 상당한 변화를 보였다. 변화의 요인은 위협적인 환경이었다. 이란의 신정 체제와 세속적인 팔레스타인해방기구PLO 간의 관계는 1980년대에는 우호적이지 않았다. 이란이 팔레스타인 강경파 단체를 지원하기 시작한 것은 이란이 1991년 마드리드 콘퍼런스에서 배제되고 오슬로 평화협정이 시작되고 난 후부터다. 이런 일을 계기로 이란은, 이란을 고립시키고 중동에서의 중요한 역할을 부정하려는 미국의 의도를 진단하고, 그러한 미국의 노력에 저항하게 된 것이다. 이란은 오슬로 평화협정에 반대하는 과격단체를 지원함으로써 이루었다. 당시 미국 정책을 수립하는 데 핵심적인 역할을 한 마틴 인디크는 술회한다. "이란이 억제와 고립이라는 우리의 정책을 실패로 돌린다는 이유로 평화협정에서 우리를 탈진시키려 했다. 그 때문에 평화협정을 목표로 삼았다."

이란의 핵 야욕, 어떻게 다뤄야 하는가?

이란의 핵 프로그램과 지역 패권 야욕을 다루는 두 가지 대안이 있다. 한 가지 접근 방법은 이스라엘 정부와 미국 측 핵심 지지자가 선호하는 방법으로, 이란이 핵무기를 손에 넣게 되면 이란을 억제할 방법이 없다는 생각으로부터 출발한다. 이 견해는 다음과 같이 가정한다. 계시적 역사관을 가진 이란 지도자는 이스라엘의 보복을 두려워하지 않을 것이다. 테헤란은 이스라엘을 향해 핵무기를 사용하기 쉽다. 자동 반사적인 엄청난 보복을 당할지라도 테러리스트에게 핵무기를 넘겨주거나 미국에 직접 발사할 것이다. 따라서 이란이 핵무기를 손에 넣도록 허용해서는 안 된다. 이스라엘은 이 문제를 워싱턴이 해결해 주길 바라지만 미국이 겁을 내면, 이스라엘 지도자는 이스라엘 방위군이 나설 가능성도 배제하지 않는다.

이 접근 방법은 가정이 필요하다. 화해적 외교나 긍정적 유인으로 이란이 핵 프로그램을 포기하도록 설득할 수 없다. 이란이 핵 프로그램을 고집하는 경우 미국이 제재를 가하거나 예방 전쟁을 할 수 있다는 가정을 내포한다. 이스라엘과 로비는 이란에 무거운 압박을 가할 수 있도록 미국이 역외 균형자로서 역할을 자처하면서 직접 피해를 당하지 않도록 병력을 변방에 위치시키는 1990년 이전 미국의 전략과는 대조적으로 중동에 대규모 군대를 유치하기를 원한다.

이란의 핵 문제를 다루기 위한 대결 구도는 미국의 이익과 조화를 이루는 두 번째 전략과 씨름했다. 두 번째 대안은 이란이 핵무기를 손에 넣지 않는다면 미국에 좋겠지만, 냉전 중 소련이 억제되었던 것처럼 이란이 핵을 보유하더라도 견제하고 저지할 수 있다고 생각하는 것이 옳다는 것이다. 이 전략은 이란의 핵무기 제조를 막는 최선의 방법은 외교적 대응이고, 이란과의 관계 정상화를 시도하는 것이라고 주장한다. 이는 예방 전쟁의 위협을 배제한다.

이란의 정권 교체를 위협하는 것은 지도자들에게 자체적인 핵 억지력을 보유할 이유만 더해줄 뿐이다. 이란인은 미국인이나 이스라엘인과 마찬가지로 다른 국가의 공격 리스트에 올라 있는 국가로서 가질 수 있는 최선의 방어책이 핵무기라는 것을 안다. 미국외교협회의 이란 전문가 레이 타케이는 말한다. "이란의 핵 계산은 비이성적인 이데올로기에서 나온 것이 아니라, 증대되는 위협에 대한 실질적인 억지력을 마련하는 현명한 시도에서 나온 것이다. 이란의 지도층은 이란이 워싱턴의 조준선 안에 있다는 사실을 알고 있다. 핵무기 프로그램을 가속화하는 것도 이런 관점 때문이다."

전쟁을 지지하는 입장은 예방 전쟁이 바람직하지 못한 대안이라는 점에서 억제되고 있다. 미국이 이란의 핵 시설을 제거할 수 있더라도 테헤란은 다시 만들 것이고, 훨씬 분산시키며, 숨기고, 공격으로부터 자신을 지키기 위한 방어력 구축을 강화할 것이다. 워싱턴이 이란에 대해 예방 전쟁을 일으킨다면 테헤란은 페르시아만의 석유 수송을 방해하고 영향력을 행사해서 이라크에서의 미국의 상황을 악화시키는 등 언제 어디서든 보복하려 들 것이다. 그 밖에도 중국이나 러시아와의 관계를 돈독하게 할 것이며 결코 미국에 이익이 되지 않을 것이다. 만약 미국이 전쟁의 위협을 포기하고 이란과의 관계를 개선한다면, 테헤란은 알카에다와 관련한 문제에서 이라크 전쟁을 다져 굳히는 데 있어서, 아프가니스탄 안정화 문제에서 워싱턴을 돕고자 할 수 있다. 중국이나 러시아와 동맹을 맺을 가능성도 줄어들 것이다.

미국과 이란 간의 불쾌하기 짝이 없는 역사를 감안할 때, 그런 관계가 이란의 핵 프로그램 중단이라는 멋진 타협을 끌어낸다는 보장은 없다. 이란 지도자들은 이스라엘이 자신의 핵무기를 포기할 가능성이 없는 상태에서, 이스라엘이 핵 억지력을 갖는다면 이란도 가져야 한다고 생각할 수 있다. 그럼에도 이 접근은 예방 전쟁을 통한 위협보다 효과적일 가능성이 크고, 실패한다 해도 미국은 억지력을 발휘할 수 있다.

오랜 세월 동안(원문은 "지난 15년의") 대결 국면이 아무런 열매도 가져다주지 못했음을 상기하면, 미국이 대이란 전략에 모종의 변화를 줄 때가 되지 않았나 기대할 수 있었다.[39] 협상은 이란의 핵 시설 폭격에 관심을 보이지 않은 CIA, 국무부, 심지어 미군 당국으로부터 지지를 얻을 수 있다. 런던《선데이 타임스》는 2007년 2월 말 "고위 국방부와 정보원에 의하면, 미국 최고위급 군사령관 중 일부가 만약 백악관이 이란을 치라고 명령하면 군복을 벗을 준비가 되어 있다"고 보도했다.

실제로 이란은 여러 차례 대화에 관심을 표명했다. 지도자들은 1990년대 초반부터 양국 간의 관계 개선을 바라며 미국과의 접촉을 시도했다. 이란은 핵 프로그램을 협상 테이블에 올리겠다는 제안도 했고 이스라엘과의 잠정 협정을 맺겠다고 제안한 적도 있다. 이런 우호적인 상황에서도 이스라엘과 로비는 클린턴과 부시 행정부가 이란과 대화하는 것을 막기 위해 부심했고, 계기가 있을 때마다 그들의 주장을 관철시켰다.

그러나 유감스럽게도 강경파의 접근방식은 예상대로 선전만큼 성과를 올리지 못했고, 미국은 대화 전략을 추구하는 것보다 좋지 않은 결과를 안게 되었다. 실패한 전략에 대한 반응으로 워싱턴 안팎에서 이란에 새롭게 접근하라는 목소리가 설득력을 얻고 있다. 이스라엘과 로비는 미국이 진로를 바꾸고 테헤란과 화해하는 것을 막기 위해 분투하고 있다. 그들은 대립적이고 비생산적인 정책의 추진을 가속화하고 있다.

클린턴 행정부와 이중 봉쇄

1993년 초 클린턴 행정부가 정권을 이어받자마자 이스라엘 총리 이츠하크 라빈과 외무장관 시몬 페레스는 "이란이 갈수록 이스라엘과 미국에 위협이 되고 있다"고 주장했다. 이스라엘 지도자들이 이란을 위험한 적국으로 묘사하게 된 데는, 소련이 사라지고 난 뒤 빈 자리에 예루살렘과 워싱턴의 긴밀한 관계를 조성할 방법으로 간주한 사실이 작용했다. 이스라엘이 중동에서 소련의 영향력에 대한 보루였던 것과 마찬가지로 미국이 이스라엘을 이란 확장주의에 대한 보루로 여겨줄 수 있기를 바랐다.

이스라엘은 이란이 정교한 핵 프로그램 개발에 새로운 관심을 가지고 있다는 사실에 주목하지 않을 수 없었다. 《워싱턴 포스트》는 1993년 3월 중순, 이스라엘 정치계는 미국의 여론과 정치 지도자들이 이란을 억제하는 것이 시급하다는 사실과 세계에서 미국만 그럴 수 있는 역량을 가지고 있다는 사실을 확실하게 인식할 필요가 있다고 전했다.

클린턴 행정부는 이중 봉쇄 정책을 채택함으로써 이스라엘의 탄원에 반응했다. 이 정책은 워싱턴근동정책연구소의 마틴 인디크에 의해 제안된 것인데, 당시 국무부 근동 문제 담당 차관보였던 로버트 펠레트로는 그 정책이 "원래 이스라엘 제안을 그대로 베낀 것"이라고 이란 전문가 트리타 파르시에게 말했다. 브루킹스 사반센터의 케네스 폴락도 "지구상에서 이중 봉쇄에 반대하지 않는 곳이 몇 안 되는데 예루살렘은 그중 하나"라고 말한다.

새로운 정책은 미국이 페르시아만에서 역외 균형자 역할을 하던 전통적인 전략을 포기하고 쿠웨이트와 사우디아라비아에 병력을 주둔시켜서 이란과 이라크를 동시에 억제하기를 바란다. 이 정책은 단순히 이란 억제만을 겨냥한 것이 아니라 이란의 행동에 극적인 변화를 일으킨다는 목적을 띠고 있었다. 그중에는 이란을 압박해서 테러리스트 지원을 중단하게 하고 핵 프로그램을 포기하도록 한다는 목표가 포함되어 있었다.

이스라엘의 염려에도 1990년대 초에 미국이 이란을 향해 강경 노선을 택할 뚜렷한 이유가 없었다. 오히려 그 반대 노선을 택해야 했다. 1989년에 이란 대통령이 된 악바르 하셰미 라프산자니가 워싱턴과의 관계 개선에 부심하고 있었을 뿐 아니라, 당시 이라크와의 파괴적인 전쟁으로 상처를 입은 이란은 미국에 군사적인 위협을 가할 수 있는 상황도 아니었다. 1990년대 초 미국 지도자는 전쟁을 치른 후세인을 염려하고 있었다.

1993년 이란의 핵 프로그램은 시작 단계에 불과했다. 이스라엘이 대립적인 정책을 가지고 공세를 펴기 전까지 워싱턴에서 이란에 더 강경한 정책을 써야 한다는 요구의 목소리가 들리지 않았다. 그리고 이중 봉쇄가 처음 제기되었을 때 폭넓은 비난을 받았다. 1990년대 중반까지 이중 봉쇄에 대한 불만이 커지고 있었다. 앙숙인 두 나라와 적대 관계를 유지하도록 강요하고, 그들을 동시에 저지한다는 무거운 임무를 워싱턴 혼자 떠맡게 하는 것이기 때문이다. 결과적으로 미국이 대립적인 정책을 추구하는 대신 대화를 모색하라는 압력이 커지기 시작했다.

라빈 총리는 이스라엘에서 클린턴 행정부가 강경 정책을 쓰도록 하라는 압력을 받고 있었다. 라빈을 비판하는 사람은 이중 봉쇄가 이란과 미국 간의 상당한 경제 교류를 막는 데 기여를 못했다는 점에서 진정한 해결책이 아니라고 생각했다. 이스라엘과 로비, 특히 AIPAC은 이중 봉쇄를 살리면서 동시에 미국 기업에 이란에서 무역하고 투자할 수 있게 하는 허점을 메울 방법을 모색했다. 1994년 《파르시Parsi》는 "AIPAC이 이스라엘 정부의 명령을 받아 이란이 이스라엘에 대한 위협일 뿐 아니라 미국과 서방에도 위협이 된다는 74쪽 분량의 리포트를 워싱턴에서 배포했다"고 보도했다. 폴락에 의하면 우익, AIPAC, 이스라엘 모두가 이란에 대한 제재를 외치고 있었다. 클린턴 행정부는 기꺼이 협력할 의향을 가지고 있었다. 오슬로 평화협정에 집중하고 이스라엘이 안정감을 갖게 하는 한편, 훼방 놓을 가능성이 충분한 이란이 그 절차를 좌절시키는 일이 없도록 하는 것이 주된 이유였다.

AIPAC이 발표한 이란 제재 행정 명령

1995년 4월, AIPAC은 〈미국의 포괄적인 이란 제재에 관한 행동 계획〉이라는 리포트를 발표함으로써 기본적인 작전 계획을 내놓았다. 그 시점에서 이란에 대한 경제제재 절차가 진행되고 있었다. 폴락에 의하면, 상원의원 알폰스 다마토(뉴욕주, 공화당)는 1995년 1월, 일부 이스라엘의 도움을 받아 미국과 이란 간의 모든 경제적 유대를 종식하기 위한 법안을 도입했다. 클린턴 행정부는 반대했고 그것은 의회에서 교착 상태에 빠졌다.

두 달 후 로비단체는 이란이 미국 석유회사인 코노코에 시리Sirri 유전 개발권을 준 것을 계기로 첫 승리를 따냈다. 이란은 국가 입찰자들을 제치고 코노코를 선택함으로써 미국과의 관계 개선에 관심을 표명했다. 이런 우호적인 전주곡도 클린턴이 3월 14일, 계약을 깨뜨리면서 무위로 그치고 말았다. 하루 뒤, 그는 미국 회사들이 이란의 유전 개발을 도와서는 안 된다는 행정 명령을 내렸다. 클린턴은 "가장 큰 영향력을 가지고 코노코 계약에 반대한 사람은 강력한 힘을 과시하던 세계유대인의회 전 의장 에드거 브론프만 시니어"라고 말했다. AIPAC 역시 그 계약을 무효화하는 데 큰 몫을 담당했다. 5월 6일, 대통령은 이란과의 모든 무역과 금융투자를 금지하는 제2차 행정 명령을 내리고, 그것을 미국의 국가 안보, 외교 정책, 경제에 대한 비정상적이고 예외적인 위협이라고 못 박았다.

실제로 세계유대인의회 연설에서 클린턴은 그 조치를 일주일 앞당겨 취하겠다고 발표했다. "그가 코노코 계약을 거부하고 두 차례의 행정 명령을 내린 것은 이스라엘 지원에 대한 확실한 증거"라고 폴락은 말한다. 역설적으로 배후에 서서 이란에 대한 경제 제재를 결정하도록 영향을 주었음에도 이스라엘은 이스라엘과 이란 간의 무역 금지법을 통과시킨 일이 없고 제3자를 통해 이란 상품을 구매했다.

로비는 행정 명령만으로 만족하지 않았다. 클린턴의 마음이 변하면 언제라도 뒤바뀔 수 있기 때문이다. 이스라엘의 강력한 지지자 A. M. 로젠탈은 코노코 계약을 비난하는 《뉴욕 타임스》의 칼럼에서 "행정 명령의 유일한 문제는 대통령이 언제라도 취소할 수 있다는 점"이라고 말함으로써 그 점을 분명히 했다. 미국 싱크탱크 퀸시연구소 이란 전문가 트리타 파르시는 이를 두고

"상원의원 다마토가 1995년 1월에 도입한 법안을 AIPAC이 자진해서 수정했고, 그를 설득해서 AIPAC이 수정한 법안을 1996년에 재도입했다"고 전한다. 결국 '이란-리비아 제재법'이 된 새 법안으로 이란이나 리비아에서 석유 자원을 개발하기 위해 4000만 달러 이상을 투자하는 모든 외국이 제재를 받기에 이르렀다. 법안이 미국의 유럽 동맹국을 화나게 하는 것이었음에도 하원은 1996년 6월 19일 415:0으로 통과시켰고, 상원은 한 달 뒤 만장일치로 통과시켰다. 행정부 전반에 걸쳐 새 법안을 두고 많은 반대가 있었지만 클린턴은 8월 5일 서명했다. 폴락은 전한다. "많은 집행 부서가 다마토 법안을 싫어했다. 사실 '싫어한다'는 표현은 너무 부드러운 표현에 속했다. 그러나 클린턴 대통령의 국내 정책 보좌관 상당수가 백악관이 그 법안을 지지하지 않는 것은 '바보 같은 짓'일 뿐이라고 생각했다."

클린턴이 3개월 후 재선을 앞두고 있었기 때문에 현명한 판단이었을지 모른다. 《하레츠》의 군 통신원 제브 시프가 말한 것처럼 이스라엘은 큰 계획 속 작은 구성 요소에 지나지 않는다. 그러나 핵심부에 미칠 수 있는 영향력을 무시해서는 안 된다. 여러 행정부에서 각료급 직위를 역임한 고 제임스 슐레진저는 "제재 조치가 내려진 후 이스라엘 지지자들이 대중동 정책에 미치는 영향을 과소평가할 수 없다"고 말했다.

코노코 사례는 미국 중동 정책의 진짜 배후가 '오일 로비'라고 하는 흔한 주장을 의심하게 만든다. 이 사건에서 미국 석유회사는 이란과의 거래를 원했고 이란은 그 회사와 비즈니스를 원했다. 관련 석유회사는 코노코 계약을 뒤집는 데 반대했고 이란에 제재를 가하는 법안에 반대했다. 4장(이스라엘 로비란?)에서 말했듯이 오늘날 이란과의 대립 정책 지지자로 유명한 딕 체니는, 그가 석유 서비스회사 핼리버튼 대표로 있던 1990년대에 미국 제재 프로그램을 공개적으로 반대했다. 석유회사의 관심사는 언제나 AIPAC에 의해 뒷전으로 밀려나고 말았다. 이런 결과는 석유회사가 중동 정책에 미치는 영향이 이스라엘과 로비에 비해 얼마나 약한 것인지 강력한 증거를 제시해 준다. 새로운 대화의 기회가 주어지는데도 미국은 강경 자세를 고수했다.

이중 봉쇄는 이스라엘에 유익하다

1997년 5월 23일, 모하마드 카타미가 이란 대통령으로 선출되었다. 그는 전임자들보다 서방, 특히 미국과의 관계 개선에 열정을 보였다. 8월 4일 취임사와 12월 14일 취임 후 첫 기자회견에서 화해의 발언을 했다. 1998년 1월 7일, CNN과 장시간에 걸친 인터뷰에서 "위대한 미국 국민과 그들의 위대한 문명에 존경을 표한다"며 예상을 뒤엎는 발언을 했다. 또 "이란은 미국 정부를 파괴하거나 해치는 데 목적을 둔 일이 없으며, 1979년 악명 높은 미국 대사관 탈취를 유감스럽게 생각한다"고 분명하게 말했다. 아울러 테헤란과 워싱턴 사이에 존재하는 적대감을 의식하고 불신의 벽을 무너뜨려 변화에 대비하고, 함께 연구해서 새로운 상황을 만들어 가자고 제안했다.

카타미는 역사적인 팔레스타인 땅에 대한 이스라엘 국가 건립 가능성을 배제하지 않았고, 테러는 어떤 형태든 저주받아 마땅하다고 선언했다. 또 자기 땅을 해방시키기 위해 싸우는 사람을 지지하는 것은 테러를 지지하는 것과 다르다면서 이스라엘에 대한 테러를 비난했다. 이러한 한계성에도 불구하고 카타미의 당시 발언은 이란의 놀랄 만한 입장 변화를 의미하는 것으로, 이란 대변인은 "곧 이스라엘이 팔레스타인과 평화협정을 맺을 경우 이스라엘을 인정하겠다"며 그에 화답했다.

클린턴 행정부는 카타미의 화해 발언이 나오고 나서, 이스라엘과 의회 내의 핵심 인물과 검토했다. 이란과 미국 간 관계 개선을 위해 규모는 작지만 많은 움직임을 보였다. 클린턴과 당시 국무장관 매들린 올브라이트는 과거

서방의 행동과 관련한 참회의 발언을 했고, 미국은 두 나라 사이의 여행 비자 조건을 완화했다. 심지어 이중 봉쇄 정책을 기초한 사람이자 당시 주 이스라엘 대사였던 마틴 인디크도 "미국은 이란의 이슬람 정부에 대한 반감이 없음을 분명히 해왔으며 대화할 준비가 되어 있다"고 말했다. 그러나 클린턴의 재임기간이 끝날 때까지도 교역 조건에 대한 제한이 걷히지 않았고 이중 봉쇄 정책은 지속되었다. 방향 전환의 실패는 이란 내부의 강경파에서 찾아볼 수 있다. 그들은 '거대한 사탄'과 대화하겠다는 카타미의 계획을 강력히 반대했다. 이스라엘과 미국의 지지자들도 미국과 이란의 접근을 좌절시키는 데 큰 역할을 담당했다.

로비는 1997년 카타미 집권 전 여러 해 동안 이중 봉쇄 정책을 개발하고 유지시킨 데 책임이 있었다. 그 정책이 테헤란과 워싱턴 간의 관계를 손상시킨 것은 물론이고, 새롭고 온건한 리더를 반대하는 이란 정치가의 정치력을 키워주는 결과를 초래했다. 1997년 12월 중순, 카타미가 미국과 관계 개선을 추구하는 것이 분명해지자 이스라엘 관료들은 이러한 시도를 무력화시키기 위한 움직임을 시작했다. 《하레츠》는 이스라엘이 미국의 대이란 정책의 변화에 대한 리포트를 보고 워싱턴에 우려를 표시했다고 보도했다. 총리 네타냐후가 의회에서 정책 변화를 막기 위한 노력을 활발하게 펼치도록 AIPAC에 당부했다고 덧붙였다.

AIPAC은 네타냐후의 당부를 따랐다. 미국의 이란 전문가 개리 식이 "카타미가 선출된 이후 점진적으로 미국과 이란의 관계가 향상되었다"고 했으나 AIPAC은 이 사실을 인정하지 않았다. 1999년 초까지 AIPAC, 이란 망명 수도사, 테러리스트 무자헤딘 힐크MEK는 이란에서 변한 것이 없다는 집요한 주장을 고수했다고 평가했다. 2000년 봄, 미국 주재 이스라엘 대사가 "클린턴이 일정량의 식품과 의료품을 이란에 수출해도 무방할 것"이라고 보고한 뒤에도 AIPAC은 법안 마련을 막기 위해 반대운동을 펼쳤다. AIPAC은 이란으로부터 캐비아, 페르시아 카펫과 피스타치오 수입에 대한 제한을 철회한다는 클린턴의 결정에는 반대하지 않았다. 그러나 반인종주의연맹과 주요 미국유대인조직, 대표자콘퍼런스CPMAJO는 반대했다. 클린턴은 두 경우 모두 교역 규모가 크지 않고 큰 논쟁거리가 되지 않으므로 자신의 뜻을 밀고 나갈 수 있었다. 미국은 카타미가 조심스럽게 내민 손을 잡기 위해 진지한 노력을 기울이지 못했다.

1990년대에 미국이 이란과의 대화에 관심을 갖고 양국 간의 관계 개선을 시도한 것은 바람직하다. 브렌트 스코크로프트가 말했듯이 이중 봉쇄는 어리석은 생각이었다. 이스라엘 지도자들은 클린턴 대통령의 대화 추구를 막고 적극적인 정책을 펴는 것이 미국에 유리하지 않을지 몰라도, 이스라엘에는 유익하다고 믿었다. 이스라엘의 대표적인 대이란 강경파의 일원인 에프라임 스네흐는 그 점을 "우리는 미국과 이란의 대화를 반대한다. 미국의 이해가 우리의 이해와 일치하지 않기 때문이다"라고 못 박았다. 로비는 이스라엘의 뜻을 따랐다.

부시 행정부와 정권 교체

8장(이라크와 중동 변혁의 꿈)에서 살펴본 것처럼 2001년 9월 11일에 발생한 테러는 부시 대통령에게 이중 봉쇄 정책을 포기하고, 보다 야심 찬 지역 변혁 전략을 추구하게 했다. 미군은 중동 전역의 적대적인 정권을 쓰러뜨리는 데 사용되어야 하는 것이다. 이스라엘 관점에서 이란은 부시 행정부의 공격 리스트에서 첫 표적으로서 최적의 조건을 갖추고 있다. 1990년대 초 이후 이스라엘 지도자는 이란이 가장 쉽게 핵무기를 보유할 수 있다는 점에서 이란을 가장 위험한 적으로 묘사하는 경향을 보였다. 이스라엘 전 국방장관 베냐민 벤엘리제르는 이라크 전쟁이 일어나기 1년 전 말했다. "틀림없이 이라크에 문제가 있다. 그러나 이란이 이라크보다 더 위험하다는 사실을 이해하라고 말하고 싶다."

이런 경고에도 불구하고 샤론과 참모진은 2002년 초, 미국이 이라크와 먼저 대결하고 후세인을 권력에서 축출한 다음 이란을 처리하기로 했다고 밝혔다. 바그다드 작전을 종결짓는 대로 즉시 이란을 처리해야 한다고 부시 행정부에 주지시켰지만, 의제 진행 순서에 심각한 반대 의사를 제기하지는 않았다. 샤론은 2002년 11월, 런던의 《타임스》와 인터뷰하는 자리에서 이란과 대치하라고 미국에 공식적인 압박을 시작했다. "이란이 세계 테러의 중심지로서 핵무기를 취득하기 위해 열중하고 있다"면서, "부시 행정부가 이라크를 정복하면 그다음 날 이란을 공격해야 한다"고 선언했다.

2003년 4월, 바그다드가 함락된 후 《하레츠》는 워싱턴 주재 이스라엘 대사가 이란의 정권 교체를 요구하고 있다고 보도했다. 대사는 "후세인의 전복만으로 충분치 않다. 미국이 계속 밀고 나가야 한다. 우리는 시리아, 이란으로부터도 그에 못지않은 위협을 받고 있다"고 강변했다. 《뉴욕 타임스》는 "워싱턴이 이란의 핵 야욕을 우려하고 있으며, 이스라엘로부터 이 문제를 심각하게 다루어 달라는 압력이 들어오고 있다"고 보도했다. 시몬 페레스는 《월 스트리트 저널》 6월 25일 자에 〈우리는 아야톨라 핵무기를 막기 위해 단결해야 한다〉라는 제목의 특집 기사를 냈다. 이란의 위협에 대한 페레스의 표현은 1930년대 유화 정책의 교훈에 대한 의식적인 언급을 비롯해서 과거 후세인에 대해 하던 말과 다름이 없다. 그는 미국과 이스라엘이 이란의 핵 추구를 묵인하지 않을 것이라는 사실을 모호하지 않은 말로 분명히 전달해야 한다고 강조했다.

신보수주의자는 테헤란의 정권 교체를 주장했다. 2003년 5월 하순, 《인터 프레스 서비스》는 "미국의 관심을 이란의 정권 교체에 집중시키려는 신보수주의자의 노력은 5월 초 이후 강화되었고 상당한 열매를 거두고 있다”고 보도했다. 6월 초《포워드》는 “행정부 안팎의 신보수주의자는 테헤란의 정권 교체를 촉진하기 위해 적극적인 노력을 기울이고 있다. 짐작만 하고 있던 은밀한 활동 관련 보도들이 최근 몇 주 동안 눈에 띈다”고 보도했다.

평소처럼 유명한 신보수주의자, 근본적으로 이라크 전쟁을 촉발시킨 사람들은 이란 전쟁의 필요성을 주장하는 기사를 많이 썼다. 윌리엄 크리스톨은 5월 12일 자《위클리 스탠더드》에 “앞으로 중동에서 가장 먼저 치러야 할 큰 싸움은 이라크 해방이다. 두 번째 큰 싸움은 군사 대결이 되지 않기를 바라지만 이란에 대한 싸움”이라고 기고했다. 대이란 유력 매파의 일원인 마이클 레딘은《내셔널 리뷰 온라인》4월 4일 자 기사를 통해 말했다. “더 이상 외교적 해결을 위한 시간이 없다. 이란은 최소한 우리에게 기억에 남을 만한 승리의 가능성을 안고 있다. 이란이 현 정권을 증오하고 미국이 이란의 정의로운 투쟁을 지원한다면, 우리는 이란에 대항해서 열정적인 싸움을 벌일 것이다.”

당시 유사한 견해를 밝힌 전문가는 중동포럼의 다니엘 파이프스와《예루살렘 포스트》5월 20일 자에 〈이란에 대한 압박을 강화하라〉라는 기사를 실은 워싱턴근동정책연구소의 패트릭 클로슨이다. 그들은 이라크에 기반을 둔 그룹으로 테헤란 정권 전복을 겨냥하지만, 미국 정부가 테러조직으로 지목하고 있는 무자헤딘 헐크를 지원하라고 부시 행정부에 요구했다. 로렌스 카플란은《뉴 리퍼블릭》6월 9일 자에서 “미국이 대부분의 미국 정책 입안자가 알고 있는 것보다 핵 문제를 진전시키는 이란에 강경 정책을 쓸 필요가 있다”고 주장했다.

이란 민주주의 법?

5월 6일, 미국기업협회는 민주주의수호재단, 허드슨연구소와 함께 이란의 미래에 대한 일일 콘퍼런스를 공동 주최했다. 버나드 루이스, 상원의원 샘 브라운백, 유리 루브라니(IDF 선임 보좌관), 유대 국가 안보기구(전 AIPAC 전무이사)의 모리스 아미타이, 마이클 레딘, 미국기업연구소AEI의 로엘 마크 게레호트, 허드슨연구소의 메이라브와 같은 강력한 이스라엘 지지자가 연사로 나섰다. 토의의 주요 의제는 〈민주화를 촉진하고 이란의 정권 교체를 이루기 위해 미국이 취해야 할 조치는 무엇인가?〉였다. 대답은 뻔했다. 연사들 모두 미국이 이슬람 공화국을 무너뜨리고 민주 국가로 대체하기 위해 많은 노력을 기울여야 한다고 이구동성으로 주장했다.

이 목적을 달성하기 위해 로비는 사망한 이란 국왕 샤의 아들 레자 팔라비와 긴밀한 관계를 갖기 시작했다. 그는 샤론 및 네타냐후와 사적인 만남을 가져왔고 미국의 친이스라엘단체, 개인과 광범위한 접촉을 한 것으로 알려져 있다. 이런 관계 진전은 영향력 있는 로비단체와 이라크 망명자 아흐메드 찰라비 사이에 존재하던 것과 흡사하다. 팔라비가 자기 고국에서 적법성을 갖지 못한다는 사실(찰라비의 경우처럼)을 모르는 듯 친이스라엘 그룹은 그의 대의를 지지했다. 팔라비는 그에 대한 대가로 그가 이란에서 재집권한다면 이란이 이스라엘과 우호적인 관계를 가질 수 있게 하겠다는 점을 확실히 했다.

2003년 5월 19일, 상원의원 샘 브라운백은 "현 정권에 대한 반대 그룹에 자금을 지원하고 이란의 민주주의를 촉진하기 위한 법안을 도입하겠다"고 발표했다. 그렇게 해서 만들어진 소위 '이란 민주주의 법'은 이란 망명자들뿐 아니라 모리스 아미타이와 미국기업연구소AEI의 마이클 레딘이 창립에 참여한 이란 민주주의연맹의 지지를 받았다. 법안은 하원에서 헌신적으로 이스라엘을 지지하는 또 다른 인물 브레드 셔먼(캘리포니아주, 민주당)에 의해 도입되었고, 7월 하순 최종 법안에서 자금 지원 조항이 삭제된 상태로 양원에서 통과되었다.

법안을 지지하는 그룹은 이란이 테러리즘을 지원하고 있으며 머지않아 핵 강국이 될 가능성이 있기 때문에 위협이라고 강조했다. 그들은 바그다드가 무너진 이래 미국이 경험한 문제를 가지고 이란을 비난하고자 했다. 펜타곤의 신보수주의자는 이란이 2003년 5월 12일 미국과 함께 리야드, 사우디아라비아의 목표물을 공격한 알카에다 공작원 일부를 숨기고 있다고 주장했다. 이란인은 이 주장을 부인했고 CIA와 국무부는 신보수주의자의 주장을 회의적으로 받아들였다. 신보수주의자는 이란이 이라크 주둔 미군에 대한 공격을 지원해 왔다는 주장을 가장 강력하게 지지한다. 2004년 4월, 마이클 레딘은 "테헤란이 국경 너머로 테러분자를 파견하는 한 이라크에서의 평화와 안전은 불가능하다"고 전했다.

이란이 이라크 민병대를 지원한다 하더라도 미국과 이란의 이해가 타협 불가능한 것은 아니다. 이란은 이라크에서 미국이 겪는 문제에 대한 주요 원인이 아니다. 이란이 그곳에서 무슨 일을 벌이지 않더라도 수렁에 빠져 있기는 마찬가지다. 이란이 이런 식으로 행동한다고 놀랄 일도 아니다. 세계 최대 강국이 이란의 인접국을 침공했고 테헤란을 '악의 축'의 일부로 선언한 상태다. 미국 의회는 이란의 정권 교체를 주장하는 법을 통과시켰고 부시 행정부는 이란 망명 그룹에 자금을 지원하면서 군사력을 동원해서 이란을 공격하겠다고 암시했다. 이런 위협에 직면한 나라로서 다양한 이라크 분파에 영향을 미치고 여러 형태로 지원하는 것을 포함해 가능한 모든 수단을 동원해서 자신을 보호하려 하지 않겠는가? 만약 적대적인 강국이 캐나다나 멕시코를 정복하고 그곳에 뜻을 같이하는 정부를 세우려 할 때, 미국은 적대국의 노력을 저지하고 미국의 이해에 실리적인 결과를 얻어내려 하지 않겠는가?

미국인은 이라크에 대한 이란의 영향을 개탄할망정 그것을 이란의 끊임없는 적대감의 증거로 보거나 그 때문에 놀라지 않을 것이다. 또한 냉전 중 미국 정부가 적대감이 깊다고 해서 소련 지도자와 대화를 중단하지 않았다는 점에 주목해야 한다. 모스크바가 월맹에 수백만 달러에 해당하는 군사원조를 제공하고, 그것이 수천 명의 미국 병사를 죽이는 데 사용되는 상황에서도 말이다.

이스라엘의 방위를 위해 일어서기

이스라엘과 로비는 핵으로 무장한 이란이 이스라엘에 대한 용납할 수 없는 위협이고, 그 위협이 커지는 것을 막을 책임이 미국에 있다는 사실을 설득하는 데 성공적이었다. 증거가 말해주듯이 로비에 참여하는 일부 인사가 지나치게 이스라엘의 이익만 추구한 것은 아닌지 우려할 정도다. 부시 대통령의 말 속에서 이스라엘이 선호하는 대이란 접근방식을 엿볼 수 있다. 2006년 3월 20일, 클리블랜드의 연설에서 확연히 드러났다. "이란으로부터 오는 위협은 그들이 공언하는 목적, 즉 강력한 동맹국 이스라엘을 파괴한다는 것이다. 그것은 위협이다. 심각한 위협이다. 우리는 동맹국을 보호하기 위해 군사력을 사용할 것이라고 분명히 밝혔음을 거듭 강조하는 바다."

부시의 발언은 일관성이 있다. 한 달 전, 《로이터》와의 인터뷰에서 그는 "필요하다면 이스라엘의 방위를 위해 일어설 것"이라고 말했다. 민주당과 공화당을 막론하고 2008년 대통령 후보자 대부분이 대통령과 의견을 같이하는 것으로 보인다. 2007년 4월, 상원의원 존 매케인은 "미국이 이란에 이스라엘을 위협할 핵무기를 갖지 못하게 하고, 이스라엘을 이란으로부터 보호해야 할 책임이 미국에 있다는 부시의 의견에 동의한다"고 말했다. 그는 2007년 5월 《예루살렘 포스트》와의 인터뷰에서 이 같은 주장을 되풀이했다. 동료 후보 버락 오바마, 밋 롬니, 빌 리처드슨, 샘 브라운백도 비슷한 발언을 했다.

이란을 미국이 아닌 이스라엘의 치명적인 위협으로 규정하는 부시의 열정이 이스라엘의 이익을 위해 이란과 전쟁을 벌이겠다는 공언과 함께 로비의 다양한 부문에 경종을 울렸다. 2006년 봄, 《포워드》는 "유대인 공동체 지도자들이 백악관을 향해 앞으로 있을지도 모르는 이란의 적대 행위에 대비해서 이스라엘을 방어하겠다는 공약을 하지 말아줄 것을 당부했다"고 보도했다. 요점은 지도자들이 미국이 군사력을 동원해서 이스라엘을 방어하는 것에 반대한다는 의미가 아니다. 부시의 공언이 미국이 이스라엘 방어를 위해 이란에 무력을 쓸 수 있다는 인상을 줌으로써 미국유대인이 미국의 이란 공격에서 유발될 수 있는 부정적인 결과로 비난받을 수 있다는 의미다. 대표자콘퍼런스의 말콤 호엔라인은 2006년 4월, "부시의 발언에 감사하지만 과연 이스라엘과 연결시키는 것이 유익할 것이냐 하는 문제에 있어서는 의문"이라고 말했다.

그해 봄 "친이스라엘 그룹들이 이란과 관련해서 자세를 낮췄으면 한다"는 총리 올메르트의 말에서 알 수 있듯이 이스라엘 지도자도 그와 똑같은 우려했다. 올메르트는 "우리는 그것이 이스라엘의 문제가 되기를 원치 않는다. 실상은 대통령의 이야기와 전혀 다른 것이다"라고 말했다.

부시 행정부는 이란의 핵 프로그램을 막기 위해 노력했으며 일반적으로 공격적인 자세를 취했다. 여러 차례 경제제재를 가했고, 핵무기 개발을 강행할 경우 군사 공격을 하겠다고 위협했다. 미국 지도자들은 어떤 선택도 배제하지 않는다는 말을 즐긴다. 국가안보 컬럼니스트 제임스 뱀포드와 시모어 허시는 이라크 전쟁을 계획한 사람 중 얼마나 많은 사람이 펜타곤에 의한 이란의 군사 행동을 구상했는지 이야기했다. 2005년 8월까지 정책 문제 담당 국방부 차관을 지낸 더글러스 파이스는 이슬람 공화국 공격 계획을 수립하는 데 핵심적인 역할을 담당했다. 2005년 초 허시는 말했다. "긴밀하면서도 눈에 띄지 않는 이스라엘과의 협력이 있었다. 국방부에서 일하는 민간인 더글러스 파이스의 지휘 아래 개발 가능한 핵무기, 화학 무기, 이란 내의 미사일 표적과 관련한 사항을 개발하고 구체화하는 작업에서 이스라엘 플래너 및 컨설턴트와 협력했다. 펜타곤은 이란 내에서 정보 수집을 위한 작전을 수행했고 광범위한 이란 공격에 대비한 비상 계획을 갱신해 왔다."

2007년 1월 부시 행정부는 다양한 방법을 동원해 이란에 대한 군사 압력을 강화했다. 이라크 에르빌시에서 이란 관리 5명을 체포했다. 해당 지역 쿠르드족이나 이란인에 따르면 그들은 영사관 시설로 쓰이는 건물 안에 있었다. 대통령은 걸프협력회 회원국을 방어하기 위해 페르시아만에 대미사일 방어 시스템과 항모 전투단을 파견한다고 발표했다. 바그다드에 머무르고 있는 미군 관계자들은 "이란이 미 병사를 향해 사용될 수 있는 치명적인 도로변 폭탄 핵심 부품을 이라크로 운송하고 있다"고 주장했다. 대통령 국가안보 보좌관 스티븐 해들리와 콘돌리자 라이스 국무장관은 "이란의 도로변 폭탄 및 무기 운송을 추적하기 위해 미군이 이란 국경을 넘어갈 가능성도 배제할 수 없다"고 천명했다.

충돌 직전의 움직임에도 부통령 체니의 중동 문제 고문 데이비드 웜서는 많은 위협 때문에 외교를 할 수 있는 상황이 아닌데도, 라이스와 해들리가 지나치게 협상에 관심을 두고, 군사 행동에는 미온적이라고 느끼고 있었다. 2007년 봄, 웜서는 미국기업협회와 보수적인 워싱턴 싱크탱크를 돌아다니며 강연하며 말했다. "국무장관이 전적으로 외교에만 의존하는 데 대해 부시 대통령과 함께 부통령이 불만이 있으며, 체니는 이란의 핵 프로그램을 제거하기 위해 이스라엘과 협력해서 군사전략을 사용하는 데 관심을 가지고 있다. 이는 대통령의 승인을 받을 수 있다." 웜서의 활동이 대중에 알려지자 라이스는 행정부 내 이란 문제에 대한 의견 차이가 있다는 사실을 부인하고, 부통령은 전적으로 대통령의 정책을 지지한다고 강조했다.

행정부가 이란 문제를 처리하는 데 있어서 협상보다는 위협에 매달린 것에 비해, EU는 위기를 외교로 해결하려고 노력했다. EU 3개국(영국, 프랑스, 독일)은 2003년 8월 초 테헤란과의 협상을 주도했고, 10월 21일 이란은 농축 및 재처리 과정을 포함한 모든 활동을 중단하겠다고 약속했다. 국제원자력기구IAEA가 침입적인 핵 사찰을 수행할 수 있도록 허용했다. 1년 뒤 2004년 11월 15일, 이란은 농축 및 재처리 과정을 포함한 모든 활동을 계속 중단할 뿐 아니라 기간을 연장하고, 상호 납득할 수 있는 장기협정을 목표로 협상을 시작한다고 약속했다. 그러나 만족할 만한 협상을 끌어내기 위한 노력은 수포로 돌아가고 이란은 2005년 8월, 우라늄 농축을 재개한다고 발표했다. EU 3개국은 대화를 계속했지만 이렇다 할 성과를 거두지 못했다.

미국은 이란의 핵 프로그램을 협상을 통해 중단시키려는 EU 3개국의 노력을 용인했지만, 협상 절차에 열의를 보이지 않았고, 협상이 성사될 수 있도록 뒷받침하지 않았다. 부시 행정부는 이란을 끊임없이 위협하면서 유럽 교섭자들에게 가능한 한 이란을 강경하게 대하도록 촉구했다. 부시 행정부의 행동은 협상의 진전을 기대하기 어렵게 만들었다. 협상 성공을 바라는 마음이 있었다면 군사 위협이 배제되어야 했다.

위협이 배경에 깔린 외교가 실패로 끝나자, 부시 행정부는 2005년 가을 이란에 제재를 가하도록 UN 안전보장이사회를 압박하기 시작했다. 이는 2006년 12월 하순 마침내 중국과 소련이 제한적인 제재안에 동의함으로 성과를 보게 되었다. 2007년 3월 하순, 안전보장이사회는 핵 농축 시설 폐쇄를 거부하는 이란에 대해 2차 제재안을 승인했다. 역시 범위가 제한적이던 새로운 제재는 이란 무기 수출 금지, 이란 핵무기 프로그램과 관계하는 인사의 여행 제안, 첫 번째 UN 제재로 피해를 입지 않은 일부 개인과 단체의 재산을 동결한다는 내용을 포함했다. 전문가 중 이런 조치가 이란에 핵 프로그램을 포기하게 할 수 있다고 믿는 사람은 없었다. 미국이 안전보장이사회를 설득해서 실효성 있는 강력한 제재를 추진할 수 있다고 믿는 사람도 없었다. 그렇지만 UN 제재가 답이 아니라 면 무엇이 답이란 말인가?

몇 가지 대안

이란의 핵 프로그램을 중단시키기 위해 부시 행정부가 선택할 수 있는 대안은 세 가지다. 첫째, 전쟁에 준하는 군사 조치로 압박의 수위를 높여 가기, 강력한 미국의 제재, 이스라엘과 아랍 동맹국을 포함하는 반이란연맹 결성을 통해 테헤란을 굴복시키는 것이다. 둘째, 군사력을 사용해서 이란을 제거하는 안이다. 마지막으로 이란의 핵무기 개발을 막을 수 있는 타협을 끌어내는 것이다.

이스라엘과 핵심 로비조직, 특히 신보수주의자는 둘째 방법을 선호한다. 그러나 이스라엘 지도자와 미국 지지자는 이라크의 참담한 상황이 그 배경이기도 하지만, 미국 정부 안팎과 국제사회에서 이란 공격에 대한 반대의 소리가 높다는 것을 잘 알고 있다. 부시 대통령이 말과는 달리, 절대로 이란을 공격하지 않겠다는 의미는 아니지만 군사 행동에 열의를 보이지 않았다.

부시의 2007년 계획은 우라늄 농축을 중단하라는 미국의 요구에 굴복하기를 바라는 마음에서 이란에 대한 압력의 수위를 높이는 의도로 보인다. 언급했듯이 행정부는 1월에 이란을 직접 겨냥한 대립적 군사 행동을 취했다. 대통령과 라이스 국무장관은 중동의 아랍 국가들이 이란에 대항하는 미국 및 이스라엘과 같이 보조하도록 공동의 노력을 기울였다. 이런 상황에서 지금까지 부시의 정책을 따르던 핵심 로비단체들이 결집했다.《포워드》는 2007년 3월, AIPAC 총회가 열리기 전날 밤 보도했다. "친이스라엘 로비는 이란과 함께 타도의 표적에 포함되어 있으면서 이란과 비즈니스를 하는 외국 자치제에 대한 제재를 강화하기 위해 마련한 새로운 의회 법안을 지원하고 있다."

이 전략은 열매를 거두지 못했다. 미국은 5명의 이란인을 체포한 후로 이라크인과 심지어 쿠르드인에게까지 엄청난 비난을 받았다. 3월에는 이란이 해역을 침범했다는 이유로 영국 해군 15명을 억류함으로써 맞설 수 있음을 증명했다. 이란은 핵 개발 프로그램을 추진하고 이라크의 시아파를 지원한다. 걸프 지역에 항모 전투단을 추가 배치하는 것이 테헤란의 행동에 영향을 줄 수 있다는 보장은 없다. 의회가 강력한 제재를 가할 수 있겠지만 행정부가 관심을 갖지 않는다. 결국 이란과 비즈니스 관계의 동맹국에 제재를 가하는 결과를 빚을 수 있기 때문이다. 그런 정책을 써서 동맹국과의 관계를 긴장시키면 워싱턴이 이란에 추가적인 압박을 가하려 할 때 그들의 도움을 얻어내기가 쉽지 않다.

아랍 국가와 긴밀한 관계를 유지하려는 행정부의 시도는 진전을 이루지 못했다. 미국이 이스라엘을 지원한다는 사실 때문이다. 고 압둘라 사우디아라비아 국왕은 3월에 이란 대통령 아마디네자드를 리아드로 초청했다. 뿐만 아니라 백악관 방문을 취소하고 미국의 이라크 점령을 불법이라고 비난했다. 요르단대학교 전략연구소 소장은 압둘라가, "미국은 그들에게 결정된 사항을 강요하고 항상 이스라엘 편을 들 것이 아니라 동맹국의 의견에 귀 기울일 필요가 있다"라고 말한 것을 전했다.

7장(로비와 팔레스타인인들)에서 살펴보았듯이, 당시 사우디아라비아는 아랍연맹을 압박해서 2002년 평화 계획을 제기하도록 했다. 이스라엘과 팔레스타인의 갈등을 끝내보려는 의도였다. 미국은 그 제안을 변경하도록 사우디를 압박했다. 이스라엘이 싫어했기 때문이다. 라이스 국무장관은 아랍 국가

를 비하하는 태도로 이스라엘에 먼저 손을 내밀라고 요구했다. 훈계에 화가
난 사우디, 특히 압둘라는 이라크의 미국 주둔을 혹평하는 것으로 반응했다.

군사력을 사용해 이란을 굴복시켜라

강압적인 방법으로 테헤란의 계획을 바꿀 수 있을 것 같지는 않다. 이스라
엘 지도자와 미국의 지지자는 이 점을 놓치지 않았다. 대부분 핵으로 무장한
이란을 이스라엘에 대한 치명적인 위협으로 본다. 그 이유로 많은 사람이 군
사 행동을 입에 올릴 뿐 아니라, 이란은 위험천만한 나라이기 때문에 워싱턴
의 요구에 굴복하지 않으면 군사력을 동원할 수밖에 없다는 점을 설득하려
고 로비 활동을 펼쳐왔다.

2006년 5월 24일, 총리 에후드 올메르트가 양원 합동회의에서 행한 연설
을 떠올려 보자. 그는 핵무기를 가진 이란을 '흉포한 노예, 제2차 세계대전의
공포, 공산 진영의 강제 노동 수용소'에 비유했다. "핵으로 무장한 이란이 이
스라엘에 대한 위협일 뿐 아니라 전 세계의 안전을 위태롭게 할 것"이라고
강조했다. 그는 "시커멓게 몰려오는 폭풍우가 전 세계를 어둠 속으로 몰아넣
기 전에 미국이 결정적일 역할을 해줄 것을 기대한다"고 말했다.

2006년 12월, 올메르트는 《뉴스위크》와의 인터뷰에서 "이란이 타협을 하
지 않은 결과를 두려워해야 할 이유가 없는 한 타협을 받아들이지 않을 것
으로 본다"라고 말했다. 이란은 두려움을 맞보아야 한다는 것이다. 다음 해
봄, 올메르트는 군사 행동의 정당성을 수용하게 하려는 운동을 강화하고 있
었다. 그는 4월 하순 독일 잡지 《포커스》와의 대담에서, "핵 프로그램 전체
를 파괴하는 것이 불가능할지 모르지만, 몇 년 후퇴하지 않으면 안 될 정도
로 손상시키는 것은 가능하다"고 말했다. 올메르트는 그 작업을 하는 데 10

일 정도가 걸릴 것이고 토마호크 크루즈 미사일 1000기가 필요할 것으로 추산했다.

　한 이스라엘 장군은 이에 관해 부시의 정치력에 의문을 느껴 다음과 같이 제안했다. "부시가 이란 공격을 뒷받침할 만큼 충분한 정치력이 있는지 의문스럽다. 이스라엘이 민주당과 미국 신문 편집자들을 대상으로 로비하고, 이란 문제를 초당파적인 관심사로 만들어 부시가 원활히 일할 수 있도록 거드는 편이 나을 것이다." 이스라엘 관료는 이란이 핵 개발을 고집한다면 자체적으로 예방 전쟁을 벌일 수도 있다고 경고했다. 이런 위협은 이란에 신호를 보낸다는 의미 외에도 워싱턴을 압박해서 문제를 해결하게 하려는 의도가 깔려 있다. 미국은 이스라엘이 독자적으로 행동하는 것을 원하지 않는다. 샤론 총리는 2005년 경고했다. "이스라엘은 이란의 핵무장을 용납하지 않는다. 우리는 이 문제를 처리할 능력이 있고, 처리를 위해 필요한 만반의 준비를 갖추어 가고 있다."

　런던의 《선데이 타임스》는 2007년 1월, 이스라엘 파일럿이 이란의 핵 시설에 대한 전술적인 핵 공격 훈련을 하고 있다고 보도했다. 이스라엘은 보도 내용을 공식적으로 부인했다. 하지만 이스라엘이 이 문제에 집중하고 있고 그것이 중요하다는 인상을 심어주었다. 한 이스라엘 방위 분석가는 AP 통신에 말했다. "모종의 억제 장치로서 우리가 미친 짓을 하기 전에 누군가 강한 사람이 나서서 말려달라는 뜻에서 고의로 흘렸을 가능성이 있다." 부총리 아빅도르 리베르만은 이 메시지가 통하지 않을 경우를 가정하면서 2007년 2월, 《더 스피겔》과의 회견에서 말했다. "만약 국제사회가 그 문제를 해결하지 못한다면 이스라엘이 독자적인 행동을 취할 것이다."

　일부 로비스트는 정권 교체라는 막연한 주장을 뛰어넘어 "핵으로 무장한 이란을 용납할 수 없으며, 미국은 이 문제를 해결하기 위해 무력을 사용할 준비가 되어 있어야 한다"고 주장했다. 신보수주의 학자는 이란으로부터의 위협에 대해, 이란을 굴복시키지 못하면 최소한 위협을 주기 위해서라도 무력을 사용할 필요성이 있다는 사실에 대해 목소리를 높여왔다.

그들의 본질적인 시각은 2006년 10월 3일, 미국기업협회의 마이클 루빈이 《뉴욕 데일리 뉴스》에 실은 특집 기사의 표제 〈이란의 교착 상태를 끝내려면 전쟁을 계획하라〉에 반영되어 있다. 미국기업연구소AEI에서 일하는 조슈아 무라브치크는 한 달 뒤 선언했다. "부시 대통령은 대통령직을 내려놓기 전에 이란의 핵 시설을 폭파해야 한다. 이란이 평화적인 제안을 받아들여 핵무기 개발을 포기한다는 것은 생각할 수도 없는 일이다."

2007년 1월 리처드 펄은, 부시 대통령 재임 중에 이란의 핵무기 개발이 확실시된다면, 공격 명령을 망설여서는 안 된다며 공감을 나타냈다. 마지막으로 신보수주의 이념의 창시자 노먼 포도레츠는 2007년 5월 30일, 《월 스트리트 저널》 온라인에 〈이란 폭파에 대한 제언 – 나는 부시가 그 일을 할 수 있기를 기원한다〉는 제목의 기사를 올려 논란을 불러일으키기도 했다.

이란의 핵 개발을 막을 타협을 끌어내라

AIPAC은 이란으로부터의 위협과 관련한 기사를 내고 군사 행동을 강요하는 데 중심 역할을 했다. 지난 2년의 연차 총회를 통해서 이란 문제를 부각시키고 핵 프로그램 중단의 절박성을 역설해 왔다. 2007년 총회에는 이스라엘을 위한 크리스천연합을 이끄는 존 해기가 강사로 초빙되었다. 2006년 그는 《예루살렘 포스트》에 "미국이 이스라엘의 무력에 의한 선제 공격에 동참해 이란의 핵 시설을 제거함으로써 서구 문명을 구할 수 있기 바란다"고 말했다. 2007년 3월에는 "지금은 1938년이다. 이란은 독일이고 아마디네자드는 이 시대의 히틀러다. 우리는 이란의 핵 위협을 차단해야 하고 이스라엘과 함께 용감히 위협에 맞서야 한다"고 선언함으로써 청중을 실망시키지 않았으며, 여러 차례 기립박수를 받았다. 이에 반해 힐러리 클린턴은 "강한 조치를 취하기 전에 이란과 대화하는 것이 좋을 것 같다"고 말했는데, AIPAC 청중으로부터 야유를 받았다고 《뉴욕 포스트》가 전한다.

2007년 3월, 의회는 부시 대통령이 이란 공격 명령을 내리기 전 사전 승인을 받으라고 요청하는 조항을 펜타곤의 지출 법안에 첨부하려 했다. 이 일이야말로 미국의 대이란 정책에 미치는 AIPAC의 영향력을 반증하는 예가 될 것이다. 이라크 전쟁이 실패한 후 이런 일은 국회에서 흔히 있었으므로 승인은 당연했다. 그것은 의회의 헌법 정신과도 일치하는 것이었다.

그러나 사실상 군사 행동을 배제하는 것으로 간주한 AIPAC은 그 법안에 강력히 반대했다. 그것은 의회에 상정되었고, 개리 애커먼, 엘리엇 엥겔, 셸리 버클리(네바다주, 민주당)와 같은 친이스라엘 의원의 힘으로 문제가 된 조항이 지출 법안에서 삭제되었다. 한 달이 지난 후, 하원의원 마이클 카푸아노(매사추세츠주, 민주당)는 '법안에서 어떻게 이란 이야기가 빠지게 되었느냐?'는 질문에 'AIPAC'이라는 한 마디로 대답했다. 하원의원 데니스 쿠치니치(오하이오주, 민주당)도 같은 반응을 보였다.

이란에 대한 군사 행동을 압박하고자 하는 이스라엘과 일부 로비스트의 굳은 의지에도 불구하고 이란에 무력을 사용하겠다고 위협하는 것은 비생산적이다. 실제로 그 나라의 핵 시설을 공격하면 참혹한 결과가 빚어질 수 있다는 것이 일반의 인식이다. 이는 중동을 불안하게 할 뿐 아니라 이란에 미국과 그 동맹국을 맹공격하게 만들 것이다. 이 시점에서 워싱턴이 가장 피해야 하는 일은 이슬람 국가와 전쟁을 벌이는 일이다.

미군은 이미 바그다드의 수렁에 빠져 있고 이란은 이라크보다 월등히 넓은 영토와 많은 인구를 보유하고 있다. 1981년 이스라엘이 초기 단계에 있는 이라크의 핵 시설을 파괴한 후 경험했듯이 이란이 핵 프로그램을 포기하지 않는 것은 물론, 재건하기 위해 배전의 노력을 기울일 것이 틀림없다. "'전쟁은 핵을 가진 이란에 더 유리하게 작용한다'라고 생각하는 유럽 정책 입안자를 아직 못 만났다"는 유럽 안전 문제 전문가 찰스 쿠프챈의 말에 공감이 간다.

"이란이 핵 프로그램을 끝내지 않을 경우 군사 행동을 지지할 것"이라고 공언한 국가는 세계에서 이스라엘밖에 없다. 2007년 5월 여론조사에 의하면, 이스라엘 국민 71%가 전쟁을 지지하는 것으로 나타났다. 마찬가지로 미국에서 이란과의 전쟁을 선호하는 조직은 이스라엘 핵심 로비단체뿐이다. 2007년 초, 퇴역 장군 웨슬리 클라크는 부시 행정부가 이란과의 전쟁을 추구하는 것처럼 비치는 이유가 무엇이냐는 질문을 받고 대답했다. "이스라엘 신문을 읽어야 해요. 유대인 공동체가 분리되어 있지만 뉴욕의 재력이 있는 유대인들로부터 관직을 찾는 사람들에게 쏟아지는 압력이 엄청나요." 클라크는 이스라엘과 일부 미국유대인들이 미국을 이란과의 전쟁으로 내몰고 있다는 인상을 주어 반유대인이라고 비난을 받았다. 하지만 저널리스트 매튜 이글레시아스는 "클라크의 말에 거짓이 없다. 더 중요한 것은 누구나 그것이 진실임을 안다는 사실"이라고 지적했다. UN 무기 검사관이었다가 작가로 전향한 스콧 리터는 2006년에 나온 그의 책《이란을 표적으로 삼으라Target Iran》에서 날카롭게 꼬집었다. "의심할 여지가 없다. 미국이 이란과 전쟁을 벌인다면, 그것은 이스라엘에서 만들어진 전쟁이다." 간단히 말해서 이스라엘과 로비가 이 문제를 압박하지 않는다면 워싱턴 심장부 내부든 밖이든 진지하게 이란 공격을 이야기하는 사람이 없을 것이다.

최소한의 나쁜 선택

부시 행정부가 취할 수 있는 최선의 선택은 무력의 위협을 제거하고, 이란과 포괄적인 약속을 끌어내기 위해 노력하는 것이다. 이 전략이 효과가 있다고 단정하기는 어렵지만, 과거에 효과를 발휘했고 앞으로도 그러할 것이라고 생각할 수 있는 근거가 있다. 9·11 사태 이후 이란은 진정으로 미국과 협상을 통한 문제 해결에 관심이 있다는 의사를 두 차례 전달했다.

이란은 2001년 가을, 아프가니스탄의 공격 목표를 조언하고 반(反)탈레반 세력인 북부 동맹과의 협력을 돕고 수색 및 구출 임무를 도와 미국이 탈레반을 무너뜨릴 수 있게 했다. 전쟁이 끝난 후 테헤란은 카불의 적절한 장소에 우호적인 정부를 세울 수 있도록 워싱턴을 도왔다. 동시에 카타미 이란 대통령은 미국과의 관계 개선을 원한다는 뜻을 분명히 밝혔고 아프가니스탄 사태를 개선하는 중요한 단계로 간주했다.

1990년대에 그랬듯이 CIA와 국무부 내에서는 카타미의 약속을 믿고 테헤란과 관계 정상화를 이루려는 시도에 지지를 보였다. 행정부 안팎의 신보수주의자들은 격렬하게 반대하고 나섰다. 그들은 이란과의 관계가 악화되는 것을 선호했으며 부시와 체니를 자기편으로 끌어들였다. 대통령은 2002년 1월 말, 연두교서를 통해 이란을 악명 높은 악의 축에 끼워 넣는 것으로 아프가니스탄에서의 협력에 보답했다. 부시는 이라크의 정권 교체에 몰두하고 있지만 이란을 표적으로 삼을 것이며 그 정부를 전복하기 위해 노력하겠다고 밝혔다.

미국의 적의에도 이란은 1997년 클린턴 행정부 때 그랬던 것처럼 2003년 봄, 미국에 대한 접근을 다시 시도했다. 카타미는 "이란의 핵 프로그램에 협상할 용의가 있고, 협상이 성사되면 이란이 대량 살상 무기를 개발하거나 보유하려는 노력을 하지 않는다는 사실을 알게 될 것"이라고 말했다. 그는 "테러리즘과 관련해서 이란이 팔레스타인 반대 그룹에 대한 물질적 지원을 중단하고, 그들에게 압력을 넣어 1967년 이스라엘 국경 안의 민간인에 대한 폭력 행위를 못하게 할 것"이라고 말했다. 헤즈볼라와 관련해서는 "레바논 내의 단순한 정치조직으로 만드는 데 목표를 두겠다"고 했다.

카타미 이란 대통령은 2002년 "사우디 평화 계획이 2개 국가 해법을 수용하는 것으로 알고 그것을 받아들이겠다"고 말했다. 게다가 "이라크의 안정화를 돕겠다"고 했다. 그 대신 이란을 악의 축에서 지우고 이란에 대한 군사력 사용 위협을 그만둘 것을 요구했다. 그는 제재 중단과 함께 평화적이고 완전한 핵 기술에 접근하길 원했다. 카타미는 근본적으로 멋진 타협에 함유된 모든 요소를 확보하는 해결책을 추구하고 있었다.

이란의 제안은 2003년 5월, 미국이 결정적인 승리를 거뒀다고 생각한 이라크 전쟁과 결정적인 승리라고 생각한 아프가니스탄 전쟁 바로 직후 이루어졌다. 그 시점에서 많은 사람은 미국이 중동의 질서를 재편할 수 있다고 믿었다. 테헤란을 압박해서 협상을 끌어낼 수 있는 이상적인 시점이었다. 미국의 명성과 영향력이 최고조에 달한 반면, 이란은 취약성을 가장 민감하게 느끼고 있었다. 유감스럽게도 미국의 우호적인 입지는 부시를 협상보다는 명령에 의존하게 했다. 당시 이스라엘뿐 아니라 신보수주의자와 다른 로비스트는 이란을 표적으로 삼도록 부시 행정부를 압박하고 있었다. 부시는 이란과 미국 간 협상을 통해 멋진 타협안을 마련하자는 카타미의 제안에 관심을 기울이지 않았다. 미국 관계자들은 협상을 추구하지 말라고 조언했다.

부시 행정부가 이 기회를 포착했다면 과연 멋진 타협이 가능했을지 알 수 없다. 이란에는 여전히 거대한 사탄과 어떤 거래도 해서는 안 된다고 주장하는 강경파가 많다. 그런데도 '카타미와의 타협안을 마련하기 위한 노력이 최선의 대안'이라는 이유라도 들어 협상했으면 좋으련만, 부시는 이를 위해 노력하지 않는 어리석음을 범했다. 협상안을 도출하려고 노력했다면 무책임한 발언과 호전적인 태도로 힘든 상황을 악화시키는 아마디네자드가 대통령으로 선출되는 것을 막았을 것이다. 대화가 실패로 돌아가 이란이 핵무기를 손에 넣게 되는 경우라 할지라도, 미국은 여전히 전쟁 억지 전략을 추구했을 것이다.

포괄적인 타협을 추구할 충분한 이유

2001년이나 2003년에 비해 성공 가능성은 낮을지라도 이란과 타협하기 위해 힘써야 한다. 미국의 교섭 조건이 이라크 사태로 인해 전보다 불리해졌을 뿐 아니라, 이란 지도자는 어느 때보다 부시를 믿을 수 없는 이유를 갖게 되었다. 더욱이 마무드 아마디네자드가 카타미를 대신해서 이란 대통령이 된 후로는 부시 행정부에 대한 접근에 관심을 보이지 않았다.

그럼에도 불구하고 포괄적인 타협을 추구할 충분한 이유가 있다. 그것만이 이란의 핵무기 취득을 막을 수 있는 최선의 전략이다. 또 미국은 이라크와 함께 아프가니스탄의 상황을 되돌리기 위해서도 이란의 도움이 필요하다. 2006년 12월, 이라크 연구단체가 이란과 대립하는 대신 협상하라고 부시 대통령에게 조언한 것도 그 때문이다. 단체의 일원들은 부시 행정부가 과거처럼 이란과 대립하는 상황이 아프가니스탄과 이라크에서 이란이 훼방꾼 역할을 더 하는 것으로 미국에 유리하게 작용하지 않을 것으로 믿었다.

이란과 포괄적인 타협을 추구하는 것이 미국에 전략적으로 유리하고 미국 안팎에서 지지자가 많음에도 쉽게 이루어질 것 같지 않다. 이스라엘과 로비는 1993년 이래 그렇게 해온 것처럼 이란과 진지한 대화를 하려는 노력이 시작되기도 전에 좌절시키려 할 것이다. 실제로 로비는 부시 행정부가 이란과 협상해야 한다는 이라크 연구단체의 제안을 약화시키기 위해 혈안이었다.《포워드》는 이란, 시리아, 팔레스타인과의 대화를 촉구하는 제안서로 인해 유대인단체의 항의가 빗발쳤다고 전했다. 내부자들에 따르면, "이스라엘이 진정으로 우려하는 대상은 시리아나 팔레스타인이 아니라 이란과 이란의 핵 프로그램"이라고 말했다.

로비는 또 이란이 핵농축 프로그램을 포기하지 않을 경우 미국이 계속해서 군사 공격을 위협하도록 만들 것이다. 과거에 이런 위협은 효과를 보지 못했고 앞으로도 효과는 요원하리라는 사실을 아는 미국의 일부 이스라엘 지지자, 특히 신보수주의자는 위협을 행동에 옮기라고 미국을 조를 것이다. 이란이 무기 개발에 가까이 다가가고 강경파가 권력을 휘두른다면 가능성은 커질 것이다. 미국이 공격을 감행한다면 그것은 이스라엘을 위한 것이며, 이런 위험한 정책을 밀어붙인 무거운 책임을 로비가 져야 할 것이다. 당연히 이는 미국의 국익에 부합하는 일이 아닐 것이다.

결론

미국의 대팔레스타인 정책, 이라크 침공이라는 비극적인 결정, 시리아에 대한 대립적인 접근과 마찬가지로 이스라엘 로비가 미국의 대이란 정책에 미친 영향은 국익에 반하는 것이다. 로비는 협력은 고사하고 이란과 미국 간의 어떤 화해 노력에도 반기를 들었다. 이에 따라 이란의 강경파를 강화시키는 역할을 했고, 이스라엘의 안보 문제를 악화시키는 결과를 냈다. 부정적인 영향은 여기서 그치지 않는다. 다음 장에서 보듯이, 로비가 2006년 레바논 전쟁 중 미친 영향은 미국과 이스라엘 모두에 엄청난 피해를 안겨주었다.

로비와 제2차 레바논 전쟁

THE LOBBY AND THE SECOND LEBANON WAR

11장

2006년 여름, 이스라엘은 레바논과 34일 동안 전쟁을 벌였다. 7월 12일, 남부 레바논을 통제하는 시아파 무장단체 헤즈볼라가 이스라엘 국경을 넘는 공격에서 몇 명의 이스라엘군을 살해하고 납치했다. 이에 대한 보복으로 이스라엘방위군IDF 은 레바논에 대규모 공습을 감행했고 1100명 이상의 레바논인이 사망했다. 사망자는 대부분 민간인이었고 그중 3분의 1이 어린이였다. 공습은 도로, 교량, 사무실, 아파트 건물, 주유소, 공장, 양수장, 공항 활주로, 가옥, 슈퍼마켓을 포함한 기간시설에 광범위한 피해를 입혔다. 이스라엘은 전 세계적인 비난을 면치 못했다. 이스라엘의 보복할 권리나 자제 방어권을 탓하는 것이 아니라 과잉 대응을 나무란 것이다.

미국의 강력한 지원에도 이스라엘은 군사적·정치적 목적을 달성하지 못했다. 헤즈볼라는 이 전쟁으로 인기와 명성을 얻게 되었다. 몇 개월 만에 IDF 참모총장 단 할루츠 중장이 사임했다. 전 대법원장 엘리야후 위노그라드가 이끄는 이스라엘 정부 공식 조사 기관은 후에 이스라엘의 전쟁 계획과 수행 방법에 대해 가차 없는 비판을 가했다. 특히 위노그라드 위원회는 이스라엘 지도자들이 모든 선택지를 고려하지 못했고, 군사 작전방식과 목표를 지상의 현실에 맞추지 못했으며, 모호하고 달성 불가능한 목표를 설정했다는 사실을 밝혀냈다.

전쟁은 미국에도 큰 손실을 안겨주었다. 먼저 베이루트 세뇨라 정부를 약화시키는 결과를 가져왔다. 2005년 '백향목 혁명'[30] 후 치러진 선거를 통해 탄생한 정부는 부시 행정부가 중동에서 거둔 희소한 성공 사례였다. 전쟁은 헤즈볼라, 시리아, 이란이 결속해서 비공식적 동맹 관계를 맺게 했고, 해당 지역의 반미 감정을 강화시켰다. 그 결과 테러와의 전쟁은 어려워지고 이라크와 이란에서 지역적 공감대를 형성하려는 미국의 노력이 암초에 부딪히게 되었다.

어떻게 이런 일이 발생했을까? 전쟁을 잘못 이끈 일차적인 책임은 이스라엘 지도층에 있지만, 전쟁 이전은 물론 전쟁 중에도 미국이 무조건적인 원조를 제공함으로써 실수를 부추겼다. 이스라엘은 전쟁 개시일인 7월 12일 전에 헤즈볼라와의 전쟁 계획을 부시 행정부에 알리고 워싱턴으로부터 암묵적인 승인을 받았다. 미국은 전쟁 중 이스라엘의 행위를 비난하는 대신 값비싼 외교적·군사적 지원을 제공했다. 주요 민주 국가를 포함한 나머지 세계와는 다른 모습이었다. 이스라엘 로비는 전쟁 내내 미국을 이스라엘 편에 서게 하기 위한 노력을 아끼지 않았다.

부시 행정부가 헤즈볼라의 도발에 대한 이스라엘의 과잉 반응을 뒷받침한다는 것은 전략적으로 말이 안 되었을 뿐 아니라 설득력 있는 어떤 도덕적 근거도 없었다. 미국의 무차별적 지원은 이스라엘에도 이익이 되지 않았다. 위노그라드 보고서가 암시하듯 이스라엘 지도자들이 선택할 수 있는 모든 전략을 검토했다면 이스라엘은 훨씬 나은 결과를 맞았을 것이다. 다시 말해 이스라엘이 레바논 공격 계획에서 다른 방법을 택했다면, 미국은 훌륭한 동맹국으로 기억되었을 것이다. 이스라엘은 바람직한 반응을 보였을 것이고 그 후 레바논에서 완패하지 않았을 것이다.

이스라엘과 미국의 지지자는 로비가 레바논 전쟁 전부터 전시에도 미국 정책에 많은 영향을 주었다는 사실을 인정하지 않는다. 이 주장을 꺾기 위해 몇 가지 설명을 제시한다. 일부 방어적 입장의 인사는 미국 정부의 굽히지 않는 지원이 유대 국가에 대한 미국인의 깊은 애정을 반영하는 것이라고 주장한다. 미국인은 그들의 지도자가 이스라엘을 전적으로 지원해 주기를 바랐고, 그 결과 부시 대통령과 의회는 국민의 뜻에 따를 수밖에 없었다는 것이다. 또 이스라엘이 헤즈볼라와 전쟁을 치른 것은 미국의 의존국 역할이었다고 주장하는 사람도 있다. 이런 주장은 부시 행정부가 전쟁을 배후에서 조종하면서 충성스러운 이스라엘에 대리전쟁을 치르게 했다는 말과 다름없다. 이런 설명이 그럴듯하게 들릴 수 있다. 그러나 어떤 설명도 확인할 수 있는 증거와 일치하지 않는다.

전쟁 전의 계획

이스라엘은 과거 40년 동안 레바논을 상대로 군사 공격을 감행해 왔다. 이전에는 레바논 영토에 관한 전쟁만을 수행했다. 이스라엘은 1982년 6월, 메나헴 베긴과 국방부 장관 아리엘 샤론의 지휘 아래 레바논을 침공했다. 그후 18년이 지나 IDF가 최종적으로 레바논을 떠났다. 헤즈볼라에 의해 쫓겨난 것이다. 이스라엘과 헤즈볼라는 이스라엘이 철수한 후에도 앙숙으로 남았고, 이스라엘과 레바논의 국경에서 간헐적인 충돌이 이어졌다. 2006년 7월 12일에 발생한 사건도 그러한 충돌의 일부였는데, 그것이 제2차 레바논 전쟁으로 비화된 것이다.

이스라엘은 헤즈볼라가 시리아와 특히 이란으로부터 엄청난 양의 미사일과 로켓을 구해 쌓아놓고 있다는 사실을 우려했다. 이에 7월 12일 침공 이전, 여러 달에 걸쳐 헤즈볼라 공격을 준비했다. 발 넓은 이스라엘 전략가 제럴드 스타인버그가 전쟁 중에 이 사실을 확인해 주었다. "1948년 이후 수행된 전쟁 중에서도 이스라엘은 이번 전쟁에 대비해 가장 많은 준비를 했다. 이스라엘 철수 직후인 2000년 5월에 준비를 시작했는데, 국제사회가 헤즈볼라의 미사일 비축과 이스라엘 공격을 막아주지 않을 것이 확실했기 때문이다. 예상이 빗나갔지만 2004년까지만 해도 3주간의 군사 작전을 예상했다. 지난 1~2년 동안 전면적인 모의 훈련과 반복 연습을 시행했다."

저널리스트 시모어 허시도 비슷한 견해를 보였다. "이스라엘은 2명의 병사가 납치된 사건을 두고 헤즈볼라를 향한 군사 작전 수행을 위해 적절한 핑계로 삼았다"고 중동 문제에 관여하는 전·현직 관리들이 말했다. 더불어 "헤즈볼라는 한두 달에 한 번씩 사소한 문제를 유발했다"고 이스라엘과 유대관계에 있는 미국 정부의 고문이 말했다. 실제로 이스라엘 총리 에후드 올메르트는 "2006년 3월에 이미 병사들의 납치를 대규모 군사 작전으로 보복하겠다는 결심을 했다"고 위노그라드위원회에서 말했다. 분쟁이 일어나기 4개월 전이었다. 그는 과거의 레바논 작전 계획을 보자고 했다. 납치 사건이 벌어지면 준비 없이 결정하고 싶지 않다는 것이다.

2005년 11월, 올메르트는 헤즈볼라가 국경 마을에서 IDF 병사를 납치하려다가 실패한 뒤 전임자 샤론이 레바논에 대한 군사 보복을 위해 표적 리스트를 만들도록 군에 지시했다고 전한다. 올메르트는 건강 악화로 실각한 샤론을 대신해서 임명받은 후 나흘째인 2006년 1월 초, 레바논과 관련한 첫 회의를 소집했다. 그리고 레바논의 상황에 대해 어떤 총리보다 많은 회의를 가졌다.

이스라엘 관리는 7월 12일이 되기 전부터 행정부 안팎의 핵심 인사를 대상으로 자신들의 계획을 간추려 설명했다. 허시는 "이스라엘과 미국 정부의 견해를 꿰뚫고 있는 중동 전문가에 의하면, 이스라엘은 7월 12일 납치 사건이 일어나기 전부터 헤즈볼라 공격을 계획해 부시 행정부와 공유했다"고 기록한다. 매튜 캘먼은 《샌프란시스코 크로니컬》에서 "1년 전부터 이스라엘 고위 장교가 미국을 포함한 다른 국의 외교관, 저널리스트, 싱크탱크를 상대로 비공개 설명회를 개최하고 작전 계획을 구체적으로 설명했다. 장교의 이름은 브리핑의 기본 원칙에 따라 밝힐 수 없다"고 전한다.

확인 가능한 증거 자료에 의하면, 부시 행정부는 이스라엘의 레바논 전쟁을 지지했다. 허시는 전했다. "헤즈볼라 납치가 있기 1년 전 초여름, 미국 정부 고문은 이스라엘 장교 몇 명이 폭격 작전에 대한 승인을 얻을 겸 미국이 얼마나 책임을 질 수 있는지 확인하기 위해 워싱턴을 방문했다고 말했다. 그고문은 '이스라엘은 체니 부통령과 대화를 시작했다. 지지하는 사람이 체니 자신인지, 그의 담당 부처와 국가안보위원회의 중동 문제 부서인지 확인하려는 의도였다. 그것이 확인되고 나면 부시를 설득하는 것은 문제가 아니었다. 콘돌리자 라이스는 이미 동의한 상태였다'고 말했다." 부시 대통령이 어떤 의사 결정 과정을 거쳐 적절한 시기에 레바논을 공격한다는 올메르트의 계획을 지지하게 되었는지에 대한 정부 기록이 충분하지 않다. 그렇더라도 그 과정에서 신보수주의자들이 핵심 역할을 했다고 생각할 수 있는 여지를 발견할 수 있다.

9·11 사태 이후 신보수주의자는 헤즈볼라를 파괴할 궁리를 하고 있었다. 레바논 전쟁 전 수개월, 그리고 전쟁 중에도 백악관에서 영향력을 가지고 중동 문제를 담당한 고문 2명이 있다. 이들은 이스라엘과 헤즈볼라를 포함한 적대 세력에 대한 강경 정책을 지지하고 있었다. 먼저 엘리엇 아브람스는 중동 문제 정책을 다루는 국가안보위원회의 핵심적인 위치에 있었다. 《뉴욕 타임스》는 "그가 전쟁 중에 행정부를 부추겨서 이스라엘을 지지하게 했다"고 보도했다. 체니 부통령의 중동 문제 보좌관 데이비드 웜서는 또 다른 중심인물이었다. 그는 베냐민 네타냐후가 오슬로 평화협정을 중단하고 군사력을 사용해서 중동의 정치 판도를 바꾸어야 한다고 주장한 클린브레이크 연구보고서의 작성자 중 한 사람이다. 보고서는 '레바논 공격의 중심 세력인 헤즈

볼라, 시리아, 이란을 응징함으로써 이스라엘의 북부 경계를 확보해야 한다'
는 주장을 담고 있다.

아담 샤츠는 레바논 전쟁이 일어나기 전 데이비드 웜서에 관해《뉴욕 리뷰 오브 북스》에 기고했다. "웜서는 부시 행정부 내부에서 부시 행정부와 긴밀한 관계를 유지하고 신보수주의자와 입장을 같이 하며 시리아와 헤즈볼라에 대항하는 예방 전쟁을 공개적으로 주장하는 사람이다." 허시는 "이스라엘이 체니 담당 부처와 국가안보위원회 중동 문제 담당 부서의 지지를 얻는 데 관심을 두었다"고 말했다. 이는 사실상 올메르트가 아브람스와 웜서의 승인을 원했고 그것을 얻어냈다는 사실을 암시한 것이다. 이 기본적인 사실 외에 제2차 레바논 전쟁이 일어나기 전 수개월 동안 전쟁을 계획하는 과정에서 부시 행정부가 어떤 역할을 했는지 알려진 것이 없다.

지금까지의 설명에서 이스라엘이나 미국이 레바논 전쟁을 일으키기 위해 공모했다는 암시는 없다. 국경에서는 긴장이 고조되어 폭발 직전이었다. 헤즈볼라의 미사일과 로켓에 대한 이스라엘의 염려가 정당한 것임을 감안할 때 IDF가 위협을 제거하려 한 것은 지각 있는 행위다. 유능한 군 통솔자는 일어나지 않을 비상사태에 대비해서 계획을 수립하지 않는다. 또한 이스라엘이 워싱턴이 반대하는 행동을 취하지 않으려는 생각에서 후원자인 미국과 계획을 의논하려고 한 것은 납득이 가고도 남는다.

강력한 지원 체계

전쟁이 시작되고 이스라엘이 전 세계의 비난을 한 몸에 받자 부시 행정부는 이스라엘에 예외적인 외교적 지원을 제공했다. 미국의 UN 대사 존 볼턴은 이스라엘을 비판하는 안전보장이사회 결의안을 거부하고, UN이 종전 명령을 내리는 것을 막기 위해 한 달 동안 열심히 뛰었다. 이스라엘이 헤즈볼라와의 전쟁을 종결지을 수 있게 하려는 목적이었다. 라이스 국무장관은 기자회견 중 그것을 '새로운 중동의 탄생을 위한 산고'라고 표현하면서 비난을 비껴갔다. IDF가 전쟁을 결정적인 승리로 이끌지 못할 것이 확정된 후에야 부시 행정부와 이스라엘은 종전의 필요성을 인식했다.

'UN 결의안 1701'을 탄생시킨 협상이 지속되는 동안 미국은 이스라엘의 이익을 보호하기 위해 노력을 기울였다. 이스라엘 총리 에후드 올메르트는 결의안이 마무리 단계에 있던 8월 11일, 부시 대통령에게 전화를 걸어 안전보장이사회에서 이스라엘의 이익을 보호해 준 데 감사의 뜻을 전했다.

대통령은 공석에서 이스라엘의 행동을 방어했고 비판적인 말을 하지 않았다. UN 대사 볼턴은 안전보장이사회에서 "헤즈볼라의 목적은 죄 없는 민간인을 표적으로 삼고 그들을 희생시키는 데 있다"고 말했다. 이어 "이스라엘과 비교할 수 없을 정도로 많은 레바논 민간인이 희생된 데 대해서는 자기 방어 과정에서 발생한 슬프고도 유감스러운 결과"라고 말했다. 이런 외교적인 지원 외에도 미 행정부는 교전 중에 군사 정보를 제공했고, 이스라엘에 정밀 유도 폭탄이 고갈되기 시작하자 대통령은 즉각 추가 지원을 하겠다고 약속했다. 전쟁이 고조되고 있을 때, 미사일을 싣고 이란을 떠나 다마스쿠스로 가는 비행기가 튀르키예와 이라크 영공을 통과하지 못하게 하라고 튀르키예와 이라크를 압박하는 데 성공했다. 발이 넓은 이스라엘 학자 샤이 펠드만은 전쟁이 끝나갈 무렵 이곳에서는 미국 대통령에게 엄청나게 감사하고 있다고 말했다.

이스라엘은 미국 의회에서 가장 강력한 지원을 받아왔으며 레바논 전쟁 중에도 이런 경향이 명확하게 드러났다. 민주당과 공화당은 이스라엘의 가장 친한 친구임을 보여주기 위해 경쟁했다. 유대인 행동주의자 한 사람은

"국회의원이 자신의 친이스라엘 자격이 옆 사람보다 낫다는 것을 보이기 위해 동료와 경쟁하는 것은 좋은 일이라 생각한다"고 말했다.

이스라엘이 레바논에서 보인 행동에 관한 한 양당 간에 틈이 없었다. 민주당과 공화당이 정치 문제, 예를 들어 이라크 문제에 대해서는 날카로운 의견 대립을 보인다는 사실을 생각할 때 놀라운 일이 아닐 수 없다. 반인종주의연맹ADL 책임자 에이브러험 폭스먼은 "민주 당원은 대통령에 대해서는 99%가 반대하지만, 이스라엘 문제와 관한 한 결속력을 보인다"고 말함으로써 이 점을 확인해 주었다.

양당의 결속력을 증명이라도 하듯 하원은 2006년 7월 20일, 헤즈볼라를 강한 어조로 비난하고 레바논에 대한 이스라엘 정책을 지지하는 결의안을 통과시켰다. 410:8이었다. 상원에서는 비슷한 결의안을 가지고 62명의 지지를 받아 하원의 뒤를 이었다. 당 대표가 포함되어 있었다. 상·하원에서 당 대표를 포함한 민주당 의원 다수가 당시 이라크 총리 누리 알말리키의 의회 연설을 막으려 했다. 그가 이스라엘의 레바논 정책을 비난한다는 이유에서였다. 로비의 표적이던 민주당 의장 하워드 딘은 이라크 총리를 '반유대주의자'라고 부르기까지 했다. 이스라엘에 대한 의회의 지지는 아랍계 미국인을 경악시킬 만큼 막강하다. 레바논 혈통인 민주당 의원 닉 J. 라할에 따르면, 하원 결의안은 부드럽게 표현해서 위를 뒤틀리게 만들었다. 아랍계 미국인협회 책임자 제임스 조그비는 말했다. "이건 너무 압도적이다. 우리는 이것보다는 표를 더 얻을 줄 알았다."

상원의원 힐러리 클린턴, 존 매케인, 조 바이든(델라웨어주, 민주당)과 같은 2008년 대통령 후보 지망자도 전 하원의장 뉴트 깅리치와 마찬가지로 이스라엘을 지지하는 데 노력을 기울였다. 상원의원 척 헤이글(네브래스카주, 공화당)만이 예외였다. 그는 이스라엘의 보복과 그에 대한 미국의 지지에 유보 입장을 드러냈다. 헤이글의 발언은 로비는 물론 동료 의원들에게 무시당했다. 그런 발언은 대통령을 향한 야망에 아무런 도움이 되지 않았다.

주류 미디어도 굳건하게 이스라엘의 편을 들었다. 신문 산업 전반을 장악하는《에디터 앤 퍼블러셔 Editor and Publisher》는 전쟁 개시 일주일 후 많은 신문을 조사한 결과, 이스라엘이 레바논의 민간인과 기간시설을 공격한 것을 비판한 기사가 거의 없다는 사실을 발견했다. 뉴스 케이블 방송국에는 유대 국가를 나쁜 일을 할 수 없는 "포위된 전사"로 묘사하는 보고서와 논평이 쇄도했다.

신문 전면과 미디어 뉴스에서는 이스라엘이 좋은 평가를 받지 못했다. 하버드 연구보고서는《뉴욕 타임스》와《워싱턴 포스트》전면에서 이스라엘이 머리기사에서는 2배, 사진에서는 정확히 3배 더 "침략자"로 묘사되었다고 주장한다. 이렇게 뉴스를 다루는 것은 레바논에서 이스라엘이 파괴해 일어난 피해가 이스라엘 북부에서 헤즈볼라가 파괴해 일어난 피해보다 컸기 때문에 불가피한 현상이었다. 전쟁이 끝나갈 무렵 헤즈볼라는 이스라엘 민간인 43명을 죽였고 이스라엘에 있는 300채의 건물을 파괴했다. 그와 대조적으로 IDF는 무려 750명의 레바논 민간인을 죽이고 1만 6000채의 건물을 파괴했다. 숫자가 말해주듯 카메라는 이스라엘의 적이 되었다.

미디어 뉴스는 베이루트의 헤즈볼라와 세뇨라 정부는 전쟁이 시작되자마자 종전을 원한 반면, 이스라엘은 지도자들이 전쟁 목적이 달성될 수 없다는 사실을 깨닫기까지 전쟁의 연장을 원했다는 사실에 무게를 두었다. 사설과 논평은 전쟁이 벌어지는 동안 친이스라엘 기조를 유지했고, 슬그머니 뉴스로 둔갑하는 일이 많았다. 그 결과 미국 미디어의 전반적인 이스라엘 묘사는 우호적이었다. 이런 주류 미디어의 상황이 영국 신문《인디펜던트》에 정리되어 있다. "모든 갈등은 양면성을 갖는다. 레바논 전쟁에 대한 정보를 얻기 위해 미국 미디어를 의지하지 않는다면 말이다. 미국 미디어의 독자는 이스라엘을 선량한 국가로, 헤즈볼라를 악의 화신으로 취급하는 초당파적 기사로 신물이 날 지경이다. 거기엔 논쟁이 없을 뿐 아니라 논쟁 자체도 불필요하고 의심스러운 것으로 간주된다."

이스라엘이 레바논에 취한 행동을 열렬하게 지지한 나라는 오직 미국이라는 사실에서 알 수 있듯이, 이스라엘에 대한 미국의 압도적인 지지는 놀랍다. UN 지도자급을 포함해서 세계 거의 모든 국가가 이스라엘에 대한 이스라엘의 보복과 미국의 단호한 지지를 비난했다. 이런 상황은 미국이 다른 나라와 보조를 맞추지 않고 대열에서 벗어나는 이유는 무엇인지 의문을 갖게 한다.

전략적 어리석음

한 가지 가능한 답변은 이스라엘을 지원하는 것이 미국의 전략적 이해와 맞아떨어진다는 것이다. 하지만 사실과 다르다. 전쟁을 일으키는 이스라엘의 전략은, 위노그라드위원회가 이스라엘의 행동에 대한 가정과 기대가 현실적이지 못했다고 진단한 데서 알 수 있듯이 예정된 실패였다. 부시 행정부는 처음부터 패배하는 전략을 지지한 셈이다.

제2차 레바논 전쟁에서 이스라엘이 노린 목표는 대규모 타격을 통해 헤즈볼라의 전쟁 능력을 무력화시키는 것이다. 이스라엘은 이스라엘 북부를 공격할 수 있는 수천 기의 미사일과 로켓을 제거하려고 다짐했다. 당시 총리 에후드 올메르트는 "결코 미사일을 쏜 국민을 위협할 수 없기 때문에 과거의 위협이 사라질 것"이라고 못을 박았다. 워싱턴 주재 이스라엘 대사는 "중도에 멈추고 인질로 잡히지 않을 것이며, 헤즈볼라에 치명타를 주어 무력화시킬 것"이라고 말했다. 전 이스라엘 총리 베냐민 네타냐후는 주장했다. "이스라엘의 목표는 명백했다. 즉 미사일을 제거하라. 그렇지 않으면 파괴할 것이다."

이스라엘은 헤즈볼라의 미사일과 로켓을 무력화시키기 위한 상호보완적인 방법을 가지고 있었다. 이스라엘 지도자는 공군력을 사용해서 무기를 직접 타격함으로써 제거할 수 있다고 확신했다. 또한 간접적인 접근 방법도 생각했다. 응징을 위한 고전적인 군사 작전, 즉 IDF가 주거지와 기간시설을 파괴해서 레바논 민간인에게 고통을 안겨줌으로써 수십만 명이 집을 버리고 도망치지 않을 수 없게 만드는 작전이었다. 이 작전은 불가피하게 수많은 민간인을 희생시켜야 했다.

올메르트는 납치 사건 직후, 기자회견에서 고통스럽고 영향이 큰 보복을 선언해 이 점을 분명히 했다. 응징의 성격을 띤 군사 작전이 목표로 하는 것은 헤즈볼라의 행동에 책임이 있다는 것을 레바논의 지도층에 알리고, 레바논은 헤즈볼라가 이스라엘을 공격할 때마다 대가가 있을 것이라는 메시지를 보내는 것이다. 총리 역시 명확한 입장을 밝혔다. "헤즈볼라의 근거지가 있는 레바논 정부가 지역의 안전을 훼손하려 하고 있다. 레바논이 책임이 있는 만큼 행동의 결과를 감수해야 할 것이다."

그러나 전략의 두 가지 요소 모두 처음부터 실패할 수밖에 없었다. 먼저, 공중 공격을 통해서 헤즈볼라를 무장 해제한다는 것은 불가능했다. 스마트 폭탄을 충분히 지원받더라도 이스라엘 공군이 1만~1만 6000기에 달하는 헤즈볼라의 로켓과 미사일을 제거할 수는 없다. 대부분의 무기가 광범위하게 흩어져 있고 굴 속, 가정, 사원, 은신처에 숨어 있었다. IDF가 헤즈볼라가 가진 무기를 파괴하더라도 이란과 시리아가 그것을 보충할 수 있었다. 미사일과 로켓이 북부 이스라엘에 떨어지면서 공군력이 선전만큼 효과를 올리지 못한다는 사실이 드러났다. 헤즈볼라는 전쟁 중이던 그 어느 때보다 종전 발효 하루 전인 8월 13일에 많은 미사일을 발사했다.

7월 하순, 올메르트 정부는 이스라엘 정부가 헤즈볼라를 영원히 패퇴시키기 위해, 몇 주가 필요하다고 주장하면서 레바논에 지상 병력을 투입해 문제를 해결하기로 결심했다. 어리석은 실수였다. IDF는 1982~2000년 사이에 레바논에서 헤즈볼라를 상대로 전쟁을 벌였지만 헤즈볼라가 살아남은 것은 말할 것도 없고 2000년, 마침내 이스라엘을 몰아내는 데 성공했다. 이스라엘이 18년 동안 이루지 못한 일을 어떻게 몇 주 만에 이룰 수 있다는 것인가? 지상 공격은 결정적인 성과를 올리지 못했으며 이스라엘은 8월 14일 정전을 수락하는 것 말고는 선택의 여지가 없었다. 정전이 발효되기 전 이틀 동안 이스라엘은 전쟁 중 일일 사상자 수 최대치를 기록했다.

이스라엘 전략의 두 번째 요소, 즉 헤즈볼라가 마음 놓고 활동하도록 방치하는 레바논을 응징한다는 전략 역시 실패할 수밖에 없었다. 적국의 민간인에게 고통을 가하는 방법으로 상대국이 손을 들고 공격자의 요구에 굴복하게 할 수 없다는 사실이 역사적 증거와 학자의 저술에 의해 밝혀졌다. 반대로 희생자의 발생은 통상적으로 공격자에 대한 분노로 연결되고 자기 정부에 대한 지지를 높인다. 이스라엘은 1993년의 '책임 작전Operation Accountability'과 1996년 '분노의 포도 작전Operation Grapes of Wrath'을 통해 레바논에 대규모 폭격을 감행했지만, 헤즈볼라에 의미 있는 피해를 주지 못했고 민중의 지지를 약화시키는 데도 실패했다.

2006년, 역사는 반복됐다. 이스라엘의 응징 작전에 이어 레바논에서 헤즈볼라 측 민중이 들고 일어났고(전 아랍과 이슬람 세계까지), 대부분의 레바논인이 헤즈볼라나 베이루트 정부보다는 이스라엘과 미국을 향해 분노를 쏟아냈다. 이것이 이례적인 사건으로 드러나고 레바논 지도층이 이스라엘의 폭격 때문에 헤즈볼라를 무장 해제할 시점이라는 사실을 깨닫게 되었다고 가정할지라도, 레바논은 그렇게 할 수 없었다. 헤즈볼라는 너무 강했고 레바논 정부는 너무 약했다.

2주간의 싸움이 끝난 뒤에도 헤즈볼라는 북부 이스라엘에 미사일과 로켓을 날려 보냈고, 이스라엘은 응징이 실패로 돌아가자 승리의 눈높이를 낮추어 정의하기 시작했다. 지도자들은 헤즈볼라의 전방 진지를 제거하고 헤즈볼라가 이스라엘을 공격하는 것을 막기 위해 국제 연합군을 배치하는 목표를 강조하기 시작했다. 《포워드》는 "백악관, 펜타곤과 가까운 소식통에 의하면, 이스라엘이 헤즈볼라에 신속하고 결정적인 타격을 가하지 못하는 데 대해 행정부 매파들이 실망감과 좌절감을 표시하고 있다"고 보도했다. 이스라엘을 지지하는 강경한 매파 중 일부는 "이스라엘이 전쟁에서 패배할 위험에 처해 있다"고 목소리를 높였다. 이스라엘이 과연 미국의 전략적 자산이라고 할 수 있는지 의심스럽다는 사람도 있었다. 찰스 크라우트해머는 《워싱턴 포스트》 8월 4일 자에 그 전쟁은 이스라엘에 있어서 "테러와의 전쟁을 벌이는 미국에 공헌할 엄청난 기회였다. 그러나 미국은 이스라엘이 레바논 작전뿐 아니라 이스라엘을 향한 미국의 신뢰까지 망가뜨린 데 실망하고 있다"고 기고했다.

8월 14일, 마침내 전쟁이 종결되자 양측은 승리를 선언했다. 정부와 상관없이 독립적으로 활동하는 전문가의 눈에는 헤즈볼라의 승리가 분명했다. 대체적인 상황을 종합해 볼 때 전쟁을 잘 이끌었고, 총성이 멈췄을 때 자신감이 넘쳤다. 헤즈볼라는 또 이스라엘을 위협해 온 수천 기의 미사일과 로켓을 여전히 보유하고 있었고, 레바논과 이슬람 세계에서의 정치적 입지는 전쟁으로 향상되었다.

이스라엘은 당초의 목표 달성에 실패했다. IDF는 헤즈볼라와 맞붙어 형편없이 휘청거렸다. 시간이 흐름에 따라 헤즈볼라가 승자고 이스라엘이 패자라는 사실이 명백하게 드러났다. 특히 이스라엘에서 그랬다. 위노그라드 위원회는 강한 위기감과 함께 전쟁 결과와 수행 방법에 대한 실망감 때문에 조사를 위촉받았다. 조사 결과는 전쟁 주역인 총리 올메르트, 국방장관 아미르 페레츠, IDF 참모총장 단 할루츠 장군 3인에 대한 명백한 고발이었다.

미국의 이익 손상

제2차 레바논 전쟁에서 이스라엘이 이겼느냐, 헤즈볼라가 이겼느냐를 떠나서 이스라엘의 행동에 대한 노골적인 지원으로 미국이 손해를 보았다는 데 의심의 여지가 없다. 미국은 이 지역에서 세 가지 중요한 문제에 직면하고 있다. 첫째는 테러리즘이다. 미국은 하마스와 헤즈볼라를 무장 해제시키기는 데도 관심이 있지만 주로 알카에다를 격파하는 데 목적을 둔다. 둘째는 그 지역에 불량 국가로 남아 있는 이란과 시리아 문제다. 두 나라 모두 테러를 지원하고 있으며 이란은 전 핵연료 주기를 습득하기 위해 부심하고 있다. 이는 핵무기 개발에 접근한다는 것을 의미한다. 셋째는 미국이 패전의 위기에 직면했던 이라크 전쟁이다. 제2차 레바논 전쟁 중 이스라엘에 대한 부시 행정부의 확고한 지원으로, 워싱턴은 이들 각 문제를 해결하는 데 있어서 많은 제약과 어려움을 겪게 되었다.

레바논 갈등은 미국의 테러 문제를 두 가지 면에서 복잡하게 만들었다. 전쟁 중 헤즈볼라 지도자 하산 나스랄라가 이스라엘이 미국의 결정과 무기, 미국제 미사일로 무장하고 있다고 비난한 데서 알 수 있듯이 그것은 아랍과 이슬람 세계의 반미 감정을 강화시켰다. 반미 감정은 알카에다와 다른 테러 조직이 미국과 그 동맹국을 공격하기를 원하는 새 대원을 모집하는 데 도움을 줄 것이다.

레바논은 전쟁 직후인 2006년 8월 미국에 관한 인식에 대해 여론조사를 시행했다. 응답자의 대략 66% 이상이 "전쟁이 끝난 후 미국에 대한 인식이 더 나빠졌다"라고 대답했다. 2006년 가을 사우디아라비아, 이집트, 모로코,

요르단, 레바논에서 실시한 조그비 여론조사에서도 5개국 모두 미국에 대한 태도가 악화된 것으로 나타났다. 이라크 전쟁과 미국의 대팔레스타인 정책이 더 중요한 요인이지만 미국의 대레바논 정책이 부정적인 태도 변화에 기여했다. 미국에 대한 적대감 증가는 중동과 기타 지역에서의 테러에 대한 대중의 지지를 높이는 결과를 초래할 것이다.

그 갈등은 레바논에서의 헤즈볼라의 영향력을 강화시켰다. 이것은 IDF에 대한 인상적인 성과에 일부 원인이 있는데, 아랍 적국에 결정타를 가한 IDF가 실패했기 때문이다. 또 이스라엘의 폭격 작전이 헤즈볼라의 인기를 치솟게 한 주요 이유가 되었다. 전쟁이 시작되었을 때 많은 레바논인이 갈등을 일으킨 헤즈볼라에 분노했다. 레바논에 깃발을 앞세운 관광단이 찾아오는 시즌이었기 때문에 분노는 더했다.

갈등 초기 미국에 대한 레바논인의 태도는 호의적이었다. 부시 행정부가 2005년 레바논에서 시리아를 몰아내는 데 결정적인 역할을 했다는 것이 이유였다. 그러나 워싱턴이 이스라엘의 공격을 지원하면서 미국에 대한 좋은 감정이 분노로 바뀌었고, 레바논에서 헤즈볼라의 입지는 극적으로 강화되었다. 전쟁이 끝난 후 레바논에서 시행한 여론조사 결과로 보면, 미국에 인식이 나빠졌지만 헤즈볼라 지도자인 나스랄라의 성과는 높게 평가됐다. 또한 헤즈볼라에 긍정적인 태도를 보이는 결과를 낳았다.

헤즈볼라가 미국을 직접 위협하는 것은 아니지만 이스라엘을 위협하고, 부시 대통령이 지지했을 뿐 아니라 민주화 촉진의 성공적인 경우라고 찬양받는 백향목 혁명을 완전히 뒤집는 데 목표를 두고 있다. 2006년 늦가을, 헤즈볼라는 커진 힘을 과시하듯 푸아드 세뇨라가 이끄는 베이루트의 친미 정부를 붕괴시키겠다고 협박했다. 헤즈볼라의 행동이 레바논을 또 한 차례의 시민전쟁으로 몰고 갈 수 있다는 사실은 우리를 걱정스럽게 한다. 미국은 이를 방지하기 위해 동맹국들과 많은 노력을 기울였고 지금까지는 성공적이었다. 헤즈볼라가 전쟁에서의 성공과 그로 인한 전폭적인 지지로 용기를 얻지 못했다면 십중팔구 일어날 수 없는 문제들로 걱정하고 있는 것이다. 레바논의 갈등은 이란과 시리아 문제를 처리하는 데 어려움을 야기했다. 두 나라가 헤즈볼라를 지지한다는 데 의심의 여지가 없다.

미국을 수렁에 빠뜨리다

미국은 다마스쿠스와 테헤란의 관계와 함께 이들 간의 결속을 약화시키거나 깨뜨리는 데 지대한 관심을 두고 있다. 그들이 실질적인 동맹국이 아니라는 점에서 이란과 시리아 사이에 쐐기를 박는 것은 어렵지 않을 수 있다. 이란은 신정국가이고 페르시아 민족의 국가이지만, 시리아는 아랍 국가이고 세속적이다. 그럼에도 부시 행정부는 전쟁 중에 이스라엘을 맹목적으로 지원했고 헤즈볼라, 이란, 시리아를 싸잡아서 무한한 악의 일부로 취급하고 몰아붙였다.

엎친 데 덮친 격으로 많은 신보수주의자가 전쟁이 진행되고 있는 와중에 이스라엘과 미국에 대해 시리아와 이란을 공격하라고 압박했다. 허드슨연구소의 메이라브 웜서는 전쟁이 끝난 뒤 "미국 행정부의 다수 부처가 이스라엘이 헤즈볼라와 함께 시리아를 공격하지 않은 것에 심히 분개하고 있다"고 했다. 그 결과로 얻은 것은 무엇인가? 그런 정책은 이란에 핵무기를 보유해야 할 필요성을 느끼게 했다. 이스라엘과 미국의 공격으로부터 조국을 방어해야 한다고 생각하기 때문이다.

이란과 시리아는 헤즈볼라를 무장시키고 지원하면서 미국을 이라크의 수렁에 빠뜨렸다. 미국이 두 나라를 공격하지 못하게 하려는 의도에서였다. 이런 역류 현상은 이라크에서 또 다른 결과를 빚었다. 레바논 사태가 이라크인, 특히 헤즈볼라와 느슨한 연대감을 가지고 있는 이라크 시아파의 분노를 샀다. 실제로 8월 4일 바그다드에서 헤즈볼라를 위한 시아파 집회가 있었는데 2006년 기준으로 중동 역사상 가장 규모가 큰 집회로 기록되었다. 레바논 전쟁이 끝난 후 헤즈볼라가 미국의 원수인 이라크 민병대 무크타다 알사드르를 훈련하고 있다는 보도도 나왔다. 이라크에서 깊은 수렁에 빠진 미국으로서 지역 주민들과 거리를 둘 수 있는 처지가 아니었다.

테러리즘, 불량 국가, 이라크 이 세 가지 문제에 대처하기 위해서 워싱턴은 이집트, 요르단, 사우디아라비아와 같은 우호적인 아랍 정권의 폭넓은 지지가 필요하다. 이들 역시 헤즈볼라를 좋아하지 않기 때문에 미국과 이스라엘이 절제된 반응을 보였더라면 미국(그리고 암묵적으로 이스라엘)을 지지했을 수 있다. 실제로 전투가 벌어진 며칠 동안 국가 지도자들은 헤즈볼라의 도발을 비난했다. 그러나 이스라엘의 지나친 반응이 분명해지고 부시 행정부가 이를 강하게 뒷받침하고 있다는 사실이 알려지면서, 이들은 워싱턴을 비판하고 이스라엘을 저주하기 시작했다. 그들이 미국과 이스라엘에게서 등을 돌린 주된 이유는 분노한 국민으로부터 자신을 보호하기 위한 것이다.

미국 정책은 중동뿐 아니라 유럽의 동맹국을 화나게 했다. 그 결과 미국(그리고 이스라엘)이 고립되고 정치적 영향력이 줄어들었으며, 테러와 무기 확산 위협을 다루는 데 있어서 과연 부시가 신뢰할 만한 상대인지 의문을 품게 했다. 혹자는 레바논 전쟁 중에 아랍 지도자들과 그 국민 간에 생긴 날카로운 틈이 총성이 그치면서 사라질 것이기에 장기적으로 심각한 영향을 주지 않을 것으로 생각하기도 한다. 그러나 그렇지 않다. 미국을 향한 아랍의 여론에 깊이 뿌리박힌 채 남아 있고, 그것이 아랍 정권에 이란의 핵 야욕을 억제하려는 부시 행정부를 돕기 어렵게 만들었다.

문제의 뿌리는 소위 '아랍의 길거리 여론Arab street'이 이란보다 미국을 두렵게 한다는 데 있다. 2007년 2월에 실시한 조그비 여론조사에서 아랍 6개국의 응답자 72%가 미국을 가장 큰 위협으로 꼽았고, 11%가 이란을 지목했다. 응답자 61%가 이란은 핵 능력을 개발할 권리가 있다고 대답했다. 이란이 한 단계 발전해서 핵무기를 개발할 가능성이 있다고 생각하는 사람이 그중 반 이상을 차지하는데도 미국을 더 큰 위협으로 꼽았다.

IDF가 레바논에서 올린 형편없는 성과가 IDF의 행동으로 빚어진 위협적인 환경을 처리하려는 미국의 노력에 큰 도움을 줄 수 없다는 것을 주목해야 한다. 이스라엘의 정책은 2장(이스라엘은 전략적 자산인가, 부채인가?)에서 언급했듯이 테러 그룹을 양성하고 고무하는 결과를 빚고, 시리아나 이란과 같은 불량 국가를 처리하려는 미국의 노력을 힘겹게 만든다. 이스라엘은 그들을 다루는 자산이 된다고 볼 수 없다. 레바논 전쟁에서 이스라엘의 전략을 지원한 것은 미국의 전략적 이익이 되지 못했다. "전투가 진행되는 동안 이스라엘 정부와 미국 정부 간에 아무런 틈이 없는 정책은 위험하다"고 말한 전 국무부 관리 아론 밀러의 관측에 동의하지 않을 수 없다.

전쟁법 위반하기

도덕적 차원은 어떤가? 미국의 이스라엘 지원이 상당한 전략적 비용을 발생시킨다는 것을 인정하면서도, 미국에 이스라엘의 자체 방어 노력을 도와야 할 도덕적 의무가 있다고 주장하는 사람이 있을지 모른다. 그런 주장을 하는 사람은 이스라엘이 공격을 받았고, 전쟁 법칙에 어긋나지 않는 방법으로 반응했다는 의견을 내세울 수 있다. 실제로 이스라엘 지지자 중 일부는 레바논에서의 실망스러운 성과는 이스라엘이 이런 법적·도덕적 원칙을 고수했기 때문에 발생한 것이라고 주장한다. 유대국가안보문제연구소JINSA 전무이사 토마스 뉴만은 "이스라엘을 묶어놓은 데 헤즈볼라 못지않게 이스라엘 자체의 도덕심이 작용했다"고 말했다.

자세히 들여다보면 일련의 주장에는 설득력이 없다. 이스라엘은 자신을 방어할 권리가 있으며, 거기에는 헤즈볼라를 무력으로 보복할 권리가 포함되어 있다. 그런 기본적인 관점을 부인할 사람은 없다. 이스라엘의 행위를 비난한 개인과 정부가 헤즈볼라의 공격에 대응할 수 있는 권리에 의문을 제기하지 않았다. 그러나 자신을 방어할 권리를 갖는다는 것이 자체 방어를 위해 어떤 수단을 쓰더라도 법적으로나 도덕적으로 문제가 없다는 의미는 아니다. 2006년 여름 이스라엘이 레바논에서 취한 행동이 전쟁법과 확립된 도덕적 기준에 일치하는 것이냐 하는 것은 중요한 문제다.

위에서 살펴본 것처럼 이스라엘의 전략은 '레바논의 민간인을 응징한다'는 신중한 전략이었다. 이스라엘이 이스라엘 민간인에 대한 헤즈볼라의 미사일과 로켓 공격에 대한 징벌로 이런 군사 행동을 취했다고 생각하기 쉽다. 그러나 전쟁이 그렇게 일어난 것은 아니다. 이 전쟁은 헤즈볼라의 전투기가 이스라엘 국경을 넘어가서 3명의 이스라엘 병사를 죽이고 2명을 납치한 7월 12일 시작되었다. 작전의 일환으로 납치 장소로부터 IDF의 관심을 돌리기 위해 헤즈볼라는 이스라엘 도시 몇 곳에 수십 발의 로켓을 쏘았다. 주의를 돌리기 위한 공격이므로 이스라엘 민간인 희생자는 발생하지 않았다.

헤즈볼라의 나스랄라는 기자회견에서 "레바논 남부에서 일어난 이 사태가 전쟁으로 비화되는 것을 원치 않는다"고 말했다. 부당한 일이지만 헤즈볼라의 공격은 평소에 없던 도발적인 행위는 아니었다. 이스라엘과 헤즈볼라 양측은 2000년 5월 이스라엘이 남부 레바논에서 철수한 이래 서로 간에 폭력적으로, 때로는 사망자를 내면서까지 상대의 영토를 침입했다. 심지어 나스랄라는 이스라엘 병사를 납치하겠다고 선언했다. 그런데도 이스라엘은 납치 행위를 레바논에 대한 대규모 폭격이라는 군사 작전으로 대응했고, 헤즈볼라는 이스라엘 북부의 여러 마을과 도시에 로켓과 미사일을 발사해 응수했다.

구체적으로 IDF는 헤즈볼라가 국경 넘어 이스라엘을 습격한 다음 날인 7월 13일, 베이루트 국제공항을 폭격했다. 14일에는 레바논에 대한 맹렬한 공중폭격을 계속하면서 교량, 도로, 베이루트의 나스랄라 집무실을 파괴했다. 이날 50명 이상의 레바논 민간인이 죽고 레바논 기간시설 피해가 늘어나자, 나스랄라는 이스라엘에 대한 전쟁 개시를 선언했다. 그것은 광범위한 미사일과 로켓 공격을 의미했다.

이스라엘 지도자들은 레바논이 전쟁을 통해 엄청난 대가를 치르게 될 것이며, 그 징벌은 신중한 이스라엘 정책의 결과로 부수적인 피해collateral damage 에 그치지 않을 것임을 강조했다. 개전 초 IDF 참모총장 할루츠는 "레바논의 시계를 20년 뒤로 돌려놓겠다"고 호언장담했다. 또 레바논의 어떤 것도 안전하지 않을 것이라고 덧붙였다. 그의 말은 사실이었다. 전쟁이 끝난 2006년 8월, 국제사면위원회는 보고서를 통해서 IDF가 레바논에서 빚은 결과를 상세하게 평가했다. 이는 인용할 가치가 충분하다.

이스라엘 군대가 4주 이상 레바논에 육상 및 공중폭격을 퍼부으면서 그 나라의 기간시설이 큰 재앙을 만난 듯 심하게 파손되었다. 이스라엘군은 건물들을 부수어 전 주거지를 돌무더기로, 마을과 도시를 유령의 도시로 바꿔놓았고, 주민들은 폭격을 피해 달아났다. 간선도로, 교량, 주유소가 박살이 났다. 전 가족이 집에 있다가, 또는 마을을 때리는 공습을 피해 달아나던 차 안에서 몰사하는 경우도 있었다. 수십 명의 주민이 무너진 집 더미에 몇 주씩 깔려 있어도 적십자나 구조대원은 계속되는 이스라엘의 공격 때문에 접근조차 할 수 없었다. 폭격을 피해 달아났던 수십만 명의 주민이 집으로 돌아오고 있지만 불발탄의 위험이 그들을 기다리고 있다.

7월 12일에서 8월 14일 사이에 이스라엘 공군은 레바논 7000곳의 목표물을 향해 7000번의 공중공격을 했고 해군은 추가로 2500번의 포격을 가했다. 공격이 광범위한 목표물을 가격했지만, 특정한 지역에 집중되었다. 추정 사망자 수가 1183명으로 그중 3분의 1이 어린이였고, 4054명이 부상당했으며 97만 명의 레바논 주민이 집을 버려야 했다. 이런 인명사고 외에 민간인 기간시설이 심각한 손상을 입었다. 레바논 정부는 공항, 항만, 정수 및 오수 처리장, 전기 시설 등 31군데의 급소가 교량 80곳, 도로 94곳과 함께 파손된 것으로 추산한다. 25곳 이상의 주유소와 약 900곳의 영리사업체가 공격당했다. 완전히 파괴된 주거용 재산, 사무실과 가게가 3만 곳이 넘는다. 빈트 즈베일과 메이스 알제벨에 소재하는 2곳의 국립 병원이 이스라엘의 공격을 당해 완전히 파괴되었고, 다른 3곳은 심각한 손상을 입었다. 주민 400만 명도 안 되는 나라에서 25%가 집을 잃고 길거리로 내몰렸다. 베이루트에서만 약 50만 명으로 추정되는 사람들이 대피소를 찾았고, 그중 많은 사람이 물이나 목욕 시설이 없는 공원과 공공장소로 대피했다.

남부 레바논에 소재한 앰네스티 대표단은 마을마다 피해 유형이 비슷하다고 전했다. 도로, 특히 간선도로는 폭탄에 맞아 팬 자국이 끝까지 이어졌다. 클러스터 폭탄에 맞은 흔적도 확인되었다. 정밀 조준 폭탄에 의해 선별 공격을 받은 주택은 파손되었다. 슈퍼마켓, 식료품점, 자동차 정비소, 주유소가 먼저 불을 낸 다음 내용물을 파손하는 정밀 조준 탄환과 포탄에 의해 공격을 받았다. 전기가 끊어지고, 생필품 공급이 차단되고, 슈퍼마켓과 주유소가 파손되면서 지역 주민은 집을 버리고 떠나지 않을 수 없었다. 워터 펌프를 사용하려면 전기나 연료로 돌리는 발전기가 필요한데, 연료 부족 때문에 주민은 물을 구할 수도 없었다.

IDF가 레바논에 가한 피해를 평가한 것은 앰네스티만이 아니다. 스스로를 공군의 팬이라고 부르는 군사 전문가 윌리엄 아킨은 《워싱턴 포스트》 웹사이트에 글을 남겼다. "응징을 위한 공격을 수행하는 과정에 이스라엘은 직접 전투지역이 아닌 곳에서 충격적인 파괴를 남겼다. 나는 레바논 도심에 생긴 상황을 '황폐화되었다'든가 '황량하다'는 표현을 쓰고 싶지 않다. 미국의 공중 공격을 표현하는 데 너무 흔하게 쓰이기 때문이다. 이스라엘이 빚은 결과는 정밀 전쟁의 시대에 미군, 특히 미 공군이 행한 그 어떤 것보다 파괴적이었다."

이스라엘은 어떻게 전쟁법을 위반했나?

참혹한 응징 전술을 이스라엘이 클러스터 폭탄을 사용한 것이었다. 이는 광범위한 지역에 엄청나게 많은 폭탄을 투하하는 것이다. 이 폭탄은 정확도가 매우 낮을 뿐 아니라 터지지 않는 것이 많다. 즉 치명적인 지뢰가 되어 전투가 끝난 뒤까지 계속해서 위협의 대상이 된다. '민간인 지역에 이 무기가 사용될 때 대단히 치명적일 수 있다'는 사실을 의식해서 미국은 이스라엘이 분명하게 정해진 군사 목표물에 대해서만 이것을 사용한다고 주장해 왔다. 레이건 행정부는 1982년 레바논 침공 시에 IDF가 민간인 지역에 클러스터 폭탄을 사용했다는 사실을 알고, 1980년대 6년 동안 이스라엘에 대한 클러스터 판매를 금지한 바 있다.

지난 레바논 전쟁에서 정전이 임박한 것으로 알려진 마지막 3일 동안, IDF는 인구 60만 명이 사는 남부 레바논에 100만 발의 폭탄을 쏟아부었다. 그 지역을 작고 치명적인 폭탄으로 가득 채우겠다는 게 목적이었다. 이스라엘 포병대대의 한 병사는 말했다. "지난 72시간 내에 우리는 우리가 가진 모든 탄약을 한 장소에 다 쏟아부었다. 총구의 방향을 돌리지도 않았다. 같은 대대에 속한 친구들도 지난 3일 동안 보통 포탄, 클러스터 등 그들이 가진 탄약을 전부 다 소진했다"고 말했다. 전쟁 중 이스라엘은 레바논에 대략 400만 발의 포탄을 발사한 것으로 추산된다. 마침내 8월 중순에 전쟁이 끝나자 UN 관리들은 레바논 남부 지역에 약 100만 개의 폭탄이 터지지 않고 남아 있는 것으로 추정했다.

세계인권감시기구HRW는 "남부 레바논에 투하한 클러스터 폭탄의 밀도가 지금까지 목격한 어느 곳보다 높다"고 말했다. 그 지역을 클러스터 폭탄 홍수로 만드는 데 참여한 이스라엘 병사는 "우리가 한 짓은 극히 충격적이고 정신없는 짓이다. 전 도시를 클러스터 폭탄으로 덮어놓았다"라고 지적했다. 인류 복지 문제를 담당했던 당시 UN 사무차장 얀 에겔란트(현 노르웨이 난민위원회 사무총장)는 이스라엘의 행동을 "충격적이고 완전히 비도덕적"이라고 못 박았다. 정전 후 첫 8개월 동안, 클러스터 폭탄에 의해 29명의 레바논인이 사망했고 215명이 부상당했는데 그중 90명이 어린이였다.

우리는 직감적으로 레바논에서 저지른 파괴적 군사 행동을 통해 이스라엘이 전쟁법을 어겼다는 사실을 분명히 알 수 있다. 그러나 그것만으로는 부족하다. 전쟁법이 무엇이고 이스라엘이 어떻게 그것을 위반했는지 아는 것이 중요하다. 민간과 군사 목표물 간의 구별은 전쟁법, 그리고 현대의 정의로운 전쟁 이론을 뒷받침하는 근본적인 요건이다.

각국이 상대방의 군사적 자산을 공격해 자신을 방어할 권리가 있다는 사실에는 의심의 여지가 없다. 그러나 전쟁이 진행되는 동안 민간 목표물이 군사 목표물로 전환하지 않는 한 공격해서는 안 된다. 전투 중에 군부대가 학교나 교회를 점거한 후 작전기지로 사용하는 경우는 공격해도 무방하다. 더욱이 적의 군사 목표물을 공격할 때는 부수적인 피해를 최소화하기 위해 결연한 노력을 기울여야 한다. 이것이 잘 알려진 균형의 개념이 개입하는 경우다. 군사 목표물을 공격할 때는 해당 군사 목표물의 특별한 가치를 감안하고 부수적 피해가 초과로 발생하지 않도록 해야 한다. 어느 나라든 고의로 또는 무분별하게 적국의 민간 목표물을 공격할 수 없고, 군사 목표물을 공격할 때도 부수적인 피해가 발생하지 않도록 주의를 기울여야 한다.

제2차 레바논 전쟁에서 이스라엘은 이 둘을 구분하는 데 실패했다. IDF 할루츠 장군이 선언한 것처럼 이스라엘이 의도적으로 레바논의 광범위한 민간 목표물을 가격한 것이 분명하다. 국제사면위원회Amnesty International가 보고서에서 밝힌 참상이 이를 증명한다. 보고서는 레바논의 기간시설이 큰 재앙이라도 만난 것처럼 심하게 파손되었다고 결론지었다. 보고서는 미국의 폭격 작전이 민간 기간 시설의 엄청난 파괴를 초래했다고도 했다.

앰네스티는 2006년 11월, 당해 8월에 발간한 보고서를 보강해 또 한 차례의 보고서를 냈다. 보고서에 따르면, 남부 레바논에서 약 7500채의 주택이 파괴되고 2만 채가 손상되었으며, 위원회가 조사한 파괴되거나 손상된 주택 대부분은 헤즈볼라 민병대원들에 의해 은신처나 무기 보관소로 사용되었다는 증거를 발견하지 못했다. 보고서에서는 이스라엘의 공격을 받은 파괴 형태를 보면 공격 대상으로 삼은 목표물들은 민간인들의 생존에 필수 불가결한 것이라고 밝혔다. 이스라엘의 레바논 공격에 대한 별도의 연구보고서에서 HRW는 이스라엘이 전쟁 원칙의 본질적인 원리 중 하나, 즉 군사 목표물만 공격해야 한다는 것을 지키지 않았다고 결론지었다.

사실상의 군사 목표물을 공격할 때도 부수적 피해를 주지 않기 위해 충분한 주의를 기울이지 않은 것이 분명하다. HRW는 이스라엘이 민간 피해를 최소화하기 위해 필요한 모든 조치를 취했다는 주장에도 불구하고, 실제로 IDF는 전투대원과 민간인을 구별하는 데 있어서 체계적 실패를 드러냈다고 결론지었다.

남부 레바논, 즉 이스라엘이 사실상의 무차별 포격지대와 그 지역에 남아 있는 사람은 누구나 적법한 표적으로 간주한 곳에서 일어난 일을 생각해 보라. "남부에 있는 마을을 잿더미로 만들 것"이라고 말한 당시 법무장관 하임 라몬이 그 지역 주민이 떠나도록 경고한 후, 7월 27일에 "현재 남부 레바논에 있는 사람은 어떤 식으로든 헤즈볼라와 연결된 테러리스트"라고 선언했다. 그러나 많은 주민이 그곳을 떠나지 않았는데, 대부분 전투대원도 헤즈볼라 요원도 아니었다. 앰네스티는 전투가 진행되는 동안 약 12만 명이 남아 있었고 대부분 민간인이었다. IDF는 8월 7일, "리타니강 남부를 통행하는 모든 차량은 로켓, 군 장비, 테러리스트를 실은 것으로 간주되어 폭격당할 것"이라고 경고하는 전단지를 뿌렸다.

이런 사실을 확인한 앰네스티는 11월에 낸 보고서에서, 이스라엘군은 전쟁 범죄를 포함해 국제 인권 및 인도주의 법을 심각하게 위반했다고 결론지었다. 앰네스티는 이스라엘군이 무차별적이고 균형에 맞지 않는 대규모 공격을 감행한 사실을 확인했다. HRW는 "IDF가 의문의 여지가 있는 군사 이익을 위해 끊임없이 막대한 민간 사상자를 냈다"고 보고서를 통해 밝혔다. 그러나 이스라엘 지도자 중 단 한 사람도 이스라엘이 균형의 원칙을 어겼다는 사실을 인정하지 않는다. 당시 UN 주재 이스라엘 대사인 단 길러먼은 전쟁이 시작된 후 일주일 뒤에 말했다. "지나친 군사력을 사용하고 있다고 주장하는 국가에 대해 해줄 수 있는 말은 한마디뿐이다. 당신들 말이 맞다. 그러나 당신들의 국가가 우리처럼 폭탄 공격을 받았다면, 당신들의 국가가 우리 민간인들처럼 테러를 당했다면, 당신들은 우리보다 훨씬 많은 무력을 사용했을 것이다." 길러먼이 사실을 인정한 것은 예외에 속했다. 대부분의 이스라엘인들과 미국 지지자들은 이스라엘이 지나친 공격을 했다는 주장에 대해 이스라엘이 무고한 레바논인을 죽였다고 인정하지만, 헤즈볼라가 그들을 인간 방패로 사용했기 때문이라는 주장으로 반응했다.

국제 앰네스티가 11월에 내놓은 보고서와 HRW의 연구보고서는 이런 방어적인 주장과 모순된다. 이스라엘의 방어적 주장 중에는 헤즈볼라가 민간인을 남부 레바논에서 떠나지 못하게 해놓고 그들 뒤에 숨었다고 하는 주장이 있다. 국제 앰네스티는 이 문제를 조사하고 헤즈볼라가 민간인들을 대피하지 못하게 했다는 주장을 확인 가능할 만한 증거가 없었다. 일부 경우에는 그와 반대였다는 사실을 알아냈다. 또한 헤즈볼라 전사들이 동료들에 의해 배반당할 것이 두려워 일부러 민간인을 피했을 개연성도 있다.

중요한 것은 HRW 연구보고서가 밝히듯이, 헤즈볼라가 남부 레바논에 남아 있는 민간인을 방패로 삼았기 때문에 막대한 민간인을 희생시켰다는 이스라엘 측 주장을 확인할 증거가 없었다는 것이다. 그 점을 확실히 하기 위해 HRW는 "헤즈볼라가 때때로 민간인 주택 근처에 무기를 보관했고, 전사들이 사람이 많이 사는 지역 또는 UN 관측자들 가까이에 로켓 발사대를 위치시켰는데, 두 가지 모두 전쟁법을 심각하게 위반하는 사례"임을 인정한다.

달리 말해 헤즈볼라가 전사들과 무기를 보호하기 위해 민간인을 이용했다는 증거가 있다. 그럼에도 불구하고 예외적인 경우다. HRW의 전무이사인 케네스 로스에 의하면, 많은 희생자는 헤즈볼라군이 옆에 없던 민간인이었다. HRW는 보고서가 나올 당시 레바논에서 죽은 8명을 포함해서 24명의 경우를 상세히 조사했다. 어느 경우에도 "헤즈볼라가 IDF의 보복 공격으로부터 자신들을 보호하기 위해 고의로 민간인들을 방패로 이용했다는 증거가 없다"는 사실을 밝혀냈다.

혹자는 이런 사실을 수용하면서 헤즈볼라가 고의로 민간인을 방패로 사용하지 않았을지 몰라도, 전사들이 자신들의 마을이나 도시를 방어하느라 민간인 거주지에서 싸웠다고 방어적 주장을 할 수 있다. 그런 경우라면 헤즈볼라는 민간인 뒤에 숨는 행위로 전쟁법을 위반하는 것이 아니라 단순히 자기 영토를 방어하는 것이 된다. 그럼에도 이스라엘이 헤즈볼라를 추적하는 과정에서 어쩔 수 없이 민간인을 죽일 수밖에 없었다고 주장할 수 있다. 헤즈볼라가 도시와 마을 부근에서 싸우기는 했지만 이런 주장도 타당성이 없다. HRW의 조사 대상이 된 24명 중 1명의 경우에서만, 공격 중 또는 공격 직전에 IDF가 표적으로 삼은 지역 또는 그 지역 근처에 헤즈볼라의 병력이나 무기가 있었다는 증거가 있었다. 간단히 말해 국제 앰네스티의 11월 보고서와 HRW 연구보고서 모두 헤즈볼라와 인간 방패에 관한 이스라엘의 주장과 상치되는 증거를 제시한다.

더욱이 IDF는 정전이 발효되기 직전 레바논에 클러스터 폭탄을 쏟아부을 때 민간과 군사 목표물을 구별하지 않았다. 포격을 담당한 대원은 '미치광이'처럼 포를 쏘았다고 말했다. 오랜 원한으로 보지 않을 수 없는 잔인한 행동은 위에서 말한 어떤 반박 논리로도 합리화될 수 없다. 헤즈볼라 역시 북부 이스라엘에 미사일과 로켓을 쏘아 보내 무분별하게 이스라엘 민간인을 죽였다는 이유로도 정당화될 수 없다.

저항할 수 없는 증거 앞에서 도덕적으로 옳은 정책이었기에 미국이 이스라엘의 제2차 레바논 전쟁을 지원했다고 주장할 수는 없다. 도덕성이 중요했다면 부시 행정부는 레바논 갈등 시작 단계부터 이스라엘과 헤즈볼라 모두의 행동을 비난했어야 했다.

과열 상태의 로비, 어떤 영향을 끼쳤는가?

AIPAC과 친이스라엘단체는 전쟁 시작부터 끝날 때까지 미국이 이스라엘을 전폭 지원할 수 있도록 있는 힘을 기울였다. 전쟁 시작 나흘 후 네이선 구트만은 "미국유대인 공동체가 마치 두 전선에서 싸움을 하듯 때와 장소를 가리지 않는 지원을 하고 있다"고 《예루살렘 포스트》에 썼다. 로비는 유대 국가를 위해 모금을 하고, 신문에 광고를 내며, 미디어를 밀착 감시하고, 대표자를 보내서 의회 입법자와 실무진, 부시 행정부 정책 입안자, 영향력 있는 미디어 관련 인사를 만나게 했다. 싸움이 끝난 뒤 전쟁의 부산물을 처리하기에 바빴다. 다음 여섯 가지 사안을 토대로 로비의 영향을 살펴보기로 하자.

첫째, 전쟁 초기 양당은 이스라엘 지원을 위한 하원 결의안에 "모두가 민간인의 생명과 기간 시설을 보호해야 한다"고 촉구하는 말을 삽입해서 그것을 부드럽게 만들려고 노력했다. 하원의원 낸시 펠로시(당시 하원 소수당 원내총무)와 상원의원 존 워너(당시 상원 군사위원회 위원장)는 도덕적 문제의 중요성을 감안해서 법안 변경에 적극성을 보였다. 우리는 적극성에 환영은 못 할망정, 반대할 수 없지 않느냐고 생각하기 쉽다. 그러나 결의안을 만들고 추진한 AIPAC은 특별한 조항을 삽입하는 데 강력히 반대했다. 하원 다수당 원내총무 존 베너에 힘입어 그 글귀는 제외되었고 법안은 410:8로 통과되었다.

둘째, 하원의원 크리스토퍼 반 홀렌(메릴랜드주, 민주당)은 7월 30일 국무장관 콘돌리자 라이스에게 편지를 썼다. 남부 레바논에 국제군을 급파해서 즉각적인 정전을 요구하라고 촉구한 것이다. 그는 다음과 같이 썼다.

이스라엘의 대응은 (…) 헤즈볼라의 군사 자산을 파괴하는 수준을 넘어섰습니다. 레바논의 민간 기간 시설에 막대한 피해를 주었을 뿐 아니라 많은 민간인을 희생시켰고, 75만 명 이상의 피난민을 발생시켰습니다. 말할 것도 없이 헤즈볼라가 죄인인데도 폭력으로 헤즈볼라가 아닌 레바논인 희생자가 늘어갑니다. 미국의 지원을 받는 이스라엘의 폭격 작전으로 헤즈볼라를 향한 레바논인의 분노가 이스라엘과 미국을 향한 적대감으로 바뀌어가고 있습니다. 헤즈볼라의 지도자인 하산 나스랄라의 정치력과 인기가 치솟고, 그렇지 않아도 유약한 레바논 정부가 약화되는 결과가 빚어지고 있습니다. 우리는 헤즈볼라를 격리시키고, 신뢰를 강화하며, 협상을 통해 그 지역에 대한 영향력을 높일 기회를 상실했습니다.

반 홀렌의 편지가 미국의 이익에 초점을 맞추고 이스라엘의 자위권을 지지하고 있음에도 로비는 이스라엘을 비판한다고 그에게 격노했다. 그리고 편지를 없던 것으로 만들기 위해 신속하게 움직였다. 반 홀렌은 AIPAC, 하원의원을 비롯해서 주요 유대인단체 대표자를 만났다. 그는 "부시 행정부의 실책에 대한 비판이 위기에 있는 이스라엘의 행동을 비판하는 것으로 해석되었다면 죄송하게 생각한다. 내 의도는 절대 그게 아니었다"라며 사과했다. 그는 이스라엘을 계속 강하게 지지할 것이라고 강조했다. 그리고 얼마 지나지 않아 자기 지역 친이스라엘 활동가 3명, AIPAC 직원 1명과 함께 AIPAC 계열 회사인 미국-이스라엘 교육재단의 후원으로 5일 동안 이스라엘을 방문했다.

그의 사과에도 불구하고 워싱턴유대인공동체관계협회 책임자는 반 홀렌에게 말했다. "유대인 공동체에 계속 더 접근하고 (…) 그가 이스라엘을 위해 그곳에 있다는 것을 확인시켜 줄 필요가 있다." ADL 워싱턴 지구 이사는 반 홀렌의 반응이 "최소한 그의 편지가 끼친 피해를 불식했다"고 보지 않는다고 말했다. 물론 반 홀렌을 혼내는 데 그치지 않고 의회의 멤버들에게 이 쟁점에서 탈선할 때 치러야 할 비용을 상기시키는 데 목적이 있었다.

셋째, 전쟁 초기에 부시 대통령은 그가 정권을 잡는 데 도움을 준 민주적으로 선출된 레바논 정부를 무너뜨리지 않도록 조심하라고 이스라엘을 타일렀다. 그는 이스라엘이 자국 방어를 위한 특정 조치가 레바논 정부를 약화시키거나 무너뜨리기 쉽다는 점을 염려했다. 부시는 그 견해를 이스라엘 지도자들에게 분명히 전했다고 말했다.

로비는 부시에게 이의를 제기했다. 그의 입장을 받아들일 수 없다는 점을 분명히 했다. 《포워드》는 7월 14일, "부시 행정부가 예루살렘에 민주적으로 선출된 레바논 정부를 약화시키지 말라고 요구한 사실 때문에 이스라엘과 유대인 공동체 관리들에게 비난받고 있다"고 보도했다. ADL의 에이브러햄 폭스먼은 말했다. "행정부와 서방 국가들은 레바논 정부를 떠받쳐 주기를 원하지만 잘못된 정책이다. 아부 마젠(마흐무드 압바스의 별칭)도 다르지 않다. 그들은 그것이 진공 상태보다는 낫다고 생각한다. 그러나 무의미한 것을 지지해서는 안 된다. 처음부터 우리는 아부 마젠이 성공하지 못할 것으로 판단했고 레바논 정부가 무능하다는 사실을 알고 있었다." 부시는 이스라엘에 미국이 지지하는 베이루트 정부를 보호하는 것이 필요하다고 경고하는 일을 중단했다.

넷째, 《워싱턴 포스트》 저널리스트 톰 릭스는 미국 군사 분석가에게서 들은 말을 전했다. "전쟁 중 CNN에서, 이스라엘이 일부러 헤즈볼라의 로켓 저장고를 남겨두었는데, 이유는 로켓 발사가 지속되어야 레바논 작전에 대해 일종의 도덕성 같은 것을 유지해 갈 수 있기 때문이다." 이에 대해 미국과 중동 관련 보도의 정확성을 위한 위원회가 릭스의 발언을 비난했고, 전 뉴욕시장 에드 코흐는 《워싱턴 포스트》의 당시 편집장 레오나드 다우니 주니어에게 편지를 보내 릭스의 논평에 대해 불만을 표시했다. 코흐에 따르면, "그들은 옛날 유럽에서 유대인 학살을 자극하기 위해 반유대인이 사용하던 잔인한 비방을 하는 것 같다." 다우니는 코흐에게 "내가 릭스에게 절대 그런 말을 하지 말았어야 한다고 당부했다"고 답장했다. 그럴 필요가 있었느냐는 질문에 다우니는 입을 다물었다. 릭스는 말했다. "내 말은 정확하다. 사람들이 하는 말을 들은 대로 전했을 뿐이다. 말하지 않았으면 좋았을 걸 그랬다. 이제부터는 그 일에 대해서는 입을 다물겠다."

다섯째, 친이스라엘단체는 이스라엘의 폭격 작전에 대해 비판적인 보고서를 쓴 국제 앰네스티와 HRW를 흠집 내기 위해 대규모 캠페인을 벌였다. 저명한 법학자 더쇼비츠에 따르면, "세속적인 것으로부터 종교적인 것, 자유주의에서 보수주의에 이르기까지 모든 유대인 공동체의 구성원들이 인권단체의 편향된 리포트를 비난"했다. 인권단체들이 헤즈볼라를 무시한 채 이스라엘만 꼬집은 것과 레바논 현실에서 벌어지는 중요한 국면을 잘못 전달한 데 대해 부당한 비난을 받았다. 동시에 AIPAC은 IDF가 민간인을 피하면서 테러리스트에 대해 정확하고 신속한 공격을 수행하고 있다는 메시지를 전달하기 위해 보도자료를 보냈다. 두 인권단체에 대해 반유대인 그룹이라는 딱지가 붙었다.

HRW의 전무이사 케네스 로스는 자신이 유대인이고 부친이 나치 독일에서 도피해 나온 사람이었음에도 호된 공격을 면치 못했다. 《예루살렘 포스트》는 〈케네스 로스의 잔인한 비방〉이라는 제목으로 이스라엘 정치학자 제럴드 스타인버그의 특집 기사를 실었다. 《뉴욕 선》은 사설에서 로스가 유대주의의 정당성 부정에 동참하고 있다고 주장했다. 그가 레바논에 대한 IDF의 전략을 구시대의 도덕률인 '눈에는 눈', 더 정확하게 표현하면 '한 눈에 20개의 눈으로 갚는 것'에 비유하며 비난한다는 것이 이유였다. ADL의 폭스먼도 그가 유대인에 대한 고전적인 반유대적 수사를 사용한다고 반응했다.

조지타운대학교 법학 교수이자 칼럼니스트인 로자 브룩스는 《로스앤젤레스 타임스》에 "HRW를 비롯해서 로스를 잘 아는 사람이라면 이것이 정신없는 주장이라는 것을 안다. HRW는 당파를 초월한 조직이며 갈등에서 어느 한쪽 편을 들지 않는다. 로스가 반유대인이라는 견해는 정신없는 소리라고 볼 수밖에 없다"면서 강도 높은 비판을 했다. 브룩스는 덧붙였다. "그러나 로스와 그의 단체를 향한 비방과 관련해서 가장 큰 문제는 그것이 야만적이라거나, 터무니없다거나, 근거가 없다고 하는 것이 아니다. 전형적이라는 것이 가장 큰 문제다. 감정을 억제하지 못해 이스라엘을 비판하는 사람이라면 누구나 부딪칠 수밖에 없는 것과 관련한 전형성이다. 오늘날 미국에서는 이스라엘에 대한 지성적인 비판이 도무지 이루어지지 않는다. 정책에 대한 어떤 진지한 비판도 즉시 반유대인이라는 비난을 피할 수 없기 때문이다."

여섯째, 로비는 클러스터 폭탄이 준 피해를 축소하기 위해 노력했다. 8월 31일, 유대인 커뮤니티 브나이 브리스 인터내셔널B'nai B'rith International은 이스라엘의 클러스터 폭탄 사용을 비난한 UN 지도자 얀 에겔란트에게 비난하는 내용의 편지를 보냈다. "논쟁의 여지가 있고 증명이 되지 않은 현실, 국제적인 인도주의 법을 논한다고 해서 자격도 없이 활동하는 도덕적 중재자." 일주일 뒤 상원은 민간인 지역에서의 클러스터 폭탄 사용을 금지하고, 이를 거부하는 국가들에게는 치명적인 무기를 양도하지 못하게 하는 법안을 논의하고 있었다. AIPAC은 법안의 통과를 막기 위해 로비했고 그 결과 70:30으로 부결되었다.

핵심적인 로비단체는 미국의 레바논 정책에 미치는 영향력과 관련해서 숨김이 없이 솔직했다. AIPAC 대표 하워드 프리드먼은 7월 30일 친구들과 그의 조직을 지지하는 사람들에게 "당신들이 이루어 낸 일을 보시오!"로 시작하는 편지를 보냈다. "세계에서 한 나라만 단호하게 나서서 이스라엘이 일을 마무리할 수 있게 하자는 입장을 분명하게 밝혔습니다. 그 나라는 미국입니다. 미국이 그 상황에 대해 분명하고 명백한 견해를 가질 수 있었던 이유는 여러분과 미국유대인입니다." 전쟁 중에 이스라엘 총리 올메르트가 "하나님, 전 세계에서 가장 위대한 지지자이며 친구인 AIPAC을 가질 수 있게 된 것에 감사합니다!"라고 말한 것은 전혀 놀라운 일이 아니다.

이렇듯 논쟁 상황에서 전력을 다한 로비스트가 AIPAC이나 ADL과 같은 조직만은 아니다. 찰스 크리스톨의 말을 빌리면, 크라우트해머나 윌리엄 크리스톨과 같은 저널리스트는 이스라엘의 전쟁을 "또한 우리의 전쟁"이라고 주장했다. 많은 크리스천 시온주의자 역시 이스라엘을 뒤에서 지원했다. 텔레비전을 통해 전도하는 복음주의자 팻 로버트슨은 《예루살렘 포스트》에서 전했다. "전쟁이 진행되는 동안, 생존권의 위협을 받는 것으로 판단되는 나라에 지지를 보내기 위해 3일 동안 이스라엘을 방문했다." 로버트슨은 이어서 "유대인은 하나님의 선택을 받는 민족이다. 이스라엘은 하나님의 마음에 특별한 자리를 차지하고 있는 특별한 나라다. 그는 이 나라를 지키실 것이다. 따라서 복음주의 크리스천은 이스라엘을 지지해야 한다. 그것이 내가 여기 있는 이유 중 하나다"라고 말했다.

존 해기의 단체인 이스라엘을 위한 크리스천연합은 7월 중순 워싱턴에서 이틀간의 일정으로 워싱턴-이스라엘 콘퍼런스를 개최했다. 여기에 3500명이 모였는데 참석자 모두 그들 지역의 상원의원과 하원의원을 상대로 이스라엘 지지 의사를 표명하라는 부탁을 받았다. 이스라엘의 크리스천 친구들the Christian Friends of Israel의 전무이사는 크리스천답지 않은 발언을 했다. "그것은 분명히 이유가 없는 도발입니다. 이스라엘은 쳐들어가 맹포격할 충분한 이유를 가지고 있습니다." 실제로 이스라엘은 미국 정부와 로비스트의 무조건적인 지원을 업고 쳐들어가 맹포격했다.

미국 대중과 레바논

이스라엘의 레바논 공격 행위에 대한 워싱턴의 흔들림 없는 지원은 로비의 영향 때문일까, 아니면 단순히 이스라엘에 깊은 애정을 가진 미국인의 표현일까? 아마도 미국 대중 여론이 요구하기 때문에 이스라엘이 무조건적인 지원을 받을 수 있었을지 모른다. AIPAC 대변인 제니퍼 칸나타는 전쟁 중 진부한 주장을 펼쳤다. 로비의 영향력을 전적으로 부인하며 말했다. "미국인은 이스라엘의 테러 전쟁을 전폭 지지할 뿐 아니라 위기의 시대에 가장 가까운 동맹국을 지원해야 하는 것으로 알고 있다." 이런 식의 주장은 설득력이 부족하다. 레바논 전쟁 중에 일어난 유형은 우리가 이미 경험해 온 것과 일치한다. 미국 정책이 미국 대중의 견해를 반영하지 않았다는 것이다. 이 점은 포괄적인 여론조사 결과 분명히 밝혀졌다.

　레바논 문제가 포함된 여섯 가지 중요한 쟁점이 조사의 대상이었다. 첫째, '전쟁을 일으킨 책임이 누구에게 있다고 생각하는가?'라는 질문에 두 미디어가 조사한 결과를 보도했다. 먼저 2006년 7월, CBS 뉴스는《뉴욕 타임스》가 시행한 여론조사에서 응답자의 46%가 "양쪽에 똑같이 책임이 있다", 5%는 "대체로 이스라엘에 책임이 있다"라고 대답한 것을 보도했다. 2006년 8월, ABC 뉴스는《워싱턴 포스트》의 여론조사 결과로 응답자의 46%가 "이스라엘과 헤즈볼라에 똑같이 책임이 있다"고 했으며, "전적으로 이스라엘에 책임이 있다"고 응답한 사람은 7%였다고 보도했다.

　둘째, '이스라엘의 공격이 지나쳤다고 생각하는가?'《USA 투데이》는 갤럽이 2006년 7월 21~23일에 실시한 조사 결과를 보도했다. 응답자의 38%가 "이스라엘이 레바논에서 취한 군사행동을 옳지 않다"고 답했다. ABC 뉴스는《워싱턴 포스트》조사에서는 응답자의 32%가 "이스라엘이 과도한 군사력을 사용하는 것으로 생각한다", 48%가 "헤즈볼라가 표적이라 할지라도 민간인이 죽거나 다칠 수 있는 지역을 공격하는 것은 정당화될 수 없다", 54%는 "이스라엘이 민간인 희생을 피하기 위해 더 많은 노력을 기울여야 한다"라고 보도했다.

　셋째, '양국 간의 갈등에서 미국이 이스라엘을 지원해야 하는가, 중립을 지켜야 하는가?'《USA 투데이》는 응답자의 65%가 "미국이 어느 편도 들어서는 안 된다"라고 답한 결과를 보도했다. 또한 조그비 여론조사의 응답자 52% 역시 "미국이 중립을 지켜야 한다"고 했다. CBS 뉴스는《뉴욕 타임스》의 조사 결과를 보도했다. 응답자 40%가 "미국이 이스라엘, 헤즈볼라 어느 쪽도 지원해서는 안 되며, 어떤 지지 발언이나 행동을 해서도 안 된다"라고 답했다. 7%는 이스라엘 비판을 찬성했고, 14%가 "모른다", 39%가 이스라엘 지지를 찬성했다. NBS 뉴스는《월 스트리트 저널》여론조사에서 40%의 응답자가 "만약 레바논 전쟁이 확대되어 이스라엘이 그 지역의 나라들과 싸워야 한다면 미국이 군사 개입을 통해서 이스라엘을 지원하는 데 반대한다"라고 보도했다.

넷째, '미국과 이스라엘이 즉각적인 정전에 동의해야 하는가?' CNN은 조사 결과 43%의 응답자가 "이스라엘은 가능한 한 빨리 정전에 동의해야 한다"라고 답했다.

다섯째, '미국의 테러리즘 문제와 관련해서 레바논 전쟁이 어떤 결과를 초래하리라 생각하는가?'라는 질문에《USA 투데이》는 응답자 44%가 "레바논 사태에 의해 미국에 대한 테러 가능성이 더 높아질 것이라며 매우 염려스럽다고 답했다"고 보도했다. 마지막으로 ABC 뉴스는《워싱턴 포스트》의 여론조사 응답자 35%가 레바논 전쟁이 "미국의 이라크 상황을 악화시킬 것"이라고 대답한 것을 보도했다.

간단히 말해서 미국인들이 이스라엘과 레바논 전쟁을 보는 관점과 전쟁 중 워싱턴에 있는 그들의 지도자들이 말하고 행동한 것 사이에는, 현격한 차이가 있다. 부시 행정부와 의회가 2006년 여름에 취한 행동은 여론으로 설명할 수 없다.

미국의 분부에 따르는 건가?

미국의 대레바논 정책에 대해 로비가 책임을 전가할 수 있는 또 하나의 방법이 있다. 전쟁의 진정한 추진력은 미국에 있으며, 이스라엘은 미국의 명령에 따르는 종속국 역할을 했을 뿐이라고 주장하는 것이다. 이스라엘은 충성스러운 동맹국의 역할을 했고 중동에 대한 부시 행정부의 관심에 도움을 주었다는 것이다. 이스라엘 저널리스트 유리 아브네리에 따르면, "제2차 레바논 전쟁은 '대리전쟁'으로 간주된다. 헤즈볼라는 이란의 도베르만Dobermann이고 우리는 미국의 로트와일러Rottweiler다. 헤즈볼라는 이슬람 공화국으로부터 돈과 로켓을 지원받고, 우리는 미국으로부터 돈과 클러스터 폭탄을 지원받는다." 헤즈볼라 지도자 나스랄라는 이란 텔레비전 방송국에서 이 의견에 분명히 동의했다. "미국이 시온주의자 정권에 레바논 침공을 명령했고, 이스라엘은 중동에 대한 미국의 야욕을 돕기 위해 그 일을 했다."

다수의 미국 관리가 헤즈볼라를 적으로 간주하고 이스라엘의 침략 후에도 죄책감을 느끼지 않은 것은 사실이다. 하지만 이스라엘이 헤즈볼라와의 갈등을 고조시키면서 워싱턴의 명령에 따른 것이라는 주장에 동의할 수 없는 네 가지 이유가 있다. 만약 이스라엘이 미국의 대리 행위를 했다면 폭격 작전은 남부 레바논에 한정되었을 것이고, 레바논 정부를 보호하고 강화하기 위해 주의를 기울였을 것이다. 위기가 시작되면서 부시는 자신이 노력해서 세운 베이루트 정부를 위험에 빠뜨리고 싶지 않다는 점을 명확히 했다. 개괄적으로 표현해서 미국은 IDF 참모총장이 주장한 대로 레바논의 시계를 20년 뒤로 돌리기를 원치 않았던 것이 틀림없다.

또한 부시 행정부가 공격을 계획해 놓고 이스라엘을 압박해서 실행에 옮겼다는 증거도 없다. 확인 가능한 증거 자료에 따르면, 이스라엘은 그들이 전쟁의 구실로 삼았던 7월 12일의 납치 사건 수개월 전부터 레바논 전쟁을 계획했다는 사실을 알 수 있다. 이스라엘은 그 계획을 미국에 보고했고 행정부의 양해를 얻었다. 그러나 양해를 구하는 것과 이스라엘을 종속국으로 삼아서 그 일을 하라고 명령하는 것은 다르다.

부시 행정부가 미군이 이란의 핵 시설을 공습하는 데 사용할지도 모르는 무기와 작전을 시험해 볼 기회라 판단하고 이스라엘이 레바논을 폭격하게 했다는 주장을 듣는다. 한 미국 정부 고문은 저널리스트 허시에게 말했다. "반대할 이유가 있습니까? 우리는 공중에서 폭격용 미사일, 터널, 벙커를 파괴할 수 있어요. 그것은 이란을 향한 시위가 될 것입니다." 이스라엘의 계획에 반대하지 않는 것은 이스라엘을 강요해서 헤즈볼라를 치게 하는 것과 다르다는 사실과는 별도로, 미국의 정책 입안자들이 레바논을 이란을 위한 모의 연습 상대로 생각했다는 주장은 타당성이 없다. 두 가지 시나리오에 할당된 임무가 공통성을 갖지 않기 때문이다. 미사일과 로켓으로 무장하고 레바논의 한 지방에 숨어 있는 소규모의 게릴라를 공격하는 것과 식별할 수 있고, 확고하게 자리 잡은 이란의 핵 시설을 폭격하는 것은 근본적으로 다르다. 헤즈볼라를 상대로 한 공중 전쟁에서 중요한 교훈을 얻을 수 있을지 몰라도, 과연 그것이 이란을 향한 미국의 공격에 효과적으로 작용할지는 미지수다.

더욱이 미국이 이스라엘을 압박한 것이 아니라 후세인이 물러날 무렵인 2003년 봄, 이스라엘이 헤즈볼라를 공격하도록 압박했다는 증거가 있다.《포워드》에 의하면, 이스라엘인이 "호전적인 시아파조직이 중동의 안전과 전 세계적인 미국의 안보를 위협한다"고 미국의 정책 입안자에게 경고했다. 공문서 상에는 부시 행정부가 헤즈볼라를 공격하고자 하는 충동을 느꼈다거나 이스라엘을 압박해서 그 임무를 감당하게 했다는 증거가 없다. 이스라엘의 역사에 비추어 볼 때 이스라엘을 미국을 포함한 그 어떤 나라의 유순한 종속국으로 묘사하는 것은 어울리지 않는다.

이스라엘은 국제 무대에서 언제나 단호하고 자기중심적인 행동가였다. 그것은 독립 이후 이스라엘이 마주하고 있는 도전적인 지역 환경을 고려할 때 충분히 이해할 수 있는 일이다. 1989년에서 1996년까지 이스라엘 정보기관 모사드의 책임자였던 샤브타이 샤비트는 이 점을 강조했다. "우리는 우리에게 최선이라고 생각되는 일을 한다. 만약 그것이 미국의 요구와 부합한다면 그것은 두 동맹국이 갖는 관계의 일부일 뿐이다." 레바논 전쟁과 관련해서 헤즈볼라는 빈틈 없이 무장하고 있고 가장 발전한 게릴라전 기술로 훈련받았기 때문에 그것을 제어해야 했다고 덧붙였다. 이런 말은 순종적인 대리전과 거리가 멀다. 언젠가 전 이스라엘 국방장관 모셰 다얀은 말한 바 있다. "미국 친구들은 우리에게 돈과 무기와 조언을 해준다. 우리는 돈과 무기는 받지만, 조언은 거부한다."

결론

대체적인 설명 중 어느 것도 제2차 레바논 전쟁 중에 취한 미국의 정책을 적절하게 설명하지 못한다. 전 세계가 이스라엘의 행동을 거칠게 비난하는 가운데, 미국이 이스라엘에 불굴의 지원을 계속하는 설득력 있는 전략적이거나 도덕적인 이유를 발견할 수 없다. 로비는 무력 충돌이 진행되는 동안 전략적인 비용을 발생시키면서, 의심스러운 도덕적 입장을 주장하며 미국이 흔들림 없는 자세로 이스라엘과 동조하게 하는 결정적인 역할을 했다.

레바논 전쟁은 레바논 국민에게 재앙이었을 뿐 아니라 미국과 이스라엘에 큰 좌절감을 안겨주었다. 로비가 전쟁 과정에 미친 영향력을 통해 부시의 독립적인 판단을 방해했고 이스라엘의 비생산적인 반응을 유발했다. 이 경우에도 로비의 영향은 이스라엘과 미국의 이익을 침해했다.

로비가 지금까지와 다른 접근 방법을 쓰기로 작정하거나 그 영향력이 약화하기까지, 그 지역의 미국 정책은 계속 절름발이 걸음을 할 수밖에 없고 관련자 모두에게 손해를 끼치게 될 것이다. 마지막 장에서는 미국 정책이 어떤 모습이어야 하는지를 밝히고, 로비의 부정적인 영향을 줄이거나 수정할 방법을 살펴볼 것이다.

그렇다면 어떻게 해야 하나?

결론

WHAT IS
TO BE DONE?

우리는 파트 I에서 전략적·도덕적 이유로 현재 미국이 이스라엘에 베풀고 있는 지원을 설명하거나 정당화할 수 없다고 주장했다. 그것이 대체로 무조건적인 지원의 성격을 설명할 수 없을 뿐 아니라 미국이 이스라엘 방어 정책을 펴는 것에 대한 설명도 될 수 없음을 살펴보았다. 이런 비정상적인 상황은 이스라엘 로비의 영향력에 의해 설명될 수 있다. 로비에 관여하는 개인과 단체는 특수 이익집단들처럼 합법적인 정치 활동을 펼치며, 미국의 외교 정책을 친이스라엘 방향으로 몰아가는 데 초점을 둔다. 로비는 로비의 역할에 도전하거나 이스라엘의 행동을 비판하는 사람들의 입을 막기 위해 납득하기 어려운 전술을 쓴다. 로비가 원하는 모든 것을 손에 넣는 것은 아니지만 기본 목적을 달성하는 데 있어서 놀랄 만큼 성공적이다.

파트 II는 로비가 중동 정책에 미친 영향을 추적해 본 결과, 본의 아니게 미국과 이스라엘 모두에 유해했다는 주장을 담고 있다. 이스라엘에 대한 워싱턴의 반사적인 지원은 아랍과 이슬람 세계의 반미 감정을 부추겼고, 동시에 많은 나라에서도 미국의 이미지를 실추시켰다. 로비는 미국의 지도자들이 이스라엘을 압박하기 힘들게 만들어 이스라엘과 팔레스타인의 갈등을 연장시키는 결과를 초래했다. 이런 상황은 이슬람 테러리스트에게 모병의 수단을 제공하고 이슬람 과격주의를 성장시켰다. 미국이 이스라엘의 핵 프로그램과 인권유린에 등을 돌렸기 때문에, 동일한 이유로 다른 국가들을 비판할 때 위선적이라는 비난을 피하기 어려웠고 아랍과 이슬람 세계의 정치 개혁을 이루고자 하는 미국의 노력을 약화시켰다.

로비의 영향은 이라크에서 미국이 처참한 전쟁을 치르게 했고 시리아와 이란 문제 처리를 좌절로 이끌었다. 미국이 이스라엘의 오도된 레바논 공격을 지지하게 함으로써 헤즈볼라를 강화하고, 시리아와 이란을 결속하게 하며, 미국의 국제적인 이미지를 실추시키는 결과를 초래했다. 이들 각각의 문제에 대한 상당한 책임이 로비에 있으며, 어느 것도 미국에 유리하게 작용하지 않는다. 가장 중요한 것은 이것이다. 로비의 영향력이 줄어든다고 미국의 중동 문제가 사라지는 것은 아니다. 미국 지도자들이 대체할 만한 접근 방법을 검토하기가 수월해질 것이고, 미국의 이익과 부합되는 정책을 채택하기 쉬워질 것이다.

로비의 영향은 이스라엘의 이익에도 도움이 되지 않았다. 미국의 원조는 점령 지구를 식민지화하려는 이스라엘의 길고 값비싼 노력을 간접적으로 도왔고, 로비는 워싱턴이 이스라엘을 설득해서 비생산적인 정책을 포기하도록 하는 일을 막았다. 워싱턴에 영향력을 행사해서 이스라엘의 팽창주의 의제를 지원하도록 만드는 능력은 예루살렘이 시리아와의 평화조약이나 오슬로 평화협정이 완전하고 신속하게 이행될 기회를 놓치게 했다. 이 기회는 이스라엘의 생존자를 구하고, 이스라엘의 적국을 분열시키고, 팔레스타인 극단주의자들의 병력을 축소할 수 있었다. 이스라엘이 팔레스타인의 정당한 요구를 거부하게 함으로써 이스라엘의 안전을 위태롭게 했다. 한 세대에 걸쳐서 팔레스타인 지도자를 살해하고 투옥하고 격리하기 위해 힘쓴 결과 하마스와 같은 단체가 권력을 잡게 되었고, 협상을 통한 갈등 해결에 찬성하고 그것을 실행할 수 있는 팔레스타인 지도자가 줄어들었다. 미국의 이라크 침공은 이스라엘과 로비가 함께 지지한 것으로, 결국 이스라엘이 가장 두려워하는 이란에 엄청난 혜택을 가져다주는 결과를 초래하고 말았다. 또한 미국 관리들을 압박해서 이스라엘의 레바논 공격을 지원하게 함으로써 미국-이스라엘공공문제위원회AIPAC, 이스라엘을 위한 크리스천연합CUI, 반인종주의연맹ADL, 미국주요유대인단체 대표자콘퍼런스CPMAJO와 같은 단체가 그들이 수호하고 있다고 생각하는 국가에 많은 피해를 입혔다.

그렇다면 어떻게 해야 할 것인가? 미국 정책이 초래한 피해를 되풀이하지 않기 위해서는 새로운 정책이 필요하다. 다른 접근 방법을 개발하고 실천하는 것은 로비의 영향력을 줄이는 방안을 찾는 것을 의미한다. 새로운 계획을 위해 다음의 사항들이 요구된다.

- 중동에서 미국의 이익 찾아내기
- 그 이익을 보장해 줄 수 있는 전략 개괄하기
- 이스라엘과 새로운 관계 모색하기
- 2개 국가 해법을 통해 이스라엘–팔레스타인 갈등 종식시키기
- 로비를 건설적인 영향력으로 전환하기

각각의 단계에 대해 생각해 보기로 하자.

미국의 이익은 무엇인가?

미국 외교 정책의 중요한 목표는 미국인의 안전과 번영을 확보하는 데 있다. 목표 달성과 관련해서 미국은 서반구의 안보가 무엇보다 중요하다고 생각해 왔다. 정책 입안자는 최근 수십 년 동안 유럽, 북아시아, 페르시아만은

목숨을 걸고 싸울 만큼 중요한 전략적 이해를 갖는 지역으로 간주했다. 권력이 집중화되어 있고, 중요한 천연자원을 보유하고 있으며, 통치자들이 세계적으로 심대한 영향력을 갖기 때문이다.

미국은 중동에서 세 가지 전략적 이익을 노릴 수 있다. 첫 번째 전략은 이 지역이 세계 에너지 공급이라는 측면에서 큰 비중을 차지하기 때문에 페르시아만에 보존된 석유와 천연가스에 대한 접근성을 유지하는 것이 중요하다. 이를 위해 미국이 그 지역을 통제할 필요는 없다. 어떤 국가가 중동 석유의 세계시장 진출을 막지 못하도록 하면 된다. 이와 관련해서 미국은 중동 지역의 힘 있는 나라가 걸프에서 헤게모니를 구축하지 못하도록, 그리고 외부의 강국들이 중동 지역을 통제하지 못하도록 노력해 왔다(이 책이 출간된 2006년의 상황이며 현재 미국은 천연가스 생산량이 안정되며 에너지의 중동 의존도는 줄어들었다).

두 번째 전략은 중동의 국가들이 WMD를 손에 넣지 못하도록 하는 데 있다. 2장(이스라엘은 전략적 자산인가, 부채인가?)에서 살펴본 바와 같이 계획적인 핵 공격, 핵 협박, 테러리스트에게 '핵 넘겨주기'처럼 가능성이 낮은 것을 이 지역의 위험으로 보지 않는다. 이런 위협은 미국의 자체적인 핵 억지력에 비추어 신뢰성이 낮기 때문이다. 미국은 이 지역의 WMD 확산에 반대한다. 해당 지역에 영향력을 행사하기 어렵게 하고 중동의 석유를 세계시장으로 유통하려는 미국의 노력을 복잡하게 만들기 때문이다. WMD 확산은 돌발적이거나 승인되지 않은 핵 사용 위험을 증가시킨다. 그 지역의 불안을 감안할 때, 쿠데타나 폭동을 통해 핵무기나 다른 WMD가 과격분자들의 손에 들어갈 가능성을 증폭시킨다. 이런 이유로 WMD 확산을 막는 것이 미국의 중요한 목적이다.

세 번째 전략은, 미국은 반미 테러 가능성을 줄이는 데 있다. 이 목적을 달성하기 위해서 미국을 위협하는 기존 테러단체를 붕괴하고 새로운 테러 단체의 출현을 막아야 한다. 두 가지 모두 지역 국가들과의 광범위하고도 효과적인 협력이 필요하다. 협력은 정보를 공유하거나 법 집행 활동과 관련해서 이루어지는 경우가 많다. 미국은 알카에다와 같은 단체들이 어떤 형태의 대량 살상 무기WMD에도 접근할 수 없도록 가능한 모든 조치를 취할 필요가 있다. WMD를 소지한 테러리스트를 제어하기는 WMD를 보유한 국가를 제어하는 것보다 어렵다. 그것은 미국이나 미국의 동맹국을 향해 사용되기 쉽다. 정치적인 개혁이나 민주주의적 참여를 추진하는 것도 목적을 달성하는 데 도움이 될 것이다. 그러기 위해서는 지역 강국들과 좋은 관계를 유지하는 것이 필요하다.

이와 관련해서 미국은 성급한 변혁을 위해 총 한 방으로 민주주의를 확산시키려 해서는 안 된다. 우리는 미국이 이스라엘의 생존권을 지켜주어야 한다고 생각하지만, 궁극적으로 이스라엘의 안보가 미국의 전략에 절대적인 중요성을 띠지 않는다고 믿는다. 막강한 군사력과 튼튼한 핵 억지력을 감안할 때 가능한 이야기는 아니지만, 이스라엘이 정복되는 경우라 하더라도 미국 영토의 보존성, 군사력, 경제적 번영, 핵심적인 정치적 가치가 무너지지는 않는다. 대조적으로 페르시아만의 석유 공급이 심각하게 줄어들면 미국의 복지는 심각한 영향을 받게 될 것이다. 미국이 이스라엘의 생존권을 수호하는 것은 미국의 안전을 위해서가 아니다. 미국인들이 이스라엘의 긴 고난의 역사를 알고, 유대인 자신의 국가를 갖는 것이 바람직하다고 믿기 때문이다.

역외 균형이라는 전략을 썼더라면

9·11 사태 이후 미국은 중동 지역을 변혁할 수 있는 정책을 추구했다. 부시 행정부는 야심 찬 전략을 추구하는 과정에서 그 지역에 많은 미군 부대를

주둔시켰는데, 냉전 중에는 결코 그런 일을 하지 않았다. 이런 잘못된 정책은 미국의 테러 문제를 가중시켰고 이라크전의 완패를 초래했다. 그것은 또 유럽 및 아랍 동맹국들과의 관계를 포함해 전 세계적으로 미국의 명성에 심각한 손상을 입혔다.

미국이 지역 변혁의 꿈을 버리고 역외 균형 정책을 채택했다면 가장 좋았을 것이다. 이 전략은 규모 면에서 소극적이지만 중동 지역에서 미국의 이익을 지키는 데 가장 효과적인 전략이었을 것이다. 미국이 이 전략을 쓸 경우 다음 두 가지 상황에 한해서 군사력, 특히 육상 병력을 배치할 수 있다. 첫째, 해외의 직접적인 위협으로 미국의 절대적인 이익이 손상될 위험에 처해 있을 때. 둘째, 지역 관계자가 자체의 능력으로 이런 위협에 대처할 수 없을 때다. 이런 접근 방법을 사용할 때 워싱턴은 공군과 해군을 통해 미국이 해당 지역을 계속 지키고 있으며, 예상하지 못한 위협에 신속히 대응할 역량을 제공할 수 있다는 신호를 보낼 수 있다. 또한 국경이나 미국 내 유치된 신속 배치군과 함께 무력 간섭 역량을 유지할 수 있게 될 것이다.

역외 균형 정책은 미국의 원대한 전략이며 냉전 중 미국 중동 정책의 핵심적인 부분이었다. 미국은 지역에 병력을 주둔시키지 않았고 지역을 민주주의 노선으로 변혁시키지 않았다. 다양한 지역 동맹국을 지원함으로 힘의 균형이 깨지면 직접 개입할 수 있는 역량을 키워 지역적 힘의 균형을 유지했다. 미국은 석유가 풍부한 페르시아만을 장악하려는 소련의 시도를 막거나 물리치기 위해 신속배치군을 창설했고, 워싱턴은 1980년대에 이란 혁명 정부를 제어하기 위해 이라크 편으로 기울었다. 1990년에 이라크가 쿠웨이트를 정복하면서 그 지역 힘의 균형이 후세인의 손에 좌우될 위기에 처했다. 미국은 다국적 동맹군을 소집했고 대규모 군대를 파병해 후세인의 군사조직을 무너뜨리며 쿠웨이트를 해방시켰다.

역외 균형은 세 가지 점에서 올바른 전략이다. 첫째, 미국이 이라크와 같은 값비싼 유혈 전쟁에 말려들 가능성을 현저하게 줄여준다. 중동을 재편할 목적에서 군사력을 사용하는 것을 확실하게 배제하는 전략일 뿐 아니라 미국이 중요 지역을 통제할 필요가 없다는 것을 인정하는 것이다. 어떤 나라도 그 지역을 통제하지 못하도록 막으면 된다. 이 목적을 달성하기 위해 지역 동맹국에 의존하게 되는데, 미국은 자체 자원을 절약하는 한편 위험한 이웃을 제어하는 두 가지 효과를 거둘 수 있다. 미국은 역외 균형자의 위치에서 최후의 수단으로서만 개입하면 된다. 개입할 경우 작전을 신속하게 마무리하고 역외로 물러서면 된다.

둘째, 역외 균형은 미국의 테러 문제를 개선해 준다. 20세기의 핵심적인 교훈 중 하나는 민족주의 또는 다른 형태의 지역 정체성이 강력한 정치력을 형성하며, 외국 점령자들은 예외 없이 강한 저항을 유발한다는 것이다. 역외 균형은 미군 병력을 유사시에 대비해서 가시선 밖에 주둔시켜 미군 부대를 아랍 땅에 영구 배치하는 데서 오는 불만을 최소화한다. 그런 불만은 테러로 표출되거나 미국을 겨냥한 대규모 폭동으로 나타난다.

셋째, 역외 균형은 지역 변혁과 달라서 이란과 시리아와 같은 나라가 미국의 공격을 덜 걱정하게 하고, WMD를 보유할 필요성을 덜 느끼게 만든다. 이란이 핵 능력을 추구해 온 한 가지 이유가 있다. 미국의 간섭을 막는 것인 만큼 테헤란을 설득해서 핵 보유 계획을 바꾸기 위해서는 이란이 당연히 느낄 수밖에 없는 안보 염려를 덜어주고, 위협을 삼가야 한다. 미국이 중동에 대한 간섭을 완전히 배제할 수 없지만 역외 균형 전략은 해당 지역 국가에 미국의 개입을 덜 위협적으로 보이게 한다. 현재 적대적인 국가 중 일부가 미국의 도움을 구하게 하는 역할을 할 수 있다. 잠재 적국을 무더기로 악의 축으로 몰아서 연합시키고 미국에 대항하게 하는 대신 역외 균형은 분리와 지배의 전략을 용이하게 할 것이다. 적대국이나 동맹 관계가 페르시아만과 같은 절대적으로 중요한 지역을 위협할 수 없을 때 미국의 이익이 보장될 수 있다는 사실에 비추어 이 기본적인 접근은 전략적인 면에서 상당한 의미를 갖는다.

역외 균형은 현재 미국이 유지하고 있는 사실상의 모든 정책을 전환할 것이다. 이라크를 다민족·다종파 민주주의로 변혁시킨다는 실효성 없는 노력을 지속하는 대신, 미국은 신속하게 철수하고 무모한 침공으로 빚어진 결과를 수습하는 것에 초점을 맞출 수 있다. 시리아의 아사드 정권을 무너뜨리기 위해 노력하는 대신 미국은 이스라엘이 골란고원을 포기하고 공식적인 평화조약을 체결하게 할 수 있다. 그것은 시리아를 공식적으로 이스라엘의 생존권을 인정한 아랍 국가의 대열에 서게 할 뿐 아니라 레바논의 헤즈볼라를 고립시키고, 시리아와 이란의 관계에 쐐기를 박으며, 헤즈볼라, 하마스, 이슬람 지하드에 대한 이란의 지원 능력을 축소할 것이다. 또한 다마스쿠스가 나서서 미국이 알카에다와 다른 테러단체들을 대처하는 데 도움을 줄 수 있게 할 것이다.

마지막으로 이란을 예방 전쟁, 즉 이란의 WMD 보유 욕구에 불을 붙이고 아마디네자드 대통령이 민족주의 감정을 이용해 대중의 불만을 피하는 접근 방법으로 위협할 수 있다. 그러나 이 방법은 이란의 핵 야욕을 협상을 통해 해결하기 위해 힘쓰고 강경 노선 지도자들을 수세에 몰아넣을 수 있다. 이런 접근이 현재 미국이 중동에서 당면하고 있는 문제를 모두 해결하지는 못하지만, 로비단체들이 지지하는 정책보다 미국과 이스라엘에 나은 결과를 가져다줄 것이다. 지금까지 우리는 그들의 접근 방법을 시도해 왔고 그 실패를 두 눈으로 똑똑히 보고 있다.

이스라엘을 보통 국가로 취급하라

그러나 이스라엘은 어떻게 하란 말인가? 이스라엘이 미국에 특별한 전략적 가치가 없는 상황에서 역외 균형이 미국과 이스라엘의 관계에 미칠 수 있는 영향은 무엇인가? 유대 국가는 80년이 넘는 역사가 있고, 세계 거의 모든 나라에 의해 그 생존권을 보장받고 있다. 경제는 빠른 속도로 발전하고 있고 대부분의 이스라엘인이 갈수록 유족한 생활을 누리고 있다. 현재 정치 시스템이 내분에 의해 마비된 상태고, 부패로 고통스러워하고 있으며, 계속되는 스캔들 때문에 몸살을 앓고 있지만 말이다.

지금은 미국이 이스라엘을 특별한 경우가 아니라 보통 국가로 취급하고 다른 나라들과 다름없이 대해야 할 때다. 미국은 프랑스, 태국, 멕시코의 생존권을 지지하듯이 이스라엘의 생존권을 지지해야 하고, 워싱턴은 이스라엘의 생존권이 위협받으면 개입해야 한다. 이스라엘을 보통 국가로 취급한다는 것은 이스라엘과 미국의 이해를 똑같이 여기지 않는 것을 의미하며, 이스라엘의 행동과 무관하게 강력한 미국 지원을 받을 자격이 있는 것처럼 행동하지 않는 것을 의미한다. 미국의 시각에서 그 행위가 바람직하다고 인정될 때 이스라엘이 미국의 지원을 받을 수 있어야 한다. 그렇지 못할 경우 다른 국가들처럼 미국의 거절을 각오할 수 있어야 한다. 이는 미국이 현재 제공하고 있는 경제적·군사적 지원에서 점차 이스라엘을 떼어놓는 것을 의미한다. 선진 경제국으로 도약한 이스라엘 경제는 인접국과 완전한 평화를 유지할 때, 팔레스타인과 궁극적인 갈등 해결을 성취할 수 있을 때 한층 발전할 수 있을 것이다.

미국은 이스라엘과의 교역을 지속할 것이고, 미국과 이스라엘 투자자들은 상대국 기업에 대한 자금 조달을 계속할 것이다. 미국이 다른 국가와 광범위한 사회적 관계를 갖는 것과 마찬가지로 문화, 교육, 과학적 교류가 지속될 것이다. 이스라엘인과 미국인 간의 특별한 개인 관계 및 가족 관계 역시 변함없이 유지될 것이다. 미국의 무기 제조업자는 여전히 이스라엘에 무기를 판매할 것이고(미국의 법에 따라 그 지역 국가에 판매하듯이), 워싱턴과 이스라엘은 기밀 정보를 공유하면서 상호 이익이 되는 안보 협력을 유지할 것이다.

따라서 1970년대 이래 미국 납세자들이 제공해 온 무상 원조를 계속할 이유가 없다. 더 많은 필요성을 가진 국가가 많기 때문에 특히 그렇다. 미국의 원조는 간접적으로나마 국익에 도움이 되지 않는 활동에 사용되고 있다. 비록 미국이 팔레스타인에 실질적인 국가 건설을 허용하도록 이스라엘을 설득하기 위해 추가 지원을 제공할 필요가 있지만, 이스라엘을 보통 국가로 취급하는 것은 결국 미국의 원조를 극적으로 줄이는 효과를 가져올 것이다.

이스라엘과 팔레스타인의 갈등 종식시키기

미국은 이스라엘과 팔레스타인의 갈등을 종식시키기 위해 영향력을 행사해야 한다. 2006년 12월, 초당파 이라크 연구단체가 밝혔듯이 미국은 포괄적인 아랍과 이스라엘의 평화 조성을 위해 모든 전선에서 새롭고 지속해서 헌신해야 한다. 부시 대통령이 이스라엘과 팔레스타인의 갈등 해결을 위해 레바논, 시리아와 함께 2개 국가 해법을 약속했듯이 말이다. 미국은 아랍과 이스라엘의 갈등 해결 과정에 직접 개입하는 것을 피하되 이스라엘에 특혜를 주지 않아야 한다.

미국 지도자들은 모든 형태의 평화 절차에 참여해 왔지만, 이를 진전시키기 위해 가능한 모든 역량을 동원한 적이 없다. 미국은 1967년 국경 내 이스라엘 안보에 대한 약속을 재확인하는 반면, 영토를 침해하는 '안보 울타리'를 포함한 이스라엘의 팽창주의적 갈등 해결 정책에 반대한다는 사실과 이 정책이 미국이나 이스라엘의 장기적 이익에 도움이 되지 않는다는 사실을 분명히 해야 한다.

이런 접근은 사멸된 것과 다름없는 부시 행정부의 로드맵(협상 일정을 강조하는)을 버리는 대신 진정한 평화가 줄 수 있는 비전을 구체화하는 것을 의미한다. 미국은 이스라엘이 1967년에 점령한 영토에서 철수하고 완전한 평화를 성취해야 한다. 이스라엘과 팔레스타인은 고향을 잃은 팔레스타인인이 1948년에 떠난 땅으로 돌아갈 수 있는 권리에 합의해야 한다. 권리의 완전한 이행을 허용하는 것은 이스라엘의 정체성을 위협할 수 있는 것으로 실현 가능성이 높지 않다. 그러나 원칙상 본질적인 정의의 문제이고, 최종적인 해결이라는 정황이 아니고는 팔레스타인의 양보를 기대할 수 없다.

딜레마를 풀기 위해 이스라엘은 이스라엘의 건국이 팔레스타인의 권리를 침해했다는 사실을 실질적으로 받아들이고 팔레스타인의 귀환을 인정해야 한다. 팔레스타인은 적절한 수준의 보상을 대가로 권리를 영원히 포기하는 데 합의해야 한다. 미국과 EU는 재건 지원 프로그램을 만들어 자금을 지원하는 방법으로 팔레스타인에 보상할 수 있다. 현재뿐 아니라 영원히 이스라엘의 땅으로 남아 있을 영토에의 실질적인 귀환 주장을 포기하게 할 수 있을 것이다.

작고 침략하기 쉬운 이스라엘이 팔레스타인에 실질적인 국가를 허용한다면 안보상에 문제가 생길 거라는 이유로 양보가 불가하다는 주장을 종종 듣는다. 그러나 이스라엘의 전략적 상황이 건국 초기에 비해 얼마나 달라졌는지를 모르고 하는 소리다(이스라엘은 건국 초기에 미국의 원조를 별로 받지 않고도 많은 적국을 물리쳤다는 사실을 잊어서는 안 된다). 이스라엘은 1967년 6월 요르단강 서안과 가자 지구를 처음 점령했을 때보다 현재 훨씬 안전하다. 그 해 이스라엘이 지출한 국방비는 이집트, 이라크, 요르단, 시리아의 총국방비 지출

액의 절반도 안 되었다. 이스라엘은 이집트, 요르단과 평화협정을 체결했으며 이라크는 미국에 점령당해 자체 군사력이 소진된 상태다. 이스라엘의 국방 예산은 이란과 시리아의 국방 예산을 합친 것보다 많다.

이스라엘의 적국은 소련으로부터 상당한 군사원조를 받았지만, 오늘날 소련이라는 초강대국은 사라졌고 이스라엘과 미국 간의 유대는 강화되었다. 1967년 이스라엘은 가용 핵무기가 없었지만 현재 200개는 가지고 있을지 모른다(물론 이스라엘은 한 번도 핵무기 보유를 공식화한 적이 없지만 말이다). 1967년 국경 안의 이스라엘은 어느 때보다 안전하다. 이스라엘이 테러리스트에 의한 폭력이라는 형태의 안전 문제와 씨름하는 것은 골란고원과 점령 지구에 머물러 있기 때문이다. 미국 내 이스라엘 지지자들이 워싱턴을 압박하고 점령지를 위한 보조금 지급을 유도하면서 이스라엘이 얻을 수 있는 이득은 없다.

일부 이스라엘인과 미국인은 오히려 그 반대라고 주장한다. 이스라엘의 안전 상황은 1967년 이후 어느 때보다 위태롭다는 것이다. 그들은 하마스나 헤즈볼라 같은 이슬람단체가 이스라엘 파괴에 혈안이 되어 있고, 시리아와 이란의 강력한 지지를 받고 있으며, 그것이 치명적인 잠재 위협을 제기한다고 주장한다. 이런 주장에 대해 두 가지 답변이 가능하다. 첫째, 이 견해는 테러가 이스라엘에 주는 위협을 지나치게 강조한다. 테러가 문제임은 틀림없지만 생존권을 위협하는 것은 아니다. 2장(이스라엘은 전략적 자산인가, 부채인가?)과 10장(조준선에 든 이란)에서 살펴본 것처럼 그것은 이란의 WMD가 제기하는 문제를 과장한다. 더 중요하다고 볼 수 있는 두 번째 대답은, 점령을 포기하면 큰 재난을 예언하는 사람이 이스라엘에 대항한다고 보는 동맹 세력이 분리되고 분산될 수 있다는 것이다. 시리아는 그들이 골란고원을 되찾게 되면 평화를 모색할 것이라고 밝혔고, 헤즈볼라와 하마스에 대한 지원을 중단하겠다고 약속했다. 점령을 포기하고 실질적인 팔레스타인 국가 건설을 돕게 되면 이란은 지역 동조자를 잃게 될 것이며, 하마스나 이슬람 지하드는 영웅적인 민족주의의 수호자에서 진보와 번영에 뒤처진 장애가 될 것이다.

어떻게 이-팔 갈등을 종식시킬 것인가?

미국은 이스라엘이 협상하도록 압력을 가할 수 있는 정당성을 보유하고 있다. 이스라엘에 자금을 지원하고 있으며, 그로 인해 자국의 안전까지 해치고 있기 때문이다. 미국은 어떤 것을 지원하고, 어떤 것에 반대할 것인지 말할 권리가 있다. 2000년 12월에 제시한 클린턴 파라미터는 해결의 기본 개요를 밝히고 있다. 동시에 협상에 대한 최선의 기준을 제시하고 있다. 부시 행정부와 그 후임자는 그것을 출발점으로 할 것임을 분명히 해야 한다. 최종 지위 협정이 이루어지면, 미국과 EU는 새로운 약속을 뒷받침할 관대한 보조금 지급에 나설 수 있어야 한다. 이스라엘과 팔레스타인 지도자가 양측의 반대자를 처리할 수 있도록 도와야 한다.

이스라엘과 팔레스타인의 갈등이 마무리되면, 미국의 국익이 증진될 수 있다. 이스라엘이 가진 군사력과 지리적 위치에도 불구하고 그 지역에서 환영받지 못한다는 사실 때문에 미국에 대한 이스라엘의 전략적 가치는 줄어들고 있다. 팔레스타인의 국가 건설을 부인하는 한 미국이 '자발적인 국가 간 연합'을 꾀할 때 고립 상태에 있는 이스라엘은 참여하지 못하게 될 것이다. 아랍연맹의 평화 제안이 권고하듯이 갈등이 해소되고 이스라엘과 아랍 세계 사이에 정상적인 관계가 조성된다면, 미국은 이스라엘 지원이라는 외교적인 대가를 치르지 않아도 될 것이다. 또한 이스라엘은 심각한 지역적 위협이 발생할 때 미국 및 아랍 동맹국과 힘을 모을 수 있을 것이다. 요컨대 갈등이 해소될 때 이스라엘은 지지자들이 주장하듯이 일종의 전략적 자산이 될 수 있다.

만약 이스라엘이 계속해서 팔레스타인의 실질적인 국가 건설을 허용하지 않거나 부당하게 일방적인 해결 방법을 고집한다면, 미국은 경제적·군사적 지원을 축소해야 한다. 이스라엘이 미워서가 아니다. 현재의 점령 상태가 미국에 해로울 뿐 아니라 미국의 정치적 가치와 일치하지 않기 때문이다. 미국은 비협조적인 파트너에게 맹목적인 충성을 바치는 대신 역외 균형을 유지함으로써 자신의 이익을 기초로 행동해야 한다. 미국은 이스라엘에 둘 중 하나를 선택하게 해야 한다. 요르단강 서안과 가자 지구 점령이라는 자멸적인 정책을 포기하고 미국의 긴밀한 동맹국으로 남거나, 자력으로 식민 강국을 유지하는 것이다.

이 절차는 급진적이지 않다. 미국은 과거 식민지 시대에 다른 민주주의 국가를 대한 것과 다름없이 이스라엘을 대하면 된다. 미국은 냉전 초기 수년 동안 영국과 프랑스를 압박해서 식민제국을 포기하게 했고, 1956년 수에즈 전쟁 후에 그들과 이스라엘에 압력을 가해서 이집트에서 철수하게 했다. 미국은 자국에 유리하다고 판단될 때 일본, 독일, 한국과 같은 동맹국을 포함한 많은 국가에 강하게 맞섰다. 7장(로비와 팔레스타인인들)에서 언급한 것처럼 여론조사 결과 "미국인은 만약 이스라엘에 강경 정책을 쓰는 것이 정의와 항구적인 평화에 필요하다고 생각되면, 강경 정책을 쓰는 대통령을 지지할 것"이라는 사실을 확인해 주었다. 이는 대부분의 로비 구성원이 싫어하는 정책임이 틀림없고, 일부 미국인까지 분개하게 할 수 있다.

팔레스타인 사회 내부의 폭력적인 분열, 이스라엘 현 지도층의 약한 정치력, 그 지역에서 부시 행정부가 기록한 형편없는 성적, 2개 국가 해법에 대한 이스라엘 자체의 지지 부족 등에 비추어 볼 때 전망이 그리 밝지 않다. 2개 국가 해법을 강력하게 지지해 온 지지자들조차도 "이스라엘과 팔레스타인 양자 간의 협상을 통해 어떤 형태로든 최종적인 합의를 끌어낼 수 있다는 생각이 사라져 버렸다"고 개탄하는 형편이다. 그러나 이런 질문이 필요한 시점이다. 대안은 무엇인가? 이스라엘을 방어하는 강경파를 대신해서 제시해야 할 미래의 비전은 무엇인가?

　현 상황을 감안할 때 2개 국가 해법을 대체할 수 있는 세 가지 대안이 가능하다. 첫째, 이스라엘은 1967년 이전의 영토, 점령 지구에서 팔레스타인을 몰아내고, 인종 청소라는 공공연한 행동을 통해 유대인 정체성을 유지해 갈 수 있을 것이다. 부총리 아빅도르 리베르만을 포함한 이스라엘 강경파들이 이 접근 방법을 변혁시켜서 제시했다. 그것은 인간성에 대한 범죄로서 이스라엘의 진정한 우방국 누구도 지지하지 않을 것이다. 2개 국가 해법 반대자들이 주장하는 것이 그것이라면 그들은 분명하게 그렇다고 밝혀야 한다. 인종 청소는 갈등을 종식시키는 것이 아니라 팔레스타인의 보복 의식만 강화하고, 이스라엘의 생존권을 거부하는 극단주의자들의 입지만 강화시키는 결과를 초래한다.

　둘째, 유대인과 팔레스타인 국가가 분리된 채로 병존하는 대신 팔레스타인 위임통치령을 통해 양측 국민이 동등한 정치권을 누리는 2개 민족 민주 국가를 이룰 수 있다. 이 해법은 소수의 유대인과 점점 늘어나는 이스라엘계 아랍인의 지지를 받고 있다. 그러나 이 방법에 대한 실제적인 장애가 만만치 않을 뿐 아니라 2개 민족 민주 국가가 성공한 사례는 별로 없다. 이 방법은 유대 국가가 가지고 있는 시온주의자 비전을 포기하는 것을 뜻한다. 이스라엘의 유대인 시민들이 자진해서 이 해법을 받아들일 이유가 없으며, 실제로 로비에 참여하는 개인과 단체가 이것에 흥미를 느끼지 못하리라는 것은 불보듯 뻔하다. 이것은 가능성이 희박하고 적절치 못한 방법이라는 것이 우리의 생각이다.

　마지막 대안은 일종의 인종차별 정책이다. 이스라엘이 점령 지구에 대한 통제력을 증가시키되, 팔레스타인에 사지가 절단된, 그리고 경제적 절름발이 노릇을 할 수밖에 없는 소국가 형태의 제한적인 자치권을 허용하는 것이다. 그렇게 할 때 이스라엘은 백인이 지배하는 남아프리카와 다름없이 험난한 길을 가야 할 것이다. 그것이 그 땅 전역에서 얼마 안 가 이스라엘 인구를 넘어설 아랍 국민에게 완전한 참정권을 부인하면서 모든 팔레스타인 자치령을 장악하려 할 때 직면할 수밖에 없는 미래의 현실이다. 어느 경우든 인종차별적인 정책은 실질적이고 장기적인 해법이 되지 못한다. 도덕적으로 모순되는 일일 뿐 아니라 팔레스타인이 자신의 국가를 세울 때까지 반발할 것이기 때문이다. 이런 상황에서 이스라엘은 이미 상당한 피와 재화를 희생하고, 정치적인 부패를 부추기며, 국제적 이미지를 추락시킨 억압적인 정책을 확대할 수밖에 없다.

위와 같은 가능성이 2개 국가 해법에 대한 유일한 대안이다. 이스라엘이 잘되기를 바라는 사람이라면 누구도 그런 대안을 원치 않을 것이다. 현재의 갈등이 이스라엘, 미국, 팔레스타인에 끼치고 있는 해악에 비추어, 이 비극을 영원히 끝내고 싶은 것이 모두의 바람이다. 이 길고 쓰라린 갈등을 해결하는 것은 해도 미래의 선택사항이 아니며, 미국 대통령들이 빛나는 유산을 남기거나 노벨 평화상을 획득하기 위한 방편으로 생각할 수 있는 일이 아니다. 로비가 미국 지도자들이 영향력을 행사해 이스라엘에 압력을 가하고, 그에 따라 이스라엘이 점령을 종식하고 실질적인 팔레스타인 국가 건설을 허용하는 일을 방해하는 한 불가능하다.

지미 카터와 조지 H. W. 부시처럼 중동 평화에 커다란 기여를 한 미국 대통령은 기회가 있을 때마다 로비와 다른 경로를 선택했기 때문에 그렇게 할 수 있었다. 전 이스라엘 외무장관 슐로모 벤아미는 말한다. "카터는 중요한 이점을 가지고 있다. 정치가들 가운데, 특히 미국 대통령 중에서도 비상한 사람이었다. 그는 유대인과 로비의 소리에 크게 민감하거나 주의를 기울이지 않았다. 결과를 놓고 볼 때, 아랍과 이스라엘의 평화에 유의미한 돌파구를 마련한 사람은 이스라엘과 정면으로 맞설 준비가 되어 있고 미국 지지자들의 민감성을 무시한 대통령이다. 1980년대 말 조지 H. W. 부시도 그에 해당한다." 벤아미의 지적은 정확하다. 그의 통찰은 로비의 노력이 어리석게도 이스라엘 자신의 이익을 침해했음을 부각시키고 있다.

미국은 이스라엘이 실질적인 팔레스타인 국가 건설을 받아들일 수 있도록 영향력을 행사해야 한다. 그것은 클린턴 파라미터가 제시하는 해법을 받아들이는 것을 의미한다. 2001년 1월, 바라크 정부가 유보적인 자세로나마 이를 받아들이기는 했지만 폭넓은 지지는 찾아볼 수 없다. 이스라엘 국민의 과반수(2007년 55%)가 팔레스타인 국가 건설에 원칙적으로 동의하지만, 조사 결과 훨씬 적은 수가 2001년 12월 클린턴 대통령에 의해 제시된 평화 절차의 주요 내용을 지지하지 않는 것으로 나타났다. 특히 이스라엘에 대규모 정착 블록을 허용한다는 조건에서도, 이스라엘인 41%만 요르단강 서안과 가자 지구 면적의 95%에 팔레스타인 국가를 세운다는 안을 지지했다.

불과 37%가 동예루살렘에 위치한 아랍의 주택의 지구를 팔레스타인인들에게 양도한다는 안에 찬성했고, 22%만이 수년 내에 요르단강 계곡의 통치권을 팔레스타인 국가에 양도한다는 안에 지지를 나타냈다. 27%가 이스라엘이 통곡의 벽에 대한 통제권을 유지한다는 조건으로 예루살렘 성전 터에 대한 통제권을 팔레스타인에 내준다는 안을 지지했다. 불과 17%만 제한된 수의 피난민을 이스라엘로 돌아올 수 있게 한다는 안에 찬성했다. 이스라엘에는 실질적인 팔레스타인 국가 건설에 반대하는 여론이 폭넓게 확산되어 있다. 갈등을 풀기 원하는 어떤 미국 대통령도 2개 국가 해법에 대한 이스라엘의 사고를 바꾸기 위해 힘을 기울여야 함을 의미한다.

물론 평화적 해결에 대한 장애의 원인이 이스라엘의 비타협적인 태도와 로비의 영향력에 전적으로 있는 것은 아니다. 미국과 다른 나라들은 갈등을 해결하기 위해서 팔레스타인을 압박하지 않으면 안 된다. 이것은 팔레스타인인들과 핵심적인 아랍 국가들이 미국을 '이스라엘의 변호사'가 아니라 평화에 헌신적인 '정직한 중재자'라고 생각할 때 용이해질 것이다. 로드맵에 대한 부시 행정부의 무성의한 자세나 국무장관 라이스의 무의미한 중동 방문과 달리, 갈등을 끝내려는 순수한 노력을 보일 때 팔레스타인은 진정한 선택에 임하게 될 것이다. 지금은 팔레스타인이 하마스 같은 단체를 지지하지 않을 이유가 없다. 의미 있는 협상 가능성이 요원한 데다 기회를 놓친 상태에서 급진적인 단체들을 지원하는 것이 가장 비용이 덜 들기 때문이다. 그러나 미국이 그들의 명실상부한 국가 건설을 위해 주력하는 한편, 하마스가 목적에 대한 주요 장애물로 등장한다면 팔레스타인은 하마스에 등을 돌리고 평화협상 제안을 받아들이게 될 것이다.

이스라엘을 지지하는 미국인들은 팔레스타인에 대한 정당한 참정권 부인이 이스라엘을 안전한 국가로 만들어 주지 못했다. 미국의 무조건적인 지원을 위해 필사적으로 로비한 사람들이 궁극적으로 이스라엘과 팔레스타인의 극단주의를 키웠다는 사실과 그들이 지지하는 바로 그 국가에 의외의 고통을 안겨주었다는 사실을 인식할 필요가 있다. 지금은 파탄에 이르게 하는 정책을 버리고 다른 경로를 추구해야 할 시점이다.

여기서 기술한 정책이 만병통치약이 될 수는 없다. 미국이 현재 중동에서 겪고 있는 모든 문제를 해결할 수 없기 때문이다. 이스라엘과 팔레스타인 간의 최종적인 평화를 일구어내기 위해 이 일에 참여하는 모든 나라가 양국 반대론자들과 폭력적인 충돌을 해야 할 경우가 생길 수 있다. 이스라엘과 팔레스타인의 평화가 그 지역이 가지고 있는 모든 문제를 해결해 줄 특효약은 아니다. 그 지역의 반유대주의를 없애지 못할 뿐 아니라 아랍 엘리트들이 새로운 에너지와 약속으로 그들 사회를 괴롭히는 다른 문제에 대처하지 못하도록 할 것이다. 그러나 갈등을 마무리하게 하고 이스라엘과 정상적인 관계를 채택할 때 미국은 아랍 및 이슬람 세계에서 실추된 이미지를 회복할 수 있을 것이다. 그 지역 다른 곳에서 절실하게 요구되는 다양한 개혁에 신뢰로 지원할 수 있는 위치에 서게 될 것이다.

미국이 현재 중동에서 직면하는 문제들은 로비의 한 분파인 신보수주의의 영향력에 의한 탈선이라고 주장하는 사람이 있을 수 있다. 혹자는 신보수주의자들이 권력에서 물러나면 미국의 정책이 분별력 있는 위치로 복귀할 뿐 아니라 미국의 지역적 지위가 급속히 개선될 것을 기대한다.

이런 희망적인 예측은 지나치게 낙관적이다. 탁월한 신보수주의자가 더 이상 정부에서 일하지 않지만, 정책 토론에서 여전히 활동하고 있다. 그들 중 일부는 2008년 대통령 후보의 자문을 맡고 있으며 주류 미디어에서 모습을 드러냈다. 자신들의 정책이 초래한 대규모 파괴에 자숙의 기미를 보이는 신보수주의자들이 보이지 않고, 그들의 잘못된 조언으로 인한 인명 피해에 참회하는 사람도 찾기 어렵다. 그들을 지지하는 싱크탱크는 여전히 성업 중이며 핵심부 내에서 영향력을 발휘하고 있다. 선거가 끝난 뒤에도 미국 외교정책에 계속해서 영향을 미칠 것이다.

주요 로비단체들이 동일한 정책 의제에 헌신적이라는 점은 중요하다. 팔레스타인을 희생 제물로 한 이스라엘의 팽창주의를 뒷받침하고, 이스라엘 적대국들의 외교 정책을 근본적으로 바꾸거나 정권을 무너뜨리기 위해 충돌을 일으키고, 장기적으로 그 지역에 상당한 미군 주둔을 유지시킨다는 것이다. 앞에서 언급한 것처럼 유력한 대통령 후보자 중 누구도 의미 있는 미국의 중동 정책 변화를 제안하지 않았다. 여기서 우리가 제안한 정책은 찾아볼 수 없다. 이런 상황에서 분명한 의문이 제기된다. 로비의 장악력을 깨기 위해

할 수 있는 일이 무엇인가?

로비의 문제점 해결하기

　이론적으로 로비의 부정적인 영향을 축소할 수 있는 네 가지 방법이 있다. 첫째, 로비의 자원을 줄이거나 영향을 주는 방법을 제거함으로써 로비의 약화를 시도해 볼 수 있다. 둘째, 다른 단체들이 선출된 관리나 정책 수립 과정에 미치는 로비 영향에 대항해 미국 정책이 공평한 입장으로 전환하도록 할 수 있다. 셋째, 학계와 미디어가 로비의 다양한 주장에 맞서서 근거 없는 이야기들을 바로 잡고, 로비가 선호하는 정책이 갖는 약점을 노출시킬 수 있다. 마지막으로 로비 스스로가 현재의 영향력을 유지하되 다른 방향의 정책을 주장하는 등 긍정적인 방향으로 진화할 수 있다.

로비 약화시키기?

　로비가 관대한 재정 지원을 받지 못하거나 선거자금을 조종하고 미디어 단체를 압박하는 능력이 줄어든다면, 그 영향력도 줄 수밖에 없다. 하지만 어느 것도 현실성이 없다. 로비가 부유하고 관대한 지지자들을 쉽사리 잃어버리지 않을 것이기 때문이다. 아무 생각 없이 이스라엘에 대한 애착심을 갖는 미국인이 줄고 있지만, 유력한 로비단체들에 돈을 기부하려는 사람은 얼마든지 있을 것이다. 기부를 막는 일은 불가능하고 불법이기도 하다. 친이스라엘단체에 대한 지원을 제한하려는 시도는 반유대적일 수 있다. 모든 미국인이 자신의 판단에 정당한 대의를 위해 기부할 수 있는 권리를 가지고 있다.

로비의 영향력을 줄일 방법은 선거자금법을 개혁하는 것이다. 모든 선거를 공적 자금으로 충당한다면 로비와 선거에 의해 선출된 관리들 간의 유착 관계가 약화될 것이다. 따라서 선출된 관리가 이스라엘에 압력을 가하는 것이 미국의 이익과 부합한다고 판단할 때 압력을 가하기가 더 쉬워진다(미국의 지원을 철회하는 방법으로). 그런 절차가 로비의 영향을 완전히 없애지는 못할 것이다. 정치가는 여전히 유대인과 크리스천 시온주의자의 표를 원할 것이고, 로비에 참여하는 개인과 단체는 미국 관리를 상대로 그들의 주장을 펴고 여론을 조성하기 위해 힘쓸 것이다. 그러나 선거자금법 개혁은 그 영향을 약화시키고, 권력의 회랑 내에서 개방된 토론 풍토를 조성할 것이다.

선거자금법 개혁의 가능성은 밝지 않다. 현직 의원들이 현 체제에 복잡한 이해관계를 가지고 있고, 특수 압력 단체들이 가세해 개혁에 반기를 들 것이다. 선거 과정에 대한 사적 자금 기부 행위 추방을 위해 미국인들을 설득하려면 잭 에이브러모프의 경우와 같은 뇌물 제공 스캔들이 필요할지 모른다. 한마디로 직접적인 방법으로 로비를 약화시키려는 시도는 성공하기 어렵다.

로비와 대항하기?

이스라엘 로비의 균형을 잡기 위해 '반대 로비counterlobby'를 만드는 것 역시 실패하기 쉽다. 4장(이스라엘 로비란?)에서 살펴본 것처럼 아랍계 미국인과 이슬람은 이스라엘 로비와 비교가 안 될 정도로 취약하다. 지나치게 부풀려져 있는 '오일 로비'는 그 영향력이 일반적으로 생각하는 것에 훨씬 못 미친다. 국가 이익을 위한 초당파 협의회 또는 중동 이해를 위한 미국인들과 같은 조직도 이스라엘 로비에 비해 형편없이 규모가 작거나 자금력이 부족하다.

그러나 다양한 단체들이 커지고 튼튼한 재정을 갖추더라도, 이익집단 정치의 밑바닥에 깔린 집단행동의 역동성을 극복하기 힘들 것이다. 앞에서 언급했듯이 친이스라엘단체들이 성공할 수 있는 것은 그 구성원들이 이스라엘 지원을 우선순위에 두고 있다는 사실에서 일부 이유를 찾을 수 있다. 그것은 친이스라엘 성향이 짙은 후보들만 지원하는 일에 몰두하는 경향을 보인다.

많은 미국인이 이스라엘에 대한 무조건적인 지원이 미국의 국익에 부합하지 않는다는 것을 알고 있지만, 이 문제가 그들 최대의 관심사는 아니다. 이스라엘에 대한 무조건적인 지원에 회의적이거나 강하게 반대하는 다양한 단체 사이에도 견해 차이가 있다. 그 결과 본질적으로 차이가 나는 그룹을 결속력 있는 연합체로 만들어 로비의 영향력에 대한 균형을 잡으려고 하는 것은 바람직한 전략이 아니다. 우리는 반이스라엘 로비를 전개하려는 시도를 불안감을 가지고 지켜보아야 한다. 이런 그룹은 순수한 반유대주의의 부활을 부추기기 쉽다.

공개적인 담론의 풍토 조성하기

앞의 두 가지 경우보다 바람직한 세 번째 대안은 항간에 떠도는 중동을 둘러싼 근거 없는 이야기를 바로잡고, 로비단체들이 반대에 부딪힐 때 그들의 입장을 방어할 수 있도록 쟁점에 대한 공개적인 논쟁을 장려하는 것이다. 미국인은 이스라엘의 거짓 없는 건국 역사와 후속 행동에 대한 진정한 내력을 이해할 필요가 있다. 아랍과 이스라엘에 대한 레온 유리스[3] 이야기를 수동적인 자세로 받아들이는 대신, 아랍인의 분노 속에서 유대 국가를 건설하기 위해 일으킨 시온주의자 운동의 결과를 용기 있는 학문으로 조명한 이스라엘 신역사가들의 발견을 숙고할 필요가 있다.

두 가지 상황이 같을 수는 없지만 크리스천의 반유대주의를 이해하지 않고는 시온주의를 이해할 수 없다. 이스라엘은 독립 전쟁이라고 부르지만 팔레스타인은 알 나크바, 즉 '재앙'으로 부르는 1948년 전쟁을 둘러싼 사건을 모르고는 현대의 팔레스타인 민족주의를 간파할 수 없다.

미국인이 팔레스타인인에게 저지른 범죄에 대해서 구체적으로 알고 있지 못하기 때문에 그들의 계속되는 저항을 비이성적인 복수욕이나, 유럽 특유의 반유대주의와 다름없는 부당한 증오심의 표현으로 간주한다. 과거에 대한 무지는 미국인이 팔레스타인인의 보상 요구, 특히 귀환 권리를 부당한 것으로 간주해서 거부하게 만든다. 팔레스타인이 테러리즘에 의존하는 것을 개탄하고 그들이 갈등을 끌어가고 있는 상황이지만, 그들의 불평은 순수하며 반드시 다루어지지 않으면 안 된다. 그들이 염원하는 것 중 일부(무제한 귀환 권리와 같은)는 현실적으로 불가능하고 다른 방법으로 해결될 수밖에 없다고 하더라도 말이다. 우리는 미국인이 과거의 사건과 현재의 조건을 정확하게 이해할 때 갈등에 대한 다른 접근 방법을 지지하리라고 믿는다.

우리는 민주주의 사회에서 독립적인 사고의 주요 원천인 학자와 저널리스트가 대중 담론을 형성하려는 로비의 노력에 저항하고, 이런 중요한 쟁점에 대한 공개적인 토론 풍토를 조성하도록 격려하지 않으면 안 된다. 목적은 이스라엘만 지목해서 비난하거나 유대 국가의 정당성에 도전하려는 것이 아니다. 미국인이 과거의 행위가 현재 얼마나 큰 그림자를 드리우는지 정확한 그림을 파악할 수 있도록 돕는 데 있다. 이스라엘을 대변하는 사람들은 여전히 득세하고 있지만, 미국인들이 이스라엘을 비롯해서 대부분의 민주 국가가 널리 알고 있는 이스라엘에 대한 다양한 견해를 접할 때 훨씬 더 득이 될 것이다.

저널리스트는 선거운동 기간 중 어려운 질문을 던져야 할 책임이 있다. 이 책 서두에서 언급했듯이 실질적으로 모든 대통령 후보가 이스라엘에 대한 애착을 표현하고, 유대 국가에 대한 무조건적인 지원과 적대국에 대한 대립적인 접근 방법을 지지하면서 2008년 선거운동을 시작했다. 정치가들이 통상적이고 상투적인 친이스라엘 발언을 통해 무임 승차해서는 안 된다. 기자와 논평자는 대통령이 되기를 원하는 사람들에게 그토록 강력하게 이스라엘 지원을 지지하는 이유가 무엇이며, 2개 국가 해법을 지지하는지, 대통령이 되고 나서도 그것을 지지할 것인지 집요하게 물어야 한다.

후보들은 조건적인 미국 정책, 예를 들어 미국의 군사원조를 순수한 평화 진전과 연결시키는 정책이 미국과 이스라엘 모두에 도움이 된다고 생각하는지에 대한 질문에 답해야 한다. 미국에서 가장 높은 지위에 오르기를 원하는 사람들에게 그들의 견해가 친이스라엘 PAC이나 개인으로부터의 선거자금에 영향을 받아 형성된 것인지 묻는 것은 당연한 일이다. 석유회사, 노동조합, 의약품 제조업체로부터 받은 자금의 영향에 대해 묻는 것이 정당한 것처럼 말이다.

공개적인 토론 풍토를 조성하기 위해서 모든 계층의 미국인이 일부 로비 단체와 개인이 시도하는 입 막기 전술을 거부해야 한다. 논쟁을 막고 반대자를 비방하는 것은 민주주의의 토대가 되는 활기차고 열린 대화의 원칙과 맞지 않는다. 이런 비민주적인 전술에 의존하다 보면 적의 있는 비판을 불러일으킬 가능성이 있다. 우리는 친이스라엘 발언을 잠재우려는 간헐적인 노력을 포함해서 합법적인 형태의 토론과 논쟁을 막으려는 모든 시도를 용납하지 않는다.

이 책이 어려운 문제에 대한 공개적인 담론에 기여할 수 있기 바란다. 미국과 이스라엘 모두 중동의 많은 문제를 안고 그 도전을 극복하기 위해 애태우고 있는 상황에서, 새로운 접근 방법을 지지하는 사람의 입을 틀어막는다고 이득이 되진 않는다. 비평가의 의견이 언제나 옳다는 의미는 아니다. 하지만 그들의 제안은 최소한 최근 몇 년 동안 핵심 로비단체들이 지지하고 실패한 정책만큼이나 관심을 받을 가치는 있다.

새로운 이스라엘 로비?

로비단체가 다른 의제를 지지하도록 설득하는 것도 미국의 국익을 증진하는 방법이다. 이스라엘정책포럼이나 당장의 평화를 위한 미국인들처럼 이미 존재하는 온건한 세력을 강화시키거나 다른 정책을 지지하는 새로운 친이스라엘 그룹을 만들어 설득하는 방법을 포함한다. 현재 AIPAC, 미국시온주의자연합, 대표자콘퍼런스cpmajo나 미국유대인위원회를 통제하는 강경파들과 싸워 힘을 빼는 방법으로 미국이나 이스라엘의 이익을 증진할 수 있다. 그러한 노력은 조직의 정책 노선을 결정하는 데 있어서 하위직에 더 큰 발언권을 부여하는 제도적 개혁에 의해 강화될 수 있다. 이 시나리오를 성공으로 이끌기 위해서는 자신들이 지지한 정책이 미국에도 이스라엘에도 이익이 되지 않았다는 사실을 조직의 지도자와 구성원이 인식할 수 있어야 한다. 이런 노선에 대한 집착은 이스라엘을 암울한 미래로 이끌 것이라는 점을 이해할 수 있어야 한다.

유대인 공동체 내의 지각 있는 목소리가 이스라엘에 대한 대중의 비판을 금기하는 태도를 버리고, 이스라엘에 해롭고 온 세계에 흩어져 사는 유대인 디아스포라에 해를 끼칠 수 있는 이스라엘 정책에 도전해야 한다. 우리는 2002년 하버드대학교 힐렐 명예이사 랍비 벤지온 골드가 한 말에 동의한다. "디아스포라 최대의 공동체인 미국유대인들은 그들 자신의 초점을 찾아야 한다. 우리 가운데 이스라엘을 비판하는 사람은 이스라엘이 우리 정체성의 중요한 부분이기 때문에, 그리고 비판이 전통 문화에서 빼놓을 수 없는 중요한 부분이기 때문에 비판하는 것이다. 우리의 비판에는 이스라엘인에 대한 존경심과 사랑의 표현이 담겨 있다."《이코노미스트》는 "더 이상 이스라엘을 돕는 것이 무비판적으로 방어하는 것을 의미해서는 안 된다. 디아스포라 단체들은 인종주의와 편협을 설파하는 이스라엘 정치가들을 마음 놓고 비판할 수 있어야 한다. 이스라엘의 정책에 대한 활발한 논쟁을 장려해야 한다"고 논평했다.

　로비 구성원 중, 특히 강경파는 2000년대 후반 중동에서 심각한 딜레마에 부딪혔다. 거대한 역사적 비극을 거쳐 탄생해 적들에 둘러싸여 있는 약소국을 방어하는 대신에, 강력하고, 현대화되고, 번영하는 국가를 방어해야 한다. 이 국가는 강력한 군사력을 사용해서 팔레스타인으로부터 영토를 빼앗고 그들에게 완전한 정치적 권리를 허용하지 않는다. 뿐만 아니라 레바논처럼 고통을 겪는 인접국을 거칠게 다룬다. 이런 행위가 지각 있는 온건파의 비판을 받을 때, 그들은 극단주의자도 아니고 반유대주의자도 아닌 사람을 비방하고 소외시키려 한다. 신나치주의자나 홀로코스트 부정자를 비판하는 것은 가치 있는 일이다.

　그러나 지미 카터, 리처드 코헨*, 토니 쿠슈너*, 토니 주트*와 같은 존경받는 인물을 비방하거나, 염려하는 시온주의자연합과 같은 진보적인 단체를 공격하는 것은 비정상적이다. 로비의 강경파가 비평가를 공격할수록 언론의 자유와 공개 토론을 중시하는 폭넓은 미국인의 정서에서 벗어나고 있음을 반증한다. 모든 이스라엘 비판이 반시온주의와 동일시되는 한 반론 자체가 무의미할 수 있다. 종말에 대한 예언이 율법 신학의 중심을 이룬다는 사실과 중동이 극도로 파괴적인 종말론적 전쟁의 와중에 있는 것으로 간주한다는 사실을 감안할 때, 기독교 시온주의 강경파를 설득해서 거대한 이스라엘에 대한 집착을 버리게 하는 것은 가능한 일 같지 않다.

　새로운 신도에 대한 끊임없는 요구에 따라 복음주의자들의 의제가 변화하는 흐름에서, 이런 움직임의 강도가 시대에 따라 변동하는 경향에서 희망을 찾을 수 있다. 차기 대통령은 부시의 중동 정책이 낳은 처참한 결과 때문에 조지 W. 부시처럼 이들 단체에 동조할 것 같지 않다. 특히 부시의 중동 정책이 초래한 참혹한 결과를 고려하면 더욱 그렇다. 이스라엘과 미국의 유대인은 크리스천 시온주의를 의심스러운 동맹자로 인식할 수 있다. 특히 크리스천 시오니스트가 종말의 시대에 기대되는 불쾌한 역할을 고려하고 복음주의자의 포용에서 멀어질수록 그렇다. 이스라엘이 팔레스타인에게 가하는 인간적인 비극을 묵상하고, 과연 '거대한 이스라엘'에 대한 집착이 사랑과 형제애라는 그리스도의 가르침과 일치하는지 생각하도록 권고해야 한다.

변화 중인 로비?

로비의 의제를 재조정하는 것이 요원한 일로 보일 수 있지만 이들 조직 중 일부는 과거에도 다른 정책 노선을 지지한 적이 있다. 현재 지지하는 정책을 불변의 것으로 생각할 이유도 없다. 실제로 주요 유대인조직이 신봉하는 입장에 환멸을 느끼는 사람이 늘고 있으며, 유대인 주류의 의견을 반영할 새로운 수단을 개발하려는 노력이 엿보인다. 이스라엘정책포럼, '정의와 평화를 위한 유대인연맹', '당장의 평화를 위한 미국인들'과 같은 그룹이 가시적이고 효과적인 그룹이 되었다. 전하는 바에 의하면, 그들은 영향력을 키우고 미국이 2개 국가 해법에 노력을 기울이도록 격려하기 위해 합병을 고려하고 있다. 탁월한 미국유대인 중에도 많은 사람이 AIPAC의 합리적인 대안이라는 분명한 목적의식을 가지고 새로운 로비단체 창설을 고려해 왔다.

다른 나라에서도 비슷한 움직임이 일어났다. 2007년 2월, 영국 유대인이 '독립적 유대인의 소리ᴵᵛ'라는 조직을 만들었다. 이 조직은 인권법의 보편적인 적용과 함께, 이스라엘과 팔레스타인 간의 협상을 통한 평화를 지지한다. IJV는 반유대주의, 반아랍주의, 이슬람 공포증을 비판하며, 유대인 공동체 전체를 대변할 권한을 가지고 있다고 주장하는 단체들이 미국유대인들이 가지고 있는 폭넓은 견해를 반영해 주지 못한다는 신념을 가지고 창립한 조직이다. IJV의 창립 선언은 "반유대주의와의 싸움은 절대적이지만, 이스라엘 정부 정책에 대한 반대가 자동으로 반유대주의로 매도될 때 손상을 입는다"는 점을 강조한다.

호주에서는 이스라엘의 정책에 비판적일 뿐 아니라 그들의 견해 표명이 힘들다는 사실을 깨달은 유대인들이 독립적인 '호주 유대인의 소리'라는 조직을 만들었다. 2006년 11월, 25명의 독일 평화 탐구자들이 팔레스타인에 대한 이스라엘의 행동을 이유로 독일과 이스라엘의 특별한 관계에 대해 의문을 제기했다. 2007년 3월에는 유대인 소그룹이 '베를린 샬롬 5767'을 발표하면서 독일 내 유대인 공동체 내에서 뜨거운 논쟁이 벌어졌다. 《포워드》에 의하면, 점령 지구 내에서의 이스라엘 정책과 중동 문제에 대한 열린 토론의 한계를 비난하는 내용을 담고 있다.

이와 같은 움직임은 영향력 있는 로비단체가 신봉하는 정치적 입장이 유대인 전체(또는 대부분)의 견해를 반영하지 않으며, 로비단체가 궁극적으로 그들의 영향력을 건설적인 방향으로 전환할 수 있다는 희망을 갖게 한다.

마지막 한마디

이스라엘의 건국과 발전은 놀라울 만한 성과라고 할 수 있다. 미국유대인들이 이스라엘을 위해 조직적으로 단결하지 않았다면, 유력한 정치가들을 설득해서 그들의 목적을 지지하게 하지 않았다면, 이스라엘이 탄생하지 않았을 것이다. 그러나 미국과 이스라엘의 이익은 서로 다르며, 현재의 이스라엘 정책은 미국의 국익은 물론 미국의 핵심 가치와도 상충된다. 중동 지역이 요동치면서 로비가 요구하는 정치적 영향력과 로비가 가진 예리한 홍보 능력은 미국 지도자들이 미국의 이익을 증진하고, 이스라엘을 최악의 실수로부터 보호할 수 있는 중동 정책을 추구할 수 없게 했다. 로비의 영향력은 양국 모두에 해를 주었다.

그럼에도 미국이 직면한 어려움은 밝은 희망을 내포하고 있다. 선명하게 드러났듯이 실패한 정책으로 인한 비용 때문에 우리는 다시 시작할 기회를 가지게 되었다. 로비가 강력한 정치력으로 남아 있지만, 그것이 미치는 해악을 더 이상 간과할 수 없다. 미국이 부유하고 강한 국가이기 때문에 잘못된 정책을 지탱할 수 있었지만 언제까지 현실을 무시할 수는 없다.

지금 필요한 것은 로비의 영향에 대한 솔직하고 냉철한 토론이다. 또한 중동이라는 주요 지역에서 미국이 얻을 수 있는 이익에 대한 공개적인 논쟁이다. 도덕적인 견지에서 이스라엘의 복지가 특별하다고 볼 수 있지만, 점령 지구를 지속적으로 점유하는 것은 도덕적이지 않다. 공개적인 논쟁이 가능하고 광범위한 미디어 활동이 이루어질 때, 현재의 특별한 관계가 유발한 문제들이 드러날 것이고, 미국은 그 지역 국가들의 이익과 국익에 부합하는 정책에 역점을 둘 수 있다. 우리가 굳게 믿는바, 그것은 이스라엘의 국익에도 도움을 줄 것이다.

미주

머리말

1   이슬람 근본주의 수니파 정당, 준군사조직, 2024년 현재 가자 지구에 집권하고 있다.

2   2024년 현재 팔레스타인해방기구(PLO)를 집권하고 있는 정당.

3   정보기관의 배후 조정을 받는 중동 최대의 교전단체로, 레바논의 이슬람교 시아파 정당조직, 이슬람 지하드라고도 부른다.

서론

4   2003년 2월부터 2010년까지 아프리카 수단 서부 다르푸르 지역에서 사막화로 인한 유목민의 남하로 불거진 종족, 인종, 종교 갈등으로 이를 악용한 중앙정부와 사회 불평등이 복합적으로 작용해 일어난 사건.

5   15~19세기 초까지 모로코, 알제리, 튀니지, 리비아 등 북아프리카 일대에 존재했던 이슬람 해적집단으로 전 유럽을 상대로 약탈을 벌였다.

6   50세 이상의 은퇴자들을 위한 미국 최대의 비영리단체로, 중장년층을 위한 플랫폼이자 이익집단. 2024년 현재 1억 명 이상의 회원을 보유하고 있다.

7   이란의 9~10대 대통령. 재임 기간 2005~2013년. 반미, 반이스라엘주의자로 물의를 빚었으며 핵개발 권리는 이란의 주권이라면서 미국, 이스라엘과 잦은 마찰을 겪었다.

PART I 미국, 이스라엘, 그리고 로비

1장 거대한 수혜자

8   6일 전쟁 후 이스라엘과 아랍 연합군 간 벌어진 전쟁. 복수심에 군대를 개혁하고 훈련으로 무장한 이집트를 주축으로 한 아랍 연합군은 후반 이스라엘의 전세 역전에 밀렸다.

9   1998년 워싱턴 근교에서 네타냐후 이스라엘 총리와 아라파트 팔레스타인 대통령 간에 체결한 협정. 오슬로 협정의 구체적인 실행 방안을 담았다.

2장 이스라엘은 전략적 자산인가, 부채인가?

10   신보수주의 싱크탱크.

11   1980년 3월에 편성한 군대. 중동 정세가 험악해짐에 따라 미군을 해외로 급파하려는 목적이다.

12   1991년 1월 17일부터 1991년 2월 28일까지 벌어진 이라크와 다국적군 사이의 전쟁. 다국적군은 쿠웨이트를 침공한 이라크군을 격퇴하고 이라크에 강제 병합된 쿠웨이트의 독립과 주권을 회복했다.

13   1996년 6월 25일, 알카에다 조직원이 폭탄을 실은 트럭을 미 공군 대원들의 숙소 앞에 세워두고 폭파시켰다. 공군 대원 19명이 사망하고 400명 이상의 부상자가 나왔다.

14   2000년 10월 12일 예멘의 아덴항 해군기지에 입항한 미국의 이지스함 콜 구축함이 알카에다의 자살폭탄 테러로 폭파된 사건으로, 승조원 17명이 사망하고 39명이 부상당했다.

15   1988년 12월 21일 영국 스코틀랜드 상공에서 팬암 103편이 리비아 테러리스트들이 설치한 폭탄으로 공중 폭파된 사건. 항공기에 탑승한 승객 및 승무원 259명 전원이 사망하고, 추락 현장에 있던 주민 11명을 포함해 총

270명이 희생되었다.

16 1960~2013, 전 아프가니스탄 이슬람 토후국 국가원수이자 아프가니스탄 탈레반의 초대 최고지도자.

17 무장조직으로 출발한 하마스는 2006년 선거에서 압승하며 2007년 가자 지구를 장악, 서안 지구를 이끄는 파타당과 대립각을 이루고 있다.

18 이집트 테러리스트로 독일 유학 시절 빈 라덴에게 감화되어 이슬람 무장조직 알카에다의 구성원이 되었고, 9·11테러를 일으킨 주범이다.

19 오사마 빈 라덴의 조직원으로 2003년 생포되어 CIA 관타나모수용소에 억류 중이다. 9·11테러의 주요 설계자로 지목되었다.

20 2000년부터 2005년까지 발생한 이스라엘 점령에 대항하는 팔레스타인 저항운동. '인티파다'는 '봉기'라는 뜻이다. 이스라엘인 약 1000명, 팔레스타인인 3000여 명을 비롯, 외국인 64명이 희생되었다.

3장 설득력을 잃어가는 도덕적 근거

21 2023년 하마스-이스라엘 전쟁이 발발하고 사우디아라비아와 이스라엘 간 수교 협상은 중단되었다.

22 2024년 4월 이란은 수백 대의 드론과 미사일을 발사해 이스라엘 본토를 공격했다.

4장 이스라엘 로비란?

23 미국 민주당 인사들이 주로 참여하며 미국 내 영향력이 가장 큰 사회과학 연구소. 미국의 정치, 경제, 사회에 관한 다양한 연구는 물론 남아메리카, 아프리카, 중동, 인도 태평양 지역에 관한 연구도 폭넓게 진행 중이다.

24 1912년 뉴욕시에 창설된 유대인 여성 자원봉사 조직.

5장 정책 과정 이끌어가기

25 1986년 레이건 행정부 두 번째 임기 중 발생한 정치 스캔들. 당시 무기 제재 대상이던 이란 이슬람 공화국의 호메이니 정부에 비밀리에 무기 판매를 허용했고, 그 대금으로 니카라과의 콘트라 반군을 지원하다 비밀이 폭로되었다.

PART II 로비의 실제

7장 로비와 팔레스타인인들

26 2003년 6월 4일, 요르단 아카바에서 열린 미국, 요르단, 이스라엘, 팔레스타인 4자 정상회담.

8장 이라크와 중동 변혁의 꿈

27 성전(지하드)에서 싸우는 전사'를 뜻하는 말로, 소련-아프가니스탄 전쟁과 이어진 아프가니스탄 내전에서 소

련과 아프가니스탄에 맞서 싸운 이슬람주의 단체다.

10장 조준선에 든 이란

28 페르시아 말로 '왕'이라는 뜻으로, 이란의 마지막 샤는 팔레비였다. 이슬람 혁명으로 팔레비는 퇴위하고 망명 중이던 호메이니가 이란의 최고지도자로 선임되어 죽을 때까지 그 직을 유지했다.

29 이 책이 미국에서 출간된 2006년 저자의 시각인데, 부시 정부를 거쳐 오바마 정부 시절 2015년 핵 협상이 타결 되는 듯하다가 이란에 다시 제재가 가해졌고, 트럼프 정부 들어 이란에 더욱 강경책을 썼다. 긴장 관계가 유지되 면서 이란은 결국 핵 합의를 거부했고 바이든 정부가 들어선 2024년까지도 이란에 대한 제재는 유지되고 있다.

11장 로비와 제2차 레바논 전쟁

30 2005년 2월, 레바논의 내각이 시민의 요구에 무릎 꿇고 총사퇴한 사건. 같은 해 1월 시리아에 적대적이었던 하 리리 전 총리가 암살되자, 시리아가 배후로 지목됐다. 이후 레바논 시위대 6만여 명은 친시리아 내각에 사퇴는 물론 시리아군의 즉각 철군도 함께 요구했다. 중동 지역에서 '피플 파워'로 내각이 물러난 첫 사건으로, 당시 미 국무부 차관 폴라 도브리안스키가 레바논 국민의 시위를 '백향목 혁명'이라 명명하며 높이 평가했다. 백향목은 성경에 자주 등장하며 레바논 국기에도 등장한다.

결론 그렇다면 어떻게 해야 하나

31 1924~2003. 유대계 미국인 부모 사이에서 태어난 미국의 역사소설가. 작품으로 이스라엘의 건국과정을 그려 낸 《영광의 탈출exodus》(1958)이 유명한데, 동명의 제목으로 배우 폴 뉴먼이 출연한 영화(1960)가 흥행해 더욱 유명해졌다. 전 세계 12개국 언어로 번역되었다.

32 1976년부터 2019년까지 《워싱턴 포스트》에 기고하던 칼럼니스트이자 작가. 이스라엘을 비판하는 칼럼을 써 서 반유대주의자라는 비방을 받기도 했다.

33 미국의 작가, 극작가, 시나리오 작가. 퓰리처상과 토니상을 수상했고, 스티븐 스필버그 감독과의 협업으로 유명 하다. 이스라엘이 팔레스타인을 대우하는 데 대한 부당함, 이스라엘의 종교적 극단주의를 비판해 유대인 단체 들에게서 반발을 샀다.

34 영국의 역사학자, 수필가. 《뉴욕 리뷰 오브 북스》에 꾸준히 기고했다. 이스라엘-팔레스타인 갈등을 두고 단일 국가 솔루션을 주장해 논쟁을 불러일으켰다. 단일국가 솔루션은 위임통치령 팔레스타인에 단일국가를 수립하 는 것을 가리킨다.

왜 미국은
이스라엘 편에
서는가

제1판 1쇄 발행 2024년 10월 23일
제1판 2쇄 발행 2024년 12월 7일

지은이 존 J. 미어샤이머, 스티븐 M. 월트
옮긴이 김용환
펴낸이 나영광

책임편집 김나연
편집 정고은, 김영미, 오수진
영업기획 박미애
디자인 박영정

펴낸곳 크레타
출판등록 제2020-000064호
주소 경기도 고양시 덕양구 청초로 66 덕은리버워크 B동 1405호
전자우편 creta0521@naver.com
전화 02-338-1849
팩스 02-6280-1849
포스트 post.naver.com/creta0521
인스타그램 @creta0521

ISBN 979-11-92742-36-6 03340